Zwischen Humor und Repression – Studieren in der DDR

Rainer Jork/
Günter Knoblauch (Hg.)

Zwischen Humor und Repression – Studieren in der DDR

Zeitzeugen erzählen

mitteldeutscher verlag

Gedruckt mit freundlicher Unterstützung der Bundesstiftung zur Aufarbeitung der SED-Diktatur

Für die Übernahme der Trägerschaft des Projektes und die damit zusammenhängende vielfältige Unterstützung danken die Herausgeber

Stiftung Leben und Arbeit Wilsdruff

Für die Unterstützung bei der Aufbreitung des Projektes in Buchform danken die Herausgeber

Dr. Matthias Rößler
Landtagspäsident des Freistaates Sachsen

Lutz Rathenow
Sächsischer Landesbeauftragter
zur Aufarbeitung der SED-Diktatur

Christian Dietrich
Landesbeauftragter des Freistaates Thüringen
zur Aufarbeitung der SED-Diktatur

Staatskanzlei Thüringen

Inhalt

Liebe Leserinnen und Leser,

ich freue mich sehr, Ihnen eine Lektüre empfehlen zu können, die keinen so schnell wieder loslassen wird, der in der DDR ein Studium absolviert hat oder Interesse an der Bildungsgeschichte unseres Landes im 20. Jahrhundert zeigt.

25 Jahre nach der friedlichen Revolution und der deutschen Einheit ist längst Geschichte geworden, was die Biografien von Millionen von DDR-Bürgern bis heute nachhaltig prägt. Dazu zählt das Studium in der DDR, über das die Vorstellungen immer mehr verloren gehen, weil inzwischen eine neue Generation herangewachsen ist. Allerdings wurden die damaligen Ereignisse in den mündlichen und schriftlichen Erinnerungen vor allem von akademischen Vertretern der fünfziger und sechziger, aber auch der siebziger und achtziger Studienjahrgänge des vergangenen Jahrhunderts vor dem Vergessen bewahrt.

Die in diesem Band versammelten persönlichen und damit subjektiven Erfahrungsberichte zur Studienzeit an der TU Dresden bzw. in der DDR sollen dazu beitragen, den jüngeren Generationen einen Zugang in diese Zeit und die Studienbedingungen im „real existierenden Sozialismus“ zu verschaffen.

Die vorliegende Textanthologie erhebt daher auch nicht den Anspruch darauf, das Studium in der DDR wissenschaftlich aufzuarbeiten, zumal entsprechende Ausarbeitungen bereits vorliegen oder weiterhin am Entstehen sind. Vielmehr haben die Herausgeber unterschiedlichen Erlebnissen und existenziellen Erfahrungen bewusst den Vorzug gegeben, um einseitigen oder allzu pragmatischen Sichtweisen und den weithin vorhandenen Nostalgiebestrebungen entgegen zu wirken.

Nicht zuletzt soll damit erreicht werden, den für alle Beteiligten schwierigen Weg von der ideologisch beherrschten „Kaderschmiede“ zur freien Lehre und Forschung nachzuvollziehen und die freiheitliche Demokratie als Chance zur Gestaltung des akademischen Deutschland im 21. Jahrhundert wahrzunehmen.

Mein Dank gilt neben den Herausgebern und Förderern dieses Buchprojektes allen ehemaligen Studenten und Dozenten, die mit ihren Zeitzeugnissen zum Gelingen dieser für die neuen Bundesländer bislang einzigartigen Dokumentation beigetragen haben.

Ich hoffe, dass die folgenden Berichte ein breit gefächertes Interesse insbesondere unter sächsischen Schülern und Studenten der Hochschulen in Sachsen und darüber hinaus finden und als authentische Quelle und Zitatenschatz für zukünftige Forschungsvorhaben zur sächsischen Bildungsgeschichte Berücksichtigung erfahren werden.

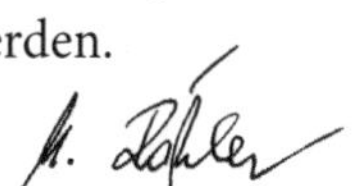

Dr. Matthias Rößler, Präsident des Sächsischen Landtags

Die Wurzeln des Projektes

Im Jahr 2009 fand an der Technischen Universität Dresden die Tagung „Politisch motivierte Urteile und andere Formen der Repression gegen Studenten der TH/TU Dresden in der DDR“ statt. Professor Günter Franke[1] sprach in der Diskussion dabei sehr emotional die Worte: *„Hier wird immer nur über die großen Fälle gesprochen und nicht über die vielen kleinen Repressionen, denen wir damals täglich ausgesetzt waren.“* Sowohl vom damaligen Rektor, Herrn Professor Hermann Kokenge, als auch durch Herrn Jürgen Engert[2], den Moderator der Tagung, wurde auf die Notwendigkeit einer vertiefenden Aufarbeitung der Geschichte der Technischen Universität Dresden im gesamten 20. Jahrhundert hingewiesen. In diesem Zusammenhang wurde auch angemahnt: *„Dabei dürfen die Einzelschicksale nicht vergessen werden.“* Dieser Aufgabe sind wir – selbst ehemalige Absolventen der TU Dresden – für die Zeit von 1950 bis 1990 nachgegangen.

Die Fragestellung für alle lautete: Was war gut am Studium in der DDR und worauf hätten wir verzichten können?

Die Erlebnisse der Autorinnen und Autoren – so wie sie sich erinnern und wie teilweise auch Dokumente aus dieser Zeit belegen – lassen ein Bild vom Studium in der DDR entstehen. Die Autorinnen und Autoren schildern, wie sie diese Zeit erlebten und wie sie dabei auch selbst geformt wurden.

Wir stießen auf Humor, interessante Details zum Studium und zu Rahmenbedingungen des studentischen Lebens, jedoch auch auf Zwänge und Repressionen, die heute noch sehr nachdenklich stimmen müssen. Welches *menschliche und wirtschaftliche Potenzial* wurde da vergeudet, welche *Ressourcen* nicht genutzt, wie viele *gebrochene Biografien* hinterließ diese DDR?

Auch wenn die hier vorliegenden sehr persönlichen Schilderungen nicht repräsentativ für alle Absolventinnen und Absolventen von Hochschulen und Universitäten der ehemaligen DDR sein können, so erzwingen sie mit Blick auf die Geschichte jedoch eine Schlussfolgerung: Es gilt zu verhindern, dass die DDR-Vergangenheit unter dem real existierenden Sozialismus heute verklärt und verharmlost wird. Die Freiheit von Studium und Lehre ist allzeit ein hohes Gut!

Die einzelnen Beiträge sind kurz gehalten, um möglichst viele Autorinnen und Autoren zu Wort kommen zu lassen. Wir erbaten persönliche Erlebnisschilderungen, keine studentischen Biografien.

Die Zeitzeugenberichte sollen nicht nur eine interessante Publikation zur Zeit sein,

---

1 Student an der TU Dresden 1962–1968, siehe die Beiträge von ihm in diesem Band.

2 Journalist, langjähriger Chefredakteur beim Fernsehen des SFB, Gründungsdirektor des ARD-Studios Berlin.

sie sollen auch zum Nachdenken anregen: Was bedeutet der heutigen jungen Generation Freiheit von Studium und Lehre? Wie gehe ich damit um und was tue ich dafür? Wie selbstverständlich sind uns eigentlich die Gegebenheiten unserer Demokratie und wie beteilige ich mich dabei?
Sowohl für die interessierten jungen Leserinnen und Leser als auch für die Lehrenden enthält diese Dokumentation weiterführende Informationen.
Wir danken allen Autorinnen und Autoren sowie allen Unterstützern, die zum Gelingen des Projektes beigetragen haben.

Günter Knoblauch und Rainer Jork

März 2017

Zwischen Humor und Repression – zum Geleit

Der Glaube, in der DDR ein Studium frei von allen politischen Zwängen absolvieren zu können, war eine Illusion. Aber die Annahme, das Studium sei ständig durch Repression geprägt gewesen, verkennt den Alltag in einer Diktatur. Die Erfahrungsberichte lassen eine Zeit Revue passieren, die vergessen und doch nicht vergessen ist. Vergessen deshalb, weil die Zeit lange zurückliegt, oft ein halbes Jahrhundert. Die Ulbricht-Ära war in mancher Hinsicht anders als die Honecker-Ära: „bürgerlicher" und „repressiver" zugleich. Vergessen aber auch nicht, weil die Vergangenheit in vielfältiger Weise in die Gegenwart hineinreicht, zum Teil traumatisch. So mancher ist von den Erfahrungen bis heute geprägt.

Wer die Zukunft meistern will, muss sich über die Vergangenheit Rechenschaft ablegen. Und die Gegenwart ist voller Herausforderungen. Auch in einer Demokratie gibt es an Universitäten Seilschaften, Probleme, Schwierigkeiten und Ungerechtigkeiten. Doch muss heute niemand Angst vor Relegation haben, wenn er in scharfer Form massive Kritik an politischen Zuständen äußert.

Den Herausgebern gebührt für die Zusammenstellung ein großes Kompliment. Auf diese Weise gelingt es ihnen, dem Leser einen anschaulichen Eindruck vom Studium in der DDR zu vermitteln. Gewiss, jeder Beitrag trägt eine individuelle Handschrift, doch im Zusammenhang gelesen ergibt sich ein facettenreiches Bild von den Studienbedingungen, ihren Zwängen und ihren Freiräumen. Staatliche Instanzen verzeichneten die „Sündenregister" aus der Sicht der Staatspartei und zeigten sich dann oft schikanös. Was exemplarisch ist, kann typisch sein, muss es aber nicht.

Wenige Bekannte, wie etwa der mutige Bürgerrechtler Martin Böttger, nach 1990 Fraktionsvorsitzender der Grünen im ersten sächsischen Landtag und von 2001 bis 2010 Leiter der Chemnitzer Außenstelle des Bundesbeauftragten für die Unterlagen des Staatssicherheitsdienstes der ehemaligen DDR, und viele Unbekannte, wie etwa Matthias Markert, Absolvent eines Studiums der Schwachstrom- und Regelungstechnik, der zu den Bausoldaten eingezogen wird und später seinen Dienst in der evangelischen Kirche aufnimmt, vermitteln in ihren Erfahrungsberichten viele neue Einzelheiten. Wer wissen will, wie es an den DDR-Universitäten zuging, ist gut beraten, zu diesem Band zu greifen. Gerade die subjektive Sicht macht den Reiz aus. Die Wissenschaft ist dabei mannigfach herausgefordert. So heißt es im Erfahrungsbericht von Roland Mey: „In den 1970er Jahren begann nach meiner Erfahrung in der DDR das Leistungsniveau an Fachschulen und Hochschulen zu fallen. Es wurde insbesondere von politischen Sonderauflagen zersetzt." Solche und andere Thesen verdienen eine Überprüfung.

Zum Teil wird das „alte Dresden" lebendig, so im Bericht von Wolfgang Friese: „Großes Glück hatte ich auch mit meiner Studentenbude auf dem Weißen Hirsch im Rißweg 66 in Dresden. [...] Das alteingesessene Bildungsbürgertum versuchte, den zugezogenen roten Herren und ihren Günstlingen zu widerstehen." Die Lektüre der Texte macht deutlich, wie wenig der SED sozialistische Überzeugungsarbeit gelang. Wer Uwe Tellkamps Roman mit dem metaphorischen Titel „Der Turm" heranzieht, erfährt mehr über den Versuch von Menschen, in die innere Emigration zu gehen. Repräsentativ kann eine solche Anthologie nicht sein. Es kommen vor allem Absolventen der TH/TU Dresden aus technischen und naturwissenschaftlichen Fächern zu Wort. Und die meisten Berichte beziehen sich auf die Fünfziger-, Sechziger- und Siebzigerjahre. Es liegt auf der Hand, dass vornehmlich jene ihre Erfahrungen schildern, die in der einen oder anderen Weise mit der Obrigkeit in Konflikt gerieten, sei es mit der Partei, sei es mit der Staatssicherheit. So setzte sich eine Reihe von ihnen in die Bundesrepublik Deutschland ab. Diese Ausreisenden waren keine Ausreißer. Und umgekehrt mussten die Zurückbleibenden keine Zurückgebliebenen gewesen sein. Das Sammelwerk vermeidet beides: Dämonisierung und Verharmlosung der universitären Kaderschmiede. Die Vielzahl der eingängig-einprägsamen Erfahrungsberichte spricht für sich. Grautöne überlagern oft Schwarz-Weiß-Bilder. Der Blick zurück ist kein Blick im Zorn. Die zurückhaltende Kommentierung der Herausgeber stellt den Bezug zur allgemeinen Praxis her, ohne Authentisches zu zerreden. Möge die Sammlung weite Verbreitung finden.

Prof. Dr. Eckhard Jesse

Eckhard Jesse, geb. 1948 in Wurzen bei Leipzig als Sohn eines Volksschulrektors. Die Familie verließ 1958 die DDR. Studium der Politik- und Geschichtswissenschaft an der FU Berlin (Diplom-Politologe 1976; Promotion 1982; Habilitation 1989/90).
Nach verschiedenen Lehrstuhlvertretungen (Mannheim, München, Trier, Potsdam) hatte er 1993–2014 den Lehrstuhl für Politikwissenschaft an der TU Chemnitz inne. 2007–2009 Vorsitzender der Deutschen Gesellschaft für Politikwissenschaft, seit fast zwei Jahrzehnten Mitglied des Wissenschaftlichen Beirats der Bundesstiftung zur Aufarbeitung der SED-Diktatur. Die DDR-Forschung zählt nicht erst seit der deutschen Einheit zu seinen Schwerpunkten. Mit DDR-Bürgerrechtlern führte er an der TU Chemnitz vier Ringvorlesungen durch (publiziert jeweils im Ch. Links Verlag, Berlin).

MEIN STUDIUM IN DER DDR

BEITRÄGE

// Das Jahr 1989 – das Ende parteipolitischer Einflussnahme der SED an der TU Dresden[3]

Prof. Dr. rer. nat. habil. Sigismund Kobe (TH/TU Dresden, Studienjahrgang 1960, Fakultät Mathematik und Naturwissenschaften, Fachbereich Physik, Diplom 1965; TU Dresden, 1965–1992 Assistent, Lehrer im Hochschuldienst und Oberassistent an der Sektion Physik, Promotion 1971)

Von den Bombenangriffen des 13. und 14. Februar 1945 auf Dresden waren auch große Teile der Gebäude und Einrichtungen der Technischen Hochschule betroffen. So war die erste Phase des Wiederaufbaus durch die Notwendigkeit geprägt, die Folgen der Zerstörung zu beheben und zunächst Strukturen für die Wiederaufnahme des Studienbetriebes zu schaffen. Diese Aufgabe wurde Wissenschaftlern übertragen, die ihren Instituten als Ordinarien im Sinne der traditionellen Universitäten vorstanden. Den meisten von ihnen gelang es, sich über mehrere Jahre einer Einflussnahme von außen weitgehend zu entziehen. Charakteristisch war ein autoritärer Führungsstil. Ihnen zur Seite standen Mitarbeiterinnen und Mitarbeiter aus dem akademischen Mittelbau, der im Laufe der Zeit weiter ausgebaut werden konnte. Gemeinsam war es möglich, eine hohe Qualität der Lehre zu sichern. Absolventen der TH Dresden aus dieser Zeit und auch in der Folgezeit genossen wegen ihrer fundierten fachlichen Ausbildung einen guten Ruf.

Das Ziel der Machthaber in der sowjetischen Besatzungszone und später der DDR war es, ihren Einfluss auf das Hochschulwesen mehr und mehr auszubauen.

Beschränkten sich die Maßnahmen der ersten Hochschulreform im Jahre 1945/46 im Wesentlichen noch auf die Ausschaltung nationalsozialistisch belasteter Hochschullehrer, so wurde 1951/52 im Zuge der zweiten Hochschulreform eine zentralistische Steuerung des Hochschulwesens durchgesetzt. Für alle Studenten wurde das gesellschaftswissenschaftliche Grundstudium mit den Fächern Marxismus-Leninismus, politische Ökonomie und dialektischer und historischer Materialismus zur Pflicht. Mit der Beseitigung traditioneller Institutsstrukturen und der Auflösung der Fakultäten während der dritten Hochschulreform ab 1967/68 entstand eine neue Situation. Die Einflussnahme der SED auf die Hochschulen der DDR wurde zur Staatsdoktrin und untergrub zunehmend und schleichend deren Autonomie. Die nun einsetzende Entwicklung ist wohl am ehesten durch den Begriff „Deformation“ zu charakterisie-

---

3 Der vorliegende Beitrag entstand in Anlehnung an einen früheren Beitrag des Autors: Sigismund Kobe, Rückblick auf TU-Initiativen beim Neubeginn, in: Der Neubeginn 1989 – Würdigung von TU-Initiativen zur Hochschulerneuerung zwischen 1989 und 1993 in Sachsen, Festveranstaltung am 14. Oktober 2003, Sammlung der Reden und Beiträge. Hg. v. A. Post, Dresden 2004, S. 46–71.

ren. Es wurde fast unmöglich, die Hochschullehrerlaufbahn einzuschlagen, ohne der Staatspartei anzugehören, und jeder Betroffene musste in dieser Konfliktsituation seine persönliche Entscheidung treffen. Jedem Eingeweihten sind Beispiele bekannt, wie unter solchen Schlagworten wie „Kaderpolitik", „Nomenklaturkader" (im Sprachgebrauch der SED ein Ausdruck für Führungskräfte aller Art) und „Kaderreserve der Partei" die Linientreue eines Kandidaten zur Partei einen höheren Stellenwert bekam als dessen wissenschaftliche und hochschulpädagogische Kompetenz. In weiteren Fällen wurden bei Berufungen sogar DDR-Gesetze unterlaufen.
Folgende Beispiele für „Deformationen" seien hier erwähnt:

- Wissenschaftler wurden durch Kontrolle des Briefverkehrs mit Kollegen im Ausland bevormundet, ja entmündigt. Abgehende Briefe mussten bei der Parteileitung offen eingereicht werden, und es unterlag der Willkür der Schnüffler, ob die Post überhaupt abging oder ob eventuell eingehende Post dem Adressaten zugestellt wurde, und wenn ja, dann natürlich im geöffneten Zustand.
- Die ROA[4]-Werbung wurde aggressiv und erpresserisch geführt. Derjenige Student, der sich dennoch nicht beugte, wurde als Forschungsstudent abgelehnt, konnte also nicht Doktorand werden. Auf diese Weise verlor unsere Universität nachweislich viele ihrer besten Studenten für den wissenschaftlichen Nachwuchs, während besser Angepasste deren Plätze einnahmen.
- Die folgende Begebenheit zeigt, dass die „Deformationen" sogar bis in die wissenschaftliche Arbeit selbst hineinreichten. Ende April 1989 konnte man überall lesen, dass es in der Nacht vom 18. zum 19. April einem Kollektiv von Kernphysikern und Elektrochemikern der TU Dresden gelungen ist, eine Kernfusion auf kaltem Wege einzuleiten. Am 20. April wurde eiligst eine Pressekonferenz einberufen. Anstatt die Ergebnisse der Versuche zuerst mit Fachkollegen an der Universität zu diskutieren, wurde in der erfolgshungrigen Parteipresse der Eindruck vermittelt, dass das Energieproblem der Zukunft von TU-Wissenschaftlern praktisch gelöst worden sei. Diese Einschätzung erwies sich sehr bald als unzutreffend.

In dieser Zeit wurden die Geschicke der Universität längst durch die SED fremdbestimmt. De facto stand der Erste Sekretär der SED-Kreisleitung TU Dresden vor dem Rektor. Etwa 80 Prozent der wissenschaftlichen Mitarbeiterinnen und Mitarbeiter (bei den Hochschullehrern war der Anteil noch höher) waren Mitglieder der SED. Selbst unter diesen machte sich ab Ende 1988 mehr und mehr die Erkenntnis breit, dass die Zeit für eine Veränderung gesellschaftlicher Strukturen gekommen war. Sie setzten darauf, dass sich die Ideen von „Glasnost" und „Perestroika" allmählich durch-

4 ROA: Reserveoffiziersanwärter. Vgl. dazu den Kommentar „Studium und Wehrdienst".

setzen würden und damit der vermeintliche „Führungsanspruch“ der Partei erhalten werden könne. Es blieb jedoch eher bei einem Wunschdenken, denn die Prinzipien von Parteidisziplin und -doktrin blieben auch weiterhin in Kraft.

Daher waren Reformen „von innen heraus“ unmöglich und es bedurfte eines Anstoßes „von außen“. Als sich die SED-Führung anschickte, den 40. Jahrestag ihres Staates zu feiern, überschlugen sich die Ereignisse. Im Zusammenhang mit der Durchfahrt von Zügen der Prager Botschaftsflüchtlinge kam es ab dem 3. Oktober 1989 zu gewalttätigen Auseinandersetzungen am Dresdner Hauptbahnhof.

Im Laufe der Woche änderte sich die äußere Form der Proteste, und etwa nach Wochenmitte sahen sich friedliche Demonstranten in Dresden unter der Losung „Keine Gewalt“ der Gewalt der Staatsmacht gegenüber. Ein wichtiger erster Erfolg der friedlichen Revolution wurde in Dresden errungen. Bereits am Sonntag, dem 8. Oktober, also am Vorabend der großen Leipziger Demonstration, hatte sich die „Gruppe der 20“[5] gebildet und es begannen erste Verhandlungen mit Partei- und Stadtleitung.

An der Universität selbst – nur wenige hundert Meter von den Ereignissen entfernt – war keinerlei Reaktion zu spüren, abgesehen von einer Stellungnahme des Rektors[6] im DDR-Fernsehen gegen die Demonstration auf der Straße. Noch am 6. Oktober schrieb der Erste Prorektor einen Brief an das MfS und meldete das Auffinden von Flugblättern gegen ROA-Werbeaktionen.

Sprachlosigkeit machte sich breit, die Stimme des Geistes schien zu schweigen.

Die Gruppe derjenigen, die mit dem andauernden Schweigen nicht einverstanden war, bestand hauptsächlich aus parteilosen akademischen Mitarbeitern, die meist der mittleren und älteren Generation angehörten. Man kannte sich untereinander als kritische Fragesteller während der monatlichen Schulungen in Marxismus-Leninismus. Andere waren auch schon an der sogenannten „Baumaktion“ beteiligt, bei der es darum ging, Bäume im Gelände der Universität vor willkürlichem Fällen zu bewahren. Schon ein solcher Protest galt als Auflehnung gegen die Staatsmacht. Ansonsten versahen sie – eher unauffällig – ihre Pflicht als Angehörige des akademischen Mittelbaus. Ich erinnere mich an eine Begegnung mit Dr. Peter Müller[7] in der Zeit,

5 Als „Gruppe der 20“ wurden jene etwa 20 Dresdner Bürger bezeichnet, die während der Demonstration am 8. Oktober 1989 ernannt und beauftragt wurden, mit den örtlichen Behörden über politische Forderungen zu verhandeln. Sie trugen wesentlich mit dazu bei, dass die friedliche Revolution in Dresden und der DDR ohne blutige Zusammenstöße ablief. (Anm. d. Hg.)

6 Hans-Jürgen Jacobs war Rektor von 1986 bis 1990. Anschließend war er Gesellschafter und Projektberater in der Industrie. (Anm. d. Hg.)

7 Dr. Peter Müller (geb. 1938), Mitarbeiter an der Sektion Physik, Arbeitsgruppe Grundlagenausbildung, Mitautor von Büchern zur Physikausbildung von Ingenieurstudenten, Mitinitiator der „Initiative für die Umgestaltung an der Universität“. (Anm. d. Hg.)

als die meisten TU-Angehörigen nur eine Frage bewegte, ob denn die Parteimächtigen den gesellschaftlichen Frieden auf die gleiche Weise wiederherstellen würden, wie dies zuvor die chinesischen Genossen auf dem „Platz des Himmlischen Friedens“[8] praktiziert hatten. Mit der raschen Entwicklung auf der Straße und dem diesbezüglich glücklichen Ausgang wandelte sich auch das Thema in den Gesprächsrunden. Nun stand die Frage im Raum: Wie geht es weiter mit der TU? Es formierte sich eine „Initiative für die Umgestaltung an der Universität“. Bald stießen Mitarbeiter aus den Werkstätten, den technischen Bereichen und aus der Sektionsbibliothek hinzu.

Blick auf die Vollversammlung aller Mitarbeiter und Studenten der TU am 13. November 1989 um 13 Uhr am Sportplatz Nöthnitzer Straße (Foto: Dr. Rolf Dietzel)

Dann überschlugen sich die Ereignisse: Am Montag, dem 13. November, also vier Tage nach der Öffnung der Grenzen sollte das Konzil im Großen Hörsaal Physik tagen. Stattdessen berief die Leitung der Universität eine Vollversammlung aller Mitarbeiter und Studenten am Sportplatz Nöthnitzer Straße ein, die um 13 Uhr begann. Die Ankündigung, das Studienfach Marxismus-Leninismus in Zukunft nicht mehr als Pflichtveranstaltung durchzuführen, sondern nur noch auf freiwilliger Basis anzubieten, wurde als große Errungenschaft der Erneuerung gepriesen.

8 Der Platz am Tor des Himmlischen Friedens (Tian'anmen-Platz) im Pekinger Zentrum wurde aktuell weltweit durch die blutigen Massaker am 4. Juni 1989 bekannt, bei denen nach – zuerst von Studenten organisierten – monatelangen Protesten Hunderte Menschen ums Leben kamen. (Anm. d. Hg.)

Den meisten der damals Anwesenden wird aber das mutige Auftreten von Dr. Hilmar Heinemann von der Sektion Physik in Erinnerung geblieben sein. Er stellte sich als Vertreter des „Neuen Forums" vor, nachdem er sich einen Platz auf der Rednerliste durch die Drohung erzwungen hatte, dass für den Fall seiner Abweisung dies auf der am gleichen Abend stattfindenden Dresdner Montagsdemonstration thematisiert werden würde. Seine Sicht auf den 40. Jahrestag der DDR als – wörtlich: „40 Jahre Leben in einem Staatsgefängnis, 40 Jahre Bevormundung durch die SED und 40 Jahre Leben mit Demütigung, Lüge und Heuchelei" – wurde mit empörten Zwischenrufen quittiert. Zu diesem Zeitpunkt erschien vielen Zuhörern eine solche Aussage als überzogen. Insbesondere Mitglieder der SED fühlten sich persönlich angegriffen, der Gedanke an eine mögliche Mitverantwortung war ihnen unangenehm.
Allein aus dieser Szene lässt sich ein Eindruck davon gewinnen, wie komplex sich der nun folgende Prozess der Umgestaltung an der TU Dresden gestaltete, der sicher zu den kompliziertesten Abschnitten der 175-jährigen Geschichte dieser Bildungseinrichtung gehört. Trotz mancher Brüche und Rückschläge gelang den aktiv an diesem Prozess Beteiligten der Neubeginn. Bei ihnen wurden zusätzliche Kräfte freigesetzt durch eine einmalige Aufbruchstimmung nach einer friedlichen Revolution, die auf der Straße begonnen hatte.

Sigismund Kobe, geb. 1940 in Zella-Mehlis; 1959 Abitur an der dortigen Schiller-Oberschule und Immatrikulation an der TH Dresden, einjähriges Vorpraktikum im Schreibmaschinenwerk Dresden, 1960–1965 Studium der Kernphysik und Physik, 1965 Diplom; 1965–1992 Assistent, Lehrer im Hochschuldienst und Oberassistent an der Sektion Physik; 1971 Promotion, 1988 Dr. sc. nat., 1991 Dr. rer. nat. habil. (TU Dresden).
1992–2006 Professor für Theorie ungeordneter Festkörper am Institut für Theoretische Physik der TU Dresden. Arbeitsgebiete: Theorie des Magnetismus, Optimierung komplexer Systeme, neuronale Netze, Proteinfaltung.

Studienbeginn
in den 50er Jahren

// „Jede Rübe ein Meilenstein auf dem Weg zum Sozialismus!“

Dr.-Ing. Heinz Clemens (TH Dresden, Studienjahrgang 1950, Fakultät Elektrotechnik, Diplom 1959, Promotion 1970)

Heinz Clemens verstarb bereits 2008. In der Publikation „Mit dem Motorrad durch den Zeunerbau“ beschreibt er studentische Erlebnisse, wovon wir einen kleinen Ausschnitt mit Zustimmung von Frau Clemens und der TU Dresden in das Projekt übernommen haben (Anm. d. Hg.).[9]

Später Herbst – im Norden der DDR hatten viele Bauern ihre Höfe verlassen und waren in den Westen gegangen. Die Kartoffelernte war gefährdet, die Rüben steckten natürlich auch noch im Boden. Also: Studenten an die Basis der Ernährungswirtschaft! Ende Oktober schließlich hieß es auch für die Diplomanden der TU Dresden – Maschinenbauer, Architekten, Elektriker und was es da alles noch gab – ran an die Kartoffeln.

So mitten aus der ersten wissenschaftlichen Tätigkeit gerissen, hielt sich unsere Begeisterung in Grenzen. Doch wir hatten immer wieder gelernt: „Freiheit ist die Einsicht in die Notwendigkeit …“ Die Notwendigkeit der Sicherung unserer Ernährung einsehend, waren wir gewissermaßen frei und nahmen das Kommende gelassen, nicht ohne Humor.

Einige Kommilitonen meinten offenbar, dass eine solche Zugfahrt gen Norden nicht ohne die passenden Parolen ablaufen könne. Woher die viele Kreide kam, ist mir bis heute noch nicht ganz klar. Jedenfalls zierten bereits in Riesa die ersten Losungen die Wagenwände. Bei der Einfahrt in Halle gab es in unserem Bereich, soweit sichtbar, keinen Wagen mehr ohne schmückende Zeichnungen und Sprüche. Einige sind mir im Gedächtnis geblieben: „Wir fahren nicht nach drüben, wir fahren in die Rüben“ (wobei das Wort „drüben“ so oder so in der DDR eine besondere Bedeutung hatte). Oder: „Jede Rübe

Heinz Clemens am Beginn seines ABF Studiums (Archiv der TU Dresden)

9 Mit dem Motorrad durch den Zeunerbau – Erinnerungen ehemaliger TU-Studenten. Hg. v. Zentrale Studienberatung, Absolventenreferat [Redaktion], Rektor der Technischen Universität Dresden, Dresden 2005. Für die freundliche Genehmigung zur Verwendung von Ausschnitten aus dem Beitrag von Heinz Clemens danken die Herausgeber der Technischen Universität Dresden.

Regierung der Deutschen Demokratischen Republik
Staatssekretariat für Hochschulwesen

25. Juni 1953

Entscheid der Kommission
Zugelassen – Abgelehnt

ABF

Aufnahmeantrag
für die 8289

Universität/Hochschule Technische Hochschule Dresden

I. Fakultät: Elektrotechnik II. Fakultät:

Fachrichtung: Starkstrom (Kraftwerkst.) Fachrichtung:

Berufsziel: Dipl.-Ing. Berufsziel:

Die Bewerbung ist nur an einer Universität/Hochschule möglich. Der Aufnahmeantrag ist mit den auf Seite 4 geforderten Unterlagen bis spätestens 31. Mai 1953 über die Schul- oder Betriebsleitung an die gewählte Universität/Hochschule einzureichen. Nur eine sorgfältige Beantwortung aller Fragen ermöglicht eine richtige Bearbeitung.

Eintragungen nur durch Prorektorat:

I.	II.	III.					
A1	A1	C11	OS	Deutsch	Biologie	Lateinisch	Praktische Tätigkeit:
			ABF X	Gegenwartskd.	Erdkunde	Griechisch	
			FS	Geschichte	Körp.	Kunstgeschichte	Gesellschaftliche Tätigkeit:
			AOS	Mathematik	Russisch	Musikgeschichte	
			Sonst.	Physik	Englisch		Auszeichnung:
				Chemie	Französisch		

SED	LDP	CDU	NDP	DBD	FDJ	FDGB	DSF	GST	DS	KB	VdgB	DFD			

I.

1. Name: Clemens (in Blockschrift) 2. Vorname: Heinz
3. geb. am: 17. 12. 26 in: Obercunnersdorf O/L. Land: Sachsen
4. Familienstand: ledig – verh. – verw. – gesch.[1]) 5. Anzahl der Kinder: 1
6. Staatsangehörigkeit: Deutsche 7. Nationalität: Deutscher
8. Heimatanschrift: ~~Böhlen b/Leipzig, Am Streitteich 27~~ N30, Tichatscheckstr. 14
9. Jetzige Anschrift: Dresden A20, Zellescher Weg 41
10. Sind Sie Zögling eines staatlich anerkannten Kinderheimes? nein

II.

1. Haben Sie sich schon einmal an einer Universität/Hochschule beworben?
wenn ja – wann? an welcher?
2. Haben Sie schon an einer Universität/Hochschule studiert? wo?
Fachrichtung: wann? Wieviel Semester?
3. Haben Sie bereits im Studiengang erforderliche Prüfungen abgelegt?
welche? wann? Note:
4. Schulbildung:

	Note der Abschlußprüfung	Wann abgelegt?	Name und Ort der Schule
ABF X		18. Juli 1953	ABF der TH Dresden
Oberschule			
Abendoberschule			
Fachschule			
Sonstige Lehranstalten			

Best.-Nr. HSch 2002 Aufnahmeantrag (Universität/Hochschule)
Vordruck-Leitverlag Erfurt, Anger 37/38

Ze 209 60/65 3 53 8346 V/4/9 DVB 589 · 20

Aufnahmeantrag für die ABF vom 25. Juni 1962 (Archiv der TU Dresden)

ein Meilenstein auf dem Weg zum Sozialismus!" Die Sprüche waren eine Mischung aus Humor und etwas abgelassenem Frust.
Aber irgendwer fand immer etwas Gefährdendes. In Halle angekommen, sollte es wegen Maschinenwechsels zwanzig Minuten Aufenthalt geben, so jedenfalls verkündete es der Bahnhofslautsprecher. Trägerkolonnen wurden bestimmt, aus der Gastwirtschaft Getränke heranzuschaffen. Sie waren noch nicht lange verschwunden, da gab es plötzlich helle Aufregung. Der „Rotmützige" verkündete nach Trillerpfeifensignal, dass alle sofort einzusteigen hätten, der Zug würde augenblicklich den Bahnhof verlassen.
Jedoch – da hatte der „Rotmützige" nicht mit dem Solidaritätsgefühl der Studenten gerechnet. Die noch im Zug verbliebenen Kommilitonen stiegen aus und bekundeten, nicht eher wieder einzusteigen, bis der letzte Mitstreiter mit den Getränken wieder am Zug sei. Und sie blieben hartnäckig. Irgendwann waren dann alle „Transportkolonnen" wieder am Zug. Der Bahnverantwortliche war sichtlich erleichtert, als er das Abfahrtssignal erteilen konnte.
Wir machten es uns mit Essen und Trinken wieder in den Wagen bequem. So ging es fröhlich und ohne Aufenthalt bis nach Wittenberge. Dort wurde der Zug jedoch auf ein Nebengleis außerhalb des Bahnhofs geleitet, rechts und links des Zuges standen Bahnpolizisten in voller Uniform Spalier. Das Öffnen der Abteiltüren wurde untersagt, gegenteilige Versuche mit Tritten gegen die Tür beantwortet. Mit Wasser und Lappen wurden nun die Wagen abgewaschen. Fragen vorwitziger Studenten blieben zunächst unbeantwortet.

Auf dem Weg zum Ernteeinsatz, Anfang der 50er-Jahre (Foto: Heinz Clemens, mit freundlicher Genehmigung von Jutta Clemens)

Nun fassten sich zwei – Mitglieder der Sozialistischen Einheitspartei Deutschlands (SED) – den Mut, stiegen aus und fragten die Polizisten nach dem Sinn der Aktion. Als die Uniformierten merkten, dass sich keine extrem gefährlichen Menschen, im Gegenteil: sogar Genossen, im Zug befanden, wurden sie etwas zugänglicher. Wir erfuhren, dass die Bahnpolizisten vom Sonntagnachmittagskaffee weg in Alarmbereitschaft versetzt worden waren. Ein Zug mit konterrevolutionären Losungen und mit dem Ziel, die DDR „aufzurollen", sollte gestoppt werden. Nachdem sich allerseits die Aufregung gelegt hatte, trat die Bereitschaftseinheit auf der rechten Seite des frisch gewaschenen Zuges an. Die Weiterfahrt wurde freigegeben. Keiner von den Befehlshabern der Bereitschaftseinheit hatte aber mitbekommen, dass an unserem Wagen auf der linken Seite neu mit großen Buchstaben verkündet wurde: „Trotz des Wassers und der Lappen werden wir die Rüben schnappen!"
Unser Transportzug, behördlicherseits abgewaschen, traf gegen Mitternacht auf dem Zielbahnhof der mecklenburgischen Kreisstadt ein. Eine Reihe von Lkws stand bereit, um uns in die Ernteeinsatzorte zu bringen. Einem Fahrzeug zugeteilt, nannten wir dem Fahrer das verordnete Fahrtziel. „Ach, ins *Land des Lächelns*[10] wollt Ihr?", war seine Antwort, „Na, dann los!". Am Einsatzort angelangt gab es trotz nächtlicher Stunde noch „Futter" für die hungrigen Studiosi. Danach konnten die müden Häupter auf Stroh im Kulturraum lagern.

Heinz Clemens, geb. 1926 im Lausitzer Weberdorf Obercunnersdorf; Schule in Böhlen bei Leipzig, Lehre im Kraftwerk Böhlen, 1945–1950 tätig im Kraftwerk Böhlen als Elektriker; ab 1950 Erwerb des Abiturs an der Arbeiter-und-Bauern-Fakultät (ABF) der TH Dresden, im Anschluss Fachrichtung Elektrotechnik, 1959 Diplom; Oberassistent am Institut für Elektrische Energieanlagen, 1970 Promotion, Lehrauftrag an der TU Dresden Relaisschutztechnik, 1967–1991 Forschungsgruppenleiter am Institut für Energieversorgung Dresden, langjährige Tätigkeiten als Vorsitzender eines überregionalen KDT-Fachgremiums und Tätigkeit im Bezirksvorstand Dresden des VDE. Heinz Clemens starb 2008.

10 Bezug auf Franz Lehárs romantische Operette „Das Land des Lächelns".

// Ich wurde innerhalb der Seminargruppe als Nicht-FDJ-Mitglied „toleriert“

Licht und Schatten meines Chemiestudiums – eine episodische Rückschau

Dr. rer. nat. Dipl.-Chem. Günter Herrmann (TH/TU Dresden, Studienjahrgang 1951, Fakultät Mathematik und Naturwissenschaften, Fachbereich Chemie, Diplom 1958, Promotion 1970)

Ein gutes Abiturzeugnis und meine soziale Herkunft als Arbeiterkind sicherten mir 1951 einen Studienplatz der Fachrichtung Chemie an der TH Dresden. Eigentlich zog es mich nach überwundener frühjugendlicher Begeisterung für dieses Fach jetzt mehr zu den Geisteswissenschaften, aber die Chemie erschien mir als eine sichere Bank und weniger ideologisch beeinflusst.

Dass ich keine Studiengebühr zu zahlen hatte und außerdem Stipendium bekam (180 Mark/Monat, mit Leistungsstufe 240 Mark) war mir damals selbstverständlich, ich machte mir kaum Gedanken dazu. Rückblickend gehört dies aber zweifellos zu den anerkennenswerten Aspekten dieser Zeit.

Allerdings ließ sich das künftige Studienklima schon erahnen, als ich im Mitteilungsblatt zum Immatrikulationsbescheid mit Unbehagen las: *„Als Student ist es Deine Aufgabe, die Wissenschaft zu meistern, am Aufbau des demokratischen Deutschland mitzuhelfen und den Frieden zu erkämpfen. Die Aneignung der fortschrittlichen Wissenschaft des Marxismus/Leninismus ist dazu eine wichtige Voraussetzung. Die Gewähr zur Erfüllung dieser Voraussetzung bieten die gesellschaftswissenschaftlichen Vorlesungen, die Mitarbeit in den Parteien oder Massenorganisationen und in den Studiengruppen der FDJ. Die Organisation der Freien Deutschen Jugend an der Technischen Hochschule wird Dir bei der Lösung aller Aufgaben gern behilflich sein.“*

Ich war nicht in der FDJ und in keiner Massenorganisation. Wie würde das gehen? Was würde auf mich zukommen?

Der Studienbeginn war eine belastende Umstellung, der Übergang von der Oberschule zum ganztägigen Stehen im überfüllten und schlecht ventilierten Anfängerpraktikum wie auch in den nachfolgenden umfangreichen Praktika war neben den Vorlesungen rein physisch eine Anstrengung. Anfangs ging ich auch täglich zu Fuß zur TH, um mich nicht in die zur Nachkriegszeit stets überfüllten Straßenbahnen drängen zu müssen.

Rückblickend staune ich über die erhebliche Zeit, die ich für die unendlich scheinende Reise durch die analytischen Praktika benötigte. 1952 ist aber auch jene Mappe am dicksten, in denen ich die Programme meiner Opern- und Konzertbesuche sammelte:

Meine Flucht in 40 Opern-, Theater- und Konzertaufführungen im ersten Studienjahr war Kompensation eines unbefriedigenden und belastenden Studienalltags. Studenten erhielten an der Abendkasse vor Beginn noch verbliebene Karten für eine Mark; ein Anrecht für zwölf Philharmoniekonzerte kostete mich 20 Mark. Dabei empfand ich die Zensur der Moderne durch die damalige Kulturpolitik als äußerst bedrückend (Formalismusdebatte); andrerseits wurde Klassik bewusst propagiert, mancher fand dadurch überhaupt erst seinen Weg zur Kunst.

Die ersten vier Semester erlebte ich als belastend durch die Vorlesungen und Seminare in Marxismus-Leninismus (ML) mit dem wöchentlich vorgeschriebenen Riesenpensum an Pflichtliteratur, die man lesen und exzerpieren musste. Im Seminar konnte man jederzeit zu einem darauf bezüglichen Referat aufgerufen werden! Da hatten es die aus den Betrieben delegierten Kommilitonen mit ihren Erfahrungen auf diesem Gebiet viel leichter und nutzten das auch gehörig zu klassenkämpferischer Selbstdarstellung und Profilierung aus. Hier spürte ich mein gewisses Behütetsein aus der Oberschulzeit als Mangel an Alltagsertüchtigung! Deshalb hatte ich viel nachzuholen. Versagen in ML-Prüfungen wäre teuer zu stehen gekommen. Mit Schaudern erinnere ich mich an die Wochenenden, wo ich versuchte die massenhaft aufgebürdete Pflichtliteratur zu lesen, zu verstehen und zu exzerpieren, statt meine Nase in Chemiebücher zu stecken, was zweifellos auch einem rascheren Fortkommen im Praktikum förderlich gewesen wäre.

Die Prüfungen in ML glichen eher einem Verhör und der Erforschung des „Bewusstseins“; man saß vor einer mit rotem Stoff bespannten Tischfront auf einem einzelnen Stuhl. In dialektischem Materialismus, also eher philosophischen Fragen, wusste ich mich ganz gut zu schlagen, unsicher war ich hingegen in Geschichte der Arbeiterbewegung, obwohl selbst ein Arbeiterkind. Im Ergebnis bescheinigte mir der berüchtigte Dozent Werner Turski[11] ein „kleinbürgerliches Bewusstsein“, was als Tadel gemeint war, was ich aber eher als ehrend empfand, denn ich wusste um die Bedeutung bürgerlicher Werte.

Der Zwang zur Pflichtliteratur und zu ihrer Verinnerlichung hatte natürlich Methode: das Bewusstsein wurde damit angefüllt, quasi hypnotisch überfüllt; bei der geschickten Vernetzung von Propaganda mit wissenschaftlichen Quellen musste sich mancher Zweifler fragen, ob der dialektische Materialismus nicht vielleicht doch in richtiger Weise die Welt und ihre Gesetze widerspiegelt? Ich hätte dies einfach glauben müssen,

---

11 Werner Turski, Dipl.-Lehrer für Gesellschaftswissenschaften und Dozent für Grundlagen des Marxismus-Leninismus. Der ehemalige Gewerbelehrer und spätere Prorektor der TH Dresden, Werner Turski, war Mitglied der NSDAP gewesen und später einer der schärfsten Befürworter der Hochschulpolitik des SED-Zentralkomitees (Quelle: „Die Welt“ vom 25.6.1958). Zu Turski vgl. auch den Kommentar am Ende dieses Beitrags sowie den Beitrag von Christian Meyer, „Zweifel an der führenden Rolle der Partei“. (Anm. d. Hg.)

aber konnte es nicht. Zu weit war der Horizont meiner schulischen Bildung gewesen, zu unabhängig und auch individualistisch mein Denken. Als Einzelkind war mir schon jede Vermassung zuwider; schon in der Nazizeit litt ich als „Pimpf"[12] darunter, in Reih und Glied marschieren und eine Uniform tragen zu müssen, so dass ich später nie Mitglied der FDJ war. Ich konnte nicht verstehen, warum ich wieder eine Uniform anziehen sollte, auch nicht für den propagierten „Friedenskampf".
Allerdings wurde ich innerhalb der Seminargruppe als Nicht-FDJ-Mitglied toleriert, es gab keine Agitation, in den Verband einzutreten. Auch als eine Liste kursierte, in welche Sparte der neu gegründeten halbmilitärischen „Gesellschaft für Sport und Technik" (GST)[13] man eintreten wolle, und ich mich für überhaupt keine entschied, blieb das ohne Folgen. Als Nichtmitglied blieben mir natürlich auch viele Hintergrundinformationen verwehrt, die in den FDJ-Versammlungen zum Studienablauf besprochen wurden.
Erstaunlicherweise erregte meine Initiierung eines „Diskussionszirkels" keinen Argwohn. Aus Interesse an echter geistiger Auseinandersetzung (und mit dem Bestreben im Hinterkopf, enges indoktriniertes Denken aufzuweiten) kamen mehrere Themenabende zustande, darunter zu Einsteins Relativitätstheorie (was das Lächeln einiger Physiker einbrachte) und zum Existenzialismus des Jean-Paul Sartre. Die Einladungen dazu hingen sogar öffentlich im Schaukasten.

Demonstration zum 1. Mai 1954, an der ich nur als fotografierender Zaungast teilnahm. Es marschiert mein Semester – Studienjahrgang 1951 (Foto: Günter Herrmann)

12 „Pimpfe", „deutsches Jungvolk", Jugendorganisation der Nationalsozialisten, Vorstufe der Hitlerjugend. (Anm. d. Hg.)
13 Zur GST siehe den Kommentar am Ende des Beitrags von Hanns-Lutz Dalpke, „In Dresden benutzte man die eigenen Füße, die Straßenbahn oder das Fahrrad". (Anm. d. Hg.)

1953 wurde mir meine FDJ-Nichtmitgliedschaft beinahe zum Verhängnis. Ich ahnte nichts Gutes, als ich per Postkarte für den 21. Mai um 20 Uhr ins Prorektorat für Studentenangelegenheiten einbestellt wurde. Gedrückte Atmosphäre herrschte im Zimmer 10 mit den wenigen Studenten der TH, die nicht in der FDJ waren. Turski, inzwischen Prorektor für Studentenangelegenheiten, ließ uns wissen, dass wir mit unserer Einstellung nicht würdig wären, an der Hochschule zu studieren. Am Schluss musste man an einem dicht an der Tür aufgestellten Tisch mit Aufnahmeformularen vorbei! Ich ging ohne Eintragung vorbei, verunsichert, was ich in der Folgezeit tun sollte, aber auch darauf vertrauend, als Arbeiterkind schon nicht als Erster exmatrikuliert zu werden. Stalin war zwei Monate vorher gestorben, das politische Klima veränderte sich: Mit dem 17. Juni war das Problem vom Tisch und von anderen Themen überlagert. Glück gehabt.

Ich erwähnte, wie ich zwei Schwierigkeiten ausgesetzt war: der massiven und zeitaufwendigen Indoktrination in Marxismus-Leninismus und der physischen Belastung durch die ganztägige Laborarbeit neben den Vorlesungen. Zum Abschlusskolloquium des physikalisch-chemischen Praktikums im Institut für Elektrochemie und Physikalische Chemie (Direktor: Professor Dr. Kurt Schwabe[14]) sah ich mich veranlasst, die dortige Institutsatmosphäre hervorzuheben und meinte beides: die besten Arbeitsbedingungen und vor allem das geistige Klima. Daher bat ich Professor Schwabe, meine Diplomarbeit bei ihm anfertigen zu dürfen.

Mit einem Schlag änderte sich meine Befindlichkeit: Es folgte eine Zeit der Geborgenheit unter dem Regiment Schwabes, den viele wegen seiner Strenge fürchteten, dem man sich aber wegen seiner fachlichen und moralischen Autorität und seiner vertrauensbildenden Führung gern unterordnete. Im Institut, in das die Partei lange Zeit vergeblich versuchte Genossen unterzubringen, herrschte ein liberaler Geist und bei aller Beachtung der Staatsraison eine fachliche und mentale Aufgeschlossenheit gegenüber dem Westen. Mit Selbstverständlichkeit konnten zum Beispiel bei Doktorfeiern und den legendären Weihnachtsfeiern Tonbandaufnahmen aus „Schlager der Woche“ (RIAS!) ertönen.

Was Schwabe nach der Wende ungerechterweise als „Systemnähe“ vorgehalten wurde, wussten wir damals wohl zu schätzen: Manche Beziehung zu politisch einflussreichen Persönlichkeiten (man benötigte seine wissenschaftliche Kompetenz) wirkte wie ein Schutzschild gegenüber Ansinnen und Einmischungsversuchen der Partei. Unter Schwabes schützender Hand konnten wir ohne ideologische Bevormundung arbeiten! Dies muss wohl der damalige Kaderleiter Haft vor Augen gehabt haben,

14 Kurt Schwabe (1905–1983) war Professor an der TH bzw. TU Dresden, Direktor des Instituts für Elektrochemie und Physikalische Chemie und von 1959 bis 1965 des Instituts für Radiochemie im Zentralinstitut für Kernforschung in Rossendorf bei Dresden. (Anm. d. Hg.)

als er wegen einer beantragten Westreise nach entsprechender Diskussion meinte: *„Ihr arbeitet ja hier noch weiter, wenn auf der Bergstraße schon die Panzer rollen!"* Wie kritisch Schwabe eingestellt war und wie mutig er sein konnte, belegt unvergesslich ein Zitat aus seiner späteren Antrittsrede als Rektor der TU: *„Begrüßt mir heiter und mit Achtung den, der euer Wort wie einen schlechten Pfennig prüft!" (BRECHT).* Dass ich unter seiner Leitung in großer Freiheit und Sicherheit auch promovieren durfte, gehört zu den glücklichen Umständen meines Lebens, so dass ich gern von den „Goldenen Sechzigerjahren" spreche.

Ich konnte also, obwohl weder Parteimitglied noch Mitglied einer Massenorganisation, mit etwas Glück politisch ziemlich unbehelligt studieren. Dabei hatte ich Achtung vor manchen Genossen, die in ehrlicher Überzeugung an bestimmte humanistische und soziale Ziele geradezu mit Idealismus glaubten, nahm hingegen mit größtem Unbehagen jene wahr, die wohlgedrechselte Reden führten und die Ideologie vor ihren persönlichen Karrierekarren spannten, gar in Fanatismus Befriedigung an der Machtausübung fanden.

Dass die Werktätigen in der DDR mein Studium bezahlten, habe ich mir erst relativ spät bewusstgemacht. Wenn in leichter Abänderung eines Brecht-Zitates gelten mag *„Wer vom Staat will leben, wird ihm wohl müssen auch was geben ...",* so war meine Gegenleistung keine ideologische Konzession, sondern bestand darin, dass ich mich im Beruf für die Heimat nützlich gemacht habe (Umweltschutz) und nicht nach dem Westen gegangen bin. Ich fand es charakterlos und schäbig erst in der DDR kostenlos zu studieren, um nach dem Abschöpfen der Vorteile dann die Seite zu wechseln, es sei denn, es gab dafür Gründe persönlicher Gefährdung.

Günter Herrmann, geb. 1933; Abitur 1951, anschließend Chemiestudium an der TH/TU Dresden bis 1958, 1958–1969 wissenschaftlicher Mitarbeiter am Institut für Pflanzenchemie der TU Dresden in Tharandt, 1970 Promotion am Institut für Elektrochemie und Physikalische Chemie (Professor Schwabe), 1969–1989 Wissenschaftlicher Mitarbeiter, Gruppen- und Abteilungsleiter sowie Vorsitzender der Betriebsgewerkschaftsleitung (BGL) am Meteorologischem Observatorium Wahnsdorf (Meteorologischer Dienst der DDR), Leitung von Arbeitsgruppen bei der Kammer der Technik (KdT) und im Rat für gegenseitige Wirtschaftshilfe (RGW).
1989–1995 Referent im Sächsischen Landesamt für Umwelt und Geologie, Mitarbeit im Fachbeirat Messtechnik und in Facharbeitsgruppen der Kommission Reinhaltung der Luft im Verein Deutscher Ingenieure (VDI).

// Kommentar zeithistorisch //

Prorektor Werner Turski Über den „Gewerbelehrer und Prorektor Werner Turski" berichtet Dr. Eberhard Schröder im Absolventenmagazin der TU Dresden, dass er Turski im Oktober 1945 in einem Lazarett in Zittau begegnete. Turski habe damals den Rang eines Leutnants bekleidet und

dort die Soldaten „ideologisch auf Vordermann gebracht". Turski sei „noch fest überzeugt vom deutschen Endsieg" gewesen.
Vor dem gleichen Mann habe er dann erneut am 21. Mai 1953 im Prorektorat für Studentenangelegenheiten der TH Dresden gesessen und musste sich „[...] dessen Fragen wegen meiner Nichtzugehörigkeit zur FDJ stellen. Seine scharfen Drohungen und Vorwürfe gegen mich wechselten schnell in einen verbindlichen Ton, nachdem ich ihm kurz einiges aus meinem Werdegang berichtet hatte. [...] Möglicherweise erinnerte sich der Herr Prorektor an mich [...] vom November 1944 in Zittau. [...] Vielleicht kam ihm damals auch der Gedanke: ‚Dieser Mann könnte mir schaden.'" (Zit. n. Dr. habil. Eberhard Schröder in „KONTACT – online" der TU Dresden, Lesererzählungen.)

Herausgeber

// Italienisches Intermezzo

Dr. rer. nat. Dipl.-Chem. Günter Herrmann

1957 legte ich an der TH Dresden die Diplomprüfung in Chemie ab, wobei mir das Zusammenschreiben der Diplomarbeit recht schwerfiel, denn ich konnte mich im Herbst 1956 nach einer kurz entschlossen und recht kühn unternommenen Italienreise[15] wochenlang nicht mehr auf die Arbeit konzentrieren.
Diese Italienreise wurde ein bestimmender Einschnitt in meinem Leben. Im Dresdner Antiquariat, damals noch in der Rothenburger Straße in einer Baracke, hatte ich schon lange vorher für eine Mark Baedekers „Italien von den Alpen bis Neapel" gekauft und war fasziniert von den detaillierten farbigen Karten und unmittelbar nachvollziehbaren Informationen. Alles schien so nahe gerückt, so möglich, so machbar, wenn man nur Mut dazu hätte, falls die Umstände es zuließen!
1956 war es möglich, einen Interzonenpass zu bekommen ohne Angabe von Reisegründen. Animierend kam hinzu, dass ich als Verehrer von Carl Orff mir seine „Catulli Carmina" und „Concenti di voci" nach Catull-Gedichten über den Gardasee (Sirmio) angeeignet hatte und der Gardasee mit relativ erschwinglichem Reiseaufwand erreichbar schien. Ich sehe mich noch im qualitativen Praktikum stehen, durch die trüben, angeätzten Fensterscheiben auf den azurblauen Himmel schauen (ähnlich verlockend blau das Meer auf den Baedeker-Karten), im Ohr Orffs „Iam ver

---

15 Bis 1955 konnte man sehr einfach eine Reisegenehmigung nach dem „Westen" (Bundesrepublik) bei der Polizei beantragen und bekam diese in der Regel auch. Ab 1956 änderte sich das, Reisen wurden bereits oft bei Jugendlichen – so auch bei mir – abgelehnt. Es blieb in diesem Fall noch die Möglichkeit, nach Westberlin zu fahren – das konnte man relativ einfach mit der S-Bahn – und dann von dort nach Westdeutschland zu fliegen. (Anm. v. G. Knoblauch)

egelidos refert tepores" („Jetzt bringt der Frühling die linden Lüfte zurück") aus den „Concenti", höre im Geist immer wieder das emphatisch lockende Tenorsolo aus dem Sirmio-Gedicht Catulls: „O quid solutis est beatius curis!" („Oh was ist glücklicher als gelöste Sorgen!")

Es musste einfach sein! Verwandte in Hannover überwiesen mir 80 DM postlagernd nach München. Mit zwei Freunden löste ich dort im italienischen Reisebüro ein preiswertes „Biglietto circulare" München–Bozen–Rovereto–(von dort mit Bus zum Gardasee)–Verona–Venedig–Triest–Salzburg–München. Im Meldeamt in München tauschten wir unseren Interzonenpass gegen einen Interimspass, damals kein Verstoß gegen das Passgesetz, das es noch nicht gab. Vorher wurden wir im Amt ein wenig befragt über unsere Absichten: „Ja, hoabts denn a Geld?"

Günter Herrmann (Quelle: privat)

Der erste Tag auf italienischem Boden, gleichzeitig die erste Übernachtung dort unter freiem Himmel, wurde zum Elementarerlebnis. An einem strahlend blauen Tag stiegen wir von Rovereto kommend in Nago oberhalb des Gardasees aus dem Bus, zogen mit dem Campingbeutel auf dem Rücken staunend durch die heißen, mittagsstillen Gassen des Dorfes, verfehlten den Weg nach Torbole hinunter und plötzlich öffnete sich der Blick durch Olivenhaine hindurch auf den bis dahin ganz verborgenen See tief unter uns, auf die majestätischen Hochufer, die nahen Orte mit der grünlich schimmernden Sarcamündung und auf die Ferne, die sich ganz verlor im Silbergrau des Mittags. Und alles großartiger als gedacht. Goethe schrieb 1786 in Torbole: *„Wie sehr wünschte ich meine Freunde einen Augenblick neben mich, dass sie sich der Aussicht freuen könnten, die vor mir liegt."* Auch ohne des Dichters Worte damals zu kennen – wir waren uns einer großen Stunde an einem herausragenden Orte bewusst.

Wie soll man dies beschreiben, dass es nachvollziehbar wird? Was muss vorangegangen sein, dass schöne Bilder so gefangen nehmen? Was musste folgen, um wie an einem schönen Traum daran zu hängen? Ich hatte Freunde neben mir, die sich mit mir freuten, jubelnd und sprachlos zugleich. Das Tor des Südens schien uns aufgetan, ein lebendig Band geknüpft zur alten Geschichte; das Verstehen schien uns schlagartig erhellt für mediterranes Lebensgefühl und für das Sehnen ganzer Generationen. Bedarf's der Nachsicht, so zu sprechen?

Wir zogen an diesem Tag nicht weiter. Wir blieben bei den Oliven am sonnendurchglühten Hang, vom Nachmittag bis zum Morgen; wir holten am Dorfbrunnen Wasser in Plastebeuteln, kauften in einem Tante-Emma-Laden Wermutwein „vom Fass", lauschten abends dem Konzert der Grillen, nachts dem Lispeln der Blätter über unseren Köpfen, während die Lichter Rivas und Torboles herüber funkelten. Wir fühlten uns geborgen im völlig freien Lagern auf dem kargen und selbst über Nacht noch sonnenwarmen, steinigen Boden. Dies war ein Tag, der unverlierbar einging ins Erinnern, voll von Wärme, Licht und Duft und Ahnungen der Ferne, ein Tag, den überlegende Regie nicht wirkungsvoller, nicht berührender, nicht nachhaltiger hätte inszenieren können. Ein Tag, der Traum und Hoffnung nährte viele Jahre, die dort entdeckten Wege weiter zu beschreiten.

Die Heimat mit ihren Problemen lag so weit hinter uns, dass wir auf einer Landstraße lauthals eine Parodie auf die zu Hause laufende Werbekampagne für die Kasernierte Volkspolizei (verdeckte Remilitarisierung) nach der Melodie eines Armeemarsches von uns gaben: „Wissarionowitsch Stalin, unser großer weiser Herr, der rief am ersten Mai alle Jugend ans Gewehr. Durch sein Sprachrohr Wilhelm Pieck ließ er's verkünden überall, doch keiner ist dabei, kein Schwein geht zur Polizei!"

Noch Jahre nach dem Mauerbau träumte ich vom Gardasee (Foto: Günter Herrmann, 1956)

Nach zwei Wochen saß ich wieder zu Hause über meiner Arbeit brütend, unfähig mich zu konzentrieren, aber mit tausend lebendigen Bildern im Kopf, von denen ich zudem nur einem vertrautesten Kreis berichten konnte.

Das Eintauchen aus der damals noch grauen DDR in die farbige Zauberwelt des Südens hatte mich so aus der Fassung gebracht, dass mich erst ein Mahnschreiben von Professor Schwabe[16], das er mir per Motorradboten ins Haus zustellte (!), wieder auf

16 Kurt Schwabe (1905–1983) war Professor an der TH bzw. TU Dresden, Direktor des Instituts für Elektro-

den Boden der Tatsachen zurückholte, ich meinen Arbeitsplatz im Institut räumte, meine Diplomarbeit über Glaselektroden zusammenschrieb, um schließlich im April 1957 meine Diplomprüfung abzulegen.
Es war eine lebenswichtige Reise, Schlüsselerlebnis für spätere, nicht enden wollende Italienbegeisterung. Noch Jahre nach dem Mauerbau träumte ich immer wieder (farbig!) von der Gardaseelandschaft. Wie viele Jahre mussten vergehen, um dieses Land wiederzusehen, kaum dass man es jemals hoffen konnte! Dann geschah das Wunder …

// Von persönlicher Benachteiligung bis zur Sippenhaftung

Disqualifizierung und Benachteiligung unter der Regie der SED und Stasi

Prof. Dr.-Ing. habil. Gerhard Hönisch (Technische Hochschule Dresden, Studienjahrgang 1951, Fakultät Maschinenwesen, Diplom 1956, Promotion 1963)
Gerhard Hönisch verstarb bereits 2012. Der vorliegende Beitrag wurde von Rainer Jork aufgezeichnet. Er entstand auf der Grundlage von Interviews, die Rainer Jork mit Erika Hönisch (Jahrgang 1937), der Schwester des Verstorbenen, führte, sowie auf der Grundlage von Dokumenten, die Erika Hönisch den Herausgebern zur Verfügung stellte (Anm. d. Hg.).

Frau Erika Hönisch übergab den Herausgebern Dokumente und persönliche Notizen aus dem Nachlass ihres Bruders und schrieb dazu:
„*Die Biografie von Herrn Professor Dr.-Ing. Gerhard Hönisch zeigt exemplarisch auf, wie Menschen disqualifiziert und benachteiligt wurden, die dem Druck der Partei der SED standhielten. Überwachung, auch der Angehörigen, durch die Stasi, eingeschränkte Dienstreisen, keine angemessene Bezahlung, Wohnraumverweigerung, Versuche, alte Freundschaften zu zerstören, bis zur offenbar absichtlichen gesundheitlichen Schädigung waren die angewandten Methoden des Umgangs mit einem unbescholtenen und qualifizierten Wissenschaftler, der 30 Jahre unterdrückt und geschädigt wurde.*“
Mit Blick auf den „*von meinem Bruder erlebten markanten Widerspruch von Freiheit der Forschung und Übernahme von Lehrtätigkeit unter politischer Einflussnahme* nach

chemie und Physikalische Chemie und von 1959 bis 1965 des Instituts für Radiochemie im Zentralinstitut für Kernforschung in Rossendorf bei Dresden. (Anm. d. Hg.)

Studienabschluss an der TH Dresden sehe ich es als moralische Verpflichtung an, die durchlebten Zeiten meines Bruders […] zwischen 1963 bis 1991, seine enormen Schwierigkeiten und Belastungen, die ich miterlebte, zu schildern, weil er im Jahr 2012 verstorben ist.“

„Durch seine eindeutige ablehnende Haltung zur Mitgliedschaft in der SED, in der Kampfgruppe[17] *und gegenüber der Forderung, seine Verbindungen zu Verwandten und Bekannten in Westdeutschland und Westberlin nachweislich abzubrechen, wurde er zum Staatsfeind, hochgradig „republikfluchtverdächtig“ und auch im Urlaub überwacht. […] Sein Name befand sich auf einer um 1991 vom ZDF gesendeten „Liste zu observierender Personen“ der Stasi, die Namen und Adresse enthielt.“*

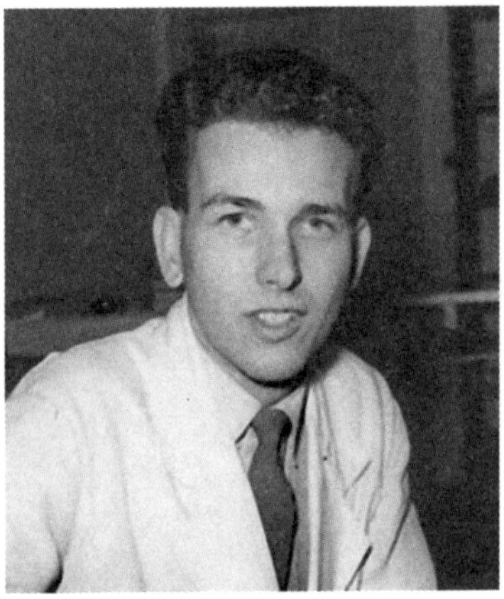
Gerhard Hönisch als Assistent, etwa 1960 (Foto privat)

Nach seinem Maschinenbaustudium an der TH Dresden war Herr Hönisch wegen seiner hervorragenden Leistungen für eine Hochschullaufbahn prädestiniert. Folgerichtig war er dann dort wissenschaftlicher Assistent und Oberassistent am Institut für Maschinenlehre und Verarbeitungsmaschinen bei Professor Dr.-Ing. Tränkner, promovierte 1963 und wurde auch von diesem für den Hochschullehrernachwuchs vorgeschlagen.

Er schrieb jedoch rückblickend 2006 dazu: *„Spätestens seit 1960 bin ich sicher, von der Stasi*[18] *beobachtet und sowohl privat wie auch dienstlich behindert worden zu sein, weil ich in meinen Arbeitsstellen (TH/TU Dresden, VVB Nagema*[19]*/Institut Nagema, Bergakademie Freiberg) ein wichtiger und anerkannter Fachmann, aber parteilos war und Verwandte und Freunde in Westdeutschland hatte.*

1970 bemühten sich zwei in Rente gehende Professoren in Dresden und Ilmenau, mich als Nachfolger zu gewinnen. Daraufhin wurde ich vom Arbeitsplatz weg in eine Versammlung von ca. 10 SED-Parteisekretären, Betriebs- und Kaderleitern[20] *gerufen.*

17 Die Mitglieder der sogenannten Kampfgruppen der Arbeiterklasse waren offiziell Freiwillige, die voll berufstätig waren und sich dafür bereit erklärten. Die Kampftruppen waren dem Ministerium des Inneren und damit der Volkspolizei zugeordnet und mit leichten Waffen ausgerüstet. In den volkseigenen Betrieben war – wie auch in anderen Einrichtungen – der Parteisekretär der SED der Oberkommandierende der Kampfgruppe. Übungen fanden auch während der Arbeitszeit statt. (Anm. v. R. Jork)

18 Stasi: das Ministerium für Staatssicherheit der DDR, „Schild und Schwert der Partei“, der SED, also der Geheimdienst einer Partei ohne parlamentarische Kontrolle. (Anm. d. Hg.)

19 VVB Nagema: Vereinigung volkseigener Betriebe, **Ma**schinenbau **Na**hrungs- und **Ge**nussmittel in Dresden, später Institut und Kombinat Nagema. (Anm. d. Hg.)

20 Kaderleiter war der DDR-Terminus für Personalleiter, das waren zuverlässige SED-Mitglieder. (Anm. d. Hg.)

Grundsatzerklärung
der am 12.12.1957 in Leipzig versammelten Prorektoren
für den wissenschaftlichen Nachwuchs, Professoren,
Dozenten und Assistenten.

Die Konzentration aller Kräfte der Deutschen Demokratischen Republik auf den Aufbau des Sozialismus erfordert grundlegende Klärung in Methode und System der Auswahl, Ausbildung und Erziehung des wissenschaftlichen Nachwuchses, insbesondere der Assistenten, Aspiranten und der jüngeren Dozenten.

Nicht nur Aufgeschlossenheit gegenüber dem gesellschaftlichen Geschehen, sondern bewußte Zuwendung ; nicht nur die Fähigkeit zwischen Fortschritt und Reaktion zu unterscheiden, sondern die Bereitschaft für den Fortschritt zu handeln - das sind die Eigenschaften, die wir zusammen mit einem hohen fachlichen Können von jedem verlangen, der einmal als Wissenschaftler in unserer sozialistischen Gesellschaft tätig sein will.

Wir, die hier versammelten Prorektoren für den wissenschaftlichen Nachwuchs, Professoren, Dozenten und Assistenten, fordern von jedem Angehörigen des wissenschaftlichen Nachwuchses

offene Parteinahme für die Deutsche Demokratische Republik als des rechtmäßigen, die demokratische und friedliche Entwicklung unseres Vaterlandes garantierenden deutschen Staates ;

Achtung und Schutz des sozialistischen Eigentums an den Produktionsmitteln, als ökonomischer Grundlage unserer gesellschaftlichen Ordnung ;

wissenschaftliche praktische Unterstützung der Arbeiterklasse als der gesellschaftlich führenden Kraft in diesem Staat sowie der mit ihr verbündeten Bauern und den werktätigen Schichten unseres Volkes ; beim Aufbau des Sozialismus auf allen Gebieten unseres gesellschaftlichen Lebens ;

Anerkennung und Zusammenarbeit mit der Partei der Arbeiterklasse als der führenden politischen Kraft unseres Staates, die ihre Führung im Bündnis mit den in der Nationalen Front des demokratischen Deutschland vereinigten demokratischen Parteien und Organisationen ausübt ;

ernsthaftes Bemühen, die Erkenntnisse des wissenschaftlichen Sozialismus zu erweitern und im fachlichen sowie im gesellschaftlichen Leben anzuwenden ;

bewußter Einsatz des gesamten Wissens und Handelns für ein sozialistisch erneuertes Deutschland.

Erste Seite der Grundsatzerklärung, 1957

Dieses sozialistische Erziehungsziel kann nur erreicht werden, wenn alle zur Ausbildung und Erziehung unseres sozialistischen Nachwuchses berufenen Kräfte zusammenwirken.

Wir rufen alle auf, Professoren, Dozenten, Assistenten, Aspiranten, die Mitglieder der Gewerkschaft und der Freien Deutschen Jugend, sich unter Führung der Partei der Arbeiterklasse bei dieser Aufgabe zu vereinigen.

Ausschnitt aus dem Ende der Grundsatzerklärung (zweite Seite)

5 7

Beurteilung unseres Mitarbeiters Dr.-Ing. G. Hönisch

Koll. Dr. Hönisch wurde im März 1963 als Leiter der Fachgruppe "Maschinenuntersuchung" im Fachgebiet "Wissenschaftliche Grundlagen" des Wissenschaftlich-Technischen Zentrums der VVB Nagema eingestellt.

In dieser Funktion, die er heute noch ausübt, hat Kollege Dr. Hönisch durch seine umfangreichen fachlichen Spezialkenntnisse, seine Beharrlichkeit und Konsequenz beachtliche Ergebnisse erreicht. So ist durch die unter seiner Leitung vorgenommene Maschinenuntersuchung und Überarbeitung der Zellglaseinschlagmaschine EGP vom VEB Tabakuni Dresden die Leistung der Maschine von 120 Pack./min auf maximal 325 P/min erhöht worden und die gegenwärtig laufende Überarbeitung der Zigarettenpackmaschine ZPK des gleichen Betriebes brachte in der Funktionserprobung eine Leistungssteigerung von 80 P/min auf 130 P/min pro Bahn.

Seine gute Arbeit wurde anläßlich des 7. Oktober 1964 durch die Auszeichnung als Aktivist gewürdigt.

Kollege Dr. Hönisch ist jederzeit bereit, mit seinen guten fachlichen Kenntnissen bei auftretenden Schwierigkeiten zu helfen und seine Erkenntnisse unseren Betrieben zu vermitteln. So hat er eine Chefkonstrukteurtagung im Juli 1964 über Probleme der Maschinenuntersuchung durchgeführt und einen Beitrag in den Nagema-Mitteilungen zum gleichen Thema geschrieben.

Neben seiner guten fachlichen Arbeit ist seine gesellschaftliche Arbeit innerhalb unseres Betriebes noch nicht im erforderlichen Maße gegeben. Die gesellschaftliche Mitarbeit beschränkt sich auf seine Teilnahme am Parteilehrjahr. Für seine weitere Entwicklung ist Koll. Dr. Hönisch zu wünschen, daß es ihm gelingt, seine ausgezeichneten Fachkenntnisse mit einem entschiedenen und klaren politischen Auftreten zu verbinden.

Koll. Dr. Hönisch ist Mitglied des FDGB, der DSF, der KdT und des DTSB, im DTSB – Kreisfachausschuß Tennis – in dem er hauptsächlich mit der Klassifizierung der Sportler beschäftigt ist. Außerdem gehört Koll. Dr. Hönisch dem Vorstand der Betriebssektion "Tennis" von Empor Löbtau an, wo er eine aktive gesellschaftliche Tätigkeit leistet.

Dresden, d. 2. 2. 1965

Beurteilung von Gerhard Hönisch durch die VVB Nagema, 1965

Einziger Tagesordnungspunkt der mehrstündigen Versammlung war meine berufliche Zukunft. Zunächst wurde ich wegen meiner fachlichen Arbeit gelobt, dann wurde mir klargemacht, dass die Berufung auf eine Professorenstelle nur dann möglich ist, wenn ich Mitglied der SED und Kampfgruppe werde und meine Verbindungen zu Verwandten und Bekannten in Westdeutschland und Westberlin nachweisbar abbreche. Das alles lehnte ich höflich, aber eindeutig ab, worauf die Versammlung zu einem Tribunal wurde, das mich in Art eines Kreuzverhörs stundenlang in die Zange nahm und mit der Feststellung endete, dass jemand, der ein solches Angebot ablehne, nur ein hartnäckiger Staatsfeind sein könne. Ich sollte bezüglich Aufgaben und Gehalt auf Anfängerniveau zurückgestuft werden und musste mir eine andere Arbeitsstelle suchen.
Ganz sicher ist danach in meiner Kaderakte[21] *festgelegt worden, dass ich für keine leitenden Aufgaben mehr in Frage komme, scharf zu bewachen und zu benachteiligen sei. Zum Beispiel habe ich in der DDR nie eine Wohnung bekommen. Zum Professor wurde ich erst nach 1989 berufen.*
Eine Besuchsgenehmigung in die BRD erhielt ich auch bei Todesfällen von Verwandten nicht. Mein Telefon wurde überwacht und in wenigen Fällen, in denen eine Telefonverbindung in die BRD gelang, wurde sie nach wenigen Worten gekappt.“
Herr Dr. Hönisch, der übrigens vor Beginn seines Studiums innerhalb eines Jahres einen Facharbeiterbrief als Maschinenschlosser erwarb, wurde dann von der TU Dresden aus ab 1963 nach der VVB Nagema delegiert, wo er Fachgruppenleiter war. Hier wurde ihm in eine Beurteilung vom 2. Februar 1965 unter anderem eingetragen: *„[…] Für seine weitere Entwicklung ist Koll. Dr. Hönisch zu wünschen, dass es ihm gelingt, seine ausgezeichneten Fachkenntnisse mit einem entschiedenen und klaren politischen Auftreten zu verbinden […].“* In einer weiteren Beurteilung vom 7. Januar 1970 ist zu lesen: *„Koll. Dr. Hönisch trat bei der Beurteilung und Diskussion von fachlichen Problemen immer zielstrebig, verantwortungsbewusst und kritisch auf. Es muss aber festgestellt werden, dass seine politische Entwicklung bisher nicht durch eine ähnliche Konsequenz gekennzeichnet ist.“* (Siehe Anlagen).
Im Anschluss an seine Arbeit in der VVB Nagema sowie nach kurzer Arbeitslosigkeit und vor Beginn seiner Tätigkeit als wissenschaftlicher Oberassistent an der TU Dresden 1979 wirkte Dr. Hönisch seit 1971 als Lektor[22] an der Bergakademie Freiberg. Gerhard Hönisch schrieb dazu auf: Im Januar 1971 wurde ich *„arbeitslos, da ein von mir vorgesehener Arbeitsstellenwechsel an die Bergakademie Freiberg entgegen vorherigen Vereinbarungen zunächst auf Grund der politisch negativen Beurteilung nicht*

---

21 Kaderakte: Personalakte, eine spezielle Form der begleitenden Personalunterlagen. Begleitend bedeutet: Die Kaderakte wanderte bei jedem Stellenwechsel mit. (Anm. d. Hg.)

22 Lektor: Universitätsangestellter mit Lehrauftrag, Angestelltenstufe formal unterhalb eines Dozenten, der deutlich besser bezahlt wird. (Anm. d. Hg.)

gelang. Von einem zuständigen Leiter im Kombinat Nagema […] wurde mir in dieser Lage eine Stelle für 800,- Mark Monatsgehalt angeboten.“

Die primär auf Dr. Hönisch orientierten Behinderungen und Überwachungen erstreckten sich auch auf seine Freunde und Familienmitglieder, die damit praktisch vorsorglich in „Haftung“ genommen wurden. Das betraf besonders seinen (2008 verstorbenen) Schulfreund Dr. Peter Reinhold, Rechtsanwalt und Notar in Bensheim, der bald nach Kriegsende mit seinen Angehörigen nach Westdeutschland zog. Dr. Hönisch beschreibt diese lebenslange Freundschaft in einer besonderen Chronik.

Gerhard Hönisch, geb. 1932 in Chemnitz, nach dem Abitur Ausbildung zum Maschinenschlosser; 1951–1956 Studium Maschinenbau an der TH Dresden; anschließend 1956 bis 1963 wissenschaftlicher Assistent bzw. Oberassistent an der THD. 1963–1970 Industrietätigkeit in der VVB Nagema[23], dort Repressionen ausgesetzt; ab 1971 Lektor (Oberassistent) an der Bergakademie Freiberg, ab 1979 wissenschaftlicher Oberassistent an der TU Dresden.
Ab 1992 außerordentlicher Professor, später bis zur Altersgrenze ordentlicher Professor an der TU Dresden.

// Betreuungsnotstand durch „Republikflucht“ im Lehrkörper

Erlebnis- und Erfahrungsbericht an der BA Freiberg und der Universität Leipzig

Prof. Dr. rer. nat. Hans-Peter Leidhold (Bergakademie Freiberg (BA), Studienjahre 1952–1953, Geophysik, Karl-Marx-Universität Leipzig (KMU), Studienjahre 1953–1959, Mathematik, Diplom 1959, Promotion 1983)

Ich habe im Mai 1952 die Abiturprüfung in meiner Geburtsstadt Großenhain in Sachsen mit der Note „sehr gut“ abgelegt. Damit standen mir alle Studiengänge offen (das war nur in den ersten Jahren der DDR der Fall). Mein Problem war die Wahl des „richtigen Studienganges“.

Da mein Elternhaus keine akademische Tradition hatte, gab es keine Vorbilder, und Beratung war gefragt. Mein Vater als selbstständiger Kaufmann, engagierter Christ

23 Siehe Anm. 19.

und parteiloser Mann der politischen Mitte riet mir von ideologisch beeinflussten Fächern, wie zum Beispiel Jura, ab. Also orientierte ich mich an meinen Stärken: Mathematik und Naturwissenschaften.

Ein reines Mathematikstudium war mir wegen der damals unklaren Berufsaussichten zu riskant. Als Kompromiss wählte ich Geodäsie und Geophysik. Das Studium an der Bergakademie Freiberg (BA) war gut organisiert. Mit einem befreundeten Kommilitonen bewohnte ich ein großes Zweibettzimmer im Thälmann-Wohnheim (einer ehemaligen großen Kaserne) der BA. Das Grundstipendium von 130 Mark plus Leistungszulage war auskömmlich. Fachlich gab es keine Schwierigkeiten. Aber das obligatorische außerfachliche Programm mit „Grundlagen des Marxismus-Leninismus" (abgekürzt: ML) (Vorlesung und Seminar), der FDJ-Studentengruppe, dem vertieften russischen Sprachunterricht und der Körpererziehung war (bis auf Letztere) belastend. Denn es ging hier weniger um Wissensvermittlung etwa im Sinne eines Studiums generale, als um politisch-ideologische Erziehung. Studenten sollten Kader[24] des Arbeiter-und-Bauern-Staates werden und den „Westen" als Klassenfeind betrachten. Eine freie politische Diskussion in den ML-Seminaren kam nicht zustande, wenn man persönliche Repressalien vermeiden wollte. Größere politische Gegensätze in der Seminargruppe gab es im ersten Studienjahr nicht, wohl aber später.

Eine besondere politisch-gesellschaftliche Erfahrung machten wir im Berufspraktikum im Sommer 1953. Drei Wochen davon beanspruchte ein Untertagepraktikum im VEB Bleierzgruben „Albert Funk", Betriebsabteilung Halsbrücke. Dieses Praktikum in einer Grube bis 700 Metern Tiefe war hochinteressant. Ausbildungsziel war das Kennenlernen von Technik und Technologie des Untertageerzbergbaus in Verbindung mit den hohen, vor allem körperlichen Anforderungen an die Bergarbeiter.

Am Sonnabend, dem 27. Juni 1953, fand kurzfristig eine Belegschaftsvollversammlung unter Tage statt, an der auch wir Praktikanten teilnahmen. Es war eine äußerst angespannte Situation im Halbdunkel, die Älteren sitzend, die Jüngeren stehend. Die Sprecher der Bergarbeiter waren konfrontiert mit der Betriebsleitung, der SED-Betriebsparteiorganisation und Vertretern der Gewerkschaft FDGB. Der Protest der Bergarbeiter richtete sich gegen die erhöhten Arbeitsnormen wie bereits auf der zentralen Demonstration in Berlin am 17. Juni 1953, also zehn Tage früher. Die zehn Tage Verzögerung resultierten wahrscheinlich aus der schleppenden Nachrichten-

---

24 Unter Kader verstand man einen Mitarbeiter oder eine Mitarbeiterin in einem Betrieb, einer gesellschaftlichen Einrichtung oder Organisation (zum Beispiel in Bildungseinrichtungen, volkseigenen Betrieben und Parteien). Entsprechend hießen die Leiter der Personalbüros Kaderleiter, die sich dann auch um die sogenannten Kaderentwicklungspläne kümmerten. Ziel der Kaderentwicklung war auch, politisch besonders vertrauenswürdige Führungskräfte heranzuziehen. (Anm. d. Hg.)

übermittlung zwischen Berlin und der Provinz. Insbesondere über die militärische Niederschlagung des Protestes war hier noch nichts bekannt, denn Fernsehen gab es damals noch nicht. Jedenfalls wurde knallhart verhandelt und mit Streik gedroht. Das Szenario entsprach ganz und gar nicht dem in der ML-Vorlesung gelehrten Interessenausgleich zwischen Partei, Staat und Arbeiterklasse. Eine freie Gewerkschaft als Vermittler gab es nicht wirklich, und der Staat nutzte sein Gewaltmonopol gegen die eigenen Bürger aus.

Welches Ergebnis in Halsbrücke erreicht wurde, erfuhren wir nicht. Vermutlich ist die allgemeine Rücknahme der Normerhöhungen auch hier wirksam geworden. Diese Vorgänge stimmten mich – auch im Hinblick auf die Zukunft – schon nachdenklich, und der Gedanke eines Wechsels (Flucht) in den Westen kam wieder ins Bewusstsein.

Schon im Laufe des Frühjahrssemesters 1953 wurde mir klar, dass mich die gewählte Studienrichtung nicht befriedigte. Ich beschloss nun doch, einen Wechsel zur reinen Mathematik nach Leipzig unter allen Umständen zu erreichen. Dieser Wechsel kam schließlich zustande und war mit einer Rückstufung ins erste Studienjahr verbunden. Ich hatte zwar ein Jahr verloren, war aber nun in der richtigen Spur.

Neue Kommilitonen, das Leben in einer Großstadt, Privatquartier statt Studentenwohnheim, etwas freiere Wahl der Vorlesungsfächer (auch unter dem Aspekt der Verständlichkeit der einzelnen Professoren), großer kultureller Gestaltungsspielraum, das waren die neuen Aspekte. Fachlich kam ich gut zurecht, was auch dem vorzüglichen Lehrkörper geschuldet war. Die Regelstudienzeit betrug fünf Jahre bzw. zehn Semester. Die ML-Pflichtausbildung setzte sich fort mit „Dialektischem und historischem Materialismus" (zweites Studienjahr) und „Grundlagen der politischen Ökonomie" (drittes Studienjahr), jeweils mit Vorlesung und Seminar. Zu den Seminaren waren Vorträge und Ausarbeitungen zu liefern, die streng bewertet wurden und zunehmend der Kontrolle der politischen Zuverlässigkeit des Einzelnen dienten. Einige Kommilitonen schwenkten allmählich auf die Linie von Partei und Staat ein. Der Umgang mit diesen wurde komplizierter und damit meistens zurückhaltender. Russisch wurde bis Ende des dritten Studienjahres gelehrt. Gern wahrgenommen wurde die Körpererziehung, die bis Ende des zweiten Studienjahres Pflichtfach war, aber auch danach noch angeboten wurde.

Ein besonderes Ereignis war im Sommer 1954 eine sechswöchige Fahrradrundreise durch die Bundesrepublik, die ich mit einem Freund unternahm. Nur 1955 war die Grenze zwischen den beiden deutschen Staaten für solche Reisen ohne besondere Genehmigung noch offen (ansonsten war ein Grenzübertritt nur über West-Berlin möglich). Da die Mitnahme von Mark der DDR (Ostmark) verboten war (und zudem der Umtauschkurs ganz ungünstig war), konnte eine solche Reise nur mit Hilfe von Verwandtschaft im Westen oder über Jugendherbergen, die für „Ost"-Gäste

Verpflegungsgutscheine (kein Bargeld) ausgaben oder quasi über Bettelei realisiert werden. Wir wollten unser Glück trotzdem versuchen und wählten den Grenzübergang Helmstedt. Wir wurden als Fahrradfahrer nicht etwa durchgewinkt, sondern in ein Kontrollgebäude eingewiesen und einer Kontrolle in drei Etappen unterzogen: 1. Fahrrad, 2. Gepäck und 3. Leibeskontrolle. Beim Fahrrad wurden Lenker und Bereifung auf enthaltene Geldscheine untersucht. Die Bereifung musste der Radbesitzer anschließend selbst wieder aufpumpen. Das Gepäck wurde ausgepackt und Stück für Stück kontrolliert. Der detaillierten Leibeskontrolle konnte ich entgehen, indem ich auf Nachfrage einen kleingefalteten 10-DM-Schein (frühere Gabe eines Westverwandten) aus der Hosentasche holte. Der Kontrolleur ging damit stolz zu seinem Vorgesetzten im gleichen Raum, der – wie ich hören konnte – zu ihm sagte: „Zurückgeben, aber anpfeifen!", was dann auch erfolgte. Die Frage nach weiterem Geld verneinte ich spontan, obwohl ich noch 50 Ostmark bei mir hatte und die „Ausfuhr" von Ostmark untersagt war. Mir wurde geglaubt, und die abenteuerliche Westrundreise per Rad und Anhalter konnte beginnen. Der Arbeiter- und Bauernstaat war sich nicht zu schade, ein solch diskriminierendes Prozedere an seinen Studenten zu praktizieren.

Der Autor auf Fahrradtour am Königssee, 1955 (Foto privat)

Tief beeindruckt von unserer Rundreise, die uns bis nach Zürich geführt hatte, kehrten wir nach sechs Wochen zurück und wurden wieder argwöhnisch kontrolliert, diesmal mehr nach Schriften (des „Klassenfeindes") wie Nachrichtenmagazinen und großen Tageszeitungen. Die Umstellung zurück auf die hiesigen Verhältnisse fiel uns nicht leicht und war erneut von Diskussionen über einen Wechsel in den Westen begleitet.

Nach fünf weiteren Semestern erfolgreichen Studiums begann die Diplomphase. Diese Zeit brachte für mich große, unvorhersehbare Schwierigkeiten, die letztlich dem sich verschärfenden politischen Ost-West-Konflikt geschuldet waren, der die innerdeutsche Grenze schließlich zum Eisernen Vorhang zwischen zwei politischen Lagern werden ließ.

Man wählte seinen „Diplomvater" und hatte zunächst diverse Fachliteratur zu studieren, ehe das Diplomarbeitsthema festgelegt wurde. Ich sprach beim Institutsdirektor Professor Dr. Hölder im Herbst 1957 diesbezüglich vor, wobei die Themenvergabe

für Januar 1958 festgelegt wurde. Bei meiner Vorsprache zu diesem Zeitpunkt wurde mir mitgeteilt, dass Professor Hölder von einer Dienstreise in die Bundesrepublik Deutschland endgültig nicht zurückgekehrt sei. Ich war wie vom Schlag getroffen. Um einen neuen Betreuer hätte ich mich selbst zu kümmern. Das bedeutet in der Mathematik auch die Orientierung auf ein neues Spezialgebiet und damit weitere Einarbeitungszeit. Ich konnte schließlich Professor Dr. Schaefer, bei dem ich Hilfsassistent gewesen war, als neuen Diplomvater (mit neuem Arbeitsgebiet) gewinnen. So unglaublich das klingt, auch Professor Schaefer setzte sich noch vor der Themenfestlegung in den Westen ab (Republikflucht, wie es später offiziell hieß). Die Gefahr, dass die innerdeutsche Grenze eventuell bald ganz geschlossen werden könnte, führte zu dieser 1958 verstärkt einsetzenden Fluchtwelle.
Wer kam jetzt noch als Diplomvater infrage, bei dem ich zumindest Vorlesungen gehört hatte und mit dessen Umgangsart ich zurechtkam? Professor Dr. Beckert war schließlich bereit, mich zu betreuen. So ging es mit kurzer Einarbeitungszeit und einem neuen Thema weiter. Ein Stipendium erhielt ich trotz dieser unverschuldeten Betreuungspannen jedoch nicht mehr. Einen solchen Fall hatte es wohl bisher noch nicht gegeben. Mein Elternhaus stockte seinen bisherigen kleinen Unterhaltsbeitrag auf, so dass ich meine Diplomarbeit in Ruhe anfertigen und Anfang 1959 einreichen und erfolgreich verteidigen konnte. Mein Studium hatte mit Einbeziehung des Fachrichtungswechsels knapp sieben Jahre gedauert.

Hans-Peter Leidhold, geb. 1934 in Großenhain; Grund- und Oberschule bis Abitur 1952; anschließend Studium von Geophysik in Freiberg für ein Jahr, dann Studium der Mathematik an der Karl-Marx-Universität (KMU) in Leipzig bis 1959 (Diplomabschluss); wissenschaftliche Tätigkeit an der Hochschule für Bauwesen Leipzig (HfB), Anwendung und Lehre zur neu entstehenden EDV in der Baustatik; 1969–1970 Leiter des Rechenzentrums des HfB, Erwerb der Fakultas Docendi; u. a. Veröffentlichung zweier Lehrbücher zur Informatik; 1983 Promotion zum Dr. rer. nat. an der Sektion Mathematik der Karl-Marx-Universität Leipzig.
Ab August 1991 Referent am Sächsischen Staatsministerium für Wissenschaft und Kunst; Juli 1992 Berufung zum Professor für Praktische Informatik an der HTWK (Hochschule für Technik, Wirtschaft und Kultur in Leipzig); bis zur Emeritierung 1999 dort auch Prorektor für Bildung; Lehrtätigkeit bis 2000.

// Kommentar zeithistorisch //

Flucht aus der DDR Mit der Gründung der beiden deutschen Staaten nach dem Zweiten Weltkrieg im Jahre 1949 nahm die Absatzbewegung der Menschen nach dem Westen Deutschlands ständig zu. Sie erreichte Spitzenwerte mit über 330.000 Personen im Jahr der durch sowjetische Panzer niedergeschlagenen Aufstand um den 17. Juni und über 200.000 vor dem Ausbau der innerdeutschen Grenze 1961. Die umfassenden Benachteiligungen des Mittelstandes und der Intelligenz im sogenannten „Arbeiter-und-Bauern-Staat" und der zunehmende Zwang zu Ergebenheitsbekundungen bis zum Eintritt in die SED veranlassten vor allem kreative und risikobereite DDR-Bürger, diesem

„Paradies der Arbeiter und Bauern" den Rücken zu kehren. Verschiedentlich wurde versucht, die Westflucht von Wissenschaftlern dadurch zu begrenzen, dass man ihnen mit sogenannten Einzelverträgen gewisse Privilegien zubilligte. Das mag auch in bestimmten Fällen funktioniert haben, minderte aber schließlich nicht wesentlich die Fluchtbewegungen auch profilierter Wissenschaftler aus der DDR.

Mit der Installation der innerdeutschen Grenze am 13. August 1961 auf Anordnung des SED-Regimes in der DDR, gekennzeichnet durch die Mauer quer durch Berlin, Stacheldraht und Minenfelder, waren die Menschen im Osten Deutschlands zunehmend politischem Druck ausgesetzt. (In Studentenkreisen wurde dieser sogenannte „antifaschistische Schutzwall" mit „Antifaschuwa" abgekürzt.) Sie wurden in ihrem persönlichen Verhalten, ihrer Entwicklung, reglementiert und behindert, standen unter latentem Bekenntniszwang zu „ihrem sozialistischen Staat" und litten unter der eskalierenden Militarisierung des Lebens. Die Zwangskollektivierung in der Landwirtschaft (Studenten wurden eingesetzt, die Bauern zu „überzeugen"), die Enteignung auch kleinerer Privatbetriebe um 1972 sowie die sogenannten „Hochschulreformen" waren unter anderem für viele DDR-Bürger Grund für das Verlangen, sich diesen Repressionen durch eine Flucht in den Westen Deutschlands zu entziehen. Dies wurde auf allen nur denkbaren Wegen versucht. Die sogenannten „Republikflüchtlinge", oft auch ihre Angehörigen, wurden vom SED-Regime kriminalisiert. Nicht selten endete ein solcher Fluchtversuch mit dem Tode.

R. Jork

// 1958 zog das System die Daumenschrauben enger

Dipl.-Ing. Hubertus Deick (TH Dresden, Studienjahre 1953–1958, Fakultät Bauingenieurwesen, TH Darmstadt, Fakultät Bauingenieurwesen, Diplom 1960)

Was trieb mich? Ich hatte zehn Semester in Dresden studiert. Von acht Diplomhauptprüfungen waren vier abgelegt. Alle Belege lagen bei den Lehrstühlen. Und nun „haut er ab"? So oder so ungefähr werden viele Kommilitonen, Freundinnen und Freunde gefragt haben. Die sogenannten Jugendfreundinnen und Jugendfreunde, die, die immer das Blauhemd trugen, meine ich damit nicht.

Ja, was trieb mich? Ulli Pfeifer, unser Kommilitone, als Mitveranstalter unseres Treffens zum 50. Jahrestag der jährlichen Zusammenkunft unserer ehemaligen Seminargruppe brachte es mir nahe. Wer dazu bereit sei, solle es doch aufschreiben: Die Motive seiner „Republikflucht", sein Ankommen, seine ersten Erfahrungen im „Westen". Also kramte ich in den Erinnerungen und in den auffindbaren Unterlagen, schon echte Dokumente, aus dieser Vergangenheit. Dabei schlug ich nach einer sehr langen Zeit auch meine alten Tagebücher wieder auf.

Rückblick: Mein Studentendasein war schön. Mit dem Stipendium kam ich mehr schlecht als recht, aber doch immerhin aus. Im Kreis der Freunde, weibliche und

Aus dem Studentenbuch von Hubertus Deick, 1953 (Foto: Archiv Hubertus Deick)

männliche, gab es Abwechslung und Spaß. Ich sog die kulturellen Aspekte Dresdens in mich auf. Und meine große Nische war der Sport.
In unserer Sektion der Hochschulsportgemeinschaft hatte der sozialistische Alltag keinen Zugang. Und wer in der „immer Recht habenden Partei“[25] war, trug in unserem Bereich nie das Abzeichen mit den sich gebenden Händen. Notfalls, mit dem Vorwand für wichtige Wettkämpfe trainieren zu müssen oder am 1. Mai oder am „Tag der Republik“ wirklich einen wichtigen Wettkampf zu haben, gab es dann einen Persilschein von den Funktionären. So musste ich mich nicht in die Demonstrationszüge einreihen.
Meine Eltern, beide damals schon lange unter der Erde, hatten mich christlich erzogen.
Unsere erste Flucht[26] aus dem ehemals deutschen Osten, ein Tabuthema, wir wurden ja befreit, hatte mir zudem ein anderes Bild von der ruhm- und siegreichen Roten Armee vermittelt, das doch erheblich von dem nun offiziellen – Deutsch-Sowjetische Freundschaft – abwich. Diese bewusst gewollte Distanz zum System bescherte mir aber auch eine gewisse „Blauäugigkeit“, die so weit ging, dass ich und meine im „Westen“ lebende Freundin ernsthaft überlegten, unser vielleicht gemeinsames Leben in der sogenannten DDR zu verbringen. Es kam anders: Im Frühjahr 1958 zog das System die Daumenschrauben enger: Reiseverbot für Studenten in die Bundesrepublik, das berüchtigte 5-Punkte-Programm, das eine SED-Hochschulkonferenz auflegte, der schärfere Ton der Funktionäre.
In den Diskussionen über das 5-Punkte-Programm, zu dem ich mich wirklich nicht positiv erklären konnte, so wie gefordert, kam dann schon einmal hin und wieder der zarte Hinweis auf die Exmatrikulation. Besonders wollte ich nicht den Forderungen nachkommen, meine Bereitschaft zu erklären, an einer vormilitärischen Ausbildung teilzunehmen, nach Abschluss des Studiums dorthin zu gehen, wo der „Arbeiter- und Bauernstaat“ mich brauchte, und mir eine wissenschaftlich-atheistische Weltanschauung durch das Studium des Marxismus-Leninismus anzueignen. Die Ereignisse eskalierten. Die Sektion schickte mich zu einer Kreisdelegiertenkonferenz. Ein „Nein“

25 „Die Partei hat immer Recht“ – Zeile aus dem Refrain des „Liedes der Partei“, verfasst von Louis Fürnberg (1909–1957) im Jahr 1949. Das Lied wurde genutzt als Lobeshymne der DDR-Staatspartei SED. (Anm. d. Hg.)

26 Flucht der deutschen Bevölkerung vor den vorrückenden sowjetischen Truppen (Rote Armee) aus den deutschen Gebieten (Ostpreußen, Pommern, Schlesien) von Oktober 1944 bis zum Ende des Krieges. (Anm. d. Hg.)

dazu ging nicht. Nur wer diese Konferenzen selbst einmal erlebt hat, kennt die ausschweifenden Monologe der Funktionäre.

5 - Punkte-Programm der TH-Dresden

1. Auftreten als FDJ'ler - Erfüllung der Aufgaben des Verbandes - Opferbereitschaft - Halten von bewusster Disziplin.
2. In jedem Semester nützliche Taten für den Arbeiter- und Bauernstaat vollbringen - Arbeitseinsätze.
3. Bereiterklärung zur Teilnahme an der militärischen Ausbildung - Lehrgänge und militärwissenschaftliche Vorlesungen.
4. Nach Beendigung des Studiums dem Arbeiter- und Bauernstaat zur Verfügung stehen und "dort arbeiten, wo er es für nötig hält".
5. Aneignung einer wissenschaftlich-atheistischen Weltanschauung bis zum Ende des Studiums durch gründliches Studium des Marxismus-Leninismus.

Fünfpunkteprogramm der TH Dresden, 1958 (Archiv des Hubertus Deick)

Stinklangweilig! Unter dem Vorwand, an einer Geburtstagsfeier teilnehmen zu wollen, verließ ich vorzeitig diese Veranstaltung, natürlich ohne Genehmigung. Der offizielle Brief dokumentierte darauf meinen Abgang als ein *„unserem demokratischen Prinzip widersprechendes und einem Studenten des Arbeiter- und Bauernstaates unwürdiges Verhalten“*.

Eine weitere Versammlung. Diskussion über einen Briefverkehr zwischen den Präsidenten „West“ und „Ost“ der Sportverbände. Dem „Westpräsidenten“ wurde die Befürwortung der Atombewaffnung der Bundeswehr unterstellt. Aus einer Zeitschrift des bundesrepublikanischen Verbandes hatte ich aber den Originaltext vorliegen und versuchte, die Verdrehungen richtigzustellen. So „blauäugig“ war ich! Klar die Reaktion: Ich verbreitete – so der Vorwurf – „NATO-Propaganda“. Dann kam eine Verhandlung: *„Die Angelegenheit wird nunmehr den staatlichen Organen übergeben.“* Es war für mich nicht schwer vorzustellen, was nun ablaufen würde.

Die Mauer war noch nicht errichtet. Durch den Tunnel musste kein Republikflüchtling, auch nicht durch Stacheldraht und über den Todesstreifen. Um Berlin gab es aber einen Ring strenger Kontrollen. Da saß ich nun im Zug. Am Revers deutlich das FDJ-Abzeichen, das Abzeichen „Für gutes Wissen“ in Bronze, das Sportleistungsabzeichen in Gold. Die Kontrolle und die Angst. War ich schnell genug gewesen? Die Fragen der Volkspolizisten. *„Meine Tante wohnt in der Schönhausener Allee. Ihr Name ist Martha Deick. Ich fahre zu ihr. Dort werde ich mich auf meine Diplomprüfungen vorbereiten.“* Der geöffnete Koffer schien beweiskräftig genug zu sein: Zeichnungen,

Manuskripte, Fachbücher hatte ich oben auf die sonst unauffälligen Unterhosen, Socken, Oberhemden und Taschentücher gelegt. Und natürlich existierte diese Tante wirklich. Ganz klein zusammengefaltet steckte hinten in meiner Hose ein Papier, bereit im Falle des Falles verschluckt zu werden. West-Berlin, Lager Marienfelde.
Die folgenden elf Tage gäben Stoff für eine lange Erzählung. Laufzettel für das Notaufnahmeverfahren. Mit einem Blechnapf und zwei Decken beziehe ich mein Bett und teile das Zimmer mit fünf anderen Gestrandeten. „Achtung vor Diebstahl wird gewarnt!" Ich treffe den Sportfreund[27] aus Dresden. Befragungen durch die Dienste der Alliierten und schließlich der Flug nach Frankfurt.
Ein neues Kapitel in meinem Leben beginnt. Da das Herbstsemester in Darmstadt erst Mitte Oktober anfängt, arbeite ich in einem Ingenieurbüro für Baustatik und bekomme die Pläne für ein zwölfgeschossiges Gebäude, eine Stahlbetonskelettkonstruktion, auf den Schreibtisch. Zum ersten Mal soll ich eine Statik rechnen, nach der nun auch wirklich gebaut wird. Ich fange an. Statisch unbestimmte Systeme. Dafür kenne ich ja das Kraftgrößenverfahren. *„Was machst du denn da?"*, fragt mein Chef Wolfgang, der gestandene Fachschulingenieur, *„hast du denn noch nie etwas von Cross oder Kani gehört?"*. Zumindest ich hatte beim Professor Bürgermeister diese Verfahren nicht gelernt. Dabei hatten Cross bereits 1930 und Kani 1949 ihre Verfahren bekannt gemacht. Möglicherweise waren sie nicht ausreichend akademisch. Ich lernte und rechnete und war ganz stolz, nach vier Wochen die Statik fertig zu haben. Kommentar von Chef Wolfgang: *„Na ja, eigentlich müsstest du mir ja Lehrgeld zahlen."* Ich verdiente 250 DM im Monat.
Darmstadt: Einige Dresdner Studenten trafen sich hier. Jedes Mal war dies nicht nur eine Überraschung, es war auch Freude dabei. Ein ganz klein zusammengefaltetes Papier half, dass die Dresdner Diplomprüfungen anerkannt wurden. Dieses ganz klein zusammengefaltete Papier: Es war eine eidesstattliche Erklärung einiger „guter" Kommilitonen über meine Diplomhauptprüfungen. „Glück ist die Frucht der Freiheit, und die Freiheit ist die Frucht der Tapferkeit." (Perikles).
Und mein A-Ausweis[28] mit C-Vermerk[29] sorgte für ein auskömmliches Stipendium. In Darmstadt herrschte bekanntlich der Stahlbaupapst Klöppel[30]. Nach einer Vorlesung näherte ich mich ihm vorsichtig und trug überaus höflich, vielleicht sogar devot, mein Anliegen vor: Ich hätte bei Herrn Professor Bürgermeister bereits

27 In der DDR wurden aktive Sportler/Sportlerinnen mit Sportfreund/Sportfreundin bezeichnet, gleichbedeutend mit Sportkamerad/Sportkameradin. Die Bezeichnung „Kamerad" war in der DDR allgemein nicht üblich.

28 „Ausweis für Vertriebene und Flüchtlinge A" für Personen aus den ehemals deutschen Ostgebieten. (Anm. d. Hg.)

29 C-Vermerk bedeutete anerkannter politischer Flüchtling aus der DDR. (Anm. d. Hg.)

30 Professor Klöppel war in Darmstadt Lehrstuhlinhaber für Statik und Stahlbau, also das Gegenüber von Professor Bürgermeister in Dresden.

die Diplomprüfung in Statik abgelegt und bitte um Anerkennung dieser Prüfung. *„So, so! Beim Kollegen Bürgermeister*[31] *haben Sie diese Prüfung gemacht.*" Und dann mit erhobenem Zeigefinger: *„Aber Stahlbau machen Sie bei mir!*" Die Betonung lag eindeutig auf „mir". So habe ich also bei Klöppel dann „geknickt, gebeult und gekippt".[32]

Endlich hatte ich das Diplomzeugnis in der Hand und fing an, bei der Philipp Holzmann AG in Frankfurt in der Brückenbauabteilung „Brücken zu rechnen", zum Beispiel den quer vorgespannten Überbau der Autobahnbrücke Randersacker. Welcher Ingenieur ist nicht stolz auf seine ersten Arbeiten? Und so erzählte ich dies später meinen Söhnen. Die Folge: Wenn wir in späteren Jahren auf unseren Reisen in den Süden uns dieser Brücke näherten, kam es prompt von hinten: *„Papa, fahr vorsichtig. Da kommt deine Brücke!"*

Hubertus Deick, geb. 1935 in Schlochau/Pommern; 1945 Flucht nach Sachsen-Anhalt; 1953 Abitur am Martineum in Halberstadt; danach bis 1958 Studium des Bauingenieurwesens an der TH Dresden.
Nach der Flucht aus der DDR Fortsetzung des Studiums an der TH Darmstadt bis zum Diplom 1960; Tätigkeit als Statiker, Bauleiter, Oberbauleiter und Niederlassungsleiter in einem großen Baukonzern bis 1985; danach Wechsel in ein mittelständisches Bauunternehmen als Mitglied der Geschäftsleitung (Technischer Leiter); ehrenamtlicher Richter an einem Arbeitsgericht; Lehrbeauftragter für Baubetrieb und Baurecht im Fachbereich Bauingenieurwesen an der Universität Siegen. Seit 1999 im Ruhestand.

// Vor dem Abitur wurde ich zum Schuldirektor beordert oder Warum ich von Ost nach West ging

Dipl.-Ing. Berthold Fieseler (TH Dresden, Studienjahre 1953–1957, Fakultät Bauwesen, TH Hannover, Studienjahre 1959–1961, Fakultät Bauwesen, Diplom 1961)

Als das Abitur nahte, also etwa in der zehnten Klasse, riet mir eine wohlmeinende Lehrerin mit freundlichen, aber sehr ernst gemeinten Worten, doch der FDJ beizutreten. In der NS-Zeit war man mit zehn Jahren zu den „Pimpfen" (dem Deutschen

31 Professor Bürgermeister war Lehrstuhlinhaber für Statik und Stahlbau an der TH Dresden.
32 „Knicken", „Beulen" und „Kippen" sind Grundbegriffe für Bauingenieure, die sich mit der statischen Berechnung von Bauwerken aus Stahl, zum Beispiel Brücken, befassen. (Anm. d. Hg.)

Jungvolk) gekommen. Im Vergleich dazu vermochte ich bei der FDJ weder in der Organisationsform noch im äußeren Erscheinen einen besonderen Unterschied zu erkennen. Daher konnte ich mich mit dem Gedanken, ein Mitglied der FDJ zu werden, nicht gerade anfreunden. Meine Eltern, insbesondere mein Vater, standen der aktuellen politischen Propaganda und damit dem neuen Regime im Osten Deutschlands sehr kritisch gegenüber. Mein Vater vertrat den Standpunkt, dass sich auf dem Gebiet Deutschlands, das sich DDR nennt, politisch seit 1933 im Wesentlichen nichts geändert habe – nur die Farbe sei von „Braun" auf „Rot" gewechselt. Kommentar meiner Mutter dazu: „Dich holen sie auch noch mal ab." In dieser „politischen Umgebung" war ich herangewachsen und selbst kritisch geworden.

Als das Abi nahte, mussten wir Abiturienten uns noch in der Schule einer Werbung zum Offiziersanwärter unterziehen. Ich lehnte vorsichtig ab. Vor dem Abitur wurde ich, wie später auch andere, zum Schuldirektor beordert, der uns mit Blick auf ein beabsichtigtes Studium sehr unmissverständlich aufforderte, doch der SED beizutreten. Dieses Ansinnen brachte mich dann doch in Gesinnungsschwierigkeiten: Zu Hause bestand strikte Ablehnung, jetzt für mich der Zwang zur Abwägung: Ein „Nein" bedeutete in letzter Konsequenz den „Weggang"[33]. Eine Schülerin meiner Klasse war kurz zuvor wegen politischer Untragbarkeit von der Schule verwiesen worden. Zudem war die Zeit vor dem 17. Juni 1953[34] wirtschaftlich und damit auch politisch sehr angespannt. Nach einigem Hin und Her trat ich der Partei, also der SED, bei mit der inneren Einstellung, irgendwie da wieder rauszukommen.

Mit dem Wintersemester 1953 begann ich das Bauingenieurstudium an der TH Dresden. Natürlich war auch die TH politisch eingebunden, was sich unter anderem besonders in den marxistisch-leninistischen Lehrfächern widerspiegelte. In Parteiversammlungen wurde die Schaffenskraft des Sozialismus gefeiert mit ihren „großartigen Zukunftsperspektiven". Einige, wie auch ich, äußerten sich verhalten kritisch dazu.

In Dresden traf ich am 1. Mai 1954 unverhofft einen ehemaligen Mitschüler in erdbrauner Uniform als Leutnant der damaligen Streitkräfte der DDR.[35] Er erzählte mir ohne Umschweife und mit einem gewissen Stolz, er werde an der Militärakademie in Dresden theoretisch am Gebrauch von „ABC-Waffen" ausgebildet.

---

33 Gemeint ist der Wechsel nach Westdeutschland (die Mauer gab es noch nicht in dieser Zeit). (Anm. d. Hg.)

34 Volksaufstand in der DDR am 17. Juni 1953, der sich an einer Erhöhung der Arbeitsnormen entzündete und zu einem Generalstreik ausweitete. Zu den wirtschaftlichen Forderungen kamen politische, zum Beispiel nach freien Wahlen. Der Aufstand wurde von sowjetischen Panzern und der Volkspolizei blutig niedergeschlagen. (Anm. d. Hg.)

35 Gemeint ist die Kasernierte Volkspolizei. (Anm. d. Hg.)

Zum Studium gehörten auch Berufspraktika. Ich wurde im Sommersemester 1954 zum Berufspraktikum im Fach „Stahlbetonbau" nach Klietz (Havelland) geschickt und musste erstaunt feststellen, dass es sich dort um den Aufbau eines Armeeschießplatzes handelte. Stark armierte Bunker zum Versetzen von Aggregaten von Beschussobjekten quer zur Schießbahn sollten installiert werden. Ein begleitender Offizier erklärte auch, dass eine Beschussfläche für „Tiefflieger" zur Erdbekämpfung einzurichten sei, wobei die „Düsenjäger" von eigenen Piloten ab Unterleutnant geflogen würden. Am Rande bekamen wir mit, dass die für Aufbau, insbesondere Abholzungsarbeiten, eingesetzten Soldaten dies nicht ganz widerspruchsfrei erledigten.
Diese Begebenheiten machten mich zunehmend misstrauisch hinsichtlich des viel propagierten Friedenswillens der DDR-Regierenden. Mit ideologischer Redegewandtheit wurden kritische Anmerkungen dieser Art „ausgeräumt", immer mit dem obligatorischen Leitsatz: *„Die Partei hat immer recht."*[36] Schließlich gab es in der Bundesrepublik noch keinen militärischen Gegenpol in Form einer westdeutschen Armee; diese gab es erst ab November 1955.
Im Stillen kam mir der Gedanke an einen Parteiaustritt immer deutlicher ins Bewusstsein. Andererseits musste ich nach außen eine gewisse Loyalität zeigen, um kein Misstrauen aufkommen zu lassen. Die Gefahren und Konsequenzen wurden mir durch den entsprechenden Schritt eines Kommilitonen im Rahmen einer gesondert anberaumten Parteiversammlung vorgeführt. Seine Begründung, man müsse nicht in der Partei sein, um für den Frieden einzutreten, wurde nach einigem Hin und Her nicht anerkannt. Diese Denkweise entsprach nicht der Parteilinie, eher einem christlichen Gedankengut. Sein Abgang von der TH Dresden (seine Exmatrikulation) war damit besiegelt.
Mit wurde klar, dass dies für mich so nicht gehen soll. Ich bereitete mich in aller Stille und ohne jede Offenbarung vor. Solch einen Schritt musste man für sich ganz alleine gehen. In der Zeit des sogenannten „Büropraktikums" 1957 fuhr ich eines Tages in Richtung Stralsund über Ost-Berlin, um die erste Personenkontrolle vor Ost-Berlin zu überstehen.[37] Nach striktem Anraten meiner in Ost-Berlin wohnenden Verwandten fuhr ich in den zur abendlichen Berufszeit vollen S-Bahnzügen (eine Kontrolle fand um diese Zeit erfahrungsgemäß kaum statt) ohne Rückkehrabsicht von Ost-Berlin nach West-Berlin zum Aufnahmelager. Hier erlebte ich die üblichen Formalitäten und Befragungen von Vertretern der westlichen Besatzungsmächte (Amerikaner, Briten, Franzosen) und verweilte einige Zeit in einem Wartelager bis zum Überflug

---

36 Vgl. Anm. 25.
37 Damals, also in der Zeit der noch „offenen" Grenze in Berlin, wurden alle Personen, die nach Berlin einreisen wollten, in einem Ring um Berlin kontrolliert, sowohl an den Straßen als auch in den Zügen der Bahn.

in die Bundesrepublik. In dieser Zeit suchte mich ein früherer Bewohner meines Heimatortes auf und versuchte, mich mit einem harmlos scheinenden Angebot wieder zum Rückgang nach Ost-Berlin zu bewegen. Dies lehnte ich entschieden ab. Diese zwielichtige Person könnte einer von den vielen Spitzeln gewesen ein, vor denen wir ständig gewarnt wurden.

Meine Schwester erschien auch noch eines Tages in Westdeutschland. Sie hatte sich nach dem Abitur an den Universitäten Leipzig und Jena beworben und wurde mit dem Argument abgelehnt: *„Studenten aus dem bürgerlichen Milieu haben keinen Platz an unseren Universitäten."*[38]

Ich wurde dann in das Bundesland Nordrhein-Westfalen ausgeflogen und habe in Minden noch zwei Jahre in einem Ingenieurbüro gearbeitet, ehe ich mein Studium an der TU Hannover aufnahm und auch dort erfolgreich abschloss.

Um einen Staat und letztendlich seine Heimat zu verlassen, müssen schon schwerwiegende Zwänge vorliegen. Das galt früher bei Auswanderern und gilt auch heute noch. Oft liegt der Grund in wirtschaftlichen aber auch politischen Gegebenheiten, in der Hoffnung und dem Willen, mit den neuen, aber auch fremden, besseren Lebensumständen fertig zu werden.

Berthold Fieseler, geb. 1932 in Berlin-Wilmersdorf; wegen der massiver werdenden Luftangriffe Umzug der Familie im Sommer 1943 aufs Land nordwestlich von Magdeburg. Nach Kriegsende wurde dieses Gebiet schließlich der sowjetischen Besatzungszone (SBZ) zugeordnet, später DDR. In der Oberschulzeit auf Anraten einer Lehrerin Eintritt in die FDJ und auf massiven Druck der Schulleitung hin vor dem Abitur Eintritt in die SED. 1953 Abitur und Studiumsbeginn an der TH Dresden. Nach einem sogenannten Büropraktikum Abgang über Westberlin in die Bundesrepublik.

In Minden (NRW) zwei Jahre tätig in einem Ingenieurbüro. Wiederaufnahme des Studiums an der TH Hannover. Abschluss 1965 mit dem Diplom für das Bauingenieurwesen. Umzug nach Osnabrück, tätig bei einem Bundesbauamt für den Ausbau des Mittellandkanals, 1992–1997 tätig in Helmstedt für den Ausbau der Oststrecke des Mittellandkanals. Seit 1998 im Ruhestand.

38 Rahmenbedingung bzw. Voraussetzung zum Studium war und blieb das Abitur. Beim Zugang erfolgte dann aber doch eine größere Gewichtung der Herkunft der oder des Einzelnen, ob aus dem Umfeld „Arbeiterklasse", womit eine höhere Zuverlässigkeit vorausgesetzt wurde, oder aus dem bürgerlichen Milieu mit der Unwägbarkeit der politischen Einstellung zum System. Diese Tendenz meine ich, war bei der Ablehnung meiner Schwester zum Studium zu erkennen, obwohl meine Schwester auch in der FDJ war.

// „F. war Mitglied des DS, der FDJ, DSF und GST, leistete aber keine dementsprechende Arbeit"

Dipl.-Ing. Wolfgang Friese (Technische Hochschule Dresden, Studienjahre 1953–1955, Fachrichtung Bauwesen, Technische Universität Berlin, Studienjahre 1955–1963, Fachrichtung Bauwesen, Diplom 1963)

Wer die Zeit unmittelbar nach dem Zweiten Weltkrieg unbeschadet überstand, kann sich glücklich schätzen. Doch 1953 konnte ich in Nordhausen „Glücksteine sammeln", mein Abitur ablegen und in Dresden die Technische Hochschule besuchen. Nur relativ wenige bekamen damals überhaupt einen Studienplatz, ich sogar mit dem Urteil: *„F. war Mitglied des DS, der FDJ, DSF und GST,*[39] *leistete aber keine dementsprechende Arbeit."*

Großes Glück hatte ich auch mit meiner Studentenbude auf dem Weißen Hirsch im Rißweg 66 in Dresden. Vor mir hatte meine Wirtin eine Frau mit „Bonbon"[40] abgewiesen. Mir vertraute sie. Das alteingesessene Bildungsbürgertum versuchte, den zugezogenen roten Herren und ihren Günstlingen zu widerstehen. Diese waren in meiner Wohnungsnähe der Dichter Martin Andersen Nexö[41] (Tochter May lud mich zu ihrer Klassenfeier ein), der Nazi-Generalfeldmarschall Friedrich Paulus (er war u.a. mein Tennispartner – die Herren sagten Herr Feldmarschall, die Damen Herr Paulus zu ihm), sein Adjutant in Stalingrad, Wilhelm Adam (Mitgründer der NVA[42]), Professor Manfred von Ardenne[43] (er entwickelte 1943 in Berlin-Lankwitz im Auftrag der SS das Radar) und der Prodekan der Technischen Hochschule Dresden, Werner Turski[44]. Übrigens ist in Uwe Tellkamps Roman „Der Turm"[45] diese Zeit im Dresdner Stadtteil Bad Weißer Hirsch beschrieben. Einige Personen aus dem Buch sind mir bekannt. Dort werden auch meine Wirtsleute, die Matzolds, Inhaber eines Damen-

---

39 Zur DSF vgl. den Beitrag von Christian Höfgen, Zwänge und Chancen als Student und wissenschaftlicher Assistent; zur GST siehe den Kommentar am Ende des Beitrags von Hanns-Lutz Dalpke, „In Dresden benutzte man die eigenen Füße, die Straßenbahn oder das Fahrrad". (Anm. d. Hg.)

40 Mit „Bonbon" wurden die Parteiabzeichen (der SED) bezeichnet.

41 Martin Andersen Nexö (1869–1954), dänischer Schriftsteller, 1953 Ehrenbürger der Stadt Dresden; Tochter: May Nexö-Hahn. (Anm. d. Hg.)

42 NVA: Nationale Volksarmee der DDR. Der damalige Oberst Wilhelm Adam (1893–1978) war als Adjutant von Paulus 1943 in Stalingrad, im Osten Deutschlands nach dem Kriege dann Mitbegründer der NDPD (National-demokratische Partei Deutschlands), 1949–1963 Abgeordneter der Volkskammer der DDR und Oberst der KVP (Kasernierte Volkspolizei). (Anm. d. Hg.)

43 Manfred Baron von Ardenne (1907–1997) war ein deutscher Naturwissenschaftler, Forscher vor allem in der angewandten Physik. (Anm. d. Hg.)

44 Vgl. Anm. 11.

45 Vgl. Uwe Tellkamp: Der Turm, Frankfurt am Main 2008.

salons, genannt. Deren subtiler Widerstand bestand darin, Funktionärsfrauen möglichst abzuweisen. Matzolds halfen Verfolgten auf der Flucht. Manchen Morgen flüsterte meine Wirtin mir zu: „Wir haben Besuch". Ich verstand. Oder sie weinte: „Wieder ist ein Freund verhaftet worden". Eine kritische Situation für mich entstand 1954 zur Volkskammerwahl, als ich fragte, wo denn die Kabine sei. Ich fand sie schließlich weit hinten im Saal. Als ich den Wahlzettel durchstrich, zerriss er durch den ausliegenden 8 H-Bleistift[46] und ich konnte ihn dann nicht mehr richtig falten.
Ich erlebte eine jedoch schöne Zeit in Dresden, wurde zu Hauskonzerten, in die Oper und ins Theater eingeladen, zahlte keine Miete, verkehrte im Umfeld des Wohnortes auf dem Weißen Hirsch im Parkhotel, in der sogenannten „Kakadu-Bar", im Weihenstephan[47], im Dresdner Felsenkeller – alles Orte, die ich 1979 in recht marodem Zustand wiedersah. Das Restaurant „Bei Sepp" wurde nach der friedlichen Revolution in der DDR das erste Sternerestaurant in Dresden. Ich badete im Kurhaus in Haile Selassies[48] „goldener" Wanne. Der Vater meiner Tanzstundendame war selbstständig und lud uns auf die Pferderennbahn in Seidnitz ein. Manche lebten, als hätte sich die Welt mit dem Kriege nicht geändert. Unser Dozent, Dr. Christfreund[49], von Matzolds „Onkel" genannt, war ein Freund des Hauses.
Ich reiste von der DDR aus nach Düsseldorf in die Deutsche Bundesrepublik, jobbte dort auf dem Bau, kaufte mir modische „Sambaschuhe" und eine Uhr mit Datumsangabe. In Dresden wollte ich mir ein Radio der Marke Rennsteig für 250 Mark verdienen, um den RIAS (Rundfunk im amerikanischen Sektor von West-Berlin) zu hören. Dafür arbeitete ich mit meinem Kommilitonen Achim für den Architekten Schmidt[50]. Wir zeichneten Fassaden und maßen Ruinen auf. Letzteres war durchaus lebensgefährlich.
Den Lohn für meine erste Zeichnung konnte ich nicht einschätzen. Als ich 10 Mark verlangte, empörte sich der Architekt: „Ich muss eine Million verbauen, habe kein Material, keine Leute! Frau, gib ihm 50 Mark!" Achim und ich konditerten auch im berühmten Restaurant „Toskana" am Blauen Wunder[51] und sangen den Schlager „Wir tanzen wieder Tango in der Bundesrepublik". „Ah, die jungen Herren sind Studenten", so die alten Damen nebenan, „in welcher Verbindung[52] sind Sie denn?" Einer

46 8 H – extrem harte Bleistiftmine, normalerweise unter anderem in der Lithographie verwendet. Der Sinn war, möglichst Änderungen am Wahlzettel zu erschweren oder überhaupt zu verhindern.

47 Gartenrestaurant auf der Bautzener Landstraße in Dresden.

48 Haile Selassie (1892–1975), Regent Äthiopiens und letzter Kaiser von Abessiniens; er soll im Kurhaus am Lahrmannring auf dem Weißen Hirsch in einer Wanne mit goldenem Wasserhahn gebadet haben. (Anm. d. Hg.)

49 Professor für Straßenbau.

50 Dresdner Architekt.

51 „Blaues Wunder" wird die berühmte Stahlbrücke über die Elbe in Dresden genannt.

52 Verbindung, auch Korporation – Verband von Studenten und Ehemaligen (Alumni) einer Hochschule, die Brauchtum und gewachsene Tradition pflegen.

Verbindung trat ich erst in Berlin bei. Und wieder war da ein Glückstein auf meinem Wege: Nach Weihnachten 1955 kam spät abends mein Freund Fredi Baumgart zu mir: „Meine Mutter hat Radio gehört. Im Frühjahr findet eine Volkskammersitzung statt. Möglicherweise wird beschlossen, Westberlin abzusperren. Komm, wir gehen." Einen Augenblick Konfusion bei mir: Die Baustoffkundeprüfung stand an und was wird mit meinen Eltern, den Wirtsleuten? Mit meinem Ja erfüllte sich dann aber mein Traum BERLIN. Wir trafen in Westberlin ein.

Student an der Technischen Universität in Berlin

Fredi und ich, wir fanden erst einmal Aufnahme bei einer Freundin seiner Mutter. Alles Weitere waren Formalitäten. Das Land Berlin nahm Oststudenten zum weiteren Studium auf, es gab 90 DM Stipendium und 5 DM für die Monatskarte. Wir hatten keinen Flüchtlingsstatus und mussten nicht erst zur Erfassung ins Aufnahmelager. Mit dem neuen Personalausweis wollte ich mich bei einer Zimmerwirtin anmelden, aber – ich war noch keine 21 Jahre alt.[53] Doch der Reviervorsteher dozierte beeindruckend: „Wer einmal in Deutschland mit 18 Jahren für volljährig erklärt wird, der bleibt es!"

Wir wurden von der TU in West-Berlin aufgenommen mit Kleiner Matrikel[54], die „Große" gab es erst nach Anerkennungsprüfungen für das Abitur, Vordiplom und Humanistisches Studium. Nach der Bitte des Berliner Immatrikulationsbüros, die Vordiplomnoten zu schicken, schrieb der sonst stets freundlich gewesene Herr Wehrmann, leitender Mitarbeiter im Immatrikulationsbüro in Dresden, dass Friese den Sozialismus verraten habe und Noten nicht übersandt würden. Die Professoren bekamen sie aber privat von ihren Dresdner Kollegen, denn sie kannten sich vom Studium oder von internationalen Gremien her. „Schwein" hatte ich in Mathe. Professor Mohr fragte mich nach meinem Professor in Dresden. „Maruhn!"[55], rief er, „der hat mich gerade besucht, wir haben fürchterlich einen gesoffen!" Mit einer „sozialen Vier" ließ er mich gehen. Wir drückten uns vor diesen aufwendigen Nachprüfungen, und vieles war vergessen.

Die DDR blieb allgegenwärtig. Lächerlich für uns waren die ständigen Agitations-

53 Mit unter 21 Jahren war ich im Sinne der damaligen bundesdeutschen Gesetze noch nicht mündig.

54 Kleine Matrikel – eine Art Probestudium für maximal ein Jahr. Für ein reguläres Studium und den entsprechenden Abschluss mussten das Abitur, das Vordiplom und ein humanistisches Studium nachgewiesen werden, was im vorliegenden Falle nicht möglich war. (Anm. d. Hg.)

55 Prof. Dr. phil. habil Karl Peter Heinrich Maruhn (1904–1976), deutscher Mathematiker, 1949–1959 Direktor des Instituts für reine Mathematik an der TH Dresden; bei ihm ist der Autor nach eigenen Angaben in Mathematik durchgefallen. (Anm. d. Hg.)

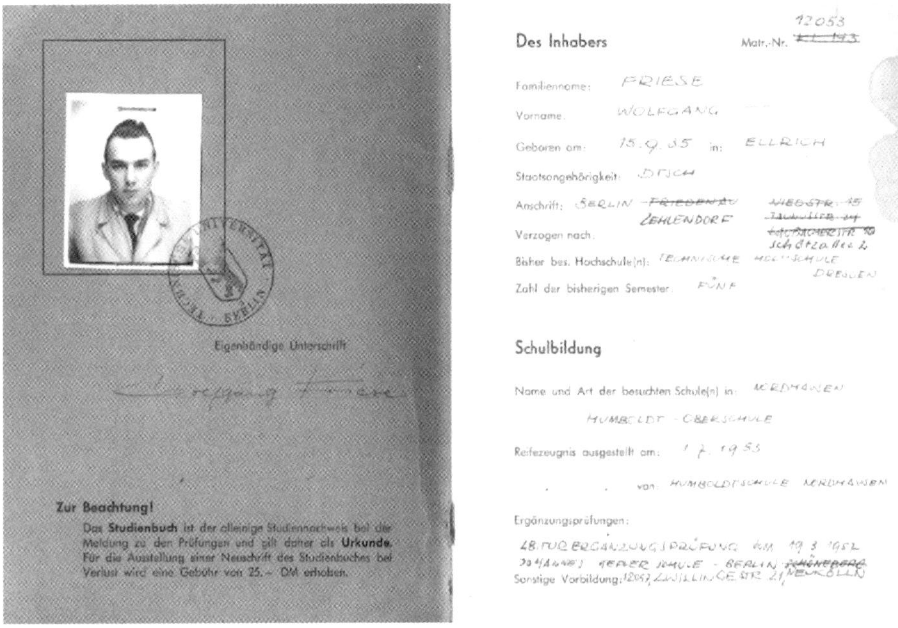
Eigenhändige Unterschrift

Wolfgang Friese

Zur Beachtung!
Das **Studienbuch** ist der alleinige Studiennachweis bei der Meldung zu den Prüfungen und gilt daher als **Urkunde**. Für die Ausstellung einer Neuschrift des Studienbuches bei Verlust wird eine Gebühr von 25.– DM erhoben.

Des Inhabers Matr.-Nr. 12053

Familienname: FRIESE
Vorname: WOLFGANG
Geboren am: 15.9.35 in: ELLRICH
Staatsangehörigkeit: DTSCH
Anschrift: BERLIN ZEHLENDORF
Verzogen nach: Schützallee 2
Bisher bes. Hochschule(n): TECHNISCHE HOCHSCHULE DRESDEN
Zahl der bisherigen Semester: FÜNF

Schulbildung

Name und Art der besuchten Schule(n) in: NORDHAUSEN HUMBOLDT-OBERSCHULE
Reifezeugnis ausgestellt am: 1. 7. 1953
von: HUMBOLDTSCHULE NORDHAUSEN
Ergänzungsprüfungen:
Sonstige Vorbildung: ABITUR ERGÄNZUNGSPRÜFUNG AM 19.3.1956 JOHANNES KEPLER SCHULE – BERLIN NEUKÖLLN, 12057, ZWILLINGESTR. 21

Studienbuch von Wolfgang Friese

schwärme von Trägern der Blauhemden[56] von der Humboldt-Universität in Ost-Berlin auf dem TU-Gelände in West-Berlin. Fanatische, fröstelnde „Jugendfreundinnen" bekamen von mitleidigen Seelen im Westen heißen Kaffee aus der Mensa gebracht. Bedrohlich waren die wiederholten „Zuführungen" in die Kontrollbaracken an den Transitstraßen zu Ausforschungen und Anwerbungen sowie die Spitzelbesuche, wenn ich später per Auto meine Eltern in der Heimat besuchte. Sie wussten vieles, aber nicht alles. Gegen das Ausspionieren und Bedrängen gab es nur ein Rezept: ein klares Nein und später im Beruf den Hinweis auf meine arbeitsvertragliche bzw. amtliche Verschwiegenheitspflicht und die Bemerkung, über das Gespräch berichten zu wollen. Das verstanden die „Organe", denn Gleiches band diese auch.
Dann kam am Sonntag, dem 13. August 1961 der Mauerbau, den Frau Baumgart schon 1955 befürchtet hatte. Mit den ansteigenden Flüchtlingsströmen hatte ich meine Kommilitonen im Zeichensaal, die im Randgebiet wohnten, aufgefordert, über das Wochenende in West-Berlin zu bleiben. Grenzziehungen durch Häuser sowie Verkehrs- und Versorgungsverbindungen kannte ich vom Südharz. Doch am Montag fehlte der halbe Saal, weil die Studenten aus Ost-Berlin fehlten. Eine Woche hatten wir Zeit, mit ausgeliehenen Personalausweisen die alten Kumpel und ihre Frauen und

56 Blaue Hemden gehörten zur Uniformierung der FDJ-Mitglieder. (Anm. d. Hg.)

Freundinnen über die Sektorengrenze zu schleusen[57]. Nach dem Maurerbau fehlten Menschen in (West-)Berlin, damit entfiel auch meine vorläufige Aufenthaltserlaubnis. Jetzt endlich war ich ein richtiger Berliner. 1963 machte ich mein Diplom für Bau- und Verkehrswesen. Was ich denn so lange gemacht hätte, wurde ich bei meinem ersten Bewerbungsgespräch von der Firma Eternit gefragt. Neben den lästigen Wiederholungsprüfungen war ich in der Wohlstandsfalle gelandet. Ich wollte als Student wie ein Philister leben, jobbte, kaufte mir einen Motorroller, fuhr ins Ausland, besaß eine Segeljolle.

Meine persönliche Bilanz: Für mich war Berlin kein Fluchtort, sondern ein Zielort, die Erfüllung meines Traumes. Ins Büro ging ich nicht am Charlottenburger Schloss vorbei, sondern fuhr durch die Steglitzer Schlossstraße. Natürlich denke ich zurück an die national-sozialistische wie an die rot-/real-sozialistische Lebenszeit. In der Nazizeit gehörte unser Jahrgang zum Tätervolk, aber nicht zur Tätergeneration. In der DDR-Zeit habe ich mich betätigt, hatte durch opportunistisches Verhalten Vorteile, so im Sport wie in der Ausbildung. Ich passte mich der jeweiligen Lage an, handelte nach meinem Empfinden zweckmäßig. Ich war FDJ-Sekretär unserer Oberschulklasse; wir wählten für die notwendig zu bestellende Funktion einen „Reaktionär"[58]. Das war wichtig, musste dieser doch die gesellschaftlichen Beurteilungen schreiben. Meine schrieb die Zentrale Schulleitung – siehe oben! Ich denke an die guten Erlebnisse, an die wunderbaren Menschen, aber auch an die, die gelitten haben.

Nicht ohne innere Konflikte sehe ich meine Förderung in Schule und Hochschule in der DDR. Einen finanziellen Ausgleich für mein Studium in der DDR zu zahlen, wäre ich bereit gewesen – das Schulgeld nicht. Das hatten meine Eltern bezahlt, wie lange, weiß ich nicht. Aber das Dresdener Studium hätte ich angemessen entgolten, so wie ich meine Berliner Studiendarlehen zurückgezahlt habe, in langen Ratenjahren und mit moderaten Beträgen.

Ich danke allen Menschen in Mitteldeutschland, die mir auf meinen Lebensweg geholfen haben – vor allem meinem Freund Fredi und seiner Mutter sowie meinen Wirtsleuten in Dresden, meinen Lehrern und insbesondere meinen Eltern. Ich bedanke mich bei meiner Frau Anne, ohne die ich nicht so ein schönes Leben hätte; die übrigens in ihrem emsländischen Dorf auch von Berlin geträumt hat und die ich zum Semestertreffen 1966 in Berlin kennenlernte. Am 9. November 1989 habe ich Freudentränen geweint!

---

57 Bei Reisen nach Ost-Berlin nahm man gültige Ausweise von West-Berlinern mit, die ähnlich aussehende Oststudenten benutzten, um nach Westberlin zu gelangen. Dazu war es erforderlich, die entsprechenden Lebensdaten zu beherrschen, wenn man durch die Kontrollstellen gelangen wollte.

58 Gewählt wurden also der Seminargruppensekretär und der Kassierer aus der Gruppe, Personen, die das Vertrauen der Gruppe genossen und nicht unbedingt den Parteilinien der SED entsprachen. Der Seminargruppensekretär war auch der Sprecher der Gruppe.

Wolfgang Friese, geb. 1935 in Ellrich, Krs. Grafschaft Hohenstein, heute Krs. Nordhausen; 1941–1949 Grundschule Niedersachswerfen, 1949–1953 Humboldt-Oberschule Nordhausen; 1953–1955 Studium TH Dresden, Flucht nach West-Berlin.
1955–1963 TU Berlin (West); 1963 Wissenschaftlicher Assistent Lehrstuhl Stadtbauwesen, 1969–1972 Deutscher Normenausschuss DIN, 1972–2000 Senat Berlin, Baudirektor und Leiter der Straßenverkehrsbehörde Berlin; bis 1989 Leiter Arbeitsausschuss Straßenverkehrsbehörden Deutscher Großstädte (BRD), 1989–2000 deutschlandweit.

// „Zweifel an der führenden Rolle der Partei"

Dr.-Ing. Christian Meyer (TU Dresden, Studienjahre 1954–1958, Fakultät Bauwesen, konstruktiver Ingenieurbau, TU Hannover, Studienjahre 1958–1961, Fakultät Bauwesen, Bauingenieurexamen 1961, Promotion 1973)

Während des Studiums ab 1954 in Dresden wurde es dann ernster. Ich konnte meine Abneigung aufgrund meiner Jugenderlebnisse in der DDR nicht zurückhalten. Der blutig niedergeschlagene Ungarnaufstand 1956 war ein weiterer Knickpunkt. Die Hoffnung auf eine „Wende" war dahin. An einer Ferienreise in die ČSSR durfte ich nicht teilnehmen, wegen „politischer Unzuverlässigkeit". Man vermutete, ich würde wegen meiner Briefkontakte zu tschechischen Studenten dort Unterstützung für die Gründung eines Studentenverbandes finden. Ich wurde auf Betreiben des Hochschul-FDJ-Sekretärs von der Anmeldeliste gestrichen. Einen Widerspruch gab es nicht.
Zum Prorektor Turski[59] wurde ich mit zwei Kommilitonen vorgeladen, weil wir die „führende Rolle der Partei anzweifelten" und einen eigenen Studentenverband wollten. Das Gespräch verlief am Anfang einschmeichelnd unter dem Tenor: „Ihr armen Irren, von der westlichen Propaganda verführt."
Als wir jedoch dann vortrugen, dass wir die Gängelei und Bevormundung durch die SED-Kaderleitung der Hochschule und der Seminargruppe ablehnen, wie zum Beispiel: *„Ihr sollt nicht in die Bundesrepublik oder in das westliche Ausland reisen wollen, sondern stattdessen für den Frieden, das heißt für die SED-Herrschaft und gegen die westlichen Kriegstreiber in einer öffentlichen Demonstration mitmarschieren und den Klassenstandpunkt, das heißt den Sozialismus, verteidigen und freiwillig zum Ernteeinsatz aufs Land fahren."* Wir wollten stattdessen unser Hochschulleben selbst bestimmen und das am besten in einem frei gewählten Studentenverband. Da änderte sich schlagartig das Gesprächsklima, Prorektor Turski sprang hinter dem Schreibtisch auf

59 Vgl. Anm. 11.

und brüllte: „*Wer die führende Rolle der Partei anzweifelt, der spricht die Sprache des Klassenfeindes!*" Uns war klar, dass wir von ihm keine Unterstützung erwarten konnten, und wir bekamen Bedenken, uns noch weiter vorzuwagen und verabschiedeten uns rasch. Es fand sich aber kein „Rädelsführer", den man bestrafen konnte.
Der Dozent für Gesellschaftswissenschaften, Schröder, zitierte mich vor, weil ich wegen „antisozialistischer Äußerungen" zu seinem Prüfungsstil von einem Kommilitonen bei ihm verpfiffen worden war. Der Prüfungsstil erstreckte sich neben fachlichen Fragen in Gesellschaftswissenschaften auch auf ausforschende Fragen zur persönlichen Überzeugung hinsichtlich des Sozialismus. Als ein Kommilitone, dem es ähnlich ergangen war, im engeren Kreis davon berichtete, sagte ich etwas flapsig: „*Das ist ja wie eine Entnazifizierung.*" Das war dem Dozenten Schröder hinterbracht worden und ich musste mich schriftlich und vor den Studenten meines Semesters entschuldigen. Die Prüfung habe ich trotzdem bestanden. Später erfuhr ich, dass der Dozent Schröder auch in die Bundesrepublik geflüchtet war.
Der Altkommunist Otto Buchwitz[60] versuchte uns in einem langen Gespräch die ersehnte „Wende" auszureden. Er gehörte zur alten Garde der gutwilligen Kommunisten mit idealistischen Vorstellungen. Wir waren die gleiche Gruppe, die auch zum Prorektor Turski vorgeladen worden war. Hier verlief das Gespräch jedoch ganz anders. Wir fanden Verständnis auf der Suche nach einem „besseren Sozialismus". Dies schrieb er unserer Jugend zu, er als wesentlich Älterer – er war sicher schon über 80 Jahre alt – erzählte von seinen ideologischen Kämpfen mit Gesinnungsgenossen, die ähnliche Ideen hatten und vom „wahren Sozialismus" schwärmten, die aber alle gescheitert waren, weil sich die „Hardliner" durchgesetzt hatten. Er riet uns daher indirekt ab, auf eine Wende zum Besseren zu hoffen.
Angst hatten wir keine – solange wir nicht verhaftet waren, stand uns ja immer noch der letzte Ausweg, West-Berlin, offen.
Dann war es irgendwann genug. Ich merkte, dass die Dummheit und Borniertheit der „sozialistischen Betonköpfe" immer mehr zunahm. Das konnte kein gutes Ende nehmen. Zugleich wuchs der Einfluss des „Goldenen Westens" immer mehr, zum Beispiel durch die Fachzeitschriften im Lesesaal. Die sogenannten „West-Vorträge" an der TU Dresden waren bei den noch nicht so politisch unterwanderten Architekten noch möglich und sehr gut besucht, auch von den Bauingenieuren. Hier berichteten unter anderen ehemalige Professoren der TH Dresden sowie andere Fachleute über ihre Bauten in der Bundesrepublik. Eine derartige „Reklame" war natürlich bei den SED-Parteigenossen gar nicht gern gesehen.

---

60 Otto Buchwitz (1879–1964) war ein deutscher Politiker (SPD/SED). Er war seit 1950 Alterspräsident der Volkskammer, wurde 1957 zum Ehrensenator der Technischen Hochschule Dresden ernannt und 1963 Ehrenbürger von Dresden. (Anm. d. Hg.)

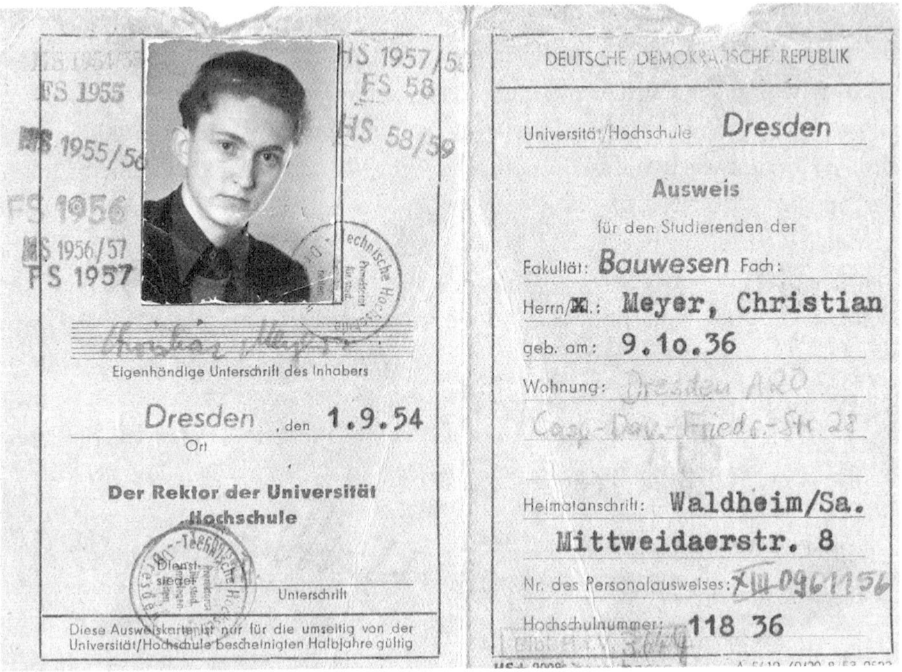
HS 1954/55
FS 1955
HS 1955/56
FS 1956
HS 1956/57
FS 1957
HS 1957/58
FS 58
HS 58/59

Eigenhändige Unterschrift des Inhabers

Dresden, den 1.9.54
Ort

Der Rektor der Universität
Hochschule

Dienstsiegel

Unterschrift

Diese Ausweiskarte ist nur für die umseitig von der Universität/Hochschule bescheinigten Halbjahre gültig

DEUTSCHE DEMOKRATISCHE REPUBLIK

Universität/Hochschule Dresden

Ausweis
für den Studierenden der

Fakultät: Bauwesen Fach:

Herrn/Frl.: Meyer, Christian

geb. am: 9.10.36

Wohnung:

Heimatanschrift: Waldheim/Sa.
Mittweidaerstr. 8

Nr. des Personalausweises:

Hochschulnummer: 118 36

Studentenausweis von Christian Meyer

Durch Besuche in West-Berlin unter anderem zur Internationalen Bauausstellung sah ich, was möglich war und wie wir im Osten für dumm verkauft wurden.

1958 wurden die Seminargruppen im „Bauing"-Semester neu aufgeteilt. Diese neue Aufteilung war einerseits notwendig, um die Fachrichtungen Konstruktiv (die meisten Kommilitonen), Wasserbau, Verkehrswesen und Baubetrieb zusammenzufassen. Andererseits war es dadurch möglich, politisch unsichere Kandidaten mit den sogenannten „Hundertprozentigen" zusammenzulegen – so wurden die Kommilitonen scherzhaft bezeichnet, die immer die Linie der SED vertraten und ihre „eigene Meinung" erst morgens mit der SED-Parteizeitung „Neues Deutschland" zugeschickt bekamen. Ich wurde den „Hundertprozentigen" zugeteilt und verlor dadurch meine gleich gesinnten Freunde.

Zur vormilitärischen Ausbildung wurden wir Studenten in Trainingslagern zusammengefasst. Hier verliefen im engeren Kreis eines Zeltes die Überlegungen zu einem eventuell zu leistenden Fahneneid auf die Verfassung der DDR und darüber, was ein gerechter und was ein ungerechter Krieg sei, offener. Das vertrug sich nun gar nicht mit meiner christlich-humanistischen Einstellung und es wurde mir nahegelegt, bei Beginn des neuen Studienjahres aus der evangelischen Kirche auszutreten und das zum Gegenstand einer „Diskussion" zu machen. Derartige Diskussionen mit vorher festgelegtem Ausgang waren mir zur Genüge bekannt, sie wurden ja immer von den oben erwähnten „Hundertprozentigen" geleitet und besucht. Die Seminargruppe mit den gleich gesinnten Kommilitonen hatte da gar keinen Einfluss. Es war zwecklos: Ich hätte mich nur noch tiefer in den aufgestellten ideologischen Fallen verfangen und nach offenem Kampf stand mir nicht der Sinn. Das hätte eine Exmatrikulation oder zumindest „ein Jahr Praxis" bedeutet. So hatte ich Ende 1958 genug von den Repressionen und Bevormundungen und verließ die DDR.

Die Flucht aus der DDR verlief zu jener Zeit problemlos. Zur zusätzlichen Sicherheit – man wusste ja nie, ob nicht doch irgendjemand etwas „gemeldet" hatte – fuhr ich mit meiner Großmutter von Radebeul aus mit dem Bummelzug ohne polizeiliche Ausweis- und Kofferkontrolle nach Berlin-Rangsdorf und von dort mit der S-Bahn über Friedrichstraße nach West-Berlin.

Meine restlichen Studienunterlagen brachte meine sehr umsichtige und „DDR feindliche" Großmutter später im Koffer nach West-Berlin.

Das nicht sehr gastliche Flüchtlingslager Berlin-Marienfelde umging ich, indem ich per Studentenflug des ASTA der Freien Universität gleich nach Hannover flog. Dort waren schon Werner Vinzelberg, Horst Habermann und andere Kommilitonen aus meinem Dresdner Semester immatrikuliert und ich wurde gut beraten und tatkräftig unterstützt. Es folgte noch das Eingliederungsverfahren im Lager Sandbostel/Lüneburger Heide. Die Immatrikulation an der TH Hannover klappte unverzüglich. Der Flüchtlingsausweis „C"[61] aufgrund meiner Vorgeschichte brachte mir sofort 250 DM pro Monat Stipendium. Zusätzlich besorgte ich mir noch einen Nebenjob als Statiker/Bauzeichner bei einer mittelständischen Baufirma.

Der Studienübergang Dresden-Hannover war aufgrund der zahlreichen Dresdenkontakte der hannoverschen Professoren und Assistenten ebenfalls reibungslos. Meine mitgebrachten Übungsbelege wurden anerkannt, bzw. von den Assistenten sogar „wiedererkannt". So war zum Beispiel der Assistent im landwirtschaftlichen Wasserbau früher Assistent bei Professor Zuncker in Dresden gewesen und hatte die gleiche Aufgabe bearbeitet, einen Grundrissplan, der Prof. Zunckers Heimatgebiet zeigte. Der Assistent von Professor Pfannmüller im Stahlbau kannte die Aufgaben von Professor Bürgermeister in Dresden, der früher selbst Assistent bei Professor Pfannmüller in Prag gewesen war. Der Dozent Christfreund im Straßenbau in Dresden hatte einen Bruder im Straßenbauamt in Hannover, der wiederum auch am Lehrstuhl für Straßenbau in Hannover gelegentlich tätig war. Es war also kein Problem bei diesen Kontakten zwischen Dresden und Hannover die von Dresden mitgebrachten Übungsaufgaben anzuerkennen und durch Zusatzaufgaben ergänzen zu lassen.

61 Der Flüchtlingsausweis „C" bedeutete „Flüchtling aus politischen Gründen". (Anm. d. Hg.)

Ich hörte dann noch einige Vorlesungen und fertigte Übungsaufgaben und konnte 1961 das Studium mit dem Bauingenieurexamen abschließen.
Der Kreis hat sich geschlossen – ich habe hier nur Gutes erfahren und meine Flucht nie bereut.

Christian Meyer, geb. 1936 in Einbeck/Hannover; ab 1939 wohnhaft in Dresden, 1942 Grundschule, ab 1943 in Waldheim/Sachsen, 1950 Oberschule Lutherschule Waldheim, ab 1951 Lessingschule Döbeln, 1954 Abitur Lessingschule Döbeln; ab 1954 Studium TU Dresden.
Nach der Flucht ab 10. November 1958 TU Hannover, Fakultät Bauwesen; 1961 Tätigkeit in Prüfbüro für Baustatik, Holzminden, 1965 Baustellentätigkeit bei Großbaufirma Holzmann AG, 1967 wissenschaftlicher Mitarbeiter, 1970 wissenschaftlicher Assistent TU Hannover, Institut für Baustoffkunde und Materialprüfwesen, 1973 Promotion zum Dr.-Ing. in Baustoffkunde (Leichtbeton); 1976 selbstständig als öffentlich bestellter und vereidigter Sachverständiger für Bauschäden und Baustoffkunde der Industrie- und Handelskammer Hannover; seit 2004 im Ruhestand.

// Es gab einige Leute, die meine Exmatrikulation durchsetzen wollten

Dipl.-Ing. Christian Müller (ABF der TH Dresden, Studienjahre 1954–1958, TH/TU Dresden, Studienjahre 1958–1962, Fachrichtung Luftfahrtwesen/Fertigungstechnik und Werkzeugmaschinen, Diplom 1962)

Obwohl in meinem Lehr- und Arbeitsbetrieb sehr geordnete Verhältnisse herrschten (nicht in jedem VEB war das der Fall), fühlte ich mich dort als freier Mensch.
Hinzu kam, dass ich in ländlicher Umgebung (ringsum freie Natur) in einem sehr toleranten Elternhaus aufgewachsen war (Vater Atheist und aktiver Sozialdemokrat, Mutter gläubige Christin, die Ehe hat trotzdem gehalten).
Mit Beginn des Studiums 1954 an der ABF war plötzlich alles anders. Mit dem Leben in einer Großstadt und dem Zusammenleben im Vierbettzimmer in einem Wohnheim musste ich mich arrangieren, aber gegen den straff geplanten Tagesablauf – was im nächsten Jahr noch viel schlimmer werden sollte – opponierte ich auf meine Weise. Ich hielt mich einfach nicht daran. Das Lernen fiel mir leicht und ich hatte auch ein größeres Vorwissen, so dass meine Leistungen nicht darunter litten, wenn ich die Nachmittage dazu nutzte, Dresden und Umgebung zu erkunden, anstatt Selbststudium zu betreiben. Das fiel natürlich auf. Zwar wurde ich von meinen Zimmergenos-

sen nicht verpfiffen, aber es gab Kontrolleure, die öfter mal unverhofft auftauchten, unter anderen den für das Heim zuständigen Dozenten Dr. Scheibe, sehr rigoros (ggf. früher Offizier) und linientreu. Es kam, was kommen musste. Bereits drei Wochen nach Studienbeginn wurde ich auf einer Heimversammlung deshalb stark kritisiert und Anfang Dezember versuchte Dr. Scheibe, die FDJ-Gruppe zu einem Antrag auf Verweis gegen mich zu bewegen, kam aber nicht durch.

Ab 1955 verschärfte sich mit dem Beitritt der BRD zur EVG (Vorläufer der NATO) – bei uns damals als GKV (Generalkriegsvertrag) bezeichnet – die allgemeine politische Lage. So wurde eine Stipendienkürzung angekündigt, um mehr Mittel für die Aufrüstung zu bekommen (natürlich nicht so deutlich gesagt). Auf einer Versammlung, wo wir darüber informiert wurden, sprach auch ich zur Diskussion und erhielt als einziger Redner Beifall: Denn ich war der Einzige, der sich dagegen gewandt hatte, während andere Diskussionsteilnehmer … wir wissen, wie das gemacht wurde. Für die Leitung der ABF war das Grund genug, meinen Beitrag am Schwarzen Brett auszuhängen und mich dort zum Reaktionär zu stempeln. Von da an war ich das „schwarze Schaf" der ABF. Aufgrund der großen Proteste überall wurde diese Ankündigung jedoch wieder zurückgenommen, so dass keine Stipendienkürzung erfolgte.

Offiziell wurde nun auch ein Rahmenzeitplan eingeführt. Damit wurde der Tagesablauf auf die Minute genau geregelt: Hausaufgaben und Selbststudium, Essenszeiten, Nachtruhe, Heimfahrten nur am Wochenende und nicht jede Woche und Ähnliches. Meine Eigenmächtigkeiten wurden damit zu Verstößen gegen die Gesetzlichkeit der ABF. Schließlich wurden alle aufgefordert, sich zu verpflichten, freiwillig der KVP (Vorläufer der NVA) beizutreten, wenn es Partei und Regierung für notwendig erachten. Für den späteren Einsatz in der Praxis galt Ähnliches. Sicherlich habe ich mich hier und da auch angepasst, nicht aber in der Eigenmächtigkeit, nach dem vormittäglichen Unterricht das zu tun, was ich wollte, nicht aber, was der Rahmenzeitplan vorschrieb. Davon zeugen viele Eintragungen in meinem Tagebuch über entsprechende „Zusammenstöße" und deren Ursachen. Da man mir aber leistungsmäßig kein Versagen vorwerfen konnte, sogar anerkennen musste, dass ich leistungsschwächeren Studenten half, blieb es vorerst bei entsprechenden Kritiken, öffentlichen Rüffeln und Ähnlichem. Im Nachhinein habe ich aber den Eindruck, dass versucht wurde, mir endlich einmal etwas Schwerwiegendes anhängen zu können, zumal zwischen mir und Dr. Scheibe und unserem Klassendozenten, Herrn Pohlhard, persönliche Animositäten bestanden. Bei Ersterem wohl deshalb, weil ich seinen Anordnungen – man kann es auch Befehle nennen – nie nachkam, bei Letzterem könnte es gewesen sein, dass ich mich seiner Meinung nach unserer Russisch-Dozentin, Fräulein Konrad, zu sehr nähern würde.

Dann kam der 20. Juni 1956, Zeugnisausgabe, verbunden mit Ausgabe und öffentlichem Verlesen der dazugehörenden Beurteilungen. Ich weiß nicht mehr, was darin

Christian Müller, 1956 (Foto privat)

stand, fühlte mich aber ungerecht beurteilt und beschwerte mich. Für den Dozenten Pohlhard war das eine „Frechheit“ (Wörtlich!) und er setzte den Antrag auf ein Disziplinarverfahren durch. Eine Aussprache über den Inhalt der Beurteilung gab es nicht. Dieses Verfahren fand am 8. Oktober statt. Ich erinnere mich, dass ich dort nicht viel zu sagen hatte (das Urteil stand wohl schon fest), dass aber neben den Verstößen gegen die Studiendisziplin (Nichteinhaltung des Rahmenzeitplanes) die ganze Sache auch politisch ausgelegt wurde. Davon war aber in der schriftlichen Begründung nichts mehr zu lesen. Dort heißt es nur lapidar: „Der Disziplinarausschuss sieht aufgrund der Feststellungen der Verhandlung, der aktenmäßigen Unterlagen und den eigenen Angaben des Beschuldigten als bewiesen an, dass er die Studiendisziplin wiederholt verletzt hat.“ Damit hätte ich leben können, aber der Entzug des mir zustehenden Leistungsstipendiums von 80 Mark pro Monat schmerzte mich anfangs sehr. Durch „illegale“ Zusatzverdienste habe ich das aber schnell wieder wettgemacht. „Illegal“ deshalb, weil ich es hätte melden müssen, damit es mit dem Stipendium verrechnet werden kann. Der Korrektheit halber möchte ich noch sagen, dass mir nach einem Einspruch zwar das Leistungsstipendium nicht gewährt wurde (Sperrfrist ein Jahr), aber – verbunden mit dem plötzlichen Tod meines Vaters – mir 200 Mark Beihilfe gewährt wurden. Außerdem wurde ich nach Studienabschluss 1957 als einer von drei Beststudenten ausgezeichnet, was wieder mit Zuwendungen verbunden war, obwohl die Sperrfrist noch nicht abgelaufen war. Von Insidern erfuhr ich später, dass die ABF die Bestrafung später als zu hart empfunden hatte und man eine gewisse Wiedergutmachung leisten wollte.

Zurück zum Disziplinarverfahren. Es gab einige Leute, die meine Exmatrikulation durchsetzen wollten. Sicher haben Dr. Scheibe und Dozent Pohlhard dazugehört. Im Disziplinarausschuss war Prorektor Turski[62] – wenn ich mich recht erinnere – der „Scharfmacher“. Einige Zeit später fiel er wegen seiner selbst für die Partei zu harten Vorgehensweisen in Ungnade. Es gab aber auch einige Dozenten, die sich entschieden dagegenstellten. Dazu gehörte unsere Russisch-Dozentin, Fräulein Konrad. Mir wurde berichtet, dass ich es insbesondere ihr zu verdanken habe, dass ich nicht „gefeuert“

62 Vgl. Anm. 11.

wurde. Um allen Missverständnissen vorzubeugen – es gab kein Liebesverhältnis, was Herr Pohlhard ggf. vermutete. Aber ich habe sie sehr gemocht, was ihr sicher nicht verborgen geblieben ist. Ob das ihre Haltung mit beeinflusst hat, weiß ich nicht.

Das Disziplinarverfahren, insbesondere der Entzug des Leistungsstipendiums, hat mich wohl doch noch zu dem Studenten gemacht, den man sehen wollte; denn danach findet sich in meinen Aufzeichnungen nichts mehr, was auf Eigenmächtigkeiten und entsprechende Kritiken hinweist. Und meine „illegalen" Verdienste wusste ich zu verstecken. Jetzt kann ich's sagen: Über die gesamte Studienzeit habe ich bei durchschnittlich 212 Mark Stipendium pro Monat noch reichlich 100 Mark dazuverdient. Das wäre ein Anlass für ein Disziplinarverfahren bzw. eine Exmatrikulation gewesen!

Die Erziehung in politischer Hinsicht (meine Verfehlungen wurden ja auch politisch gewertet) hat aber nicht ein Leben lang angehalten. Bei der späteren Arbeit im VEB Kombinat Fortschritt Landmaschinen bzw. im Mähdrescherwerk Bischofswerda kam es sehr bald zu politischen Auseinandersetzungen, die immer heftiger wurden. Schließlich landete der Fall „Müller, Mähdrescherwerk" in Verbindung mit Glasnost und Perestroika sogar auf dem Schreibtisch des mächtigsten Mannes im Bezirk Dresden, beim Leiter der Bezirksverwaltung der Staatssicherheit. Die sich aber schon deutlich abzeichnende friedliche Revolution bewahrte mich vor weiteren Konsequenzen.

Doch ein „schwarzes Kapitel" aus meiner Zeit im Mähdrescherwerk sei noch erwähnt: Meine bei Professor Soucek von der TU Dresden vorgesehene außerplanmäßige Aspirantur[63] wurde vom Betrieb über zwei Jahre blockiert. Offizielle Begründungen gab es nicht, es hatte sich jedoch herumgesprochen: „Müller ist politisch nicht zuverlässig" (die Umschreibung für „passt sich nicht an", „verhält sich nicht systemkonform"). Und bei den Gesprächen mit der Leitung unter vier Augen spielten da auch sehr persönliche Ressentiments für die Blockade meiner Aspirantur mit. Erst Anfang 1989 konnte ich – nachdem seitens der TU Dresden eindringlich auf die bestehende Kooperationsvereinbarung zwischen der TU Dresden und dem Kombinat Fortschritt Landmaschinen, zu dem auch das Mähdrescherwerk gehörte, hingewiesen worden war – mit der Arbeit beginnen. In den Wirren des Zusammenbruchs der DDR, der Umstrukturierung der TU Dresden, der dortigen Personaländerungen im Lehrbereich und dem vorzeitigen Ruhestand von Professor Soucek sah die TU Dresden kei-

63 Aspirantur: Promotionsstudiengang. In der DDR bestand unter Umständen für in der Wirtschaft/Industrie Tätige die Möglichkeit, bei Bestätigung durch den Betrieb in Zusammenarbeit mit einer Hochschule/Universität einen Promotionsstudiengang „Außerplanmäßige Aspirantur" zu belegen. Dadurch ergab sich eine enge Verbindung zwischen Theorie und Praxis, verbunden mit einer vergleichsweise schnellen Nutzung von Forschungsergebnissen. (Anm. d. Hg.)

ne Möglichkeit, meine außerplanmäßige Aspirantur fortzuführen. Die Dissertation[64] als solche habe ich abgeschlossen.
Resümee: Ich glaube, ein rechtschaffener Ingenieur geworden zu sein und der DDR das gegeben zu haben, was ich geben konnte (ohne sie damit retten zu können). Wahrscheinlich mehr, als wenn ich wieder als Werkzeugmacher gearbeitet hätte, wie es gekommen wäre, wenn sich 1956 die „Scharfmacher" mit ihrer Exmatrikulationsforderung durchgesetzt hätten. Und das alles wegen Dingen, worüber man jetzt nur noch lachen kann. So war das eben, wer nicht vollständig ins Schema passte, wurde fallen gelassen oder es kam noch schlimmer. Da spielte fachliche Qualifikation oft keine Rolle. Zum Glück gab's aber auch noch Leute, die eine realistischere Sicht hatten.[65]
Ich freue mich, dass es jetzt die akademische Freiheit gibt, die ich mir damals gewünscht hätte.

Christian Müller, geb. 1935 in Großröhrsdorf/Oberlausitz; nach Abschluss der achtklassigen Grundschule Lehre als Werkzeugmacher und Arbeit im Sachsenwerk Radeberg, 1954 Delegierung zur ABF der TH Dresden, anschließend Studium an der Fakultät Luftfahrtwesen; nach deren Auflösung[66] 1961 Wechsel zur Fachrichtung Fertigungstechnik und Werkzeugmaschinenkonstruktion der TH Dresden – Diplom 1962; Rückkehr in den Delegierungsbetrieb, später Wechsel zum Mähdrescherwerk Bischofswerda; 1986–1988 postgraduales Studium als Fachübersetzer (Englisch), 1989 außerplanmäßige Aspirantur an der TU Dresden.
1991 wurde das Werk abgewickelt[67] und Christian Müller ging in den Vorruhestand.

64 Thema der Dissertation: „Materialökonomische Untersuchung der Mähdrescher E516, E516B und E517 und Ableitung von Schlussfolgerungen für die Mähdrescherbaureihe".

65 Eine Darstellung seines gesamten studentischen Lebenslaufes verfasste Christian Müller für den Sammelband: Mit dem Motorrad durch den Zeuner-Bau. Erinnerungen ehemaliger TU-Studenten. Hg. v. Zentrale Studienberatung, Absolventenreferat [Redaktion], Rektor der Technischen Universität Dresden, Dresden 2005. (Anm. d. Hg.)

66 Am 28. Februar 1961 fasste das Politbüro der SED den Beschluss zur Einstellung des Flugzeugbaus in der DDR. Die „152" bzw. „Flugzeug 152" war das erste in den 1950er Jahren entwickelte deutsche Passagierstrahlflugzeug und das wichtigste Projekt des Flugzeugbaus in der Deutschen Demokratischen Republik (DDR). Gefertigt wurde es vom VEB Flugzeugwerke Dresden (FWD). Nach der Herstellung von drei Prototypen für die Flugerprobung und dem Beginn der Serienproduktion wurde das Projekt jedoch 1961 nach dem Ausbleiben von Bestellungen aus der Sowjetunion und anderen Ländern aufgrund mangelnder wirtschaftlicher Effizienz und fehlender Absatzmöglichkeiten eingestellt. Damit verbunden war die Auflösung der Fakultät Luftfahrtwesen an der TH Dresden. (Anm. d. Hg.)

67 Allgemeine Bezeichnung für den Verkauf, die Restrukturierung, Sanierung oder auch die Schließung ehemaliger ostdeutscher volkseigener Betriebe (VEB). (Anm. d. Hg.)

// Ich sei nicht würdig, die DDR im sozialistischen Ausland zu vertreten

Dipl.-Ing. Gerhard Wedekind (Pädagogisches Institut Mühlhausen, Studienjahre 1953–1954, Biologie und Chemie, TH/TU Dresden, Studienjahre 1954–1960, Fachrichtung Bauingenieurwesen, Diplom 1960)

Zur Zeit des Abiturs 1953 war ich 17 Jahre alt. Eigentlich wollte ich Bauingenieur werden. Damals propagierte die Regierung jedoch den Lehrerberuf, der mir auch geeignet erschien.
Aufgrund persönlicher Neigung bewarb ich mich an der Universität Halle für Mathematik und Physik und erhielt überraschend die Zusage zum Studium der Biologie und Chemie am Pädagogischen Institut in Mühlhausen/Thüringen. Das ging leider gehörig schief. Diese Hochschule entpuppte sich als Kaderschmiede[68] der SED, die zur sozialistischen Erziehung der Kinder nur linientreue Pädagogen heranbilden wollte. Die Dozenten gebärdeten sich als stramme Kommunisten und billigten den sonntäglichen Kirchgang lediglich noch „älteren Mütterchen vom Lande“ zu. Eine religiöse Einstellung mit kirchlicher Bindung hatte hier keinen Platz. Von den nicht der Partei ergebenen Lehrern aus meiner Verwandtschaft bekam ich die enormen Schwierigkeiten und Gewissenskonflikte bestätigt. Deshalb war für mich die Exmatrikulation nach nur sechs Monaten notwendig.
Der Übergang zur Technischen Hochschule Dresden vollzog sich wegen der Abiturnoten reibungslos. Auch da waren natürlich folgende Studienfächer obligatorisch:

- im 1. Jahr die Geschichte der Arbeiterklasse,
- im 2. Jahr die Ökonomie im Sozialismus und
- im 3. Jahr die Theorie des Marxismus-Leninismus.

In der Dresdener Zeit gab es für mich ein Schlüsselerlebnis: Nach dem zweiten Semester war ein Austausch mit bulgarischen Studenten geplant. Die Teilnehmerzahl war auf 25 begrenzt. Es hatten sich 26 gemeldet. Der Parteisekretär unseres Semesters, Werner Haupt, teilte mir mit, dass ich aufgrund meiner politischen Einstellung und der Zugehörigkeit zur Studentengemeinde nicht würdig sei, die DDR im sozialistischen Ausland zu vertreten! 1994 bei einem Treffen in Dresden konnte er sich daran nicht mehr erinnern. Für mich war das eine willkürliche Bestrafung, ohne dass ich eine Veranlassung gegeben hätte.

---

68 Der Begriff der „Kaderschmiede“ wurde zuerst für die sogenannten Arbeiter-und-Bauern-Fakultäten geprägt. (Anm. d. Hg.). Zu Kader vgl. Anm. 24.

Im sechsten Semester hatte natürlich auch ich das grundlegende Referat über „Gott oder ewige Materie“ in meiner Seminargruppe zu halten. Und nach Abschluss der „gesellschaftswissenschaftlichen Fächer“ musste ich nach meiner Kenntnis als einziger Prüfling des Semesters beim Hauptassistenten der Gesellschaftswissenschaften (Gewi) antreten. Zwar wüsste ich gut Bescheid in der Theorie, sagte er, aber aufgrund meiner Einstellung könne er mir nur die Note „Vier“ geben. Darauf war ich später stolz, damals aber wusste ich, dass ich vorsorgen und anders planen musste. Dabei war doch in der Verfassung die weltanschauliche Grundeinstellung jedes einzelnen Menschen geschützt. So habe ich erfahren müssen, dass die in der Verfassung garantierten Grundrechte in der DDR nichts gelten.

Nach der Abschlussfeier 1959 am Hinterausgang vom BEYER-BAU, TH Dresden (Foto privat)

Der Staat war ungerecht, heimtückisch und gefährlich. Die Bevölkerung im eigenen Land wurde nur mit den Nachrichten und Informationen versorgt, die der SED-Elite genehm waren. Mit diesem Staat der DDR war kein Staat zu machen! Den Abschluss des Studiums wollte ich aber unbedingt in Dresden erreichen. Danach wurde jede abgelegte Prüfung von mir dokumentiert und an meine Tante nach Hannover geschickt, mit dem Hinweis *„Freue dich mit mir über den Erfolg“*.

Anfang Dezember 1960 begann meine Arbeit zunächst in einem Projektierungsbüro in Dresden. Heiligabend 1960 sind meine schwangere Frau und ich mit der Reichsbahn in die „Hauptstadt der DDR“ und mit der S-Bahn nach Westberlin gefahren.

Schon am 2. Januar 1961 konnte ich als Statiker und Konstrukteur bei Rüterbau, einer Stahlbaufirma in Langenhagen am nördlichen Stadtrand von Hannover, meine eigentliche Berufslaufbahn starten. Bei dieser Firma arbeitete ich 25 Jahre, auch in leitenden Positionen.

Mein Freund Hans S. war der Meinung, man müsse als Christ in der DDR bleiben, um die Alternativen aufzuzeigen, auch bei einkalkulierten Nachteilen verschiedenster Art. Hier konnte ich ihm absolut nicht folgen. Ich fühlte mich überall beschnitten und meiner Grundfreiheitsrechte beraubt.

Ich habe immer außerordentlich wertgeschätzt, in persönlicher Freiheit leben und arbeiten zu können.

Gerhard Wedekind, geb. 1935 in Günterode/Heiligenstadt, 1949–1953 Oberschule Abitur, 1953–1954 Pädagogisches Institut Mühlhausen/Thüringen, 1954–1960 TH Dresden, Diplom.
1960 Flucht in die Bundesrepublik, Rüterbau GmbH, Langenhagen/Hannover – Entwürfe, Planungen, Ausführungen und Montagen von schlüsselfertigen Bauten, schweren Stahlkonstruktionen für Industrie und Kraftwerke, 1962 Verkaufsingenieur in der Angebotsabteilung, 1966 Handlungsvollmacht, 1969 Verkaufsleiter für Stahlbau und Generalunternehmer, Prokura, 1980–1985 Geschäftsbereichsleiter Stahlbau-Verkauf und Entwicklung, Stahlbau Schäfer GmbH, Ludwigshafen am Rhein, 1986–1990 Geschäftsführer Technik, Sprecher der Geschäftsführung, 1990–1991 Gebr. Knauer, Mannheim, technischer Leiter, 1991 freier Ingenieur.

// Hervorragende fachliche Leistungen allein genügen nicht

Prof. Dr. rer. nat. habil. Klaus Lunkwitz (TH/TU Dresden, Studienjahrgang 1955, Fakultät Mathematik und Naturwissenschaften, Fachrichtung Chemie, Diplom 1961, Promotion 1966)

Während der Oberschulzeit[69] gingen wir in den Ferien arbeiten, um Geld zu verdienen, je nach Länge der Ferien zwei bis sechs Wochen, im Tagebau Klettwitz, beim Bau der Großkokerei Lauchhammer (hier mussten wir im Leistungslohn[70] Ziegel- und Formsteine aus Eisenbahnwagen entladen), beim Wohnungsbau in Lauchhammer (im Leistungslohn Kies schippen oder Ziegel entladen), im chemischen Labor der Kokerei. Wir arbeiteten bis zur körperlichen Erschöpfung, gaben uns große Mühe, bei der ungewohnten Arbeit mit den Arbeitern mitzuhalten, und ernteten viel Lob. Der Monatslohn lag bei 150 Mark. Davon konnte ich mir schließlich den ersehnten Fotoapparat, eine „Praktika", für etwa 560 Mark kaufen. Den Rest der großen Ferien nutzten wir 1953 im Freundeskreis, um mit dem Fahrrad an die Ostsee zu fahren.
Im zehnten Schuljahr entstand bei der Mehrheit der Klasse der Wunsch, Englisch zu lernen. Unsere Lateinlehrerin erklärte sich bereit, uns fakultativ zu unterrichten. Dieses wurde jedoch vom Rektor der Oberschule entschieden untersagt; Englisch sei die Sprache des angloamerikanischen Imperialismus. Der Rektor genoss bei uns Schülern an sich ein gutes Ansehen, galt als freundlich und human. Sicher war er zu dieser Entscheidung gezwungen worden. Es war im Jahr 1953, noch in der Stalinzeit. Auch im Studium war Englisch zunächst nicht vorgesehen. Erst gegen Ende hatten wir etwas Englisch auf Anfängerniveau. Die Folge war, dass ich Englisch erst im höheren

69 Die Gymnasien nannten sich in den 50er Jahren in der DDR Oberschulen.
70 Die Höhe des Leistungslohnes richtete sich nach dem Erfüllungsgrad einer für die jeweilige Tätigkeit vorgegebenen Norm.

Alter, überwiegend im Selbststudium, besser lernte, aber der Stand meiner Kenntnisse mich bis heute nicht befriedigt.
Zwei Ereignisse während der Oberschulzeit gefährdeten meinen Entwicklungsgang. Im Sommer, wahrscheinlich 1953, konnten sich DDR-Bürger in Westberlin ein Geschenkpaket - wohl ein Carepaket - abholen. In dieser Zeit, in den Ferien, beschlossen mein Klassenkamerad Heinz Pohlenz und ich, Berlin näher kennenzulernen. So fuhren wir mit dem Fahrrad dorthin. Wir besuchten die wichtigsten Museen der Stadt, zum Beispiel das Pergamonmuseum. Wir gingen zwar auch nach West-Berlin ins Kino – das war noch erlaubt –, interessierten uns aber nicht für die genannten Pakete. Bei der Heimkehr sah uns ein Mitschüler, der später in Leningrad studierte und Stasioffizier wurde. Es schwärzte uns bei der Schulleitung an mit dem Verdacht, wir hätten uns diese Pakete geholt. Es gab mehrere gerichtsartige Verhandlungen mit der Androhung, wir hätten die Schule zu verlassen. Da wir ein reines Gewissen hatten, fiel es uns nicht schwer, standhaft zu bleiben. Schließlich gelang es unserem Rektor, gegen die Meinung der Polithardliner das Problem ruhen zu lassen.
Kurz vor dem Abitur wurde ich - wie andere auch, jeder einzeln - mehrmals zu äußerst hart geführten Gesprächen vor eine Kommission geladen, die sich aus Vertretern der FDJ-Bezirksleitung Cottbus, der NVA (Nationale Volksarmee) und der Schulleitung zusammensetzte. Mir wurde immer wieder unterbreitet, wenn ich für „unseren" Staat sei, müsste ich die Offizierslaufbahn einschlagen (man versprach mir viele Vorteile). Wenn ich das aber nicht möchte, sei ich ein Gegner des Staates und müsste die Oberschule, die ich auf Kosten der Arbeiterklasse besuche, verlassen. Die Diskussionen drehten sich im Kreise. Meinen Standpunkt, keine militärische Laufbahn einschlagen zu wollen, stufte man immer wieder als staatsfeindlich ein. Schließlich gelang es unserem Rektor mit Diplomatie und auch Mut, mich zu unterstützen und die Aktion zu beenden.
Ab September 1955 studierte ich Chemie an der Technischen Hochschule Dresden, die um 1960 Technische Universität wurde. Im Studienjahr waren anfänglich etwa 70 Studenten, eingeteilt in drei Seminargruppen. Die Nicht-Dresdener mit den besten Abiturnoten kamen zur Seminargruppe 1, von der jeder Student einen ausländischen Kommilitonen[71] zu betreuen und im Studentenheim mit diesem in einem Zimmer zu wohnen hatte, einem Vierbettzimmer - Letzteres war damals eine Bevorzugung gegenüber den üblichen Sechs- und Mehrbettzimmern.

---

71 Befreundete Staaten der DDR durften ihre Studenten zum Studium an Hochschulen der DDR zu günstigen Bedingungen delegieren. Das betraf zuerst sogenannte sozialistische Staaten, aber unter Sonderbedingungen auch solche, die der sogenannten Dritten Welt zuzuordnen waren. Mit letzteren ergaben sich hin und wieder wegen deren Sonderrechten Konflikte mit Einheimischen.

Der Autor als Student (Foto privat)

So wohnte ich mit den meisten Kommilitonen meiner Seminargruppe fünf Jahre in einem neu erbauten Studentenheim für männliche Bewohner in der Güntzstraße. Besuche, insbesondere Mädchenbesuche, wurden vom Pförtner streng überwacht und mussten bis 22 Uhr beendet sein. Die Mädchen unserer Seminargruppe wohnten in einem anderen Heim oder waren privat untergebracht. Auch für Privatunterkünfte galten diesbezüglich strenge Regeln. Verpflegung erhielten wir gleich nebenan in der Dürerstraße. Ich hatte während des gesamten Studiums einen koreanischen Studenten zu betreuen, Kim Jong Bae, der sehr intelligent war. Die nordkoreanische Regierung zog gegen Ende des Studiums aber alle Studenten ab,[72] so wie die chinesische auch. Kontakte waren seitens dieser Regierungen danach untersagt. Erst Ende der 80er Jahre tauchte mein Koreaner überraschend an der TU Dresden bei meinem ehemaligen Seminargruppenkommilitonen Professor Heinrich Oppermann auf, der mich dazu mit einlud. Ein wirklich freies Gespräch war nicht möglich. Seitdem aber gibt es keinerlei Kontakte mehr.

Vom dritten Studienjahr an wurde mir die Aufgabe des Seminargruppensekretärs übertragen. So sammelte ich erste Leitungserfahrungen. Ich hatte zum Beispiel die Anträge für die Leistungsstipendien zu formulieren und einzureichen und die Ernte- und Arbeitseinsätze der Seminargruppe zu organisieren. Aus politischen Gründen wurde etwa im Jahre 1958 diese Funktion in „wissenschaftlicher Funktionär" umbenannt, und der bisherige FDJ-Sekretär der Seminargruppe hieß nun „Seminargruppensekretär".

Die Anzahl von Analysen und Präparaten im chemischen Praktikum wurde schon für die nachfolgenden Studienjahre reduziert, auch ganze Praktika und Vorlesungen, wie technische Gasanalyse, spezielle anorganische Chemie, chemische Großindustrie, Metallurgie, organische Mikroanalyse, fielen nach und nach weg, ebenso Nebenfächer, wie technisches Zeichnen und Mineralogie, Fächer, die wir noch mit Vorlesungen und Übungen erfolgreich abschließen mussten. Später erfolgte im Rahmen einer Studienreform eine noch stärkere Reduzierung des Studienprogramms.

72 Die wegen ihres Fleißes und ihrer Disziplin besonders geachteten vietnamesischen Studenten wurden während des Vietnamkrieges kurzfristig nach Hause beordert.

Chemievorlesung bei Professor Simon (Foto privat)

Die für uns herausragenden Persönlichkeiten unter unseren Professoren waren Arthur Simon[73] (anorganische und anorganisch-technische Chemie), Fritz Asinger[74] (organische Chemie) sowie Kurt Schwabe[75] (physikalische und Elektrochemie), der auch längere Zeit Rektor der TU Dresden war, alle hervorragende Wissenschaftler, die sich auch politisch nicht vereinnahmen ließen und die für uns als Leitfiguren dienten.

In den Sommerferien hatten wir sechswöchige Praktika zu absolvieren. Nach dem ersten Studienjahr war in dieser Zeit unser anorganisches Praktikum fortzusetzen. Ab dem zweiten Studienjahr folgten Praktika in der Industrie. So war ich in den Fluorwerken Dohna und nach dem dritten Jahr bei Berlin-Chemie Adlershof (vormals Schering) eingesetzt. Darüber hinaus hatten wir gewöhnlich angeordnete zweiwöchige „Einsätze in der Produktion", so bei der Kartoffelernte und beim Wohnungsbau im Herbst oder im Frühjahr. Zur Kartoffel-

Mit Kommilitonen beim „freiwilligen Arbeitseinsatz". (Verpflichtung zu freiwillig zu leistenden Aufbaustunden im sogenannten Nationalen Aufbauwerk) (Foto privat)

73 Im Rahmen eines Forschungsauftrages wurden bei der BStU Dokumente aufgefunden, die zeigen, wie Professor Simon von Mitarbeitern seiner engsten Umgebung und der TH Dresden überwacht und bespitzelt wurden. Diese dokumentieren ein unglaubliches Ränkespiel gegen Simon. Es muss so eingeschätzt werden, dass der frühe Tod von Professor Simon (1962) seiner Verhaftung durch das MfS zuvorgekommen ist. (Anm. d. Hg.)

74 Friedrich Asinger (1907–1999) war ein österreichischer Chemiker und Professor für technische Chemie. (Anm. d. Hg.)

75 Kurt Schwabe (1905–1983) war Professor an der TH bzw. TU Dresden, Direktor des Instituts für Elektrochemie und Physikalische Chemie und von 1959 bis 1965 des Instituts für Radiochemie im Zentralinstitut für Kernforschung in Rossendorf bei Dresden. (Anm. d. Hg.)

ernte war die Seminargruppe einmal in Kassow (Mecklenburg) und einmal in Langenwolmsdorf, nahe Dresden, und zum Wohnungsbau in Meißen eingesetzt. In der restlichen Ferienzeit habe ich mir etwas Geld verdient, in der Braunkohlenindustrie, zum Beispiel Milligrube Lauchhammer.

Freitags, um 17 Uhr, besuchte ich meist noch das Große Anorganische Kolloquium. Hier waren damals noch von Professor Simon geladene berühmte Professoren als Vortragende zu Gast, insbesondere aus Westdeutschland. In späteren Jahrzehnten waren solche Veranstaltungen undenkbar, noch dazu Freitagabend. Am Sonnabend hatten wir vormittags noch Veranstaltungen, zum Beispiel chemisches oder physikalisches Praktikum, und danach, um 13 Uhr, noch Vorlesung bei Professor Simon, zuerst anorganische Großindustrie, später spezielle anorganische Chemie. So konnte ich erst am Sonnabendnachmittag nach Hause fahren.

Meine Mutter hatte im Kessel in der Waschküche schon mit Kohleheizung Wasser heiß gemacht, und ich konnte in der Waschküche, in der sich auch die Badewanne befand, ein Vollbad nehmen. Anschließend wusch meine Mutter meine Wäsche, die sie am Sonntagnachmittag vor meiner Rückreise nach Dresden noch bügelte, eine Belastung meiner Mutter, die ich damals noch nicht so richtig würdigte. Am Sonnabendabend und Sonntagvormittag in Lauchhammer war ich meist noch mit der Anfertigung von Protokollen oder Ähnlichem beschäftigt, so dass nicht viel Freizeit blieb. Ich musste am Sonntagnachmittag schon wieder nach Dresden, da am Montag, um sieben oder acht Uhr Veranstaltungen waren, meist Seminare oder Übungen. Auch am Sonntagabend in Dresden bereitete ich schon wieder Testate oder Kolloquien vor. In Dresden hatten wir nur wenig Freizeit. Oft saßen wir, wie die ausländischen Kommilitonen auch, bis Mitternacht am Schreibtisch. Man tröstete sich damit, dass das Studium ja mal ein Ende nimmt. Urlaub machte ich während des Studiums nur zweimal, an der Ostsee bzw. in Mecklenburg.

Im Jahr 1956 fand der Ungarnaufstand statt, der die volle Sympathie der meisten Studenten hatte. Ich war in dieser Zeit im Praktikum beschäftigt, als eine Unterschriftenaktion von studentischer Seite im Gange war. Fast alle haben unterschrieben. Am selben Tag gab es eine ungeplante Kundgebung im Hof der Chemischen Institute. Studenten der höheren Semester sprachen. Nachdem ein Redner geendet hatte, bemerkte ich, dass plötzlich fast doppelt so viele Personen anwesend waren wie noch kurz zuvor. Auch war ein Gedränge entstanden. Die Stasi hatte diese Leute beauftragt, sich vorsichtig unter uns zu mischen und die Versammlung auseinanderzubringen. Die Veranstaltung hatte jedoch ihren Zweck schon erreicht. An die Konsequenzen für die Akteure habe ich leider nur noch vage Erinnerungen.

Nach dem Diplom war ich als wissenschaftlicher Assistent am Institut für anorganische und allgemeine Chemie tätig. Die Zeit nutzte ich auch, wie in solcher Funktion üblich, zur Anfertigung einer Promotionsarbeit. Zur Verteidigung der Dissertation

(Anfang 1966) gehörte ein sehr hartes Rigorosum. Sechs Professoren prüften mich nacheinander. Professor Schwabe hatte den Vorsitz und wollte mir unbedingt ein „Summa cum laude" geben, wie er mir anschließend unter vier Augen noch sagte, aber der Philosophieprofessor[76] hatte dies verhindert. Allgemein wurde erzählt, es gäbe ein „ungeschriebenes Gesetz", dass ein Nichtparteimitglied in Philosophie (dieses stark marxistisch geprägte Fach hatte man aus politischen Gründen in das Rigorosum mit eingeschoben) bestenfalls eine „Zwei" bekommen darf. So kam es auch, und es wurde insgesamt nur ein „Magna cum laude".

Nach der Emeretierung des eher DDR-kritischen Professors A. Simon übernahm der sehr parteigebundene Professor A. Lehmann 1960 das Institut für Anorganische Chemie. Die Simon-Mitarbeiter verließen recht bald das Institut, da Lehmann kein Interesse an ihnen hatte und beinahe nur Parteigenossen (also Mitglieder der führenden Partei SED) einstellte. Ich galt als Simon-Schüler und wurde von Lehmann nicht angesprochen wegen einer Habilitation. Ich hatte mich aus den hier angeführten politischen Gründen auch gar nicht darum bemüht. Erst unmittelbar nach meinem Rigorosum, in dem auch Lehmann eine Prüfung von mir abzunehmen hatte, machte er mir ein ernsthaftes Angebot. Ich wollte aber keinesfalls in dieses so stark politisch orientierte Institut und hatte mich auch schon anders gebunden.

Professor Günther von Hornuff[77] hatte mich nämlich angesprochen, eine postgraduale Ausbildung in den Fächern Makromolekulare Chemie, Kolloidchemie, Textilchemie, Textiltechnologie und Farbenchemie bei ihm und anderen Professoren über zwei Jahre zu absolvieren; er müsse einen Nachwuchskader für den Generaldirektor der VVB Wolle und Seide ausbilden. Damals war sehr aktuell, eine gewisse Zeit „in die Praxis" zu gehen, bevor man eine akademische Laufbahn, die mein Ziel blieb, einschlug, und so sagte ich zu. Zur Ausbildung gehörten mehrmonatige Einsätze in verschiedenen Industriebetrieben der VVB. Hornuff hatte wohl nicht an meine politische Einstellung gedacht. Als ich im Kunstseidenwerk Pirna tätig wurde, scheiterte ein Versuch des Forschungsdirektors, mich für die SED zu werben. Er machte mir klar, dass meine Karriere als Nachwuchskader damit beendet sei, bevor sie begonnen habe, und schimpfte auf Professor von Hornuff, daran nicht gedacht zu haben.

---

76 Professor Dr. phil. habil. Striebing.

77 Professor Günther von Hornuff, Institutsleiter des Instituts für Textilchemie an der TH/TU Dresden 1957–1968. (Anm. d. Hg.)

Klaus Lunkwitz, geb. 1937; 1961–1966 Assistent am Institut für Anorganische Chemie TU Dresden, 1966 Dissertation, 1966–1968, postgraduales Studium zu Textil/Polymerenchemie; 1968–1971 Leiter einer Forschungsabteilung im Kunstseidenwerk Pirna, 1971–1981 Mitarbeiter im Institut für Technologie der Fasern Dresden (ITF) der Akademie der Wissenschaften, 1981–1989 Abteilungsleiter im ITF, Verdienter Erfinder; 1990 Promotion B (Habilitation).
1990 Bereichsleiter, Stellvertretender Institutsdirektor, 1992–1995 im Vorstand der „Arbeitsgemeinschaft Forschungseinrichtungen Blaue Liste“ und Sprecher der Sektion VII (Physik/Chemie); 1992–1998 im neu gegründeten „Institut für Polymerforschung Dresden e. V.“ (IPF) Stellvertreter des Wissenschaftlichen Direktors, 1992–2002 Leiter des Teilinstituts „Polymerwerkstoffe“, 1993–2002 Professur für Polymerwerkstoffe an der TU Dresden (C4), Institut für Werkstoffwissenschaften, 1998–2002 Wissenschaftlicher Direktor des IPF.

// Höhere Bildung – ein Privileg der Arbeiter- und Bauernkinder

Dr.-Ing. Hanns-Lutz Dalpke (TH Dresden, Studienjahre 1956–1959, Technologie/Papiertechnik, TH Darmstadt, Studienjahre 1965–1969, Maschinenbau/Papiertechnik, Diplom 1969, Promotion 1973)

Meine Geschichten betreffen die Anfangszeit der DDR, die 1950er Jahre, deshalb sind einige Vorbemerkungen notwendig. Die schlimmste Notzeit nach dem Krieg war zwar überwunden, 1958 wurden in der DDR sogar die Lebensmittelkarten (nicht ganz endgültig!) abgeschafft, aber man lebte noch sehr spartanisch. Die Indoktrination war massiv, litt aber häufig unter dem Mangel an Befähigung und Überzeugung derer, die das neue System durchsetzen sollten. Und vieles wurde unbewusst oder auch bewusst verschlampt. Die Verfolgung politischer Gegner war seit Beginn der 1950er Jahre nicht mehr ganz so brutal wie gleich nach dem Krieg und noch nicht ganz so perfekt wie im späteren Stasi-Staat. Letztlich bestand doch die Möglichkeit, mit den Füßen abzustimmen und sich in die Bundesrepublik Deutschland abzusetzen. Dorthin, wo die Lebensmittelkarten schon 1950 abgeschafft worden waren und die Menschen für alle sichtbar deutlich besser lebten.
Kommen wir zum Thema. Der „Arbeiter- und Bauernstaat“ begann schon sehr früh, die Bildung, zumindest die höhere, nur möglichst ihm treu Ergebenen angedeihen zu lassen, also nominell den Arbeiter- und Bauernkindern.[78] Ausnahmen bestätigen

78 ABF: Die Arbeiter-und-Bauern-Fakultäten (ABF) wurden 1949/50 in der DDR eingerichtet und hatten die Aufgabe, systemtreue Arbeiter- und Bauernkinder in zwei- und dreijährigen Studiengängen zum Abitur zu bringen.

natürlich die Regel, also waren zum Beispiel Funktionärskinder grundsätzlich Kinder von „Arbeitern und Bauern" und für höhere Bildung privilegiert. Auch die Kinder von „Intelligenzlern", sofern die treu zum Staat standen, gehörten dazu. Auf eine weitere Ausnahme komme ich gleich zurück.

Als Kind eines selbstständigen Handelsvertreters war ich „kleinbürgerlich" – für „großbürgerlich" war wohl sein Einkommen zu gering – und trotz guter bis sehr guter schulischer Leistungen war ich offensichtlich für weitere Bildung nicht ausreichend qualifiziert. Deshalb lud mich der Schulleiter der Grundschule am Anfang der 8. Klasse zu einem Gespräch ein. Quintessenz: Entweder „Junge Pioniere" oder keine Oberschule. So wurde ich „Junger Pionier" und in der Oberschule dann automatisch „FDJler". In der meisten Zeit wurde das bei uns in Berlin alles noch sehr lasch gehandhabt, so habe ich nur wenig Beiträge bezahlt und nie die zugehörige „Kluft" besessen. Trotzdem reichte es, dass ich einige Zeit vor dem Abitur den Antrag auf einen Studienplatz ausgehändigt bekam. Das war nämlich schon die erste Hürde vor einem Studienplatz, ohne Antrag ging überhaupt nichts.

Und hier die weitere Ausnahme: In unserer Oberschulklasse wurde der Klassenbesten so ein Antrag gar nicht erst ausgehändigt, weil sie nach Einschätzung der Lehrerschaft und des Direktors „gesellschaftlich nicht aktiv genug" bzw. sogar oppositionell eingestellt war. Allerdings war ihr Vater „Wissenschaftler mit Einzelvertrag", und denen war Anfang der 50er Jahre vertraglich zugesichert worden, dass ihre Kinder studieren durften. Es kostete den Vater somit nur einen Telefonanruf beim Direktor! Und dann war da natürlich auch noch die generelle Ausnahme, dass nämlich gar nicht genug Arbeiter- und Bauernkinder zur Verfügung standen, weshalb letztlich doch vielen anderen Kindern der höhere Bildungsweg offenstand, aber eben nur, wenn es dem Lehrer oder Schulleiter genehm war. Das öffnete der Willkür Tür und Tor, gelegentlich sahen und erkannten wir das auch und zogen mit dem untrüglichen Gerechtigkeitsempfinden von Kindern oder Jugendlichen unsere Schlussfolgerungen: Das ist ungerecht, ergo ein ungerechtes System.

In meiner Bewerbung um einen Studienplatz hatte ich wie üblich und vorgegeben drei Ausbildungswünsche genannt. Dabei hatte mir mein Klassenlehrer oder der Direktor (ich weiß es nicht mehr genau) geraten, angesichts meiner kleinbürgerlichen Herkunft vorzugsweise Fächer zu wählen, für die besonderer Bedarf bestünde. Meine Erst- und Zweitwahl (Schiffsbau und Elektrotechnik, beides überlaufene Fächer!) fielen auch prompt unter den Tisch, nicht aber die Papiertechnik (mein Vater war

---

Studienplätze an den Universitäten waren dann für die Absolventen der ABF gesichert. Siehe dazu die Beiträge von Günter Knoblauch, „„Der Klassenfeind sitzt auch in Ihren Reihen …'" und Michael Ventzke, „„Sie stehen nicht zu uns' – Werbung für den „freiwilligen" Wehrdienst" sowie den Kommentar von Günter Knoblauch, „Die Arbeiter- und-Bauern-Fakultäten (ABF) in der DDR". (Anm. d. Hg.)

Vertreter für eine kleine, noch privat existierende Papierfabrik). Dieses Fach hatte offensichtlich einen erheblichen Akademikerbedarf und musste sogar zwangsweise aufgefüllt werden. Nach meinen späteren Erkenntnissen war das nicht nur eine Folge des Krieges, sondern auch eine Folge der Enteignung vieler Papierfabrikanten, die sich dann samt ihrem Führungsstab in die Bundesrepublik abgesetzt hatten, was zum Ausbluten der Führungskräfte in den Fabriken der DDR beitrug. In der entsprechenden Seminargruppe an der TH Dresden, Fakultät Technologie, waren dann auch über die Hälfte der Studienanfänger solche, die sich eigentlich etwas anderes gewünscht hatten und schon in den ersten Semestern die Fachrichtung wechselten oder ganz verschwanden.

Damals gab es, speziell uns Berlinern bekannt, noch die Möglichkeit, nach Westberlin zu gehen und dort ein Studium aufzunehmen, aber erst nach einem ergänzenden 13. Schuljahr und erneuter Prüfung zumindest in einigen Fächern. Das kostete ein Jahr, war mit Aufwand und natürlich einem gewissen Risiko verbunden und schreckte so viele Interessierte, auch mich, ab. Ein weiterer Weg war, das Studium in der DDR zu beginnen und nach bestandenem Vorexamen auf eine Hochschule der Bundesrepublik Deutschland zu wechseln – da verlor man keine Zeit, weil dann das Abitur anerkannt wurde. Diesen Weg hatte ich von Anfang an im Sinn gehabt, vor allem, weil meinem Vater und unserer Familie klar war, dass seine berufliche Tätigkeit in der Planwirtschaft der DDR keinen längerfristigen Bestand haben würde.

Hanns-Lutz Dalpke als Student auf Fahrradtour 1957 (Foto privat)

Das Studium in Dresden begann in Berlin, denn zu der Zeit mussten Ingenieure sechs Monate Vorpraktikum leisten und dann später während der Semesterferien noch weitere sechs Monate Fachpraktika – auch aus meiner heutigen Sicht eine sehr gute Sache, die allerdings nicht DDR-spezifisch war. Auch viel später, bei der Fortsetzung meines Studiums ab 1965 in Darmstadt, gab es die Praktika noch, das Vorpraktikum war da aber zeitlich schon deutlich geschrumpft. Praktika ersetzen natürlich keine Lehre, man kommt aber als Ingenieur nicht völlig unbedarft in die Praxis und kann einiges an handwerklichem Können vorweisen.

Übrigens: Berlin! Das war meine Heimat, damals Ostberlin, aber mit allen Möglichkeiten, die zu der damaligen Zeit von der Informationsindustrie geboten wurden, also auch „Westrundfunk", Zeitungen, Zeitschriften und Bücher aus dem Westen (wenn auch für Ostmark-Käufer extrem teuer), Kino, Theater usw. Das Fernsehen spielte zu der Zeit noch keine Rolle. Für mich war neben dem Elternhaus und seiner Grundeinstellung gegen jedes totalitäre System bei der Meinungsbildung die Möglichkeit prägend, die meist völlig gegensätzlichen Informationen aus der DDR und der Bundesrepublik abwägen und im eigenen Kopf filtern und bearbeiten zu können. Zusätzlich gab es das persönliche Erleben, zum Beispiel der Ereignisse um den 17. Juni 1953[79] herum. Und man sah und erlebte selbstverständlich die Unterschiede zwischen der Propaganda und der Wirklichkeit. Während des Vorpraktikums verfolgte ich sehr interessiert die Berichterstattung über den Volksaufstand 1956 in Ungarn[80], allerdings waren echte Diskussionen mit den Arbeitern darüber schon ziemlich unmöglich – sie mieden das Thema!

Ansonsten waren das persönliche Erleben in den beiden Praktikumsbetrieben, Abus-Gießerei und Knorr-Bremse, vor allem aber die Gespräche mit den Arbeitern, für mich recht nützlich, meist wohl weniger im Sinne der ideologischen Ausrichtung, die der Staat sich wünschte. Denn gerade in Berlin mit seinen vor dem Mauerbau noch bestehenden Möglichkeiten nahmen viele Arbeiter kein Blatt vor den Mund, was ihre eigene Situation betraf, wenn sie einmal zu jemandem Vertrauen gefasst hatten. Das war zwar nicht automatisch der Fall, denn die Repressionsmaschine der SED war sehr wohl wirksam, aber die Bespitzelung hatte noch nicht den Grad der späteren Jahre erreicht. Ich erfuhr, dass viele Arbeiter in beiden Praktikumsbetrieben über die gesetzten Normen, die sie mit schrottreifen Maschinen und Anlagen aus der Vorkriegszeit zu erfüllen hatten, meist nicht glücklich waren, dass sie immer wieder mit Material-, Beschaffungs- und Qualitätsproblemen zu kämpfen hatten und oft improvisieren mussten. Das brachte auch Nicht-Normerfüllung und manchmal sogar Lohnverluste mit sich. Der ihnen zur Seite gestellte Praktikant war da eine dankbar angenommene Hilfe, denn er hatte keine Norm zu erfüllen, wohl aber den Ehrgeiz, seine Fähigkeiten zu zeigen. So habe ich manche Produktionstätigkeiten übernommen, die dann der Sollerfüllung des betreuenden Arbeiters oder der Schichtmannschaft zugerechnet wurden.

---

79 Volksaufstand in der DDR am 17. Juni 1953, der sich an einer Erhöhung der Arbeitsnormen entzündete und zu einem Generalstreik ausweitete. Zu den wirtschaftlichen Forderungen kamen politische, zum Beispiel nach freien Wahlen. Der Aufstand wurde von sowjetischen Panzern und der Volkspolizei blutig niedergeschlagen. (Anm. d. Hg.)

80 Nachdem Chruschtschow in der Sowjetunion 1956 die Entstalinisierung eingeleitet hatte, kam es im in Ungarn zu einer aufständischen Bewegung, die demokratische Reformen und eine unabhängige ungarische Politik forderte. Als Ungarn seinen Austritt aus dem Warschauer Pakt erklärte, intervenierte die Sowjetunion, schlug den Aufstand blutig nieder und ließ die Anführer hinrichten. (Anm. d. Hg.)

Ein in Erinnerung gebliebenes Detail: Bei den Druckluftbremsen für die Lkws musste eine sehr feine Bohrung mit weniger als einem Millimeter Durchmesser in ein Eisengussteil mit einer eingepressten Messinghülse gebohrt werden und es gab wie üblich eine Norm-Vorgabe, soundso viel Stück pro Stunde. Die Bohrung war genau auf der Grenzlinie zwischen dem weicheren Messing und dem härteren Gussteil zu fertigen, also eine schwierige Sache, bei der man selbst bei größter Vorsicht und Einfühlsamkeit viel mehr Zeit brauchte, als veranschlagt, und außerdem einen Bohrer nach dem anderen zerbrach. Da hier die Normerfüllung praktisch unerreichbar war, wurde ich an die Maschine gestellt bzw. gesetzt. Nach einiger Zeit waren die feinen Bohrer verbraucht, dann bekam ich größere, um die Partie fertigzustellen. Ich nehme an, dass da einige Lkw beim Bremsenentlasten sehr viel lauter gezischt haben, als vorgesehen war, aber zu der Zeit spielte das noch eine untergeordnete Rolle, Hauptsache der Lkw funktionierte als solcher.
Eine sehr interessante Geschichte mit besonderer Aktualität heute (Regierungsbildung in Thüringen 2014) erfuhr ich einmal aus einem ganz unscheinbaren Anlass von einem Arbeiter, nachdem der offenbar Vertrauen zu mir gefasst hatte. Er schilderte, als er uns unbeobachtet sah, dass er bei den Nazis in einem Konzentrationslager war, wo er Zwangsarbeit leisten musste, weil er SPD-Mitglied war, und dass er dann, nach 1945, wieder einige Jahre unter sehr primitiven Umständen eingesperrt und zu Zwangsarbeit verurteilt worden war in Lagern, die vorher die Nazis betrieben hatten. Und das, weil er jetzt als SPD-Mitglied sich der Zwangsvereinigung der SPD mit der KPD zur SED 1946 widersetzt hatte.
Während der Praktika gab es nach meiner Erinnerung kaum politische Indoktrination. Wir Praktikanten waren bei Betriebsversammlungen, soweit es solche gab, nicht dabei, ich erinnere mich auch nicht an geforderte Teilnahmen an Demonstrationen oder Ähnliches. Wichtig war die Arbeit, etwas zu lernen und die vorgeschriebene Dokumentation für das Praktikantenamt zu schreiben.

Hanns-Lutz Dalpke, geb. 1937 in Berlin, Grund- und Oberschule in Ostberlin, Abitur 1956, Studium an der TH Dresden Fakultät Technologie/Papiertechnik, politische Haft 1959–1964 in Bützow-Dreibergen und Torgau, Teilkonstrukteur, 1965 Übersiedlung zu den Eltern in die Bundesrepublik Deutschland.
Studium Maschinenbau/Papieringenieurwesen in Darmstadt, 1969 Diplomingenieur, 1973 Dr.-Ing., bis 1978 freier Mitarbeiter an der TH Darmstadt (Forschung, Lehre und Beratung), dann Berater in einem Ingenieurbüro, ab 1980 bis zum Ruhestand 2001 in einer Zellstoff- und Papierfabrik als Projektingenieur, Werksleiter und Stabsstelle Umweltschutz & Arbeitssicherheit tätig.

// In Dresden benutzte man die eigenen Füße, die Straßenbahn oder das Fahrrad

Motorisiert waren meines Wissens zu der Zeit nur zwei Studenten mit Motorroller

Dr.-Ing. Hanns-Lutz Dalpke

Der Studienanfang in Dresden war verwirrend für mich, aber das geht wohl selbst heute noch vielen Anfängern so. Die Schule, seinerzeit mit noch weit weniger Selbstständigkeit als heute, und das selbstständige Leben an der Uni sind krasse Gegensätze, und das war sogar trotz der starken Regulierung im totalitären DDR-Staat so.
Das erste Problem war natürlich das Wohnen – in Dresden wegen der Zerstörungen des Innenstadtbereichs eine echte Herausforderung. Die erste Unterbringung durch das Studentenwerk erfolgte in dem heute noch existierenden Studentenheim in der damaligen Reichsstraße, heute Fritz-Löffler-Straße. Da auch dieses Heim voll belegt war, hatte man das Dachgeschoss zu einem Massenquartier ausgebaut, dorthin kamen die Neuen zuerst. Das Arbeiten dort war nicht leicht, zu viel Ablenkung. Deshalb suchte ich zusammen mit einem ehemaligen Klassenkameraden aus der Oberschule erfolgreich eine Privatwohnung. Mit den geteilten Mietkosten war das damals gut möglich. Die Ausstattung war recht einfach, zwei Betten, ein Tisch, Stühle und ein Schrank im Zimmer. Im Bad, das wir mitbenutzen durften, gab es WC und fließend kalt Wasser, und wenn ich mich richtig erinnere, gab es von der Wirtin morgens auch eine Kanne heißen Muckefuck[81].
Ansonsten bestand das Frühstück aus Mischbrot, Margarine und von zu Hause mitgebrachter, meist selbst gekochter Marmelade. Immer, jeden Tag! Mittags aß ich in der Woche in der Mensa, wo es zwei Essen gab, das eine zu 60 Pfennig und das bessere zu 80 Pfennig. Abends verpflegte man sich zu Hause oder – wie ich dann etwas später oft – in der Abendmensa, fast immer Schnitzel mit Gemüse und Kartoffeln und Limonade für etwa 2 Mark. Wenn ich sonntags in Dresden war, versuchte ich, mittags in einer Gaststätte zu essen. „In“ war damals das „Gambrinus“[82], aber man musste meist anstehen und bekam nicht selten auch überhaupt keinen Zutritt mehr.
Wichtig für mich waren die Fahrten nach Hause am Wochenende, etwa alle 2 Wochen. Nicht nur, um „Hotel Mutter“ zu nutzen, einschließlich Wäschedienst usw., sondern auch, um mal nach West-Berlin ins Kino zu gehen oder ins Ost-Berliner

---

81 Umgangssprachliche Bezeichnung für einen Kaffee-Ersatz aus gebrannter Gerste.
82 Gaststätte am damaligen Postplatz in Dresden – sie wurde 1968 abgerissen.

Metropoltheater oder in andere Theater, weil man als Student sehr billig Einzel-Restkarten erwerben konnte, oft für hervorragende Plätze. Dort habe ich vor allem Operetten, aber auch viel klassische und einige moderne Theaterstücke und Opern gesehen. Kultur spielte sich für mich vorwiegend in Berlin ab, mit einer Ausnahme: Das war ein Jazzkeller in Dresden, dessen Interpreten aber im Laufe des Jahres 1958 auch den Wechsel in die Bundesrepublik vorzogen und, soweit ich erfahren konnte, nach München gingen.

Die Heimfahrten mit dem D-Zug nach Berlin waren meist sehr langwierig, oft länger als 4 Stunden, dafür aber für Studenten extrem billig (ich meine, 3,60 Mark pro Strecke). Wenn es mal klappte und die Restfinanzmittel des Monats es hergaben, versuchte ich, mit dem von Wien/Prag kommenden Vindobona, einem Triebwagenzug, zu fahren, was zwar fast doppelt so teuer war, aber viel flotter ging, da dieser „internationale" Zug immer Vorfahrt bekam.

In Dresden selbst benutzte man die eigenen Füße, die Straßenbahn oder das Fahrrad. Motorisiert waren meines Wissens zu der Zeit nur zwei Studenten mit Motorroller, Autoparkprobleme waren mangels Autos unbekannt! Mein Fahrrad war Kultgegenstand. Ich hatte es kurz nach der Währungsreform etwa 1950 bekommen, ein Mifa-Tourenrad so solider Bauart, dass es die vielen Tausend Kilometer bis zu meiner Verhaftung 1959 überlebte. Allerdings mit diversen Umbauten, Reparaturen, einschließlich Schweißreparaturen wegen Rahmenbruch und nur noch einigen originalen Grundbestandteilen. Auch zu manchen Praktika oder Jobarbeiten in Sachsen hatte ich es mit, zum Beispiel 1957 in der Nähe von Döbeln, wo ich in einer noch privaten Papierfabrik als Hilfskonstrukteur ein kleines Detail bastelte, um etwas Geld zu verdienen.

Apropos Geld. Das war und ist auch immer noch für viele Studenten ein Problem. Ich bekam als Sohn eines „Kleinbürgerlichen" kein reguläres Stipendium (130 Mark/Monat), schon gar nicht das Arbeiter- und Bauernstipendium (180 Mark/Monat), aber eine Studienbeihilfe von 80 Mark/Monat. Diese und der schmale Zuschuss meiner Eltern reichten trotz niedrigster Preise nie aus, und so versuchte ich, in den Ferien in Papierfabriken als Ferienaushilfskraft etwas hinzuzuverdienen. Später jobbte ich auch während des Studiums. Das waren dann Wochenend- und Nachtschichten als Verladegehilfe auf dem Dresdner Güterbahnhof, wo alles Stückgut noch von Hand verladen und mittels Elektrokarren („Eidechse") auf kleinen Hängern von einem Waggon bzw. Zug zu einem anderen transportiert wurde. Ziemlich schwere Arbeit! Den Stundenlohn weiß ich nicht mehr. Die Eidechse durfte ich leider nur sehr ausnahmsweise mal fahren.

Als Student war man von Anfang an organisatorisch eingebunden. Wir bildeten mit anfangs etwas über 20 Studierenden die Seminargruppe Papiertechnik, wobei nur etwa die Hälfte von uns das als Studienfach gewählt hatte. Und auch das waren ausnahmsweise viele für dieses Fach, weil der Sohn des Professors gleich mehrere seiner Mitschüler von der Oberschule „mitgebracht", also entsprechend motiviert hatte. Im Laufe der Jahre reduzierte sich die Anzahl, weil einige in mehr ihren Wünschen entsprechende Fachrichtungen wechseln konnten. Erstaunlich wenige gaben das Studium wieder auf, was in anderen Seminargruppen anders aussah: Die hohen Anforderungen der renommierten TH Dresden führten auch damals schon zu einer strengen Auslese, und ich erinnere mich an eine Fakultätsversammlung mit dem Prorektor, wo die hohe Ausfallquote von 40 bis 50 Prozent bis zum Vorexamen wichtiger Gegenstand der Diskussion war und hart kritisiert wurde.

Speziell unsere Seminargruppe entwickelte einen recht guten Zusammenhalt, so machten wir gemeinsame Ausflüge, beispielsweise Wanderungen in die wunderschöne Sächsische Schweiz, und feierten auch gemeinsam. Von einer Weihnachtsfeier, auf der ich als DJ fungierte, habe ich sogar eines der ganz wenigen bildlichen Erinnerungen aus dieser Zeit (siehe Foto). Fotografieren war damals ja noch ein seltenes und teures Hobby.

Der Studienplan war recht schulisch und musste zügig abgearbeitet werden. Dabei waren die Grundvorlesungen wie Mathe, Experimentalphysik usw. stark belegt, so dass die Hörsäle oft übervoll waren und man gelegentlich auch auf den Treppen sitzen musste. Zu den Vorlesungen gehörige Praktika waren in der Regel Pflicht, während Übungen meist fakultativ waren. An ein nettes Vorkommnis kann ich mich noch erinnern: Im Elektro[maschinen]praktikum mussten wir einen Leonardsatz[83] von nicht ganz unbedeutender Leistung hochfahren und dann mit dem Netz synchronisieren. Dabei brachte es ein Mitstudent fertig, fast genau phasenverkehrt anzukoppeln, was einen gewaltigen Bums hervorrief, das Hochschulnetz leicht in die Knie zwang, aber sonst keinen Schaden verursachte. Ich glaube, es waren sehr alte, sehr solide Brown Boverie & Cie. (BBC)-Maschinen.

Weihnachtsfeier, auf der Hanns-Lutz Dalpke als DJ am Tonbandgerät fungierte (Foto privat)

83 Der Leonardsatz ist in der elektrischen Energietechnik ein spezieller Umformer (eine Kombination von rotierenden elektrischen Maschinen) zur Stromumwandlung. (Anm. d. Hg.)

Ein unangenehmes Fach war Gewi, Gesellschaftswissenschaften, weil man da gegen seine eigene Meinung diskutieren sollte. Man musste Pflichtseminarscheine machen, die Anwesenheit wurde kontrolliert und dokumentiert. Selten kam es zu echten Diskussionen, weil man ja wusste, dass eine abweichende Ideologie, ja selbst simple kritische Fragen, schnell zu ernsten Nachteilen bis hin zum Verlust des Studienplatzes führen konnten. Das „Studium" des Marxismus-Leninismus gehörte wesentlich zu den „freiwilligen Selbstverpflichtungen", welche mir das System suspekt machten und zu meiner späteren Opposition führten.

Studenten der technischen Disziplinen waren und sind häufig auch heute noch weniger am allgemeinen politischen Geschehen interessiert, sie bemühen sich mehr, das schwierige Ausbildungspensum schnell zu bewältigen. Zu meiner Studienzeit waren auch die Informationsmöglichkeiten drastisch geringer als heute – ich glaube, einem Studenten heute ist es gar nicht möglich, sich das wirklich vorzustellen. Wir hatten nur Zeitungen und Mittelwellenradio, eventuell noch Kurzwelle in der gleichen schlechten Qualität wie heute. Zeitungen in der DDR waren immer systemkonform, Gleiches galt fürs Radio, und der starke Westberliner RIAS wurde durch Störsender im „Tal der Ahnungslosen"[84], wie das Elbtal bei Dresden auch genannt wurde, unverständlich gemacht. Ich war insofern eine Ausnahme, als ich bei meinen Heimatbesuchen ja immer westliche Rundfunksender hören konnte, andere Interessierte waren auf Kurzwelle und den BBC angewiesen. Das war zwar auch gefährlich, aber nicht mehr ganz so gefährlich wie im Dritten Reich, wo BBC-Hören gleich zur Todesstrafe führen konnte. Westliche Presseerzeugnisse waren für uns einerseits sehr teuer, andererseits auch gefährlich, weil ihr Besitz, wenn man bei einer zufälligen Kontrolle erwischt oder durch einen Beobachter verraten wurde, schnell zu Repressionen führen konnte: Besitz von „Hetzmaterial" = 2 Jahre Knast![85] Und Kontrollen gab es durchaus manchmal bei der Fahrt nach oder von Berlin und auch innerhalb Berlins von und nach Westberlin.

Als Jugendlicher will man meist auch körperlich aktiv sein, und Sport sollte eigentlich ideologiefrei sein. Eigentlich! Aber auch die körperliche Ertüchtigung wurde im sozialistischen System ideologisiert und vor allem in Richtung vormilitärische Ausbildung genutzt. Ich probierte verschiedene Dinge aus, Leichtathletik (Sportabzeichen), Judo (Hindernis: bin Brillenträger mit ziemlich krummen Augen) und dann Schießsport bei der GST (Gesellschaft für Sport und Technik), wo ich mich sogar ziemlich engagierte, obwohl ich natürlich den Hintergedanken – die Qualifizierung zum Soldatentum – durchaus sah. Einige Sportarten, zum Beispiel Schießsport oder

---

84 Weil im Elbtal in Dresden kein West-Fernsehen oder UKW, also keine West-, sondern nur Ost-Nachrichten empfangen werden konnten, lebte man im „Tal der Ahnungslosen". (Anm. d. Hg.)

85 Siehe dazu den Beitrag von Falk Anders, „Sagt Ihnen der Name Leonhard etwas?". (Anm. d. Hg.)

Segelfliegen, waren aber überhaupt nur in der GST möglich. Anlässlich eines Herbstkurses machte ich in der GST auch meinen Motorradführerschein, privat wäre das für mich gar nicht möglich gewesen.

Eine Sportart mochte ich besonders gern, und das rein privat: Faltbootwandern. In der Oberschulzeit hatte ich ein Zweier-Pax-Faltboot gebraucht von meinen Eltern bekommen und war in den Schulferien und an den Wochenenden meist unterwegs auf den Gewässern im Osten und Südosten von Berlin bis zum Spreewald, oft mit einem Freund, der ebenfalls ein solches Boot hatte. Wir zelteten recht primitiv (siehe Foto), waren aber happy – und unbeeinflusst von jeglicher Ideologie und Repression! Während des Studiums wurden solche Unternehmungen aus Zeit- und Geldgründen seltener. Von meiner Allein-Tour im August 1958 in Mecklenburg (vom Wanzkaer See über die Tollense und die Peene, das Achterwasser und entlang der Ostseeküste bis Stralsund) gibt es einmalige und unvergessliche Erinnerungen, aber kein Foto. Die Natur war großartig, Störche zu Hunderten, Kraniche, sogar Seeadler, vom Wanzkaer bis zum Tollensesee mühseliger Weg über Land wegen falscher Wassersportkarten-Angabe, abenteuerliches Zelten, stürmische Ostsee, zum Schluss kaputtes Steuer – heute würde mancher sagen, der war ja verrückt. Teile dieser Strecke sind heute Naturschutz- und sogar FFH-Gebiete (Fauna-Flora-Habitat gemäß EU-Richtlinie).

Hanns-Lutz-Dalpke (links) beim Zelten mit Faltboot (Foto privat)

Einige Wochen der Ferien waren auch immer für die Fachpraktika in der Industrie reserviert. Hierzu wurde man eingeteilt, also bestimmten Betrieben zugewiesen. Dennoch waren für mich diese Praktika sehr nützlich, denn man bekam einfach Wissen und erste Erfahrungen für die spätere Industrietätigkeit vermittelt. In den ersten Herbstwochen sollte man auch als Student, wie schon früher als Schüler, eine Woche (oder zwei?) zur Erntehilfe in die Landwirtschaft, ich habe das meiner Erinnerung nach aber nur einmal mitgemacht, das zweite Mal trat der oben genannte GST-Kurs für den Motorradführerschein (im DDR-Jargon gab es nur die „Fahrerlaubnis", „Führerschein" war suspekt!) an die Stelle des Ernteeinsatzes.

Die FDJ-Mitarbeit konnte ich in der Zeit meines Studiums wegen der noch nicht perfekten Organisation in den 50er Jahren weitgehend vermeiden.

// Kommentar zeithistorisch //

Die Gesellschaft für Sport und Technik (GST) „Ursprünglich war die GST eine Organisation, die vor allem der gemeinschaftlichen Freizeitgestaltung von technisch und sportlich interessierten Menschen (jeden Alters) in der DDR dienen sollte. So sollten u. a. Heranwachsenden die Möglichkeit gegeben werden, ihre Freizeit sinnvoll zu gestalten. Ältere, erfahrene Mitglieder sollten die unerfahrenen unter ihre Obhut nehmen und unterstützen. Die erforderlichen Mittel (wie z. B. Motorräder, Boote, Lkw, Pkw, Flugzeuge, Funkgeräte, Gewehre, Werkstätten und auch Tiere) wurden größtenteils zur Verfügung gestellt und wurden von den Mitgliedern und fest angestellten Personen gepflegt/gewartet. Schnell wandelte sich jedoch die Aufgabe der GST. Zunehmend rückte der Wehrsport in den Vordergrund. Die Bedeutung der Organisation wuchs weiterhin vom bloßen Wehrsport zur ‚Schule des Soldaten von morgen'. Sie betrieb Ausbildungsbasen, Schießstände, führte Wehrausbildungslager und Wettkämpfe durch.
Durch die im Wehrdienstgesetz festgeschriebene Teilnahme an der vormilitärischen Ausbildung, ohne die in der Regel der Zugang zu Studium und Berufsausbildung versperrt war, kamen fast alle jungen Männer und Frauen mit der GST in Kontakt, die diese ‚Übungen' organisierte, auch wenn sie keine Mitglieder der GST waren." (Zit. n. „Gesellschaft für Sport und Technik", https://de.wikipedia.org/wiki/Gesellschaft_für_Sport_und_Technik, 07.04.2017)

Herausgeber

// „Wir sind der Meinung, dass der Student Jork mit seinen Äußerungen die Rechtsprechung unseres Staates anzweifelt"

Als bekennender Christ und Wehrdienstverweigerer für ein Medizinstudium untragbar

Prof. Dr. med. Klaus Jork (Humboldt Universität Berlin, Medizinische Fakultät, Studienjahre 1956–1958, Johannes Gutenberg Universität Mainz, Humanmedizin, Studienjahre 1958–1962, Staatsexamen 1962, Promotion 1965)

Nach dem Abitur 1956 an der Pestalozzi-Oberschule in Dresden wurde ich durch den persönlichen Einsatz meines Vaters, der in der Privatwirtschaft tätig war, am 5. September 1956 an der Humboldt-Universität in Berlin zum Studium der Humanmedizin immatrikuliert. Meine Kommilitonen wählten mich in die Studienjahresleitung, obwohl ich Mitglied der Jungen Gemeinde und FDJ war, jedoch nicht Mitglied der SED. Dass ich mich nicht parteipolitisch engagierte – ich nahm nur an einigen Ernteeinsätzen zum Kartoffelroden teil – konnten die Vertreter der SED im Fachbereich nicht akzeptieren und forderten mich auf, zu einigen Fragen der damaligen politischen Situation Stellung zu nehmen.

Der Text meiner Stellungnahme vom 24. März 1958 lautete:

„Die FDJ-Studienjahresleitung hat von mir diese Stellungnahme am 21. März 1958 nach einem längeren Gespräch gefordert. Da ich mich bemüht habe, in dieser Verhandlung als Christ zu den mir gestellten Fragen Stellung zu nehmen, habe ich mich zur Überprüfung und Klärung meines Standpunktes zu dem allgemein als aufrechten Christen bekannten Propst Dr. Heinrich Grüber[86] *begeben, der als der Bevollmächtigte des Rates der Evangelischen Kirche in Deutschland bei der Regierung der Deutschen Demokratischen Republik außerdem über den nötigen Überblick zu den mir gestellten Fragen verfügt. Nach dieser Klärung möchte ich zu den angeführten Punkten Stellung nehmen.*

1. *Das Urteil über den ehemaligen Leipziger Studentenpfarrer Siegfried Schmutzler*[87] *erkenne ich als rechtmäßig an. Es ist für mich als Christen aber unmöglich, mich von Menschen zu trennen, die schuldig geworden sind. Siegfried Schmutzler bleibt trotz seiner Verurteilung Glied der christlichen Gemeinde, für den die ganze Gemeinde nach der Weisung der Heiligen Schrift fürbittend einzutreten hat. Die namentliche Fürbitte für Glieder der Gemeinde, die im Gefängnis sitzen, ist ganz allein an die Adresse Gottes gerichtet und hat keinerlei politische Abzweckung. In diesem Sinne hält auch Propst Grüber in jedem seiner Gottesdienste namentlich für Schmutzler Fürbitte.*
2. *Als Christ bin ich bereit, alles gegen den Krieg zu tun, kann aber keine Waffe in die Hand nehmen, da ich mich auch für den Fall einer Verteidigung nicht eidlich zum Mord verpflichten kann. Hinzu kommt, dass ich im gegenwärtigen Zeitpunkt im Falle einer Verteidigung nicht nur Mord, sondern Brudermord begehen müsste. Mord ist schlimm, Brudermord noch schlimmer. Nach meiner Erkenntnis haben wir als Christen die Pflicht, im Westen und im Osten Deutschlands Wehrdienst und militärische Ausbildung zu verweigern. Gerade in dieser Haltung sehe ich den entscheidenden Beitrag zur Erhaltung des Friedens, weil der Krieg heute mit den neuen Waffen auf beiden Seiten in jedem Fall Massenmord werden würde. Weil in einem Krieg durch die modernen Waffen immer Massen vernichtet würden, sehe ich mich auch außer Stande, aus vergangener Zeit positive Stellungnahmen von Christen zum Wehrdienst zu übernehmen.*
3. *Die Stellungnahme des Evangelischen Bischofs von Berlin, Dr. Dibelius*[88]*, zur Politik muss ich in vielen Punkten ablehnen, weil sie oft mehr von der deutsch-nationalen*

---

86 Heinrich Karl Ernst Grüber (1891–1975) war evangelischer Theologe, Gegner des Nationalsozialismus und Pazifist. (Anm. d. Hg.)

87 Georg Siegfried Schmutzler (1915–2003) war evangelischer Pfarrer und Widerstandskämpfer gegen die SED-Diktatur, Studentenpfarrer der evangelischen Studentengemeinde Leipzig. (Anm. d. Hg.)

88 Otto Dibelius (1880–1967), evang. Theologe, engagiert für die Bekennende Kirche; Bischof; Ratsvorsitzender der Evang. Kirche in Deutschland von 1949 bis 1961. (Anm. d. Hg.)

Berlin, den 22. 3. 58

SOZIALIST UND CHRIST

In Deutschland ist Krieg! Wann wird er heiß? Das liegt bei uns.
Mediziner bist Du taub?

Im Westen liegen die Raketen auf den Rampen Richtung Osten.
Mediziner schläfst Du?

Sieh Dich um! Wer ist Dein Feind? Pfarrer Schmutzler prädigt Haß und Tod. Du verurteilst ihn.

Genügt das?

Wir müssen kämpfen, tun wir es alle?

Der "Jugendfreund" Jork tut es nicht. Es sagt, er sei Christ. Ist er es? Er spricht gegen die Äußerungen und Handlungen Schmutzlers. Verurteilt aber nicht den"Menschen"Schmutzler. Er kann daher nicht die "Menschen"Kriegsverbrecher und Kriegstreiber verurteilen.

In der Diskussion mit der Studienjahresleitung mußte er sich in Widersprüche verwickeln. "Ich bin verpflichtet, gegen jeden Menschen vorzugehen, der in Deutschland die Kriegsgefahr vergrößert. Schmutzler hat sie vergrößert." Jork (Vergleiche oben.)

Der "Jugendfreund"Jork ist für den Sozialismus. Hat er gemeinsam mit uns am sozialistischen Arbeitseinsatz teilgenommen? Nein! Er sagt, er sei krank. Gleichzeitig ist er aktiver Sportler(Ruderer).

Merkst Du was? -

Der "Jugendfreund" Jork ist Christ. Er trägt das Kugelkreuz.

Der "Jugendfreund" Jork ist Sozialist. Er trägt **k e i n** FDJ-Abzeichen.

Der "Jugendfreund" Jork spricht mit zwei Zungen. - Warum?

Er ist zu feige, sich zu bekennen. Fürchtet er um seinen Studienplatz?

Er ist kein Sozialist. Er redet dafür, aber tritt nicht dafür ein.

Er ist kein Christ, denn er kämpft nicht für den Frieden aller Menschen. Er kann den "Menschen" Kriegshetzer Schmutzler nicht verurteilen. Er verurteilt **n u r** die Tat abstrakt.

Was ist der "Jugendfreund" Jork?

Durch seine indirekte Unterstützung des Kriegshetzers Schmutzler unterstützt er auch die Kriegsvorbereitung im Westen und schwächt unsere Republik. Er gefährdet Deinen und meinen Studienplatz.

D e r " J u g e n d f r e u n d " J o r k i s t e i n
H a n d l a n g e r d e s I m p e r i a l i s m u s !

Deine Stellungnahme!

FDJ-Studienjahresleitung

Das gegen den Autor gerichtete und an der Humboldt-Universität verteilte „Hetzflugblatt“ der FDJ-Studienjahresleitung

Vergangenheit als vom christlichen Glauben geprägt ist. Jedoch kann ich mich den Mitteilungen in der Demokratischen Presse nur zum Teil anschließen. So wird dort z. B. stets weggelassen, dass Bischof Dibelius von 1934 bis zum Ende der Naziherrschaft wegen seiner aufrechten Haltung von seiner Stellung als Generalsuperintendent der Kurmark[89] zwangsweise pensioniert wurde und verschiedentlich von der Gestapo verfolgt und verhaftet worden ist."

Bevor ich diese Stellungnahme der FDJ-Studienjahresleitung übergeben konnte, wurde ein am 22. März 1958 verfasstes Flugblatt am 24. März am Medizinischen Fachbereich der Humboldt-Universität Berlin mit folgendem Wortlaut verteilt:

„Sozialist und Christ,
In Deutschland ist Krieg! Wann wird er heiß? Das liegt bei uns. Mediziner bist Du taub? Im Westen liegen die Raketen auf den Rampen Richtung Osten. Mediziner schläfst Du? Sieh Dich um! Wer ist Dein Feind? Pfarrer Schmutzler predigt Hass und Tod. Du verurteilst ihn. Genügt das?
Wir müssen kämpfen, tun wir es alle? Der „Jugendfreund" Jork tut es nicht. Er sagt, er sei Christ. Ist er es? Er spricht gegen die Äußerungen und Handlungen Schmutzlers, verurteilt aber nicht den „Menschen" Schmutzler. Er kann daher nicht die „Menschen" Kriegsverbrecher und Kriegstreiber verurteilen. In der Diskussion mit der Studienjahresleitung musste er sich in Widersprüche verwickeln. „Ich bin verpflichtet, gegen jeden Menschen vorzugehen, der in Deutschland die Kriegsgefahr vergrößert. Schmutzler hat sie vergrößert" (vergleiche oben).
Der „Jugendfreund" Jork ist für den Sozialismus. Hat er gemeinsam mit uns am sozialistischen Arbeitseinsatz teilgenommen? Nein! Er sagt, er sei krank. Gleichzeitig ist er aktiver Sportler (Ruderer). Merkst Du was?
Der „Jugendfreund" Jork ist Christ. Er trägt das Kugelkreuz.[90] Der „Jugendfreund" Jork ist Sozialist. Er trägt kein FDJ-Abzeichen. Der „Jugendfreund" Jork spricht mit zwei Zungen. Warum? Er ist zu feige, sich zu bekennen. Fürchtet er um seinen Studienplatz? Er ist kein Sozialist. Er redet dafür, aber tritt nicht dafür ein. Er ist kein Christ, denn er kämpft nicht für den Frieden aller Menschen. Er kann den „Menschen" Kriegshetzer Schmutzler nicht verurteilen. Er verurteilt nur die Tat abstrakt.
Was ist der „Jugendfreund" Jork? Durch seine indirekte Unterstützung des Kriegshetzers

---

89 Kurmark, Kerngebiet der ehemaligen Mark Brandenburg; Territorium des Heiligen Römischen Reiches, auf das die Kurwürde des Markgrafen von Brandenburg beruhte; die evangelische Kirche in Preußen ordnete Generalsuperintendenten entsprechenden Gebieten zu. (Anm. d. Hg.)

90 Kugelkreuz – kleines silbernes Abzeichen mit einem Kreuz über der Weltkugel der Jungen Gemeinde, dessen Tragen von den Parteigenossen der SED in der DDR als Provokation interpretiert und aufgefasst wurde. (Anm. d. Hg.)

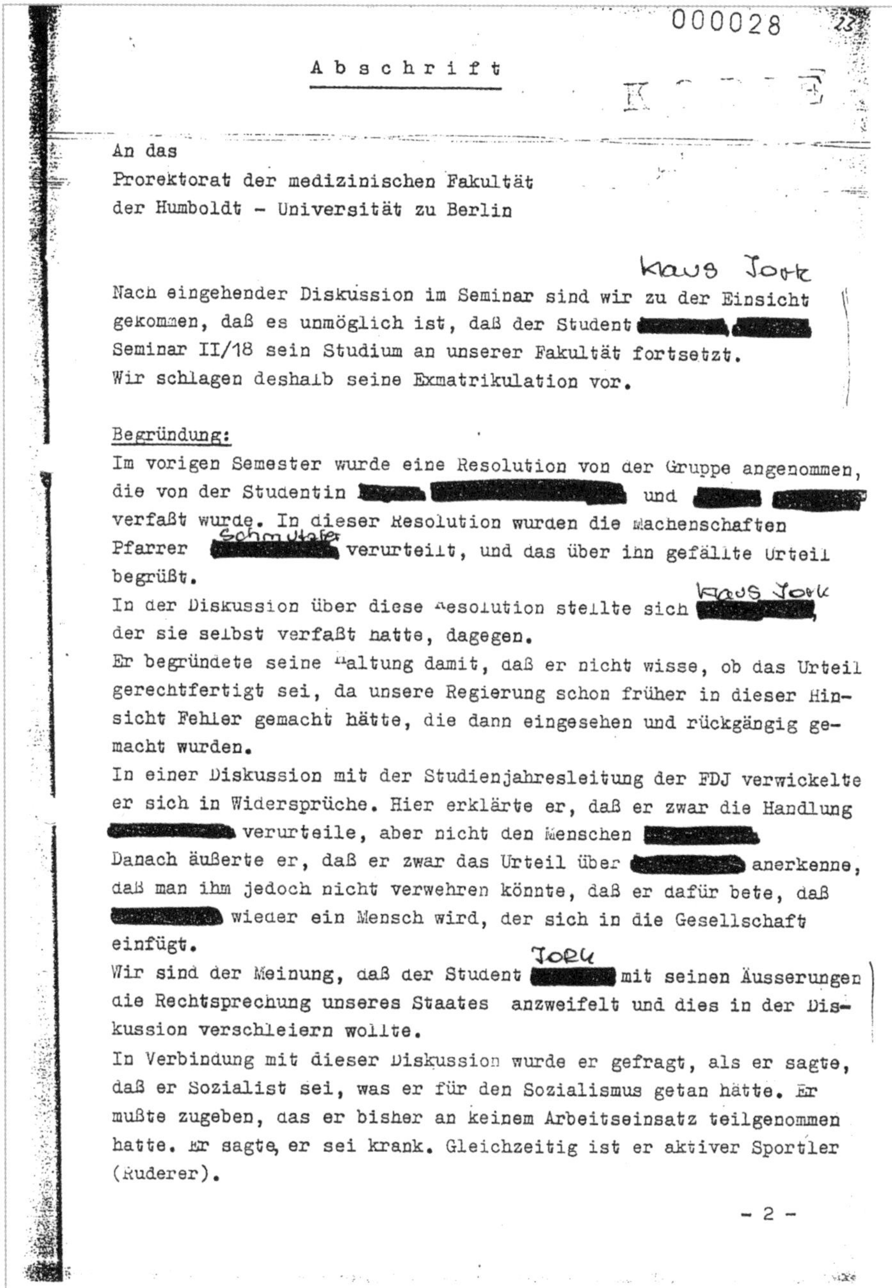

000028 23

A b s c h r i f t

An das
Prorektorat der medizinischen Fakultät
der Humboldt - Universität zu Berlin

Klaus Jork

Nach eingehender Diskussion im Seminar sind wir zu der Einsicht gekommen, daß es unmöglich ist, daß der Student [redacted], [redacted] Seminar II/18 sein Studium an unserer Fakultät fortsetzt.
Wir schlagen deshalb seine Exmatrikulation vor.

Begründung:
Im vorigen Semester wurde eine Resolution von der Gruppe angenommen, die von der Studentin [redacted] und [redacted] verfaßt wurde. In dieser Resolution wurden die Machenschaften Pfarrer [redacted] (Schmutzler) verurteilt, und das über ihn gefällte Urteil begrüßt.
In der Diskussion über diese Resolution stellte sich [redacted] (Klaus Jork), der sie selbst verfaßt hatte, dagegen.
Er begründete seine Haltung damit, daß er nicht wisse, ob das Urteil gerechtfertigt sei, da unsere Regierung schon früher in dieser Hinsicht Fehler gemacht hätte, die dann eingesehen und rückgängig gemacht wurden.
In einer Diskussion mit der Studienjahresleitung der FDJ verwickelte er sich in Widersprüche. Hier erklärte er, daß er zwar die Handlung [redacted] verurteile, aber nicht den Menschen [redacted].
Danach äußerte er, daß er zwar das Urteil über [redacted] anerkenne, daß man ihm jedoch nicht verwehren könnte, daß er dafür bete, daß [redacted] wieder ein Mensch wird, der sich in die Gesellschaft einfügt.
Wir sind der Meinung, daß der Student [redacted] (Jork) mit seinen Äusserungen die Rechtsprechung unseres Staates anzweifelt und dies in der Diskussion verschleiern wollte.
In Verbindung mit dieser Diskussion wurde er gefragt, als er sagte, daß er Sozialist sei, was er für den Sozialismus getan hätte. Er mußte zugeben, das er bisher an keinem Arbeitseinsatz teilgenommen hatte. Er sagte, er sei krank. Gleichzeitig ist er aktiver Sportler (Ruderer).

- 2 -

Aus den Stasiakten, eine Abschrift des MfS der Stellungnahme der Studienjahresleitung der Humboldt-Universität Berlin. Aus der letzten Zeile der Abschrift ist zu ersehen, dass 21 Studenten der Seminargruppe unterschrieben haben – wohl unter Druck.

000029 24
KOPIE

- 2 -

Als er gefragt wurde, ob er bereit sei, in den Ferien freiwillig einen Monat an einer militärischen Grundausbildung teilzunehmen, entgegnete er, daß sich dies mit seinen Glauben nicht vereinbaren lasse.
Er sagte, daß es für ihn als Christ unmöglich sei, einen anderen Menschen zu töten bzw. sich militärisch ausbilden zu lassen, da man ja in einem Krieg töten müsse. Gleichzeitig ruft er alle Christen auf, sich ebenfalls nicht für eine freiwillige militärische Ausbildung bereit zu erklären. Außerdem bezeichnet er jeden, der sich militärische Kenntnisse aneignet, um einen Überfall des Westens zurückschlagen zu können, als Brudermörder, da ja jeder Westdeutsche unser Bruder ist.
Hierbei sieht er nicht ein, daß wir gezwungen werden, uns militärische Kenntnisse anzueignen, um unsere Republik im Falle eines Überfalles verteidigen zu können. Er vergißt, daß wir gerade von einer Regierung hierzu gezwungen werden, die vorgibt, eine christliche Regierung zu sein und die aus einer Partei hervorgegangen ist, die sich eine christliche Partei nennt.
Er vergißt, daß es diese "Christen" sind, die die Bundeswehr mit Atomwaffen ausrusten wollen, um unsere Republik an ihren Staat anzugliedern.
Herr von Brentano sagte deutlich:
"Wir brauchen die Atomwaffen, weil wir nicht von einem anderen Land, der USA, verlangen können, daß es für uns (für die Anhänger der Adenauerpolitik) in einem anderen Land , der SU, den totalen Krieg mit Atomwaffen führt."
Die Diskussionen über den Exmatrikulationsantrag waren gerade abgeschlossen, als wir erfuhren, daß der Student [redacted] republikflüchtig geworden ist und schon einen Studienplatz in Wetsdeutschland besitzt. Wir kommen zu dem Schluß, daß [redacted] sich nicht zu einer unüberlegten Handlung hat hinreißen lassen, sondern sein Verhalten beweist, daß er seine Handlung seit langer Zeit geplant hatte und bei uns durch unaufrichtiges Verhalten das gesellschaftliche Bewußtsein seiner Kommilitonen zu untergraben suchte.
Wir geben unsere Empörung darüber Ausdruck und sind der Meinung, daß der Antrag berechtigt ist.

Berlin, den 24.4.1958

gez. 21 Unterschriften

F.d.R. d. A.

R. Tscheslok
(Tscheslok)

Schmutzler unterstützt er auch die Kriegsvorbereitung im Westen und schwächt unsere Republik. Er gefährdet Deinen und meinen Studienplatz. Der „Jugendfreund" Jork ist ein Handlanger des Imperialismus!
Deine Stellungnahme!

FDJ-Studienjahresleitung"

Am nächsten Tag teilte mir ein Kommilitone, der SED-Mitglied war, mit, dass ich exmatrikuliert werden sollte und dass man meinen Personalausweis einziehen wolle. Daraufhin entschloss ich mich im März 1958 kurzfristig, die DDR zu verlassen und beantragte in Berlin-Marienfelde die Erteilung der Aufenthaltserlaubnis. Zuvor hatten die Kommilitonen meines Studienseminars meine persönlichen Dinge und Studienunterlagen bei der Schwester eines Freundes in Westberlin deponiert. Selbst traute ich mich nicht, diese Gegenstände zu transportieren aus Angst, als Republikflüchtiger festgenommen zu werden.
Aufgrund aktenkundiger Belege erhielt ich am 11. April 1958 vom Leiter des Notaufnahmeverfahrens in Gießen die Aufenthaltserlaubnis für das Bundesgebiet mit Zuweisung nach Rheinland-Pfalz.

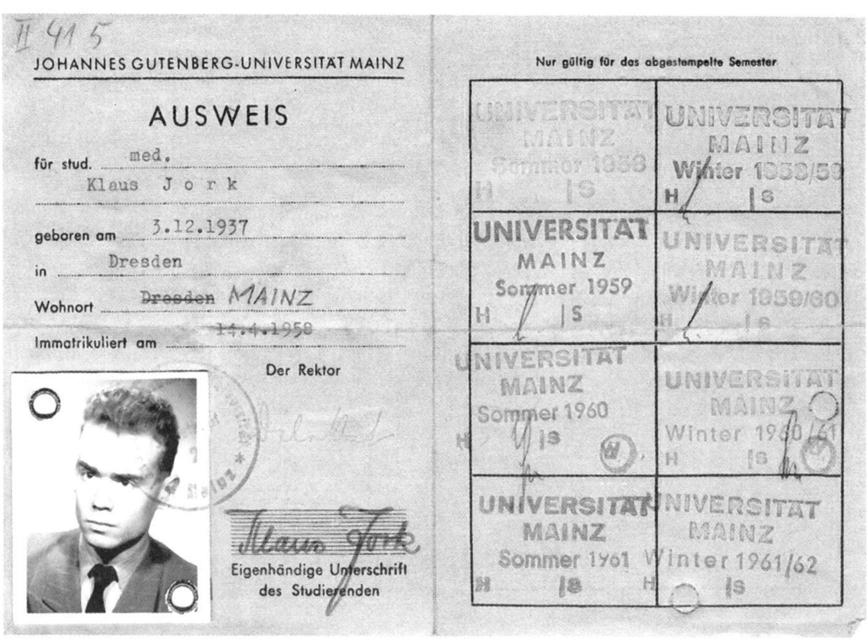

Studentenausweis der Johannes Gutenberg-Universität Mainz

Ich setzte mein Studium der Humanmedizin in Mainz fort, wo ich am 10. Dezember 1962 das medizinische Staatsexamen mit „sehr gut" ablegte. Meine experimentelle

Dissertation am Institut für Pharmakologie der Johannes Gutenberg-Universität in Mainz wurde 1965 mit „magna cum laude“ bewertet.
Ein Nachsatz: Jahrzehnte später, nach der Wiedervereinigung der beiden deutschen Staaten, wurde mir die Kopie eines Schreibens der Studienjahresleitung an das Prorektorat der Medizinischen Fakultät der Humboldt-Universität von Berlin vom 24. März 1958 zugängig, in dem vermerkt wird:

„Nach eingehender Diskussion im Seminar sind wir zu der Ansicht gekommen, dass es unmöglich ist, dass der Student Klaus Jork Seminar II/18 sein Studium an unserer Fakultät fortsetzt. Wir schlagen deshalb seine Exmatrikulation vor. […] Wir sind der Meinung, dass der Student Jork mit seinen Äußerungen die Rechtsprechung unseres Staates anzweifelt und dies in der Diskussion verschleiern wollte.
Gleichzeitig ruft er alle Christen auf, sich ebenfalls nicht für eine freiwillige militärische Ausbildung bereit zu erklären. […] Hierbei sieht er nicht ein, dass wir gezwungen werden, uns militärische Kenntnisse anzueignen, um unsere Republik im Falle eines Überfalls verteidigen zu können. Er vergisst, dass wir gerade von einer Regierung hierzu gezwungen werden, die vorgibt, eine christliche Regierung zu sein und die aus einer Partei hervorgegangen ist, die sich eine christliche Partei nennt. Er vergisst, dass es diese „Christen“ sind, die die Bundeswehr mit Atomwaffen ausrüsten wollen, um unsere Republik an ihren Staat anzugliedern.“

Klaus Jork, geb. 1937; Abitur 1956 in Dresden, Studium der Humanmedizin in Berlin und Mainz. Staatsexamen in Mainz 1962, Dissertation 1965, Facharzt für Allgemeinmedizin; nach klinischer und wissenschaftlicher Weiterbildung sowie praktisch ärztlicher Tätigkeit 1979 bis 2004 zuerst als Honorarprofessor tätig. Seit 1991 bis zu seiner Emeritierung als Universitätsprofessor tätig; Aufbau und Leitung des Instituts für Allgemeinmedizin am Klinikum der Johann Wolfgang Goethe-Universität in Frankfurt am Main; mehrere Bücher und zahlreiche Veröffentlichungen zur ambulanten Krankenversorgung und Salutogenese; Vorsitzender der Alumni des Fachbereichs Medizin der Universität Frankfurt am Main, Vorsitzender der Deutsch-Indischen Gesellschaft Darmstadt-Frankfurt.

// Aus dem Alltag eines Bauingenieur-Studenten in Dresden

Erlebnisse, Gedanken und Mitteilungen – aufgelesen aus Briefen[91]

Dipl.-Ing. Ulrich Otto (TH/TU Dresden, Studienjahrgang 1956, Fachbereich Bauingenieurwesen, Diplom 1962)
Ulrich Otto zitiert aus Briefen, die er als Student an Eltern und Bruder in Waren (Müritz) schrieb. Briefe und Tagebuchaufzeichnungen helfen, die Vergangenheit so zu bewahren, wie sie erlebt wurde. Ein ungewöhnlicher Beitrag (Anm. d. Hg.).

24.9.1956 „Frau B. hat entschieden, dass ich hierbleiben kann (als Untermieter). Für Miete und Essen bezahle ich im Monat 100,– DM[92]. […] Wie machen wir das mit der Kartoffelkarte bzw. mit den Kartoffeln? Weil ich fast jeden Tag hier Kartoffeln mitesse, muss ich ja auch zum Kartoffelvorrat beisteuern. Eine andere Frage ist das mit der Kohlenkarte. Hier bekomme ich keine Kohlenkarte (da Wohngemeinschaft), und auch Frau B. bekommt nicht mehr Kohlen, da Haushalte mit 3 und 4 Personen dieselbe Kohlenkarte haben. Frau B. muss nun aber 1 Zimmer mehr heizen […].“

Ulrich Otto bei Studienbeginn, 1956 (Foto privat)

7.10.1956 „Später erfuhr ich, dass wir von der Technischen Hochschule (TH Dresden) 4 Zentner Kohlen zusätzlich bekommen […].“

18.10.1956 „Ich hab jetzt meinen 1. Beleg[93] in Darstellender Geometrie in Tusche ausgezogen, nachdem ich das Ganze schon mal in Blei gemacht hatte, um eine richtige Vorlage zu haben. So konnte ich noch ein paar Fehler ausmerzen. Jetzt bin ich damit zufrieden.“

91 Die Rechtschreibung wurde in diesem Beitrag vorsichtig modernisiert. (Anm. d. Hg.)
92 Gemeint ist „Deutsche Mark der Deutschen Notenbank“, umgangssprachlich „Ost-Mark“ im Gegensatz zur „West-Mark“. 1964 ließ die DDR das „Deutsche“ weg und ab 1968 gab es dann die „Mark der DDR“.
93 Unter Beleg verstand man eine ein bestimmtes Fachgebiet erfassende mehr oder weniger komplexe Hausarbeit, mit deren Vorlage eine Benotung verbunden war. Sie galt als Nachweis für die Fähigkeit, eine konkrete, in der Regel praxisrelevante Aufgabe, auf wissenschaftlicher Grundlage zu lösen. Das Grundstudium wurde mit dem Großen Beleg abgeschlossen. (Anm. d. Hg.)

3.3.1957 [Über den TH-Fasching[94]] „Insgesamt war es gestern sehr schön, vor allem die Dekoration. Das ganze Fest erstreckte sich über 24 Räume in 3 Geschossen. Es war einfach toll! Morgen wird es aber hoffentlich nicht so voll, da es sich um eine noch nicht ausverkaufte Zusatzveranstaltung zu der am Faschingsdienstag handelt. Am Dienstag fallen ein ganzer Teil Vorlesungen aus, da man höheren Orts wohl eingesehen hat, dass es keinen Zweck hat [...]."

25.5.1957 [Nach dem generellen Reiseverbot für Studenten in den Westen: *„Es ist eines sozialistischen Studenten unwürdig ins kapitalistische Westdeutschland zu reisen"* – Äußerung des Versammlungsleiters einer diesbezüglich einberufenen Versammlung[95]] „Von der Sache mit Westdeutschland habt Ihr wohl gehört. Seitdem setzt man uns mächtig zu mit Arbeitseinsätzen: Jeder Student soll 14 Tage in sozialistischen Großbetrieben oder in der Landwirtschaft arbeiten (ich hab mich für Landwirtschaft entschieden). Außerdem sollen wir vom 16.–22.6. im Nationalen Aufbauwerk (NAW) ehrenamtlich Enttrümmerungsarbeiten machen [...]."

3.9.1957 [Über die Vermessungsübung an der TH] „Bei der Innenarbeit klappte bisher alles ganz gut bis auf den Polygonzug, der sich bis heute sträubte, ehe sich herausstellte, dass die vom Assistenten angegebene Anschlussrichtung *Kirche Leuben* gar nicht Kirche Leuben, sondern *Kirche Leubnitz* war [...]."

23.10.1957 „Am nächsten Mittwoch müssen wir 1 Tag auf den Hochschulbauten[96] arbeiten, weil Arbeitskräfte abgezogen wurden und die Investmittel nicht verfallen sollen. Das Geld bekommen aber nicht wir, sondern die FDJ!!"

16.2.1958 „Am 13. Februar war ich in der Kreuzkirche zum Dresdner Requiem von Mauersberger[97]. Sehr wirkungsvoll! Danach läuteten um 21.45 Uhr alle Glocken." (Beginn des Luftangriffs 1945)

5.3.1958 „In der Hochschule wird's immer ‚besser'. Wir sollen 8 Wochen Volksarmee spielen. Die einjährige Verpflichtung für die NVA soll in eine lebenslängliche umge-

---

94 Es war Usus an der TH und auch an der TU Dresden, Faschingsveranstaltungen in den Räumen der Universität durchzuführen – diese waren unter Studenten sehr beliebt. (Anm. d. Hg.)

95 Siehe auch den Artikel von Sabina Lietzmann, Angst vor Infiltration, in: „Die Zeit", Jahrgang 1957, Ausgabe 23; im Internet: http://www.zeit.de/1957/23/angst-vor-infiltration (Zugriff: 11.11.2015). (Anm. d. Hg.)

96 Neben dem Wiederaufbau zerstörter Institutsgebäude auch Errichtung neuer Institutsgebäude unter anderem am Zelleschen Weg.

97 Rudolf Mauersberger (1889–1971), Kantor der Kreuzkirche seit 1930 und Leiter des Kreuzchors, Komponist. (Anm. d. Hg.)

wandelt werden und allerhand noch so was. Wie ich mich da aus der Affäre ziehen soll, weiß ich noch nicht. Erst mal abwarten!"

19.4.1958 „Auf einer FDJ-Versammlung wurde uns das 5-Punkte-Programm[98] vorgelegt und darüber abgestimmt. Es lautet ungefähr so: 1. Studium des Marxismus-Leninismus während der Dauer des Studiums. 2. Sich und andere erziehen in Richtung auf sozialistisches Bewusstsein. 3. Militärische Ausbildung bei der GST. 4. Jährlich ein 14-tägiger Einsatz in sozialistischen Schwerpunkten. 5. Verpflichtung, nach Beendigung des Studiums immer dort zu arbeiten, wo es die Regierung für notwendig erachtet. Während der Diskussion meinte unser Parteivertreter (SED), jemand, der das Programm nicht anerkennt, hat kein Anrecht mehr auf einen Studienplatz (nicht offiziell, aber nach seiner Meinung, also Parteimeinung)."
[Anschließend Überlegungen, die DDR zu verlassen] „Wäge und entscheide! Aber bald werde ich vielleicht keine Wahl mehr haben, [...] ob wir dann nicht alle schon in der ‚Mausefalle' sitzen, und die ‚Katze' mit uns machen kann, was sie will?"

22.10.1958 „Am Montag habe ich mein Zimmer umgeräumt: die Couch raus, so dass ich jetzt das Reißbrett aufstellen kann [...]. Heute ist übrigens die erste vormilitärische Ausbildung. Mal sehen, was die von uns wollen."

31.10.1958 [Nach der vormilitärischen Ausbildung in der Vorwoche] „‚Schön' war inzwischen die GST-Ausbildung[99]. Vor 1 Woche wollte man uns das Marschieren beibringen. Unser Abteilungsleiter redete bzw. schrie uns nur mit ‚Sie' und ‚Kamerad' an, während wir ihn weiterhin duzten und uns einen Jux aus der ganzen Sache machten. Nach 2-stündigem Rumhopsen wollte man uns noch das Kleinkalibergewehr erklären, ich suchte aber das Weite [...]."

2.12.1958 „Heute Abend haben wir noch FDJ-Versammlung, mal sehen, was da rausbrät. Was meint Ihr zu Berlin? (Chruschtschows Berlin-Ultimatum)[100] Die ‚Mausefalle' fiel mir in den letzten Tagen wieder ein. Wer weiß, was das alles wird!"

---

98 Zum 5-Punkte-Programm vgl. auch den Beitrag von Hubertus Deik, „1958 zog das System die Daumenschrauben enger". (Anm. d. Hg.)

99 Zur GST-Ausbildung siehe auch den Beitrag von Reinhard Keller, „Als Parteiloser werden Sie immer am Katzentisch sitzen müssen". (Anm. d. Hg.)

100 Aufkündigung des Vier-Mächte-Status von Berlin durch die Sowjetunion. Ziel: West-Berlin sollte eine „entmilitarisierten freie Stadt" werden. (Anm. d. Hg.)

21.4.1959 „Jetzt scheint's hier an der TH auch schärfer (politisch) zu werden: Bei einer Gruppenleiterbesprechung – ich als sog. wissenschaftlicher Sekretär der Seminargruppe (SG) – mit unserem Gewi-Dozenten[101] verlangte man von mir eine Rechtfertigung, weil ich am Tag vorher nicht bei der GST-Ausbildung erschienen war (von unserer SG waren 2 Mann anwesend!). Peinliche Situation! Ich entwickelte eine Theorie von wegen Entspannung, (internationale) Konferenzen usw. und dass ich mich in Anbetracht der veränderten Situation nicht mehr völlig hinter eine Verpflichtung stellen könnte, die ich vor über ½ Jahr abgegeben hätte [...] Mir wurde darauf Verdrehung der politischen Tatsachen vorgeworfen, und man verglich mich mit einem Spießbürger, der am Stammtisch hinter der Zeitung versucht, Weltgeschichte zu machen [...] In der folgenden Vorlesung der direkte Bezug auf meine Äußerung: In unserem Semester sei ein Kommilitone, der auf dem Standpunkt stehe, wenn er der GST-Ausbildung fernbliebe, könne er mit zur Entspannung beitragen. – Das wird wohl Auswirkungen auf die Prüfung haben.
Heute fing man nun schon an, uns zu drohen, als ein ganzer Teil unserer SG sich nicht bereit erklärte, zum Einsatz mit zur ‚Schwarzen Pumpe'[102] zu fahren. Näheres wurde natürlich nicht geäußert, nur dass es im Falle der Nichtbeteiligung nicht so einfach abginge wie im vorigen Jahr."

31.5.1959 „Bei der Dresdner Staatskapelle unter Konwitschny[103] gab es ‚Till Eulenspiegel', Reger-Variationen und Dvoraks ‚Neue Welt'. Tolles Programm! Damit gastiert die ‚Kapelle' Anfang Juni in Wien bei den Festwochen und dann in Linz und Salzburg. Da müsste man mitfahren!!"

27.10.1959 „Bei der Rückfahrt von Dresden nach Halle zum ZIS[104] nahm mich ein Arzt aus Görlitz mit seinem Skoda 445 mit. Im Gespräch erfuhr ich, dass von den Medizinabsolventen sofort ⅓ und nach 2 Jahren ein weiteres Drittel in den Westen abhaut. Also kein Wunder, dass wir keine Ärzte haben [...]."

101 Gewi: Kurzform für „Gesellschaftswissenschaften". Darunter verstand man das Studium der Grundlagen des Marxismus-Leninismus („Dialektischer und historischer Materialismus", „Politische Ökonomie des Kapitalismus und Sozialismus" und „Wissenschaftlicher Kommunismus"). An allen Ingenieurschulen, Hochschulen und Universitäten war Gewi-Unterricht Pflichtfach neben dem Hauptstudium. (Anm. d. Hg.)

102 Schwarze Pumpe, größter Braunkohleveredelungsbetrieb und wesentliche Energiequelle der DDR in der Lausitz (Baubeginn 1955), nach der Verteuerung der Erdöllieferung mit steigender Bedeutung. Investitionsschwerpunkt im Rahmen der sogenannten Energieumstellung. In der Aufbauphase konnte man sich hier „bewähren", was auch mit Vergünstigungen (Wohnungsbereitstellung) verbunden war. (Anm. d. Hg.)

103 Franz Konwitschny (1901–1962), deutscher Dirigent, unter anderem 1953–1955 Generalmusikdirektor an der Dresdner Staatsoper. (Anm. d. Hg.)

104 ZIS: Zentralinstitut für Schweißtechnik. Dort im siebenten Semester (Praktikum) Schweißingenieurlehrgang absolviert.

1.5.1960 „Am ‚Kampftag der Werktäätschen‘[105] also an Euch ein Brief: [...] Jetzt träume ich (nach Holzbau) für die Prüfung „Eisenbahnwesen“ von Weichen und Gleisplänen. So ein Quatsch! Was man alles wissen muss, z. B. gehört, falls Ihr es noch nicht wissen solltet, der Transport von Leichen bei der Bahn zum Gütertransport [...]. Etwas anderes Unangenehmes ist das Bemühen vonseiten der FDJ, uns vor Pfingsten für 1 Woche aufs Land zu jagen und aus einer Scheune eine „Intensivhühnerhaltung“ zu machen [...].“

8.5.1960 [Nach dem Kauf meines 1. Radios] „[...] ein günstiges Gebrauchtangebot konnte ich mir nicht entgehen lassen, nahm 150,– DM[106] Kredit auf und habe jetzt ein Radio mit Mittel-, Langwelle und UKW (allerdings nur 1 Sender, da mir der Dipol fehlt). Sonst bekomme ich bisher gut: SFB[107], Wien, Süddeutschen Rundfunk und abends Hamburg [...].“

24.11.1960 „Als neueste Neuigkeit ließe sich erzählen, dass mein Chef, Dr. Viering, vom Grundbauinstitut (meine Hilfsassistenten-Stelle) von einer Reise zu einer Tagung in Stuttgart nicht zurückgekehrt ist. ‚Die Vorlesungen im 5. und 9. Semester fallen aus und werden im Frühjahrssemester nachgeholt‘, heißt es im Anschlag. Ich frage nur: von wem?? Ebenfalls das Weite suchte meine Franz.-Lektorin Madame Schmidt.“

3.9.1961 [Angst vor einem Atomkrieg] „So richtig Lust (nach dem Mauerbau) etwas zu tun hat niemand bei uns. Warum die SU vorgestern wieder eine H-Bombe zur Explosion brachte, kann noch nicht mal ein Genosse erklären [...] Gespräch zwischen 2 Kommilitonen auf dem Altmarkt. Walter zu unserem Russen Viktor: ‚Vielleicht sind wir Weihnachten ja Asche, und da lernen wir Stahlbeton!‘ Darauf Viktor: ‚Dann sind wir Asche mit Stahlbeton!‘ Wir können nicht anders, reden mit jedem über die Situation, können aber nichts tun [...].“

17.10.1961 „Übermorgen hält ein französischer Professor einen Vortrag über Schalen- und Seilkonstruktionen. Und dann kommt sogar Prof. Leonhardt[108] aus Stuttgart und spricht über Spannbetonbrücken [...].“

---

105 Sächsisch umgangssprachlich für Werktätige. (Anm. d. Hg.)

106 Gemeint ist hier „Ost-Mark“. Vgl. Anm. 92.

107 SFB: Sender Freies Berlin – sehr beliebter Westsender in der DDR, wurde zeitweise durch Störsender gestört. (Anm. d. Hg.)

108 Fritz Leonhardt (1909–1999), Pionier im Spannbetonbau, Brückenbauer, Ordinarius für Massivbau Universität Stuttgart. (Anm. d. Hg.)

8.11.1961 „Am letzten Freitag sollte Schneiderhan[109] das Beethoven-Konzert hier spielen, sagte ab, vorher schon der Dirigent Paumgartner[110]. Mit Gastvorträgen von Professoren (aus dem Westen) wird es wohl demnächst ähnlich werden, denn der Vortrag von Prof. Leonhardt hat noch ein Nachspiel: Die Studenten des 9. Semesters müssen Erklärungen abgeben, in denen sie ihr eigenes Verhalten (Klopfen bei „provokatorischen Äußerungen des Vertreters der kapitalistischen Ideologie Prof. Leonhardt“) als eines Studenten der TU Dresden unwürdig verdammen und Prof. Leonhardt verurteilen. Den ‚verantwortlichen‘ Professoren Brendel[111] und Lewicki[112] hat man auch ganz schön die Hölle heißgemacht. Brendel soll sich herausgeredet haben: Er hätte auf Leonhardts Äußerung (er komme nur wieder, wenn auch seine Kollegen hier wieder herausdürften) etwas erwidern wollen, hätte aber befürchtet, man würde ihn auspfeifen [...].“

27.11.1961 „Übrigens habe ich auf 50 g Butterschmalz[113], die auch noch zu haben waren (neben Butter), verzichtet. Streichhölzer sind hier im Augenblick auch Mangelware. Aber davon brauche nicht viel [...].“

10.1.1962 [Kommentar zum Mensaessen] „Im Neuen Jahr habe ich noch keine Kartoffel gesehen. Heute sagte jemand: Ich weiß gar nicht mehr, wie Kartoffeln aussehen [...].“

2.2.1962 [Über den Prozess gegen einen nach dem 13. August 1961 verhafteten Uni-Angehörigen] „Ich habe leider nur die Urteilsverkündung miterlebt. Am ersten Verhandlungstag hatte man wohlweislich einen Raum für max. 30 Personen gewählt, so dass ungefähr 20 Studenten draußen bleiben mussten. Der ehemalige Gewi-Dozent des Angeklagten hielt dem Angeklagten Sachen vor, die er vor 10 Jahren im Seminar geäußert hatte. Zur Einschätzung der Person trug bei, dass er schon 1953 am 17. Juni einen Sprechchor geleitet habe, der gesamtdeutsche Wahlen forderte. Damit habe er sich in den Dienst des Klassenfeindes gestellt. In der Urteilsbegründung hieß es konkret: Der Angeklagte hat immer negativ diskutiert und dabei aufweichend auf andere gewirkt. Dazu gehörte u. a. die Frage, ob die Maßnahmen des 13.8.1961 nicht

---

109 Wolfgang Schneiderhan (1915–2002), bedeutender österreichischer Geiger, Konzert-Meister der Wiener Philharmoniker. (Anm. d. Hg.)

110 Bernhard Paumgartner (1887–1997), österreichischer Dirigent, unter anderem Leiter des Mozarteums Salzburg. (Anm. d. Hg.)

111 Prof. Gottfried Brendel (1913–1965), Lehrstuhl für Stahlbeton, Spannbeton und Massivbrücken der TU Dresden. (Anm. d. Hg.)

112 Prof. Ernst Lewicki (1894–1973), Institut für Baubetriebswesen der TU Dresden. (Anm. d. Hg.)

113 Mangelprodukte, die nicht ständig vorrätig waren. (Anm. d. Hg.)

Dresden 19.4.58

Ihr Lieben!

Es wird wohl mal wieder Zeit, daß ich etwas von mir hören lasse,....

......Das, was ich bisher immer befürchtet habe, scheint immer näher zu rücken. Am Donnerstag hatten wir FDJ-Versammlung, auf der uns das 5-Pktsprogramm vorgelegt wurde u. darüber abgestimmt wurde. Es lautet ungefähr so:

1. Studium des Marx-Len. während der Dauer des Studiums.
2. Sich und andere erziehen, in Richtg auf sozialistisches Bewußtsein.
3. Militärische Ausbildung.
4. Jährlich ein 14-täg. Einsatz in soz. Schwerpunkten.
5. Verpflichtung, nach Beendigung des Studiums immer dort zu arbeiten, wo es die Regierung für notwendig erachtet.

Während der Diskussion meinte unser Parteivertreter, jemand, der das Programm nicht anerkennt hat kein Grundrecht mehr auf einen Studienplatz (nicht offiziell, aber nach nach seiner Meinung, also Parteimeinung).....

Dresden 8.11.61

Ihr Lieben!

Sicher wartet Ihr schon lange auf Post.....

........Heute ist dieser Brief nach dem Feuermachen aber auch meine erste Tat.....

.......Am letzten Freitag sollte Schneiderhahn das Beethovenkonzert hier spielen, sagte ab, vorher schon der Dirigent Pausenfüller. Mit den Gastvorträgen von Professoren wird es wohl demnächst ähnlich werden, denn der Vortrag von Leonhardt hat noch ein Nachspiel: die Studenten des 9. Semesters müssen Erklärungen abgeben, in denen sie ihr eigenes Verhalten ('Klopfen bei „provokatorischen Äußerungen des Vertreters der kapitalistischen Ideologie Prof. Leonhardt"') als eines Studenten der TU unwürdig verdammen und Prof. Leonhardt verurteilen.......

Ausschnitte aus Briefen Ulrich Ottos an die Eltern (Archiv von Ulrich Otto)

im Gegensatz zum Potsdamer Abkommen stünden, und die Tatsache, dass er als Versammlungsleiter einer Gewerkschaftsversammlung den ‚provokatorischen' Vorschlag eines Anwesenden (wegen des akuten Papiermangels) mit ins Protokoll hatte aufnehmen lassen, man solle doch die Plakate ‚Hände weg von Kuba' nur halb so groß machen […]. Der arme Mann bekam 1 Jahr und 9 Monate Gefängnis.
Als wir draußen waren, sagte jemand zu mir: „Warum sitzen wir eigentlich nicht?"

21.2.1962 „Morgen früh gehe ich zu einer Gerichtsverhandlung gegen einen Assistenten vom Wasserbaulehrstuhl. Nach dem 13. August hatte man ihn eingesperrt. Anklage: Staatshetze […]."

31.3.1962 „Seit 1 Monat ist mein Holz alle. Seitdem bekomme ich entweder Glut (seit Frau O. – die Hauswirtin – im Krankenhaus liegt, ist morgens aber noch nirgends Feuer) oder Kleinholz zum Feuermachen. Könntet Ihr vielleicht zum Ausgleich 1 Sack Holz schicken?"

17.4.1962 „Die Forsythien blühen […], mir geht's ganz gut. Komme (mit der Diplomarbeit) etwas in Zeitnot. Trotzdem geht es Ostern raus nach Großsedlitz[114] und abends in den ‚Faust'."

10.5.1962 „Frau O. bat mich eben noch, ob Ihr in Waren mal nach Rohseide (4 m) sehen könntet. Hier gibt es keine […]."

8.7.1962 [Nachricht über die mögliche Einberufung aufgrund des neuen Wehrpflichtgesetzes] „Während des Aufstehens hörte ich die Neuigkeit, worauf ich mich am liebsten gleich wieder ins Bett gelegt hätte. Ich war ziemlich fertig und schleppte mich gleichgültig und apathisch durch die Gegend. Inzwischen bin ich wieder etwas ruhiger geworden, obwohl ich mit dem Schlimmsten rechne, d. h. noch vor Weihnachten Soldat zu sein […]."

15.7.1962 „Das Konzert (Mozartorchester, Dirigent E. Schneider[115]) gestern (in Pillnitz) war ganz gut. Wir spielten draußen vor dem Wasserpalais, Petrus war gnädig. Heute werden wir aber wohl im Kuppelsaal spielen. Im Augenblick regnet es noch […]."

114 Parkanlage bei Heidenau in der Nähe von Dresden. (Anm. d. Hg.)
115 Erich Schneider (1892–1979), letzter Kantor der Frauenkirche vor der Zerstörung, ab 1946 Kantor der Martin-Luther-Kirche Dresden-Neustadt. (Anm. d. Hg.)

Ulrich Otto, geb. 1937 in Rostock als Sohn eines Bauunternehmers; Schulzeit in Waren (Müritz), 1944–1956 (Abitur), 1956–1962 Studium an TH/TU Dresden, 1962–1964 Bodenmechanisches Labor der VVB Braunkohle Halle in Beuna/Merseburg, 1964–1965 VEB Projektierungsbetrieb Straßenwesen in Ost-Berlin; 1965 Flucht in die Bundesrepublik.

1965–1968 Fa. Julius Berger Wiesbaden (Second Mainlandbridge Lagos Nigeria), 1968–1980 Ing.-Büro Leonhardt u. Andrä (u.a. Olympiadach München u. Fernsehturm Köln), 1980–2002 Ing.-Büro Schlaich Bergermann SBP (u.a. Schrägkabelbrücke in Kalkutta), 2003–2010 freischaffender Ingenieur (u.a. Bauleitung für SBP: Extradosed Brücke in Kalkutta).

// Wir studieren, um zu leben – wir leben nicht, um zu studieren[116]

Dr.-Ing. Fritz Rath (TH/TU Dresden, Studienjahrgang 1956, Bauingenieurwesen, Diplom 1962, HAB (Hochschule für Architektur und Bauwesen Weimar), Promotion 1989)

Ein bekannter Deutscher hat von der Gnade seiner späten Geburt gesprochen, wodurch er nicht mehr Soldat im Zweiten Weltkrieg wurde. Ich kann von der Gnade der zeitlich optimalen Geburt sprechen, da ich im letzten Vorkriegsjahr geboren wurde, wodurch ich die Zeit der schulischen Ausbildung und des Studiums noch in den Anfängen der sozialistischen Umgestaltung Mitteldeutschlands erlebt habe. Das zeigte sich darin, dass ich mich erfolgreich und ohne negative Konsequenzen in der Adolf-Holst-Grundschule in Mücheln (Geiseltal) weigern konnte, Mitglied der Jungen Pioniere (JP) zu werden, jedoch mit dem Nachteil, nicht in die Fußball-Jugendmannschaft der Betriebssportgemeinschaft aufgenommen zu werden. Im Lebenslauf für die Studienbewerbung stand später natürlich: „Eintritt in die JP 1949", wie auch ein Privatbesuch 1952 in Berlin als „Teilnahme an den III. Weltfestspielen der Jugend und Studenten" erschien. Und die Arbeit in den Oberschulferien 1955 und 1956 als Gleisbauer im Braunkohlentagebau habe ich gemacht, „denn auch ich wollte bei der Erfüllung des Fünfjahrplanes mithelfen". Wir hatten schon zeitig erkannt, was im Arbeiter-und-Bauern-Staat erwünscht war und positiv gewertet wurde. Und diese Formulierungen und Fakten erschienen eigenartigerweise dann später immer wieder

---

116 Frei nach dem lateinischen Sprichwort: Edimus, ut vivamus – non vivimus, ut edamus. (Wir essen, um zu leben – wir leben nicht, um zu essen.)

in den jährlichen Beurteilungen, die der Vertrauensmann und Sprecher der Seminargruppe an der TH Dresden über mich schreiben musste.[117]
Im ersten Semester kursierte hierzu eine erheiternde Episode unter uns: Einer – etwa Jahrgang 1935 – habe bei der Studienbewerbung angegeben, aktiv am antifaschistischen Widerstand teilgenommen zu haben. Das war gut angekommen.
Als Handwerkersohn und mit ausgezeichnetem Grundschulabschluss kam ich 1952 problemlos in die Oberschule, dort war jedoch die Mitgliedschaft in der FDJ (nahezu) Pflicht, und nach meinem Eintritt in die Freie Deutsche Jugend (FDJ) konnte ich nun in die Betriebssportgemeinschaft (BSG), Sektion Schach aufgenommen werden. Da es noch keine Jugendweihe gab, war auch meine Konfirmation kein Hinderungsgrund für die Oberschule. Allerdings wurde 1954 von uns die Entscheidung verlangt, aus der Jungen Gemeinde auszutreten. Das waren damals wohl die Anfänge des Systems der „Bewährung in der Produktion" für (politische) Verfehlungen.
Die Gründung der Bundeswehr in der BRD und der Nationalen Volksarmee in der DDR 1955 konnten wir in der 12. Klasse noch kritisch diskutieren.
Mit sehr gutem Abitur konnte ich mir das Studium aussuchen, denn damals bestand „Intelligenzlermangel", unter anderem weil die Mauer in Berlin noch nicht gebaut war und der „Schwund" via Westberlin groß war. Selbst mit Abinote „Drei" kam damals aus unserer Klasse ein Bauernkind noch zum Medizinstudium. Nach dem Grundsatz „gebaut wird immer" entschied ich mich für das Bauingenieurwesen an der TH Dresden.
Als wir 1956 das Studium begannen, hatten wir den Eindruck, die TH Dresden ist relativ „unpolitisch". Da waren noch die alten Professoren, die noch parteilos sein konnten und uns ihre fachlichen Erlebnisse aus dem Dritten Reich erzählten, vom Saale-Elster-Kanal mit schlichter Fachwerkbrücke neben den modernen Brücken der Reichsautobahn, vom Rheingold-Express Amsterdam-Basel usw. Selbst einen kirchlich aktiven Professor hatten wir. Es gab zwar auch die Fächer Marxismus-Leninismus und Politische Ökonomie, aber die betrachteten wir als notwendige Übel, deren Prüfungen zu bestehen waren. Weil wir ja Techniker werden wollten, meinten wir, die technischen Regeln und Naturgesetze seien unabhängig vom Gesellschaftssystem.
Wir wurden an der TH politisch rücksichtsvoll und schonend behandelt, vermutlich weil die Grenze noch offen war und man uns nicht verlieren wollte (sogenannter

117 Auch bei den späteren Studiengängen an der TU Dresden war es „normal", dass der Semsek (Seminargruppensekretär) über alle Studenten regelmäßig eine Beurteilung schreiben musste. In meinem Studienjahrgang 1962 lief das dann so ab, dass er die Aufgabe an mehrere Kommilitonen weiterdelegierte und diese sich dann gegenseitig beurteilten. Dann wurden die Beurteilungen eingesammelt und beim Assistenten abgeliefert. Ich fand eine Kopie meiner Beurteilung in meinen Stasiunterlagen. (Anm. v. G. Knoblauch)

Braindrain in Richtung „Klassenfeind").[118] Unser Semester war etwa 200 Mann[119] stark, unsere Seminargruppe etwa 20 Mann.[120] Es gab kaum Genossen unter uns, und die wenigen gaben nicht den Ton an. Dass eine Gefahr durch die Stasi oder ihre Zuträger unter uns bestand, war uns damals noch nicht umfassend bewusst – den Begriff „IM" gab es noch nicht. Wir glaubten zu wissen, wem wir vertrauen konnten.

Unser Studentenwohnheim in der Schandauer Straße, das „Aquarium"[121], war ein Produktionsgebäude des VEB Zeiß Ikon, von dem wegen der Wohnungsnot einige Etagen für uns freigeräumt worden waren. Unser Heimleiter Max war zwar Genosse, aber ein Kumpel, denn ich konnte mit ihm zusammen auf dem Dach des Wohnheims eine UKW-Antenne mit vom Zimmer aus steuerbarem Antennendrehmotor installieren, um UKW Nord aus dem Westen zu empfangen, denn wir waren ja im „Tal der Ahnungslosen"[122]. Als Max Ende der 60er Jahre Rentner wurde, gab er sein Parteibuch ab und zog nach Bad Brückenau in die BRD; wir haben noch bis zu seinem Tode brieflich verkehrt. Vom 28-Mann-Zimmer haben wir uns mit den Jahren bis zum 4-Mann-Zimmer in der oberen Etage hochgedient, in dieser Zeit hatten wir zeitweise einen Genossen unter uns, der nahezu „nachsichtig" behandelt wurde.

Im Sommer 1957 habe ich die Semesterferien zu Urlauben in (Ost-)Berlin-Biesdorf bei meiner „Tante", der Cousine meines Vaters, genutzt, dabei ständig auch seine andere Cousine in (West-)Berlin-Lichterfelde besucht und dabei unter anderem auch die Internationale Bauausstellung „Interbau" im Hansaviertel.[123]

Wir lebten in zwei Welten. Meine rein private Hilfe im Landwirtschaftsbetrieb meiner Tante fand übrigens in meiner jährlichen Beurteilung („Entwicklungsgang des Seminarmitgliedes Rath") vom 31. August 1957 ihren Niederschlag: *„Er war im BKW*

---

118 Zu Flucht und Ausreise vgl. den Kommentar am Ende des Beitrags von Hans-Peter Leidhold, „Betreuungsnotstand durch Republikflucht im Lehrkörper". (Anm. d. Hg.)

119 Unser Semester bestand laut Immatrikulationsstatistik 1956 aus 223 Studierenden (aufgeteilt auf 8 Seminargruppen), davon ca. 10 (!) Studentinnen und 8 Ausländer; den Diplomabschluss 1962 schafften davon 168 Studierende (auch alle 8 Ausländer!), das sind etwa 75 Prozent des Semesters. Etwa 10 Prozent des Semesters erreichten höhere wissenschaftliche Qualifikationen (20 Doktoren, davon 5 Professoren).

120 Unsere Seminargruppe hatte nur eine Studentin. Von den 6 Promovenden (inkl. 1 Professur) unserer Seminargruppe – das ergibt eine Quote von 30 Prozent – erreichte der letzte mit 51 Jahren dieses Ziel.

121 Das „Aquarium" war ein mehrgeschossiges Industrieproduktionsgebäude in Stahlbeton-Skelettbauweise und hatte wegen der Glasfassade eine gewisse Ähnlichkeit mit einem Aquarium (siehe hierzu die Publikation: Mit dem Motorrad durch den Zeuner-Bau. Erinnerungen ehemaliger TU-Studenten. Hg. v. Zentrale Studienberatung, Absolventenreferat [Redaktion], Rektor der Technischen Universität Dresden, Dresden 2005). (Anm. d. Hg.)

122 Vgl. Anm. 84.

123 Im Hansa-Viertel in Westberlin fand 1957 die Internationale Bauausstellung statt, die Interbau (der BRD), unter anderem mit futuristischen Wohnneubauten von bekannten Architekten wie Le Corbusier, Egon Eiermann, Walter Gropius und Oscar Niemeyer, mit dem Neubau der Kaiser-Friedrich-Gedächtniskirche und der U-Bahn-Linie 9 von der Charité zum Bahnhof Zoo. (Anm. d. Hg.)

Studentenausweis von Fritz Rath, 1956

(Braunkohlenwerk) Mücheln und in Berlin als Erntehelfer tätig." Dabei hatte ich lediglich in den Oberschulferien 1955 und 1956 im BKW gearbeitet. Diese Story ließ sich – da unkontrollierbar – später immer wieder neu „verkaufen".

Von nun an trampte ich oft an Wochenenden oder Feiertagen nach Berlin, besuchte meine Oberschulkumpel, die in West-Berlin studierten, den Sportpalast, den Zoopalast, die Deutschlandhalle, das Olympiastadion, die Waldbühne usw. Bei diesen vielen sogenannten Grenzübertritten bin ich lediglich zweimal kontrolliert worden: Das erste Mal sagte der Polizist: „*Sie wissen, dass das eigentlich nicht erlaubt ist, aber …*" Das bewertete ich als „Freifahrtschein". Das zweite Mal war kritisch: Mein Schulfreund Gottfried hatte bei seiner Flucht noch eine Zither in Mücheln gelassen. Die sollte ich ihm bringen. Am S-Bahnhof Friedrichstraße wurde ich im Zug Richtung Bahnhof Zoo aufgegriffen und kam ins Verhör. Als ich aber erklärte, nur mal eben … und dann zur Tante nach Biesdorf zu wollen, und den Angriff startete: „*Soll ich Ihnen was vorspielen?*", ließ man mich laufen (wie man Zither spielt, weiß ich bis heute nicht).

In meiner Beurteilung vom 31. August 1958 steht: „*Er nahm nicht am gemeinsamen ökonomischen Einsatz der Gruppe in Trattendorf teil, sondern arbeitete zu Hause im Braunkohlentagebau. Er leistete dort acht Stunden NAW.*"

Das klingt bisher alles so, als hätten wir nicht intensiv studiert, aber dem war nicht so: Nach dem zweiten Semester bekam ich als Seminargruppenbester zusätzlich zu den 130 Mark ein Leistungsstipendium von 80 Mark, von dem ich beispielsweise ein Radio („Undine", gut für UKW-Empfang), den Antennendrehmotor (auf dem Dach des „Aquariums" montiert) und einen Fotoapparat Praktika FX 2 (für die späteren Westreisen) kaufen konnte.

Es kam der Sommer 1959. Durch „Buschfunk" erfuhr ich in den Semesterferien zu Hause, dass man als DDR-Student von der Technischen Universität in West-Berlin kostenlos mit ihren Urlaubsfliegern von Tempelhof nach Hannover oder Hamburg mitgenommen wird, wenn man eine briefliche Einladung eines nahen Verwandten vorlegt. Den hatte ich zwar nicht, aber einen Patenonkel von der Konfirmation her. Er schickte mir die Einladung, unterschrieben mit „Dein Onkel".

Damit buchte ich bei der ARTU die Flüge, packte meine Sachen und „tauchte ab", war angeblich in Dresden, aber trampte vier Wochen von Hannover bis Salzburg, Schaffhausen und Rendsburg. Beim „Auftauchen" wurde ich in der Mitropa des Berliner

Ostbahnhofs um Mitternacht von der Trapo aufgegriffen und kam wieder ins Verhör. Eingedenk der letzten Erfahrung stellte ich meine Reisetasche (mit dem BRD-Jugendherbergsausweis, ca. zehn Filmen und einigen Souvenirs, zum Beispiel mit dem Krug vom Hofbräuhaus in München) auf den Tresen vor die Polizei und erzählte wieder die Geschichte vom Besuch bei meiner Tante in Biesdorf. Die Tasche wurde nicht kontrolliert, und nach einer endlosen Zeit wurde ich mit Belehrung entlassen.
In meiner nächsten Beurteilung vom 19. Mai 1960 steht: *„[…] nahm am ökonomischen Arbeitseinsatz im Sommer 1959 nicht teil“.*
Im Herbstsemester 1959, unserem Praktikumssemester, wurde ich von der TH mit ca. 20 weiteren Studenten zum Zentralinstitut für Schweißtechnik (ZIS) Halle delegiert, wo wir zusätzlich den Schweißingenieur machten. Die Zeit nutzte ich auch, um alle meine Zeugnisse, Testate etc. fotokopieren zu lassen und vorsichtshalber via Westberlin in der BRD zu deponieren.
Denn in den Semesterferien 1960 verschwand ich wie im Jahr zuvor, arbeitete vier Wochen in Südhessen im Straßenbau und trampte dann sechs Wochen durch Westeuropa. Unterwegs besuchte ich in München Werner S. und in Aachen Jochen W., beides Mitstudenten, die „ihren Studienort in den Westen verlegt“ hatten. Kritisch wurde es nur, als ich in Wien am Steffel unerwartet meinen Mitstudenten Roland S. traf, der dort offiziell seine Oma besuchen durfte. Ich habe ihn eingeweiht, und er hat mich dann im Herbstsemester angelächelt und „dicht gehalten“.
In der Beurteilung vom 5. März 1961 steht dazu: *„Fritz ist aktiver Fußballer bei der BSG Aktivist Geiseltal. An Arbeitseinsätzen und Ernteeinsätzen beteiligte er sich in jedem Jahr. Leider waren seine Einsätze teils individuell, teils in seiner BSG geleistet und nicht immer in seiner Seminargruppe.“*
Mit dem Bau der Mauer im August 1961 endete die Reisefreiheit, aber wie alles im Leben, hatte das auch etwas Gutes: Wir konnten uns voll auf unseren Diplomabschluss konzentrieren. Aber mir sind vier Fälle bekannt, für die der Mauerbau Probleme brachte, weil sie noch einmal in den Semesterferien „untergetaucht“ waren: Rainer L. kam reumütig zurück und bekam ein Jahr „Bewährung in der Produktion“. Dieter B. blieb dagegen in Darmstadt, studierte dort weiter und bat uns, ihm seine Belege und Testate aus den Fakultäten zu holen und nachzusenden. Dieser Bitte kam zum Beispiel die Fakultät Stahlbau/Statik bereitwillig nach. Horst H. und Gisbert R. aber waren sogar bis Indien getrampt, und als die Mauer kam, flogen sie über Moskau nach Berlin-Schönefeld und kamen unbehelligt als „Bundesbürger“[124] durch die Kontrolle und waren wieder in ihrer DDR.
Alle meine Beurteilungen wurden sinngemäß in die Abschlussbeurteilung der Fa-

124 Sie hatten BRD-Pässe, ausgestellt im Westen vor dem Mauerbau, die sie jetzt nach der Einreise als Bundesbürger „vernichten“ mussten.

kultät Bauwesen vom 6. Juni 1962 übernommen und am gleichen Tag zusammen mit Personalbogen, Lebenslauf und Einweisungsprotokoll an das Bau- und Montagekombinat (BMK) Chemie in Halle gesendet. Denn rein vorsorglich hatte ich mit diesem Betrieb bei seiner Werbeveranstaltung an der TH Dresden im Frühjahrssemester 1961 einen Arbeitsvorvertrag abgeschlossen, obwohl ich in Erwägung gezogen hatte, nach Studienabschluss im Sommer 1962 eventuell in Hessen zu arbeiten. Mit dem Bau der Mauer hatte sich das aber erledigt, und als ich nach achtwöchiger Studienabschluss-Tramptour durch Ungarn im Herbst 1962 dann ergebnislos viele Betriebe in der DDR „abgeklappert" hatte und nirgends eingestellt werden konnte (durch die Mauer war der Intelligenzlerschwund drastisch gesunken und ein Überangebot da), landete ich zum Schluss Hilfe suchend im Ministerium für Bauwesen. Dort wies man mich auf meinen Vorvertrag hin, den ich längst vergessen hatte. Damit begann sofort mein Berufsleben. Die „Vier" für Marxismus-Leninismus im Diplomzeugnis hat wohl keinen interessiert.

Fazit: Unser Studium an der TH/TU Dresden war kaum von der Politik geprägt, wir lebten nahezu unbehelligt, aber angepasst (Motto: „Wenn ihr besch... werden wollt, dann bitte, aber lasst uns in Ruhe!", und das bis zur „Wende"), begünstigt durch einen Studienzeitpunkt, der in den Gründungsjahren der DDR lag, bevor der Aufbau des Sozialismus ein strenges politisches Regime („wer nicht für uns ist, ist gegen uns") zur Folge hatte. Die vielen riskanten Unternehmungen verliefen für mich durch Glück und Geschick ohne derart negative Konsequenzen, wie ich sie später von anderen Gleichgesinnten erfahren habe.

Fritz Rath, geb. 1938 in Naumburg/Saale, 1944 Grundschule, 1952 Oberschule; 1956–1962 TH/TU Dresden; 1962 Arbeit im Bau- und Montagekombinat (BMK) Chemie Leuna II, Technologe, Einführung der Fließfertigung im Industriebau; 1963 Sangerhausen, BMK Chemie, KBI Eisleben, Bauleiter; ab 1965 Erfurt, Projektierung von Straßenbrücken, Bauaufsicht, Abnahme von Großprojekten; 1970–1972 Bau eines Einfamilienhauses in Eigenleistung „außerhalb Plan", d. h. ohne staatliche Zuweisung von Projektierungs-, Material- und Baukapazität.
1990–2010 Ing.-Büro Dr. Rath, Bauplanung, Bau-, Beweissicherungs-, Holzschutz- und Wertgutachten und anderes mehr; 1989 freie Dissertation an der Hochschule für Architektur und Bauwesen Weimar (HAB) mit dem Titel: „Beitrag zur Qualitätsanalyse und Qualitätssicherung der Rohbaumontage im Stahlbeton-Skelettbau".

// Kommentar zeithistorisch //

Reisen Offenbar ist das Reisen ein Merkmal der Jugend, insbesondere der Studenten, die relativ viel Freizeit haben (Semesterferien): Angesichts der eingeschränkten Reisefreiheit in der DDR gab es dazu verschiedene der Situation angepasste Varianten:

Solange Westberlin noch nicht durch die Mauer abgeriegelt war, und die „BRD sich für die DDR-

Bürger verantwortlich fühlte", konnte man mit gesponserten Flügen von Tempelhof die Grenze überwinden, wurde finanziell etwas unterstützt (Jugendherbergsgutscheine) und bekam durch Ausstellung eines BRD-Passes grenzüberschreitende Reisefreiheit.
Nach dem Bau der Mauer gab es nur noch die Ostblockstaaten als individuelles Reiseziel, anfangs mit/später ohne Visumpflicht, aber immer mit finanziellem Engpass wegen des beschränkten Geldumtausches. (Für seine Tramptour durch Ungarn 1962 – so berichtet Fritz Rath – fingen er und seine Freunde ungarische Touristen im Zentrum-Warenhaus Dresden ab und tauschten „schwarz".) Jedoch private/individuelle Reisen mit freier Routenwahl in die Sowjetunion waren nahezu unmöglich, es sei denn, man wählte folgende illegale Variante (ansonsten: Tourist-Reisen als „gruppa"): Mitte der 80er Jahre besorgte sich ein Student der Hochschule für Architektur und Bauwesen (HAB) Weimar ein Durchreisevisum von Polen nach Rumänien durch die Sowjetunion, gültig für vier Tage. Damit war er erst mal „drin", buchte einen Flug nach Sibirien und trampte bis Kamtschatka. Dass er erst Wochen später die Grenze nach Rumänien passierte, fiel in dem riesigen Land nicht auf. Mehrere solcher Geschichten findet man in Cornelia Klauß und Frank Böttcher (Hg.): Unerkannt durch Freundesland: Illegale Reisen durch das Sowjetreich, 1. Aufl. Berlin: Lukas Verlag 2011 (3. erw. Aufl. 2012).

Fritz Rath

// Sie haben sich mir als Angehörige der Volkspolizei vorgestellt

Dr.-Ing. Kurt Schwinkowski (TH Dresden, Studienjahrgang 1957, Fakultät Maschinenbau/Fördertechnik, Diplom 1963, TH Merseburg, Promotion 1983)

Wir haben an der Technischen Hochschule Dresden eine sehr gute Ausbildung erhalten. Die politische Indoktrination und die Auswirkungen des SED-Machtapparates und der Stasi haben uns allerdings dabei leider begleitet.
Am 17. Juli 1962 hatte ich in meiner Studentenbude in Dresden, Radeberger Straße, einen mir angekündigten aufgezwungenen Besuch von zwei Herren der Stasi. Sie haben sich mir als Angehörige der Volkspolizei (VP) vorgestellt und mich zur Evangelischen Studentengemeinde Dresden (ESG), deren Zusammenkünfte ich besuchte, befragt. Mir wurde dargelegt, dass die Kirchenleitung in Dresden und auch unser Studentenpfarrer Dr. Tannert[125] zu allen positiven Kräften in Opposition stünden. Aus dem Stasibericht: *„Der Gen. Roßberg gab sich ebenfalls als VP-Angehöriger aus. Unter*

125 Dr. Tannert war ein sehr beliebter, anerkannter und kluger Studentenpfarrer.

der Variante, dass das MdI[126] *an Gesprächen mit Menschen aller Schichten der Bevölkerung der DDR interessiert ist, wurde die KP*[127] *für ein weiteres Gespräch gewonnen. Der KP wurde erläutert, daß eine solche Zusammenarbeit ebenfalls eine Form der gesellschaftlichen Arbeit ist. Da bei den Neueinstellungen als Dipl.-Ing. sehr auf diesen Fakt geachtet wird, lägen diese Gespräche im eigenen Interesse der KP. Die KP scheint nur wenige Personen zu kennen und ist sich über viele Zusammenhänge nicht im Klaren. Er hängt sehr am christlichen Glauben. Er teilte u. a. mit, daß er aus Gewissensgründen keine Waffe in die Hand nehmen könne.*"

Ein erneuter Treff mit mir erfolgte, wie am Ende des ersten Treffens festgelegt, am 3. September 1962.

Hier einige Passagen aus dem Stasibericht: „*Das Ziel des Treffs war eine weitere Festigung der Verbindung mit der Absicht, daß sich die KP bereit erklärt, mit dem Vertreter eines zentralen dienstlichen Organs (MdI) zusammenzuarbeiten. Da sich die KP beim letzten Treff sehr naiv stellte und eine Zusammenarbeit so gut wie abgelehnt hatte, wurde bei diesem Treff an Hand eines konkreten Faktes von „Student" die Beschaffung von Informationen darüber gefordert. Der KP wurde erklärt, daß unlängst in Dresden ein Treff christlicher Studenten aus Indonesien stattgefunden hat und daß es dabei zu bisher noch nicht genau bekannten Mißstimmigkeiten gekommen sein soll, bei denen wahrscheinlich die Kirchenleitung irgendwie beleidigt gewesen ist. Die KP wurde aufgefordert, darüber etwas in Erfahrung zu bringen. Als ‚Student' diesem Auftrag ausweichen wollte, entspann sich ein sehr lebhaftes Gespräch. Dabei wurde der KP klargemacht, daß heute jeder Bürger der DDR seine konkrete Aufgabe bei der Festigung unseres Staates und seiner Wirtschaft hat und daß von ihm ebenfalls ein konkreter Beitrag gefordert wird. Seine ablehnende Haltung wurde ihm als eine Antihaltung gegenüber unserem Staat vorgehalten. Gleichzeitig erklärte „Student", daß er für eine weitere derartige Zusammenarbeit keinen Sinn sieht. Er wurde aufgefordert, seine Naivität sein zu lassen und sich einige ernsthafte Gedanken zu machen. Sodann wurde ihm erklärt, daß sich zwischen den beiden deutschen Staaten ein harter Klassenkampf abspielt und daß dabei die imperialistischen Geheimdienste Westdeutschlands, der USA, Englands und Frankreichs eine wesentliche Rolle spielten. Diese Geheimdienste sitzen auch im Apparat der Kirche. Es ist daher die Mitarbeit verantwortungsbewusster und aufrechter Bürger notwendig, um diesem Treiben Einhalt zu gebieten und die Kirche vor grobem Missbrauch zu schützen.*"

126 MdI: Ministerium des Inneren in der DDR, zuständig für Volkspolizei, Feuerwehr, Strafvollzug, Kampfgruppen, Pass- und Meldewesen sowie KFZ-Zulassung. (Anm. d. Hg.)

127 KP: Kontaktperson. Vgl. dazu den Kommentar „Anwerbung von ‚Informellen Mitarbeitern' an Schulen und Hochschulen" sowie „Vertrauliche Verschlusssache – MfS 008-Nr. 63/68. Ein Dokument des Ministeriums für Staatssicherheit" in diesem Band. (Anm. d. Hg.)

Da mich dieser Druck sehr belastete, hatte ich mir trotz meiner Ängste und aufgrund meiner Prägung vorgenommen, auf dem für den 28. September 1962 vorgegebenen dritten Treffen einen Schlusspunkt zu setzen.
Meinen Kommilitonen Friedrich und Martin habe ich mich anvertraut. Da Martin einen alten F9[128] besaß, beschlossen wir, dass er den Hauseingang zu meinem Studentenzimmer während der Zeit der Zusammenkunft mit den angeblichen VP-Angehörigen im Auge behält. So hätte er im Falle einer von mir befürchteten Zuführung[129] meine Angehörigen informieren können. Die beiden Stasioffiziere verließen dann jedoch nur zu zweit das Haus.
Die trotzdem aufgenommene Beobachtung von Martin ergab, dass sie ihre in der Nähe liegende Zentrale in der Bautzner Straße[130] aufsuchten. In dem Vermerk der Stasi steht: *„Bei dem Treff stellte sich heraus, dass die KP nicht gewillt war, mit dem MfS (bin der KP als MdI bekannt) zusammenzuarbeiten. Der Kontakt wurde daraufhin abgebrochen."*
Etliche Monate früher war von sechs Studenten meiner Seminargruppe, mich eingeschlossen, die Unterschrift unter eine Verpflichtung, die DDR mit der Waffe in der Hand zu verteidigen, verweigert worden. Diese Weigerung zog massive Bedrohungen durch SED-Parteigruppen, die FDJ-Leitung und andere nach sich. Wir standen kurz vor der Exmatrikulation. In unserer Not wandten wir uns an den bekannten Dresdner Zoodirektor Prof. Dr. Ullrich. Als CDU-Mitglied saß er auch in der Volkskammer. Er war uns in dieser kritischen Situation ein verständnisvoller Begleiter. Offenbar hatte er bei politischen Entscheidungsträgern einen gewissen Einfluss.
Mit Gottes Hilfe haben wir diese belastende Auseinandersetzung überstanden.

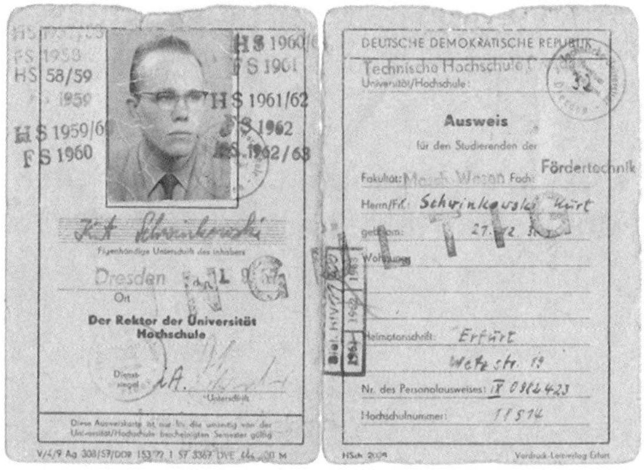

Studentenausweis von Kurt Schwinkowski

128 Der PKW IFA F9 war ein Vorläufer des Wartburg 311, auch ein Zweitakter, und wurde von 1950 bis 1953 im vormaligen Audi-Werk in Zwickau gebaut. (Anm. d. Hg.)

129 „Zuführung" war die Umschreibung einer Verhaftung, wobei in der betreffenden Situation nicht von einer Verhaftung die Rede war, sondern man forderte den Betroffenen auf „zwecks Klärung einer Angelegenheit mitzukommen". (Anm. d. Hg.)

130 In Dresden, Bautzener Straße, befand sich die Bezirksverwaltung und Untersuchungshaftanstalt des Ministeriums für Staatssicherheit mit technischen Einrichtungen und Gefängnistrakt. Heute befindet sich dort eine Gedenkstätte. (Anm. d. Hg.)

Kurt Schwinkowski, geb. 1936; 1951 Abschluss der Volksschule in Erfurt mit der 8. Klasse, 1951–1953 Lehre als Maschinenschlosser bei VEB Erfurter Mälzerei- und Speicherbau; 1953–1957 Arbeit bei VEB Erfurter Mälzerei- und Speicherbau als Maschinenschlosser und Technischer Zeichner, parallel dazu Besuch der Abendoberschule (AOS), 1957 Abitur; 1957–1963 Studium an TU Dresden mit Delegierung durch den Betrieb; 1963–1965 Projektingenieur im VEB Kali-Ingenieurbüro Erfurt, 1965–1968 Gruppenleiter Projektierung im VEB Chemieanlagen Erfurt-Rudisleben, 1968–1991 Tätigkeit in Bezirkshygieneinspektion und im Bezirkshygieneinstitut „Max von Pettenkofer" Erfurt als Fachgebietsleiter Emissionskontrolle und Fachgebietsleiter Umweltepidemiologie. 1983 Promotion an der TH Merseburg;
1991–2001 Referatsleiter/Referent für anlagenbezogenen Immissionsschutz im Thüringer Ministerium für Umwelt. Seit 1.1.2002 im Ruhestand.

// Ohne NVA-Dienst zum Studium – dank guter Ratgeber und Fürsprecher

Dr.-Ing. Peter Böhmer (TH/TU Dresden, Studienjahrgang 1959, Fakultät Maschinenwesen, Fachrichtung Wärmetechnik, Diplom 1965, Promotion 1971)

Im Januar 1959 – ich war damals Schüler der Klasse 12 der Friedrich-Schiller-Oberschule in Bautzen – wurde vom Direktor der Schule in einer Veranstaltung in der Aula vor Abgabe von Studienbewerbungen dahingehend informiert, dass alle männlichen Bewerber sich für einen zweijährigen Dienst bei der NVA verpflichten müssten. Das war natürlich nur „Dummenfang", denn die Direktoren standen wohl im „Wettbewerb" um den höchsten Anteil von Verpflichtungserklärungen. Gelockt wurde noch damit, dass es ja nur wenige sein werden, die dann auch einberufen würden.
Ich wohnte von 1955 bis 1959 bei meinen mütterlichen Großeltern in Gaußig, wo ich schon während meiner Grundschulzeit alle Schulferientage verbracht hatte. In Gaußig war damals im ehemaligen Schloss ein Ferienheim der TH Dresden – in den ersten Nachkriegsjahren ausschließlich für Professoren und deren Familien.
Mein Großvater war dort oft als Klempner und Elektriker tätig, und ich durfte als „Handlanger" mitgehen. Dabei und auch bei anderen Gelegenheiten kamen ich und auch andere Kinder und Jugendliche aus dem Dorf mit den Kindern der Heimgäste in Kontakt. Manche Professorenfamilien verbrachten – wohl in den „Einzelverträgen"[131] der Männer „verbrieft" – auch längere Zeiten im Gaußiger Schloss.

131 Mit der „Verordnung über die Neuregelung des Abschlusses von Einzelverträgen mit Angehörigen der Intelligenz in der DDR" vom 23. Juli 1953 (Gesetzblatt, S. 897–901) sollten Angehörige der Intelligenz durch Sonder-

Schloss Gaußig, Mitte der Sechzigerjahre (Archiv der TU Dresden)

Als ich die 11. Klasse besuchte, ergab es sich, dass die ältere Tochter von Professor F. – Oberschülerin der zehnten Klasse – mit ihrer Mutter für mehrere Wochen in Gaußig lebte, weil die Tochter die Folgen einer Krankheit hier auskurieren musste. Insbesondere für das Fach Mathematik wurde ich als „Hilfslehrer" engagiert, und so entstand eine enge Beziehung zur Familie F., die mir später bei der Zulassung zum Studium sehr geholfen hat.

Als ich meiner mütterlichen Großmutter von der Erwartung des Direktors bezüglich der Bereitschaftserklärung für den Wehrdienst erzählte, hatte diese lebenserfahrene Frau sofort eine Lösung für mein Problem parat: *„Du erklärst dich bereit, und wenn du – als mögliche Variante angekündigt – im Sommer 1959 einberufen werden solltest, wird deine Mutter dir untersagen, dahin zu gehen, weil du noch nicht volljährig bist."*

So habe ich dann im Januar 1959 die Verpflichtungserklärung unterschrieben und hoffte, dass man mich nicht einberufen würde. Genährt wurde diese Hoffnung dadurch, dass ich wegen gesundheitlicher Probleme vom Schulsport befreit war. Doch es kam unerwartet anders und nun trat meine Mutter in Aktion. Sie schrieb an das Wehrkreiskommando in Bautzen: *„Teile Ihnen hierdurch mit, daß ich meinem Sohn Peter Böhmer nicht die Einwilligung zum Eintritt in die NVA gebe."*

---

begünstigungen in der Zeit bis zum Bau des „Antifaschistischen Schutzwalls" 1961, also der Mauer, in der DDR gehalten werden.

Leider ist auf dem Entwurf, den mir meine Mutter hinterlassen hat, kein Datum vermerkt. Es ist wohl in der zweiten Junihälfte gewesen.

Die „Rückkopplung" vom Wehrkreiskommando zum Direktor der Friedrich-Schiller-Oberschule, Herrn B., funktionierte offenbar postwendend und der Direktor formulierte eine zweite Abschlussbeurteilung und schickte diese zur TH Dresden. Von dieser „Beurteilung" hatte ich erfahren; der Wortlaut wurde mir aber nie bekannt.

Meine Mutter begab sich am 31. Juli 1959 „in die Höhle des Löwen" und traf im Direktorat für Studienangelegenheiten auf Frau L. Diese Frau hatte volles Verständnis für die Haltung meiner Mutter. Dem Direktor B. wurde mitgeteilt, dass er die zweite Beurteilung vom Pädagogischen Rat der Schule innerhalb von 14 Tagen bestätigen lassen solle. Anderenfalls würde die erste Beurteilung für die weitere Bearbeitung meiner Studienbewerbung benutzt.

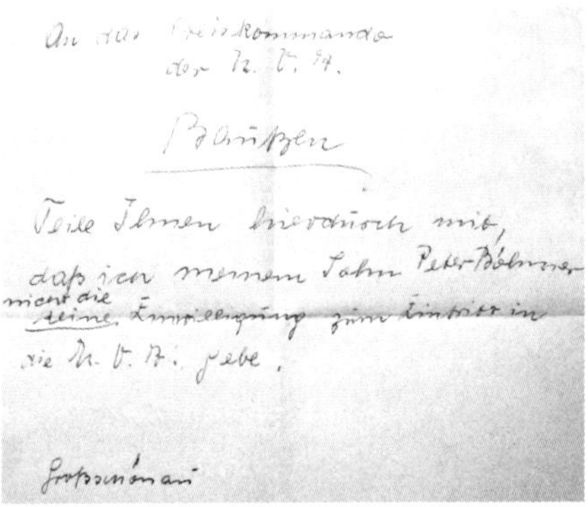

An das Kreiskommando
der N.V.A.

Bautzen

Teile Ihnen hierdurch mit,
daß ich meinem Sohn Peter Böhmer
nicht die
seine Einwilligung zum Eintritt in
die N.V.A. gebe.

Entwurf des Schreibens der Mutter von Peter Böhmer an das Wehrkreiskommando Bautzen (Archiv Peter Böhmer)

Frau L. wusste sehr wohl, dass es dem Direktor B. in den Sommerferien nicht gelingen konnte, den Pädagogischen Rat zusammenzurufen. Ob sie von Herrn Dr. paed. K., vermutlich ihr Vorgesetzter im Direktorat für Studienangelegenheiten, eine diesbezügliche „Order" erhalten hatte, weiß ich nicht.

Naheliegend ist dieser Gedanke schon: Herr Dr. R. – ein Mitarbeiter von Prof. Dr. L. –, der sich mit meinem Großvater bestens verstand und Herrn Dr. K. 1955 bei dessen Doktorarbeit „geholfen" hatte, schrieb am 6. Juli 1959 an Dr. K. einen Brief und bat um wohlwollende Behandlung meiner Studienbewerbung.

Als sich bis Ende August nichts getan hatte, ergriff Frau F. die Initiative. Sie wusste, dass ein Oberassistent ihres Mannes – Herr Dipl.-Ing. Sch. – in der Zulassungskommission der Fakultät Maschinenwesen tätig war. Sie organisierte, dass ich am 1. September 1959 mit Herrn Sch. sprechen konnte, und er schrieb am gleichen Tag an Frau L.

Dann ging alles sehr schnell: Ich erhielt den am 24. Juli 1959 ausgefertigten Zulassungsbescheid. Der Zulassungsbescheid war demnach schon vor dem Gespräch meiner Mutter mit Frau L. geschrieben worden oder ist das Datum gefälscht?

Im Studienbuch steht der 1. September 1959 als Immatrikulationsdatum und ich konnte – leicht verspätet – in den ersten Septembertagen mit dem Vorpraktikum im VEB Kama Dresden mein Studium beginnen.

Zweierlei sollte der Leser beachten und daraus lernen:

1. Wenn Menschen unter Druck gesetzt werden, versuchen sie, den Druck abzubauen, und äußern sich dabei auch nicht immer wahrheitsgetreu. Ich wurde vom Direktor „belogen“ und hatte nicht den Mut, mich als Pazifist zu bekennen. Durch den Tod meines Vaters im August 1942 – südlich von Stalingrad – war ich schon als Kind stark pazifistisch geprägt. Auch ich war dem Direktor gegenüber nicht ehrlich, weil ich Nachteile für mich vermeiden wollte.
2. Hilfsbreitschaft hat dem Helfenden wohl nur in Ausnahmefällen geschadet, doch oft genutzt.

Peter Böhmer, geb. 1941 in Zittau; 1959 bis 1965 Studium in der Fachrichtung Wärmetechnik an der Fakultät für Maschinenwesen an der TH/TU Dresden; 1971 Promotion zum Dr.-Ing. auf dem Gebiet Energietransport in Rohrleitungen; 1978 bis 1980 nebenamtlicher Fachschuldozent für Physik an der Ingenieurschule für Lebensmitteltechnik in Dippoldiswalde, 1981 Erteilung der Facultas Docendi für das Fachgebiet „Technische Thermodynamik“; 1965 bis 2006 Tätigkeit am Institut für Thermodynamik und Energiewirtschaft (Name des Instituts später mehrfach geändert) der TU Dresden.
Ab Dezember 1990 als Mitglied des LAMS (Landesverband akademischer Mittelbau Sachsen) im Senat der TU Dresden zunächst als Gast, später bis 1994 als gewählter Mittelbauvertreter; 1990 bis 1992 ständiges Personalkommissionsmitglied.

// Wie ich einer Anwerbung der Stasi entkam

Dekonspiration als sicheres Schutzmittel[132]

Dr.-Ing. Peter Böhmer

Meinen Schreibtisch in der TU Dresden habe ich jahrelang abends immer so verlassen, dass ich am nächsten Morgen sofort wieder an der Stelle weiterarbeiten konnte, wo ich am Vorabend aufgehört hatte. Aufgeschlagene Bücher, Quellen für Literaturangaben, Versuchsdaten, Vorberichte mit Merkzetteln, angefangene Manuskripte und … lagen in einer mir genehmen „Ordnung“ über- und nebeneinander. Das war natürlich gegen die „Vorschriften“ und insbesondere „Vertrauliche Dienstsachen“ hät-

132 Dekonspiration: „Offenbarung bzw. Enttarnung politisch-operativer Arbeitsprinzipien, Ziele und Absichten, Maßnahmen, Kräfte, Mittel und Einrichtungen, die in der Regel zu erheblicher Gefährdung der Realisierung operativer Aufgaben, wachsendem politischen Schaden, zum Verlust operativer Potenzen bzw. erheblichen Einschrän-

te ich nachts in einem abgeschlossenen Schrank deponieren müssen. Diese meine Nachlässigkeit war im Institut hinlänglich bekannt.
Eines Abends – nach meiner Erinnerung im Jahr 1971 – schloss ich aber, getrieben von einer „inneren Stimme", alle „Vertraulichen Dienstsachen" in den Aktenschrank ein, räumte meinen Schreibtisch auf und schloss den Schrankschlüssel in den Schreibtischschubkasten ein, dessen Schlüssel sich an meinem Schlüsselbund befand.
Am nächsten Morgen – gegen sieben Uhr – als ich zur Arbeit kam, stand schon ein Mann vor meiner Zimmertür, den ich nicht kannte. Er zeigte mir seinen Dienstausweis der Staatssicherheit und sagte, er sei beauftragt, zu überprüfen, wie ich mit dienstlichem Schriftgut umgehe.
Mir wurde heiß und kalt und sofort war mir klar, dass hier mein „Schutzengel" am Vorabend seine Hand im Spiel gehabt hatte.

Peter Böhmer, Foto aus dem Studienbuch (Archiv Peter Böhmer)

Der Stasimitarbeiter wollte nun die von mir ausgeliehenen Forschungsberichte sehen und ich konnte mit betonter Gelassenheit zunächst den Schreibtischschubkasten öffnen, den Schrankschlüssel herausnehmen und die drei auf seiner Liste stehenden Berichte dem Schrank entnehmen.
Er war sichtlich verblüfft und setzte sich auf einen der beiden Sessel – ich hatte ihn dazu nicht aufgefordert – und begann mir zu erzählen, dass ich doch ein so außerordentlich zuverlässiger Mensch sei. Gerade solche Menschen würde die Staatssicherheit als inoffizielle Mitarbeiter benötigen.
Sicher hätte er andere „Töne" angeschlagen, wenn er meinen Schreibtisch in der sonst üblichen Form vorgefunden hätte. Vermutlich wäre ich dann zu einer inoffiziellen Mitarbeit bei der Stasi erpresst worden. So aber beendete er seinen Monolog recht bald mit der Ankündigung, dass ich demnächst in eine Wohnung über dem Café Borsberg eingeladen würde, weil man dort ungestört reden könne. Ausdrücklich verlangte er von mir, mit niemandem über diese Ankündigung zu sprechen.
Da schrillten bei mir die „Alarmglocken" und ich überlegte, wem ich nun davon erzählen sollte. Ich wählte zwei meiner Institutskollegen und den Sekretär des Sektionsdirektors aus. Das hatte die erhoffte Wirkung, denn ich hörte nie wieder etwas von der

kungen ihrer Wirksamkeit führt." (Zit. n. Das Wörterbuch der Staatssicherheit: Definitionen des MfS zur „politisch-operativen Arbeit", 2. Aufl., Bonn 1993.) (Anm. d. Hg.)

Stasi. Wie ich etwa 20 Jahre später erfuhr, war der Sekretär des Sektionsdirektors ein Führungs-IM[133] und verließ nach der Überprüfung durch die Personalkommission die TU Dresden.

Nach diesem Erlebnis habe ich mich dann weitgehend an die „Spielregeln" gehalten, um meinen „Schutzengel" nicht über Gebühr zu beanspruchen. Der „inneren Stimme" zu folgen, ist wohl meistens richtig.

Ironie des Schicksals: Mit hoher Wahrscheinlichkeit hatte der Sekretär des Sektionsdirektors der Stasi den „Tipp" für eine Erfolg versprechende Anwerbung/Erpressung gegeben. Weil ich meine Stasiakten aber noch nicht eingesehen habe, kann ich das nur vermuten.

In seinem „Erklärungsbogen", den alle TU-Mitarbeiter 1991 für die Überprüfung durch die Personalkommissionen abgeben mussten, hatte er die Fragen zur Zusammenarbeit mit der Stasi nicht ausgefüllt. Als ständiges Personalkommissionsmitglied wurde ich beauftragt, mit ihm darüber zu sprechen, und er sicherte mir zu, dass er eine schriftliche Stellungnahme dazu an die Personalkommission schicken werde. Diese traf dann auch ein und die Personalkommission konnte bald ein klares Votum abgeben.

// Vom Fabriksaal ins Kellerzimmer – ein Aufstieg

Dr.-Ing. Hans-Jürgen Brink (TH/TU Dresden, Studienjahrgang 1959, Maschinenwesen/Wärmetechnik, Diplom 1965, Promotion 1972)

Zum Zeitpunkt meines Abiturs 1958 galt noch der „freiwillige Dienst" in der Nationalen Volksarmee (NVA). Eine Verpflichtung dazu eröffnete weitreichende Optionen für ein Studium, auch bei mäßigem Abiturzeugnis. In einem Werbungsgespräch beim Schuldirektor lehnte ich eine derartige Verpflichtung jedoch unmissverständlich ab. Daraufhin durfte ich mich in einem „praktischen Jahr" auf der Großbaustelle „Schwarze Pumpe"[134] als Hilfsarbeiter „bewähren", denn die Immatrikulation an der Fakultät Maschinenwesen der TH Dresden erfolgte nur unter diesem Vorbehalt. Da

---

133 Führungs-IM (FIM): Inoffizieller Mitarbeiter des Staatssicherheitsdienstes der DDR zur Führung anderer IM (Inoffizieller Mitarbeiter) und GMS (Gesellschaftlicher Mitarbeiter für Sicherheit). (Anm. d. Hg.)
134 Vgl. Anm. 102.

ich bei der GST[135] den Lkw-Führerschein gemacht hatte, konnte ich mich als Kraftfahrer und später als Hilfsschlosser in einer Kfz-Werkstatt „bewähren".
Obwohl ich Bester des Abiturjahrgangs war, wurde ich nicht für die gewünschte Fachrichtung Kfz-Technik, sondern für die Fachrichtung Wärmetechnik zugelassen, da diese gerade erweitert worden war. Dabei spielte sicher eine Rolle, dass die hoch begehrte Kfz-Technik den Kindern „bewährter" Kader vorbehalten war, ich aber meiner sozialen Herkunft nach der aussterbenden Klasse der Kapitalisten zugeordnet wurde. Mein Vater hatte nach dem Krieg eine Tuchfabrik mit ca. 30 Mitarbeitern wiederaufgebaut und konnte trotz aller Restriktionen recht und schlecht seine Familie davon ernähren. Er hatte uns drei Söhnen vermittelt, dass uns mit dem Makel dieser Herkunft nur bei Spitzenleistungen eine höhere Bildung in der DDR offenstehen würde. Wir konnten diesen Rat wegen hinreichender Begabungen auch beherzigen.
Nach dem Vorpraktikum in meiner Heimatstadt Forst trat ich im Januar 1960 das Studium an der TH Dresden an. Hier wurde mir eine Unterbringung in einem Fabriksaal des Kombinats Pentacon, dem „Aquarium" (ausgestattet mit 45 Schlafplätzen in Doppelstockbetten), zugewiesen. Das war keine kurzfristige Übergangslösung; sie erstreckte sich über mehrere Semester. Privatzimmer zur Untermiete waren in dem kriegszerstörten Dresden absolute Mangelware. Da ich im „praktischen Jahr" in einem 1.000-Mann-Lager in einer 100-Mann-Baracke gewohnt und mich als Bauarbeiter „bewährt" hatte, mich also argumentativ der Arbeiterklasse zurechnete, lief ich am nächsten Tag zur Zimmervermittlung der TH und forderte selbstbewusst eine andere Unterbringung ein.
Daraufhin wurde mir ein Platz in dem weit entfernt gelegenen Gasthof Pappritz angeboten. Dort hatten sechs Studenten in einem unbeheizten Nebengebäude Quartier zugewiesen bekommen. Wir durften abends in der warmen Gaststube sitzen, aber nachts gefror das Wasser in der Waschschüssel unseres Zimmers. Da an ein effektives Studieren unter diesen Umständen und bei der langen Fahrzeit nicht zu denken war, besorgte ich mir nach ein paar Wochen ein Attest von einem verständnisvollen Orthopäden. Er bescheinigte mir, dass ich wegen eines auf dem Bau erworbenen Knieleidens den langen, steilen Aufstieg zu Fuß vom Elbtal nach Pappritz nicht mehr bewältigen konnte.
Nach erneuter Vorstellung bei der Zimmervermittlung erhielt ich die Möglichkeit, mit weiteren fünf Kommilitonen aus der Seminargruppe ein Zimmer in einer Villa nahe dem Wasaplatz zu beziehen. Das war mit der Auflage verbunden, weitere fünf Mitglieder meiner Seminargruppe dafür anzuwerben, da die neue Direktive hieß,

135 Siehe dazu den Kommentar am Ende des Beitrags von Hanns-Lutz Dalpke, „In Dresden benutzte man die eigenen Füße, die Straßenbahn oder das Fahrrad". (Anm. d. Hg.)

mehrere Studenten einer Seminargruppe möglichst als Studiengruppe gemeinsam unterzubringen. Aber bereits nach einem Semester mussten wir unser Zimmer mit drei Doppelstockbetten in der Villa räumen, da dort plötzlich nordkoreanische Studenten untergebracht werden sollten.

Uns wies man ein Zimmer mit Doppelstockbetten in einer Baracke am Fritz-Foerster-Platz zu. Mein Studienkollege Winfried Schuricht und ich strebten nun aber an, dem Barackenidyll zu entfliehen. Es gelang uns, ein Kellerzimmer zur Untermiete zu finden, in dem wir ca. eineinhalb Meter unter der Erde unser Studium bis zum Diplom fortsetzen konnten. Unser neues Domizil war zwar klein und etwas feucht, hatte aber mit Schrank, Tisch und zwei Stühlen, Doppelstockbett, Krug und Waschschüssel sowie Kohleofen alles, was damals ein Studentenherz begehrte, zumal Mutter Erfurth, die im Erdgeschoss über uns mit ihrer Familie wohnte, immer mal etwas zu essen vorbeibrachte.

Es war üblich, dass zu Beginn des Studiums jeder Seminargruppe ein Betreuerassistent zugewiesen wurde. Dieser benannte die Seminargruppenleitung, wobei ich den Posten des Seminargruppensekretärs abbekam. Das führte zu Misstrauen bei meinen Kommilitonen, da im Zusammenhang mit dieser Funktion eine besondere „Systemnähe" zu vermuten war. Ich gehe aber davon aus, dass sich der Betreuerassistent eher von meiner Herkunft und meinem Abiturzeugnis leiten ließ, um sich bei selbstständiger Führung der Seminargruppe schnellstens aus seinem Job zurückziehen zu können. Wir haben ihn dann auch kaum noch gesehen. Dennoch hatte ich anfangs mit gewissen Vorbehalten zu tun, was ich besonders bemerkte, als ich Kommilitonen für die Sechser-WG in der Villa werben musste (siehe oben).

In der Funktion des Seminargruppensekretärs wurde ich hinzugezogen, wenn es Disziplinarverstöße vor der jeweiligen TH-Führungsebene zu verhandeln gab. So hatte ein Seminargruppenmitglied mit Studienfrust nach einigen Bieren auf dem Heimweg ein paar Zaunlatten abgerissen und wurde auf frischer Tat von zwei Kumpeln der Wismut[136] „gestellt". In der Verhandlung forderten diese als Vertreter der Arbeiterklasse, die ja unser Studium bezahle, eine strenge Bestrafung nach der Devise: Ein solches „Element" sollte nicht auf ihre Kosten studieren dürfen! Erschwerend käme in diesen Fall hinzu, dass in derselben Nacht das USA-Spionageflugzeug U2 mit dem Piloten Powers in den Luftraum der UdSSR eingedrungen und abgeschossen worden war. Da ich kein Stipendium bekam, fühlte ich mich relativ unabhängig und machte geltend, dass die Tat des Kommilitonen mit dem Vorfall jener Nacht wohl nichts zu tun haben könne. Der Delinquent erhielt schließlich „nur" die Auflage, die Zaunlatten wieder anzubringen und zur Strafe weitere Aufbaustunden zu leisten.

---

136 Die Wismut war damals eine sowjetisch-deutsche Aktiengesellschaft, ein Bergbauunternehmen, die Rohstoffbasis für die sowjetische Atomindustrie.

Später musste ich einen Kommilitonen verteidigen, der wegen angeblich nicht erreichten Ausbildungsziels im ersten studentischen Reservistenlehrgang nach Erlass der allgemeinen Wehrpflicht exmatrikuliert werden sollte.[137]
In meiner Zeit (1960 bis 1965) war die „Partei der Arbeiterklasse", die SED, in unserer Seminargruppe an der TH/TU Dresden noch schwach vertreten. Von den 20 bis 25 Kommilitonen waren nur zwei in der Partei und die hatten Schwierigkeiten, mit dem hohen Niveau des Studiums mitzuhalten. Wir waren ihnen gegenüber mit politischen Äußerungen vorsichtig und versuchten, durch entsprechende Besetzung der Schlüsselfunktionen des Seminargruppensekretärs und des FDJ-Sekretärs die Kontrolle im Interesse der Nichtgenossen zu behalten. Erst nach dem Diplom entdeckten einige ihre Liebe zur SED als Katalysator für eine Karriere, die die meisten von uns nicht anstrebten. Unser Ideal war, fachlich zu arbeiten. Leitungsposten, die zumeist an die Parteizugehörigkeit gebunden waren, schienen uns nicht erstrebenswert.
Zu meiner finanziellen Situation im Studium sei noch Folgendes vermerkt: Meinem Vater fiel es schwer, für seine drei Söhne gleichzeitig Unterhalt in Höhe von 140 Mark (dies entsprach dem staatlichen Stipendium für Angestelltenkinder) aufzubringen.[138] Er hatte als Selbstständiger ein hohes Bruttoeinkommen, für das aber ca. 90 Prozent Steuern zu zahlen waren, so dass er sich nicht einmal eine Krankenversicherung für seine Familie leisten konnte. Er bildete deshalb selbst eine kleinere Rücklage für Krankheitsfälle, die wir glücklicherweise nicht nennenswert in Anspruch nehmen mussten.
Mit den 140 Mark Stipendium mussten auch diejenigen auskommen, deren Väter im Krieg geblieben waren und deren Mütter als kleine Angestellte, z. B. als Verkäuferinnen oder Büroangestellte mit 400 bis 500 Mark Gehalt, nur wenig verdienten. Berücksichtigt man die damaligen Lebensmittelpreise und die Miete von 25 Mark für die Studentenbude, blieb nicht mehr viel übrig. An Bier war dabei nicht zu denken!
Da ich in meinem Jahr auf dem Bau vor allem durch Überstunden mehr verdient hatte als später als Diplom-Ingenieur, konnte ich auf eine kleine finanzielle Reserve zurückgreifen.

Der Autor im Jahr 1969 (Foto privat)

137 Vgl. den Beitrag: Hans-Jürgen Brink, „Schwejk in der NVA – Ungeschick oder Verweigerung?".
138 Zum Vergleich: Lebensmittelpreise in der DDR in der 1. Hälfte der 60er Jahre: 1 Stück Butter: 2,50 Mark (zeitweise nur auf Bezugsschein), 1 Ei: 0,45 Mark, 100 g Wurst: ab ca. 0,40 Mark, 1,5 kg Roggenbrot: ca. 0,50 Mark.

Ab einem bestimmten Notendurchschnitt konnte man ein Leistungsstipendium in Höhe von 40 oder 80 Mark bekommen, auch ohne ein Grundstipendium zu beziehen. Hinzuverdienen konnte man als Hilfsassistent. Wegen guter Klausurergebnisse in Mathematik und Mechanik durfte ich mehrere Semester lang studentische Übungen betreuen.

Wegen des fest gefügten Studienplanes mit vorgegebenen Prüfungsterminen blieb kaum Gelegenheit, einem Nebenjob nachzugehen, ausgenommen in den Semesterferien. Da waren aber bestimmte Praktikumseinheiten in Ergänzung zum Vorpraktikum des ersten Semesters abzuleisten, zum Beispiel vier Wochen in einem Konstruktionsbüro. Ich konnte in der verbleibenden Zeit als Kraftfahrer auf dem Bau etwas hinzuverdienen. Einen Propagandaeinsatz, um die Bauern in die LPG zu treiben,[139] konnte ich im Herbst 1960 noch ablehnen mit der Begründung, ich müsse in dieser Zeit Geld verdienen, da ich kein Grundstipendium bekäme.

Resümierend muss ich feststellen, dass ich engagiert studiert habe. Mein Studienfreund Winfried Schuricht und ich haben als „Kellerkinder" zusammengewohnt, wenn auch nicht gemeinsam gelernt. Wir waren aber mit den gleichen Grundüberzeugungen in der gleichen Liga unterwegs. Gemeinsam berechneten und konstruierten wir im Großen Beleg[140] eine Dampfturbine, die für die damalige Zeit (1964) sehr fortschrittlich konzipiert war. Bei der Diplomarbeit gingen wir getrennte Wege, er auf dem Gebiet der Fernwärmetechnik und ich auf dem der Kältetechnik. Später promovierten wir beide in der Industrie.

Nach Abschluss des Studiums erhielt ich für hervorragende Studienleistungen an der Fakultät Maschinenwesen die Richard-Mollier-Medaille (aus Meißner Porzellan), die vier Absolventen von ursprünglich 400 Immatrikulierten der einzelnen Fachrichtungen zuerkannt wurde. Im Zuge der Studienreform 1968 wurde diese Auszeichnung abgeschafft, weil sie wohl zu sehr nach Elite roch.

Hans-Jürgen Brink, geb. 1939 in Forst; dort 1958 Abitur mit Auszeichnung; „praktisches Jahr" auf einer Großbaustelle; 1959–1965 Studium an der TH/TU Dresden Maschinenwesen/Wärmetechnik; 1965–1976 Entwicklungsingenieur in der Industrie; 1972 Promotion in außerplanmäßiger Aspirantur am Institut für Angewandte Aerodynamik der TU Dresden; diverse Patente und Veröffentlichungen.
1991–2002 Referent/Referatsleiter Energiewirtschaft/Energiepolitik im Sächsischen Staatsministerium für Wirtschaft und Arbeit Dresden; seit 1976 wohnhaft in Radebeul; zwei Kinder; seit 2002 Rentner.

139 Siehe dazu den Beitrag: Günter Knoblauch, „Kollektivierung der Landwirtschaft – wir Studenten waren dabei". (Anm. d. Hg.)

140 Der Große Beleg war Bestandteil des Hauptstudiums und der Diplomarbeit vorgeschaltet. (Anm. d. Hg.)

// Schwejk in der NVA – Ungeschick oder Verweigerung?

Dr.-Ing. Hans-Jürgen Brink

Als ich 1958 das Abitur ablegte, gab es noch keine Wehrpflicht in der DDR. Freiwillige mussten geworben werden, was nach eingeübter und bewährter realsozialistischer Tradition auch unter Druck geschah.
In meinem Falle fand ein Gespräch mit einem Offizier der Nationalen Volksarmee (NVA) beim Schuldirektor statt. Ich lehnte einen Armeedienst für mich unmissverständlich ab mit dem Hinweis darauf, dass ich meine Fähigkeiten als Ingenieur beim Aufbau der DDR einbringen wolle. Das wurde nach zehn Minuten akzeptiert und hatte zur Folge, dass ich vor Antritt des Studiums an der Technischen Hochschule Dresden ein Jahr lang beim Aufbau des Kombinates „Schwarze Pumpe“[141], einer Großbaustelle des Sozialismus, helfen durfte. Das nannte sich „ein praktisches Jahr ableisten“.
Während dort im 1.000-Mann-Lager in Hoyerswerda meine Zimmerkameraden in gleicher Situation ein Jahr lang Ziegel auf Gerüste schleppen oder Sand in Mischer schaufeln mussten, wurde ich – mit dem Lkw-Führerschein der GST[142] ausgerüstet – als Kraftfahrer und später auf eigenen Wunsch in der Kfz-Schlosserei eingesetzt und konnte viel fürs Leben lernen, unter anderem auch den Umgang mit der sogenannten Arbeiterklasse an der sogenannten Basis.
Nach so erfolgter „Bewährung“ durfte ich schließlich an der Technischen Hochschule Dresden, der späteren Technischen Universität, Maschinenwesen in der Fachrichtung Wärmetechnik studieren.
Nach dem Mauerbau 1961 und dem Erlass des Wehrdienstgesetzes wurden in den Semesterferien ausgewählte Seminargruppen nach der Musterung zum Wehrdienst als Reservisten an die Jagdfliegerschule Bautzen einberufen. Wir hatten gerade das Vordiplom[143] abgelegt und sollten in drei aufeinanderfolgenden Lehrgängen zum Technischen Offizier der Luftstreitkräfte ausgebildet werden.
Einen ersten Zwischenfall gab es, als die gemeinsam mit der Bahn anreisenden Studenten von Vertretern der Fliegerschule am Bahnhof Bautzen abgeholt wurden. Zur Begrüßung intonierten die fast 100 Angereisten im Chor den damaligen Schlachtruf:

141 Vgl. Anm. 102.
142 Siehe dazu den Kommentar am Ende des Beitrags von Hanns-Lutz Dalpke, „In Dresden benutzte man die eigenen Füße, die Straßenbahn oder das Fahrrad“. (Anm. d. Hg.)
143 Nach dem dritten Studienjahr war zu einem persönlich vorgegebenen Thema eine wissenschaftliche Ausarbeitung vorzulegen – eine durchaus sinnvolle Übung mit Blick auf die spätere Diplomarbeit. (Anm. d. Hg.)

1, 2, 3, … 10 – wahlweise „Klasse“ oder „Scheiße“ – in diesem Falle in der zweiten Variante. Eigenartigerweise gab es danach keine „disziplinarischen Maßnahmen“.
Die Grundausbildung mit Exerzieren, Sturmbahn, Geländemärschen – auch in der Nacht bei Kunstnebel – usw. war hart. Daneben hatten wir aber eine für mich sehr interessante technische Ausbildung an der MIG 15, dem früheren, im Koreakrieg bewährten Starflugzeug der Sowjetarmee, dessen Kanonen nach ihren Konstrukteuren die urrussischen Namen „Nudelmann“ und „Richter“ trugen. Das Ausbildungsziel war Flugzeugmechaniker, auch „Erster Wart“ genannt.
Zu meiner Seminargruppe gehörte ein Kommilitone, der uns immer wieder durch seine besondere Art auffiel. Wir nannten ihn später „Überflieger“[144]. Er schien ein wenig linkisch und sehr auf seine Gesundheit bedacht, was zu Konflikten mit den Ausbildern führte. So ließ er sich beim Einkleiden einen zu kleinen Stahlhelm verpassen, der beim Exerzieren drückte, worauf er ein Taschentuch einlegte, das ihm dann über Stirn und Augen rutschte, weil Nachjustieren beim Exerzieren nicht vorgesehen bzw. nicht möglich war. Uns – wie auch die Ausbilder – amüsierte diese Einlage. Letztere lästerten, wir seien doch nicht bei den Indianern. Fortan befand sich unser „Überflieger“ unter besonderer Beobachtung der Ausbilder, die zumeist Offiziersschüler waren.
Unser Kommilitone fiel das nächste Mal auf, als er sich bei einer Übung in schlammigem Gelände auf das Kommando „Deckung“ nicht wie alle anderen auf der Stelle in den Dreck warf, sondern erst zu einer trockenen Anhöhe eilte, um sich dort niederzulegen. Die Folge war ein „Anschiss“ und eine weiter gesteigerte Aufmerksamkeit der Ausbilder.
Ein weiteres Mal erregte unser Kommilitone Aufmerksamkeit, als er beim Schießen in aufgeweichtem Gelände, auf einer Zeltplane liegend, sein Gewehr neben sich in den Matsch legte. Das veranlasste den Ausbilder dazu, mit ihm das richtige Hinlegen mit mehrmaligem „Auf“ und „Nieder“ in einer mitteltiefen Wasserpfütze zu üben.
Zum Ende der Ausbildung wurden alle Teilnehmer befördert, vier oder sechs zu Unteroffizieren, der Rest zu Gefreiten, mit Ausnahme unseres „schwejkischen“ Kommilitonen.
Da ich unter dem Eindruck der drohenden Strafübungen mein Bestes gegeben hatte, gehörte ich zu den Unteroffizieren. Das war mir dann so peinlich, dass ich mich schämte, meinem Vater unter die Augen zu treten, der es in zwei Weltkriegen ganz bewusst nur zum Gefreiten gebracht hatte. Sein Motto war: „Beim Militär darf man nicht auffallen.“ Dies äußerte ich auch gegenüber meinem Studienkameraden Rainer Jork, als wir gemeinsam das Tor der Freiheit durchschritten, woran er sich heute, nach immerhin 50 Jahren, noch erinnert.

144 „Flieger“ war der Mannschaftsdienstgrad bei den Luftstreitkräften in der DDR. (Anm. d. Hg.)

Zu Beginn des folgenden Semesters im Herbst 1962 erhielt ich als Seminargruppensekretär[145] die Einladung, mich beim Prorektor für Studienangelegenheiten, Dr. Heinz Kursitza, zu melden. Er sagte mir, dass das Wehrbezirkskommando eine Verhandlung einberufen werde mit dem Ziel, unseren auffällig gewordenen Kommilitonen exmatrikulieren zu lassen und ihn umgehend zum regulären Wehrdienst einzuberufen. Man begründete dies damit, dass er das Ausbildungsziel nicht erreicht habe, was in der NVA noch nicht vorgekommen sei. Er sollte es umgehend nachholen. Als Vertreter der Seminargruppe hatte ich das „Kollektiv" zu vertreten. An der Verhandlung sollten neben dem Wehrbezirkskommando der Chef der Jagdfliegerschule, die TU Dresden in Person von Dr. Kursitza und der Delinquent teilnehmen. Dr. Kursitza hatte mir gegenüber erkennen lassen, dass er sich neutral verhalten wolle.
Zur Seite stand mir mein Studienfreund Winfried Schuricht, der seines Zeichens FDJ-Sekretär war. Wir teilten uns ein kleines Souterrainzimmer und hatten beide bewusst die Führungspositionen der Seminargruppe besetzt, um so der sich ausbreitenden Führungsrolle der SED entgegenzuwirken. So entwickelten wir nun eine Verteidigungsstrategie für unseren bedrohten Kommilitonen. Sie gründete sich auf folgende Argumente:
Die Vorfälle seien für das Kollektiv nicht als gravierend zu erkennen gewesen, sonst hätten die Ausbilder sie mit uns auswerten müssen, damit auch das Kollektiv auf den nun Beschuldigten hätte erzieherisch einwirken können. Für uns waren es – wie auch für die Ausbilder – spaßige Ereignisse gewesen.
Den Vorfall mit dem „Auf und Nieder" in der Wasserpfütze hätten wir eher als einen Fehler der Ausbilder angesehen, da wir diese Methoden in der Schule nur als Tradition in der „faschistischen Wehrmacht" vermittelt bekommen hätten. Die Vorfälle wären für das Kollektiv ohne erkennbare Relevanz gewesen.
Ich ging unter der Last der Verantwortung auch mit persönlicher Angst in die Verhandlung. Dort stellten die Vertreter des Wehrbezirkskommandos, zwei Majore, die Forderung nach sofortiger Exmatrikulation, um den Angeklagten umgehend für zwei Jahre Wehrdienst einberufen zu können. Wir hatten unseren Kommilitonen zu demütigem Schweigen veranlasst. Er wurde auch gar nicht gefragt oder angehört. Der Prorektor Dr. Kursitza hielt sich auch zurück und überließ es mir, die Argumente der Seminargruppe vorzubringen. Der Chef der Fliegerschule, ein Oberst, mit seinen zwei Begleitern zeigte sich überrascht von den Vorkommnissen, die ihm offensichtlich nicht bekannt waren. Die Vertreter aus Dresden, sozusagen die Ankläger, reagierten nun auch verunsichert, so dass sich eine allgemeine Ratlosigkeit ausbreitete.

145 Hans Jürgen Brink war seit Studiumsbeginn vom Betreuerassistenten zum Seminargruppensekretär bestimmt und seither immer wieder gewählt worden. Vgl. dazu seinen Beitrag „Vom Fabriksaal ins Kellerzimmer – ein Aufstieg". (Anm. d. Hg.)

Schließlich bot der Chef der Fliegerschule eine Kompromissformel an: Der auffällig gewordene Kommilitone habe ja das Ausbildungsziel mit dem Dienstgrad Flieger erreicht, er sei eben nur wegen seiner schlechten Ausbildungsergebnisse nicht wie alle befördert worden.
Zur Gesichtswahrung der Ankläger wurde zur allgemeinen Erleichterung verfügt, der Delinquent habe in den nächsten Semesterferien eine vierwöchige Ausbildung bei der GST zu machen. Die Forderung nach sofortiger Exmatrikulation war damit vom Tisch und er durfte weiter studieren. Ob er die Strafe verbüßt hat, ist mir nicht bekannt.
Ich erinnere mich noch nach den inzwischen vergangenen mehr als 50 Jahren, dass ich allein in den warmen Septemberabend hinausgegangen bin und die Fahrzeuge abfahren sah mit dem Gefühl, als David einen Sieg gegen Goliath errungen zu haben, und dankte Gott, dass wir alle aus dieser Sache herausgekommen waren.

// Was es bedeutete, wenn man eine Prüfung nicht bestand

Prof. Freitag fragte mich, ob es nicht besser wäre, das Studium zu beenden

Dipl.-Ing. Otto Härtig (TU Dresden, Studienjahrgang 1959, Fakultät Elektrotechnik/Fernmeldetechnik, Diplom 1966)

Ich habe von 1959 bis 1966 mit einem Jahr Unterbrechung an der Fakultät Elektrotechnik studiert. An diese Zeit erinnere ich mich gern zurück. Die Anforderungen waren sehr hoch. Wie die Mitstudenten auch lebte ich in der ständigen Sorge, das Studium nicht zu schaffen. Erforderlich waren Disziplin, Leistungsbereitschaft und Fleiß. Einigen fehlte dies; ihre Prüfungsnoten waren so schlecht, dass ein Weiterstudieren nicht vertretbar war.
Zum erfolgreichen Abschluss trugen wesentlich die guten Rahmenbedingungen bei. Studiengebühren gab es nicht. Fast jeder Student erhielt ein Stipendium – bis 190 Mark je nach Finanzlage der Eltern; Studenten mit vorangegangener Lehre, Armeedienst oder ABF[146]-Besuch erhielten 190 Mark. Bei bescheidener Lebensführung konnte

146 Vgl. Anm. 78.

man mit 190 Mark auskommen. Nebenbei arbeiten brauchte keiner. Die Mieten waren niedrig – in einem Studentenwohnheim betrugen sie 10 Mark, bei einer „Schlummermutter“ etwa 20 bis 25 Mark. Auch das Mensaessen war billig, die Monatskarte für die Straßenbahn betrug 7,50 Mark, die Fahrkarten der Reichsbahn mit 2 Pfennig pro Kilometer waren überaus preiswert. Von diesen Bedingungen kann ein Student heute nur träumen. Positiv waren auch die räumlichen Verhältnisse an der Hochschule. Überfüllte Hörsäle gab es nicht, die Seminarräume boten einen Platz für jeden.
Das Studium war straff organisiert. Es gab einen Fächer-, Seminar- und Prüfungsplan für das ganze Studium, der auf die Semester aufgeteilt war. Nur den Semesterplan musste man kennen. Wahlfächer gab es auch, zum Beispiel Einführung in die Fernsehtechnik, Theorie der Antennen, lineare Netzwerke, Elektroakustik, Dioden und Transistoren, Analogrechner, Elektroakustik II, Technologie der schwachstromtechnischen Geräte. Das Pflichtpensum war jedoch umfangreich, so dass man es bei drei oder vier Wahlfächern beließ. Ansonsten waren wir mit dem Pflichtfächerprogramm zufrieden, denn die Spezialisierung der fünf schwachstromtechnischen Fachrichtungen war nicht so hoch, dass man später nicht auch auf einem anderen Fachgebiet arbeiten konnte. Wir Studenten fanden das in Ordnung, hielten das von Professoren entwickelte Programm für sinnvoll. Keiner musste sich sein Fächerprogramm selbst zusammenstellen.

Studentenausweis von Otto Härtig

Fürs Studium ein Zimmer in Dresden finden: Anfangs war ich im Heim Marschnerstraße in einem Durchgangszimmer untergebracht, zusammen waren wir zehn Mann. Alle Studienjahrgänge und fast alle Fakultäten waren vertreten. Es ging zu wie in einem Taubenschlag – an Ruhe zum Studieren und Schlafen war nicht zu denken. Ich habe mir ein Privatzimmer über den Zimmervermittlungsdienst bei einer alten Frau besorgt. Ein schmales, nicht beheizbares, karg eingerichtetes Zimmer im Hechtviertel[147]. Dort hatte ich meine Ruhe. Vier Semester später fand ich dann ein geräumigeres, gut eingerichtetes Zimmer in der Nähe des Neustädter Bahnhofs. Die Suche war mit vielen Enttäuschungen verbunden, wurde man doch meist zu Quartieren geschickt, die vorher von anderen Studenten abgelehnt wurden. In einem Fall jedoch wurde ich abgelehnt, weil ich nicht Klavier spielen konnte; in dem schönen Zimmer stand auch ein Klavier. Nach der Unterbrechung wohnte ich im Heim der ehemaligen ABF – alles Zweimannzimmer – und im elften Semester in einem neu erbauten Heim nahe dem Hauptbahnhof – auch alles Zweimannzimmer. Da war ausreichend Ruhe gegeben. Das war besonders im Diplomsemester mit seinem Stress wichtig. Denn nach zwölf Stunden Arbeit im Institut (die letzten zwei Monate) war Entspannung angesagt.

Der Wochenstundenplan des zweiten bis zehnten Semesters sah so aus: 32, 37, 36, 36, 28, 31, 28, 24, 8[148] Stunden Vorlesungen, Seminare und Übungen. An manchen Wochentagen zog sich das über zwölf Stunden hin, meist aufgrund der bis 20 Uhr dauernden praktischen Versuche/Übungen – Messungen mit anschließender Auswertung (Fehleranalyse). Die Prüfungen waren überwiegend schriftlich, einige waren aber mündlich. Bei diesen gab es auch einen persönlichen Kontakt mit den Professoren, der sonst nicht stattfand. Mit den Assistenten hatte man in den Seminaren und Übungen schon eher Kontakt. In den Übungen agierten auch „Hilfsassistenten" – Studenten aus einem höheren Semester.

In den Sommerferien mussten ein vierwöchiges Berufspraktikum und ein Kartoffelernteeinsatz absolviert werden, nach dem zweiten Semester zusätzlich noch ein Einsatz in der Braunkohle. Für die Berufspraktika gab es keine Vorgaben. Die Betriebe konnten sie nach Gutdünken gestalten. Wie andere auch musste ich Messgeräte verkabeln und/oder Messreihen durchführen. Das hatte wenig mit einer ingenieurmäßigen Ausbildung zu tun und war im Grunde nutzlos. 1960 und 1961 war ich in einem Berliner Betrieb. Berlin war sehr gefragt, gab es doch noch die offene Grenze nach Westberlin. Das habe auch ich genutzt, obwohl ich mich schriftlich zum Nichtbesuch verpflichten musste. In Westberlin habe ich dann mehrmals zufällig Studenten aus meinem Semester getroffen. So auch am 12. August 1961. Wir waren in einem Jazzsalon. Vor Mitternacht brachen wir auf, da die S-Bahn-Rückfahrkarte nur bis 24 Uhr galt. Es war alles wie immer, nichts deutete auf die Sperrung der Grenze hin. Kurz

147 Das Hechtviertel ist ein Wohngebiet in Dresden Neustadt. (Anm. d. Hg.)

148 Die Wochenstunden beziehen sich auf drei Wahlfächer des zehnten Semesters. Die Hauptzeit war für den Großen Beleg bestimmt.

nach Mittag des nächsten Tages wollte ich zum Potsdamer Platz fahren, um dort ins Kino zu gehen. Beim Umsteigen am Bahnhof Lichtenberg wurde ich vieler heftig diskutierender Menschen gewahr, die vor Erklärungen der Regierung zur Grenzschließung standen. Meine Stimmung sank in den Keller, hatte doch Ulbricht noch ein paar Wochen vorher verkündet, dass niemand an eine solche Maßnahme denke. So ein Täuscher!

Zurück in Dresden mussten wir uns auf Abruf zum Wehrdienst bereit erklären, die Wehrpflicht wurde erst ein halbes Jahr später eingeführt. Wir Studenten fürchteten nun jede Krise, so besonders die Kubakrise[149].

Das Studium war begleitet von der latenten Angst, eine vierte Wiederholungsprüfung nicht zu bestehen.[150] Das bedeutete die Exmatrikulation, selbst nach dem neunten Semester. Eine wiederholte Prüfung wurde nur mit „ausreichend" bewertet, auch bei einem „Sehr gut" – eine absurde, heute undenkbare Praxis. Hinzu kam, dass die wiederholten „Vieren" bei der Bildung einer Gesamtnote viel stärker gewichtet wurden als eine normale „Vier". So kam es, dass ein Student mit sehr guten Noten und nur einer wiederholten „Vier" nicht die Gesamtnote „sehr gut" erhalten konnte. Studenten gar mit einem Notendurchschnitt von 2,5, einer befriedigenden Diplomarbeit und drei wiederholten „Vieren" erhielten nur die Gesamtnote „genügend" (bedeutet Note „Vier") auf dem Diplomzeugnis, eine logisch nicht begründbare Bewertungspraxis. Dabei stand auf der Vorderseite des Zeugnisses *„auf Grund der umstehenden Prüfungsergebnisse erhielt er das Gesamturteil […]"* – eine Falschbeurkundung, denn mit den umstehenden Noten war die Gesamtnote nicht zu begründen. Ich war wie viele von dieser Beurteilung betroffen. Meine zu wiederholenden Prüfungen wurden – obwohl in der Nachprüfung mit guten Noten wie einer „Eins" und einer „Zwei" – in der rechnerischen Gesamtnote als notendrückender Makel gewertet.

Die meisten Mitstudenten haben mindestens zwei Prüfungen wiederholt. Ich habe mein Diplomzeugnis erst zwei Jahre später bekommen. Nach der Prüfungsordnung hätte es mir zusammen mit der Diplomurkunde ausgehändigt werden müssen.[151] Geschadet hat mir dies aber nicht, meine Betriebe wollten es nicht sehen – völlig ausrei-

---

149 Als Kubakrise bezeichnet man die Konfrontation zwischen den USA und der Sowjetunion im Oktober 1962, als die Sowjetunion begann, Mittelstreckenraketen auf Kuba zu stationieren. Der damalige Präsident der USA, John F. Kennedy, drohte daraufhin, gegebenenfalls Atomwaffen einzusetzen. Damit war ein überaus kritischer Höhepunkt im Kalten Krieg markiert. (Anm. d. Hg.)

150 Aus der Prüfungsordnung des Staatssekretariats für Hochschulwesen, § 10: „Studierenden, die in den Wiederholungsprüfungen abermals ein Fach nicht bestanden oder die innerhalb der Grundausbildung der ersten 3 Studienjahre in mehr als 4 Fachprüfungen die Note ‚ungenügend' erhalten haben, wird die Studienerlaubnis entzogen. Eine zweite Wiederholung ist nur mit Genehmigung des Staatssekretariats für Hochschulwesen auf Befürwortung des Prorektors für Studentenangelegenheiten und der Fakultät möglich. Die Bewertung erfolgt in der Wiederholung nur mit ‚genügend' oder ‚ungenügend'."

151 Warum ich mein Diplomzeugnis erst zwei Jahre später erhalten habe, weiß ich nicht. Die Nichtaushändi-

chend war die Diplomurkunde; sie war das Qualifikationszertifikat der TU Dresden! Für eine wissenschaftliche Laufbahn mit den weiteren akademischen Graden jedoch wäre eine solche rigide Beurteilung wahrscheinlich schädlich gewesen.
Wie rigide das Leistungsniveau eingeschätzt wurde, bekam ich vor meiner einjährigen Unterbrechung aus gesundheitlichen Gründen zu spüren. Ich musste mir die Zustimmung von meinem Institutsdirektor, Professor Freitag[152], einholen. Er fragte mich, ob es nicht besser wäre, das Studium zu beenden. Ich war geschockt, habe die Frage aber verneint. Denn ich war im neunten Semester und hatte einen Notendurchschnitt von 2,6. Da gibt man doch nicht auf! Dem Herrn Professor Freitag lag offensichtlich nichts an einem erfolgreichen Abschluss meines Studiums – ziemlich demütigend und respektlos! Woher nahm er die Gewissheit, dass ich den Großen Beleg[153] und die Diplomarbeit nicht meistern würde?
Es war guter studentischer Brauch, am Ende des zehnten Semesters von Hörsaal zu Hörsaal zu ziehen und den Herren Professoren mit Trompeten und einem Sketch über ihre Ruhmestaten aufzuwarten. Diese Vorlesungsstörung war bei den jüngeren Studenten sehr willkommen. So geschehen auch im Juni 1961. Die Altsemester meiner Fakultät zogen mit dem Transparent „Trotz Margarine ET-Fine“ herum. Das war der Partei zu viel. Das Transparent spielte auf die Verknappung der Lebensmittel, speziell der Butter, durch die schlechte Ernte 1960 an, die ihre Ursache auch in der Kollektivierung der Landwirtschaft hatte. Der Urheber wurde auf Aushängen als subversives Element gebrandmarkt und exmatrikuliert. Auf Verständnis ist diese Maßnahme bei den Studenten nicht gestoßen. Ihnen wurde klar, wie eng der Spielraum für eine freie Meinungsäußerung war.
Ansonsten waren die mir bekannten Mitstudenten und ich keinen Repressalien ausgesetzt. Die Stasi war nicht zu spüren. Auch die FDJ und die GST waren nicht aktiv, was wir ganz und gar nicht vermissten. Nur bei den üblichen Demonstrationen war die Teilnahme quasi Pflicht. Der Konzentration auf das Studium standen somit keine Hemmnisse im Wege!
Ein ausgelassenes studentisches Leben früherer Zeiten habe ich nicht erlebt. Es war auch nicht mehr üblich, da die Anforderungen des Studiums sehr gewachsen waren. Meine „Freizeit“ verbrachte ich mit Spaziergängen im Stadtzentrum und an der Elbe, bei Tanzveranstaltungen, Kinobesuchen, hin und wieder Theaterbesuchen, in Museen und sonntäglichen Besuchen des Cafés „Haus Altmarkt“ mit einem Studienfreund.

---

gung könnte daran liegen, dass die Note für das Abschlusskolloquium am Tag der Unterschriften durch die Herren Prof. Lunze und Freitag noch nicht vorlag. Die Rückseite des Zeugnisses wurde erst danach ergänzt. Die Diplomverleihung war also vor dem Kolloquium beschlossene Sache.

152 Professor Freitag hielt folgende Vorlesungen: Theorie der Leitungen, Bauelemente der Schwachstromtechnik, Fernsprechvermittlungstechnik, Telegrafie.

153 Der Große Beleg war Bestandteil des Hauptstudiums und der Diplomarbeit vorgeschaltet.

Zu den sonnabendlichen Tanzveranstaltungen war ich im „Kulturhaus Bühlau“, im „Schillergarten“, im „Parkhotel“ und im „Lindengarten“ mit seinen drei Sälen (Slogan: Drei Säle - drei Möglichkeiten). Die Faschingsveranstaltungen in allen Mensasälen waren auch bei mir sehr beliebt, nur Karten waren schwer zu bekommen.
Das Abschlussfest der Diplomanden (cand.ing.) der ET-Fakultät fand am 29. Oktober 1965 im Kulturhaus Niedersedlitz statt. Erschienen waren auch einige Professoren, unter anderem Prof. Frühauf. Das Programm wurde von Studenten gestaltet und enthielt vor allem Sketche und Bühnenshows.
Zusammenfassend kann ich feststellen, dass meine Studienzeit in Dresden zu den schönen Erinnerungen meines Lebens gehört und ich sie nicht missen möchte. Sie war entscheidend für meinen Lebensweg. Ohne sie hätte ich wahrscheinlich ein beruflich unbefriedigendes Leben geführt.

Otto Härtig, geb. 1940 in Huy-Neinstedt in Sachsen-Anhalt; 1946–1954 Grundschule, 1954–1958 Oberschule/Abitur; 1958/59 Ökonomisches Jahr[154]; 1959–1964 und 1964–1966 TU Dresden, 1966/68 VEB Gerätewerk Leipzig: Entwicklung einer elektronischen Hauptuhr und Erprobung von Schiffsradargeräten; 1966–1968 Dienst bei den NVA-Grenztruppen der DDR. Härtig war nach eigenen Angaben über den 18-monatigen Wehrdienst nach dem aufwendigen Studium hocherfreut. 1969 VEB WTZ Medizin- und Labortechnik Leipzig: Konzeption für die Zusammenarbeit im RGW, Erfassung der F/E-Aktivitäten der DDR in der medizinischen Elektronik; 1970–1991 VEB Kombinat Medizin- und Labortechnik Leipzig: Patentingenieur. 1992–2005 Patentanwalt.

// Über Umwege zum Studium, um der „Sippenhaftung“ zu entgehen

Dr.-Ing. Rainer Jork (TH/TU Dresden, Studienjahrgang 1959, Fakultät Maschinenwesen, Diplom 1965, Promotion 1974)

Auch nach eigenem Berufsabschluss als Facharbeiter galt man nicht als Arbeiter, wenn der verstorbene Vater es nicht war.

Wir Studenten wurden in Abständen zu bestimmten politischen Aktionen eingespannt. Ich konnte mich allerdings während meiner Studienzeit vor zwei mir unerträglichen Aufträgen drücken:

154 Das „Ökonomische Jahr“ wurde vielen Studienbewerbern zur Bedingung gemacht. Sonst war man nur „vorimmatrikuliert“. Der Einsatz erfolgte meist auf Großbaustellen. Ich war auf der Großbaustelle Kraftwerk Lübbenau.

- Um das „Abhören“ von Westsendern, vor allem Radio Luxemburg, zu verhindern, wurden FDJ-Studenten[155] ausgeschickt, die sichtbaren Antennen auf den Dächern oder an den Häusern zu entfernen. Das geschah auch hier und dort, jedoch nicht mit dem erwarteten stabilen Erfolg.
- Für mein Empfinden unerträglich waren die „Werbe- und Überzeugungseinsätze“ im Rahmen der Zwangskollektivierung der Landwirtschaft. Studenten wurden während des Studiums zu den Bauern aufs Land verfrachtet, um diese zum Eintritt in eine LPG (Landwirtschaftliche Produktionsgenossenschaft) zu animieren.

Seit dem 24. Januar 1962 war mit dem Wehrpflichtgesetz der DDR die allgemeine Wehrpflicht eingeführt worden. Wir Maschinenbaustudenten wurden dann auch gleich in den Sommerferien dieses Jahres mit einem Einberufungsbefehl zum Wehrdienst zitiert. Ein Student meiner Seminargruppe war nicht sofort dazu bereit. Er bekam daraufhin die „Gelegenheit, sich in der Produktion zu bewähren“, wurde also exmatrikuliert. Wir anderen nahmen für vier Wochen an einem Zeltlager der Jagdfliegerschule Bautzen zur Ausbildung an sowjetischen MiG-15-, später auch MiG-17-Jagdflugzeugen teil.

Nur in kleinem Rahmen, praktisch unter vier Augen, führten wir relativ offene und ehrliche politische Gespräche, diskutierten über die eigene Lebensplanung. Mit meinem Studienfreund Wolfgang Zill war mir das möglich. Wir dachten auch darüber nach, wie es wäre, wenn wir im Westen weiter studieren und arbeiten könnten, nahmen uns dies jedoch nicht ernsthaft vor. Die durchgängige Bevormundung, der Bekenntniszwang, die Militarisierung des Studiums, das Gefühl des Eingesperrtseins belastete uns sehr. Wir waren uns aber einig, in Dresden jedenfalls erst einmal das Vordiplom ablegen zu wollen – auch, weil dann das Studium in der Bundesrepublik weitergeführt werden konnte, ohne das Abitur nachholen zu müssen.

Relativ spät – erst gegen Ende des Studiums – fand ich den Weg zur evangelischen Studentengemeinde in Dresden und damit zu Partnern, denen ich glaubte vertrauen zu können, wo ich auch Literatur in die Hand bekam (zum Beispiel Werke von Camus, Sartre und Kierkegaard), die sonst schwer oder nicht erhältlich war. Dabei ging es keineswegs um die Beförderung eines aufmüpfigen Verhaltens. Man wollte und konnte einfach etwas mehr über den Gartenzaun oder aktueller – über die Mauer – blicken.

Angesichts der Tatsache, dass meine beiden Brüder 1958 bzw. 1961 die DDR in Richtung Westen verlassen hatten, wurde ich von Kreisen bestimmter Funktionäre merklich mit Misstrauen betrachtet. Später musste ich in der mit meinem Namen versehenen Stasiakte unter anderem folgende Vorgänge finden, die das politische Klima in damaliger Zeit belegen:

---

155 FDJ: Freie Deutsche Jugend (s. Glossar). Die Mitgliedschaft in der FDJ war praktisch für alle selbstverständlich und eine Voraussetzung für die Immatrikulation.

Ich hatte die Studienjahresleitung gebeten, mich von der verpflichtenden Teilnahme an einem Kartoffelernteeinsatz in Mecklenburg zu befreien, da ich mich einer Leistenbruchoperation unterziehen wollte. Man unterstellte mir, dass ich in dieser Zeit eine Westflucht versuchen wollte, und stellte fest, dass der den Leistenbruch attestierende Arzt ein Freund unserer Familie war. Die Staatssicherheit der DDR eröffnete nun einen weiteren operativen Vorgang, nach dem die Mitglieder der Arztfamilie (mit drei Söhnen in unserem Alter) beobachtet wurden. Diese Maßnahmen wurden abgebrochen, als ich mir tatsächlich meinen Leistenbruch operieren ließ.

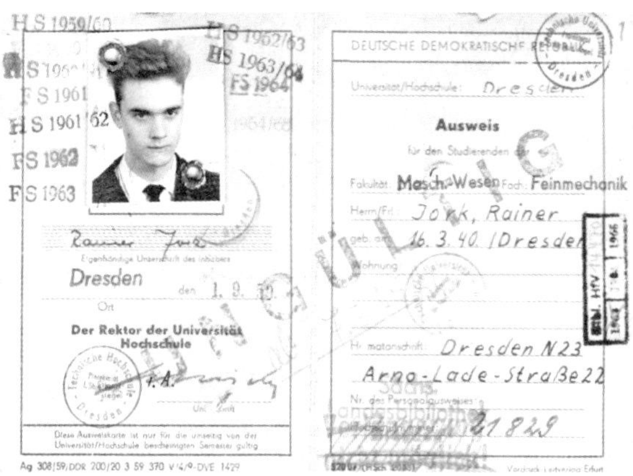

Studentenausweis von Rainer Jork

In „meiner" Stasiakte landete auch ein Vorgang im Zusammenhang mit dem „Republikverrat" meines älteren Bruders. Er hatte sich 1958 (also drei Jahre „vor der Mauer"!) unter anderem in einer Seminardiskussion an der medizinischen Fakultät der Humboldt-Universität nicht der Verurteilung von Pfarrer Schmutzler (damals Jugendpfarrer in Leipzig) wegen dessen „Machenschaften" angeschlossen sowie die Teilnahme an einer „freiwilligen" militärischen Grundausbildung mit dem Hinweis auf seinen christlichen Glauben abgelehnt. Seine Seminargruppe schlug (mit 21 Unterschriften) nach einer „eingehenden Diskussion" darum protokollarisch vor, meinen Bruder Klaus zu exmatrikulieren. Er kam dem durch seine „Republikflucht" zuvor. Was hatte ein Vorgang um das Verhalten meines Bruders (er wohnte in Berlin, ich in Dresden) wohl in der für mich angelegten Stasiakte zu suchen?

Dass die sogenannte soziale Herkunft vor allem eine Umschreibung für Sippenhaftung war, lernte ich – wie andere auch – zunehmend in der Schulzeit zu begreifen. Mit Erreichen der sogenannten Mittleren Reife verließ ich 1956 auf eigenen Wunsch die Pestalozzi-Oberschule in Dresden. Ich hatte immer den Wunsch, einen praktischen Beruf zu erlernen, wollte mich Vorverurteilungen mit Blick auf meine nächsten Verwandten in der Oberschule entziehen und sah in dem Beginn einer Lehre für mich die besten Chancen. Bereits in der Grundschule gehörte ich als Sohn eines Angestellten, politisch bewertet, zu den Schülern zweiter Klasse. Die Selektierung nach der Herkunft, Arbeiter oder Angestellter, stand ja für alle lesbar im Klassenbuch. Unter der Rubrik „soz. Herkunft des Kindes (Stichjahr 1942)" stand neben dem

Namen des Erziehungsberechtigten der „z. Zt. ausgeübte Beruf" und in einer anderen Spalte. „JP; FDJ seit ...". Dort war bei meinem Namen eine Leerstelle. Dass ich damit überhaupt auf die Oberschule gehen durfte, war wohl einfach dem Umstand geschuldet, dass ich im Jahrgang 1954 einer der zwei Absolventen aus drei Klassen war, die die Grundschule mit Auszeichnung abgeschlossen hatten (trotz der Note 2 in Geschichte und Gegenwartskunde). Als mein zwei Jahre älterer Bruder in der Pestalozzi-Oberschule durch Aktivitäten in der Jungen Gemeinde auffiel, war ich dort für die vor allem ideologietreuen Lehrer nachhaltig gebrandmarkt. Man wurde sortiert nach Herkunft, Bekenntnis und Ergebenheit, vor allem sichtbar in der Bereitschaft, an vormilitärischer Ausbildung teilzunehmen und sich zum Soldaten auf Zeit zu verpflichten.

Mithilfe meines Vaters begann ich meine Lehre zum Feinmechaniker in einem mittelgroßen Privatbetrieb, der Firma Georg Rosenmüller im Zentrum Dresdens (Privatbetriebe gab es damals noch). Der theoretische Teil dazu wurde in der Allgemeinbildenden Berufsschule – zwei Tage in der Woche – vermittelt. Damals war der Samstag noch bis Mittag ein normaler Arbeitstag, auch für Lehrlinge, und die Wochenarbeitszeit betrug 48 Stunden. Trotz des Wunsches, praktisch tätig sein zu wollen, empfand ich bald den Drang, nicht mein ganzes Leben in einer Werkstatt, also in der Fertigung, arbeiten zu müssen. Ich wollte dafür noch das Abitur erreichen und erhielt, wenn ich mich recht erinnere, damals als Erster und Einziger in Dresden auf Antrag meines Vaters die Genehmigung, gleichzeitig neben der Lehre die Abendoberschule an der Dresdner Volkshochschule zu besuchen. So konnte ich im Frühjahr 1959 nach einer halbjährigen Verkürzung der ursprünglich für drei Jahre vereinbarten Lehrzeit den Facharbeiterbrief erwerben und im Frühsommer des gleichen Jahres mit dem Abitur die Hochschulreife nachweisen.[156] Die praktische Facharbeiterprüfung legte ich mit der handwerklichen Fertigung eines Parallelreißers einen Tag nach dem Tode meines Vaters in den Räumen des VEB Zeiß Ikon in Dresden ab. Während der Lehrzeit unterlag ich keinerlei politischen Zwängen – nicht einmal zur Maidemonstration ging man (solange es noch ein Privatbetrieb war).

// In Memoriam Wolfgang Zill //

Mein bester Studienfreund aus meiner Dresdner Seminargruppe, Wolfgang Zill, begann nach dem Studium per Zuweisung seine Arbeit im VEB KIB Chemie Leipzig. Als er nach einiger Zeit zum VEB GRW Teltow, dem Leitbetrieb für Automatisierungstechnik in der DDR, wechseln wollte und dafür bereits von dort eine Einstellungszusage erhalten hatte, wurde ihm dies von der Kaderabteilung von KIB wegen „Unabkömmlichkeit" wirksam verweigert. Den Unterlagen der „Zentralen Beweismittel- und Dokumentationsstelle der Landesjustizverwaltungen" in Salzgitter (vom

156 Die aus meiner Sicht sehr sinnvolle Ausbildung „Beruf mit Abitur" wurde in der DDR erst später eingeführt.

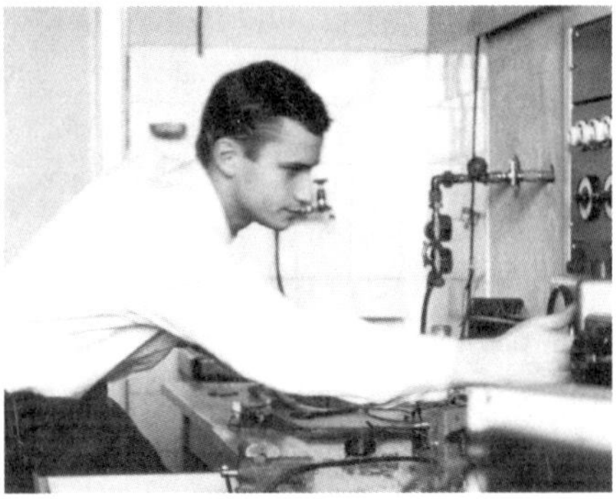

Wolfgang Zill bei Laborversuchen an der TU Dresden

12.10.1992) ist zu entnehmen: Wolfgang Zill versuchte am 15. Januar 1969, die DDR über die Elbe zu verlassen. Bei Eisgang ließ er sich mit einem speziell von ihm angefertigten Überlebensanzug auf der Elbe im Raum Dannenberg treiben, um auf bundesdeutsches Gebiet zu gelangen. Er kam unbemerkt elbabwärts unterhalb der gewünschten Stelle auf bundesdeutschem Gebiet an, zog den Gummianzug aus und wollte menschlichen Kontakt finden. Ein Beamter des bundesdeutschen Grenzschutzes sah noch, wie der unterkühlte Flüchtling zusammenbrach und rief nach ärztlicher Hilfe. Die eingetretene Unterkühlung war jedoch so stark, dass Wolfgang trotz Reanimationsversuchen nicht wiederbelebt werden konnte. Er starb bei seinem Fluchtversuch.
Am 12. Juli 2000 beschloss die Ratsversammlung in Leipzig, dort eine Straße nach Zill zu benennen.

Rainer Jork, geb. 1940, nach der Mittleren Reife 1956 Lehre in einem Privatbetrieb, der später halbstaatlich wurde; 1959 Facharbeiterprüfung als Feinmechaniker und Abitur an der Abendoberschule in Dresden; Vorpraktikum und Studium in der Fachrichtung Maschinenbau/Regelungstechnik an der TH Dresden mit Diplomabschluss 1965; 1964–1984 Projektierung von Automatisierungsanlagen im VEB Reglerwerk Dresden; 1974 Promotion zum Dr.-Ing. nach einer außerplanmäßigen Aspirantur an der Sektion Technische und biomedizinische Kybernetik der TH Ilmenau; 1984–1990 Dozent an der Ingenieurschule für Kraft- und Arbeitsmaschinenbau „Rudolf Diesel" Meißen.
1990 Mitglied der frei gewählten Volkskammer und bis 2002 Mitglied des Bundestages. 2002 Bundesverdienstkreuz.

// Maschinenbaustudium an der TH/TU Dresden

Frei nach Karl Marx: Das Sein formt das Bewusstsein

Dr.-Ing. Rainer Jork

Mein Maschinenbaustudium begann mit einem halben Jahr Vorpraktikum mit Blick auf für den Maschinenbau sinnvolle Fertigungsverfahren in unterschiedlichen Betrieben, vermittelt durch die Studienorganisation an der Technischen Hochschule Dresden. Als ausgewiesener Feinmechaniker[157] musste ich dabei nur noch ein Praktikum

157 Ich hatte vor meinem Studium eine Lehre zum Feinmechaniker absolviert und parallel dazu auf der Abend-

im Modellbau und in einer Gießerei absolvieren, konnte also noch einige Monate in meinem ehemaligen Lehrbetrieb Geld verdienen (monatlich 500 Mark).
Mit dem eigentlichen Beginn des Studienbetriebes, also im Frühjahr 1960, merkte ich bald, dass meine theoretischen Vorkenntnisse (beispielsweise in Mathematik und Physik) oft nicht jenen entsprachen, die auf dem üblichen Wege zum Abitur erreicht wurden. Das galt auch für den vergleichsweise guten Wissensstand jener Kommilitonen, die ihre Hochschulreife über eine Ingenieurschule oder gar die ABF (Arbeiter-und-Bauern-Fakultät an der TH Dresden) erworben hatten. Ich hatte ordentlich aufzuholen. Freizeitgestaltung während des Studiums war also erst einmal kein Thema für mich. Durch die den gewählten Fachrichtungen entsprechende Aufteilung der Studenten auf Seminargruppen mit festgelegten Seminargruppenberatern (meist Assistenten aus den gewählten Fachbereichen) waren Vergleiche, gegenseitiges Helfen und Lernpartnerschaften erleichtert und üblich. Oft fertigten wir bis zum Vordiplom bei mir zu Hause, also in der Wohnung meiner Mutter, in einer kleinen Gruppe gemeinsam Belege[158] an (zum Beispiel in Projektionslehre, Kinematik und Getriebelehre). In der Vorabsprache vereinbarten wir dann mitunter, eine „Nationalhymne" abzuarbeiten, das heißt, dann saßen wir bis über Mitternacht - wenn im Deutschlandfunk die Nationalhymne kam - zusammen. Wir fanden es im Übrigen durchaus normal und nicht besonders bemerkenswert, dass auch Mädchen[159] mit uns studierten, und Kommilitoninnen wurden im Studium nicht anders behandelt als die Kommilitonen.
Die persönlichen Mitschriften von Lehrveranstaltungen waren die wesentliche Grundlage für das Studium, denn die für uns heute selbstverständliche Kopiertechnik gab es nicht und gedruckte Unterlagen (etwa die Lehrbriefe des Fernstudiums in den entsprechenden Fachrichtungen) waren nicht oder nur schwer zu bekommen. Wenn man einmal nicht an einer Fachvorlesung teilnehmen konnte, fand man aus dem Kreis der Kommilitoninnen oder Kommilitonen immer jemanden, der für einen „mitschrieb", also Blaupapier unter die eigene Mitschrift legte und ein Duplikat anfertigte. Für die Lehrveranstaltung „Wärmelehre" erhielt ich freundlicherweise vom Oberassistenten die in den Vorlesungen gezeigten Filmabschnitte (Diagramme usw.) und war damit in der Lage, Fotokopien für die Vorlesungsmitschriften anzufertigen, die ich in großer Anzahl dann auch kopierte und verteilen konnte.
Angesichts der oft unzureichenden Wohnbedingungen für nicht in Dresden beheimatete Kommilitonen waren bei mir zu Hause am großen Stubentisch vergleichswei-

oberschule mein Abitur gemacht. Siehe den Beitrag: Rainer Jork, „Über Umwege zum Studium, um der ‚Sippenhaftung' zu entgehen".

158 Vgl. Anm. 93.

159 Zum Thema „Studentinnen in der DDR" vgl. den Kommentar am Ende des Beitrags.

se komfortable und störungsfreie Arbeitsmöglichkeiten gegeben. Besonders eng arbeitete ich mit meinem Freund Wolfgang Zill aus Leipzig zusammen, von dem später noch zu berichten ist.[160]

Mit uns gemeinsam besuchten Offiziere der Dresdner Offiziershochschule der Nationalen Volksarmee (NVA) in Uniform die Vorlesungen der ersten Semester, vor allem also in den Grundlagenfächern, wie Mathematik, Physik, Wärmelehre und Technische Mechanik. Sie waren älter als die „Normalstudenten" und kamen oft gemeinsam mit Armeefahrzeugen zu den Lehrveranstaltungen angefahren. In den Übungen, Seminaren und Praktika waren sie für uns jedoch nicht sichtbar.

Ich entsinne mich an lediglich einen Fachrichtungswechsel in meiner Seminargruppe. Bei Scheitern des Studiums wegen unzureichender Leistungen gab es auf direktem Wege keinen Neustart des Universitätsstudiums. Der Übergang zu einer Ingenieurschule war aber grundsätzlich möglich. Vereinzelt kamen leistungsbegründete Exmatrikulationen vor.

In der Regel bekamen alle Studenten ein Stipendium. Dieses war jedoch nach Herkunft (Zuordnung zur Arbeiterklasse, der werktätigen Intelligenz, zu Angestellten oder den sogenannten Kapitalisten), Leistung und Armeeverpflichtung unterschiedlich hoch. Wer sich bereits mit Sonderverpflichtungen bei der Nationalen Volksarmee „bewährt" oder für ein längeres Dienen verpflichtet hatte, erhielt beachtliche Sonderstipendien. Ich meinte anfangs, mit meinem Facharbeiterabschluss zur Arbeiterklasse zu zählen und ein entsprechendes Stipendium (190 Mark) erhalten zu können, wurde jedoch als Sohn eines Angestellten mit 140 Mark monatlich der „Klasse" der Angestellten zugeordnet. Dabei spielte keine Rolle, dass mein Vater nicht mehr lebte. Später bekam ich dann aber noch ein Leistungsstipendium von monatlich 40 Mark und konnte meine finanzielle Lage durch Arbeit als Hilfsassistent aufbessern. Als Hilfsassistent unterstützte man die Assistenten und Professoren in den Übungen der niedrigeren Semester oder deren Vorbereitung, hatte also neben der Möglichkeit, sich etwas Geld zu verdienen auch jene, sich im selbst gewählten Fachgebiet weitergehend zu informieren und zu qualifizieren.

Das funktionierte alles für mich vor allem auch deshalb, weil ich in Dresden, meinem Geburtsort, mietfrei bei meiner Mutter wohnen konnte und von ihr auch sonst erheblich unterstützt wurde (sie erhielt von mir 70 Mark monatlich für den Lebensunterhalt). In den Semesterferien arbeitete ich üblicherweise einige Wochen als Feinmechaniker bzw. Konstrukteur – meist in meinem ehemaligen Lehrbetrieb.

---

160 Zum Schicksal von Wolfgang Zill vgl. den Beitrag: Rainer Jork, „Über Umwege zum Studium, um der ‚Sippenhaftung' zu entgehen".

Das Studium, sein zeitlicher Ablauf und Inhalt sowie der Termin einer jeden Prüfung waren eindeutig vorgegeben. In einem persönlichen Studienbuch[161] wurde dies semesterweise eingetragen und war damit für jeden einsehbar. Das setzte die Studenten einerseits unter erheblichen Druck und schränkte ihre Möglichkeiten ein, etwa nicht vorgegebene Lehrveranstaltungen nach eigenem Wunsch zu besuchen. Andererseits war damit eine strenge Selbst- und Fremdkontrolle möglich, die in der Regel auch die Überschreitung der vorgegebenen Studienzeit verhinderte. Auslandssemester waren für den Normalstudenten nicht denkbar. Im Gegensatz zu der heute als selbstverständlich empfundenen und mit Leichtigkeit in Anspruch genommenen Freiheit bei der Gestaltung des Studiums war damals die Einhaltung der Regelstudienzeit die Norm. Der Diplomabschluss und die entsprechende Berufsbefähigung wurden also in der Regel mit 25 Jahren erreicht. Den Absolventen bot dieses im Vergleich mit heute niedrige Berufseintrittsalter günstige Voraussetzungen für den Schritt in die Arbeitswelt – für Ingenieure in der Regel in der volkseigenen Industrie.

Mit durchschnittlich drei Wochenstunden Vorlesung und Seminar belastete das sogenannte gesellschaftswissenschaftliche Studium (Dialektischer Materialismus, Politische Ökonomie, Wissenschaftlicher Sozialismus usw.) das persönliche Zeitbudget erheblich, zumal dabei Anwesenheitskontrollen üblich waren. Man erhielt in diesem Fach persönliche Aufträge zum Studium bestimmter vorgegebener Literatur, deren Auswertung einschließlich eines persönlichen Standpunkts man dem Studentenkollektiv vortragen musste.

Studierende der TU Dresden auf Studentenaustausch in Polen, Kattowitz und Krakau, 1962 (Foto privat). Dritter von rechts hinten im weißen Hemd ist Rainer Jork, die zweite von links auf der Bank ist Gisela Krause (vgl. ihren Beitrag „Als junge Frau einen technischen Beruf zu ergreifen, war für mich nichts Absonderliches“).

Als ein besonderes Privileg erlebte ich 1962 die Möglichkeit zur Organisation und Durchführung eines Studentenaustauschs mit einer Studentengruppe aus Kattowitz in Polen. Von dort hatte man – natürlich über die FDJ (Freie Deutsche Jugend) – nach einer Partnergruppe in Dresden gesucht. Ich hörte davon und nahm den Kontakt auf. Dabei kam uns ein günstiger Umstand zu Hilfe. Ein Mitglied unserer Seminargruppe, SED-Mitglied, bekleidete eine höhere Funkti-

161 Das Studienbuch erhielt man als Student bei der Immatrikulation. Dort wurden semesterbezogen die Lehrveranstaltungen, die Prüfungsergebnisse und auch die Exmatrikulation eingetragen.

on in der Hierarchie der FDJ an der TH und verfügte damit über geeignete Kanäle zum Zentralrat der FDJ in Berlin. So bekamen wir tatsächlich die Genehmigung zur Durchführung des Studentenaustauschs und auch eine gewisse Unterstützung (beispielsweise Verpflegungsgutscheine) für den Gegenbesuch von Studenten aus Kattowitz. Als Gruppe von etwa 18 Personen reisten wir nach Kattowitz und Krakau, sahen dort unter anderem ein Bergwerk und natürlich die Hochschule, besuchten das KZ Auschwitz und wanderten – das war für uns alle die Hauptsache – mit Rucksack durch die Hohe Tatra von einer Hütte zur nächsten. Hier konnten wir relativ offen mit den polnischen Studenten diskutieren. Wir beneideten sie um die dort möglichen Freiräume – zum Beispiel für Reisen ins kapitalistische Ausland. Im Zusammenhang mit der offiziellen Reisegenehmigung im Rahmen des internationalen Studentenaustauschs erhielt ich auf Antrag den in Prag organisierten internationalen Studentenausweis, der mir ein gewisses Gefühl von Weltoffenheit vermittelte. Für mich und viele von uns lösten diese ersten Begegnungen mit einem Hochgebirge, eine nachhaltige Sehnsucht nach den Bergen aus. Wenn man erst einmal die Alpen erleben dürfte! Beim Gegenbesuch übernachteten wir mit unseren Gästen in Jugendherbergen und zeigten den polnischen Partnern die Kunstschätze und schöne Umgebung Dresdens, die Sächsische Schweiz und Weimar.

Dresdner Studentinnen und Studenten auf einem Ausflug in der Hohen Tatra (Foto privat)

Im Frühjahr 1965 konnte ich das Studium mit dem Diplom auf dem Gebiet Feinmechanik/Regelungstechnik abschließen. Der deutliche Praxisbezug, das Gefühl, an etwas Nutzbarem mitwirken zu können, hat mir dabei sehr entsprochen. Ich spürte, das für mich richtige Studium gewählt zu haben. Die Erfahrungen mit dem Großen Beleg[162], der vor der eigentlichen Diplomarbeit anzufertigen war und in dessen Rahmen ich die Stabilität konkreter industriell hergestellter Ventile zu untersuchen und Konstruktionsvorschläge zu unterbreiten hatte, waren mir bei der späteren Diplomar-

162 Der große Beleg war der Diplomarbeit vorgeschaltet. Er war ein Art „kleine Diplomarbeit" mit deutlichem Praxisbezug. Seine positive Bewertung war Bedingung für die Zulassung zur Diplomarbeit. Beispiel: Ich hatte bei meiner Großen Belegaufgabe zu untersuchen, warum unter gegebenen praktischen Bedingungen Ventile einer Heizungsanlage der TUD ins Schwingen kamen und dafür theoretische und praktische Vorschläge zur Beseitigung der Mängel zu erarbeiten.

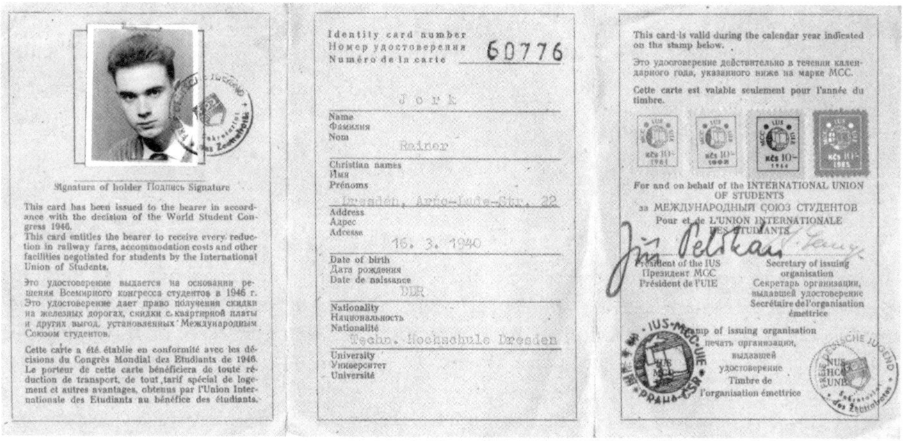

Signature of holder Подпись Signature

This card has been issued to the bearer in accordance with the decision of the World Student Congress 1946.
This card entitles the bearer to receive every reduction in railway fares, accommodation costs and other facilities negotiated for students by the International Union of Students.

Это удостоверение выдается на основании решения Всемирного конгресса студентов в 1946 г. Это удостоверение дает право получения скидки на железных дорогах, скидки с квартирной платы и других выгод, установленных Международным Союзом студентов.

Cette carte a été établie en conformité avec les décisions du Congrès Mondial des Etudiants de 1946. Le porteur de cette carte bénéficiera de toute réduction de transport, de tout tarif spécial de logement et autres avantages, obtenus par l'Union Internationale des Etudiants au bénéfice des étudiants.

Identity card number
Номер удостоверения
Numéro de la carte 60776

Jork
Name
Фамилия
Nom

Rainer
Christian names
Имя
Prénoms

Dresden, Arno-Lade-Str. 22
Address
Адрес
Adresse

16. 3. 1940
Date of birth
Дата рождения
Date de naissance

DDR
Nationality
Национальность
Nationalité

Techn. Hochschule Dresden
University
Университет
Université

This card is valid during the calendar year indicated on the stamp below.

Это удостоверение действительно в течении календарного года, указанного ниже на марке МСС.

Cette carte est valable seulement pour l'année du timbre.

For and on behalf of the INTERNATIONAL UNION OF STUDENTS
за МЕЖДУНАРОДНЫЙ СОЮЗ СТУДЕНТОВ
Pour et de L'UNION INTERNATIONALE DES ETUDIANTS

President of the IUS
Президент МСС
Président de l'UIE

Secretary of issuing organisation
Секретарь организации, выдавшей удостоверение
Secrétaire de l'organisation émettrice

Stamp of issuing organisation
печать организации, выдавшей удостоверение
Timbre de l'organisation émettrice

Der internationale Studentenausweis von Rainer Jork

beit sehr hilfreich. Das betraf durchaus auch rein formale Regeln zur Abfassung einer wissenschaftlichen Arbeit. Unvergessen ist für mich in diesem Zusammenhang der offenbar für die Beurteilung der Arbeit wesentliche Hinweis von Prof. Heinrich Kindler, dass bei Namensangaben sowjetischer Autoren im Literaturverzeichnis natürlich außer dem Familiennamen sowohl Vorname als auch Vatersname anzugeben sind.
Wunschgemäß wurde ich nach dem Studium an den VEB Reglerwerk Dresden vermittelt und fand dort eine Arbeitsstelle als Projektant von Automatisierungsanlagen.
Was fand ich an meinem Studium an der TUD gut oder sinnvoll?

- Die fachliche Qualität der technisch-wissenschaftlichen Lehrveranstaltungen mit spürbarem Praxiskontakt und fundiertem wissenschaftlichem Hintergrund,
- den sinnvollen Leistungsdruck mit dem Ziel, die Regelstudienzeit einzuhalten,
- die fachliche Beratung und die Möglichkeit gemeinsamen Studierens mit Gleichinteressierten.

Worauf hätte ich während des Studiums gern verzichtet?

- Die ideologischen Zwänge mit den relativ zeitraubenden „gesellschaftswissenschaftlichen" Lehrveranstaltungen inklusive integriertem Bekenntniszwang, Bevormundung und Verunsicherung (damit lernte man eher zu schweigen, als sich in gutem Gespräch, in der Diskussion zu üben),
- die jegliche studentische Freiräume begrenzenden Vorgaben zu Studienablauf und Freizeit (Pflichteinsätze und vormilitärische Ausbildung; extreme Einschränkung von Reisemöglichkeiten, sogar in sogenannte befreundete Staaten in Osteuropa),
- die spürbare Sippenhaftung und Kontrolle,
- der begrenzte Zugang zu Literatur außerhalb des Ostblocks.

Demokratie ist ebenso wie die Freiheit beim Studium gleichermaßen Chance wie auch Verpflichtung. Mögen Studierende heute in diesem Bewusstsein ihre Zeit und ihr Studium mit Blick auf ihr späteres Leben und die globale Welt verantwortungsbewusst und engagiert nutzen.

// Kommentar zeithistorisch //

Studentinnen in der DDR In unserer Studienzeit sprachen wir von Jungs und Mädchen (auch diese selbst!). Einerseits waren die weiblichen Partner/Kollegen in der DDR formal und mental gleichberechtigt (sowohl im Studium als auch im Betrieb). Andererseits waren natürlich die Spitzenfunktionen in der Regel von Männern besetzt. Ich hatte im Betrieb als Hauptabteilungsleiter etwa 40 Prozent Mitarbeiterinnen, die in gleicher Höhe bezahlt wurden wie die Männer in dieser Tätigkeit. Insofern kommen sicher nicht nur mir die verbalen Verweiblichungsrituale heute einigermaßen lächerlich vor, weil sie doch nur relativ abstrakt (also ohne die notwendige praktische Akzeptanz und Umsetzung) gehandhabt werden. Die Kommilitoninnen schlossen eben damals auch das Studium in der Regel wie alle mit 25 Jahren mit dem Diplom ab! Heute studiert man ja in der Regel durchschnittlich etwa 4 Jahre länger und hat die „Mädchenzeit" lange hinter sich gelassen. Im Betrieb gab es übrigens das „Frauensonderstudium" für die Kolleginnen, und es gab besondere Förderungen dafür.

R. Jork

// Als trampender Student unterwegs nach dem noch nicht vermauerten Berlin

Ich wurde belehrt, dass das Trampen auf der Autobahn nach Berlin verboten sei

Dr.-Ing. Rainer Jork, Jahrgang 1940

Es war wohl gegen Ende 1960 oder Anfang 1961, jedenfalls im Winter vor dem Bau des sogenannten „antifaschistischen Schutzwalls" (wir kürzten „Antifaschuwa"), der Mauer durch und um Berlin, in einer vorlesungsfreien Zeit. Ich war Maschinenbaustudent im zweiten Studienjahr an der TH Dresden. Berlin, vor allem der grundsätzlich noch erreichbare Westteil der Stadt, übte auf uns Studenten eine besondere Faszination aus: Dort gab es wohl ein freies Leben mit einem ungeahnten Warenangebot, tolle Musikereignisse (Bill Haley, Elvis), Kinos mit Filmen aus der weiten Welt, eine neue Architektur (Hansaviertel), Begegnungsmöglichkeiten usw., die man als junger Student einfach gern einmal besuchsweise erleben, sehen, daran wenigsten

kurzzeitig teilhaben wollte. Das bedeutete – jedenfalls für mich – durchaus nicht, dort bleiben, die Heimat um Dresden mit der Mutter, die erreichten, als gut empfundenen Studienbedingungen aufgeben zu wollen.
Ich trampte jedenfalls vom Autobahnanschluss Wilder Mann am Rande Dresdens aus in Richtung Berlin. Eine Fahrkarte für die Eisenbahn war mir bei 140 Mark Monatsstipendium, von dem ich meiner verwitweten Mutter die Hälfte abgab, zu teuer. Trampen war für Studenten eine gängige Reisevariante, aber nur mit Geduld umsetzbar. Schließlich dauerte es oft eine ganze Weile, bis wieder einmal ein Auto auf der Autobahn in der gewünschten Richtung kam und einen dann auch tatsächlich mitnahm. Ich kam jedenfalls gut in Berlin an, fuhr mit der U-Bahn Richtung Dahlem im Westen, zum Breitenbachplatz, wo damals eine Jugendherberge war, in der man sich anmelden und übernachten konnte und Gutscheine bekam, die dort auch eine gewisse Beköstigung ermöglichten. Mein zwei Jahre älterer Bruder, der 1958 nach der Flucht in Mainz Medizin studierte und immer wieder einmal in Berlin war, nahm mich am Abend für wenig Geld mit in die „Eierschale", eine Studentenkneipe mit toller Musik und einem für mich ungewohnten Klima. Ich sah mir die Stadt an und den Film „Mein Leben ist der Rhythmus" mit Elvis Presley, war begeistert von der Musik. Die Eindrücke in West-Berlin wurden aber dann nachhaltig überlagert von den Erlebnissen auf der Rückreise nach Dresden.

Rainer Jork mit MZ, 1962 (Foto privat)

Mit der S-Bahn kam ich über den Kontrollring um Berlin gut bis nach Königswusterhausen, lief im Schnee von der Endhaltestelle zur Autobahn und nahm dort meine Winkerstellung ein. Ein Auto hielt an und nahm mich mit. Vor dem Abzweig Cottbus wurde dann das Auto von der Volkspolizei angehalten und einer Kontrolle unterzogen. Das war wohl einfach so üblich, um die Berlinbesucher unter Kontrolle zu halten. Ich wurde als Tramper erkannt und zur Seite genommen. Das Auto durfte wohl weiterfahren, verschwand jedenfalls aus meinem Blickfeld. Ich wurde belehrt, dass das Trampen auf der Autobahn nach Berlin verboten sei und ich mich zu entfernen habe.
Mit Blick auf den Ort, die winterliche Landschaft und meine finanziellen Möglichkeiten lief ich nun einen Bogen und stellte mich erneut an einem leicht entfernten Ort

zum Trampen an die Autobahn in Richtung Dresden in der Hoffnung, von dort weiterzukommen. Aber die Genossen Volkspolizisten waren wachsam und ich wohl etwas naiv. Bald tauchten sie wieder vor mir auf. Nun hatte ich meine Sachen im Schnee auszupacken, und alles wurde gewissenhaft notiert. Ich hatte in meiner Tasche unter anderem die westdeutsche Zeitschrift „Hobby“[163], ein Magazin der Technik, das ich natürlich nicht haben durfte und das sofort eingezogen wurde. Den auch erstandenen Pullover identifizierte man nicht als verbotenes Westprodukt[164]. Meine Daten wurden aufgenommen, darunter auch jene meines Dresdner Studentenausweises (mit dem ich in West-Berlin Preisermäßigungen beanspruchen konnte) und mir wurde klargemacht, dass man den Vorgang an die TH weiterleiten und polizeilich bearbeiten würde.

Ich durfte meine Sachen – natürlich außer dem vermeintlich staatsgefährdenden „Hobby“ – einpacken und machte mich durch den Schnee zu Fuß auf zur nächsten Siedlung, voller Sorge, was wohl an der TH mit mir passieren könnte. Mich befiel Angst, ich könnte exmatrikuliert werden.

Irgendwie fand ich dann einen Bus nach Cottbus und fuhr per Eisenbahn nach Dresden, innerlich stark belastet und sorgenvoll. Ich hatte mir aber auf der Zugfahrt eine Strategie überlegt, entschloss mich, in die Offensive zu gehen. Ich schickte einen Beschwerdebrief an die Dresdner VP-Dienststelle in der Schießgasse, erklärte, dass ich einem Inder, dem ich zufällig begegnet war, unser Ostberlin gezeigt hätte und er mir dann zum Dank das „Hobby“ schenkte, das ich nun zurückerbat. Nach einiger Zeit wurde ich auf die Schießgasse bestellt, am Eingang nach Anmeldung abgeholt. Dabei wies mich der Genosse in Polizeiuniform beim Durchschreiten einer verschließbaren Gittertür darauf hin, dass er hier eben jemanden geholt hätte, der diese Tür nur in einer Richtung überschritten habe. In der folgenden Begegnung mit den *Verhörern* konnte ich jedoch meine Geschichte unwidersprochen wiederholen. Dabei ging es dann nicht etwa um die Frage, ob Trampen auf der Autobahn verboten sei oder nicht. Das „Hobby“ war das Problem und die Annahme, ich könnte als sozialistischer Student den West-Berliner Hort des Imperialismus aufgesucht haben.

Ich kam schließlich wieder durch die Gittertür ins Freie, und auch an der TH gab es für mich kein merkbares Nachspiel. Ich hörte und sah nie wieder etwas davon.

---

163 „Hobby. Das Magazin der Technik“ war eine Zeitschrift, die von 1953 bis 1991 in der Bundesrepublik erschien. Sie bot Bastel- und Bauanleitungen und berichtete über technische Neuheiten und Entwicklungen. Das „Hobby“ wurde in der DDR zur westlichen Schundliteratur gezählt und war damals, wie alle westliche Literatur, in der DDR verboten. Dabei interessierte der tatsächliche Inhalt nicht. Gegen Ende der DDR wurde ja sogar die nicht unähnliche sowjetische Zeitschrift „Sputnik“ verboten.

164 Man muss wissen, dass für einen Kauf in West-Berlin Mark der DDR zu dem sogenannten Schwindelkurs in Westmark umgetauscht werden musste, was natürlich ebenfalls verboten war.

// „Der Klassenfeind sitzt auch in Ihren Reihen …"

„Wer ist hier in der Partei? – Der hebe die Hand!"

Dipl.-Ing. Günter Knoblauch (ABF-TH Dresden, Studienjahre 1959–1962, TU Dresden, Studienjahre 1962–1966, Elektrotechnik/Regelungstechnik, 1968–1970 Fernstudium, Diplom 1970)

Es war eine der ersten Vorlesungen in ML (Marxismus-Leninismus)[165] im Hörsaal im Schumannbau am Münchner Platz in Dresden. Dieses Gebäude *„gehört heute zu den Orten mit doppelter Vergangenheit"*[166]. Gericht und Strafjustiz während der NS-Zeit und danach zur DDR-Zeit weiterhin Gericht und Haftanstalt bis 1952. Seit 1964 wird es durch die TU Dresden genutzt. Die Orientierung im Gebäude mit den noch durch die alte Funktionalität vorgegebenen Aufgängen war schon etwas schwierig, es war nicht gerade einladend, schon eher etwas bedrückend. Und ebenda hörten wir die Vorlesungen in ML und hatten dort auch die Seminare. Ein schon etwas eigenartiges Gefühl.

Schon in der ersten Vorlesung „Grundlagen des Marxismus-Leninismus" fragte der Dozent, Herr Edeling[167], gleich zu Anfang: *„Wer ist hier in der Partei? - Der hebe die Hand!"*. Ich erinnere mich nur daran, dass es sehr wenige Hände waren, die in die Höhe gingen – vielleicht vier bis fünf von etwa 60 Zuhörern. Und so fügte er gleich den nächsten Satz an: *„Sie werden sehen, am Ende der Studienzeit wird das ganz anders aussehen."* Das war für mich schon beunruhigend, weil mir klar wurde: Hier musste ich mir jedes Wort, das ich sagen würde, gut überlegen. Doch damit war es noch nicht zu Ende. Mitten in seinem Vortrag hielt er inne, legte eine Pause ein, streckte den Arm in Richtung Auditorium und seine Hand mit ausgestrecktem Zeigefinger *wanderte* durch die Reihen der Zuhörer: *„Auch in Ihren Reihen sitzt der Klassenfeind! Aber wir werden ihn finden."*

Wir saßen wie erstarrt, kein Laut im Hörsaal. Und ich – sicher auch andere Kommi-

---

165 Der Marxismus-Leninismus war die verbindliche „wissenschaftliche" Grundlage der Staatsdoktrin im sogenannten sozialistischen Lager. Unterrichtet wurden die Grundlagen des Marxismus-Leninismus im Fach Gesellschaftswissenschaften („Dialektischer und historischer Materialismus", „Politische Ökonomie des Kapitalismus und Sozialismus" und „Wissenschaftlicher Kommunismus"). An allen Hochschulen und Universitäten war dieser Unterricht Pflichtfach neben dem Hauptstudium. (Anm. d. Hg.)

166 Stiftung Sächsische Gedenkstätten, Gedenkstätte Münchner Platz Dresden.

167 Dipl. rer. pol. Herbert Edeling, geb. 1925, Oberreferent im Ministerium für Volksbildung Berlin 1952, stellvertretender Direktor für Studienangelegenheiten und Dozent für Wissenschaftlichen Sozialismus am Pädagogischen Institut Dresden 1958, Lehrauftrag für Wissenschaftlichen Sozialismus, auch Grundriss der Geschichte der deutschen Arbeiterbewegung 1961–1963. Ausscheiden aus TU Dresden und wissenschaftliche Aspirantur (Promotionsstudiengang) am Institut für Gesellschaftswissenschaften beim ZK der SED 1963.

litonen – hatten in dieser Minute nur den einen Wunsch: Hoffentlich sieht er mich nicht an.

Diese Vorlesung war wieder so ein Moment, wo mir erneut bewusst wurde: Mach keinen Fehler, du willst durch dein Studium kommen.

Erfahrungen zum Thema Anpassung hatte ich schon. Die ersten Erfahrungen gab es schon in der Grundschule. Ich wollte an einem Bastelklub teilnehmen und der sehr freundliche Leiter sagte mir damals: *„Günter, du musst aber in die Jungen Pioniere (JP) eintreten – anders geht es nicht."* Und da trat ich ein. Das war ein sehr freundlicher Pionierleiter – wir mochten ihn. Vielleicht auch deshalb, weil er uns Schülern mal auf die Frage, wieso er nur Pionierleiter geworden sei, geradewegs gesagt hatte: *„Ich habe in meiner Jugend zu viel Mohnkuchen gegessen und das macht dumm."*

Günter Knoblauch 1964 beim Ernteeinsatz in Mecklenburg (Foto privat)

Dann kam der von mir angestrebte und von den Lehrern unterstützte Übergang von der Grundschule zur Sportoberschule. Wir Schüler der achten Klasse mussten uns in Reihe aufstellen, zwei uns unbekannte Herren fragten jeden von uns: *„Was sind dein Vater und deine Mutter von Beruf?"* Mein Vater war verstorben, meine Mutter Verkäuferin. *„Also Angestellte, tut uns leid!"* Aus der Traum von der Sportoberschule. Angestellte gehörten zur sogenannten „Klasse des Kleinbürgertums".

Nach vier Jahren Lehrzeit sagten mein Lehrausbilder und mein Berufsschullehrer: *„Günter, du solltest studieren."* Ich war jedoch – aus einer in dem Alter noch etwas undefinierten, gefühlsmäßigen Opposition heraus – nicht in der Freien Deutschen Jugend (FDJ). Das war damals schon ein absoluter Ausschlussgrund vom Studium an der Arbeiter- und Bauernfakultät (ABF). Wohlmeinende Lehrausbilder und Berufsschullehrer sagten: *„Günter, du musst in die FDJ eintreten, sonst ..."* Ja, ich wusste um das *Sonst*. Also begann ich mich zu verbiegen, und ich trat in die FDJ ein.

Doch so einfach hingehen und sich einschreiben an der ABF[168] der TH Dresden – das ging nicht. Man musste den Antrag im Betrieb stellen, der ging durch mehrere Hände, um schließlich beim Kaderleiter[169] zu landen. Dort musste ich antreten. Er fragte

168 Vgl. Anm. 78.
169 Kaderleiter war der DDR-Terminus für Personalleiter, das waren zuverlässige SED-Mitglieder.

natürlich gleich, warum erst jetzt der FDJ-Eintritt erfolgt sei. Das erklärte ich damit, dass vorher auf mich immer Druck zum Eintritt in die FDJ ausgeübt worden sei und ich mich jetzt – ohne Druck – für die gute Sache in der DDR einsetzen wolle. Nein, rot geworden bin ich damals nicht. Doch Genosse Kaderleiter Kühn sagte: *„Jugendfreund Knoblauch, du gehst doch aber vorher freiwillig für zwei Jahre zur NVA* (Nationale Volksarmee der DDR)!"[170] Dies lehnte ich ab und bekam dafür umgehend schriftlich die Quittung: *„Die Qualifizierungskommission hat sich mit Ihrem Antrag auf Delegierung zur ABF befasst und ist zur Auffassung gelangt, dass Sie mindestens noch ein Jahr unter Beweis stellen sollen, dass Sie sich zu einem guten Facharbeiter entwickelt haben und in Ihrer gesellschaftlichen Arbeit mehr Initiative wie bisher entwickeln."*

Vier Wochen später wurde ich mit bester Beurteilung doch delegiert, denn ich war unter anderem im Berufswettbewerb der DDR mit Banner ausgezeichnet worden, war gesellschaftlich (nicht politisch) aktivster Lehrling …

In meiner Studentenakte fand ich nach 1989 dann Dokumente, die mir nachträglich zeigten, an welch dünnem seidenen Faden mein Studium immer hing. So tauchte zum Beispiel im Protokoll der Aufnahmeprüfung zur ABF auch wieder auf: *„Warum erst 1958 FDJ! Gründe erfragen! Neben beruflicher und pol. Entwicklung des Vaters* auch *der Mutter befragen."* Und unter dem Beschluss der Aufnahmekommission der ABF steht: *„Auf seine politische Entwicklung achten. Es muss ständig auf ihn Einfluss genommen werden."*

Vieles davon ging mir nach dieser Vorlesung in Marxismus-Leninismus immer wieder durch den Kopf und bestimmte mein Verhalten auch in den Gewi-Seminaren (Gesellschaftswissenschaften): Vorsichtig formulieren – und ich versuchte zu formulieren, was man von mir erwartete. Im Freundeskreis – wir hatten mit Klaus M. nur einen Kandidaten der SED[171] in unserer Seminargruppe – wurde damals noch offen diskutiert. An mögliche IMs in der Seminargruppe dachten wir damals nicht. Es gibt auch aus den BStU-Unterlagen bis Sommer 1966 keine Hinweise auf IMs in unseren beiden Seminargruppen für Regelungstechnik. Im Herbst 1966 – nach meiner Verhaftung – wurden dann zwei Kommilitonen unter Druck zur Mitarbeit für das MfS *geworben*. Allerdings entzog sich der eine durch Berichte in der Art des braven Soldaten Schwejk, so dass das MfS daraufhin auf weitere Zusammenarbeit verzichtete. Der andere aus unserer Seminargruppe wurde vom MfS später ebenfalls wieder entbunden. Alles deutete darauf hin, dass das MfS doch vorhatte, ihn zu inhaftieren.

---

170 Kaderleiter Kühn hatte sich aus Anlass der damals zu sozialistischen Jahrestagen obligatorischen *Selbstverpflichtungen* verpflichtet, fünf Jugendliche aus dem VEB Feinmess Dresden für den „freiwilligen" Dienst bei der NVA zu werben. Und so versuchte er auf Kosten der abhängigen Lehrlinge sein Soll zu erfüllen.

171 Erst Mitte der 1970er Jahre erhöhte sich der Anteil der Studenten mit SED-Mitgliedschaft an der TUD erheblich, da die Mitgliedschaft in der SED Voraussetzung sowohl für eine akademische Laufbahn als auch für eine Funktion in der Industrie war.

VEB FEINMESS DRESDEN

WERKSTÄTTEN FÜR FEINMECHANIK, OPTIK UND MASCHINENBAU

OFD

VEB FEINMESS DRESDEN, DRESDEN N 23 · SCHLIESSFACH 31

DRESDEN N 23
Kleiststraße 10

Ihre Zeichen	Ihre Nachricht vom	Unsere Nachricht vom	Unser Zeichen	
			AB - Sp/Et.	5. 5. 1959

<u>B e u r t e i l u n g</u>

Knoblauch, Günter
geb. 6. 11. 1940
wohnhaft : Dresden - N 23, Großenhainerstr. 128

Jugendfreund Günter Knoblauch erlernt seit 1. 9. 1955 in unserer Ausbildungsstätte den Feinoptikerberuf.
Die Berufslehre wird voraussichtlich am 31. 8. mit gutem Erfolg abschließen.

Günter ist Halbwaise. Seine Mutter, Ellen Knoblauch, arbeitet als Werkstattschreiberin im Ihagee-Kamera-Werk Dresden.

Günter Knoblauch vollbringt gute fachliche Leistungen, die er sich fleissig und zielstrebig erarbeitet. Trotz der Vielseitigkeit seiner Interessen ist er beständig und zeichnet sich durch eine gewisse Gründlichkeit aus. Mit täglichen Problemen aller Art setzt er sich kritisch auseinander, verfolgt dann aber den als richtig erkannten Weg mit anerkennenswerter Konsequenz.

Seine Kenntnisse und sein Können stellt er hilfsbereit in den Dienst der Gemeinschaft. So hat er z.Zt. die Patenschaft über 3 Kollegen, denen er in Fachrechnen und Mathematik Unterstützung gibt und leitet in seiner Freizeit mit Erfolg eine gut besuchte Fotogruppe.

Durch den Besuch der Volkshochschule bemüht er sich um ständige Erweiterung seiner Allgemeinbildung und trägt durch seine Strebsamkeit zur Aktivierung seiner Lehrgruppe bei. In die FDJ trat er erst 1958 ein, nahm aber schon seit dem Beginn seiner Lehre an gesellschaftlichen Arbeiten teil und war nach Ansprechen einsatzwillig

Im NAW verpflichtete er sich jährlich zu 10 bis 15 Aufbaustunden, die er auch immer erfüllte.

Kühn	Barthel	Spannbauer
(Kühn)	(FDJ-Gruppe)	(Spannbauer)
Kaderleiter	Lehrwerkstatt	Ausbildungsleiter

DRAHTWORT	FERNRUF	FERNSCHREIBER	BETRIEBS NR.	KONTEN
Optik Dresden	Sammel-Nr. 5 23 36	HVT 019171	12/2032	Deutsche Notenbank Dresden, Konto 2/1560, Bank-Kenn-Nr. 112 Postscheckkonto Dresden 654 08

Anderthalb Monate nach der Ablehnung meines Antrages auf Delegierung an die ABF der TH Dresden: Beurteilung als Bestandteil meiner nunmehr doch erfolgten Delegierung. Für alle Weiterbildungsmaßnahmen benötigte man eine „Delegierung" durch den Betrieb. Dazu musste man einen Antrag stellen. Die Auswahl der Bewerber erfolgte dann durch die sogenannte Qualifizierungskommission – ein Steuerungs- und Kontrollorgan der SED.

Doch zurück zu den ML-Seminaren im Grundstudium. Diese Seminare sollten die ML-Vorlesungen ergänzen. Es gab Hausaufgaben und der Stoff wurde im Seminar noch mal abgehört und durchgekaut. In der Seminargruppe hatten wir einige sehr gewandte Studenten und die ließen es sich nicht nehmen, gelegentlich unsere ML-Dozentin durch scheinheilige Fragen zu provozieren. Dies wurde genüsslich von uns passiven Seminarteilnehmern registriert. Einmal bei einer dieser etwas provokanten Zurschaustellungen der ML-Dozentin – sie merkte schon, was wir Studenten von ihrem Fachgebiet hielten – reagierte sie verbittert: *„Ich weiß, dass Sie mich nicht mögen, aber das beruht auf Gegenseitigkeit."* Empörung und scheinheiliger Protest im Seminar und auch Genugtuung, *einmal* gepunktet zu haben. Wir bekamen dann einen neuen Referenten. Ein solch respektloser Umgang mit der Basisideologie des DDR-Systems und ihren Vertretern wurde später nicht mehr geduldet.

Professor Gerhard Wunsch – Vorlesungen in Theoretischer Elektrotechnik und Mathematische Methoden für Elektrotechnik (Foto: G. Knoblauch)

Freiheiten und Traditionen waren schon im Anfangsjahr meines Studiums Stück für Stück abgebaut worden. Eines dieser persönlichen Erlebnisse war eine der letzten ET-Fine-Veranstaltungen[172] der Elektrotechnikstudenten. Wir saßen im großen Mathematikhörsaal am Zelleschen Weg in der Mathematikvorlesung bei Professor Lehmann – eine ungewöhnlich charismatische Persönlichkeit –, als wir die mit Kapelle herannahenden Studenten hörten. Alles rückte zusammen, Professor Lehmann bekam einen Sessel und die Studenten brachten eine Reminiszenz seiner Vorlesungen. Ich erinnere mich gut an das vorgetragene Beispiel der sogenannten Grenzwertbetrachtungen in der Mathematik, das in etwa so präsentiert wurde: Als die räuberischen Mongolen immer wieder in das große chinesische Reich einfielen und die Chinesen nicht mehr ein noch aus wussten, bauten sie die Große Chinesische Mauer und dann kamen und schauten und betrachteten sie die neue Grenze. Und so entstanden die heutigen Grenzwertbetrachtungen. Riesenbeifall – jeder verstand die Anspielung auf die Berliner Mauer. Es ging jedoch nicht so lustig für die aufführenden Studenten aus. Die Parteileitung der SED der TU wurde sofort einberufen, die Studenten wurden vorgeladen, es gab Verwarnungen und der „Rädelsführer" ist wohl

172 Zur ET-Fine vgl. den Beitrag von Lothar Gebauer, „Das Ende der ET-Fine an der TU Dresden – 1968".

„zur Bewährung" in die Industrie relegiert worden. Aber das erfuhren wir erst sehr viel später.

Einige abschließende Worte: Diese doch in mancher Hinsicht noch relativ unbeschwerte Zeit des Studiums – trotz Ernteeinsatz, Reservistenlehrgängen, ersten Auswirkungen der Einführung des Wehrdienstes und GST (Gesellschaft für Sport und Technik[173]) – ging Mitte der Achtzigerjahre zu Ende.

An der Technischen Universität Dresden wurde die 1976 gegründete OD TUD (Objektdienststelle) des MfS personell aufgerüstet und bestand 1987 aus 29 hauptamtlichen Mitarbeitern. Die Anzahl der IMs an der TUD beim Zusammenbruch der DDR 1989 ist nicht bekannt. Bei Recherchen zum Thema TUD und MfS bin ich im BStU-Archiv auf ein als *„Vertrauliche Verschlusssache"* gekennzeichnetes Dokument gestoßen mit dem Titel: *„Durchführungsanweisung Nr. 1 zur Dienstanweisung Nr. 4/66 des Ministers für Staatssicherheit"*. Auf 18 Seiten werden nicht nur Maßnahmen und Verhaltensweisen zur Überwachung und Bespitzelung von Studenten, Assistenten und Professoren festgelegt, sondern das Anwerben von IMs, das *Eindringen* in studentische Kollektive bis hin zur Reglementierung von Kontakten des Lehrkörpers im internationalen Bereich wird angeordnet. Eine Dokumentation dieser Richtlinie erfolgt im Rahmen dieses Projektes.[174]

Günter Knoblauch, geb. 1940 in Aue; Grundschule und Lehrzeit (vier Jahre, Feinoptiker), 1959–1962 ABF, anschließend TU Dresden, 1966 Verhaftung durch das MfS, 1966–1968 Haft in Dresden/Bautzen I; Anträge auf Entlassung aus der Staatsbürgerschaft der DDR und Ausreise werden abgelehnt, Fernstudent 1968–1970 an der TU Dresden, 1970 Diplom; 1970–1971 arbeitslos wegen weiter aufrechterhaltenem Ausreiseantrag; 1971 Aberkennung des Diploms; Flucht in die Bundesrepublik.
1971 Siemens AG München (Großrechnerentwicklung, Vertriebsleitung, Entwicklungsleitung, Technologieprojekte und internationale Kooperationen, Strategische Planung ...); 1986–1996 Oberer Führungskreis der Siemens AG, zusätzlich Lehrtätigkeit TAE-Esslingen, zwei Fachbücher, Vorträge und Publikationen auf internationalen Tagungen (LWL/Optische Übertragungstechnik).
Homepage: www.knobi-muc.de, www.mountain-dreams.de.

173 Siehe dazu den Kommentar am Ende des Beitrags von Hanns-Lutz Dalpke, „In Dresden benutzte man die eigenen Füße, die Straßenbahn oder das Fahrrad". (Anm. d. Hg.)

174 Vgl. dazu den Kommentar „Anwerbung von ‚Informellen Mitarbeitern' an Schulen und Hochschulen" sowie „Vertrauliche Verschlusssache – MfS 008-Nr. 63/68. Ein Dokument des Ministeriums für Staatssicherheit" in diesem Band.

// Kollektivierung der Landwirtschaft – wir Studenten waren dabei

Dipl.-Ing. Günter Knoblauch

Das Thema Kollektivierung der Landwirtschaft war für mich als damals 19-jähriger Student im ersten Jahr an der Arbeiter-und-Bauern-Fakultät (ABF) der TH Dresden etwas, das man immer wieder hörte, aber wovon man nicht persönlich berührt war. Dies änderte sich mit einem Schlag. Eines Tages wurden wir informiert, dass wir eingesetzt würden, um einige Bauern zu überzeugen, dass sie nur eine Perspektive in den neuen Landwirtschaftlichen Produktionsgenossenschaften (LPG)[175] hätten.
Bisher hatte ich immer eine plausible Erklärung abgeben können, warum ich erst sehr spät bei den Jungen Pionieren und dann auch sehr spät in die FDJ eingetreten war, wenn ich deshalb argwöhnisch mit dem Verdacht, da stimmt doch etwas mit der politischen Gesinnung nicht, von einem Genossen oder Funktionär angesprochen wurde. Ein schwarzer Fleck in meiner Biografie war überdies, dass ich die Konfirmation der Jugendweihe vorgezogen hatte.
Nun war ich aber mittendrin, es gab nur die Optionen: Mitstreiten aus Überzeugung im Sinne „die Partei hat immer recht“, also anpassen und ausführen, was man von mir erwartete, oder diskutieren, ob dies denn wirklich so sein müsse. Das Letztere wäre das sofortige Aus meines Studiums gewesen.
Wir, das heißt die gesamte Studiengruppe, wurden morgens mit dem Bus in eines der Dörfer bei Dresden gebracht. In der Einsatzzentrale war bereits ein ganzer Stab von Leuten anwesend. Uns wurde zuerst eine Einführung über das Ziel der Aktion gegeben. Ausführungen über die Beschlüsse von „Staat und Partei“ zur Kollektivierung, dass man schon viel erreicht hätte, es aber weiterhin Weigerungen bei einigen Bauern gäbe und dass auch feindliche Elemente unter den Bauern seien. Dann wurden wir instruiert, wie wir argumentieren müssten. Anschließend teilte man uns in kleine Gruppen zu vier bis fünf Studenten ein. Wir bekamen dann als Gruppe eine weitere gemeinsame Einweisung über die von uns erwartete Vorgehensweise. Dann wurde uns eine Liste mit Namen von Bauern übergeben.
Ich erinnere mich an drei Gehöfte, die wir aufsuchten. Zu jedem der einzelnen Bauern hatte man uns genau informiert, was er für eine politische Einstellung habe, mit welchen Argumenten er sich bisher weigert, seinen Bauernhof in die LPG einzubringen, und wie man ihn am besten bearbeiten solle. Und wir bekamen auch gleich Un-

175 Siehe dazu den Kommentar „Kollektivierung“ am Ende des Beitrags.

Propagandafoto „Vollgenossenschaftliches Dorf“: Wie hier in Jesewitz setzte die SED ihre Landwirtschaftspolitik anfangs der 60eer Jahre rigoros gegen die privat wirtschaftenden Bauern durch, auf den offiziellen Fotos ist davon nichts zu sehen, 1960 (BArch, Bild 183-68288-0001/Helmut Schaar)

terschriftsformulare über den Eintritt in die LPG ausgehändigt. Zum Abschluss der Einweisung sagte uns der Genosse: *„Ihr geht erst wieder vom Hof, wenn der Bauer unterschrieben hat!“*

Mit sehr gemischten Gefühlen machten wir uns auf den Weg. Wir hatten eine Aufgabe zu erfüllen, von der wir nicht wussten, ob wir ihr gewachsen wären, und bei der zumindest ich und ein weiterer Kommilitone nicht sicher waren – ob das richtig sein konnte, was man von uns erwartete. Es war natürlich im ganzen Dorf bekannt, was da anlief und auf die Bauern an diesem Tage zukommen würde. Als wir den ersten Bauernhof ansteuerten, kam uns der Bauer mit der Mistgabel entgegen, hob beide Arme nach oben und schrie uns an: „Sind wir jetzt schon wieder so weit?“ Das war – wir verstanden es – ein nicht ausgesprochener Hinweis auf die Methoden der NS-Zeit. Wir waren ob dieser drastischen Willensbekundung schockiert und ernüchtert. Ich hatte ein Schamgefühl: Was mache ich hier eigentlich?! Ein Gespräch mit diesem Bauern ist mir nicht mehr in Erinnerung.

Beim nächsten Gehöft machte uns erst gar keiner auf, obwohl wir sahen, dass Bewohner im Haus waren. Nachdem wir einige Zeit ziellos herumgestanden hatten, beschlossen wir zu gehen.

Beim dritten Gehöft hatten wir Glück. Eine alte Bäuerin öffnete uns, wir konnten in die Küche gelangen: Der erste Schritt war getan! Eine meiner Kommilitoninnen – eine sehr sympathische junge Frau mit ehrlicher kommunistischer Überzeugung, die selbst aus dörflichen Verhältnissen in Mecklenburg kam und der die schwere Arbeit auf dem Lande bekannt war – übernahm den großen Teil der uns aufgetragenen Überzeugungsarbeit. Da kamen dann die Argumente wie: dass das Leben doch für alle auf dem Dorf jetzt viel leichter werden würde, jeder Genossenschaftsbauer dann nur noch 45 Stunden würde arbeiten müssen, dass die schwere Arbeit leichter würde, da man ja neue Maschinen bekäme und alle zusammenarbeiten würden. Und mit Blick auf die alte Bäuerin: *„Sie müssen dann auch nicht mehr die schweren Arbeiten machen …“*

Inzwischen war der Bauer – so ein Mittfünfziger, vermutlich ihr Sohn – gekommen und wir merkten die Spannung und Aggression in seinen Worten, als er mehrere Namen von anderen Bauern im Dorf nannte, die bereits in der LPG seien. Dies seien schon immer die faulsten Hunde im Dorf gewesen und mit denen solle er seinen sauberen Hof teilen? Niemals! Jedes aus unserer Sicht positive Argument für den Eintritt in die neuen Genossenschaften war der hilflose Versuch, etwas zu retten, was der Bauer in einem klaren Satz ad absurdum geführt hatte.

Ich weiß heute nicht mehr, ob wir noch bei anderen Gehöften waren. Das Ergebnis unserer Gruppe war vernichtend: Wir hatten vergeblich versucht, den Bauern zu erklären, wie sie leben sollten. Keine einzige Unterschrift hatten wir bekommen.

Ein Jahr später: Wir standen mit dem damaligen Direktor der ABF in Dresden, Herrn Richter[176], zusammen und sprachen über einen am kommenden Wochenende vorgesehenen Ernteeinsatz. Es war gekommen, wie es kommen musste: Die zwangskollektivierte Landwirtschaft lief nicht mehr wie vordem die private. Viele Bauern waren in den Westen geflüchtet, da sie in den sozialistischen Produktionsgenossenschaften nicht ihre persönliche Zukunft sahen. Nach 1945 hatten viele in der Bodenreform Land bekommen, jetzt nahm man es ihnen wieder weg. Es gab zu den Erntezeiten nicht mehr genügend Erntekräfte in den Dörfern. Manche Bauern fragten sich: „Wozu? Man hat uns doch gesagt, wir werden kürzere Arbeitszeiten, freie Wochenen-

176 Gottfried Richter war nach der ABF-Zeit von 1962–1983 Rektor der EOS Kreuzschule Dresden. Er galt als politischer Hardliner (SED-Kader) und sollte die, u. a. durch den Widerstand des Kreuzkantors Rudolf Mauersberger und das Kollegium, als „reaktionär“, freigeistig und oppositionell geltende Schule endlich im Sinne von Staat und Partei „ordnen“ (Quelle: Sonya Winterberg, „Wie keine andere – Die Dresdner Kreuzschule in der DDR“, Berlin 2016).

den und modernere Maschinen haben." Also mussten Studenten und Arbeitskollektive zur Hilfe aufs Land.
Direktor Richter erzählte, dass in der vergangenen Woche vor einem Wochenendeinsatz einer der Studenten zu ihm gesagt habe, er könne am Wochenende nicht mitkommen. Auf seine Frage, wieso nicht, habe der Student geantwortet, er müsse am Sonntag im Kirchenorchester Trompete spielen. Direktor Richter darauf: *„Am Montag hatte ich diesen Studenten schon exmatrikuliert."*

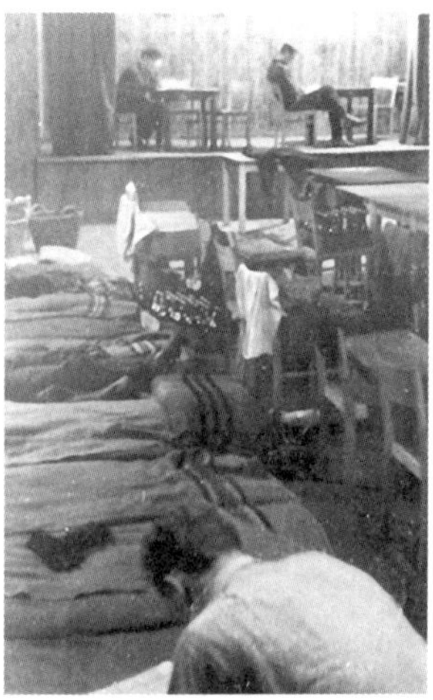

Ernteeinsatz – zum Schlafsaal umfunktioniertes Kulturhaus (Foto: Matthias Markert)

Beim Kartoffellesen. Die mit der Kollektivierung versprochene Erntetechnik blieb aus (Foto: Matthias Markert)

Die Reaktion von uns, die wir um ihn herumstanden? Zustimmung! Wir jungen Studenten an der ABF hatten unsere Lektion schon gelernt: Wir waren Opportunisten. Es war einfach eine Frage des Überlebens als Student.
Absolute sozialistische Gläubigkeit und Loyalität waren an der ABF, der TU Dresden und anderen Hochschulen in der DDR gefordert – nicht die Diskussion. Hätten wir Studenten hinterfragt, diskutiert oder abgelehnt, uns *missbrauchen* zu lassen – wir wären schon am nächsten Tag exmatrikuliert gewesen. Also passten sich 95 Prozent an, mich eingeschlossen. Die es nicht taten, zahlten einen hohen Preis.
Wie absolut die Überwachung bereits in den 60er Jahren funktionierte, zeigte sich auch bei meiner Frau. Sie studierte von 1964 bis 1968 an der Humboldt-Universität in Berlin. Bei einem der „Pflicht"-Ernteeinsätze ging sie an dem arbeitsfreien Sonntag zusammen mit einigen ihrer Kommilitonen aus Langeweile in die dortige Dorfkirche. Später stellte sie fest, dass dieser Kirchbesuch beim Ernteeinsatz sich in den berufsbegleitenden Personalakten der Studentinnen wiederfand mit dem Vermerk:

Kirchgänger. Auch wieder ein Steinchen, das die Karrierechancen in der damaligen DDR begrenzte.

Bei den Arbeiten zur Aufarbeitung DDR sagte mir einmal ein Dresdner: *„Aber wir haben doch auch gelacht in der DDR.“* Stimmt! Auch bei Ernteeinsätzen gab es lustige Erlebnisse. Von einem Einsatz möchte ich berichten: Unsere Seminargruppe musste – ich war jetzt im 6. Semester an der TU Dresden – im September 1965 in die Gegend nördlich von Berlin zum Kartoffellesen. Bei den jetzt nur noch Genossenschaftsbauern waren anscheinend doch nicht alle versprochenen Erntemaschinen angekommen.

Wie zu erwarten nach den ersten beiden Tagen hatten wir ordentliche Kreuzprobleme. Aber wie zum Heimatschuss[177] kommen? Einer meiner Freunde, Falk Anders, hatte einen Brief dabei. Ich glaube, ein Onkel von ihm hatte diesen an einen ihm wiederum bekannten Arzt in der Kreisstadt geschrieben. In diesem Brief stand neben Grüßen auch sinngemäß, dass dem Überbringer des Briefes die harte Feldarbeit sicher Probleme bereiten würde und er als Arzt dies wohl verstehen würde. Dieser Brief, das war ein Heimatschuss! Jetzt waren wir aber drei Freunde und saßen alle drei im Wartezimmer der Praxis mit nur einem Brief. Wir hatten uns wie folgt abgesprochen: Natürlich geht Falk – der weitläufige Verwandte – als Erster, versucht aber ohne den Brief die Rückfahrkarte zu bekommen. Wenn es klappt, sollte er mir dann den Brief schnell geben und, wenn es auch bei mir ohne Brief klappt, würde ich ihn an den dritten Kreuzkranken geben. Und es ging. Falk brauchte ihn nicht – er hatte Kreuz- und Hüftprobleme, ich hatte sowieso schon Skoliose und konnte mich kaum bewegen – brauchte den Brief also auch nicht. Aber bei unserem dritten Ernteeinsatzopfer sagte der Arzt gleich zu Beginn: Heute ginge nichts mehr, er habe schon zwei krankgeschrieben und er solle morgen wiederkommen. Unser Freund reiste dann einen Tag später zurück nach Dresden – alles ohne den kostbaren Brief eingesetzt zu haben. So lustig das Erlebnis heute sein mag, wäre dies damals jedoch bekannt geworden, dann wären wir drei Studenten exmatrikuliert worden.

// Kommentar zeithistorisch //

Kollektivierung „In der DDR begann die Kollektivierung in der Landwirtschaft 1952 mit der Gründung erster Landwirtschaftlicher Produktionsgenossenschaften (LPG). Nachdem in den drei Monaten des ‚Sozialistischen Frühlings‘ 1960 die letzten 400.000 Landwirte, von vereinzelten Ausnahmen abgesehen, in LPGen gezwungen worden waren, galt die Kollektivierung mit dem 31. Mai 1960

177 Heimatschuss: Begriff aus den Weltkriegen, bedeutete eine leichte oder auch schwerere Verletzung, die eine Behandlung in der Heimat erforderte. Damit entging man erst einmal dem Tod auf dem Schlachtfeld. Hier scherzhaft für die Befreiung von der Rückenschmerzen verursachenden Kartoffelernte.

als vollendet. In diesem Zeitraum begingen 200 Bauern Selbstmord, 15.500 flüchteten nach Westdeutschland. Es fanden etwa 8.000 Schauprozesse statt.
In Kyritz wurde im April 2010 aus Anlass des 50. Jahrestages der Zwangskollektivierung durch den Deutschen Bauernbund ein Mahnmal enthüllt. Auf der Bronzetafel an einem Findling steht der Satz: ‚Den Opfern der Zwangskollektivierung im sogenannten sozialistischen Frühling 1960 in der DDR.'
Insgesamt wurden 19.345 Landwirtschaftliche Genossenschaften (LPG) in der DDR gegründet, die auf 83,6 Prozent der landwirtschaftlich nutzbaren Fläche produzierten. In der DDR und in den sozialistischen Staaten gab es den Begriff Kollektivierung nicht, dort wurde in teilweise marxistischen Begriffen von Genossenschaftsbildung, Überführung in genossenschaftliches Eigentum und Vergesellschaftung der Produktionsmittel gesprochen." (Zit. n. „Kollektivierung", https://de.wikipedia.org/wiki/Kollektivierung, Zugriff 7.4.2017)

Herausgeber

// Als junge Frau einen technischen Beruf zu ergreifen, war für mich nichts Absonderliches

Dipl.-Ing. Gisela Krause (TU Dresden, Studienjahrgang 1959, Fakultät Maschinenwesen/Regelungstechnik, Diplom 1965)

Für unsere Fachrichtung waren etwa 30 Studenten, darunter vier Mädchen[178], immatrikuliert. Wir wurden in einer Seminargruppe zusammengefasst. Die Studienvoraussetzungen waren jeweils sehr unterschiedlich. Einige Kommilitonen kamen von der Arbeiter-und-Bauern-Fakultät (ABF) und hatten eine recht gute Vorbildung, einige hatten einen Beruf gelernt und das Abitur in der Abendoberschule abgelegt und andere kamen wie ich direkt von der Oberschule. Mir wurde klar, dass meine Vorbildung (sprachliche Richtung in der Oberschule) nicht die beste war und ich mich sehr bemühen musste, nicht auf der Strecke zu bleiben.
Meine Studienzeit liegt inzwischen 55 Jahre zurück. Es war in meiner Erinnerung ein guter und erfolgreicher Lebensabschnitt. 1959 bestand ich an der Pestalozzi-Oberschule in Dresden mein Abitur mit „gut", war naturwissenschaftlich und technisch interessiert und bewarb mich in der Tradition meiner Familie an der TH Dresden, Fakultät Maschinenwesen, Fachrichtung Feinmechanik/Regelungstechnik. Ich hatte

178 Im Unterschied zu heute sprach man damals in Bezug auf die Studentinnen nicht von „Frauen", sondern von „Mädchen". Vgl. hierzu den Kommentar am Ende des Beitrags von Rainer Jork, „Maschinenbaustudium an der TH/TU Dresden". (Anm. d. Hg.)

mir vorher verschiedene Facharbeiterberufe, z. B. Ausbildung zur Physiklaborantin, angesehen, doch erkannt, dass es mich auf die Dauer nicht befriedigen würde, nur das zu tun, was andere sich ausdachten. Die Regelungstechnik war damals eine neue und somit interessante Entwicklungsrichtung und reizte mich. Als junge Frau einen technischen Beruf zu ergreifen, war für mich nichts Absonderliches, da nach dem Krieg die Frauen in der DDR in den verschiedensten Berufen arbeiteten. Ich wurde ohne Komplikationen immatrikuliert.

Ich konnte während des Studiums zu Hause wohnen und bekam als Kind von Angestellten 140 Mark Stipendium. Für meine Eltern bedeutete es ein großes finanzielles Opfer, nun auch noch ihr drittes Kind studieren zu lassen. Deshalb nahm ich mir fest vor, sie nicht zu enttäuschen und mein Studium erfolgreich abzuschließen.

Da ich keinen technischen Berufsabschluss hatte, musste ich im Rahmen des Studiums Praktika von insgesamt einem Jahr Dauer durchführen, um die Grundfertigungstechniken der Fertigung in Industriebetrieben kennenzulernen. Im 1. Semester fand das Vorpraktikum statt, die übrigen Praktika musste ich jeweils zu Blöcken von ca. sechs Wochen in den Semesterferien im Sommer durchführen. Die Betriebe konnte ich mir frei wählen, die Fertigungsarten waren klar vorgegeben. Eine zusätzliche Entlohnung für das Praktikum gab es nicht. Die praktischen Kenntnisse, die ich mir damit angeeignet hatte, waren für meine spätere Berufstätigkeit sehr nützlich.

Die Aufteilung in überschaubare Seminargruppen – wir waren in der Gruppe 30 Studenten – hat sich aus meiner Sicht gut bewährt, da man schnell einen Bekanntenkreis hatte und sich unter den ca. 400 Studienanfängern im Fach Maschinenbau nicht mehr so verloren vorkam. Der Seminargruppenbetreuer, ein parteiloser Student aus einem höheren Semester, gab uns anfangs einige praktische Hinweise („Kauft nicht alle Bücher, die die Professoren empfehlen"), sonst spielte er keine Rolle, die sich mir eingeprägt hat. In der Seminargruppe bildeten sich schnell „Lerngemeinschaften". Wir drei Dresdner fanden uns zusammen, und die Bewohner der Studentenwohnheime fanden schnell Ansprechpartner.

Als erste Hürde des Studiums erwiesen sich für mich und die meisten Studenten die Fächer Mathematik und technische Mechanik/Festigkeitslehre. In den Mathevorlesungen verstand ich so gut wie nichts. Zum Glück gab es seminargruppenweise „Rechenübungen", von Mathestudenten geleitet. Ich habe mich nie wieder mit einem Fach bis zum Vordiplom so intensiv beschäftigen müssen wie mit Mathe und Mechanik. Wir Dresdner haben halbe Nächte zusammengesessen, um die Aufgaben gemeinsam zu lösen. In beiden Fächern wurden nach jedem Semester Zwischenklausuren geschrieben. Die Liste der Klausurergebnisse hing am Schwarzen Brett, und jeder konnte seine Note und die der Mitstudenten lesen. Die erste Klausur fiel katastrophal aus, und ich fühlte mich mit meiner „3" wie im siebenten Himmel. Manche Mitstudenten, die auf mich einen sehr selbstbewussten Eindruck gemacht hatten, waren durchgefallen. Mein Selbstwertgefühl und meine Zuversicht hatten stark gewonnen. Selbstverständlich kostete jede Klausur in allen Fächern wieder Kampf, aber ich hatte mich leistungsmäßig im Mittelfeld eingeordnet und sah gelassen in die Zukunft.

Ich fühlte mich während des Studiums als Mädchen niemals als Außenseiterin, denn ich hatte mit meinen Kommilitonen ein gutes kameradschaftliches Verhältnis. Bei schriftlichen Prüfungen wurden alle Studenten gleich bewertet, bei mündlichen Prüfungen hatte ich den Eindruck, musste ich als Mädchen besser sein als die Jungs, weil der Prüfer nicht den Eindruck erwecken wollte, die Weiblichkeit vorzuziehen.

Eine Anwesenheitspflicht bei Vorlesungen gab es nicht. Trotzdem habe ich fast alle Vorlesungen besucht, weil ich es so am ökonomischsten fand, mir das nötige Wissen anzueignen. Fast alle Studienfächer wurden mit Prüfungen abgeschlossen.

Das Studium war in jeder Fachrichtung klar strukturiert. Ich hatte keine Wahlfreiheit, welche Fächer ich belegen wollte. Das Grundstudium bis zum Vordiplom war für alle Maschinenbaustudenten fast gleich, danach spezialisierten sich die Fachrichtungen. Man mag diese Zwänge als Verschulung des Studiums kritisieren. Ich fand es richtig so, denn wie konnte ich wissen, was für Kenntnisse für die Fächer der Oberstufe benötigt wurden?

Studentenausweis von Gisela Krause

Bei den Vorlesungen und Seminaren in Gewi (Gesellschaftswissenschaften, Marxismus-Leninismus) wurden Anwesenheitslisten geführt, weil sonst niemand teilgenommen hätte. Diese Veranstaltungen verfolgten uns bis zum Diplom, darauf hätten wir selbstverständlich gern verzichtet.

Politischem Druck fühlte ich mich eigentlich nicht ausgesetzt. Ich wurde nie für einen Eintritt in die SED geworben oder zur Mitarbeit in der Staatssicherheit aufgefordert. Ich denke, man hatte damals und auch später während meiner Berufstätigkeit erkannt, dass ich dafür nicht geeignet bin. Ich hatte lange genug in der DDR gelebt und kannte die Spielregeln, wie man sich zu verhalten hatte. Ich war kein Weltverbesserer, aber hielt auch mit meiner Meinung bis zu einer bestimmten Grenze nicht zurück. Zu diesem Thema ist mir meine mündliche Abschlussprüfung in Gewi kurz vor dem Diplomabschluss in bleibender Erinnerung. Ich wurde aufgefordert, die Bedeutung der Berliner Mauer als „antifaschistischer Schutzwall" darzulegen. Ich wusste, was die Prüfer hören wollten, und machte mir keine Gewissensbisse, die Phrasen aus der Zeitung darzulegen.

Eine Besonderheit im Studium waren die Kartoffeleinsätze. In der DDR gab es keine polnischen Saisonarbeitskräfte. Da aber die Kartoffeln in Mecklenburg geerntet werden mussten, schickte man die Studenten im September 14 Tage zum Ernteeinsatz, kostenlos, versteht sich. In Sonderzügen fuhren bzw. standen wir endlos lange, bis wir am Ort des Einsatzes waren. Die Jungs schliefen in Massenquartieren. Ich bekam aber immer ein Einzelzimmer im Bauernhof. Wer sich nicht bücken wollte, ließ sich krankschreiben. Ich konnte mich damals noch bücken und fuhr immer mit. Wir haben zwar geschuftet, aber Spaß gab es natürlich auch.
Zum Thema „politischer Zwang" hat sich mir folgendes Ereignis fest eingeprägt. Es gab noch keine Wehrpflicht, aber es lag in der Luft, dass sie eingeführt werden sollte. Unsere Seminargruppe wurde zusammengerufen und die männlichen Studenten wurden aufgefordert, sich „freiwillig" zu verpflichten, bei Bedarf einen Ersatzwehrdienst zu leisten. Ein Student war dazu nicht bereit. Wir sahen ihn danach bei Vorlesungen nicht mehr. Er wurde für ein Jahr vom Studium „beurlaubt", um seine „Einstellung zur DDR in der Produktion zu überdenken". Ob er sein Studium später fortsetzen konnte, ist mir nicht bekannt. Des Weiteren ist mir in Erinnerung, dass unser vietnamesischer Mitstudent Hai kurz vor dem Diplomabschluss von seiner Partei nach Vietnam zurückbeordert wurde, denn der Vietnamkrieg hatte begonnen. Wir haben nie wieder von ihm gehört.
In Juni 1962 habe ich die Vordiplomprüfungen (16 Fächer) mit „befriedigend" bestanden. Ab nun wurden Vorlesungen und Praktika fachbezogener auf die Spezialisierungsrichtung Feinmechanik/Regelungstechnik und damit für mich spannender. Die Vorlesungen fanden nur noch im kleineren Kreis und nicht mehr in riesigen Hörsälen statt. Da die Regelungstechnik umfangreichere Kenntnisse in E-Technik und Mathe voraussetzte, als wir in der Grundstufe erhalten hatten, war unser Programm in einigen Semestern sehr straff. Trotzdem konnte ich mein Studienergebnis auf „gut" verbessern und erhielt dafür zusätzlich zum Grundstipendium ein Leistungsstipendium von 40 Mark. Außerdem habe ich in schwächer belasteten Semestern als „Hilfsassistent" gearbeitet, was weitere Einnahmen brachte. Mein Vater war zwischenzeitlich gestorben und meine Mutter Rentnerin geworden. Eine Aufbesserung unserer Familienfinanzen war sehr hilfreich.
Das Studium bestand aber auch damals nicht nur aus Vorlesungen und Prüfungen. An die Faschingsfeiern in allen Sälen der Mensa z. B. erinnere ich mich noch lebhaft. Außerdem sind mir noch zwei Ferienreisen, die wir in unserer Seminargruppe organisiert hatten, in guter Erinnerung. Die erste ging nach Polen (Krakau, Kattowitz und Hohe Tatra)[179] und die zweite nach Bulgarien ins Rilagebirge. Natürlich wurde auch manche erfolgreiche Prüfung in der „Meineidschenke" am Münchner Platz begossen.

179 Siehe Fotos von dieser Reise im Beitrag von Rainer Jork, „Maschinenbaustudium an der TH/TU Dresden".

Privat fuhr ich mit meinem Freund in den Winterferien im Erzgebirge Ski, und in den Sommerferien waren wir mit Boot und Zelt in Brandenburg und Mecklenburg unterwegs.
Ich hatte im Sommer 1960 meinen späteren Mann kennengelernt. Es war nicht einer meiner Studienfreunde, sondern ein Lehrer aus Potsdam. 1964 heirateten wir in Dresden, und meine Kommilitonen bereiteten uns vor dem Standesamt in Zylinder und schwarzen Anzügen eine große Überraschung. Ihr Hochzeitsgeschenk, ein sehr schönes Holztablett, wird noch heute verwendet. Da mein Mann in Potsdam an seiner Promotion arbeitete, sahen wir uns zwar nur selten, aber behinderten uns nicht beim Studium. An Kinder dachten wir zu dieser Zeit noch nicht. Kinder und Studium waren damals auch in der DDR an der TU Dresden nicht miteinander zu vereinbaren. Erst später, als man mehr Frauen für technische Studienrichtungen gewinnen wollte, suchte man nach Lösungen für studierende Familien.
Im Februar 1965 beendete ich meine Diplomarbeit und legte die Diplomprüfung ab. Ab März begann ich meine Berufstätigkeit im VEB Reglerwerk Dresden in der Abteilung Forschung und Entwicklung als Entwicklungsingenieur.

Gisela Krause, geb. 1940 in Dresden als drittes Kind nach zwei Brüdern. Ihr Vater war Ingenieur, leitete seine eigene Firma, ihre Mutter war Hausfrau. Acht Jahre Grundschule, vier Jahre Oberschule, 1959 Beginn des Studiums an der TH/TU Dresden, Maschinenbau, Fachrichtung Feinmechanik/Regelungstechnik; 1965–1993 Entwicklungsingenieur in der Forschung und Entwicklung des VEB Reglerwerke Dresden; danach zwei Jahre ABM, Arbeitslosigkeit und Altersrente. In ihrer gewonnenen Freizeit engagierte sie sich erfolgreich bei der Neugründung einer Wohnungsgenossenschaft von 1700 Wohnungen in ihrem Wohngebiet und arbeitete dann ehrenamtlich fünf Jahre als Aufsichtsratsvorsitzende. Sie gehörte nie einer Partei an.

// Studienerlaubnis ohne Begründung entzogen

Vormilitärische Ertüchtigung – verpflichtender Bestandteil des Studiums

Dipl.-Ing. Bernd Kuhlmann (Hochschule für Verkehrswesen Dresden, Studienjahrgang 1959, Fachrichtung Eisenbahnbetrieb, 1962 Exmatrikulation, 1965 Diplom)

Die erst im September 1952 gegründete Hochschule für Verkehrswesen (HfV, seit 1962 mit dem Zusatz „Friedrich List“) in Dresden war eine relativ neue Hochschule mit vorwiegend jungen Kadern[180], die sich vornehmlich politisch profilieren sollten. Es gab nur wenige ältere Lehrkräfte, Dozenten und Professoren, die aus der damaligen Technischen Hochschule Dresden (heute Technische Universität) überwechselten oder aus der Praxis kamen. Man hatte den Eindruck, dass diese fachlich sehr versierten Kräfte mehr oder weniger von der politischen Prominenz der HfV nur geduldet und mit Argwohn beobachtet wurden.

Zugelassen zum Studium wurden vorwiegend jene, die ihren sogenannten „Ehrendienst“ in der Nationalen Volksarmee (NVA) abgeleistet hatten, das heißt, sich auf drei Jahre verpflichtet und nicht nur ihrer eineinhalbjährigen Wehrpflicht Genüge getan hatten. Mitglied in der Freien Deutschen Jugend (FDJ), in der Gesellschaft für deutsch-sowjetische Freundschaft (DSF), in der Gesellschaft für Sport und Technik (GST) zu sein, war ungeschriebene Pflicht. Sonst war an der HfV kein Studium möglich.

Zum Studienplan gehörten praktisch die vormilitärische Ausbildung in der GST bzw. beim Roten Kreuz der DDR (DRK) für Frauen, die jährlichen Ernteeinsätze (meistens Kartoffelernte im Herbst) und die jährlichen Reservistenlehrgänge bei der NVA. Noch vor Studienbeginn hatte sich jeder Student, auch jene, die bereits drei Jahre Armee hinter sich hatten, schriftlich zu verpflichten, an solchen Reservistenlehrgängen teilzunehmen. Ohne Verpflichtung war kein Studium möglich!

Nach Ende des Studiums war es formal prinzipiell nicht möglich, sich den künftigen Arbeitsplatz selbst auszusuchen, denn die vor Studienbeginn zu unterschreibende Verpflichtung schrieb vor: *„Ich verpflichte mich, nach dem Studium entsprechend den gesetzlichen Bestimmungen über den Einsatz der Hochschulabsolventen drei Jahre an der Stelle tätig zu sein, wohin mich die Organe unseres Arbeiter- und Bauernstaates gemäß den Erfordernissen des sozialistischen Aufbaus stellen.“* Diese Regelung stand jedoch letztlich überwiegend nur auf dem Papier.

Für die HfV war zusätzlich zur fünfjährigen Studienzeit ein einjähriges Vorpraktikum vorgeschrieben, weil die wenigsten Studenten direkt aus dem Verkehrswesen zum Studium kamen. Für ältere Studenten gab es das sogenannte Industrie-Institut (I.-I.), an dem bewährte Funktionäre eine „Schnellausbildung“ zum „Diplom-Ingenieur-Ökonom des I. I.“ erhielten.[181] Für die Fachrichtung Eisenbahnbetrieb entsprach das Vorpraktikum einer verkürzten Berufsausbildung, die im Gegensatz zur dreijähri-

180 Vgl. Anm. 24.

181 I. I.: Industrie-Institut. Industrie-Institute waren in der DDR an verschiedenen Hochschulen, Universitäten und im Zusammenhang mit der Akademie der Wissenschaften der DDR angesiedelt. Mit ihnen wurde einerseits eine wirksame Verbindung zwischen Theorie und Praxis und andererseits die Qualifizierung von in der Industrie tätigen Werktätigen gefördert. (Anm. d. Hg.)

gen Ausbildung der Lehrlinge für den Betriebs- und Verkehrsdienst der Deutschen Reichsbahn (DR) mit der Fahrdienstleiterprüfung abschloss. Das weckte den Neid der Lehrlinge. Aber dieses Vorpraktikum war sehr gut, lehrreich und nützlich. Es förderte das Verständnis für das Zusammenwirken im Eisenbahnwesen besonders dann, wenn neben dem Studium bei der DR eine selbstständige praktische Tätigkeit an Wochenenden und in den Ferien ausgeübt werden konnte, um das Stipendium aufzubessern, und das machten die meisten. Denn GST, FDJ, Rotes Kreuz und die von der FDJ und vom Freien Deutschen Gewerkschaftsbund (FDGB) geförderte sogenannte Solidaritätsbewegung forderten Mitgliedsbeiträge und Versicherungsgelder (GST). Selbst die HfV verlangte Spenden, beispielsweise für den Sportplatzbau. Das damals gewährte Stipendium von 110 bzw. 190 Mark war somit sehr schnell weg, zumal ja auch Fachbücher zu kaufen waren (es gab zwar eine Bibliothek, aber wenn rund 80 Studenten einer Fachrichtung gleichzeitig das gleiche Buch haben wollen, obwohl nur drei Exemplare vorhanden sind …). Arbeitseinkommen aus selbstständiger praktischer Arbeit während des Studiums wurden jedoch auf das Stipendium angerechnet, das heißt, man durfte sich bei solchen Tätigkeiten nicht erwischen lassen.

Den breitesten Raum im Studium nahm die politische Schulung mit den Lehrfächern „Dialektischer und historischer Materialismus“, „Wissenschaftlicher Sozialismus“ und „Politische Ökonomie“ ein und nach dem Vordiplom ab dem dritten Studienjahr das Fach „Marxismus-Leninismus“. Dies waren Hauptfächer. Wurde nur ein Fach davon nicht bestanden, war die Exmatrikulation sicher, sofern nicht eine Wiederholung der Prüfung (mit Empfehlungen des Fachrichtungsleiters und der FDJ-Gruppe) gestattet wurde.

Aber an der HfV inszenierte man auch Exmatrikulationen, wie ich sie erleben musste. Am 22. Februar 1962 wurde ich nach einem sogenannten Disziplinarverfahren für zwei Jahre vom Studium an allen Hoch- und Fachschulen sowie Universitäten der DDR ausgeschlossen. Warum? Fachliche Gründe waren es nach dem zweieinhalbjährigen Studium mit bestandenem Vordiplom bestimmt nicht. Meine Leistungen lagen über dem Durchschnitt meines Studienjahres. Es waren ausschließlich politische Gründe, aus denen diese Exmatrikulation durchgesetzt werden sollte.

Nach meinem sechswöchigen Reservistenlehrgang bei der NVA in Torgelow-Drögeheide mit Vereidigung und Treueschwur[182] auf die DDR im Juni/Juli 1960 wurde im August 1961 die Mauer gebaut und die Grenze zur Bundesrepublik Deutschland

---

182 Von 1959 bis 1961 lautete der Schwur: „Ich schwöre, meinem Vaterland, der Deutschen Demokratischen Republik, allzeit treu zu dienen, sie auf Befehl der Arbeiter- und Bauernregierung unter Einsatz meines Lebens gegen jeden Feind zu schützen, den militärischen Vorgesetzten unbedingten Gehorsam zu leisten, immer und überall die Ehre unserer Republik und ihrer Nationalen Volksarmee zu wahren.“ Von 1962 bis 1989 galt ein Fahneneid. (Anm. d. Hg.)

und nach West-Berlin geschlossen. Diesen für das Studium scheinbar nebensächlichen Umstand nutzte die FDJ, um von allen Mitgliedern – nicht nur von den Studenten an Hochschulen und Universitäten – ein sogenanntes persönliches schriftliches Bekenntnis zur DDR zu verlangen. Man hatte bereit zu sein, die DDR zu jeder Zeit mit der Waffe zu verteidigen. Aber warum sollten wir, von der NVA bereits vereidigte Studenten noch ein weiteres Bekenntnis abgeben, wenn uns die NVA ohnehin jederzeit einberufen konnte?

Das war nicht nur meine Meinung, sondern auch die nahezu aller Studenten. Aber um des „lieben Friedens willen" kamen viele dieser Forderung nach, und auch ich schloss mich an. Allerdings stand in meinem Schreiben *„verpflichte ich mich, entsprechend der jetzigen politischen Lage [...] unsere Republik auf Befehl der Arbeiter- und Bauernregierung gegen jeden Feind zu schützen"*, so wie es im Eid der NVA geschrieben stand. Dieses Bekenntnis und im Laufe der Zeit weitere von mir verfasste wurden von der Studienjahresleitung der FDJ nicht anerkannt, weil man sich an der Formulierung *politische Lage* und am *Befehl* stieß. Unser zuständiger, von der HfV bestimmter Seminargruppensekretär[183] Karl-Heinz Köhler versicherte noch am 23. Januar 1962 – einen Monat vor dem Disziplinarverfahren – mein Bekenntnis könne von jedem anderen Studenten anerkannt werden, nur von mir nicht!

Foto Bernd Kuhlmanns auf seinem Studentenausweis, 1959

Der aus Chemnitz (früher in der DDR Karl-Marx-Stadt) stammenden Karl-Heinz Köhler hintertrieb stets meine und die Bemühungen unserer Gruppe, um sich selbst Vorteile zu verschaffen. Noch Mitte November 1961 wusste das FDJ-Sekretariat der Hochschulgruppenleitung nichts von meinen abgegebenen Bekenntnissen, weil Köhler sie einfach nicht weitergegeben hatte, um den negativen Eindruck über mich nur noch zu verstärken! Köhler war es auch, der bereits am 12. September 1961 ein Schreiben der Seminargruppe an das Prorektorat für Studienangelegenheiten richtete, um meine Exmatrikulation zu erreichen. Dieses war jedoch so unsachlich abgefasst, dass es vom Prorektorat zurückgewiesen werden musste. Erst unter Anleitung der

183 Ein Seminargruppensekretär ist stets ein Mitstudent, der Verbindung zur Fachrichtungsleitung der HfV und zur Studienjahresleitung der FDJ bzw. Hochschulgruppenleitung der FDJ in der HfV halten soll. (Anm. d. Hg.)

Studienjahres- und Fachrichtungsleitung gelang es Köhler, innerhalb von zwei Monaten bis zum 17. November 1961 eine neue ausführliche Begründung der Seminargruppe (!) zu „erschaffen", ohne dass beide Leitungen genauere Kenntnis von den Vorgängen in der Seminargruppe hatten. Köhler war eine schmierige, undurchsichtige und unbestimmte Person mit übertriebener Freundlichkeit, die sich gern Vertrauen und Informationen über persönliche Lebensumstände anderer erschlich, um diese dann zum eigenen Vorteil zu nutzen. In dieser Zeit (Ende 1961) trat Köhler in die Liberal-demokratische Partei Deutschlands (LDPD) ein, was alle Studenten erstaunte, weil sie seinen Beitritt zur SED erwartet hatten. Es ist nicht erwiesen, wird aber vermutet, dass Köhler mit Zustimmung der SED und eventuell des MfS Spitzeltätigkeiten sowohl in der HfV wie auch in der LDPD ausführte. Köhler arbeitete zuletzt im Verkehrsverbund Oberelbe (VVO) in Dresden.
Außerdem wurde für die Begründung der Exmatrikulation mein Fehlen zu verschiedenen Delegiertenkonferenzen und angebliches Nichterfüllen von Verbandsaufträgen der FDJ herangezogen, was mit Studiendisziplin nun wirklich nichts zu tun hatte. Gab es nicht auch fachliche Gründe, die einen Ausschluss rechtfertigen würden? Man suchte und wurde im Januar 1961 (!) im Fach „Dialektischer und historischer Materialismus" fündig, in dem man mir einen Betrugsversuch andichtete. Aber die Prüfung bestand ich bereits am 19. Mai 1961, so dass ich am Ende des zweiten Studienjahres im Juni 1961 das Vordiplom erhielt. Dieser Punkt war folglich für ein Disziplinarverfahren völlig gegenstandslos!
Der Disziplinarausschuss am 22. Februar 1962 setzte sich wie folgt zusammen:

- Dr.-Ing. Bobe vom Lehrstuhl Verkehrswasserbau,
- Dipl.-Ing. Wolff vom Lehrstuhl für Betriebstechnik als Vertreter des (parteilosen) Fachrichtungsleiters Prof. Dr.-Ing. Gerhart Potthoff,
- Prof. Dr. rer. oec. habil. Göttner, Prorektor für Studienangelegenheiten,
- Dipl.-Wirtschaftler Schönberner als Vertreter der Hochschulgewerkschaftsleitung,
- Ing.-Ök. Naumann als Vertreter der Hochschulgruppenleitung der FDJ
- (alle Mitglieder der SED) und
- Karl-Heinz Köhler als Seminargruppensekretär.

Die Entscheidung über den Entzug der Studienerlaubnis erhielt ich schriftlich in kurzer Form ohne Begründung. Selbst der Antrag der Seminargruppe vom 17. November 1961 auf meine Exmatrikulation wurde mir nicht übergeben, sondern von befreundeten Kommilitonen heimlich zugestellt, leider unvollständig.
Nach reiflicher Überlegung erhob ich am 14. Mai 1962 beim Staatssekretariat für das Hoch- und Fachschulwesen Einspruch gegen die Entscheidung des Disziplinarausschusses. Für den 30. Mai 1962 war deshalb vom Staatssekretariat in der HfV eine Aussprache vorgesehen. Noch vorher erschien ohne Vorankündigung in unserer Wohnung ein Herr Becker vom genannten Staatssekretariat, mit dem wir (meine

Mutter und ich) uns lange und ausführlich über meine und weitere Exmatrikulationen in der HfV sowie über persönliche Belange unterhielten. Allein in unserer Seminargruppe wurden bezeichnenderweise im fünften Semester (1961/62) eine zeitweilige Exmatrikulation, sieben Verwarnungen von der HfV und eine Missbilligung von der FDJ ausgesprochen (ob diese gerechtfertigt waren, weiß ich nicht). Herr Becker bestätigte im Gespräch, dass es die HfV mit den Exmatrikulationen in allen Studienjahren und Fachrichtungen übertrieben habe, mein Fall aber der letzte gewesen sei. Das folgende Gespräch in der HfV war kurz und knapp: Zum geeigneten Zeitpunkt könne ich das Studium wiederaufnehmen. Das Eingestehen einer Fehlentscheidung und eine Entschuldigung gab es nicht. Am 5. April 1963, nach nur einjähriger Unterbrechung statt der geforderten zwei Jahre, setzte ich das Studium fort und schloss es 1965 erfolgreich als Dipl.-Ing. ab.

Bernd Kuhlmann, geb. 1940; Abitur 1958 in Dresden, 1958/59 Vorpraktikum bei der Deutschen Reichsbahn; 1962 erzwungener Abbruch des Studiums nach dem Mauerbau 1961 wegen „mangelnder Staatsverbundenheit“; „Bewährung in der Produktion“, Fahrdienstleiter, Aufsicht, Stellwerksmeister und Wagenlaufdienst auf dem Bahnhof Radebeul Ost; 1965 Diplomabschluss, Arbeitsbeginn als Brigadevorsteher in Berlin Lichtenberg, 1968–1973 Redakteur der Zeitung „Fahrt frei“ (mit zweijährigem Fernstudium an der Karl-Marx-Universität Leipzig), nebenbei Triebwagenführer bei der Berliner S-Bahn, ab 1973 Sachbearbeiter bei der Reichsbahndirektion Berlin bzw. der DB AG für die Infrastruktur um Berlin. Veröffentlichungen zur Bahngeschichte, ausgezeichnet mit dem „Deutschen Schienenverkehrspreis 2006 – Kulturpreis“.

Studienbeginn in den 60er Jahren

// Für zwei Stunden im Hörsaal eingesperrt

„Wie lange noch lehrt ein NATO-Professor an unserer Friedrich-Schiller-Universität?“

Dipl.-Phys. Roland Mey (Friedrich-Schiller-Universität Jena, Studienjahrgang 1960, Mathematisch-naturwissenschaftliche Fakultät, Fachrichtung Physik, Diplom 1965)

Im großen Hörsaal, Abbeanum[184] genannt, des Mathematischen Instituts der Friedrich-Schiller-Universität in Jena erwarteten am 12. Dezember 1961 über 100 Physik- und Mathematikstudenten ihren Professor Walter Brödel[185] zur Vorlesung Potenzialtheorie.

Der 12. Dezember 1961 hatte damit begonnen, dass in den Morgenstunden ein Flugblatt verteilt wurde, das die Frage stellte: *„Wie lange noch lehrt ein NATO-Professor an unserer Friedrich-Schiller-Universität?“*

Doch anstelle des geachteten Professors marschierten um 11:15 Uhr hoch dotierte, universitätsweit bekannte SED-Genossen und – wie wir heute wissen – Stasimitarbeiter mit Parteiabzeichen in den Hörsaal ein, worauf die gesamte Studentenschar fluchtartig dem Ausgang entgegenstrebte.

In diesem Hörsaal hatten wir bei den Dozenten und Professoren bis zu diesem Zeitpunkt noch nie ein Parteiabzeichen gesehen. Wir begriffen in der ersten Sekunde, dass wir jetzt im Sinne der SED „politisch belehrt“ werden sollten. Die im Hörsaal oben sitzenden Studenten, die die Ausgangstür zuerst erreicht hatten, wurden von im Institut vorab unsichtbar bereitstehenden sogenannten Parteiaktivisten im Flur und im Treppenhaus abgefangen und in den Hörsaal zurückgedrängt. Als ich im dichten Gedränge die Ausgangstür erreichte, war diese bereits verschlossen und ich bekam sofort Angst. Wenige Minuten vorher auf dem Weg in das Mathematische Institut waren wir noch angstfrei, eher schaulustig und wohl auch jugendlich gesellschaftspolitisch naiv gewesen.

Wir hatten damals noch nicht vollständig begriffen, wie schnell und umfassend sich die „harte Zugriffsmöglichkeit“ auf uns nach dem Bau der Berliner Mauer änderte. (Die Wehrplicht wurde erst zu Beginn des Jahres 1962 eingeführt.) Während meines

---

184 Der große Hörsaal des Mathematischen Instituts ist in Jena nach Ernst Abbe (1840–1905) benannt, einem der Schöpfer der theoretischen Grundlagen der optischen Instrumentalkunde.

185 Prof. Walter Brödel (1911–1997) war 1947 als Mathematikprofessor nach Jena berufen worden und zu dieser Zeit einer der Direktoren des Mathematischen Institutes. Er galt als beliebte Lehrkraft.

ersten Studienjahres 1960/61 war eine solche Situation undenkbar. Wir waren zwar FDJ-Mitglieder, besaßen aber in der Regel kein FDJ-Hemd und gängelten den FDJ-Beitragskassierer manchmal sogar am Biertisch nach Bezahlung einer Rechnung von drei bis vier Mark mit der Verweigerung bzw. Stundung des monatlichen FDJ-Beitrags von 30 Pfennigen. In jeder Seminargruppe gab es mindestens einen SED-Genossen, der sich als Kassierer dieses Ritual allmonatlich gefallen lassen musste. Dieser Genosse-Student war auch alljährlich meistens erfolglos, wenn er uns zur Teilnahme an der Maidemonstration verpflichten wollte.
Was war damals geschehen? Der christlich geprägte und auch als Organist tätige Direktor des Mathematischen Instituts, Professor Dr. Walter Brödel[186], hatte sich in seinen Vorlesungen unter anderem gegen die Zwangskollektivierung der Bauern und schließlich auch gegen den Bau der Mauer geäußert. In den Morgenstunden des 12. Dezember 1961 wurde in allen Instituten der FSU das Flugblatt verteilt: *„Wie lange noch lehrt ein NATO-Professor an unserer Friedrich-Schiller-Universität?“*
Die Türen waren verschlossen und von Parteiaktivisten bewacht. Widerwillig kamen wir schließlich der Aufforderung nach, wieder Platz zu nehmen und die als FDJ-Versammlung deklarierte Zwangsagitation zu erdulden. Die einmarschierten Genossen Professoren und Dozenten – alle Nicht-Mathematiker – erklärten uns, warum Walter Brödel der Lehrauftrag vom Rektor entzogen wurde, was wir bereits vorab auf dem oben genannten Flugblatt gelesen hatten. Mit überwältigenden Argumentationen wollte man uns gefährliche Diskussionen aufzwingen. Zunächst herrschte totales Schweigen. Ich hatte (wie vermutlich alle meine Kommilitonen) permanente Angst, zu einem Wortbeitrag aufgefordert zu werden. Schließlich wagten einzelne Studenten des vierten und fünften Studienjahres vorsichtig eine Stellungnahme für Brödel. Grundsätzlich wurden wir Studenten

Prof. Dr. Walter Brödel 1961 vor Physikstudenten der FSU im Abbeanum in Jena (Foto Privatbesitz Roland Mey)

186 Noch im Mai 1961 hatte die Universitätszeitung „Sozialistische Universität“ Professor Brödel als „von seinen Mitarbeitern und Schülern sehr geschätzt“ porträtiert. Weiter war da zu lesen gewesen, Brödel besitze hervorragende pädagogische Fähigkeiten, seine Vorlesungen wären von einer für das Fach begeisternden Logik durchdrungen, sein Vortrag sei klar und verständlich.

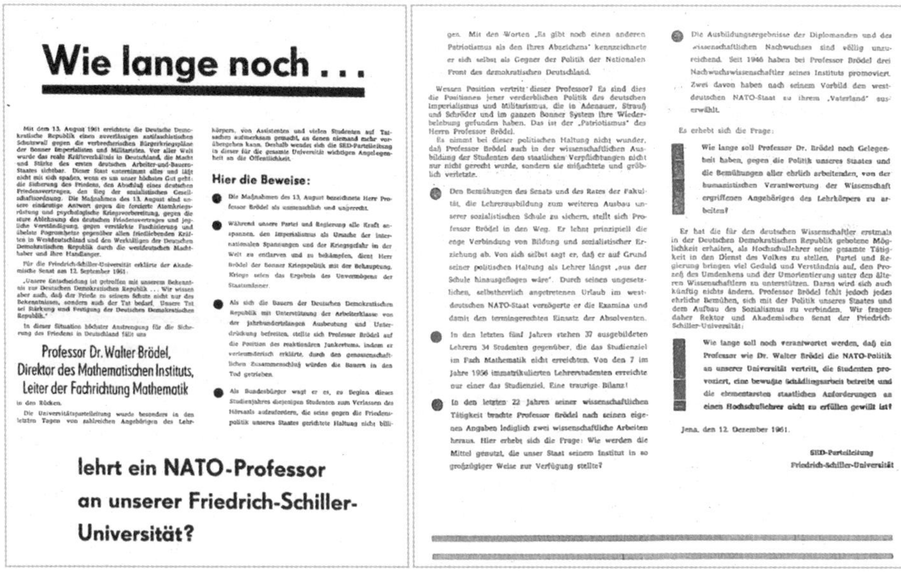

Wie lange noch . . .

Mit dem 13. August 1961 errichtete die Deutsche Demokratische Republik einen zuverlässigen antifaschistischen Schutzwall gegen die verbrecherischen Bürgerkriegspläne der Bonner Imperialisten und Militaristen. Vor aller Welt wurde das reale Kräfteverhältnis in Deutschland, die Macht und Stärke des ersten deutschen Arbeiter-und-Bauern-Staates sichtbar. Dieser Staat unternimmt alles und läßt nicht mit sich spaßen, wenn es um unser höchstes Gut geht: die Sicherung des Friedens, den Abschluß eines deutschen Friedensvertrages, den Sieg der sozialistischen Gesellschaftsordnung. Die Maßnahmen des 13. August sind unsere eindeutige Antwort gegen die forcierte Atomkriegsrüstung und psychologische Kriegsvorbereitung, gegen die sture Ablehnung des deutschen Friedensvertrages und jegliche Verständigung, gegen verstärkte Faschisierung und übelste Pogromhetze gegenüber allen friedliebenden Kräften in Westdeutschland und den Werktätigen der Deutschen Demokratischen Republik durch die westdeutschen Machthaber und ihre Handlanger.

Für die Friedrich-Schiller-Universität erklärte der Akademische Senat am 12. September 1961:

„Unsere Entscheidung ist getroffen mit unserem Bekenntnis zur Deutschen Demokratischen Republik ... Wir wissen aber auch, daß der Friede zu seinem Schutz nicht nur des Bekenntnissen, sondern auch der Tat bedarf. Unsere Tat sei Stärkung und Festigung der Deutschen Demokratischen Republik."

In dieser Situation höchster Anstrengung für die Sicherung des Friedens in Deutschland fällt uns

Professor Dr. Walter Brödel,
Direktor des Mathematischen Instituts,
Leiter der Fachrichtung Mathematik

in den Rücken.

Die Universitätsparteileitung wurde besonders in den letzten Tagen von zahlreichen Angehörigen des Lehrkörpers, von Assistenten und vielen Studenten auf Tatsachen aufmerksam gemacht, an denen niemand mehr vorübergehen kann. Deshalb wendet sich die SED-Parteileitung in dieser für die gesamte Universität wichtigen Angelegenheit an die Öffentlichkeit.

Hier die Beweise:

- Die Maßnahmen des 13. August bezeichnete Herr Professor Brödel als unmenschlich und ungerecht.
- Während unsere Partei und Regierung alle Kraft anspannen, den Imperialismus als Ursache der internationalen Spannungen und der Kriegsgefahr in der Welt zu entlarven und zu bekämpfen, dient Herr Brödel der Bonner Kriegspolitik mit der Behauptung, Kriege seien das Ergebnis des Unvermögens der Staatsmänner.
- Als sich die Bauern der Deutschen Demokratischen Republik mit Unterstützung der Arbeiterklasse von der jahrhundertelangen Ausbeutung und Unterdrückung befreiten, stellte sich Professor Brödel auf die Position des reaktionären Junkertums, indem er verleumderisch erklärte, durch den genossenschaftlichen Zusammenschluß würden die Bauern in den Tod getrieben.
- Als Bundesbürger wagt er es, zu Beginn dieses Studienjahres diejenigen Studenten zum Verlassen des Hörsaals aufzufordern, die seine gegen die Friedenspolitik unseres Staates gerichtete Haltung nicht billigen. Mit den Worten „Es gibt noch einen anderen Patriotismus als den Ihres Abzeichens" kennzeichnete er sich selbst als Gegner der Politik der Nationalen Front des demokratischen Deutschland.

Wessen Position vertritt dieser Professor? Es sind dies die Positionen jener verderblichen Politik des deutschen Imperialismus und Militarismus, die in Adenauer, Strauß und Schröder und im ganzen Bonner System ihre Wiederbelebung gefunden haben. Das ist der „Patriotismus" des Herrn Professor Brödel.

Es nimmt bei dieser politischen Haltung nicht wunder, daß Professor Brödel auch in der wissenschaftlichen Ausbildung der Studenten den staatlichen Verpflichtungen nicht nur nicht gerecht wurde, sondern sie mißachtete und gröblich verletzte.

- Den Bemühungen des Senats und des Rates der Fakultät, die Lehrerausbildung zum weiteren Ausbau unserer sozialistischen Schule zu sichern, stellt sich Professor Brödel in den Weg. Er lehnt prinzipiell die enge Verbindung von Bildung und sozialistischer Erziehung ab. Von sich selbst sagt er, daß er auf Grund seiner politischen Haltung als Lehrer längst „aus der Schule hinausgeflogen wäre". Durch seinen ungesetzlichen, selbstherrlich angetretenen Urlaub im westdeutschen NATO-Staat verzögerte er die Examina und damit den termingerechten Einsatz der Absolventen.
- In den letzten fünf Jahren stehen 37 ausgebildeten Lehrern 34 Studenten gegenüber, die das Studienziel im Fach Mathematik nicht erreichten. Von den 7 im Jahre 1956 immatrikulierten Lehrerstudenten erreichte nur einer das Studienziel. Eine traurige Bilanz!
- In den letzten 22 Jahren seiner wissenschaftlichen Tätigkeit brachte Professor Brödel nach seinen eigenen Angaben lediglich zwei wissenschaftliche Arbeiten heraus. Hier erhebt sich die Frage: Wie werden die Mittel genutzt, die unser Staat seinem Institut in so großzügiger Weise zur Verfügung stellte?
- Die Ausbildungsergebnisse der Diplomanden und des wissenschaftlichen Nachwuchses sind völlig unzureichend. Seit 1946 haben bei Professor Brödel drei Nachwuchswissenschaftler seines Instituts promoviert. Zwei davon haben nach seinem Vorbild den westdeutschen NATO-Staat zu ihrem „Vaterland" auserwählt.

Es erhebt sich die Frage:

Wie lange soll Professor Dr. Brödel noch Gelegenheit haben, gegen die Politik unseres Staates und die Bemühungen aller ehrlich arbeitenden, von der humanistischen Verantwortung der Wissenschaft ergriffenen Angehörigen des Lehrkörpers zu arbeiten?

Er hat die für den deutschen Wissenschaftler erstmals in der Deutschen Demokratischen Republik gebotene Möglichkeit erhalten, als Hochschullehrer seine gesamte Tätigkeit in den Dienst des Volkes zu stellen. Partei und Regierung bringen viel Geduld und Verständnis auf, den Prozeß des Umdenkens und der Umorientierung unter den älteren Wissenschaftlern zu unterstützen. Daran wird sich auch künftig nichts ändern. Professor Brödel fehlt jedoch jedes ehrliche Bemühen, sich mit der Politik unseres Staates und dem Aufbau des Sozialismus zu verbinden. Wir fragen daher Rektor und Akademischen Senat der Friedrich-Schiller-Universität:

Wie lange soll noch verantwortet werden, daß ein Professor wie Dr. Walter Brödel die NATO-Politik an unserer Universität vertritt, die Studenten provoziert, eine bewußte Schädlingsarbeit betreibt und die elementarsten staatlichen Anforderungen an einen Hochschullehrer nicht zu erfüllen gewillt ist?

Jena, den 12. Dezember 1961.

SED-Parteileitung
Friedrich-Schiller-Universität

lehrt ein NATO-Professor an unserer Friedrich-Schiller-Universität?

Dieses Flugblatt (A4, doppelseitig bedruckt) wurde am Morgen des 12. Dezember 1961 flächendeckend über alle Institute der Friedrich-Schiller-Universität in Jena verteilt (Privatbesitz Roland Mey)

vor die Alternative gestellt, „für den Arbeiter-und-Bauern-Staat oder für den NATO-Professor" zu sein. Zur repressiven SED-Logik duldeten die Parteiaktivisten in der erzwungenen Aussprache kein Ausweichen. Viele Studenten reagierten mit einem deutlichen Zischen immer dann, wenn die Genossen-Professoren mit besonderer Härte gegen Walter Brödel argumentierten. Schließlich gab es vereinzelte Diskussionsbeiträge gegen Brödel, die sich nach historischer Aufarbeitung der Situation als von der SED vorbereitete Maßnahmen herausstellten.

Ich war damals im zweiten Studienjahr (Diplom-Physik) und erinnere mich, dass im Abbeanum kein Einziger meiner Kommilitonen gemäß den Wünschen der SED für Brödels Vertreibung argumentiert hat. Wir waren total eingeschüchtert und hatten nur noch Angst um unseren Studienplatz. Nach zwei Stunden wurde der Hörsaal wieder geöffnet und wir konnten den Raum etwas erleichtert und glücklicherweise ohne irgendeine erzwungene schriftliche Stellungnahme verlassen. Nachträgliche Diskussionen unter uns Studenten zum Thema Brödel gab es kaum, denn wir hatten natürlich keine personelle Kenntnis (nur Vermutungen) über die Verteilung von Inoffiziellen Mitarbeitern der Stasi in den Reihen der Studenten und waren nach diesem Erlebnis besonders vorsichtig mit politischen Äußerungen.

Glücklicherweise hatte Professor Brödel nach dem Krieg wegen der großen Wohnungsnot in Jena seinen Hauptwohnsitz in Bad Reichenhall (Bayern) behalten und war so Bundesbürger geblieben. Wie wir später erfuhren, hatte Professor Brödel, vom Rektor über das bevorstehende, im Ergebnis vorab festgelegte Disziplinarverfahren

vorinformiert, noch am gleichen Tag bzw. in der folgenden Nacht die Stadt Jena im D-Zug flüchtend in Richtung München verlassen.
Mit dem Bau der Mauer, offiziell „antifaschistischer Schutzwall" genannt, wurde das Leben in der DDR gefährlicher und der Zugriff von SED und Stasi konsequenter und härter.
38 Jahre später: In der im Jahr 1999 herausgegebenen Dokumentation „Der ‚NATO-Professor' Walter Brödel"[187] schreibt der Jenaer Physikprofessor Gerhard Kluge: *„Die Professoren Eckardt und Schütz, die sich im Dezember 1957 noch für Professor Brödel eingesetzt hatten, wagten es nicht mehr, gegen den Vorschlag des Rektors zu stimmen."*
Am 6. Oktober 1963 überreichte Walter Ulbricht den Nationalpreis II. Klasse an Prof. Dr. Alfred Eckardt, Dekan der Naturwissenschaftlichen Fakultät und Direktor des Technisch-Physikalischen Instituts der FSU. (Dieses Institut befand sich zur damaligen Zeit in Jena unmittelbar neben dem Abbeanum; Eckardt und Brödel arbeiteten als „Nachbarn" nebeneinander.)
Im Stasibericht des IM „G. Storm", abgedruckt in der oben genannten Broschüre von Gerhard Kluge, sind die Details aufgeschrieben. Der Prorektor erklärte anfangs den eingekesselten Studenten, dass der Rektor aufgrund vieler Resolutionen und Meinungen der Studenten – von denen damals keiner von uns etwas gehört oder gelesen hatte – sowie aufgrund der Meinung der Parteiorganisation der Universität und der FDJ-Hochschulgruppenleitung dem Professor Brödel die Lehrbefähigung entzogen habe. Im IM-Bericht heißt es weiter: *„Die Genossen versperrten den Ausgang und forderten die betreffenden Studenten nachdrücklich zur offenen Aussprache in der FDJ-Versammlung auf."* Uns wurde, so der IM, *„die objektiv feindliche Haltung Brödels nachgewiesen"*. Die Studenten des vierten und fünften Studienjahres, die vorsichtig eine Stellungnahme für Brödel gewagt hatten, wurden im IM-Bericht selbstverständlich namentlich und teilweise wörtlich wiedergegeben: Der Student *„Grundmann verstieg sich zu der provokatorischen Frage: ‚Ist denn die Partei unfehlbar?'„* Und im IM-Bericht ist weiter zu lesen: Die Studenten *„wichen ständig einer klaren Entscheidung aus."* Es gab auch von der SED vorbereitete Stellungnahmen gegen Professor Brödel, zu denen der IM schreibt: *„Diese spontane Reaktion einiger Studenten war notwendig geworden"*, denn schließlich wurden *„teilweise die Ausführungen der Genossen gegen Brödel mit Zischen beantwortet"*. Der IM lobte die Parteiaktivisten auch namentlich. Aus meiner Erinnerung heraus kann ich keine Lügen im IM-Bericht erkennen. Der IM hatte bezüglich dieser Veranstaltung die klare Aufgabe, die Situation realistisch, exakt und mit Namen im Sinne der Partei darzustellen.
Als ich im September 2010 zum 45-jährigen Diplomjubiläum in Jena in einem Ho-

---

187 Der „NATO-Professor" Walter Brödel. Dokumentation von Gerhard Kluge. HG. v. Landesbeauftragten des Freistaates Thüringen für die Unterlagen des Staatssicherheitsdienstes der ehemaligen DDR, Erfurt 1999.

tel am Abend in geselliger Runde mittels der Broschüre von Gerhard Kluge unter ca. 30 Physikern – 1960 wurden ca. 80 Studenten immatrikuliert, wovon ca. 45 das Studium 1965 mit Diplom beendeten – an unsere gemeinsame Studentenzeit erinnern wollte, kommentierten einige die Brödel-Dokumentation scharf abwertend. Keiner in der Gesprächsrunde interessierte sich für diese Fakten; nur drei Teilnehmer bekundeten schließlich unter vier Augen ihr Interesse. Der Grund dafür: Mehrheitlich wurden meine Kommilitonen die Nachfolger ihrer damaligen akademischen „Gefängniswärter". Ohne den Bau der Mauer hätten viele von uns nach dem Studium die DDR verlassen; hinter der Mauer wurden sie in großer Mehrheit SED-Mitglieder mit universitären Doktoren- und Professorenkarrieren und wollen heute nicht mehr an die eigene politische Vergangenheit erinnert werden.

In der Thüringer Landeszeitung (TLZ) schrieb am 24. August 2011 ein ehemaliger Diplomand der Chemie: *„Wir blieben zwar standhaft, aber viele andere Universitätsangehörige gaben dem Druck nach und lieferten das Geschreibsel für ein zweites Flugblatt, das noch am gleichen Tag verteilt wurde, und das ich aufgehoben habe. Darin sind auch Stellungnahmen von Jenaer Betriebsangehörigen abgedruckt, denen der Professor sicher noch weniger bekannt war als uns Studenten. Zum Beispiel fordert darin ein Josef Pelz, Meister im Zylinderbau des VEB Schott: ‚Solch ein Mann? Keine Stunde mehr! Wer die Position von Strauß und Schröder bezieht, mit dem gibt es keinen Kompromiss!'„* Am 19. August 2011 war in der TLZ von einem anderen ehemaligen Chemiestudenten zu lesen: *„Mich hat damals besonders abgestoßen, wie die Genossen, die einem Mathematikprofessor nicht das Wasser reichen konnten, versuchten, ihn von der fachlichen Seite zu diffamieren, was in solchen Äußerungen gipfelte wie: ‚die elementaren Anforderungen an einen Hochschullehrer nicht zu erfüllen' und ‚eine bewusste Schädlingsarbeit zu betreiben'. Das Flugblatt ist für mich ein frühes Beispiel dafür gewesen, wodurch meine ablehnende Haltung gegenüber dem Staat geprägt wurde, in dem wir leben mussten."*

Bereits am 13. August 2011 hatte in der TLZ ein weiterer Zeitzeuge, ehemals Student der Zahnheilkunde in Jena, geschrieben: *„Am gleichen Abend fassten mein Freund Dr. Jürgen Nottrott und ich den Entschluss zu einem demonstrativen privaten Besuch. […] Die zusammengewürfelte Schar bat Professor Brödel ausdrücklich um Rat. Um seine Person hätte er überhaupt keine Sorge, noch je irgendwelche Angst. Er befürchte jedoch sehr, dass viele waghalsig für ihn eintreten würden und dann die Härte der Machthaber zu spüren bekämen."*

Epilog: In meiner Generation bin ich in Ostdeutschland ein „Außenseiter", denn wer während der SED-Diktatur zur sehr kleinen Gruppe der vorsichtig Andershandelnden gehört hat, ist auch heute wieder in einer absoluten Minderheit. Das ist so, weil die übergroße Mehrheit der ehemals nur Anders*denkenden* – wie sie gedacht haben, war auf den Dächern an den Antennen erkennbar – auf der Suche nach ihrem „reinen Gewissen" die DDR noch immer bis ins Groteske verklärt.

Roland Mey, geb. 1942 Leutenberg (Thüringen); Abitur 1960, Physikstudium in Jena, 1965–1988 Fachschullehrer für Physik und Mathematik an Leipziger Ingenieurschulen, 1986–1989 Busfahrer in Leipzig (im 2. Arbeitsverhältnis), 1989 tätig als Pförtner und Nachtwächter; 1989/90 Leipziger SDP (später SPD) mit aufgebaut, 1990–1994 Stadtverordneter in Leipzig, 1989–1990 Mitglied im Leipziger Bürgerkomitee (Bereich Betriebsräte/Gewerkschaften).
1990–1992 Direktor der Volkshochschule Leipzig, 1992–1998 Lehrer für Mathematik und Physik an Leipziger Gymnasien; seit 1999 gesellschaftspolitische Aktivitäten (Friedensrichter, Zeitzeuge, Vertrauensperson für das Volksbegehren Mitteldeutschland und andere[188]); technische Publikationen: „Physikalische Grundlagen des bautechnischen Wärmeschutzes“[189].

// „Gebt diesem ‚Ingenieur‘ ein Telefon und kein Papier!“

Als Ingenieurschullehrer die „einzige wissenschaftliche Weltanschauung“ mit Humor erleidbar gestalten

Dipl.-Phys. Roland Mey

Das „geistige Elend“ der DDR, die gesellschaftlichen Repressionen, habe ich mit der nicht ungefährlichen „Methode Humor“ einigermaßen schadensfrei überlebt (von häufigen Herzschmerzen, bekämpft mit Corinfar-Tabletten[190], und natürlich finanziellen Nachteilen abgesehen). Dieses Elend war immer für mich dann präsent, wenn ich Aufgaben außerhalb meiner Fachwissenschaften, Physik und Mathematik, erfüllen musste.

Während an der Produktionsbasis, in den Betrieben, vorsichtig dosierter oppositioneller Humor einigermaßen straffrei blieb, konnte in den Hochburgen der strengen Ideologie, in den Schulen, Ingenieurschulen und Hochschulen nach dem Bau der Berliner Mauer 1961 nur derjenige berufliche Erfolge erreichen und eine Karriere wie zum Beispiel Oberlehrer, Dozent oder Professor realisieren, der auf jeden erkennbaren Widerspruch inklusive kritischen Humor verzichtete. Er hatte uneingeschränkt die Parteimeinung getreu dem damals bekannten Lied „Die Partei, die Partei, die hat immer Recht“[191] als „eigene Meinung“ zu vertreten.

---

188 Zeitzeugengespräche in Schulen und Hochschulen: „Der politische Wahnwitz sozialistischer Mach(t)art und das verklärte DDR-Bild“.

189 Seit 1982 DDR-weit in jährlicher Neuauflage zur Bauingenieurausbildung.

190 Corinfar enthält den Wirkstoff Nifedipin, angewandt bei der Behandlung des Bluthochdrucks, der keine organischen Ursachen hat.

191 Vgl. Anm. 25.

Von 1965 bis in die 80er Jahre habe ich an verschiedenen Leipziger Ingenieurschulen Mathematik und Physik gelehrt. Diese beiden Lehrfächer sind natürlich an sich ideologisch indifferent. An den Hoch- und Fachschulen wurde aber auch von den Nicht-SED-Mitgliedern immer wieder eine öffentliche persönliche Parteinahme im Sinne der SED gefordert. Direktor der Leipziger Ingenieurschule für Bauwesen (ISB) war von 1965 bis 1982 ein Diplom-Philosoph, sein Erster Stellvertreter ein stark von der Armee geprägter Diplom-Politologe. Hinter vorgehaltener Hand hieß es unter den Lehrern der naturwissenschaftlichen und technischen Fächer, dass wir auf dem Weg seien, anstelle von bautechnisch gebildeten Ingenieuren „Bauphilosophen mit militärischer Kampfbahnerfahrung" auszubilden.

Als die Studenten in der Bundesrepublik im Rahmen der „1968er-Bewegung" auf den Straßen aggressiv demonstrierten[192] und zeitgleich der „Prager Frühling"[193] durch sowjetische Panzer platt gewalzt wurde, prophezeite der SED-Direktor in den für alle Fachschullehrer obligaten monatlichen marxistisch-leninistischen Weiterbildungsseminaren eine baldige Angliederung der BRD an die DDR und äußerte mehrfach die persönliche Überzeugung, dass große Teile der bundesdeutschen Bevölkerung in absehbarer Zeit die entsprechende Zielstellung artikulieren würden. Der revolutionäre Reifegrad der westdeutschen Arbeiterklasse habe inzwischen auch ohne eine große „Partei neuen Typs" (Lenin)[194] eine beachtliche Entwicklung erfahren. Das Ziel sei, die kapitalistische Ordnung zu zerschlagen und eine sozialistische Gesellschaft aufzubauen. Kein Seminarteilnehmer wagte etwa die naheliegende Gegenfrage: *„Warum ist denn dann kein Bundesbürger in unsere schöne DDR gekommen?"* Die innerdeutsche Grenze war schließlich eine semipermeable Wand – undurchlässig für DDR-Bürger und durchlässig für Bundesbürger! In der DDR wurde zwar von Dialektik geredet; praktiziertes dialektisch-gesellschaftspolitisches Denken war aber höchst gefährlich.

1982 durfte ich einen Lehrbrief mit dem Titel „Physikalische Grundlagen des bau-

192 Dabei bejubelten die protestierenden Studenten die Realkommunisten Ho Chi Minh, Mao Zedong und Che Guevara.

193 „Prager Frühling" nennt man den Versuch in der Tschechoslowakei, einen „Sozialismus mit menschlichem Antlitz" aufzubauen. Von der tschechischen kommunistischen Partei unter Alexander Dubček wurde Anfang 1968 eine Politik der Liberalisierung und Demokratisierung eingeleitet. Durch die militärische Intervention von fünf Staaten des Warschauer Pakts im August 1968 wurde diese Politik beendet. Die Bevölkerung der DDR war dazu aufgefordert, zur Beteiligung der DDR-Truppen an dieser Intervention ihre Solidarität zu bekunden. (Anm. d. Hg.)

194 Eigenbezeichnung kommunistischer Kaderparteien im leninschen Sinne mit der Verpflichtung auf die Ideologie des Marxismus nach dem Prinzip des Demokratischen Zentralismus. Ziel war die Errichtung einer „Diktatur des Proletariats". – Die verbindliche Festlegung von Begriffen war ein wesentlicher Bestandteil der Ideologiearbeit in Leitinstituten der kommunistischen bzw. sozialistischen Parteien in den sozialistischen Ländern. Es führt heute oft zu Missverständnissen, wenn dies nicht beachtet wird. So gab es auch ein spezielles Wörterbuch der Staatssicherheit in der DDR: Vgl. Das Wörterbuch der Staatssicherheit (wie Anm. 132) (Anm. d. Hg.)

technischen Wärmeschutzes“ schreiben. Als das Heft erstmals ausgeliefert wurde, hatte ich allerdings bereits einen Arbeitsstellenwechsel vollzogen, der mich „vom Regen (ISB)[195] in die Traufe (ISP)[196]„ brachte. Von den alljährlichen Neuauflagen im Bereich der Bauingenieurausbildung der DDR erfuhr ich vor wenigen Jahren eher zufällig aus dem Katalog der Deutschen Nationalbibliothek.
Die Ingenieurschule für Pharmazie wurde von den Leipziger Studenten „Rotes Kloster“ genannt: extrem rot und mit vielen Mädchen! *„Wer nicht für uns ist, der ist gegen uns“*, drohte im „Roten Kloster“ ein SED-Scharfmacher den Parteilosen. Der SED-Parteisekretär[197] der ISP hat sich später im vereinten demokratischen Deutschland als Apotheker selbstständig gemacht und sehr bald in Leipzig ein komfortables Einfamilienhaus gebaut. Als Arbeiter der ISP den ehemaligen Parteisekretär auf seinen neuen Status als DM-Millionär und Arbeitgeber ansprachen, soll er kurz geantwortet haben: *„Ja, aber gegen meinen Willen!“*
Auch in vielen Betrieben der volkseigenen Industrie wurde in der Zeit des damaligen sogenannten „entwickelten Sozialismus“[198] mit veralteten Technologien gearbeitet. Mitte der 1980er Jahre musste der politisch nicht unproblematische Produktionsausfall im großen Leipziger Arzneimittelwerk durch einen Einsatz von Pharmazie-Ingenieur-Studenten abgemindert werden. In primitiver Handarbeit wurden Tabletten abgezählt und eingetütet. Ich war als Seminargruppenbetreuer der Studenten in einer „Salben-Küche“ tätig. Das margarineähnliche Ausgangsmaterial, die Salbengrundlage, wurde in großen Fässern angeliefert und mit bloßen Händen in einen mit Dampf beheizten Kessel eingebracht, darin zur Sterilisierung auf 100 °C erhitzt und schließlich über ein nur im Liegen vom Fußboden aus bedienbares Ventil in Pappeimer abgefüllt. Nicht nur die Technologie war uralt, auch die Produktionsräume waren abgewirtschaftet und es fehlten die an sich unverzichtbaren hygienischen Voraussetzungen. Mit Sicherheit wurde die Schuhcreme bei Erdal[199] schon vor vielen Jahrzehnten effektiver und hygienischer produziert. Ich konnte von der in allen Zeitungen hochgelobten modernen Technik und den menschenfreundlichen sozialistischen Arbeitsbedingungen beim besten Willen nichts erkennen. *„Der Sozialismus siecht[200]!“*

---

195 ISB: Ingenieurschule für Bauwesen.

196 ISP: Ingenieurschule für Pharmazie.

197 Sowohl in den Betrieben als auch an Bildungseinrichtungen gab es Parteiorganisationen der SED mit einem eigenen Parteisekretär. Die sogenannten Blockparteien durften dort nicht auftauchen. (Anm. d. Hg.)

198 Die Ära Breschnew gilt als weitgehend identisch mit dem, was sich selbst „entwickelter Sozialismus“ nannte und aus der Sicht der eigenen Kritiker als „realer Sozialismus“ (Rudolf Bahro 1935–1997) bezeichnet wurde. (Anm. d. Hg.)

199 Erdal ist ein Markenname für Schuhpflegemittel. (Anm. d. Hg.)

200 „Siechen“: veraltender Ausdruck für krank, hinfällig sein. (Anm. d. Hg.)

(Aussprache im sächsischen Dialekt) – so las nicht nur der Sachse die offizielle Losung der Partei *„Der Sozialismus siegt“*[201]. Die relativ geringen Lohnkosten für die Handarbeit lagen offenbar über Jahrzehnte summiert wesentlich günstiger, als die Investitionskosten für eine moderne Sterilisations- und Abfüllanlage.
In den 1970er Jahren begann nach meiner Erfahrung in der DDR das Leistungsniveau an Fachschulen und Hochschulen zu fallen. Es wurde insbesondere von politischen Sonderauflagen zersetzt. Ich erlebte, wie an der Hochschule für Bauwesen in Leipzig das Promotionsverfahren eines Genossen in der Endphase abgebrochen werden musste, weil der SED-Doktorand „der deutschen Schriftsprache nicht mächtig“ war.
Ich erlaubte mir an der Leipziger Ingenieurschule für Bauwesen, die Physik-Belegarbeit eines Studenten aus einer Armee-Sonderklasse, der das Fach Deutsch bei einer SED-Dozentin offenbar erfolgreich abgeschlossen hatte, nur auf Rechtschreibfehler zu korrigieren und das entstandene „Desaster in Rot“ dem vorgesetzten Fachrichtungsleiter vorzulegen. Der mir übergeordnete SED-Genosse kritisierte zunächst meine Aktivität und verwies auf meine alleinige Aufgabe, den physikalischen Inhalt zu beurteilen. Auf die Frage, wie solch ein Ingenieur später erfolgreich arbeiten solle, bekam ich den kurzen Hinweis, man würde einen *„Vermerk in die Kaderakte*[202] *schreiben, er sei mehr für operative Fragen geeignet“*, und ich wurde aus dem Zimmer des leitenden Herrn hinauskomplimentiert. Seine parteipolitische Lösung war: „Gebt diesem ‚Ingenieur‘ ein Telefon und kein Papier!“
Der damalige Russischlehrer, ein Kollege an der ISB, war ein Muttersprachler, der in seiner Not die Zensurenskala im persönlichen Notizbuch linear bis zur Note „Zehn“ verlängert hatte. Er fand manchmal beim Korrigieren nur Fehlerzahlen oberhalb der ehemals schlechtesten Note „Fünf“ (nicht bestanden). Offiziell konnte er natürlich von „Fünf“ bis „Zehn“ immer nur die Note „Fünf“ in die Klassenbücher eintragen. Aber auf die Frage eines leistungsschwachen Fernstudenten nach seinen Erfolgsaussichten schaute der Dozent in sein privates Büchlein und sagte mit russischem Akzent: *„Sie haben sich von ‚Neun‘ auf ‚Sieben‘ entwickelt; wenn Sie so weiterarbeiten, können Sie am Ende noch ‚Vier‘ erreichen!“* (Den Studenten lag das Fach Russisch total „im Magen“[203]!)

---

201 Die Losung „Der Sozialismus siegt“ prangte beispielsweise groß und gut beleuchtet auf dem Dach des Robotron-Gebäudes am Dresdner Pirnaischen Platz. Der VEB Kombinat Robotron war ein Produktionsbetrieb für Elektronik, sein Name setzte sich zusammen aus „Roboter“ und „Elektronik“. (Anm. d. Hg.)

202 Vgl. Anm. 21.

203 „Im Magen liegen“ – eine Redewendung: Ein großes Problem macht jemandem zu schaffen, vergleichbar mit Magenbeschwerden.

Als Busfahrer der Leipziger Verkehrsbetriebe im zweiten Arbeitsverhältnis[204] hatte ich zwischen 1986 und 1988 ein Schlaraffenland der Arbeitnehmer erlebt. Getreu dem Motto „Keine Leute, keine Leute" konnte ich am Abend (etwa nach einem familiären Streit über die Auswahl des Fernsehprogrammes I oder II[205]) spontan den Einsatzleiter im Busbahnhof anrufen und meinen unmittelbar bevorstehenden (ungeplanten) Arbeitseinsatz ankündigen. Im Regelfall war dann die Reaktion: *„Es fällt gerade der Kurs X aus; du kannst die Arbeit in einer knappen Stunde auf der Linie Y an der Haltestelle Z beginnen."* Sogar das Arbeitsende konnte beim Besetzen der ausfallenden Busse nach dem Wunsch des Fahrers vereinbart werden. *„Wann soll deine Arbeit beginnen und wann soll sie enden?"* – diese Frage des Arbeitgebers an den Arbeitnehmer wird in der menschlichen Zivilisationsgeschichte wohl einmalig bleiben!

Heute ist dies auch ein Grund für das verklärte DDR-Geschichtsbild. Die Menschen denken nicht mehr daran, dass die DDR politisch und auch wirtschaftlich am Ende war,[206] dafür aber umso mehr an die ehemals „ruhende Arbeit" und die „angebliche Vollbeschäftigung"!

Allerorten schmunzelte man in der DDR über die sieben ökonomischen Widersprüche des Sozialismus:

- Obwohl wir Vollbeschäftigung haben, arbeitet nur die Hälfte aller Werktätigen.
- Obwohl nur die Hälfte arbeitet, fehlen überall Arbeitskräfte.
- Obwohl überall Arbeitskräfte fehlen, werden alle Pläne übererfüllt.
- Obwohl alle Pläne übererfüllt werden, gibt es nichts zu kaufen.
- Obwohl es nichts zu kaufen gibt, haben alle fast alles, was sie brauchen.
- Obwohl alle fast alles haben, was sie brauchen, meckern alle.
- Obwohl alle meckern, wählen 99,9 Prozent die Kandidaten der Nationalen Front.

---

204 Da es zu wenige Busfahrer gab, war die Genehmigung für die Nebenarbeit durch den Direktor der ISP unschwer zu erlangen, zumal der Autor eine Ausbildung zum Berufskraftfahrer absolviert hatte.

205 In der DDR gab es nur diese beiden Programme, und im Allgemeinen konnten und durften sogenannte Westsender nicht empfangen werden. (Anm. d. Hg.)

206 Der Vorsitzende der Staatlichen Plankommission der DDR, Gerhard Schürer, beschrieb in einer ungeschminkten Analyse im Oktober 1989 die katastrophale Wirtschaftssituation der DDR (unter anderem Zahlungsunfähigkeit, System der Leitung und Planung nicht bewährt usw.). Vgl. Gerhard Schürer/Gerhard Beil/Alexander Schalck/Ernst Höfner/Arno Donda: Analyse der ökonomischen Lage der DDR mit Schlußfolgerungen. Vorlage für das Politbüro des Zentralkomitees der SED. 30. Oktober 1989 (http://www.chronik-der-mauer.de/material/178898/; Zugriff am 3.5.2017). (Anm. d. Hg.)

Die Nachkriegszeit „von Magermilch und langen Strümpfen“ war in der Bundesrepublik längst vorbei, als in der DDR die humoristische Anfrage an den Sender Jerewan:[207] *„Wird es im Kommunismus noch Geld geben?“*, beantwortet wurde mit: *„Nur noch!“*
In dieser Zeit wurde die „differenzierte Lebensqualität“ von der „Leipziger Pfeffermühle“[208] charakterisiert durch den mangelwirtschaftswissenschaftlichen Lehrsatz: *Entweder du hast Beziehungen und lebst im Sozialismus, dann hast du was davon; oder du hast keine Beziehungen und lebst im Sozialismus, aber dann hast du nichts davon!*

Als ich mit meiner Frau im Oktober 1986 in der Nähe meines Thüringer Geburtsortes Leutenberg auf einer Wanderung noch weit ab von der scharf bewachten Grenze nach einer Aussicht in die bayerische Waldlandschaft gefragt hatte und daraufhin am Abend von der Stasi stundenlang verhört wurde, schließlich in Leipzig dann endlich sofort das lang ersehnte (und immer wieder abgelehnte) Telefon bekam[209], war meine Stasiakte längst geschrieben. Ich war darin dokumentarisch erfasst unter anderem mit meiner Verweigerung einer Solidarspende zur Finanzierung des Vietnamkrieges, mit der Plakatierung der ungeliebten und sofort wieder aus dem Physik-Schaukasten entfernten Marx-Worte, „An allem zweifeln!“, und mit einer kritischen Formulierung im Rahmen der Diskussion zu der Hoch- und Fachschulreform unter Anwesenheit von ministerialen Betonköpfen.

Ich hatte an der Ingenieurschule für Pharmazie in Leipzig den wahren Funktionsmechanismus der DDR treffend, aber für mich sehr gefährlich auf den Punkt gebracht mit den Worten: „Jeder ist dagegen, aber alle werden es realisieren!“ Dies war mein letzter „Streich der Methode Humor“ vor meinem Einsatz als Nachtwächter und Pförtner.

Meine abschließende Empfehlung ist: Wenn die heutige Jugend das alles nicht erleben will, dann sollte sie ihr gesellschaftspolitisches Bewusstsein für Demokratie im Spiegel der Diktatur schärfen, damit daraus die Bereitschaft genährt wird, sich gegen jegliche Diktatur zur Wehr zu setzen.

---

207 In der DDR – und wohl nicht nur dort – wurde der fiktive Sender „Jerewan“ in der Bevölkerung im Zusammenhang mit meist politischen Witzen als virtueller Anfragepartner verstanden. Seine Antworten spiegelten Widersprüche und Absurditäten des „real existierenden Sozialismus“ oder seiner Ideologie wider. In der Bundesrepublik begannen die Witze mit „Frage an Radio Eriwan …“. Die Antworten lauteten: „Im Prinzip ja, aber …“. Vgl. z. B. Radio Eriwan antwortet. Ratschläge, Vorschläge und Tiefschläge eines armenischen Senders. Ges. u. hg. von Michael Schiff, München 1969 (Anm. d. Hg.)

208 Bekanntes Kabarett in Leipzig. (Anm. d. Hg.)

209 Die plötzliche Genehmigung des Telefons war sicherlich auf die vorangegangene Vernehmung durch die Stasi zurückzuführen. So hoffte die Stasi durch Abhören des Telefons an „Informationen“ zu gelangen.

// „Die Kirche hat kein Monopol auf Türme“

Dr.-Ing. Wilhelm Petzholtz (TH/TU Dresden, Studienjahrgang 1960, Fakultät Maschinenbau (Vordiplom), Fachbereich Technologie/Triebwerkfertigung, Diplom 1966)

Der Werbeoffizier fasste das einstündige Gespräch zusammen: „*Das war für Sie ein Prüfstein zu Ihrem Bekenntnis zu unserem sozialistischen Staat. Diese Prüfung haben Sie nicht bestanden.*“ Trotzdem bewarb ich mich an der damaligen TH Dresden für die Fakultät Maschinenwesen, Kraftfahrwesen. Für den Ersatzwunsch erfolgte auch ein Schreiben an die Hochschule für Verkehrswesen – Eisenbahningenieurwesen. Aber mein Jugendtraum war natürlich der Kraftfahrzeugingenieur wie der vieler anderer Jungen auch.

Ich ahnte nichts Gutes für meine Studienpläne. Meine Ablehnung eines zweijährigen Dienstes bei der NVA blieb jedoch für meine Entwicklung erfreulicherweise folgenlos.

Die Antwort der TH war zunächst ablehnend, weil die Fachrichtung hoffnungslos überlaufen war. So konnte die Hochschule für die wenigen offenen Stellen höchste Anforderungen an politisches Engagement und an den Zensurendurchschnitt stellen. Glücklicherweise wurde mir eine Ersatzlösung mit der neu gegründeten Fakultät Technologie angeboten. Die Produktion steht in jedem Wirtschaftssystem im Mittelpunkt, und nicht jeder Konstrukteur findet immer sein Wunschbüro. Außerdem befähigt ein erfolgreiches technisches Studium einen engagierten Ingenieur dazu, auch etwas abseits vom ursprünglichen Fachgebiet erfolgreich tätig zu sein.

Zur Immatrikulation im Juli 1960 in Dresden verpasste ich gleich in Werder einen Frühzug und kam so einige Stunden zu spät in Dresden an. Das sollte meine zweite glückliche Fügung nach der Militärdienstablehnung werden. Im Eilverfahren wurde ich in den wichtigsten Büros individuell behandelt. Besondere Werbestationen blieben mir erspart. So drängte mich auch niemand zum Eintritt in die vormilitärische Organisation GST[210].

Das erste Semester erfolgte als Vorpraktikum. So suchte ich mir in Potsdam-Bornim[211] das Institut für Landtechnik mit seiner Nähe zu meiner geliebten Kfz-Technik. Es war für mich wie eine Facharbeiterausbildung im Schnellverfahren. Ich konnte mir vieles Handwerkliche aneignen und lernte zwischen Schmiede, dreidimensionalem Bohrwerk und Zeichenbüro sehr viel für das spätere Berufsleben.

Unsere Seminargruppe (insgesamt gab es drei mit gleicher Fachrichtung Fertigungs-

---

210 Vgl. Anm. 13.

211 Bornim ist ein Stadtteil von Potsdam im Norden der Stadt.

technik) wurde wahrscheinlich ohne System zusammengewürfelt. Von Thüringen bis Berlin waren wir vertreten. Aber es wurde eine „dufte Truppe", wie man damals sagte. Wir kamen menschlich gut miteinander klar. Politisch tat sich niemand besonders hervor, obwohl einige von der Arbeiter-und-Bauern-Fakultät[212], aus der Industrie und von der NVA kamen.

Das dreijährige Grundlagenstudium bis zum Vordiplom verlief gemeinsam mit der Fakultät Maschinenwesen, die dann folgende Vertiefungsrichtung Triebwerkfertigung erschien mir meinen Träumen am nächsten. Die Anforderungen waren hoch. So fielen auch einige Kommilitonen durch wichtige Prüfungen der höheren Mathematik, der technischen Mechanik oder der Thermodynamik. Im Wiederholungsfall wurden sie sogar exmatrikuliert. Zum Vordiplom fehlten also schon einige unserer Gruppe. Es kamen aber auch aus älteren Jahrgängen einige Studenten zu uns, die wegen Krankheit ein Jahr aussetzen mussten.

Wir standen also alle ständig unter einem Erfolgszwang und waren darauf bedacht, die vielen Vorlesungen, Seminare, Übungen und Praktika aufmerksam zu besuchen bzw. das Gelernte schöpferisch umzusetzen. Dazwischen hieß es dann auch, „zu studieren" und effektiv zu lernen.

Musterknaben waren wir alle nicht, doch einen „Hänger" wollte man sich nicht leisten. Man fühlte sich auch gegenüber seiner Familie verpflichtet, die Ausbildung ohne Verzögerung und halbwegs erfolgreich zu absolvieren. Auch in meinem Fall als Ältester von drei Geschwistern war das Studium eine Last für die Eltern. Unser Vater war nicht ein gut verdienender Arbeiter, sondern ein fleißiger Buchhalter in der Landwirtschaft. Deshalb gab es auch keine besondere Förderung vom Arbeiter- und Bauernstaat. Das Stipendium betrug nur 140 Mark. Als Hilfsassistent – und ein Jahr mit Leistungsstipendium – verdiente ich mir etwas dazu.

Politisch hatten wir eine vergleichsweise ruhige Zeit. Die Vorlesung Gesellschaftswissenschaften schwänzten wir. In den Seminaren hatten wir also Wissenslücken und bekamen so schlechtere Noten.

Viele der Professoren waren noch etwas älter als unsere Väter. Sie waren bereits Experten in der Nazizeit, kannten sie noch, die Marktwirtschaft. Einige von ihnen mussten ihr Fachwissen nach dem Krieg bei den Siegermächten unter Beweis stellen. Zusammengefasst stand bei der Bewertung der studentischen Leistung durch unsere Hochschullehrer nicht gesellschaftliche Tätigkeit, sondern allein das Fach im Mittelpunkt.

Es gab natürlich außerhalb des Studiums einige Erwartungen an gesellschaftliche Arbeit, um die man nicht herumkam. So waren die jährlichen – zwei Wochen dauernden – Kartoffeleinsätze in den Nordbezirken im Oktober angesagt. Hier bestand

212 Vgl. Anm. 78.

für uns gar nicht das Problem der verpflichtenden Teilnahme. Die gering bezahlte Arbeit an frischer Luft mit Bekanntschaft neuer Menschen und schöner Landschaften brachte uns Abwechslung, denn größere Urlaubsreisen machte man damals aus Zeit- und Kostengründen nicht. An den Kartoffeleinsätzen mussten Leistungssportler und Studenten mit ärztlichem Attest nicht teilnehmen. Aber es fehlte kaum jemand in unserer Gruppe.
Auch die jährlichen Industriepraktika waren nicht immer ein Zuckerlecken. Zuweilen musste man in der Produktion einen Arbeiter ersetzen. So erging es mir in der Gießerei mit völlig ungewohnter Schwerarbeit, und das bei meinem Leichtgewicht. Aber man war ehrgeizig, biss die Zähne zusammen und hielt irgendwie durch. So lernte man die schwere Arbeit in der Industrie kennen und war motiviert, später ingenieurmäßige Lösungen zur körperlichen Erleichterung zu entwickeln.

Mitgliedsausweis des Ruder-Clubs Werder (Havel) von Wilhelm Petzholtz

Auch die Initiative des Vaters eines Kommilitonen – der Vater arbeitete beim Gleisbau der Deutschen Reichsbahn – ging in diese Richtung. Die ganze Seminargruppe wollte sich in den Ferien etwas Geld verdienen. Sie machte auf einem Bauzug bei Berlin zehn Tage mit zehn Stunden je Schicht (ausschließlich Pausen) freiwillig mit. So lohnten sich für die Arbeiter die Heimfahrten, denn die Arbeitsstunden für zwei 6-Tage-Wochen wurden konzentrierter geleistet und ermöglichten so mehr Freizeit. Das manuelle Schotterschippen im Gleisbett an der stark befahrenen Strecke Berlin-Moskau war eine Hundearbeit, und das bei Wind und Wetter. Vor den russischen D-Zug-Waggons, deren Toilettenrohre die Fäkalien nicht zwischen die Räder, sondern an den Bahndamm platzierten, wurden wir schon gewarnt. Der Sicherheitsposten kündigte wieder einmal einen solchen Zug an. Einer von uns hatte sein Kochgeschirr leichtsinnig in Gleisnähe offen stehen. Nach Vorbeifahrt war es entsprechend gefüllt. Ein Witzbold von uns schrie in die Gruppe: *„Russische Bahnfunktionäre bescheißen deutsche Arbeiter!“* Alles lachte.
Die damalige Erziehung zur Achtung vor der schweren körperlichen Arbeit während des Studiums kannte man bereits vom Elternhaus. So war das für uns eher eine Tugend als eine Not. In der heutigen Zeit vermisse ich so etwas. Oft gilt das Prinzip, mit wenig Arbeit viel (finanziell) zu erreichen.

Nun zu einem politischen Ereignis, das mich damals 1962 in Dresden schockierte: Der Abriss der einzigen gotischen im Krieg ausgebrannten Kirche, der ehemaligen Franziskaner-Klosterkirche, spätere Kirche St. Sophien. Ulbricht – der Spitzbart, wie wir ihn abwertend nannten – legte persönlich am Dresdner Stadtmodell 1958 fest, dass dieser Bau zugunsten sozialistischer Bauten abgerissen wird: *„Die Kirche hat kein Monopol auf Türme!"*

Es herrschte lange Zeit bei Kunsthistorikern, dem Institut für Denkmalpflege und bei Bürgern wie mir Unverständnis für diesen Frevel: Abriss einer über 700-jährigen bedeutungsvollen Bausubstanz. Natürlich herrschte Wohnungsnot und waren noch wichtige Lebensmittel rationiert (Zuteilung von Fleischwaren und Butter in der Stammverkaufsstelle). So musste man andere Prioritäten setzen als eine derartige Restaurierung. Auch die Sicherung der Kirchenruine für eine Kultureinrichtung wäre denkbar. Aber es entstand kein größerer Widerstand, weil alle isoliert waren. Meine Kirchgemeinde lag in der Heimat. In Dresden war ich nicht eingebunden. Die Machthaber verbreiteten darüber hinaus die Lüge, es sei ja nur wertlose Neugotik, die außerdem noch zerstört sei. Viele meiner Kommilitonen, die ich auf den Abriss hin ansprach, konterten mit diesem Scheinargument.[213]

So musste ich den Abriss vom Juli 1962 bis April 1963 mit ansehen. Es geschah zum Teil pietätlos durch Wegbaggern von Grüften. Leichenteile wurden auf der Baggerschaufel sichtbar, da man darüber hinaus auch noch auf einen Bauzaun verzichtete. Für mich brach im wahrsten Sinne des Wortes eine Welt zusammen. 1968 wurde entgegen anderen Behauptungen der eigentliche Kirchengrundriss nicht überbaut. Aber 1998 genehmigte die Stadt die Errichtung eines Bürobetonriegels auf gotischem Grund, ohne vom Bodenerlös etwas für eine Gedenkstätte abzuzweigen. Diese Fehlplanung finde ich auch frevelhaft, zumal der 175 Meter lange Bau seit Jahren ohne Perspektive leer steht.[214]

Zurück zum Studium. Damals dachte ich im Fachstudium des siebenten Semesters wieder an die Worte meines Onkels, dass Neigungen und spätere Tätigkeit selten übereinstimmen. Dieser promovierte Ingenieur aus Westberlin ermunterte mich

---

213 Tatsächlich wurde die Sophienkirche 1868 mit neugotischen Türmen und Anpassungen ohne Not „modernisiert". Neugotik war in den 50er Jahren ein junger Baustil und wurde auch wegen einer Fülle von derartigen Gebäuden des Historismus international geringschätzig bewertet.

214 Heute wirke ich in der „Gesellschaft zur Förderung einer Gedenkstätte für die Sophienkirche" mit. Es geht darum, für die Nachwelt einen Ort zu schaffen, der an die Folgen von Diktaturen und Krieg sowie an den Widerstand erinnert. Auch das persönliche Totengedenken im Zusammenhang mit der Bombardierung Dresdens soll möglich werden. Die räumliche Nachbildung der spätgotischen Busmannkapelle erinnert bereits heute an das historische Bauwerk. In einer Fülle von Vorträgen und Führungen wollen wir weiterhin Spenden einwerben, damit das Gesamtvorhaben abgeschlossen werden kann.

1960 zu meiner Studienrichtung. So schrieb ich mich zusätzlich für ein Semester bei Professor Öhmichen (Maschinenlabor III) und später bei Professor Jante (Institut für Verbrennungsmotoren und Kraftfahrwesen) ein. Die Kommilitonen erklärten mich für verrückt, zumal die zusätzliche Belastung keine besonders guten Noten in diesen beiden Fächern einbrachte. Aber es tat mir gut, und bei solchen individuellen Entscheidungen musste man keine Anträge an die Fakultätsleitung stellen.
Kurz vor Ende des Studiums traten doch noch drei Kommilitonen in die SED ein. Sie erhofften sich damit bessere Startbedingungen als Assistent an der TU bzw. als Jungingenieur in der Wirtschaft. Ich selbst wollte nicht am Lehrstuhl bleiben, sondern ging für zwei Jahre in die Autoindustrie. Später wurde ich für einige Jahre wieder von der TU abgeworben.
Wie gestaltet sich der Rückblick auf das Studium heute? Die damalige Studienzeit verlief für mich trotz politischer Unbilden aus heutiger Sicht weitgehend störungsfrei. Ich hatte das Glück, vielen mir wohlgesonnenen Menschen zu begegnen. Dafür bin ich dem Herrgott sehr dankbar, auch auf die Gefahr hin, dass man die Vergangenheit mit Nachsicht bewertet.
Die Geschichte zeigt, dass heute vieles im Zusammenhang mit Bildung anders aufgefasst wird. Der Weg ist zuweilen das Ziel. Die Berufswahl erfolgt nach Idealen und nicht nach späteren Einsatzchancen. Studienrichtungen werden bei leichtestem Gegenwind gewechselt. Die Freiheit verführt so manchen zu Auszeiten in der Ferne, und in relativ hohem Berufsanfängeralter findet sich dann später keine angemessene Arbeitsstelle. Trotzdem freue ich mich über den gerade veröffentlichten Rekord von 25.000 Studenten in Deutschland.

Wilhelm Petzholtz, geb. 1942, 1956–1960 Beethoven-Oberschule in Potsdam-Babelsberg; seine soziale Herkunft „Angestellte“ (die Mutter arbeitete ebenfalls) war nach eigener Aussage keine günstige Voraussetzung für ein Studium; 1960–1966 Studium an der TH/TU Dresden Technologie/Triebwerkfertigung; 1966/67 VEB Autowerk Ludwigsfelde; 18 Monate Wehrdienst, 1968–1972 Assistent TU Dresden; 1972–1976 VEB Fortschritt Landmaschinen Neustadt; 1975 Promotion zum Thema der Tribologie an der Fakultät Maschinenbau; 1976 Gruppenleiter im Kraftfahrzeugtechnischen Amt Dresden.
1990 Gesellschafter GmbH des „Kraftfahrzeugüberwachungsvereins“ als Nachfolgeeinrichtung des KTA und Leiter Fahrerlaubniswesen (FE) für sechs östliche Bundesländer bis 2002 (1991 fusionierte KÜV mit DEKRA); 2002–2008 CIECA-Vizepräsident (Weltverband der FE-Prüforganisationen) im Auftrag von DEKRA.

// „Sie stehen nicht zu uns" – Werbung für den „freiwilligen" Wehrdienst

Dipl.-Ing. Michael Ventzke (ABF-Berlin, Humboldt-Universität, Studienjahrgang 1960, TU Dresden, Studienjahre 1962–1965, Elektrotechnik/Regelungstechnik, TU Dresden, Studienjahre 1965–1970, Fernstudium Informationstechnik, Diplom 1970)

Ein sich mir tief in mein Bewusstsein eingeprägtes Erlebnis hatte ich als junger Mensch mit nicht einmal achtzehn Jahren im Sommer 1961. Am 13. August war in Berlin die Mauer gebaut worden, die Deutschland und mit extrem einschneidenden Folgen meine Heimatstadt Berlin teilte.

Mein Freund seit den Kindertagen lebte mit seinen Eltern in West-Berlin und ich in Ost-Berlin. Es wurde uns klar, dass eine persönliche Begegnung nicht mehr möglich sein würde, die Mauer trennte auch uns.

Anfang September begann ich das zweite Studienjahr an der ABF[215] in Berlin zur Erlangung der Hochschulreife. Es war eine gespannte Atmosphäre in der Seminargruppe, wir redeten aufgeregt über die Ereignisse im August und warteten auf den Unterrichtsbeginn. Der aber begann mit einem Appell im Fakultätshof, an dem alle Studenten teilnehmen mussten.

Uns wurden vom Dekanat in pathetischen und phrasenhaften Worten die Ereignisse um den 13. August aus DDR-Sicht dargelegt und eine kriegsbedrohliche Situation heraufbeschworen. Der Appell gipfelte in der Aussage, dass es notwendig sei, FDJ-Freiwilligenbataillone aufzustellen, und jeder Student hätte seine grundsätzliche Bereitschaft für den Militärdienst in der NVA für mindestens zwei Jahre zu erklären.

Damit wurden wir in die Seminarräume entlassen und die Seminarleiter hatten uns noch psychologisch zu bearbeiten. Unterricht fand praktisch nicht statt, es wurde erregt diskutiert und am nächsten Tag sollten dann die Listen bereitliegen, in die jeder freiwillig seine Bereitschaftserklärung mittels Unterschrift eintragen sollte.

Es war mir schon zu Beginn des ersten Semesters im September 1960 unangenehm aufgefallen, dass ständig von größtem Vertrauen in uns seitens des Staates gesprochen wurde und wir uns entsprechend würdig und dankbar zu zeigen hätten.

Dabei waren im letzten Lehrjahr – im Frühjahr 1960 – Studenten der Humboldt-Universität als Werber für ein Hochschulstudium in die Firma gekommen. Nach mehreren Werbegesprächen mit mir, ich hatte gute bis sehr gute Ergebnisse in der Berufsausbildung, ließ ich mich auf diesen Ausbildungsweg ein und schrieb mich für die ABF in Berlin zur Erlangung der Hochschulreife ein.

---

215 Vgl. Anm. 78.

Anfang September – also nach dem 13. August – verging für mich eine aufregende Nacht, in der ich mit meinen Eltern über die möglichen Entscheidungen redete.
Da ich innerlich sowieso gegen den Militärdienst war und bei einer möglichen Einberufung eine lange Auszeit in meiner Ausbildung befürchten musste, stand am nächsten Morgen für mich fest, dass ich keine Bereitschaftserklärung abgeben würde.
Am Morgen begann der Unterricht noch einmal mit einer Aufforderung zur Bereitschaftserklärung. Es lagen in den Unterrichtsräumen die Namenslisten dafür aus. Bis zur Mittagspause hatten sich in meiner Seminargruppe von 22 Studenten drei oder vier Kommilitonen eingetragen. So muss es wohl auch etwa in allen anderen Seminargruppen gewesen sein.
Nach der Pause, in der wir heftig diskutierten, begann der Unterricht mit einem Paukenschlag. Die Seminarleiter erklärten uns, dass nach Auswertung der Listen von der Dekanatsleitung der Beschluss gefasst wurde, dass diejenigen Studenten, die nicht unterschreiben würden, eine schriftliche Stellungnahme mit Unterschrift zu den Verweigerungsgründen abzugeben hätten.
Das war jetzt eine Hürde, die einer Nötigung gleichkam. Jetzt fielen doch viele Studenten um, da sie die schriftliche Stellungnahme nicht abgeben wollten. Da ich bei meinem Beschluss blieb, schrieb ich nun eine Stellungnahme: Ich begründete meine Ablehnung der Bereitschaftserklärung wegen privater Probleme und dem schon hohen Alter meiner Eltern, für die ein so langer Ausbildungsweg meinerseits eine große Belastung gewesen wäre.
Am Ende dieses Tages waren in jeder Seminargruppe nur noch eine Handvoll „Uneinsichtiger" übrig.
Der nächste Tag sollte mit einer Hexenjagd beginnen. Im Eingangsbereich der ABF hing eine große schwarze Tafel für Informationen. Als ich morgens den Bereich betrat, prangte dort in großen weißen Lettern eine Kopfüberschrift mit den Worten: „SIE STEHEN NICHT ZU UNS".
Darunter standen die Seminargruppenbezeichnungen und in jeder Spalte die Namen derer, die nicht unterschrieben hatten. Mein Name befand sich nun auch darunter. Das war ein Schock, denn nun wusste ich, dass alles ins Hochpolitische und Grundsätzliche geführt war.
Der Tag verging mit Bauchschmerzen und unerträglichen Gedanken für mich. Es gab aber noch keine erkennbaren Auswirkungen.
Am folgenden Tag hatte sich das Bild nicht geändert. Die Namen der unverbesserlichen Verweigerer standen noch immer an der Tafel, nun aber mit Beiträgen einzelner Studenten über deren Unwürdigkeit, im Arbeiter- und Bauernstaat zu studieren.
Am Nachmittag wurden alle FDJ-Leitungsmitglieder der Seminargruppen zu einer Dekanatsberatung beordert. Mein Banknachbar, zu dem ich ein gutes, freundschaftliches Verhältnis hatte, gehörte auch dazu. Nach ca. zwei Stunden kamen alle wieder in

die Seminarräume zurück. Mein Banknachbar sagte mir vertraulich, dass beschlossen wurde, alle Nichtunterschreiber wegen des fehlenden politischen Standpunkts zu exmatrikulieren. Ich sollte mir doch überlegen, ob ich meine ganze berufliche Ausbildung aufs Spiel setzen wollte.
Nach einer weiteren schlaflosen Nacht wurde uns Uneinsichtigen am nächsten Morgen dieser Beschluss offiziell mitgeteilt. Allerdings sollten wir noch eine Chance erhalten, wenn wir die Unterschrift leisten würden. Ich hatte mich zuvor wieder mit meinen Eltern beraten und war nach langem inneren Ringen bereit, meine Unterschrift zu leisten, noch dazu aus der Erkenntnis heraus, dass im Ergebnis des Mauerbaus sowieso eine Wehrpflicht kommen würde.

Beim Ernteeinsatz in Mecklenburg (Foto: Michael Ventzke)

Die noch mögliche Unterschriftleistung war nun von einer psychischen Drangsalierung begleitet. Man musste nun eine weitere schriftliche Erklärung abgeben, wie denn dieser Sinneswandel zustande gekommen war. Man wollte den Kniefall.
Schweren Herzens, aber mit dem Rüstzeug der sozialistischen Schulausbildung wurde von mir mit tönenden Worten beschrieben, was man oben hören wollte, nämlich die Rückkehr in die sozialistische Gemeinschaft durch erfolgreich verlaufene Überzeugungsarbeit. Das Motto war, dass gesellschaftliche Erfordernisse weit über die eigenen Befindlichkeiten zu stehen haben. So hatte ich mich gebeugt.
Aus meiner Seminargruppe wurden zwei Kommilitonen exmatrikuliert. Direkt einberufen wurde aus meiner Seminargruppe in diesem Jahr keiner.

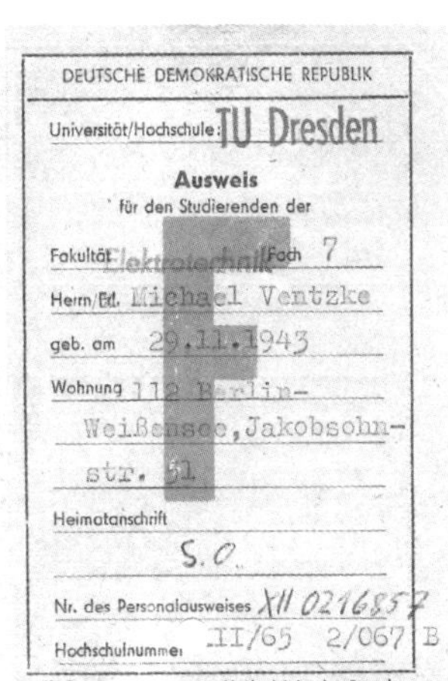

DEUTSCHE DEMOKRATISCHE REPUBLIK
Universität/Hochschule: TU Dresden
Ausweis
für den Studierenden der
Fakultät Elektrotechnik Fach 7
Herrn/Frl. Michael Ventzke
geb. am 29.11.1943
Wohnung 112 Berlin-Weißensee, Jakobsohnstr. 51
Heimatanschrift s.o.
Nr. des Personalausweises XII 0216857
Hochschulnummer II/65 2/067 B
520 71 Vordruck-Leitverlag Spremberg

Michael Ventzkes Studentenausweis Fernstudium

Wie viele meiner Kommilitonen in der Partei waren, weiß ich nicht mehr. Das Verhältnis untereinander war natürlich im ersten Jahr vor dem Mauerbau lockerer als danach. Das Klima würde ich aber trotzdem nicht als schlecht bezeichnen, aber ich war vorsichtiger, verschlossener und mehr zielorientiert geworden.
Ich habe die ABF 1962 mit Erfolg abgeschlossen und dann mein Studium an der TU Dresden, an der Fakultät für Elektrotechnik/Regelungstechnik begonnen.
Aufgrund eines tödlichen Unfalles meines Vaters wechselte ich 1965 ins Fernstudium, das ich 1970 in Berlin mit dem Diplom abschloss.
Die NVA griff mich nach dem Studium im Rahmen

der Wehrpflicht in der Reserve 2 einmal für ein halbes Jahr und einige Jahre später noch einmal für ein Vierteljahr zum Wehrdienst.
Noch ein Wort zur ABF: Der Zugang zur ABF war bei mir außer externer Werbung und eigener Leistung wahrscheinlich der sozialen Stellung meiner Eltern geschuldet, das heißt, Arbeiterfamilien waren die bevorzugte Gruppe. Schon Elternteile im Angestelltenverhältnis lagen außerhalb der Zielgruppe, wobei meines Wissens Eltern im Partei- und Staatsapparat grundsätzlich als Arbeiterklasse galten. Sicher waren auch SED-Mitglieder eine Zielgruppe. Ich selbst und meine Eltern waren nie Mitglied einer Partei, aber meine Eltern waren Arbeiter. Dementsprechend gemischt war auch die Zusammensetzung meiner ABF-Klasse.

Michael Ventzke, geb. 1943 in Berlin, 1949 Grundschule in Berlin, 1957–1960 Lehre mit Abschluss als Elektromechaniker, 1960–1962 ABF der Humboldt-Universität zu Berlin, 1962–1965 Studium Regelungstechnik an der TU Dresden; nach Unfalltod des Vaters Fernstudium an der TU Dresden 1965–1970 mit Abschluss Diplom-Ingenieur für Informationstechnik; 1970–1990 Mitarbeiter Forschung und Entwicklung im Kombinat EAW Berlin, 1971 Reservewehrdienst bei der NVA in Neubrandenburg für sechs Monate, 1977/78 erneuter Reservewehrdienst bei der NVA in Berlin für drei Monate.
1990–2002 Entwicklungsingenieur in der EAW-Berlin GmbH und ihren Nachfolgern, 2002 Ausscheiden aus dem Unternehmen in die Arbeitslosigkeit (58er-Regelung); 2004 Eintritt in die Rente.

// Man habe meine Papiere vor der Immatrikulation nicht richtig durchgesehen

Prof. Dr. phil. habil. Gerald Wiemers (Martin-Luther-Universität Halle-Wittenberg, Studienjahrgang 1960, Geschichte und neuere Sprachen, Diplom-Historiker 1965, Humboldt-Universität Berlin, Studienjahre 1965–1967, Archivwissenschaften, Diplom-Archivar 1967, Promotion 1984)

Nach dem Abitur an der Max-Klinger-Oberschule in Leipzig habe ich mich vergeblich an den Universitäten der DDR um ein Chemie- bzw. ein Lehrerstudium bemüht. Mitte August 1960 bekam ich von meinen Eltern ein hektografiertes[216] Angebotsschreiben der Martin-Luther-Universität Halle mit freien Studienplätzen ins Ferien-

216 Hektografiert bedeutet vervielfältigt. Das war zu DDR-Zeiten ein übliches Verfahren, um Rundschreiben herzustellen.

lager nachgeschickt, wo ich als Helfer arbeitete. Darauf habe ich „Geschichte-Diplom“ eher resignierend als freudig erwartend angekreuzt. Nach wenigen Tagen erhielt ich die Zusage.

Nachdem ich vier Semester absolviert hatte, stellte ich beim Studiendekan S. den Antrag, künftig Chemie studieren zu dürfen. Mir wurde bei der persönlichen Abgabe meines Schreibens gesagt, dass ich frühestens in acht bis zehn Tagen mit einer Antwort rechnen könne.

Bereits am übernächsten Tag wurde ich aber zum Studiendekan einbestellt. Offenbar waren meine Papiere, die mich lebenslang begleiten sollten, inzwischen dort „angekommen“. Der Studiendekan teilte mir mit, dass ich sofort exmatrikuliert werden sollte. Ein Wechsel komme nicht infrage.

Schließlich machte er mir ein Angebot, das ich annahm: Ich ziehe meinen Antrag zurück und studiere weiter Geschichte. Voraussetzung jedoch sei, dass ich nicht wieder in einer solchen Angelegenheit bei ihm vorspreche – er wolle mich während der restlichen Studienzeit nicht noch einmal sehen. Er brachte noch leise zum Ausdruck, man habe meine Papiere vor der Immatrikulation nicht richtig durchgesehen.

Die Vorgeschichte hierzu: 1958, in der elften Klasse der Helmholtzschule in Leipzig, wurde ich wegen Kritik an der SED und ihrer Alleinherrschaft von einem Mitschüler denunziert und schließlich von der Schule relegiert. Am 10. April 1958 wurde ich vom Schulbesuch „beurlaubt“ und durfte die Schule nicht mehr betreten.

Mein Vorgesetzter in der Produktion im volkseigenen Blechverformungswerk Leipzig, der „sozialistische“ VEB-Meister Büsch, bei dem ich mich „bewähren“[217] sollte, hatte sich in der Helmholtzschule bei dem damaligen Direktor Fritze noch einmal über mich erkundigt und mir etwas später bedrückt davon erzählt, dass er in der Helmhotzschule auf Ablehnung gestoßen war.

Im September 1958 flüchtete Herr Büsch mit Familie in die Bundesrepublik.

Da mein bei uns im Haushalt wohnender hochbetagter Großvater nicht in die Bundesrepublik auswandern[218] wollte, teilte ich seine Meinung. Meine Mutter und mein aus Westfalen stammender Vater – seit 1929 in Leipzig – überließen mir die Entscheidung. So blieben wir in Leipzig.

Ein Bekannter meiner Eltern, Rudolf Reime, im CDU-Stadtrat in Leipzig, nahm sich meines Falles an und stellte fest, dass ein grober Formfehler vorläge. Der Schuldirek-

---

217 „Bewähren“: Dies war eine üblich Formulierung in der DDR, wenn missliebige oder durch negative Äußerungen – im Sinne der staatlichen Doktrin – auffällig gewordene Schüler, Studenten oder auch ganz normale Bürger durch Ausgrenzung, Versetzung auf andere Stellen, Degradierung und anderes – also sowohl durch psychologischen Druck als auch durch ganz reale Bedrohungen in ihrer wirtschaftlichen Existenz – dazu gebracht werden sollten, sich (möglichst öffentlich) wieder dem politischem System zu „unterwerfen“.

218 Auswandern bedeutete praktisch: Flucht unter Mitnahme nur des Nötigsten.

tor Walter Fritze hatte den zuständigen Schulrat nicht über den Vorgang informiert, was seine Pflicht gewesen wäre. Wahrscheinlich sind sowohl ich als auch mein Freund Thomas Kunath nur deshalb nach einem Jahr wieder in der Oberschule aufgenommen worden.
Vom Sächsischen Landesamt für Familie und Soziales – Rehabilitierungsbehörde – erhielt ich am 30. Oktober 1997 die Rehabilitierungsbescheinigung nach dem entsprechenden Gesetz vom 1. Juli 1997.
Nach dem Studium der Archivwissenschaft 1965–1967 an der Humboldt-Universität Berlin, das mir alles abverlangte, war ich bei meiner akademischen Lehrerin Renate Drucker im Universitätsarchiv Leipzig angestellt. Meine Perspektive dort war aber gleich Null, weil ich nicht in die SED eintreten wollte. Im Februar 1968 wechselte ich daher an die Sächsische Akademie. Ein Stasispitzel beim Paul-List-Verlag, dem ich offenbar vertraut hatte, hat mich dann 1972 böse reingeritten. In meiner Stasi- und Kaderakte[219] war vermerkt: *„Wiemers ist gegen die Ziele der Nationalen Front und kommt für eine leitende Funktion nicht in Frage.“* Dieses Diktum galt offenbar bis 1984. Entscheidend für den Sinneswandel der Stasi war höchstwahrscheinlich: Wiemers ist verheiratet, hat ein Haus gebaut und zwei Töchter gezeugt.

Gerald Wiemers, geb. 1941; 1960 Studium der Geschichte und neueren Sprachen an der Martin-Luther-Universität Wittenberg, 1965–1967 Studium der Archivwissenschaften an der Humboldt-Universität Berlin. 1967–1968 Arbeit im Universitätsarchiv Leipzig, 1968 Wechsel an die Sächsische Akademie der Wissenschaften. Bis Ende April 1992 Betreuung des Archivs der Sächsischen Akademie der Wissenschaften und Herausgabe des Jahrbuchs der Akademie.
Seit 1. Mai 1992 und über das Rentenalter hinaus bis zum 30. September 2006 Archivdirektor am Universitätsarchiv Leipzig; in dieser Zeit Habilitation und Ernennung zum Professor; Schwerpunkte der publizistischen Arbeit: Leben und Werk des Physikers und Nobelpreisträgers Werner Heisenberg, der politische studentische Widerstand nach 1945 in Mitteldeutschland und die Mitherausgabe der Leipziger Universitätsmatrikel 1809 bis 1909 in neun Bänden; 2003 Bundesverdienstkreuz am Bande und 2014 Bundesverdienstkreuz 1. Klasse.

219 Vgl. Anm. 21 und den Kommentar im Beitrag von Uta Knoblauch, „Eigentlich lief mein Studium ganz normal ab. Ein Rückblick anhand der Stasiakten“. (Anm. d. Hg.)

// Mit Mainelke im Knopfloch in die erste Reihe des Audimax

Dr.-Ing. Christian Beinhoff (Bergakademie Freiberg, 1961–1966 Fachrichtung Metallhüttenkunde, TU Clausthal, 1967–1968 Metallhüttenwesen, Diplom 1968, Promotion 1976)

Eigentlich wollte ich meine Entscheidung, ob ich nach dem Abitur in der DDR bleibe oder im Westen studiere, von dem endgültigen Bescheid über die Bewilligung eines Studienplatzes abhängig machen. In einem Zeltlager an der Ostsee überraschte mich dann am 13. August 1961 die Nachricht von der Errichtung der Berliner Mauer. Stigmatisiert durch meine soziale Herkunft, die im offiziellen Sprachgebrauch als „sonstig" bezeichnet wurde – mein Vater war selbstständiger Kaufmann – sah ich meine Chancen für eine akademische Ausbildung in der DDR als sehr gering an. Chancen mindernd war darüber hinaus die Anzahl meiner republikflüchtigen Verwandten ersten und zweiten Grades, die ich, wie jeder andere Abiturient, bei der Bewerbung zum Studium angeben musste.

Aus sicherer Quelle hatte ich erfahren, dass sich einige ältere Professoren an der Bergakademie Freiberg noch das Recht gegenüber den Parteifunktionären des Prorektorats herausnahmen, ihre Studenten selbst, und zwar ausschließlich nach fachlichen Gesichtspunkten, auszuwählen. Einzige Voraussetzung zum Studium waren die Noten „Eins" oder „Zwei" in Mathematik, Physik und Chemie. Ich bewarb ich mich bei Professor Alfred Lange[220] und konnte nach 12 Monaten Vorpraktikum mit dem Studium der Metallhüttenkunde beginnen.

In meiner Seminargruppe war ich nicht der einzige Sprössling von in der DDR übrig gebliebenen selbstständigen Unternehmern, also von „Ausbeutern", wie sie nach marxistischer Doktrin bezeichnet wurden. Dank Professor Langes Auswahlprinzip befand sich unter „seinen" Studenten auch der intelligente Nachwuchs von Vätern, die in der Vorkriegszeit wichtige Positionen in der deutschen Industrie eingenommen hatten und

Die Studenten Wolf-Dieter Hußke (vorn) und Christian Beinhoff in ihrem Arbeitszimmer im Wohnheim Winklerstraße in Freiberg (Foto im Besitz von Wolf-Dieter Hußke)

220 Direktor des Instituts für Metallhüttenkunde.

ebenfalls junge Leute mit illustren aristokratischen Namen, die anderswo unter dem Generalverdacht, Klassenfeind zu sein, nicht zum Studium zugelassen worden wären.
Als ich nach dem Mauerbau mit dem Vorpraktikum begann, zeigte sich das DDR-Regime von einer mir noch unbekannten brutalen Seite: Im September 1961 sah ich Horden von Jugendlichen in FDJ-Hemden, wie sie mit Leitern und Sägen ausgerüstet johlend durch Freiberg zogen und die Ochsenkopfantennen von den Häusern der Bürger entfernten, die zum Empfang des Westfernsehens verhalfen. Ein paar Tage darauf wurden sämtliche junge Männer nach beendeter Schicht in Lkws zum Wehrkreiskommando gefahren und zwangsweise der Musterung zugeführt, obwohl es zu diesem Zeitpunkt offiziell noch keine Wehrpflicht gab. Bei dieser Zwangsrekrutierung sollte sich die lange Liste meiner aus der DDR geflüchteten Verwandten als Vorteil erweisen: Bei der Musterung, in der ich scheinbar harmlos den Wunsch äußerte, bei den Grenztruppen der NVA dienen zu wollen, fiel ich durch.
Das Vorpraktikum, mit dem ich zunächst in einer alten Bleihütte mit sehr niedrigem Mechanisierungsgrad begann, war für mich ein Kulturschock. Zum ersten Mal wurde mir die technische Rückständigkeit von Hüttenanlagen in der DDR bewusst, in denen ohne Rücksicht auf Umwelt- und Arbeitsschutz produziert wurde. Die meisten älteren Arbeiter zeigten Symptome von Bleisaum, das heißt schwarze Ablagerungen am Zahnfleischrand, die für eine hochgradige Bleiintoxikation typisch sind. Als prophylaktische Maßnahme erhielten wir Sonderrationen an Milch. Diese stellten in der damaligen Zeit ein Privileg dar, da nach dem Mauerbau die Geschäfte wie leer gefegt und selbst Kartoffeln, Gemüse, Fleisch oder Milchprodukte knapp waren.
In anderen Hüttenbetrieben, wie dem Mansfeldkombinat und dem Leichtmetallwerk Rackwitz, in denen ich während meines Vorpraktikums arbeitete, verrichteten Häftlinge die schwersten und meist auch gesundheitsschädigenden Arbeiten.
Während des Vorpraktikums erkannte ich aber auch, dass Hightech in der DDR existierte. In der Pilotanlage des Metallhütteninstituts der Bergakademie Freiberg wurden hochmoderne hüttenmännische Verfahren entwickelt, die auch das Interesse westlicher Firmen erregten. Die zahlreichen Besucher aus dem „kapitalistischen Ausland“ konnten wir Studenten unschwer an den großen Limousinen erkennen, die häufig vor diesem Institut parkten. Erst später wurde mir bewusst, dass der Institutsdirektor Professor A. Lange ein international hoch geschätzter Fachmann war, der damals die Entwicklung moderner metallurgischer Verfahren in den Industrieländern maßgebend beeinflusste.
Der erste Ernteeinsatz in Mecklenburg gestaltete sich schon mit der Fahrt im Sonderzug zu einem Lehrstück über einschüchternde Maßnahmen des DDR-Regimes gegenüber Opponenten. Bei einem langen Aufenthalt auf dem Bahnhof von Karl-Marx-Stadt kam es unter den Hunderten von Studenten zu einem Tumult. Während auf der gegenüberliegenden Seite des Bahnsteigs ein Interzonenzug auf seine Abfahrt

wartete, skandierte eine Gruppe von Studenten die Parole: *„Ätsch, wir fahren nicht nach drüben – wir fahren in die Rüben“*. Kaum jemand unter den Studienanfängern, der nicht in das Gaudi eingestimmt und kräftig mitgebrüllt hätte! Nach der Rückreise wurden zehn Studenten willkürlich als „Rädelsführer“ herausgegriffen und exmatrikuliert, bevor sie überhaupt mit dem Studium begonnen hatten.

Während des Ernteeinsatzes bestand erste Gelegenheit, die zukünftigen Kommilitonen kennenzulernen. Die kurze Zeit musste ausreichen, um die Entscheidung zu fällen, mit welchem der Kommilitonen man sich eine Wohngemeinschaft in den Zweiraumwohnungen der Studentenwohnheime vorstellen konnte. Die Gründe für die Entscheidung blieben natürlich unausgesprochen. Ich persönlich wollte unter keinen Umständen mit FDJ-Bonzen zusammenleben. Genauso war die Einstellung meiner drei anderen Zimmerkollegen, mit denen mich seit unserem Kennenlernen vor über 50 Jahren noch eine wunderbare Freundschaft verbindet.

So können wir heute noch über die gemeinsam verbrachten Tage im Ernteeinsatz lachen, wo wir uns anlässlich der völlig sinnentleerten Volkskammerwahlen im September 1961 zum Spruchbandmalen einteilen ließen, um dem langweiligen Schleppen von Rübenkörben zu entgehen. Den von der SED-Kreisleitung verordneten Sprüchen wie zum Beispiel *„Wir wählen die Kandidaten des Friedens“* oder poetischer *„Wir brauchen den Frieden wie die Blume das Licht – den Kapitalisten die Faust ins Gesicht“* setzten wir dann unsere eigene Parole *„Wir fordern freie Wahlen in Westdeutschland“* hinzu. Schon beim Beschriften mussten wir Tränen lachen. Der größte Spaß war aber, dieses absurde Transparent mit Unschuldsmiene durch das Dorf zu tragen.

Schon nach den ersten Vorlesungen in Mathematik, Technischer Mechanik, Thermodynamik und Chemie wurde uns der Ernst des Lebens bewusst. Die Anforderungen an der Bergakademie waren so hoch, dass 30 bis 40 Prozent der Studenten diesen nicht gewachsen waren und nach der ersten Wiederholungsprüfung das Studium aufgeben mussten. Ich hatte das große Glück, einen intellektuellen Überflieger als Zimmerkollegen zu haben, der bereitwillig mit Erklärungen weiterhalf, wenn meine zwei anderen Kollegen und ich etwas nicht verstanden hatten. Seine außerordentlichen Fähigkeiten als Repetitor hatten sich sehr schnell im Studentenwohnheim herumgesprochen, so dass abends oft Hilfe suchende Studenten in unser Arbeitszimmer kamen. Diesen mussten wir dann beibringen, dass man anzuklopfen hat, bevor man eine fremde Wohnung betritt. In Wirklichkeit brauchten wir ein paar Sekunden Zeit, um den Deutschlandfunk, der bei uns jeden Abend ab 19 Uhr lief, abzustellen.

Vorsicht war geboten! So wurde gleich nach Einzug in unser Viererdomizil von einem meiner Zimmerkollegen die Lautsprecheranlage im Zimmer außer Betrieb genommen, um deren Verwendung als Mikrofon auszuschließen. Wie ich mich erinnere, geschah dies mit den Worten *„Alle mal herhören, Ihr Armleuchter …“*. Wir vier Studienfreunde lebten in schwejkscher Manier, lachten viel, vor allem über die Typen, die

uns damals regierten, kamen zur Gewi-Vorlesung um den 1. Mai bewusst viel zu spät und setzten uns dann mit Mainelke im Knopfloch in die erste Reihe des Audimax, während hundert Studenten hinter uns feixten.
Während der Feiertage und in den Semesterferien traf ich mich regelmäßig mit meiner Freundin, die in Heidelberg Medizin studierte. Unsere Treffen fanden entweder in Ost-Berlin, in der Tschechoslowakei oder in Ungarn statt. Manchmal reiste sie auch als angebliche Nichte meiner Mutter in die DDR ein. Spätestens nach der Geburt unserer Tochter, worüber ich per Telegramm aus Heidelberg informiert wurde, stand ich im Visier der Stasi. Einen Tag nach der Geburt des Kindes wurde ich telefonisch zum Prorektorat bestellt. Dort wusste aber niemand von dem Anruf.
Beim Verlassen des Gebäudes wurde ich von mehreren martialisch auftretenden Männern in ein Auto gestoßen und zum Verhör in die Stasivilla in der Leipziger Straße in Freiberg gefahren. Dort wurde alles unternommen, um mir Angst einzuflößen. Nachdem das Zimmer verdunkelt worden war, begann ein pausenloses Verhör. Dabei interessierte man sich vor allem für Privates und Intimes sowie für die Leute, die uns in der DDR und im Ausland Unterkunft gewährt hatten. Natürlich wollte man auch viel über das Umfeld meiner Verlobten, die selbst aus der DDR stammte, und ihre Beziehungen zu möglichen Fluchthelfern in West-Berlin erfahren. Zu diesem Zeitpunkt wusste ich aber bereits, dass sich offizielle Stellen in der Bundesrepublik für unsere Familienzusammenführung eingesetzt hatten und mein Name auf einer Wunschliste der Regierung in Bonn stand. Das verdutzte Gesicht des Stasioffiziers werde ich niemals vergessen, als ich ihm von meiner bevorstehenden legalen Ausreise berichtete. Nach dieser Mitteilung und vermutlich einem langen Telefongespräch zwischen ihm und seinen Vorgesetzten in Ost-Berlin wurde ich am Abend vor die Tür gesetzt und nicht, wie angekündigt, in das Zuchthaus von Karl-Marx-Stadt überführt.

Himmelfahrtsausflug 1965 mit Kommilitonen vor einer der allerorts zu findenden Lobpreisungen auf die DDR: „Wir lehren und forschen für unseren souveränen sozialistischen Staat"; im Bild Erster von links: Wolf-Dieter Hußke; Erster von rechts: Wolfgang Jankowsky (Foto: Christian Beinhoff)

Meinem Ausreisewunsch verlieh ich nach diesem Vorfall Nachdruck, indem ich beim Rat des Kreises einen Antrag auf Alimentenzahlung für meine Tochter und auf Ausreise in die Bundesrepublik Deutschland stellte. Außerdem informierte ich den Institutsdirektor Professor Lange, dass ich mein Studium beenden und in die Bundesrepublik ausreisen wollte. Daraufhin fuhr ich zu meinen Eltern nach Bernburg, die mir

in der ungewissen Zeit des Wartens große moralische Unterstützung erwiesen, auch wenn sie nicht so recht an meine Ausreise glauben wollten.
Am 2. September 1967 konnte ich die DDR endlich verlassen. In meinem Gepäck befanden sich das sorgfältig geführte Studienbuch aus Freiberg und alle Nachweise über abgeleistete Praktika und die wichtigsten Studienarbeiten. Im gleichen Monat schrieb ich mich an der TU Clausthal als Student im Fach Metallhüttenwesen ein.
Nach Vorlage der Unterlagen und Anerkennung der Prüfungen für das Vordiplom wurde ich zu verschiedenen Kolloquien von Professoren eingeladen, die sich einen Überblick über meine Kenntnisse in den Hauptfächern und die Inhalte und Qualität meiner schriftlichen Studienarbeiten verschaffen wollten. Im Sommer 1968 bestand ich mit guten und sehr guten Noten in den Hauptprüfungen das Diplomexamen an der TU Clausthal.
Ein Resümee: Mein Schnellstart in der Bundesrepublik war natürlich nur möglich, weil ich eine hervorragende Ausbildung in Freiberg erhalten hatte und die Ausbildungsinhalte in der damaligen Zeit in Ost und West fast identisch waren. Während meiner Zeit als Wissenschaftlicher Assistent an der TU Clausthal, in der ich in Seminaren und Übungen viel mit Studenten arbeitete und Studien- sowie Diplomarbeiten betreute, fiel mir öfter auf, dass westliche Studenten wegen der Abwesenheit von Drill in ihren ersten Semestern in bestimmten Bereichen unbeholfener waren als ihre Kollegen im Osten.
Das Verhalten des Lehrpersonals in Freiberg gegenüber „unwissenden“ Studenten hatte ich oft als ungerecht und sehr überheblich empfunden. Den in Freiberg verbreiteten Typus des Wissenschaftlichen Assistenten, der Studenten wie Rekruten gnadenlos vorführte und exerzieren ließ, habe ich in Clausthal nicht kennengelernt. Die Fachprofessoren dort sorgten dafür, dass alle Studenten für ihre Ausbildung die maximale Unterstützung von den Wissenschaftlichen Assistenten erhielten und selbstverständlich gerecht behandelt wurden. Dies war für mich nach Jahren der Bevormundung und Angst eine wunderbare Erfahrung.

Christian Beinhoff, geb. 1943 in Bernburg/Saale; 1961 Abitur, einjähriges Vorpraktikum in verschiedenen Hüttenbetrieben; 1962 Studium an der Bergakademie Freiberg; 1966 Beendigung des Studiums wegen Antrag auf Familienzusammenführung, 1967 Ausreise in die Bundesrepublik Deutschland.
1968 TU Clausthal (Diplom); bis 1971 Betriebsingenieur Preussag AG Metall in Goslar, danach wissenschaftlicher Assistent und Oberingenieur am Lehrstuhl für Metallhüttenwesen TU Clausthal, 1976 Promotion; Leiter metallurgische Entwicklung der Preussag AG und Technischer Direktor des Hüttenwerks Métaux Ballast in Montreal/Kanada; bis zur Pensionierung weltweit als Beratender Ingenieur im Bereich Bunt- und Edelmetallgewinnung tätig; 1990–2005 Chief Technical Adviser bei der United Nations Industrial Development Organisation (UNIDO).

// In Moskau ein Studium beginnen ...

Mir war's Verlockung, aus der DDR mal rauszukommen

Dipl.-Ing. Klaus Heyde (ABF der TU Dresden, Studienjahre 1961–1964, TU Dresden, Studienjahre 1966–1971, Fachbereich Maschinenwesen, Diplom 1971)

Wie in den Vorjahren war von Dresdens ABF[221] auch 1963 gefordert, einige Abgänger fürs Studium im sozialistischen Ausland zu gewinnen. Mir war's Verlockung, aus der DDR mal rauszukommen ... von der großen weiten Welt was zu sehen. Interesse für Mineralogie war gegeben, zumal Chemiekenntnisse auch da erforderlich. Probleme, mir Vokabeln zu merken und richtig auszusprechen, sah ich bisher keine.

Dass mein „Ausflug" fünf Jahre doch nicht währte, sei vorweggenommen. Bedenken, mir zu viel zugemutet zu haben, sollten sich einstellen. Unterm Strich wurden es 18 Wochen, eine vorbereitende Schulung hinzugerechnet. Im Juli hielten sich die künftigen Auslandsstudenten an der ABF Halle auf. Von Fotografien her war das Gebäude, in dem wir studieren sollten, jedem der bald darauf nach Moskau Reisenden bekannt. Die Rede ist von der Lomonossow-Universität – Flaggschiff der Sowjetwissenschaften. Mitte August betraten wir sie. Um 1950 auf dem Areal der Leninberge neu entstanden, war diese Alma Mater nicht zuletzt des Baustils wegen im Ausland bekannt. Mit Übergabe von drei Klappausweisen waren sieben Ostdeutsche in die geologische Fakultät aufgenommen.

Die Lomonossow-Universität in Moskau, Foto 1963

Um das Unigebäude vorzustellen, schloss sich ein Vortrag an. Eine Zahl blieb da hängen: 28.000 Räume hatten Architekten darin untergebracht. Ein Kommentar dazu lautete: Sich in jedem fünf Minuten aufzuhalten, würde die Arbeitszeit eines Jahres in Anspruch nehmen. Bevor wir uns einige anschauen durften, ging's per Expresslift in die 32. Etage. Vor unsren Augen lag des riesigen Landes Hauptstadt. Positive Eindrücke hinterließen auch die Mensa und der Wohntrakt ausländischer Studenten. Umso größer waren Verwunderung, wenn nicht gar Erschrecken darüber, wie wir DDR-Deutschen untergebracht waren. Einen Kilometer abseits der Uni gelegen, wies

221 Vgl. Anm. 78.

unser Heim keinen behaglichen Winkel auf. Jeder hatte sich drauf einzustellen, mit drei Einheimischen karg eingerichtete 20 Quadratmeter zu teilen. Mit ihnen warm werden, einigermaßen nach der eigenen Fasson leben zu können: Fehlanzeige. Mal eine Stunde in angenehmer Atmosphäre verbringen, nur im Nachbargebäude möglich. Die Mitstudentinnen empfingen uns gern, daher relativ häufig in Wohnräumen, denen sie eine individuelle Note gegeben hatten. Zu Tee vom Samowar gabs meist einen Imbiss.

Besonders erfreulich: Unser Kommunizieren trug heitere Züge. Nicht so in meiner Behausung, wo Gespräche selten munter … fröhlich verliefen. In dem Zusammenhang sollte mir auffallen, wie es um die Mentalität der Zimmergenossen bestellt war. Unter Kriegsauswirkungen hatten viele bestimmt gelitten. Uns stellte sich daher die Frage, ob bzw. in welchem Maße man uns noch mit nazideutscher Vergangenheit verstrickt sieht. Ein krimineller Übergriff besaß vielleicht Spuren solch eines Motivs. Nach fünf Wochen vermisste jeder „Nemzy“[222] etwas von seinen Textilien. Verglichen mit uns waren russische Freunde meist mit sehr kleinem Gepäck angereist.

Allmählich bahnten sich Romanzen an. Ich selber kam Larissa näher; die im laborpraktischen Unterricht neben mir hantierte. Von ihr wusste ich an sich nicht viel mehr, als dass sie in einer Großstadt an der Wolga aufgewachsen war und den Namen eines bekannten Schauspielers trug. Dass Lora mich ab und an „mein kleiner Faschist“ titulierte, stachelte zu Protesten nicht an. Wenngleich kein Kosename, war der innige Unterton rauszuhören. An ihrer Seite sollte ich eine Vorstellung erhalten, worin das romantische Flair „podmoskowskije wetschera“[223] genannter Abende besteht: Am Moskwa-Ufer entlang zu zweit einen abendlichen Bummel unternehmen.

Im Gegensatz zu aktuellem seelischen Überschwang sollte sich bei mir Unbehagen einstellen. Anstoß gab auch, das Internat der KPdSU-Parteihochschule gesehen zu haben. Ein Gaststudent machte es möglich – er war vom SED-Zentralkomitee für ein Jahr an Moskaus Kaderschmiede delegiert. Bisher kannte ihn nur mein Bruder, da dessen Eltern im Haus neben ihm wohnten. Was er hier lernen sollte, verriet er mir natürlich nicht. Eines stand ohnehin fest, das allen DDR-Bürgern verklickert wurde: Vom Lande Lenins gilt es, Siegen zu lernen! Die Lehrkräfte der Parteihochschule hatten theoretische Grundlagen und praktisches Vorgehen im Blick, die hier etablierte Gesellschaftsordnung weltweit durchzusetzen. Den neuen Tag missmutig anzugehen, sah dieser Gaststudent bestimmt keine Gründe. Sein Quartier, stattlich eingerichtet, hob sich von meiner Behausung deutlich ab. In unmittelbarer Nähe meines Zimmers ein extrem grässlicher Ort des Hauses: die Toiletten. Dass Nachtruhe oft gestört, ein weiteres Ärgernis. Die Pressspantür ließ laute Töne durch, was sich mir

222 Russisch: Deutscher, Deutsche.

223 Russisch: Abende an der Moskwa (Moskwa: Fluss, der durch Moskau fließt).

auf den Magen schlagen sollte. Im dritten Monat sah ich mich gezwungen, einen Arzt aufzusuchen. Dabei an eine Frau Dr. Kaufmann geraten, ging ich des Namens wegen davon aus, mit ihr deutsch reden zu können. Das war nicht der Fall, was sie ein wenig verlegen machte. Da mein Wortschatz in Sachen physischer Zustände wenig hergab, vermochte ich nur radebrechend vorzubringen, was zu sagen gewesen wäre. Immerhin brachten ihre Therapieerwägungen mit sich, dass Erinnerung an den Staatsfeiertag 7. November blieb: Da lag ich in einem Krankenhaus am Rande Moskaus. Das Zimmer, das einen Sowjetbürger und mich aufgenommen, hell und freundlich, mit Ausblick auf ein vorwinterlich kahles Birkenwäldchen. Vom medizinischen Drumherum sollte kein Restwissen bleiben. Mit Pillen war meinen Problemen eh nicht beizukommen. Unvergessen hingegen des Bettnachbars Bemühen, sich zu erinnern, was von Begegnungen mit gefangen genommenen Landsern noch in seinem Kopf – von russischer Seite „die Fritzen“ genannt.

Als sich zum 46. Mal jährte, dass die Oktoberrevolution Russland erschütterte, spürte ich bald: Ein normaler Krankenhaustag wird das nicht. Seine Frau erschien nach dem Frühstück. Eine Flasche Wodka blieb zurück, als sie ging. Besagten Ereignisses zu gedenken, bedurfte des klaren „Wässerchens“[224] … ein sinniger Spruch vor jedem Schluck gehörte dazu. Weil mit Ergriffenheit vorgetragen, merkte ich mir dies: *„Auf Parteigrößen wie Chruschtschow werde ich mit dir heute nicht anstoßen. Tun wirs vielmehr darauf, dass es so einen Krieg nie mehr gibt.“* Dem folgte ich gern; solch einen gewichtigen Toast sollte ich nie mehr zu hören kriegen. Unterm Strich wurdens mehr als „sto gramm“ (hundert Gramm), hierzulande bekanntlich Grundquantum männlichen Stehvermögens. So viel Schnaps im Magen folgten einige Stunden im Nirwana. Aus dem Krankenhaus zurück, bot man mir an, ins Ausländerheim der Uni wechseln zu können. Weichen dafür hatte die DDR-Botschaft, Abteilung Studentische Angelegenheiten, gestellt. Meine Gefühlslage änderte die Aussicht solcher Besserstellung jedoch nicht.

Meinen letzten Besuch bei der genannten Ärztin zu erwähnen, geht nicht auf medizinische Belange zurück. Der 23. November blieb im Gedächtnis, weil im Wartezimmer eine Schreckensnachricht kursierte. Der Ortszeit nach war’s am Vorabend passiert: Der 35. Präsident der USA im texanischen Dallas ermordet! Hiervon ausgehende Betroffenheit kam doch überraschend: Leute neben mir mit Tränen in den Augen, im Nachhinein erst begreiflich. Mit John F. Kennedys Person verband sich Hoffnung auf einen Wandel des politischen Klimas, damals als „Kalter Krieg“ bezeichnet. Monate zuvor waren Spannungen zwischen den Supermächten gefährlich eskaliert. Insgeheim hatten „die Sowjets“ Atomraketen auf der Karibikinsel Kuba stationiert.

224 Wodka bedeutet wörtlich übersetzt „Wässerchen“.

Mir zum Ende hin einige Extras leistend, hatte ich auch an die „Junge Welt“[225] geschrieben. Vom Spektakel um ein Fußballmatch in Moskaus größtem Stadion war da die Rede … Begriffe wie Platzangst, Hexenkessel, Wahnsinnskulisse kamen vor. Hinein geriet ich durch einen irren Zufall. An sich war das Derby, Spartak gegen Dynamo, ausverkauft. Vorm „Luschniki“-Stadion tummelten sich trotzdem zahllose Fans – hofften, noch reinkommen zu können. Flankiert von Miliz, teils auch zu Pferde. Besonders ungestüm Auftretende wurden ergriffen, auf Fahrzeuge geschmissen und abtransportiert. Dass ein Moskowiter[226], kurz vor der Einlasspforte, ausgerechnet mir ein Ticket überließ, kam so überraschend, dass mich nicht erreichte, was er dabei verbal von sich gab. Vom Spielfeld war mein Stehplatz sehr weit entfernt. Die von der FDJ-Zeitung erhaltene Antwort gab an, dass weitere Berichte folgen könnten. Im Anhang standen jedoch thematische Vorgaben, die mirs vergällten, den Titel „Jugendkorrespondent“ anstreben zu wollen. Das aktuell Geforderte verlangte eine neue Qualität linientreuen Fabulierens. Dem nachzukommen, hätte ich eine Brille aufsetzen müssen, die rotstichige Bilder entstehen lässt.

Studentenausweis der Moskauer Lomonossow-Universität von Klaus Heyde, 1963

Nach Moskau im Erdölverarbeitungswerk Schwedt

Ende November stand fest, wann wir nach Berlin fahren würden. Mit mir noch ein Aussteiger, den der VEB Erdöl und Erdgas Grimmen an diesen Studienplatz gebracht. Er besaß wohl die gleichen Motive, nicht bleiben zu wollen. Verständigt haben wir uns darüber nicht. Einen Dritten dazu Willigen hatte die DDR-Botschaft, Abteilung Studentische Angelegenheiten, in intensiven Gesprächen noch umpolen können.
Auf dem Belorussischen Bahnhof verabschiedete uns ein Mann der Botschaft mit den Worten: „*Den nächsten Studienplatz werdet ihr euch erarbeiten müssen.*“ Zu Hause erreichte mich Anregung, es könnte in der Uckermark geschehen – in einem Ort, von dem ich nur wusste, dass dort Tabak angebaut wird. Aktuell war Schwedt auserwählt, Standort neuer Betriebe zu werden. Es war die Schwester einer Freundin, die von gro-

225 Die „Junge Welt“ war von 1947 bis 1990 die Zeitung der FDJ in der DDR. (Anm. d. Hg.)
226 Moskowiter – Bezeichnung für die Bewohner Moskaus.

ßen Baustellen berichtete … Sie gab auch Auskunft in Sachen Entlohnung und Wohnen. Das EVW zu errichten, hatte man eine riesige Waldfläche roden müssen. Ursels Mitteilungen hörten sich passabel an. Wichtig war mir der Hinweis: *„Man sucht noch Anlagenfahrer, die russisch sprechen."*
Da mir der neue Studienplatz so gut wie sicher, war das Schwedter Intermezzo im August 1966 vorüber. Vom mich delegierenden Betrieb erging zuvor noch der Hinweis, dass ich Verfahrenstechnik studieren solle. Chemiker gäbe es im EVW genug.

Als Student der Verfahrenstechnik in Neu-Moskau

Ein nebenher zum Studium absolvierter Kursus hatte mich inzwischen zum Fachübersetzer gemacht. Dem zugrunde lag ein studentisches Austauschprogramm meiner Fachrichtung. Nach Leningrad sollten wir da auch gelangen.
Zuvor hatten wir nach Dresden gekommene Kommilitonen zu betreuen. Pflastermüde und ziemlich hungrig hockten wir bereits eine Stunde im Kellerrestaurant vom Roten Rathaus[227], ich versuchte einen flotten Spruch anzubringen: *Postaw twoi suby na polku – leg dein Gebiss auf dem Küchenregal ab*, wenn es mal nichts zu beißen gibt. Heiterkeit kam da nicht auf … Dem die Abordnung führenden Hochschullehrer war's mehr als ein Lapsus. Erregt gab er mir zu verstehen: *„Millionen Menschen unsres Landes erinnern diese Worte an Hungerjahre im Großen Vaterländischen Krieg[228]."*
Auf Errungenschaften des Sozialismus stolz zu sein, gaben einige der 15 russischen Kommilitonen klar zu erkennen – äußerten dabei die Ansicht, den Klassenfeind im Westen bald auch auf Gebieten der Wirtschaft überholen zu können. Eine abwegige Einschätzung, zustande gekommen durch stete Berieselung – auch mit dem Ziel, dem Volk weismachen zu wollen: Dereinst wird Belohnung finden, welche Opfer ihr auch brachtet.
Am zweiten Abend brachen wir mit großem Gepäck zum Ostbahnhof auf und mit dem Zug ging es nach Moskau. Von dort ging es weiter Tula, Novomoskowsk[229] und am Ende wieder Moskau – obligatorisches Besichtigungsprogramm, das auf dem Leningrader Bahnhof zu Ende ging. Die Rückreise: Es folgten drei vom Schlafwagenschaffner betreute Stunden, wobei mir auffiel, von den jetzt anwesenden Kommilito-

---

227 Das Rote Rathaus liegt nahe dem Alexanderplatz. Dort waren der Ost-Berliner Magistrat und der Ost-Berliner Oberbürgermeister untergebracht. Auch die Stadtverordnetenversammlung tagte dort. (Anm. d. Hg.)

228 Der Zweite Weltkrieg mit dem deutschen Überfall auf die Sowjetunion 1941 wurde von dieser offiziell als „Großer Vaterländischer Krieg" bezeichnet. (Anm. d. Hg.)

229 Novomoskowsk (dt. Neu-Moskau), bis 1933 Bobriki, 1933–1961 Stalinogorsk. Stadt im Tulsker Bezirk von Russland mit 127 000 Einwohnern (2015). 1930 wurde dort das größte sowjetische Chemiekombinat errichtet. (Anm. d. Hg.)

nen keine Sprechblasen staatlicher Propaganda mehr gehört zu haben, weil wir uns mittlerweile gut kannten und kein „Aufpasser“ anwesend war.

Klaus Heyde, geb. 1942; nach Lehrzeit im Sächsischen Kunstseidenwerk Pirna, dem Besuch der ABF an der TU Dresden 1961–1964 und dem Studium an der TU Dresden 1966–1971 ergab sich in DDR-Zeiten dieses Arbeitsleben: 1963–1966 Anlagenfahrer im Erdölverarbeitungswerk Schwedt, 1971–1975 Problemanalytiker für Prozessautomatisierung im oben genannten Werk, 1975–1978 Schichtleiter Innenbetrieb Zellstoffwerk Pirna, 1978–1990 Kombinatsleitung Zellstoff und Papier Heidenau (Mitarbeiter Forschungsorganisation).
Für die Zeit nach 1990 sollte sich kein Arbeitsleben in stabilen Bahnen mehr ergeben. Nennenswert: zwei Umschulungen jeweils ein Jahr, Gerichtsberichte für die SZ geschrieben, gesellschaftliche Aktivitäten, Hinwendung zu schriftstellerischer Tätigkeit.

// Ich sollte für sechs Jahre nach Moskau gehen

Dies solle keine Strafe, sondern eine Auszeichnung sein

Dr. med. Ingrid Straßberger geb. Friedrich (Semmelweis-Universität Budapest, Studienjahre 1961–1963, Medizin, Medizinische Akademie Dresden, Studienjahre 1963–1966, Medizin-Diplom 1966, Promotion 1970)

1961 war das Jahr meines Abiturs. Mein Studienwunsch – Medizin – stand schon lange fest. Aber würde mir das auch gelingen? Einige Zeit nach Abgabe der Studienbewerbung wurde ich zum Schuldirektor bestellt und erfuhr, dass ich zum Medizinstudium zugelassen sei. Meine Freude war natürlich groß, hielt jedoch nur kurze Zeit an, denn ich sollte für sechs Jahre nach Moskau gehen. Das kam für mich absolut nicht infrage, und ich lehnte spontan ab. Er war darüber etwas erstaunt und meinte, das hätte noch nie jemand abgelehnt, es solle keine Strafe, sondern eine Auszeichnung sein!
Eine Auszeichnung wofür? Als einzige gesellschaftliche Funktion hatte ich immer nur die Mitgliedschaft im Schulchor vorzuweisen. Aber nach einer verordneten Bedenkzeit lehnte ich trotzdem ab. Ich dachte, das war's dann wohl. Aber nach einiger Zeit wurde ich erneut zum Schuldirektor bestellt und gefragt, was ich denn von Prag oder Budapest bis zum Physikum hielte. Das konnte ich mir schon recht gut vorstellen. Am Ende wurde es dann Budapest. Diese Entscheidung habe ich wirklich niemals bereut. Obwohl für etwa 120 Studenten sogar deutsche Vorlesungen gehalten wurden, sollte

vor Semesterbeginn ein etwa achtwöchiger Sprachkurs stattfinden. So ging es nach einer kurzen Vorbesprechung mit zwei Koffern bewaffnet mit dem Baltorientexpress[230] schon Anfang Juli 1961 nach Budapest. Als „Studentenheim" standen Holzbaracken zur Verfügung – streng getrennt für Jungen und Mädchen. Die Jungen wohnten auf dem Sonnenberg, die Mädchen auf dem Gottesberg. Unsere Baracken standen in einem großen Garten auf dem Gelände der Schwesternschule. Von dort erhielten wir auch die morgendliche und abendliche Verpflegung. Acht Mädchen bewohnten gemeinsam ein Zimmer, insgesamt 40 in einer Baracke. Neben den fünf „Wohnzimmern" mit vier Doppelstockbetten gab es eine Küche, einen Waschraum und zwei Seminarräume. Das Grundstück war umzäunt, das Tor wurde um 22 Uhr verschlossen. Man musste bei verspätetem Eintreffen am Pförtnerhäuschen um Einlass bitten und wurde namentlich registriert. Bei gehäuftem Auftreten evtl. in Kombination mit schlechten Studienleistungen konnte es sein, dass man in die Botschaft zitiert wurde und sich rechtfertigen musste.

Wir begannen zunächst mit einem Intensivkurs der ungarischen Sprache. Es machte Spaß, diese an sich nicht ganz einfache Sprache zu erlernen, denn schon nach relativ kurzer Zeit konnte man sich einigermaßen verständigen. Den 13. August 1961 – den Tag des Mauerbaus – haben wir mit Sorge und Angst erlebt. Die Informationen waren spärlich und sicher geschönt. Wir hatten in unserem Studentenheim keine Möglichkeit, westliche Radiosender zu empfangen. Die Botschaft versuchte uns zu vermitteln, dass dieser „antikapitalistische Schutzwall" ein „völlig normaler Schritt" der DDR sei. Die DDR-Botschaft war für uns Studenten das übergeordnete Kontrollorgan, was auch ich bald erfahren durfte. Es gab diverse Anordnungen und Verbote, zum Beispiel war Briefwechsel mit dem westlichen Ausland streng untersagt. Noch bevor das Semester begann, konnte ich eines Tages vor einem geplanten Ausflug meinen DDR-Personalausweis partout nicht finden. Einige Tage hatte ich noch Hoffnung, aber vergebens. Also musste ich das in der Botschaft melden. Ich wurde mehrfach einem regelrechten Verhör unterzogen mit der Unterstellung, dass ich den Ausweis an Bundesbürger zu Spionagezwecken verkauft hätte. Etwas mulmig wurde mir da schon mit meinen gerade mal 18 Jahren. Bei meiner nächsten Einladung in die Botschaft gab es kein erneutes Verhör, sondern mir wurde mein Personalausweis überreicht. Ich hatte ihn offenbar auf der Margareteninsel verloren, der ehrliche Finder brachte ihn zur Polizei. In der Annahme, dass ich Tourist wäre, wurde er nach Dresden zur Polizei geschickt. Mein Vater fand im Briefkasten eine Nachricht an mich, dass ich auf der Polizei vorsprechen sollte. Da ich nicht anwesend war, nahm er den Termin wahr – sicher mit dem Gedanken, was ich nun schon wieder angestellt haben

---

230 Der Name nimmt Bezug auf die historische Zugverbindung bekannt unter dem Namen „Orientexpress". Dieser Zug fuhr von Berlin, Prag, Budapest, Bukarest nach Sofia.

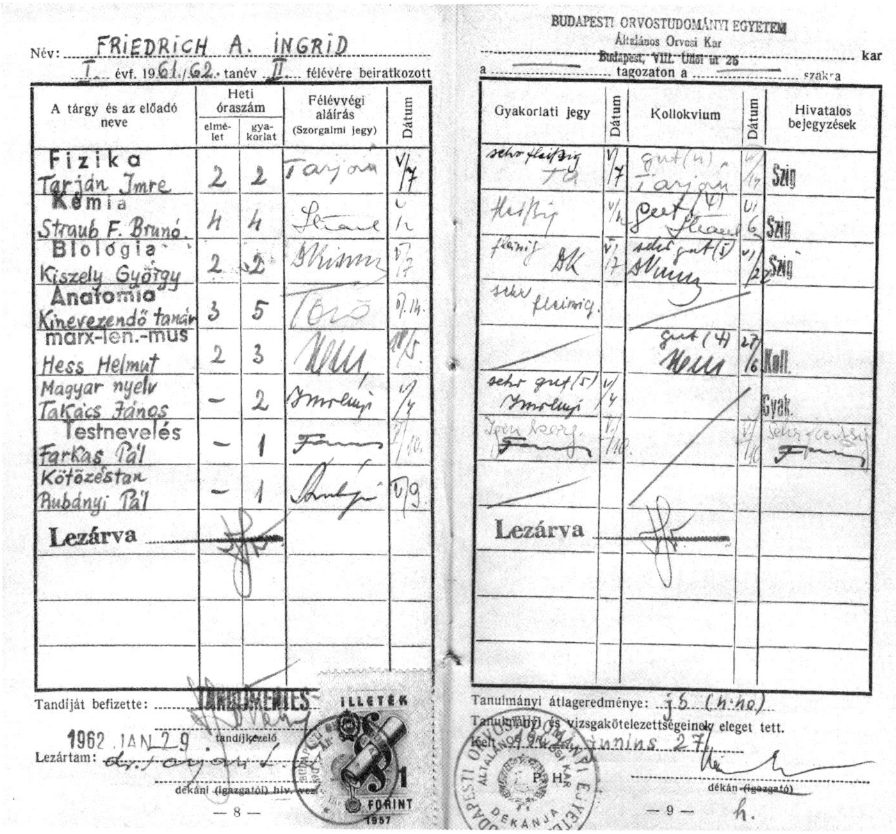

Név: FRIEDRICH A. INGRID
I. évf. 1961/62. tanév II. félévére beiratkozott

A tárgy és az előadó neve	Heti óraszám elmélet	Heti óraszám gyakorlat	Félévvégi aláírás (Szorgalmi jegy)	Dátum
Fizika – Tarján Imre	2	2		V/7
Kémia – Straub F. Brunó	4	4		V/12
Biológia – Kiszely György	2	2		V/7
Anatomia – Kinevezendő tanár	3	5		V. 14.
marx-len.-mus – Hess Helmut	2	3		
Magyar nyelv – Takács János	–	2		V/4
Testnevelés – Farkas Pál	–	1		V/10
Kötözéstan – Rubányi Pál	–	1		V/9
Lezárva				

Tandíját befizette: TANDÍJMENTES
1962 JAN 29 tandíjkezelő
Lezártam:
dékáni (igazgatói) hiv. vez.
— 8 —
ILLETÉK 1 FORINT 1957

BUDAPESTI ORVOSTUDOMÁNYI EGYETEM
Általános Orvosi Kar
Budapest, VIII. Üllői út 26
kar
a tagozaton a szakra

Gyakorlati jegy	Dátum	Kollokvium	Dátum	Hivatalos bejegyzések
sehr fleißig	V/7	gut (4)	VI/14	Szig
fleißig	V/12	gut (4)	VI/6	Szig
fleißig	V/7	sehr gut (5)	VI/22	Szig
sehr fleißig				
		gut (4)	VI/27	Koll.
sehr gut (5)	V/4			Gyak.
	V/10		VI/10	sehr fleißig
Lezárva				

Tanulmányi átlageredménye:
Tanulmányi és vizsgakötelezettségeinek eleget tett.
Kelt: 1962. június 27.
P. H.
dékán (igazgató)
— 9 —
BUDAPESTI ORVOSTUDOMÁNYI EGYETEM ÁLTALÁNOS ORVOSI KAR DÉKÁNJA

Die Unterrichtung in Marxismus-Leninismus erfolgte durch Herrn Helmut Hess von der DDR-Botschaft. Der ungarische Studienplan sah dieses Fach nicht vor.

könnte. Nach Aufklärung, dass ich mich noch immer in Budapest aufhalte und dort studieren möchte, wurde der Ausweis direkt an die Botschaft geschickt. An weiteren intensiven Kontakten mit der Botschaft war ich nicht interessiert, erledigte meine Korrespondenz mit Freunden und Verwandten in der Bundesrepublik nicht mehr direkt, sondern über Umwege. Offensichtlich war man damals noch nicht so geübt in der Überwachung des Postweges wie 20 Jahre später, denn herausgefunden wurde es nicht. Man hatte mir ja schon mit Exmatrikulation gedroht, das wäre dann sicher ein willkommener Anlass gewesen.

Das Studium an der Budapester Semmelweis-Universität begann im September, die Vorlesungen wurden in Deutsch gehalten. Die Professoren und Dozenten sprachen alle ein ausgezeichnetes Deutsch und hatten hohe fachliche Kompetenz. Die Lehrveranstaltungen wurden von uns nahezu hundertprozentig wahrgenommen, da sie qualitativ sehr gut waren. Allerdings wurde auch nichts dem Selbstlauf überlassen. Die Praktika und Vorlesungen waren straff organisiert, es gab häufig Testate und

Prüfungen. Aber ich denke, dass das uns allen nicht geschadet hat. Bei dieser Organisation ins Hängen zu kommen, wäre ein kleines Kunststück gewesen. Mit den ungarischen Studenten hatten wir relativ wenig Kontakt, weil es offensichtlich nicht gewünscht wurde. Die Vorlesungen in Marxismus-Leninismus wurden von Botschaftsangestellten gehalten, da sie im Lehrplan der Medizinischen Universität Budapest für uns nicht vorgesehen waren.

Innenseite des Studentenbuchs von Ingrid Straßberger, Semmelweis-Universität Budapest

Das Studentenleben verlief in vergleichsweise ruhigen Bahnen. Wir bekamen Stipendium, womit wir einigermaßen zurechtkamen. Die besser verdienenden Eltern mussten einen Teil oder alles übernehmen, bei den meisten war das nicht erforderlich. Unsere selbst organisierten Feste fanden meist in den Seminarräumen unserer Baracke statt. Dafür mussten die Herren von ihrem Sonnenberg zu uns auf den Gottesberg aufsteigen. Ausflüge in die Umgebung wurden von den einzelnen Seminargruppen organisiert, manchmal auch mit unseren Dozenten, zu denen wir oft ein sehr angenehmes und persönliches Verhältnis hatten. Der erste Heimaturlaub war Weihnachten, und dann erst wieder im Sommer. Einige wurden zwischendurch schon mal von ihren Eltern besucht.

Im zweiten Studienjahr erlebten wir einen sehr harten Winter, als die Donau zugefroren war und man über das Eis spazieren konnte. Das war natürlich in unseren Baracken mit den dünnen Holzwänden, ohne Doppelfenster und mit einem kleinen Kachelofen im Zimmer ein echter Härtetest. Zum Glück hatte ich eine Prüfung schon in den Dezember vorgezogen, so dass ich im Januar nur noch für eine Prüfung lernen musste. Dazu war es eigentlich nur im Bett mit Wärmflasche aushaltbar. Außerdem bewohnte ich die obere Etage des Doppelstockbettes, da war es wenigstens noch etwas wärmer. Nach der Prüfung hatte ich dann frei und konnte von Café zu Café spazieren, mich für Stunden an einem Espresso festhalten und Wärme tanken.

Unser „Studentenwohnheim" in Budapest, 1962 (Foto privat)

Das Physikum bestand ich nach zwei Jahren intensiven und trotzdem sehr angenehmen Studiums in einer wunderschönen Stadt, die ich in dieser Zeit kennen und lieben gelernt habe.

Das klinische Studium setzte ich an der Medizinischen Akademie „Carl Gustav Carus" in Dresden fort. Da wir das Physikum bereits nach vier Semestern abgelegt hatten, die Studenten in der DDR jedoch erst nach fünf Semestern, mussten wir ins siebente Semester einsteigen. Die Medizinische Akademie hatte für unser „Ausländerseminar", welches aus Studenten der ČSSR, Ungarns, Bulgariens und Rumäniens bestand, einen Crash-Kurs anstelle des sechsten Semesters organisiert. So konnten wir das Staatsexamen in Medizin bereits nach fünf Studienjahren ablegen, und durch den Crash-Kurs blieb uns der sonst obligatorische Kartoffeleinsatz erspart. Ich gehörte zu den seltenen Exemplaren von DDR-Studenten, die im gesamten Studium keinen einzigen Kartoffeleinsatz erleben „durften". Im darauf folgenden Jahr musste ich akut meine Gaumenmandeln in der HNO-Klinik abliefern, und im letzten Studienjahr war man ohnehin davon verschont. Das betraf auch den Russischunterricht, da ich das ungarische Staatsexamen vorweisen konnte. Dadurch konnte ich dann freiwillig am Englisch- und Französischunterricht teilnehmen. Heutzutage wären vertiefte Russischkenntnisse manchmal hilfreich, aber damals war ich froh, mit dieser Sprache nicht weiter konfrontiert zu werden.

Abschlussvorlesung Hygiene/Mikrobiologie bei Professor Walther Ahrens an der Medizinischen Akademie in Dresden (Foto privat)

Aus meiner Sicht war das klinische Studium qualitativ sehr gut und praxisbezogen. Ich hatte seit dem fünften Studienjahr die Möglichkeit, außerhalb der Lehrveranstaltungen in der chirurgischen Klinik Stationsarbeit zu erledigen und im OP-Saal zu assistieren. Nach einer Famulatur in einer anderen Dresdner Klinik durfte ich am Bereitschaftsdienst teilnehmen. Dadurch konnte ich mir bis zum Staatsexamen schon viel Praxiswissen aneignen.

Das zwölfte Semester war damals Prüfungssemester. Wir haben alle klinischen Prüfungen von Januar bis Juni absolviert. Alle Fächer wurden in kleineren Gruppen geprüft. Das war natürlich anhaltender Stress, aber aus meiner Sicht keine schlechte Variante, da man alles noch einmal wiederholen musste und manchmal ganz neue Zusammenhänge der einzelnen Fächer erkannte.

Meine größte Sorge galt dem Staatsexamen in Marxismus-Leninismus. Dinge, von deren Notwendigkeit ich nicht überzeugt war, pflegte ich sehr gern vor mir herzuschieben. Außerdem fielen mir das Lesen und vor allem das Verstehen dieser Literatur enorm schwer. Vor keiner Prüfung graute mir mehr als vor dieser. Es wurde zunächst die Frage an mich gerichtet, ob ich Christ sei. Ich bejahte das. Vielleicht hatte man nicht damit gerechnet, dass ich dazu stehen würde. Die eigentliche Frage war dann, ob ein Christ den Sozialismus unterstützen könne. Nun, dazu konnte ich schon etwas sagen und habe damit diese Hürde, besser als befürchtet, genommen.

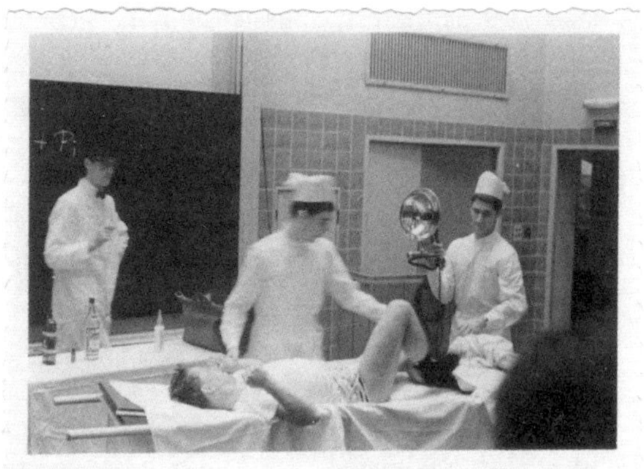

Abschlussvorlesung Chirurgie – Demonstration einer „Patientenuntersuchung". Meine männlichen Kommilitonen waren mit den damals üblichen Schwesternhauben in die Rollen der assistierenden Schwestern geschlüpft. Der Student rechts hält eine Heizsonne in der Hand (Foto privat).

Ende Juni 1966 hatte ich mein medizinisches Staatsexamen in der Tasche, noch bevor ich mein 23. Lebensjahr vollendet hatte, und konnte dadurch sehr frühzeitig ins Berufsleben einsteigen, das mir bis heute unglaublich viel Freude bereitet.

Ingrid Straßberger geb. Friedrich, geb. 1943; 1961 Abitur; Medizinstudium in Budapest und Dresden 1961–1966; Assistenzärztin, Facharztausbildung Krankenhaus Freital; Fachärztin für Anästhesie in der Medizinischen Akademie Dresden; 1970 Promotion; 1979 Oberärztin; 1990 Gründung des Akademischen Beirats und Leitung der Personalkommission an der Medizinischen Akademie.
1991 Mitglied der Gründungskommission, des Fakultätsrats und Senats; 1996–2004 Chefärztin im Krankenhaus Freital bis zum Ruhestand; 2000 Verdienstorden des Freistaates Sachsen.

// Träume von einem menschlichen Sozialismus

Dipl.-Ing. Peter Ziesecke (TU Dresden, Studienjahre 1961–1962, Fachrichtung Physik; Studienjahre 1964–1968, Fachrichtung Maschinenbau/Verarbeitungsmaschinenbau, Exmatrikulation ohne Abschluss 1968, TU Dresden, Studienjahre 1971–1973, Fernstudium (nach politischer Haft), Diplom 1973)

Im Frühjahr 1968 waren die Wahlen zur neuen Verfassung.[231] Ich kann mich noch sehr gut daran erinnern, zumal wir als Seminargruppe 13 der Sektion Verarbeitungs-/Verfahrenstechnik gemeinsam an der Wahl teilnahmen. Im Vorfeld hatten wir uns abgesprochen, dass wir alle durch die Wahlkabine gehen. Ein Großteil der Studenten benutzte diese Wahlkabine, die diagonal zur Urne platziert war, unscheinbar, ein mit Pappe abgegrenzter Tisch. Es war eine Herausforderung, wie man gut an den entsetzten Augen der Wahlhelfer, ihrem Getuschel ablesen konnte. Zumindest konnte man an den Gesichtern der Kommilitonen ansehen, dass sie diese Frechheit gegenüber der Staatsmacht sichtbar genossen haben.

Peter Ziesecke (links) als Ausbilder mit Kommilitonen in Schirgiswalde (Foto privat)

Vorgeworfen hatte man mir diese Aktion bei den späteren Verhören bei der Stasi allerdings nicht. Doch dazu komme ich noch.

Als ich nach dem Wehrdienst bei der NVA als Unteroffizier (1959–1961 Panzertruppen in Brandenburg) entlassen wurde und das Maschinenbaustudium an der TU Dresden aufnahm, wurde ich sofort auserwählt, in Schirgiswalde 1964/65 Verantwortung für meine Kommilitonen als Ausbilder zu übernehmen. Ich konnte mich dem nicht entziehen, fand es trotzdem auch nicht so schlecht, da mal rein sportlich gesehen einigen die Bewegung ganz guttat. Politisch geschult wurden wir zwangsläufig auch. Jedoch konnte man das irgendwie verkraften. Es war eine Infanterieausbildung über einen Zeitraum von 4 Wochen.

231 Am 31. Januar 1968 wird der Volkskammer der Entwurf einer neuen sozialistischen Verfassung vorgelegt. Er ist von einer Kommission unter der Leitung Walter Ulbrichts erarbeitet worden. Der Verfassungsentwurf wird der Bevölkerung zur Diskussion vorgestellt. Die Bürger reichen zahlreiche Änderungsvorschläge ein, die jedoch kaum berücksichtigt werden. In einem Volksentscheid am 6. April 1968 billigen 94,5 Prozent der Wähler die neue DDR-Verfassung (Wahlbeteiligung: 98 Prozent). (Quelle: Hans Georg Lehmann: Deutschland-Chronik 1945 bis 2000, Bonn 2000, S. 175 f.) (Anm. d. Hg.)

Im Herbst 1965/66 waren wir Studenten auch gefordert; mussten wir doch auf Weisung der Hochschulleitung in den Kartoffeleinsatz nach Mecklenburg. Man muss sich das so vorstellen, dass wir auf den Knien kriechend oder gebückt 20 Kilomollen aus Holz oder aber Kiepen mit einem Fassungsvermögen von 30 Kilo hinter uns herzogen.

Es gab schon Kartoffelvollerntemaschinen, ob allerdings diese Landwirtschaftliche Produktionsgenossenschaft (LPG) schon eine besaß, kann ich nicht sagen. Es war eine ziemlich schwere Arbeit, vor allem für die Ausschütter, die irgendwie die Kartoffeln auf den Hänger brachten. Abends waren wir meistens völlig durchnässt, und morgens um 7.30 Uhr ging es schon wieder per Traktor mit Hänger, auf dem wir saßen, aufs Feld. Bezahlt wurden wir natürlich auch. Ich glaube, für die Molle gab es 20 Pfennig und für die Kiepe 50 Pfennig, kann mich aber nicht dafür verbürgen. Es gab Marken, die abends abgerechnet wurden, für uns natürlich bei einem Stipendium von 190 Mark im Monat ein kleiner Zuverdienst.

Nur zur Information: In der Christianstraße in Dresden (heißt heute anders) Richtung Hauptbahnhof mit den damals drei neuen Studentenwohnheimen, kostete uns die Miete 10 Mark/Monat. Damit konnte man schon ganz gut leben, zumal ein Bier im „Altmarktkeller“ höchstens 60 bis 80 Pfennig kostete.

Mein Studium an der TU Dresden fiel in die Zeit des Prager Frühlings.[232] Erstmalig gelang es den Menschen in einem kommunistischen Land, der ČSSR, mit dem gemäßigten Regierungschef Dubček[233] an der Spitze mehr Demokratie zu wagen. Meinungsfreiheit, Versammlungsfreiheit und Reisefreiheit wurden Bestandteil einer durchaus demokratischen Ordnung in der ČSSR.

Peter Ziesecke, 1968 (Foto privat)

Für uns Studenten an der TU Dresden entsprach das natürlich genau den Vorstellungen von einem deutschen Staat. Hitzig wurde diskutiert, ohne Rücksicht darauf, dass vielleicht von der Stasi mitgehört wurde. Von der Idee beseelt, aus der DDR einen ähnlichen Staat zu schaffen, liefen unsere Diskussionen darauf hinaus, Partei für unsere tschechoslowakischen Freunde zu ergreifen. Der Einmarsch der Warschauer-Pakt-Staaten mit den russischen Truppen an der Spitze am

232 Vgl. Anm. 193.

233 Alexander Dubček (1921–1992) war als Generalsekretär der Tschechoslowakischen Kommunistischen Partei (KPČ) 1968 und danach die Leitfigur des Prager Frühlings. (Anm. d. Hg.)

21. August 1968 zerstörte alle Träume von einem besseren, demokratischen Sozialismus.
Hier an dieser Stelle beginnt eigentlich der Teil meiner Geschichte, die zutiefst mein Leben verändern sollte. In uns waren Wut und Verzweiflung. Träume von einem menschlichen Sozialismus waren ausgeträumt. Ich selbst hatte schon im April 1968 zur Abstimmung für eine neue Verfassung der DDR mit einem Flugblatt auf die unmenschlichen Verhältnisse hingewiesen und mehr Freiheit gefordert.
Mir war klar, dass unsere Mittel nie ausreichen würden, um im tiefsten Winter dieser Diktatur Veränderungen herbeizuführen. Und trotzdem wollte ich mit zwei Kommilitonen zumindest versuchen, durch Flugblätter auf die Verbrechen der russischen Armee aufmerksam zu machen.
Nach heißer Diskussion über den Inhalt des Flugblattes einigten wir uns auf einen sehr schlichten Text, da wir keine Vervielfältigungsmöglichkeiten hatten. Das war unser Glück! Der Text wäre ein anderer geworden … Unser Leben ebenso …!
Leider nahm diese Aktion ein böses Ende. Im Bereich unseres Studentenwohnheimes in der damaligen Christianstraße wurde ein Kommilitone von der Volkspolizei beim Verteilen erwischt. Die Festnahme erfolgte unmittelbar nach Durchsuchung seiner Aktentasche, in der nur noch wenige Flugblätter waren. Die Geschichte ist schnell zu Ende erzählt. Wir wurden alle drei von der Stasi festgenommen und Tag und Nacht verhört. Die U-Haft war furchtbar. Nach einem halben Jahr im Februar wurden wir vor dem Ersten Strafsenat des Bezirksgerichts Dresden natürlich unter Ausschluss der Öffentlichkeit verurteilt.
Ich selbst bekam drei Jahre und sechs Monate strengen Strafvollzug, kam nach Cottbus und landete nach einem Jahr im berühmt berüchtigten Lager X[234] der Staatssicherheit in Berlin/Hohenschönhausen. Meine Freunde und Mitstudenten wurden zu zweieinhalb und zwei Jahren verurteilt. Sie wurden von der Bundesrepublik freigekauft. Ich selbst verzichtete aus persönlichen, familiären Gründen darauf, nahm die Strafe an und blieb auch danach in der DDR, vielleicht weil ich glaubte, dass irgendwann sich alles zum Guten wenden würde.
Herrn Professor Dr.-Ing. Tränkner habe ich es zu verdanken, dass ich mein Studium an der TU Dresden doch noch abschließen konnte. Jahre vergingen, ohne dass ich berufliche Chancen gehabt hätte. Würde man mich heute fragen, ob ich alles wieder

234 In diesem Lager X auf dem Gelände des Untersuchungsgefängnisses Berlin-Hohenschönhausen in der Genslerstraße, das von der Staatssicherheit direkt betrieben wurde, verbrachte ich etwa ein Jahr. Die Zellen waren mit ca. 12 bis 15 Mann belegt, in Dreierstockbetten. Schwerstkriminelle und politische Gefangene wurden zusammengesperrt, um durch Spitzel einerseits Informationen zu bekommen, andererseits und vor allem aber, um den Widerstand der politischen zu brechen.

DER REKTOR

TECHNISCHE UNIVERSITÄT DRESDEN

Über den
Staatsanwalt des
Bezirkes Dresden

Abt. I A

8016 Dresden
Lothringer Str.

Der Staatsanwalt
des Bezirkes Dresden
Eing.: 14 APR. 1969
ZKD-Nr. ....
Sekr.-AR ....

An den
Strafgefangenen
Peter Ziesecke

2.4.1969

Betr.: Ihre Exmatrikulation von der Technischen Universität Dresden

Nach Abschluß des gegen Sie durchgeführten Gerichtsverfahrens teile ich Ihnen mit, daß Sie gemäß § 12 Abs. 3 der "Disziplinarordnung für Studierende der Universitäten und Hochschulen" vom 26.4.1957 vom Studium ausgeschlossen werden. Ihre Exmatrikulation erfolgt rückwirkend per 28.1.1969.

Ich hoffe, daß Ihnen durch das stattgefundene Gerichtsverfahren Ihre verwerfliche Handlungsweise gegenüber unserem Arbeiter- und Bauern-Staat klar geworden ist. Durch Ihr Verhalten haben Sie das Ansehen unserer Universität sehr geschädigt und das hohe Vertrauen, das die Technische Universität Dresden mit einer Zulassung zum Studium in Sie gesetzt hat, mißbraucht.

Ich erwarte, daß Sie nach Ihrer Haftentlassung durch Ihre Arbeit beweisen, daß Sie aus diesem Vergehen gegen die Gesetze unseres Staates die richtigen Schlußfolgerungen gezogen haben.

Prof. Dipl.-Wirtsch. Liebscher

Exmatrikulationsschreiben des Rektors der TU Dresden, Professor Liebscher

so machen würde: Ich glaube, ja – aber so sicher bin mir doch nicht! Mein Traum von demokratischen Verhältnissen in einem vereinten Deutschland wurde schließlich Wirklichkeit. Jetzt gilt es, den Kindern und Enkeln, unseren Nachkommen, nahezubringen, wie wertvoll diese demokratischen Verhältnisse trotz aller Schwächen sind und dass es sich lohnt, dafür zu kämpfen.

Peter Ziesecke, geb. 1940 in Kyritz, 1947 Grundschule und ab 1955 Erweiterte Oberschule bis zum Abitur; zwei Jahre Militärdienst (NVA), Berufsausbildung zum Dreher; Bewerbung zum Physikstudium 1961–1962, Wechsel zu Maschinenbau/Verarbeitungsmaschinen TU Dresden 1964–1968, August 1968 Verhaftung und Verurteilung zu drei Jahren und sechs Monaten Haft nach Flugblattaktion gegen den Einmarsch der Truppen des Warschauer Paktes in die ČSSR; nach Entlassung aus dem Gefängnis Produktionsarbeiter in der Industrie; durch Intervention von Prof. Dr.-Ing. G. Tränkner (Sektion Verarbeitungs- und Verfahrenstechnik der TU Dresden) Diplomabschluss im Fernstudium 1972–1973; 1982 Studium mit Abschluss Fachingenieur für Schweißtechnik (Zentralinstitut für Schweißtechnik Halle).
Nach 1989 als Technischer Direktor beim ehemaligen VVB-Zucker- und Stärkeindustrie. Nach Umstrukturierung wurde das Kombinat bis 1993 durch Liquidation abgewickelt. Anschließend 13 Jahre selbstständig als Schuhhändler. Auszüge aus Peter Zieseckes Stasiakte im Internet: www.stasiopfer.com/ziesecke.

// Das Ende einer Flugblattaktion

Dipl.-Ing. Peter Ziesecke
Die Flugblattaktion im August 1968 brachte mir drei Jahre und sechs Monate Gefängnis ein.

Nachdem wir drei Studenten uns auf den Text des Flugblattes gegen den Einmarsch der Truppen des Warschauer Paktes in die ČSSR geeinigt hatten, wurde der von uns dringend benötigte Kinderdruckkasten gekauft, Stempel angefertigt und A5-Blätter vorbereitet. Mit den einzelnen Stempeln stellten wir innerhalb weniger Stunden 1.200 Flugblätter her.
An dem regnerischen kühlen Abend des 23. August 1968 verteilte ich, bald völlig durchnässt, im Zentrum von Dresden meine Flugblätter an Straßenbahnhaltestellen, in Telefonzellen, Briefkästen und klebte sie an Schaufenster auf dem Postplatz. Am Hauptbahnhof wollten wir uns wieder treffen. Meine Kommilitonen fuhren mit einem Motorrad von Radebeul nach Dresden und verteilten fast alle Flugblätter in den äußeren Bezirken. Leider wurde einer von uns beim Verteilen von der Volkspolizei erwischt.

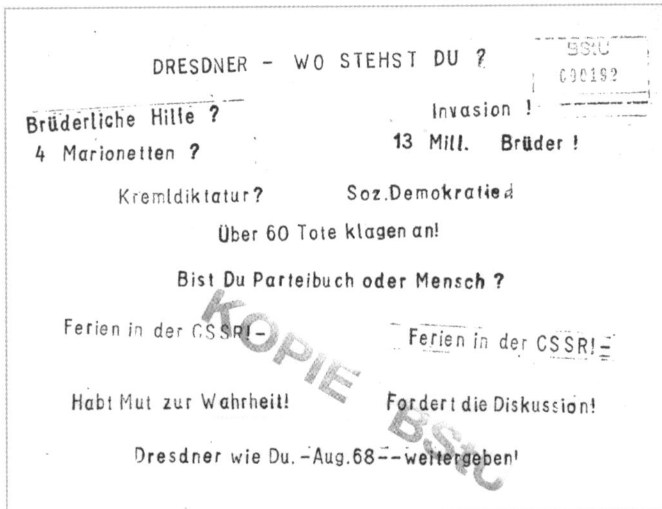

DRESDNER - WO STEHST DU ?

BStU 000192

Brüderliche Hilfe ?
4 Marionetten ?

Invasion !
13 Mill. Brüder !

Kremldiktatur? Soz.Demokratie

Über 60 Tote klagen an!

Bist Du Parteibuch oder Mensch ?

Ferien in der CSSR! - Ferien in der CSSR! -

Habt Mut zur Wahrheit! Fordert die Diskussion!

Dresdner wie Du. -Aug.68--weitergeben!

KOPIE BStU

Flugblatt gegen den Einmarsch des Warschauer Paktes in die ČSSR (August 1968)

Nach der Verhaftung und Verurteilung wegen der Flugblattaktion durch das Bezirksgericht Dresden, Strafsenat IA, erfolge die Überführung in den Strafvollzug nach Cottbus.[235]

Die an der Flugblattaktion mitbeteiligten Studenten Peter Hellmund und Klaus Elle wurden etwa ein Jahr nach „Freikauf" durch die Bundesregierung in die Bundesrepublik abgeschoben. Ich blieb aus familiären Gründen in der DDR.

Meinem verstorbenen Institutsleiter, Herrn Professor Dr.-Ing. Tränkner[236] habe ich es zu verdanken, dass ich mein Studium an der TU Dresden mit vier Jahren Verspätung beenden konnte. Nachstehend der Brief von Professor Tränkner an mich – den Häftling Ziesecke – in der Strafvollzugsanstalt in Cottbus. Was werden die sich beim MfS in Cottbus bei diesem Brief gedacht haben?

235 Siehe auch: Matthias Lienert: Zwischen Widerstand und Repression. Studenten der TU Dresden 1946–1989, Köln u. a. 2011, S. 189; Studentenakten Nr. 9859 und Nr.18.668.

236 Professor G. Tränkner wurde vom Prorektor für Erziehung und Ausbildung im Dezember 1970 ausdrücklich angewiesen, den inzwischen in Westdeutschland lebenden ehemaligen Studenten Hellmund und Elle die Vordiplomzeugnisse nicht zuzusenden (Quelle: Lienert, Zwischen Widerstand und Repression, S. 189; Studentenakten Nr. 9859 und Nr.18.668).

~~INSTITUT FÜR MASCHINENLEHRE UND VERARBEITUNGSMASCHINEN~~
~~DIREKTOR: PROF. DR.-ING. G. TRÄNKNER~~

TECHNISCHE UNIVERSITÄT DRESDEN
Sektion Verarbeitungs- u. Verfahrenstechnik
Bereich Verarbeitungsmaschinen
Prof. Dr.-Ing. Tränkner
8027 Dresden, George-Bähr-Str. 3c

Herrn
Peter Ziesecke

75 Cottbus
PSF 222 I/1

Ihre Zeichen	Ihre Nachricht vom	Unsere Zeichen	Ruf	8027 DRESDEN George-Bähr-Straße 3c
	20.9.69	10 Prof. Tr/142	4834746	9.10.69

Cbs 4 den 13.10.

Betreff

Sehr geehrter Herr Ziesecke!

Über Ihren Brief vom 20.9., der während meines Urlaubs hier einging, habe ich mich gefreut; ich danke Ihnen für das Vertrauen, das Sie mir entgegenbringen.

Ich nehme an, daß Ihr Schreiben und mein an Ihren Bruder gerichteter Brief vom 5.9. sich gekreuzt haben. In diesem Brief hatte ich bereits das Ergebnis meiner Bemühungen um Ihre künftige Weiterentwicklung zusammengefaßt. Ich darf wohl annehmen, daß Ihnen das Schreiben inzwischen zugegangen ist.

Wie bereits darin zum Ausdruck kam, sind Ihnen durchaus die Möglichkeiten gegeben, nach Ihrer Entlassung Ihre Bemühungen um weitere Qualifikation fortzusetzen, indem Sie von Ihrer künftigen Arbeitsstelle zum Abschluß Ihrer Studien zum Fernstudium delegiert werden. Ich hatte Ihnen empfohlen, unmittelbar nach Ihrer Entlassung zwecks Besprechung alles Weiteren zu mir zu kommen.

Ihren Brief habe ich zum Lesen Ihren Kommilitonen gegeben. Sie werden unmittelbar die Verbindung mit Ihnen aufnehmen und Ihnen die gewünschten Aufgabenstellungen und Übungsaufgaben zuleiten. Zusammenhängende Literatur für Verarbeitungsmaschinen hoffe ich Ihnen in Kürze zustellen zu können, sobald der Band 3/II des Taschenbuchs

b.w.

IG 02/66/4623 III 7 4

Technische Universität Dresden
DN 1127600/1 Dresden – PschA 7150
Kenn-Nr. 112000 – Fernschreiber 02278

Brief von Professor Tränkner an Peter Ziesecke. Der kleine schräg stehende Stempel auf Seite 1 „Cbs 4" bedeutet Leitung der Parteiorganisation im MfS, Bezirksverwaltung Cottbus [= Cbs Ltg PO] 4 Parteiarbeit. (Anm. d. Hg.)

Maschinenbau erschienen ist, der ausschließlich die Verarbeitungsmaschinen behandelt.

Die Kommilitonen Ihres Jahrgangs schließen in diesen Tagen ihre Diplomarbeit ab (vorfristig zum 31.10.69). Ich hoffe, daß auch Sie und Ihre beiden Kommilitonen, wenn auch mit einiger Verspätung, doch noch zu einem erfolgreichen Abschluß gelangen werden. Von ihnen habe ich bisher keine Nachricht erhalten. Das Vordiplomzeugnis dürfte Ihnen allen inzwischen zugegangen sein.

Ich würde mich freuen, von Ihnen gelegentlich über die Fortschritte Ihrer Weiterbildungsbemühungen zu hören und wünsche Ihnen Kraft und Ausdauer dazu.

Mit freundlichen Grüßen

Ihr

(Prof. Dr.-Ing. Tränkner)

// Kommentar zeithistorisch //

Exmatrikulation und studentische Solidarität „Nicht alle Studenten unterstützten die Verurteilung und die Exmatrikulation. So vermerkte der Chef der Abteilung IX der Bezirksverwaltung des MfS, Major Simon, dass seine Abteilung ‚operativ'[237] in Erfahrung gebracht hatte, dass Peter Ziesecke einen Mitstudenten aufgefordert habe, eine Sammlung von Unterschriften mit dem Ziel der Freilassung der verurteilten Kommilitonen zu erreichen. Außerdem sei Peter Ziesecke der Auffassung, *‚dass viele Studenten über die Hilfsmaßnahmen der 5 sozialistischen Länder vom 21.8.1968 in der ČSSR die gleiche feindliche Auffassung wie er vertreten'* (BStU-Unterlagen, Außenstelle Dresden, Peter Ziesecke, Blatt 189). Ausdrücklich forderte Major Simon die Abteilung XX der Bezirksverwaltung des MfS auf, durch eine ‚operative Auswertung' die Unterschriftensammlung zu unterbinden." (Zit. n. Matthias Lienert, Zwischen Widerstand und Repression. Studenten der TU Dresden 1946–1989, Köln: Böhlau 2011, S. 189)

Herausgeber

237 Gemeint ist durch IM, also „Spitzel" des MfS. (Anm. d. Hg.)

// „Sagt Ihnen der Name Leonhard etwas?"

Dr.-Ing. Falk Anders (TU Dresden, Studienjahrgang 1962, Fakultät Elektrotechnik/Regelungstechnik, Diplom 1968, Promotion)

Durch die Verhaftung zweier Studenten meiner Seminargruppe kam ich 1966 wegen „Mitwisserschaft" ins Blickfeld des Ministeriums für Staatssicherheit (MfS, auch abgekürzt „Stasi"). Ein weiterer Student meines Studienjahrgangs 1961/62, Volker Glatzer, war 1964 mit einem Freund aus der DDR geflüchtet. Wir waren schon in der Seminargruppe ganz gut befreundet, doch seine Flucht aus der DDR kam für mich überraschend – erfüllte mich aber mit einer gewissen Genugtuung: Er hat es geschafft, dachte ich.

Ich weiß heute gar nicht mehr, wo und wie mich die Stasi damals kontaktierte, ob die erst mal bei mir zu Hause in Meißen auftauchten oder ob ich in Dresden angesprochen wurde. Auf alle Fälle hatte ich dann am 17. November 1966 in der Dresdener Zentrale des MfS in der Bautzner Straße[238] anzutreten. Dort wurde ich „als Zeuge zum Untersuchungsvorgang L und 2 Andere" (so im Protokoll, unterschrieben von Oberleutnant Rautenstrauch[239]) vernommen.

Allerdings aus einem anderen Grund als den, worüber ich mir Sorgen gemacht hatte: Einer der beiden verhafteten Studenten, Günter Knoblauch, hatte mich in seiner Vernehmung durch das MfS netterweise als „rot und linientreu" dargestellt.[240] Anscheinend war das nicht ganz glaubwürdig für die Stasi-Leute. Man versuchte, mich dahingehend unter Druck zu setzen, dass ich Hetzmaterial verbreitet hätte.[241] Da ich dieses angesprochene Material – es waren relativ harmlose Zeitungsausschnitte – aber noch zu Hause hatte, konnte ich zumindest den Vorwurf der „Verbreitung" widerlegen. Das sogenannte Hetzmaterial habe ich später dann brav bei der Stasi-Kreisdienststelle in Meißen abgeliefert.

---

238 Vgl. Anm. 130.

239 Namen von MfS-Mitarbeitern auf Protokollen sind nicht unbedingt die Klarnamen. (Anm. d. Hg.)

240 Anm. v. G. Knoblauch: Ich hatte bei meinen Vernehmungen durch das MfS den Studenten Falk Anders als politisch „rot" dargestellt. Dies tat ich zu seiner Sicherheit, obwohl Falk Anders über alle Vorgänge in der Seminargruppe Bescheid wusste. Dazu gehörte auch die Weitergabe von Büchern wie „Die Revolution entlässt ihre Kinder" von Wolfgang Leonhard.

241 Falk Anders wurde vom MfS erpresst. Er entzog sich dem MfS sehr schnell wieder, indem er völlig nichtssagende Berichte über Studenten unserer Seminargruppe erstellte, so dass das MfS auf eine weitere Zusammenarbeit verzichtete. In den umfangreichen Stasi-Dokumenten zu unserem Fall (die „operativen Vorgänge (OP) ‚Elektro' und ‚Zwiebel'" umfassen etwa 8.000 bis 10.000 Seiten) gibt es keinen einzigen Hinweis auf weitere Berichte oder darauf, dass Falk Anders Studenten oder Mitarbeitern der TU Dresden geschadet hat. (Anm. G. Knoblauch)

Falk Anders beim Bergfest – das Vordiplom war geschafft, 1965 (Foto: Michael Ventzke)

Dann wurde mir vorgeworfen, dass ich doch Briefkontakt zu einem Glatzer – dem geflüchteten Studenten aus unserer Seminargruppe – hätte und von diesem auch sogenanntes Hetzmaterial erhalten hätte.

Mit „dezenten Hinweisen" darauf, dass ich doch sicher weiterhin Student bleiben wolle und auch mein ein Jahr jüngerer Bruder doch studiere und mein jüngster Bruder auch Abitur machen wolle …, wurde ich zur Mitarbeit bzw. Zusammenarbeit mit dem MfS ermutigt. Ich schreibe bewusst „ermutigt", denn an eine direkte Aufforderung kann ich mich nicht erinnern, obwohl das im Protokoll anders dargestellt ist. Ich sollte dann Berichte über mir nahestehende Kommilitonen aus meiner Seminargruppe anfertigen: Horst M., Dieter D., Peter S. Das konnte ich zwar nicht ganz abwenden, jedoch mit dem Hinweis, dass ich in Meißen wohnte und außerhalb der Vorlesungen keinen Kontakt zu ihnen hätte, sehr *abmildern*. Meine Berichte über die Genannten fielen entsprechend nichtssagend aus. Auch einen Bericht über den geflüchteten Volker Glatzer sollte ich liefern. Und ich sollte mit Glatzer in Briefkontakt bleiben, damit er mir weiterhin schreibe – was ich allerdings bald durch eine Karte, die ich über einen Freund an ihn aufgab, verhindern konnte.

Aber erst mal war ich froh, als ich nach einigen Stunden Verhör doch wieder auf der Straße stand!!! Ich hatte die ganze Zeit über das eiserne Rolltor im Kopf, das sich hinter mir geschlossen hatte, als ich den Stasi-Bereich in der Bautzner Straße betrat. Ich hatte natürlich die ganze Zeit krampfhaft überlegt und nach einem Ausweg gesucht. Ausweg dahingehend, dass ich keinesfalls etwas für die Stasi tun und niemandem – selbstverständlich aber auch mir nicht – Schaden zufügen wollte. Das erschien mir nicht einfach. Jedoch gewann ich im Verlaufe des Gesprächs den Eindruck, dass ich dem Vernehmer vielleicht intellektuell etwas überlegen war.

Ein Beispiel dazu fällt mir ein: Befragt danach, ob mir der Name „Leonhard" etwas sage – wir hatten Wolfgang Leonhards[242] Buch „Die Revolution entlässt ihre Kinder" unter uns in der Seminargruppe im Umlauf[243] – habe ich sofort gesagt: „Na klar!"

242 Wolfgang Leonhard (1921–2014), deutscher Historiker und Literat; von 1968 bis zum Tode Mitglied des PEN-Zentrums; schloss sich frühzeitig der KPD an; ab 1935 in der Sowjetunion mit der später dort von den Stalinisten inhaftierten Mutter; von 1943 an Sprecher beim Sender des Nationalkomitees Freies Deutschland; kam 1945 mit der Gruppe Ulbricht nach Berlin zurück, brach 1949 mit dem Stalinismus und floh über Prag und Jugoslawien; seit 1950 in der Bundesrepublik Deutschland. (Anm. d. Hg.)

243 Siehe den zeithistorischen Kommentar „Politische Literatur" am Ende dieses Beitrags. (Anm. d. Hg.)

Und auf die erwartungsfrohen Blicke dann ausgeführt: „Leonhard Frank[244] meinen Sie? Der sagt mir was.“ War da Enttäuschung im Gesichtsausdruck von Oberleutnant Rautenstrauch zu sehen? Was ich damals noch nicht wusste: Das MfS hatte in der Wohnung der Familie Glatzer über längere Zeit Gespräche abgehört. Und so war ihnen auch bekannt, wer das Buch in der Seminargruppe gelesen hatte. Da hatte ich das MfS wohl unterschätzt.

Ich habe damals mit niemandem außer meinem Bruder darüber geredet! Nicht etwa wegen der Verpflichtung, Schweigen zu bewahren, die man mir laut Protokoll auferlegt hatte, sondern einfach, um niemanden in Gefahr zu bringen. Auch die oben genannten Kommilitonen, über die ich einmalig „Berichte“ zu schreiben hatte, habe ich darüber nicht informiert, allerdings auch aus dem Grunde nicht, weil ich ja nicht wissen konnte, ob sie auch von der Stasi in die Mangel genommen wurden und vielleicht dann „Rückmeldung“ an die Stasi gemacht hätten. (Schlimm, wie einfach Misstrauen erzeugt wurde!) Nur Günter Knoblauch habe ich nach seiner Haftentlassung aus Bautzen I (bekannt als „Gelbes Elend“) alles erzählt.

Ich war dann im Ingenieurpraktikum bei Carl Zeiss Jena. Dort wurde ich – das geht aus weiteren MfS-Protokollen und -berichten hervor – ständig durch einen verlässlichen Genossen „unter Kontrolle gehalten“. Was ich tue, mit wem ich telefoniere, was ich mit wem spreche, zu wem ich welchen Kontakt habe … man wollte offenbar wissen, ob und wie ich zu „dem G.“ (Volker Glatzer) Verbindung hielt. Persönlich durch das MfS angesprochen wurde ich zu dieser Zeit nicht mehr!

Im Sommer 1968 begann meine Zeit als wissenschaftlicher Mitarbeiter an der TU Dresden, im Institut für Textiltechnik. Als Regelungstechniker war ich Spezialist und zuständig für alle mess- und regelungstechnischen Probleme.

Erfreulicherweise fand ich dort eine Gruppe gleich gesinnter Kollegen; allerdings erfuhr ich später, dass wir natürlich auch da einen IM unter uns hatten! Im Zuge der Hochschulreform[245] wurde unter anderem die Sektion Verfahrenstechnik gegründet, zu der auch die Textiltechnik kam. Mit dieser Reform erhöhte sich der politische Druck insgesamt, es wurde massiv für Parteimitgliedschaften geworben.

Nach der erfolgreichen Flucht meiner beiden jüngeren Brüder im Jahre 1973 geriet ich erneut ins Blickfeld der Stasi und zusätzlich der Kripo (Kriminalpolizei). Man unterstellte mir Mitwisserschaft und nahm es mir nicht ab, dass ich von diesem Vorhaben nichts gewusst habe! Meine Brüder hatten mich aber ganz bewusst nicht

---

244 Leonhard Frank (1882–1961) war ein deutscher Schriftsteller (BRD), der wegen seiner sozialkritischen und pazifistischen Haltung in der DDR sehr geschätzt und verlegt wurde. (Anm. d. Hg.)

245 Hochschulreform 1967/68 – Zu den Hochschulreformen vgl. den Rückblick im Beitrag von Sigismund Kobe, „Das Jahr 1989 – das Ende parteipolitischer Einflussnahme der SED an der TU Dresden“; vgl. außerdem den Rückblick im Kommentar von Matthias Rößler, „Die Erneuerung der Hochschulen zwischen 1989 und 1993 in Sachsen“. (Anm. d. Hg.)

informiert, weil ich gerade an meiner Dissertation arbeitete. Sie waren der irrigen Meinung, mich bald nachholen zu können. Dass ich stattdessen besonders intensiver „Betreuung" durch die staatlichen Organe, wie das so schön hieß, ausgesetzt wurde, hatten sie wohl nicht einkalkuliert. Glücklicherweise gelang es mir, all die Verhöre einigermaßen schadlos zu überstehen, auch meine Anstellung an der TU Dresden blieb mir (noch) erhalten.

Ein schönes Erlebnis aus meiner TU-Zeit fällt mir ein: Ich wurde eines Tages zum Parteisekretär der TU zitiert. Verständlicherweise erschien ich in seinem Büro sehr angespannt und auf fast alles vorbereitet. Stattdessen fragte mich der Parteisekretär, ob ich Zeit und Interesse für ein Fußballspiel hätte, er habe da eine Karte bekommen und könne nichts damit anfangen. Und da ich doch an der Sektion für den Sport zuständig sei (ich war in der Tat Sportbeauftragter der Sektion Verfahrenstechnik), habe er an mich gedacht.

Das Besondere: Es war ein Europapokalspiel Dynamo Dresden gegen Bayern München, das heißt ein Spiel gegen den „Klassenfeind"! Ich habe die Karte natürlich gern entgegengenommen und war dann im Stadion und habe mich gefreut, dass die Bayern gewonnen haben. Allerdings wäre es sehr leichtsinnig von mir gewesen, diese Freude im Stadion offen zu zeigen, denn offensichtlich waren die meisten Besucher um mich herum linientreue Genossen, die ihre Eintrittskarten selbst nutzten. Übrigens, das Stadion war für dieses Spiel hermetisch abgeriegelt, sogar Wasserwerfer waren aufgefahren; solche Angst hatte man trotz der oben geschilderten „Vertriebswege" vor Sympathiekundgebungen für die Bayern!

Ein Jahr später widerfuhr mir das gleiche Schicksal, wieder musste ich den Parteisekretär im Stadion vertreten, diesmal gegen den Hamburger Sportverein (HSV), und wieder gewann der „Klassenfeind" das Spiel – zu meiner Freude! Die Absperrmaßnahmen rund um das Stadion waren auch hier die gleichen wie beim Spiel gegen die Bayern!

Dass ich – trotz dieser „großzügigen Bevorzugung" durch den Parteisekretär – nicht bereit war, in die SED einzutreten, hat mich später erst eine mögliche Dozentur und bald danach die Stelle an der TU gekostet. Vom Sektionsdirektor Professor Heidenreich[246] wurde ich persönlich aufgefordert, die sozialistische Bildungseinrichtung TU zu verlassen und mir doch eine andere Stelle zu suchen.

So landete ich 1977 mithilfe eines Freundes am Kombinat Luft- und Kältetechnik Dresden, wo ich bis zu meiner Ausreise im März 1985 tätig war.

Ein Epilog: Im Zusammenhang mit dieser Zuarbeit zum Projekt „Mein Studium in

246 Prof. Dr.-Ing. habil. Eberhard Heidenreich, geb. 1936, 1954 Studium Fachrichtung Strahltriebwerke an der Technischen Hochschule Dresden (seit 1961 Technische Universität Dresden), 1968 Promotion ebenda, 1968 Assistent-Professor in Aleppo/Syrien, 1970–1990 wieder an der TUD. Um eine Auslandsprofessur (Syrien gehörte

der DDR“ nahm ich auch Kontakt zu einem ehemaligen Kommilitonen auf. Ich war sehr verwundert über dessen unterkühltes Verhalten und seine Mitteilung, man hätte mich auf einer Gehaltsliste des MfS gefunden, die er von einem weiteren Kommilitonen, Peter Z., erhalten habe. Ich war wie vor den Kopf geschlagen. Sofort rief ich Peter Z. an. Dieser erklärte mir, so genau wisse er es auch nicht, aber der Name Falk Anders stehe auf der Liste mit Gehaltsangabe, allerdings ohne Geburtsdatum. Beim Telefonat mit diesem Kommilitonen fiel mir ein, dass ein Freund aus Dresden eine vom „Bürgerkomitee Bautzener Straße e. V.“[247] erarbeitete Liste der MfS-Mitarbeiter besaß. In dieser Liste sind 3668 fest angestellte Mitarbeiter des MfS Dresden aufgelistet, glücklicherweise mit Geburtsdatum. Darunter *tatsächlich* ein Falk Anders, Major, geb. am 27. Mai 1953. Somit konnte ich glücklicherweise schnell belegen, dass es sich nicht um mich handeln kann, denn ein 1953 Geborener konnte kaum zum Studienjahrgang 1962 gehört haben. Inzwischen ist die Sache unter uns geklärt. Allerdings habe ich später den Kontakt zu diesen Kommilitonen abgebrochen.

> Aus „kapitalistischem Hause“ stammend (mein Vater besaß eine kleine Elektrofirma), hatte ich schon an der Oberschule Auseinandersetzungen mit linientreuen Lehrern. Wir Kinder lernten frühzeitig, dass es eine Meinung für zu Hause und eine andere für die Schule gab. Meine Zulassung zum Studium wurde trotz sehr guten Abiturs abgelehnt, worauf mein Vater mit mir bei Professor Kindler (TU Dresden, Institutsdirektor Regelungstechnik) vorsprach, der dann meine Zulassung veranlasste.
> Ab 1968 arbeitete ich als Wissenschaftlicher Assistent der Sektion Verfahrenstechnik, gab Vorlesungen, Praktika, war Mitautor eines Fachbuches, verfasste eine Promotion. Da ich einen Eintritt in die SED ablehnte, erhielt ich keine Dozentenstelle, sondern wurde aufgefordert, die TU Dresden zu verlassen. Neun Jahre arbeitete ich in der Industrie. 1985 reiste ich nach Stuttgart aus („Familienzusammenführung“).
> Beim Süddeutschen Rundfunk (SDR), später Südwestrundfunk (SWR) war ich bis zur Pensionierung Abteilungsleiter in der Technik.

// Kommentar zeithistorisch //

Politische Literatur Wolfgang Leonhard gehörte zu jenen zehn kommunistischen Funktionären, die unter Führung Walter Ulbrichts im April 1945 nach Deutschland entsandt wurden. Er kehrte als überzeugter kommunistischer Funktionär nach Berlin zurück. In zunehmender Diskrepanz zur KPD/SED-Politik floh er 1949 zunächst nach Jugoslawien, 1950 in die Bundesrepublik. 1955 veröffentlichte er das Buch „Die Revolution entlässt ihre Kinder“ über diese Erfahrungen. Der Besitz dieses Buches war in der DDR ein Sraftatbestand. Strafrechtlich kam hier das „Strafrechtsergänzungs-

---

zum sowjetischen Einflussbereich) zu erhalten, musste ein hohes Maß an „Systemzuverlässigkeit“ vorliegen. Professor Heidenreich kam nach 1989 wegen seiner Vergangenheit und seines Umfeldes alter Strukturen in die Kritik. Er gehörte wohl zu den Ersten an der TU Dresden, die aus der SED austraten, aber keine Verantwortung für ihr Wirken zu SED-Zeiten übernehmen wollten. (Anm. d. Hg.)

247 Vgl. Anm. 130.

gesetz" (StEG) vom 11.12.1957 zur Anwendung: Staatsgefährdende Propaganda und Hetze und Staatsverleumdung (§§ 19, 20). Das konnte Haftstrafen bis zu mehreren Jahren nach sich ziehen. Die Weitergabe des Buches unter Studenten wäre auch ein Grund für die Exmatrikulation gewesen. Das MfS betrieb großen Aufwand wie Hausdurchsuchungen, Zeugenladungen und Gegenüberstellungen sowie Anwendung psychischer Druckmittel, um dieses Buches habhaft zu werden. Ohne Erfolg.

Herausgeber

// Formen psychischen Drucks an der TU Dresden

Prof. Dr.-Ing. habil. Günter Franke (TU Dresden, Studienjahrgang 1962, Fakultät Elektrotechnik/Regelungstechnik, Diplom 1968, Promotion 1972)

Am 21. August 1968 war die Niederschlagung des Prager Frühlings in der ČSSR durch die Staaten des Warschauer Pakts. Es war eine sehr angespannte Zeit. Wochen vor dem Überfall rollten nachts die Panzer. Es herrschten Angst und Unruhe. Ich war inzwischen Assistent an der TU Dresden. Wie immer bei solchen politischen Anlässen ging eine Liste herum, in der man sein Einverständnis mit den Maßnahmen der Partei- und Staatsführung der DDR dieses Mal zur Niederschlagung der Konterrevolution in der ČSSR durch Unterschrift erklären sollte. Um die Unterschrift habe ich mich herumgedrückt. Das war nicht mutig. Frontale Opposition hätte man in solch einer angespannten Situation in Bautzen[248] absitzen dürfen.

Solche Formen psychischen Drucks, dass man aus Angst etwas unterschrieb, was man zutiefst verabscheute, brachte manchem Scham und Abscheu vor sich selbst bei und immer wieder ein Stück Rückgratbruch. Das war aber das erprobte Herrschaftsprinzip. Es ging immer um solch kleine Schritte, die die Frage aufwarfen: Lohnt es sich, dafür alles zu riskieren? Für einen Junggesellen war das noch nicht so dramatisch wie für einen Familienvater mit der Verantwortung für die Familie. Bei all dem möchte ich daran erinnern: Wir waren eingesperrt und konnten nicht weg.

Als Assistent war man automatisch Seminargruppenbetreuer. Die Studenten wurden organisatorisch in Seminargruppen von 25 bis 30 Studenten eingeteilt. Jede Seminargruppe bekam einen Assistenten als Betreuer. Ende September sollte ich als neuer Assistent meine Gruppe übernehmen und im Rahmen der „Roten Woche" (u.a. für

248 In der Haftanstalt der DDR-Staatssicherheit in Bautzen, auch unter der Bezeichnung „Das Gelbe Elend" bekannt, wurden die politischen Häftlinge unter oft unerträglichen Bedingungen festgehalten. (Anm. d. Hg.)

organisatorische Fragen und Propaganda genutzte Zeit)[249] über die „Rettung des Sozialismus in der ČSSR (Tschechoslowakei)" aufklären. Als Hintergrundinformation war mir bekannt, dass zuvor beim Landeinsatz (Kartoffelernte in Mecklenburg) ein Student wegen seiner Kritik an dem Überfall auf die ČSSR exmatrikuliert worden war. Bei meiner Veranstaltung saßen zwei scharfe Genossen (auch Assistenten am Lehrstuhl für Fernwirktechnik) als Beobachter auf der letzten Bank hinter den Studenten. Ich las einen Artikel aus dem regierungsamtlichen „Neuen Deutschland" auszugsweise vor und sagte dann, dass nun alles klar sei und sicherlich keine Fragen seien. Ich wollte unbedingt eine Diskussion vermeiden, besonders weil die Genossen als Beobachter dabei waren. Danach wurde ich scharf kritisiert, dass ich unengagiert und unparteilich gewesen sei und die Diskussion unterdrückt hätte.
Dieser Vorgang hat mich als frischen Diplom-Ingenieur stark bewegt. Dafür habe ich nicht studiert, sagte ich mir. Ich wollte kündigen. Mein Professor (Claussnitzer), dem ich meine Bedenken offen und vollständig berichtete, meinte jedoch, dass ich das zu schwarz sehen würde und mit meiner Entscheidung doch noch ein halbes Jahr warten solle. Er war mit seinen ca. 60 Jahren noch einer von der alten vertrauenswürdigen Garde. Nach einigen Wochen war ich jedoch wieder bei ihm, um endgültig zu kündigen.[250]

---

249 Mit „Rote Woche" wurde die aktuell-politische Schulung aller Studierenden zu Semesterbeginn bezeichnet mit zahlreichen marxistisch-leninistischen Pflichtveranstaltungen. Die Rote Woche fand an allen höheren Bildungseinrichtungen der DDR am Anfang eines jeden Semesters statt. Dozenten waren dabei zuverlässige Kader der SED. Die Teilnahme war verpflichtend, an Ingenieurschulen in der Regel beispielsweise selbst für Angehörige einer sogenannten Blockpartei. (Anm. d. Hg.)

250 Günter Franke war ein Kommilitone aus meiner Studienzeit – einer der Besten des Studienjahrganges 1962. Die sogenannten Presseschauen mit Diskussion – hier im Rahmen der sogenannten „Roten Woche" – dienten neben der Vermittlung und Indoktrination der offiziell zu vertretenden Staatsmeinung natürlich auch dazu, studentische Meinungen auszuforschen. Der Hinweis auf die beobachtenden SED-Genossen bedeutete mit hoher Wahrscheinlichkeit, dass Berichte über die Äußerungen der anwesenden Studenten verfasst werden sollten, die dann in den Stasiakten – das MfS hatte an der TU Dresden eine eigene Dienststelle mit etwa 50 Mitarbeitern – niedergelegt wurden.
Günter Franke berichtete mir weiter, dass er eine schlaflose Nacht gehabt habe, dass ihn die Frage quälte, was soll ich machen? Wenn ich es ablehne, die Presseschau durchzuführen, dann bin ich mindestens meinen Job los. Günter Franke wusste, dass eine an die Presseschau sich anschließende Diskussion für die anwesenden Studenten eine existenzielle Bedrohung darstellte. Er hat die Presseschau anständig gemeistert, allerdings nicht im Sinne der anwesenden Beobachter. Er wusste, das an ihn gestellte Ansinnen würde erst der Anfang sein. Er verließ die Universität, bevor er tiefer in das Spitzelsystem verstrickt sein würde.
Erst nach dem Zusammenbruch der DDR – also 30 Jahre nach diesem Vorfall und seiner Entscheidung an der TU Dresden zu kündigen, wurde ihm eine Professur übertragen.
Obwohl viele ähnlich dachten, fehlte entweder der Mut zum Aufbegehren oder sie lebten schon in der Sorge und Verpflichtung für eine Familie. Man hatte immer mit Konsequenzen wie Verlust der Arbeitsstelle, Reisesperre, Blockierung der Schulbildung der Kinder und anderen die persönlichen Freiheiten einschränkenden Maßnahmen zu rechnen. Wer alternativ dachte oder laut protestierte, wurde zusätzlich schnell mit Straftatbeständen wie „staats-

Günter Franke, geb. 1942; Abitur an der erweiterten Oberschule in Meißen 1961; vor dem Studium für ein Jahr zur Arbeit in das Braunkohlenwerk in Laubusch bei Hoyerswerda delegiert; 1962–1968 Studium der Steuerungs- und Regelungstechnik an der Fakultät Elektrotechnik der TU Dresden (damals TH); nach kurzer Assistententätigkeit am Institut für Fernwirktechnik der TU Dresden folgten Tätigkeiten am Institut für Steuerungs- und Regelungstechnik der Akademie der Wissenschaften der DDR in Dresden (später mehrere Namensänderungen des Instituts).
Nach der Wende[251] Tätigkeit am neu gegründeten Dresdner Institutsteil des Fraunhofer Instituts IIS-Erlangen; ab 1997 Professur für Technische Informatik an der Fakultät Elektrotechnik der Hochschule für Technik und Wirtschaft (HTW) Dresden.

// Ich konnte studieren, nachdem ich unterschrieben hatte mit: „Nur im Ernstfall"

Prof. Dr.-Ing. habil. Günter Franke

Mit dem Mauerbau am 13. August 1961 änderte sich das innenpolitische Klima gravierend. Keiner konnte mehr weg, wenn es ihm zu bunt wurde. Wir, die wir mit dem gerade erworbenen Abitur studieren wollten, hatten einen besonders schwierigen Stand. Damals gab es in der DDR noch keine Wehrpflicht. Die Volksarmee rekrutierte sich durch menschenverachtende Werbemethoden.
Mit der Vorimmatrikulation für das Studium der Steuerungs- und Regelungstechnik an der TU Dresden (damals TH Dresden) wurden wir für ein Jahr als Arbeitskraft in die „sozialistische Produktion" geschickt. Bei mir war es das Braunkohlenwerk in Laubusch bei Hoyerswerda. Zu diesem gehörten einige Tagebaue.
An der Oberschule hatte ich die Armeewerbungen gut überstanden. Nun ging es erst richtig los, denn das Braunkohlenwerk hatte, wie jeder Betrieb, ein Kontingent von „Freiwilligen" zu erbringen. Da wir nur vorübergehende Betriebsangehörige waren, waren wir ein bevorzugtes Werbungsziel, um das Soldatensoll zu erfüllen, ohne die eigene Stammbelegschaft zu verringern. Wir waren ungefähr 50 vorimmatrikulier-

feindliche Hetze" oder „Staatsverleumdung" konfrontiert. In allen Fällen riskierte man berufliche Einschränkung bis hin zur gesellschaftlichen Ausgrenzung durch den SED-Staat. (Anm. G. Knoblauch)

251 Der nach Erich Honecker neue Vorsitzende des ZK der SED in der DDR, Egon Krenz, sprach im Herbst 1989 als Erster von einer „Wende", als er wohl noch davon ausging, die Macht für die SED sichern zu können. Mag sein, dass er dabei an den sogenannten „neuen Kurs" dachte, der nach dem Volksaufstand am 17. Juni 1953 durch die SED proklamiert wurde. Die friedliche Revolution ist darum wahrlich mehr als eine „Wende" im Sinne der SED. (Anm. d. Hg.)

te Abiturienten in Baracke 15 im sogenannten Tausendmannlager in Hoyerswerda. Wenn die Werber nachmittags kamen, schlossen wir die Zimmertüren ab und flohen durch die Fenster beispielsweise ins Kino.

Sogenanntes Tausendmannlager in Hoyerswerda. In Baracke 15 wohnten ca. 50 vorimmatrikulierte Studenten während des Jahres in der sozialistischen Produktion. (Foto: K. Berger)

Mich haben sie schließlich auch noch am Ende der Kampagne erwischt und durch die Mangel gedreht. Wenn ich daran denke, schüttelt es mich heute noch. Die Werbung dauerte in meinem Fall ca. zweieinhalb Stunden und lief etwa wie folgt ab: Das Kräfteverhältnis war gekennzeichnet durch fünf kräftige junge Männer in Lederjacken (heute etwa Bomberjacken) auf der einen und ich allein auf der anderen Seite. Was genau gesprochen wurde, weiß ich nicht mehr. Ich möchte aber sinngemäß den Ungeist der Sache schildern:

- *„Warum willst du nicht den Frieden verteidigen gegen die aggressiven Bonner Ultras?“*
- *„Ich halte nichts von militärischen Lösungen. Wir haben gesehen, wohin das führt.“*
- *„Du willst uns schwächen und unterstützt den Überfall der Kapitalisten. Mit solchen Leuten kann man den Sozialismus nicht aufbauen. Solche dürfen nicht studieren.“*

Die fünf Leute gaben die Rede unter sich jeweils weiter. Jede meiner Bemerkungen wurde verdreht bis dahin, dass ich der Hetze gegen unseren Staat bezichtigt und als Unterstützer der Kriegstreiber bezeichnet wurde. Ein Satz ist bei mir haften geblieben: – *„Wir reden mit euch zwei oder drei Mal, dann spricht die Faust. Jetzt ist die Grenze zu.“*

Letztlich habe ich aufgegeben und mit dem Zusatz „Nur im Ernstfall“ unterschrieben. Ich dachte: Im Ernstfall holen die dich sowieso.

Beim Nachdenken über diese Niederlage fasste ich sehr bald den festen Entschluss, auf das Studium zu verzichten und unter keinen Umständen „freiwillig“ zur Armee zu gehen. Den dann in zeitlichem Abstand folgenden drei Aufforderungen zur Einberufungsuntersuchung, die ich noch besitze, habe ich nicht Folge geleistet. Bei der dritten Aufforderung wurde ich morgens in der Signalwerkstatt vom Meister empfangen. Er dürfe mir keine Arbeit geben. Ich solle sofort zur Einberufungsuntersuchung gehen. Daraufhin habe ich die Werkzeugtasche genommen und mich in den Tagebau verdrückt. Ob ich den Kampf weiter durchgehalten hätte, weiß ich nicht. Durch das in diesen Tagen ratifizierte Wehrpflichtgesetz der DDR (24.1.1962) war der „freiwillige" Armeedienst zunächst nicht mehr nötig und ich war gerettet. Anfangs waren andere Jahrgänge dran und ich konnte studieren.

Noch eine Anmerkung: Hinsichtlich der Volksarmeeproblematik muss auf ein erschreckendes Anpassungsverhalten bei sonst eigentlich vernünftigen Familien hingewiesen werden. Da wir viele Jahre später unseren Sohn bei der Verweigerung der drei Armeejahre und bei seinem Wunsch nach einem Studium unterstützten, hieß es: *„Die denken, sie sind etwas Besseres, und wollen, dass ihr Sohn nur mit dem Grundwehrdienst studiert (Wehrpflicht 18 Monate). Unsere Kinder müssen schließlich auch drei Jahre gehen."* Das Denkmuster, die Scham oder das schlechte Gewissen über den Mangel an eigener Konsequenz und Stehvermögen durch Diffamierung anderer zu kompensieren, ist mir in anderen Zusammenhängen nicht nur vor der Wende mehrfach begegnet.

Wer die DDR erlebt hat, weiß, wie er *Großdemonstrationen* in Diktaturen einzuschätzen hat. Wer dort nicht „feiwillig" mitmacht und jubelt, bekommt Probleme. Mit der Einführung der Wehrpflicht 1962 wurde der Druck der „erzwungenen Freiwilligkeit" durch den Druck der gesetzlichen Pflicht des Wehrdienstes ersetzt. Die Wehrpflicht verkürzte auch die Zeit von bisher „freiwillig" drei Jahre (in bestimmten Fällen auch zwei Jahre) auf nunmehr anderthalb Jahre Pflicht zum Grundwehrdienst.

// Kommentar zeithistorisch //

Wehrdienst „Das ‚Dienen' in der NVA (Nationale Volksarmee) gehörte ab Einführung der Wehrpflicht zu den grundlegenden Erfahrungen fast jedes männlichen DDR-Bürgers.

Es gab immer wieder Wellen von *Totalverweigerungen* (d. h. Ablehnung auch des Bausoldatendienstes), sowohl von Einzelnen als auch durch Gruppen (z. B. ganze Schulklassen, religiöse Gruppen, insbesondere die staatsfernen Zeugen Jehovas). Dies wurde mit staatlichen Repressalien beantwortet, mit Verurteilungen zu ca. zwei Jahren Gefängnis samt folgender erneuter Einberufung usw.

Erst ab Beginn der 80er Jahre ließ die Verfolgung der *Totalverweigerer* nach; ab etwa 1985 gab es keine Verfahren mehr, die mit Freiheitsstrafen endeten. Allerdings hatten Totalverweigerer definitiv keine Berufs- und höhere Bildungschance." (Zit. n. www.DDR-Wissen.de, 8.10.2015)

Herausgeber

// „Wer noch an Gott glaubt, der stehe bitte auf!"

Dipl.-Ing. Hartmut E. Henke (TU Dresden, Studienjahrgang 1962, Fachrichtung Landmaschinentechnik, Diplom 1968, RWTH Aachen, 1970/71 Aufbaustudium Wirtschaftswissenschaften)

„Wachregiment Feliks Dzierzynski,[252] Berlin-Pankow; Volksmarine Ostseegeschwader Rostock, Panzergrenadier Spremberg …" etc. waren die Antworten meiner Studienkameraden und Studiengenossen zum richtigen Vorlesungsbeginn im Frühjahrssemester 1963 bei der ersten Vorstellungsrunde bzw. auf die Frage des Oberassistenten: „Wo haben Sie gedient?"
Als Jüngster der Auserwählten an der Eliteuni sagte ich: „Landwirt-Feldwirtschaft – EOS Theodor Koerner Reichenbach/Oberlausitz".
Nur dieser Lehrabschluss neben dem Reifezeugnis öffnete mir – als im Kriege geborener „Kuhjunge" (später nannte man den Sohn eines Bauern nach sowjetischer Sprachregelung „Kulakenjunge"[253]), nach der Zwangskollektivierung von Greifswald bis Greiz 1959/60 nun als „Sohn eines Genossenschaftsbauern" – das „Tor zur Südhöhe" (TU Dresden, Institut für Landtechnik, geführt von Direktor Prof. Dr.-Ing. h. c. Werner Gruner) laut Zulassungsbescheid auf Beschluss der Auswahlkommission. Das Schreiben des Prorektors für Studienangelegenheiten vom 15. Juli 1962 enthält die folgende freundliche Mahnung: „*Der erfolgreiche termingemäße Abschluss Ihres Studiums trägt dazu bei, die großen Aufgaben unseres Staates auf allen Gebieten des wirtschaftlichen und gesellschaftlichen Lebens in den kommenden Jahren erfüllen zu helfen. Ich erwarte deshalb von Ihnen, dass Sie an der TU-Dresden das in Sie gesetzte Vertrauen durch gute Studienleistungen, durch eine tadellose Studiendisziplin und tatkräftige Mitarbeit im gesellschaftlichen Leben der Hochschule rechtfertigen.*"
Ich wurde also vom Ehrendienst in der NVA freigestellt, da man nach dem Bau des „Antifaschistischen Schutzwalls" am 13. August 1961 zum 1. Januar 1962 die Wehrpflicht eingeführt hatte, obwohl wir uns alle zum „freiwilligen Ehrendienst in der NVA" verpflichtet hatten bzw. verpflichten mussten. Somit konnten genügend Männer eingezogen werden, bevor ihr „Verfallsdatum" erreicht ist. In meinem Reifezeugnis in der Gesamteinschätzung steht: „*[…] und seine freiwillige Meldung zum Dienst in der NVA bringen seine politische Aufgeschlossenheit zum Ausdruck […].*"

---

252 Das Wachregiment „Feliks E. Dzierzynski" war offiziell ein Teil der NVA (Nationale Volksarmee der DDR), unterstand jedoch dem MfS (Ministerium für Staatssicherheit). Die Angehörigen hatten sich für mindestens drei Jahre verpflichtet und waren in der Regel Genossen der SED. (Anm. d. Hg.)
253 Ein Kulak war ein Angehöriger der in der UdSSR vernichteten Klasse der Großbauern.

Mit dieser Aufgeschlossenheit besuchte ich die Vorlesungen und Übungen und meine Anwesenheit und Mitarbeit wurde vom Semsek (Seminargruppensekretär) und vom WiFu (Wissenschaftlicher Funktionär) sowie vom „Wachregimentsoffizier" kontrolliert, und wenn man nicht „spurte", dann sagte der Semsek: *„Du hältst die Klappe und ich steck ihn rein!"* – den „Elite-/Fortschrittsbericht".
Nur gut, dass ich nicht am Förster Platz in einer Studentenbaracke wohnen musste, denn zusammen mit meinem Schul- und Studienkameraden konnte ich ein Privatzimmer im Priesnitzgrund in der Neustadt bewohnen, umgeben von der Roten Armee hinter Stacheldrahtzäunen. Unsere Sicherheit und Überwachung war damit gesichert, zumal in der Nachbarschaft ein kirchlicher Treffpunkt – heute ejlum (Evangelisches Jugendgemeindezentrum) – von der Stasi überwacht wurde.
Täglich ging es mit der Straßenbahn vom Kino Schauburg/Königsbrücker Straße durch die „Wie liegt die Stadt so wüste …" – Dresdner Innenstadt zum Förster Platz, wo unsere Studienkameraden zu vier bis sechs Personen in Doppelstockbettzimmern etc. wohnten – und keine Bouillon-Suppe von der „Filia hospitalis"[254] bzw. deren Mutter serviert bekamen und dazu die Hitparade von Radio Luxemburg sowie die Sender Rias (Rundfunk im amerikanischen Sektor) und SFB (Sender Freies Berlin) hören konnten und man sich nicht beobachtet fühlte.
Für uns Elitestudenten galt es, die Grundlagen des Marxismus-Leninismus (ML)[255] zu erlernen, damit wir den ersten öffentlichen Test im Hörsaal Zeunerbau bestanden, denn dort wurden wir vom „ML-Professor" aufgefordert: *„Wer noch an Gott glaubt, der stehe bitte auf!?"* Nur der Sohn des Pfarrers aus Dippoldiswalde stand aus unserer Seminargruppe 8 auf!
Nicht Altmetall sammeln wie in der Grundschulzeit unter dem Motto „Martin braucht Schrott!!!", sondern Kartoffeln sammeln in Glambeck bei Wismar war unser „September-Oktober-Praktikum", denn es mangelte an Kartoffelvollerntemaschinen, die bei den Kapitalisten schon einige Jahre diese Arbeit erledigten. Für uns Landtechnik-Studenten immer eine Demütigung, da es eigentlich unsere bzw. die Versäumnisse unserer Fachkollegen in den VEB Landmaschinenbau-Kombinaten waren, diese Technik zu produzieren bzw. von marktwirtschaftlichen Wettbewerbern zu kopieren. Diese Möglichkeiten eröffneten sich uns nach dem Vordiplom, denn nun folgten Vorlesungen für moderne Landtechnik, wo wir Lichtbilder etc. von der Royal-Smithfield-Landtechnik-Messe in England gezeigt bekamen, die wir aber nicht besuchen konnten.
Der „Prager Frühling" öffnete uns 1967 das Tor nach Prag, denn in der Vorlesung

254 Studentenchargon im 18.–20. Jahrhundert, Neu-Latein: die Gastwirtstocher. (Anm. d. Hg.)
255 Vgl. Anm. 165.

„Das neue ökonomische System des Sozialismus“ (NÖS)[256], unterstützt durch eine Vereinbarung zwischen der TH Prag und der TU Dresden, besuchten wir in der ČSSR

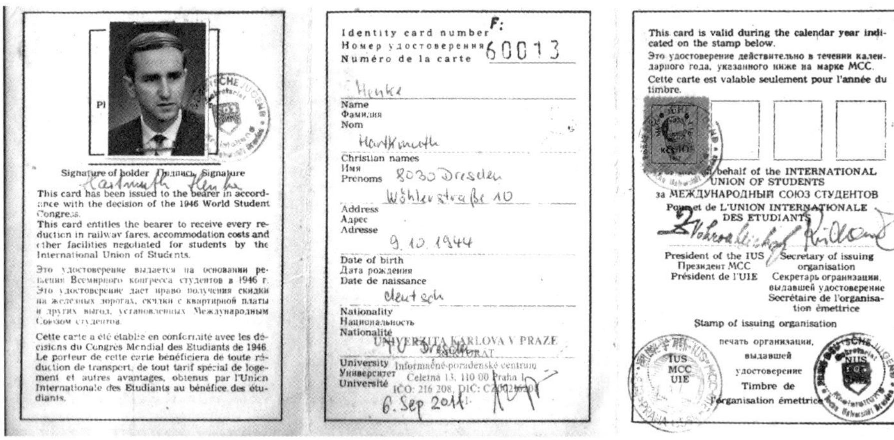

Hartmut Henke – mein internationaler Studentenausweis, 1967 ausgestellt

Landtechnikbetriebe, z. B. Agrostroi in Prostejow/Mähren, sowie Brünn und die alte Hussittenstadt Tabor und natürlich Prag, wo sich Reformen anbahnten. Auch wir profitierten von den Reformen, denn wir wurden in die IUS Praha (International Union of Students) aufgenommen und erhielten eine International Student Identity Card, abgestempelt von der IUS Praha und der Freien Deutschen Jugend – Sekretariat NUS (National Union of Students) – der Kreisleitung der Technischen Universität Dresden. Mit dieser Mitgliedschaft in der IUS hatten wir und unsere Professoren der IUS-Constitution/Satzung Folge zu leisten, d. h., wir sollten für die zu „lösenden Aufgaben als demokratische Bürger ausgebildet und zur Umsetzung dieser Werte vorbereitet werden“.[257]

Die letzte Vorlesung wird angekündigt

256 NÖS oder NÖS(PEL): Neues Ökonomisches System (der Planung und Leitung). Das sogenannte Neue Ökonomische System der Planung und Leitung der Volkswirtschaft in der DDR beschloss das ZK der SED 1963, um die Motivation der Werktätigen anzuheben. Es setzte auf Leitungsanreize für Arbeiter und eine größere Selbstständigkeit der Betriebe. (Anm. d. Hg.)

257 Dieser internationale Studentenausweis bot aber noch weitere Vorteile: So benutzen wir Dresdener Studenten ihn auch „illegal“, um beispielsweise eine ganz wesentlich verbilligte „internationale“ Eisenbahnfahrkarte

In der Fachvorlesung lernten wir Diplomanden neue/alte Weisheiten aus der sozialen Marktwirtschaft zum Beispiel: „Der Kunde ist König!“ – *„In den USA wird eine Arbeitslosigkeit von zwei bis vier Prozent als nützlich erachtet, um die Arbeitsproduktivität zu steigern!“* – *„Eine US-Firma wird nie ein Produkt produzieren, welches man auf dem Markt billiger einkaufen kann!“* etc.

Am 2. November 1967 gestalteten wir „Die wirklich letzte Vorlesung“ und ehrten unseren Institutsdirektor Prof. Dr.-Ing. h. c. Werner Gruner für seine Verdienste um die Ausbildung von Landmaschinentechnikern mit dem „Großen LMT-Orden am roten Band“ – wir konnten in seinen Vorlesungen viel Wissenswertes erfahren und er hat immer betont:

- dass die Zugkraft mit der Biermenge abnimmt …,
- dass ein Sitz für Funktionäre auf jede Maschine gehört,
- dass unzweckmäßige Konstruktionen im Neuererwettbewerb Geld bringen.

Mit diesem Wissen verteidigten wir unsere Diplomarbeiten und danach erhielten wir einen Arbeitsvertrag in einem VEB Kombinat, wo wir den „Prager Frühling“ voranbringen wollten.

Am 1. April 1968 begann ich als Konstrukteur im Mähdrescherwerk in Singwitz bei Bautzen. Ich wurde nicht in das sozialistische Arbeitskollektiv aufgenommen, wurde *kritisch* betrachtet und überwacht, was ich aber erst viel später nach Akteneinsicht erfuhr: *„Ganz im Gegensatz zu seiner kontinuierlichen und gradlinigen schulischen und beruflichen Entwicklung steht die Herausbildung der weltanschaulichen und gesellschaftspolitischen Haltung des Beschuldigten, die durch Widersprüchlichkeiten und Schwanken des Beschuldigten gekennzeichnet ist.“*[258]

Meine beruflichen Aufgaben erfüllte ich, jedoch *„[…] sein gesellschaftliches und politisches Auftreten entsprach von Anfang an nicht den Erwartungen, die an einen Absolventen einer sozialistischen Hochschule gestellt werden müssen. Besonders bei den Gesprächen, die anlässlich der konterrevolutionären Ereignisse in der ČSSR und den Hilfsmaßnahmen der sozialistischen Bruderländer am 21.8.1968 im Kollektiv geführt wurden, zeigte sich, dass der Beschuldigte eine gegnerische Einstellung zu den Maßnahmen der Deutschen Demokratischen Republik und zur Politik unsrer Regierung bezog“.*

Der „Prager Frühling“ und meine Erziehung zum „democratic citizen“ – „citoyen démocrate“ – „graschdanami demokratijewski towarisch“ wurde in der Oberlausitz an der Grenze zur ČSSR/Böhmen nicht verstanden oder akzeptiert bzw. toleriert, denn als ich am 21. August 1968 in einer SED-Propaganda-Informationsbesprechung zu den Ereignissen im Nachbarland ČSSR verlauten ließ: *„1938 Braune Nazis – 1968 Rote*

von Berlin nach Děčín (der ersten Station in der ČSSR) zu kaufen, um dann in Dresden in einem unbeobachteten Moment schnell auszusteigen. (Anm. d. Hg.)

258 Lt. Stasi – Schlussbericht – Bl. 56 der Akte – vom 14.11.1968 Hö/Jan – U/.

Armee in Prag!!??", da stellte der SED-Genosse und STASI-IM Otto Wilde an alle die Frage: *„Wer sich der Meinung des Kollegen Henke anschließt, bitte auf die rechte Seite, wo Kollege Henke steht!!"*
Ich stand allein auf der „rechten, nicht der Roten Seite" und wusste jetzt, dass der „Prager Frühling" niedergeschlagen wurde, nicht nur in Prag, sondern auch an der TU Dresden, denn Studienkameraden verteilten Flugblätter[259] und wurden eingesperrt sowie vom Rektor exmatrikuliert.
Was einmal so schön im Frühling 1967 in Prag begann, bei Pilsner Bier im U'Flecku – historisches Restaurant und ein internationaler Treffpunkt mit unseren Gastgebern, den Studenten der TH Prag –, im Herbst 1967 mit dem gemeinsamen Urlaub in der Hohen Tatra und der Besteigung des Gerlachovsky Stit (2.655 m)[260] fortgesetzt wurde, endete am 21. August 1968.
Traurig aber wahr! Vom Mitläufer des Sozialismus wurde ich zum Gegner. Bei der NVA sollte ich umerzogen werden. Bei der sofort veranlassten Musterung lehnte ich vehement einen Dienst in einer NVA ab, die an der Niederschlagung meines geliebten „Prager Frühlings" beteiligt war. Die Flucht in den Westen war die einzige Möglichkeit, sich den „Roten Nazis" zu entziehen. In Koper/Istrien an der Grenze zu Triest/Italien nahmen mich serbische Grenzsoldaten im September 1968 fest. Man gewährte mir kein politisches Asyl in Jugoslawien, sondern lieferte mich an die DDR aus. Ich landete also wieder im Elbetal im „Hotel Stasi"[261] an der Bautzner Straße mit schönem Blick auf Dresden und wurde „als Anhänger des Prager Frühlings" zu 22 Monaten Freiheitsstrafe „Im Namen des Volkes" verurteilt. Aus dem Urteil: *„Diese Strafe ist aber auch notwendig, um beim Angeklagten einen gewissen Umerziehungsprozess herbeizuführen, denn er ist für die sozialistische Gesellschaftsordnung noch nicht verloren."*[262]
Im Jahre 1969 wurde ich aus dem „Umerziehungslager KZ Cottbus"[263] mit einigen anderen politischen Gefangenen für ca. 25.000 DM pro Häftling freigekauft. Damit wurden meine Ausbildungskosten an der TU Dresden rückerstattet. Nun konnte ich meiner „Lebens- und Prager Frühlingsmotivation" folgen: „Schwerter zu Pflugscharen" zu schmieden – höchstes Friedenssymbol, zu dessen Umsetzung ich als Landtechniker geradezu verpflichtet war: *„Sie werden ihre Schwerter zu Pflugscharen und ihre Spieße zu Sicheln machen. Es wird kein Volk wider das andere ein Schwert aufheben und werden ihre Kinder nicht mehr kriegen lernen"* (Jesaja 2, Micha 4).
Ich ging als „Peace Corps Volunteer" 1971 nach Indien und leistete somit meinen

259 Siehe die Beiträge: Peter Ziesecke, „Träume von einem menschlichen Sozialismus"; Peter Ziesecke, „Das Ende einer Flugblattaktion" in diesem Band. (Anm. d. Hg.)
260 Höchste Erhebung der Hohen Tatra.
261 Vgl. Anm. 130.
262 Urteil – Aktenzeichen: Ost S 273/68 – OK I A 329/68.
263 Strafvollzugsanstalt Cottbus.

NVA- und Bundeswehr-Ersatzdienst und fertigte 30 Jahre lang in zehn Ländern Pflugscharen bzw. angepasste Landtechnik und die Kraft dazu schöpfte ich aus den Hoffnungen des Prager Frühlings an der TU Dresden.
Ein Epilog: Als am 9. November 1989 der „Antifaschistische Schutzwall“ in Berlin von „Wir sind das Volk!!“ gestürmt wurde, da brach der Weltkommunismus zusammen und ein kleines Dokument, mein internationaler Studentenausweis von 1967, hatte mitgeholfen, den „Eisernen Vorhang“ zu öffnen, und somit den Weg für die Vereinigten Staaten von Europa geschaffen.

Hartmut E. Henke, geb. 1944 als dritter Sohn des Landwirts Karl Henke in Görlitz/Ludwigsdorf; 1950–1958 Grundschule in Ludwigsdorf, 1958–1962 Erweiterte Oberschule mit landwirtschaftlicher Ausbildung in Reichenbach O/L, 1962–1968 TU Dresden Maschinenwesen. Dipl.-Ing. für Landmaschinentechnik, 1968 VEB Fortschritt Neustadt/Sachsen; Konstrukteur im Mähdrescherwerk Singwitz, 21.8.1968 Protest gegen die Invasion der Warschauer Paktstaaten in Prag/ČSSR, 20.12.1968 Verurteilung durch die Strafkammer des Kreisgerichts Dresden-Ost zu 22 Monaten Haft, 1969 Freikauf und Entlassung in die Bundesrepublik Deutschland.
1970–1971 RWTH Aachen Aufbaustudium Wirtschaftswissenschaften; 1971–1973 Bundes-/NVA-Wehrersatzdienst als „Peace Corps Volunteer“ in Pantnagar U. P. Indien, 1976–1991 Auslandseinsätze als Entwicklungshelfer in Kamerun, Philippinen, Sri Lanka, Pakistan, Türkei; seit 1992 Fachberater für landtechnische Projekte in Entwicklungsländern.

// Bei meiner Geradlinigkeit würde ich wieder anecken

Dipl.-Ing. Matthias Markert (TU Dresden, Studienjahrgang 1962, Elektrotechnik/Regelungstechnik, Diplom 1968)

Erinnerungen zur Unrechtsaufarbeitung des DDR-Staates – 40 Jahre nach dem Abschluss des Studiums an der TU Dresden. Um den „roten Faden“ meines Lebens mit den „Knoten“ durch die SED-Diktatur zu verdeutlichen, möchte ich ein wenig die Vorgeschichte bis zum Studium andeuten:
Ich bin in einer Familie mit fester Einbindung in die evangelische Kirchgemeinde aufgewachsen, somit auch ohne Zugehörigkeit zur Pionier- und FDJ-Organisation. Mein Vater war selbstständiger Handwerker. Wir gehörten also nicht zur „Arbeiterklasse“. Was meinen beiden Söhnen trotz bester Zensuren später verwehrt wurde, war 1959 in unserer Kleinstadt noch kein Problem: Ich durfte nach der 10. Klasse auf die Er-

weiterte Oberschule (das Gymnasium) gehen. Dankbar beschämt, dass ich das Abitur trotz bescheidenem Fleiß mit „sehr gut" bestand, habe ich mit 18 Jahren den freien und wohlüberlegten Entschluss gefasst, meine Lebensführung bewusst der Führung Gottes anzuvertrauen. Der erste bedeutende Schritt nach diesem Entschluss war die Bewerbung zu einem Studium: Theologie oder eine technische Richtung? Für ein Theologiestudium war ich offen und dazu wäre ich auch problemlos zugelassen worden. Zur Bewerbung für ein anderes Studium fehlten mir alle „gesellschaftlichen" Voraussetzungen: Zu den oben genannten Umständen fehlte nun auch noch meine Bereitschaft zu einem zweijährigen freiwilligen NVA-Dienst (Nationale Volksarmee). Es gab noch keine Wehrpflicht. Meine Überlegung war, ich bewerbe mich an die TU Dresden. „Wenn Gott mich nicht als Theologe will", braucht er mir nur diesen Weg an die TU zu öffnen. Wider alle Erwartungen wurde ich an der TU angenommen. Mein letzter alter Klassenlehrer, ein nicht kommunistischer alter SEDler der Vorkriegszeit hat mir nachher die folgende Episode erzählt: Die Kreistagskommission, die über die Studienbewerbungen zu entscheiden hatte, lehnte mich ohne jede Überlegung ab. Doch unser sehr „roter" Direktor, bei dem ich nie Unterricht gehabt hatte, der aus einem Nachbarort kam und also auch keinerlei Bezug zu unserer Familie hatte, begann vor der Kommission eifrig zu argumentieren, dass man doch einem so jungen, begabten Menschen nicht das Leben verbauen dürfe, nur weil die Eltern einfältig und politisch doof wären. – Die Kommission ließ sich umstimmen und so kam ich nicht zur Theologie.

Nun zum Studium: Da ich mich nicht zum Dienst in der NVA bereit erklärt hatte, musste ich mit einigen ähnlich geprägten Kommilitonen ein Jahr in der „sozialisti-

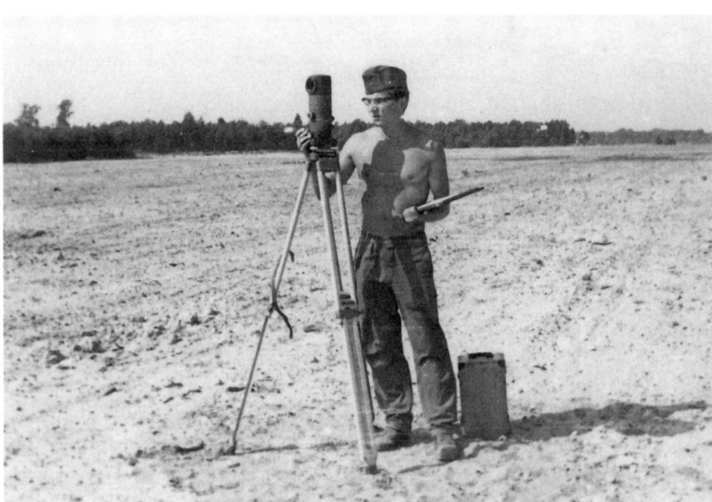

Matthias Markert als Bausoldat (Foto privat)

schen Produktion“ im Elektrogerätewerk Sörnewitz bei Meißen arbeiten. Dieses Jahr und das erste Semester dort als Praktikumssemester haben mich in meiner Lebenseinstellung sehr geprägt: Ich habe miterlebt, unter welchen Bedingungen Menschen des einfachsten „Proletariats“ leben und arbeiten. Weil sie mein Studium finanzieren, habe ich es ihnen gegenüber ernsthaft, verantwortlich betrieben. Dann begann also das eigentliche Studium in Dresden mit viel Freude und Erfolg, mit dem Diplomabschluss „sehr gut“. Dafür bekam ich eine Assistentenstelle an der TU zugesichert.
Kurz vor dem Abschluss der praktischen Diplomaufgabe gab es an einem Sonntag wieder eine „freie und geheime“ Volkskammerwahl. Was sollte ich tun? Im Gottesdienst am Vormittag zum Ende einer völlig unpolitischen Predigt sagte der Pfarrer: „Für viele von uns ist dieser Wahltag ein schweres Problem. Ich rate Ihnen, entscheiden Sie nach Ihrem Gewissen. Die Frage, was daraus wird, kommt vom Teufel.“ – Ich bin also meinem Gewissen gefolgt und nicht zur Wahl gegangen!
Schon am folgenden Tag gegen Abend kam ein meiner Frau und mir fremder Mann zu uns in die Wohnung und erkundigte sich, warum ich nicht zur Wahl gegangen sei. Auf meine Begründung hin kündigte er mir an, dass das für eine Anstellung an der TU Folgen haben würde. Er wusste offensichtlich gut über mich Bescheid. Schon am nächsten Tag sagte mir der Oberassistent, dass ich zum Herrn Dekan Clausnitzer (wenn ich mich recht entsinne) kommen solle. Der führte mit mir in seinem Dienstzimmer hinter einer dick gepolsterten Tür ein sehr vertrauensvolles Gespräch. Er achte meine Haltung und sei selbst praktizierender Katholik, der natürlich seine Stellung nur mit Kompromissen halten könne. Sicher könne er durchsetzen, dass ich die Assistentenstelle bekäme. Doch bei meiner Gradlinigkeit würde ich bei der nächsten Gelegenheit wieder anecken. Er sei aber bereit mir eine außerordentliche Dissertation zu ermöglichen.
Ohne Probleme habe ich dann in Radeberg in einer Entwicklungsabteilung im sich noch im Aufbau befindlichen Kombinat Robotron eine Stelle bekommen, jedoch wurde mir jegliche Form eines beruflichen Aufstiegs blockiert. Sogar als ich für einen tödlich verunglückten Kollegen einsprang und in der Betriebsakademie in meinem Fach Unterricht erteilte, musste mich mein Abteilungsleiter auf Geheiß der Betriebsparteileitung zurückpfeifen. Als ich mit Kollegen im Staatsratsgebäude in Berlin ein bei uns entwickeltes Gerät in Betrieb nehmen sollte, verwehrte mir der Pförtner den Eintritt. Für dienstliche Reisen auch ins sozialistische Ausland kam ich nicht infrage.
Trotz der Repressionen gegen mich und auch später für meine beiden Söhne empfinde ich und auch sie, dass uns auch darin Gott auf einen für uns richtigen Weg geführt hat. Dazu ein Zitat von Dietrich Bonhoeffer, einem Opfer im Widerstand gegen Hitler: „Ich glaube, dass Gott auch aus den bösesten Dingen Gutes machen kann und will.“

Matthias Markert, geb. 1943, aufgewachsen in Thum im Erzgebirge; nach dem Abitur ein Jahr Arbeit in der Industrie wegen Ablehnung des damals noch „freiwilligen" Militärdienstes; 1962 Aufnahme des Studiums der Schwachstromtechnik/Regelungstechnik an der TU Dresden. Nach Studienabschluss 1968 erhält er – da er noch nicht 27 Jahre alt ist – den Einberufungsbefehl zur NVA. Wegen Ablehnung des Dienstes an der Waffe wird er zu den Bausoldaten eingezogen. Anschließend 17 Jahre beim VEB Robotron im Entwicklungsbereich tätig. 1985 verlässt er den VEB Robotron, als dort Produktentwicklungen für den militärischen Einsatz geplant sind, und tritt in den evangelischen Kirchendienst über.

// Eine Geburtstagskarte als Anwesenheitskontrolle

Dipl.-Ing. Lothar Gebauer (TU Dresden, Studienjahrgang 1963, Elektrotechnik/Regelungstechnik, Diplom 1969)

Im Herbst 1966, vermutlich Mitte Oktober, fand an der TU eine große Feier statt, 20. Jahrestag der Wiederaufnahme des Studienbetriebes nach dem Zweiten Weltkrieg. Die Bedeutung dieses Jubiläums wurde dadurch unterstrichen, dass der Generalsekretär der SED und Vorsitzende des Staatsrates, Walter Ulbricht, kam. Zur Vorbereitung dieses Besuchs wurde eine größere Zahl fügsamer, linientreuer Studenten für zwei Wochen aus dem Studienbetrieb herausgenommen, als FDJler eingekleidet, und es wurden spontane Fragen an den Genossen Ulbricht eingeübt. Die anderen Studenten waren nicht betroffen. Aber sie mussten zur zentralen Feier vor das Dresdner Hygienemuseum mit dem damals größten Kongresssaal Dresdens kommen. Der Kongresssaal selbst war den Erwähltesten der Erwählten vorbehalten. Wir anderen Studenten mussten für Ulbricht begeisterte Masse darstellen. Die Teilnahme war Pflicht, es klingt unglaublich, aber dort nicht zu erscheinen, konnte den Studienplatz kosten. Unser einziger SED-Genosse in der Seminargruppe von 25 Studenten hatte sich eine fröhliche Anwesenheitskontrolle ausgedacht, er ließ vor Ort eine Geburtstagskarte an einen Kommilitonen unterschreiben. Es waren alle versammelt.

Lothar Gebauer als Student beim Ernteeinsatz (Foto privat)

Die TU Dresden war ohne jeden Zweifel die beste Technische Hochschule der DDR mit vielen Professoren von internationalem Rang. Und dort Student zu sein, war Auszeichnung. Wir waren fast alle in der FDJ, aber ich kenne keinen, der die Uniform besaß, ich kenne niemanden, der jemals auf die Idee gekommen wäre, einen FDJ-Club zu besuchen. Man hat sich lächerlich gemacht, wenn man nur davon gesprochen hat. Und ein Mädchen in einen FDJ-Club einzuladen, war das Ende einer Beziehung, noch bevor sie begonnen hatte. Bei mündlichen Prüfungen trug man einen Anzug, keine FDJ-Uniform.

Also ohne FDJ-Hemd, aber gut gezählt standen wir vor dem Hygienemuseum und hofften, dass alles bald vorbei ist. Plötzlich meldete sich ein Lautsprecherwagen. Irgendein Animateur wollte mit uns die Ankunft Ulbrichts üben: „Unser Staatsratsvorsitzender, der Genosse Walter Ulbricht, er lebe hoch, hoch, hoch." Es klingt erschreckend, wenn 3.000 Studenten schweigen. Der Einzige, der unser Schweigen falsch gedeutet hat, war der Animateur. Er hat es in falscher Einschätzung der Lage noch einmal probiert mit den Worten, er habe es nicht richtig gehört. Der zweite Versuch war aber so vergeblich wie der erste, dann kam Weisheit über den Animateur und er schwieg wie wir.

Und dann kam Ulbricht. Er saß im Fond seiner russischen Staatslimousine, die rechte Hand auf der Lehne des Vordersitzes, damit er die linke Hand auf dem rechten Arm abstützen konnte, um mit müder Handbewegung etwas anzudeuten, was er vielleicht Winken nannte. Von unserer Seite kein Wort, keine Geste, ein paar Rücken dort, wo sich hätten stolze Fronten zeigen sollen. Dann umrundete die Staatskarosse die Grünfläche vor dem Museum, Ulbricht stieg aus, und zweihundert in Blauhemd gewandete Studenten riefen ihr fast militärisches Hurra. Aufgenommen von den großen Kameras, die auf den Dächern der beiden seitlichen Flügel des Hygienemuseums standen. Ich besaß in der DDR nie einen Fernsehapparat, habe extra abends meine Eltern besucht, um zu sehen, was gezeigt wurde. Es war das Hurra. Und in den Zeitzeugnissen von damals wird als Konserve vielleicht noch das Hurra der Zweihundert existieren, nicht aber das Schweigen der Dreitausend und die dadurch demonstrierte Abneigung.

Haben wir darunter gelitten, Staffage in einem würdelosen Spiel zu sein? Ja, ein bisschen. Vielleicht haben wir es auch still genossen, den Animateur ins Leere laufen zu lassen, aber im Grunde war es nicht außergewöhnlich, wir kannten unsere Grenzen, die wir markiert haben und nur zähneknirschend preisgaben. Aber wir waren keine schäumend aufbegehrenden Helden.

Das hat uns sicher auch der westdeutschen Studentenbewegung entfremdet. Die demonstrierten, statt zu studieren, obwohl sie doch aus unserer Sicht alles hatten, was wir uns wünschten, eine Demokratie (die sie demonstrieren ließ), einen Rechtsstaat allererster Güte.

Lothar Gebauer, geb. 1943 in Dresden, Schulbesuche: Grundschule, Mittelschule, 1959 Facharbeiterlehre für organisch-pharmazeutische Chemie Arzneimittelwerk Dresden, Volkshochschule Abitur. „1961 wollte man mich gleich nach der Lehre in die Volksarmee pressen, ich wollte nicht, *die* wollten, es gab ein fürchterliches Geschrei im Betrieb und ich war mir sehr sicher, dass ich mein Leben lang Chemiearbeiter bleiben müsste." (Vgl. dazu Lothar Gebauers Beitrag „Man könne mich leider nicht zum Studium delegieren, da mir dazu die menschliche Reife fehle …".) 1963 Immatrikulation TU Dresden, Diplomarbeit bei Prof. Kindler, 1969 VEB Robotron Zentrum für Forschung und Technik.
1984 Übersiedlung in die Bundesrepublik, seit 2008 im Ruhestand.

// Das Ende der ET-Fine an der TU Dresden – 1968

Dipl.-Ing. Lothar Gebauer

ET-Fine nannte sich eine Veranstaltung der gesamten Fakultät Elektrotechnik. Die Studenten der Fakultät E-Technik hatten alle Prüfungen nach dem zehnten Semester abgeschlossen. Im elften Semester wurde die Diplomarbeit geschrieben.
Am Ende des zehnten Semesters ging eine größere Abordnung des zehnten Semesters in die Vorlesungen der jüngeren Semester, machte dabei viel Lärm, setzte den gerade lesenden Professor auf einen mehr oder weniger kuriosen Stuhl oder Thron und enterte die Vorlesung. Ein Kommilitone aus dem zehnten Semester hielt, meist im Stil des daneben sitzenden Professors und unter Betonung von dessen Macken, auch mit politischen Seitenhieben verziert, eine Vorlesung. Der Professor wusste immer von den Störenfrieden, er wusste auch, wie er sie wieder zur Ruhe bringen konnte, nämlich durch einen irgendwie lustig verpackten Beitrag (am besten Geld) für die Abschlussfeier nach den Prüfungen. Alle aus dem 10. Semester trugen einen Hut, auf dem sich ein Symbol der Fachrichtung befand, die Hochfrequenztechnik trug eine Yagi-Antenne, die Regelungstechnik einen WC-Spülkasten, die Elektroakustiker eine Hupe.
Es war eine große Herausforderung, auch eine große Ehre, als Student die Vorlesung halten zu dürfen. Sticheleien gegen den Professor wurden sportlich genommen, kritisch waren jedoch Spitzen mit politischer Zielrichtung. Es hat wohl einige das Diplom gekostet, weil sie zum Gedenken an diejenigen, die wir unterwegs verloren hatten, den DDR-Trauermarsch „Unsterbliche Opfer" spielten, der wohl nur der Regierung vorbehalten war. Kommunisten sind humorlose Menschen, selbst bei Trauermärschen – das muss man wissen, wenn man sich äußert.
Das ET-Fine fand sein Ende etwa 1968. Die politische Situation war ohnehin sehr

angespannt, weil viele nach Prag und zum Prager Frühling[264] schauten, was die SED-Genossen sehr unruhig machte. Sein brutales und schnelles Ende fand die Veranstaltung dadurch, dass im Hamburger Nachrichtenmagazin „Der Spiegel“ ein Artikel erschien, der nur von einem Insider geschrieben worden sein konnte und der die Veranstaltung des ET-Fine nahezu ausschließlich als politische Oppositionsveranstaltung interpretierte. Was im Hintergrund gelaufen ist, das kann man nur ahnen. Offensichtlich wurde die Rektorin, Frau Professor Lieselott Herforth, von „ganz oben“ verpflichtet, diese Veranstaltung zu unterbinden. Es geht die Sage, dass es Professoren gab, die den Brief vom „Isotopenlieschen“[265] ungeöffnet liegen ließen, um nach der ET-Fine-Vorlesung erstaunt zu erfahren, dass diese Veranstaltung gerade verboten worden war.
Ich habe einige solcher Vorlesungen erlebt, sie waren immer geistreich, aber politisch eher harmlos. Man wollte nicht nur sich selbst schützen, sondern auch den Professor, dem eine hochpolitische Vorlesung erhebliche Schwierigkeiten bereitet hätte. Wir achteten unsere Professoren und wir wussten uns eins mit ihnen, wenn es darum ging, das Leben erträglich zu halten.

// „Man könne mich leider nicht zum Studium delegieren, da mir dazu die menschliche Reife fehle …“

Dipl.-Ing. Lothar Gebauer

Ich schildere hier die Verhältnisse, wie sie sich mir unmittelbar vor und nach dem Bau der Mauer darstellten. Damals war ich 18 Jahre alt.
Ich habe einen etwas umständlichen Weg gewählt, zur Hochschule zu gelangen. Meine Eltern wollten die Belastung durch einen Besuch der Oberschule nicht tragen und haben mich auf eine damals gerade erst erfundene Mittelschule geschickt. Daran anschließend musste ich einen Beruf erlernen. Zunächst wollte ich Flugzeugbauer werden, weil ich das in kindlicher Einfalt für den kürzesten Weg zum Piloten hielt. Mein Zeugnis der Mittleren Reife war ohne Tadel, aber bei meiner Bewerbung beim Flugzeugwerk Dresden (das damals das erste deutsche Passagierflugzeug mit Strahl-

264 Vgl. Anm. 193.
265 Der Begriff „Isotopenlieschen“ kommt von ihrer Aufgabe als Kernphysikerin.

triebwerk bauen wollte) gab es sehr viel Mäkelei an meiner Herkunft – Mutter nicht Produktionsarbeiterin, sondern selbstständige Schneidermeisterin, Stiefvater freischaffender Künstler, Vater nach dem Westen gegangen, ich selbst war konfirmiert und nicht, wie es damals schon gefordert war, jugendgeweiht[266]. Und so entschied ich mich, da besser nicht hinzugehen. Ich bewarb mich bei einem vollkommen anderen Zweig, der Pharmazie. Dort habe ich zwei Jahre gelernt und als Facharbeiter abgeschlossen.

Genau am Ende meiner Lehrzeit, am 13. August 1961, wurde in Berlin die Mauer gebaut. In der Welt herrschte plötzlich akute Kriegsgefahr. In der DDR wurde der gesamte männliche Abiturjahrgang „freiwillig" als „FDJ-Aufgebot" in die Nationale Volksarmee (NVA) gepresst. Auch ich wurde massiv bedrängt, in die Armee zu gehen. Aber ich habe nein gesagt, ahnend, was das für meinen weiteren Lebensweg bedeuten würde.

Im kleinen Team meiner unmittelbaren Kollegen war ich sehr anerkannt. Bei der Leitung des Großbetriebes aber galt ich als politisch nicht fügsam. Albernheiten, die heute schwer vorstellbar sind, waren damals Zwänge, z. B. die Uniform der kommunistischen Freien Deutschen Jugend (FDJ) zu tragen, bis die Besatzungsmächte der DDR einen Friedensvertrag geben. So etwas gehörte damals zum Alltag. Ich besaß kein solches Hemd, konnte es folglich nicht tragen. Aber ich entsinne mich an Veranstaltungen in meinem Betrieb, da saß ich sechs SED-Genossen gegenüber, die nur ein Ziel hatten, mir das Uniformhemd aufzunötigen. Daraus würde man heute eine Kabarettszene machen, für einen 18-Jährigen damals war das aber eine furchtbare Belastung.

Dass ich sofort nach der Lehre die Volkshochschule besuchte, um das Abitur zu machen, geschah aus Interesse am Lernen, nicht als Stufe meines Ausbildungsweges. Denn mir war klar, dass Menschen meiner Geisteshaltung nicht gefördert werden. Diese Grundüberzeugung teilten alle meine Mitschüler an der Volkshochschule – es war trotzdem eine Zeit, die mich mit wunderbaren, fröhlichen Menschen zusammenbrachte. Um jede Hoffnung auf Förderung bei mir im Keim zu ersticken, teilte mir meine Firma – das Arzneimittelwerk Dresden – etwa nach einem Jahr mit, dass sie mich leider nicht zum Studium delegieren könne, weil mir dazu die menschliche Reife fehle. Es war die Führungsriege in der Kaderabteilung des Arzneimittelwerkes, die den Befund „fehlende menschliche Reife" per Ferndiagnose erstellte. Denn gesehen habe ich *die* nie! Wie man nach Ansicht der Kaderleitung menschlich reif wird, das weiß ich nicht. Ich vermute, Mitgliedschaft in der SED, in der Betriebskampfgruppe, in der paramilitärischen Organisation GST und Fahne am Fenster wären hilfreich gewesen.

---

266 Jugendweihe, vgl. Glossar.

Ich weiß aus eigenem Erleben, dass fleißige und erfolgreiche Arbeit im erlernten Beruf, Teamführung schon mit 18 Jahren für ein Team, in dem alle älter, manch einer viel älter war als ich, Abitur bei der Volkshochschule mit guten Noten trotz Arbeit im Dreischichtsystem nicht zum Attribut „menschlich reif" führten. Am Ende habe ich Glück gehabt, aber ich denke an viele Freunde, die Opfer der Willkür dummer, verbohrter Kaderleiter geworden sind.
Im Jahr 1962 wurde in der DDR die Wehrpflicht eingeführt. Trotz aller Vorbehalte gegen den Staat wurde das auch als eine gewisse Entspannung empfunden. Es ließ vermuten, dass der Druck, „freiwillig" zur NVA zu gehen, erheblich nachlassen würde. Den Druck gab es nach wie vor für alle, die studieren wollten. Für die war ein Weg über wenigstens die bescheidenste Offizierslaufbahn mitunter kaum vermeidbar.
Und dann kam das Jahr 1963, das Jahr, in dem nach meiner Überzeugung die DDR von einem Geistesblitz getroffen wurde. Es gab ein neues Gesetz zur Zulassung zum Hochschulstudium. Ich kann das hier nur an seinen Auswirkungen schildern, wie ich sie erlebt habe. Die Ausgangssituation im Frühjahr 1963 war schwierig. Der Abiturjahrgang 1961, dessen männlicher Teil komplett als FDJ-Aufgebot zur NVA gegangen war, wurde jetzt von der NVA entlassen und wollte 1963 studieren. Hinzu kamen die Tatsachen, dass die TH/TU Dresden einen deutschlandweit hervorragenden Ruf hatte, dass in der Aufbauphase nach dem Zweiten Weltkrieg Ingenieure und Naturwissenschaftler dieser Universität hoch begehrt waren, so dass die TU einen erheblichen Teil ihrer Absolventen für den Westen ausgebildet hat. In manchen Fakultäten sind das wohl um die 50 Prozent gewesen. Damit war nach dem Bau der Mauer Schluss. So gab es einen Überhang an Studierwilligen, die auf die Hochschulen drängten.
Und in dieser Situation schuf man ein Gesetz, das auf geradezu revolutionäre Weise das Problem löste. Die Institute selbst sollten sich ihre Studenten aussuchen. Das hat die TU Dresden mit groß angelegten Eignungsprüfungen getan, die ein gewaltiger Filter waren. Noch rechtzeitig vor der Prüfung erhielt ich von meiner Firma den Hinweis, dass sich die Zulassung geändert hat, dass die Firma (für die ich zwei Jahre im Dreischichtsystem fleißig und erfolgreich gearbeitet hatte) bei mir aber noch immer keine menschliche Reife entdecken kann und sich gegen mein angestrebtes Hochschulstudium stellt. Das war mir aber sehr egal, ich hatte die Eignungsprüfung so gut bestanden, dass die Professoren auf die eigentlich anschließende mündliche Prüfung verzichteten. Für das Fach Regelungstechnik, das ich studieren wollte, wurden damals nur elf Prozent der Bewerber angenommen. Was für ein Numerus clausus!
Die neue Zulassungsordnung verwirrte damals viele. Sie war in einem Staat, bei dem das Wedeln mit der roten Fahne das Wichtigste war, eigentlich unvorstellbar. Die Ursache habe ich Jahrzehnte später im Hamburger Nachrichtenmagazin „Der Spiegel" erfahren, in einer kleinen Notiz. Danach gab es schon 1962 einen Machtkampf zwi-

schen Ulbricht und Honecker. Honecker wollte die Fahnenschwenker fördern, Ulbricht die Begabtesten. Das war kaltes Kalkül, Ulbricht wollte die DDR zu einem wirtschaftlich blühenden Land entwickeln, das auch die Bundesrepublik überholt, denn abhauen konnten die gut ausgebildeten Ingenieure ja nicht mehr nach dem Mauerbau. Diesen Streit entschied Ulbricht für sich. Dass aus dem Plan mit dem wirtschaftlich blühenden Land später doch nichts geworden ist, das hat andere Gründe.

Soweit ich mich erinnere, war dann im Oktober 1963 die Immatrikulationsfeier für alle, die es geschafft hatten. Ich entsinne mich an die Rede von Professor Klaus Lunze, ein Professor, den wir wegen seiner Menschlichkeit sehr schätzten. Er sagte uns in aller Deutlichkeit, dass wir erst am Anfang eines Weges stehen. Er nannte uns Avantgarde, und das war von ihm nicht lobend, sondern verpflichtend gemeint, er prognostizierte uns eine harte Zeit, die die Hälfte von uns nicht bestehen werde. Für meine Studienrichtung kann ich das bestätigen. Es war hart, und etwa die Hälfte der Studenten war am Ende nicht mehr dabei.

Wenige Jahre später gab es eine Tendenz, die genauer untersucht werden müsste. Während man 1963 sehr stolz darauf war, an der TU Dresden immatrikuliert zu sein, so schien das Interesse bald abzuflachen. Der Beruf des Diplomingenieurs genoss zwar Achtung, aber er brachte zunehmend weniger Gehalt ein. Der Wechsel nach dem Westen war vollkommen versperrt, und wer in der armen DDR einigermaßen gut leben wollte, der musste einträglichere Berufe wählen: Berufe wie Kellner oder Friseur, bei denen der eigentliche Lohn durch das reich fließende Trinkgeld in schwindelnde Höhen stieg; Klempner, die Werkzeug und Material besaßen für dringend nötige Reparaturen, die sich das aber teuer und schwarz bezahlen ließen; Bauarbeiter, die tagsüber Müßiggang übten, damit das knappe Material für die Überstunden am Abend reichte; Automechaniker, die Spezialwerkzeuge und Ersatzteile besaßen, die dem normalen Kunden nicht zugänglich waren – sie alle verdienten viel mehr als ein Diplomingenieur, der mit der Automatisierung einer Erdölkolonne beschäftigt war. Und alle diese Produktionserzeugnisse und Dienstleistungen musste der Diplomingenieur teuer bezahlen, weil er nichts besaß, womit er seine Kunden erpressen konnte. Zunehmend kam noch die bundesdeutsche D-Mark als Währung in Umlauf. Man konnte sie kaum durch Arbeit erwerben, aber durch eine Tante im Westen, die damit für den Osten das Paradies einen Spalt öffnete.

Honecker führte dann um 1970 eine weitere Hochschulreform[267] ein. Ein Verfahrenstechniker (Professor Richter, der „Dampfrichter“) empfing seine Studenten im Herbstsemester mit den Worten: „*Es hat eine Reform gegeben, es gibt keine Fakultäten mehr, es sind Sektionen entstanden. Eine Sektion, das ist im medizinischen Sinn die Zerlegung einer Leiche.*“

---

267 Vgl. Anm. 245.

Hübsch formuliert, aber die TU war keine Leiche. Sie wurde es aber. Das Studium wurde arg verschult, aber schlimmer war, es gab nicht mehr genug Bewerber. Eigentlich konnte jetzt jeder studieren, aber viele wollten nicht mehr. Honecker lobte die Arbeiter – die Intelligenz jedoch wurde auch gehaltsmäßig knappgehalten. Ich selbst wurde bei Robotron sechs Jahre lang mit einem Absolventengehalt bezahlt. Ich habe nebenbei arbeiten müssen, vorwiegend als Lehrer, um meine Familie durchzubringen.

Ein Studium wurde deshalb zunehmend unattraktiver. Die Entmachtung Ulbrichts, die heute auf das Jahr 1971 datiert wird, verlief allmählich. Die von ihm gegründeten Großforschungszentren verloren ihre Namen und nahezu alle üppigen Privilegien. Die Hochschulen wurden umstrukturiert, der Betrieb insgesamt wurde mehr verschult. Die Ausbildungsqualität sank und auch der Stolz der Absolventen.

Noch ein Wort zur militärischen Ausbildung: Für die Immatrikulierten des Studienjahrganges 1963 wurde extra ein Lehrstuhl für militärische Ausbildung geschaffen. In zwei dreiwöchigen Aufenthalten in einem Zeltlager wurden vereidigte Soldaten geformt, nicht sehr streng, weil die Ausbilder meist Kommilitonen des gleichen Studiengangs waren, die zwei Jahre vorher zum „FDJ-Aufgebot" gehörten. Die wollten es mit ihren künftigen Kommilitonen nicht verderben.

Unsere Ernteeinsätze: Wir waren zweimal (1963 und 1964) in Mecklenburg zur Kartoffelernte. Im Herbst 1966 wurden wir in der Kelterei Lockwitzgrund in Dresden eingesetzt. Für uns war das auch ganz gut, wir konnten uns nicht nur die Äpfel aus den heimischen Plantagen mitnehmen, sondern auch so exotische Früchte wie Weintrauben (das war so beeindruckend, dass ich 50 Jahre später noch daran denke). Der Einsatz dauerte wie alle Einsätze drei Wochen. Wir sollten dort Rohre verlegen, vermutlich fehlte dazu ein Bagger, und Studenten waren preiswert.

Das Titelbild unserer Bergfestzeitung: meine Seminargruppe RT 2/63 beim „Baueinsatz" in der Kelterei Lockwitz nahe Dresden im Oktober 1966 (Foto: L. Gebauer)

Das Foto auf der letzten Seite der Bergfestzeitung: Ob diese Botschaft heute noch ankommt, das möchte ich bezweifeln (Foto: L. Gebauer)

Unsere Arbeitszeit war die im Osten übliche, knapp neun Stunden pro Tag. Vermutlich haben wir dafür einen kleinen Hauch von Geld bekommen, mit Sicherheit hatte es keinen Einfluss auf meine immer sehr angespannte Finanzsituation. Ob unser Wirken für die Wirtschaft gut war, das muss ich bezweifeln.
Das Foto entstand schon mit der Absicht, das Titelblatt unserer Bergfestzeitung zu schmücken. Auf der letzten Seite war dann das andere Bild, wo uns allen die Erde bis zum Halse steht. Ob diese Botschaft heute noch ankommt, das möchte ich bezweifeln.

// Neue Studenten empfingen wir im Blauhemd der FDJ

Prof. Dr.-Ing. habil. Prof. h. c. Hans-Jürgen Hardtke (TU Dresden, Studienjahrgang 1963, Fakultät Elektrotechnik, Fachbereich Elektroakustik/Informationstechnik, Diplom 1969, Promotion 1977)

Ich studierte von 1963 bis 1969 an der TU Dresden, Fachrichtung Elektroakustik unter Professor Dr. Reichardt und diplomierte bei Professor Dr. Lenk. Unsere Professoren an der TU Dresden waren zum Teil noch durch die Kriegs- und Nachkriegszeit geprägt, wie die Beispiele in den Vorlesungen zeigten. Hier wären Professor Hartmann (Feingerätebau) oder Professor Simon (Chemie) zu nennen. Besonders beliebt waren Professor Recknagel (Physik) durch seine außergewöhnlichen Experimente und Professor Wunsch (Theoretische Elektrotechnik), der selbst Greensche Gleichungen so erklären konnte, dass die Mehrheit der Studenten dachte, sie hätte es begriffen. Er wurde bei Beginn und Ende der Vorlesungen wie ein Popstar begrüßt und verabschiedet. Gefürchtet war Professor Schwabe (Chemie) durch seine harten und prinzipiell mündlich durchgeführten Prüfungen. Von den drei Professoren der Fachrichtung Elektroakustik waren zwei nicht in der Partei (SED), auch die zwei Seminargruppenbetreuer waren nicht in der Partei. Im politischen Sinne wurden Letztere nur bei den Wahlen und bei den jährlichen 1.-Mai-Demonstrationen tätig. Sie mussten die möglichst 100-prozentige Teilnahme der Studenten sichern.
Zurückblickend muss ich sagen, dass wir aber fachlich eine hervorragende Ausbildung an der TU hatten. Schon 1968 habe ich in meiner Diplomarbeit gekoppelte Feldprobleme behandelt und Piezokeramik für Schwingungssensoren entwickelt, die dem damaligen Stand der Technik weltweit entsprachen. In den Vorlesungen spielten politische Beeinflussung oder Druck nur eine untergeordnete Rolle. Ich erinnere mich, dass während einer Fachvorlesung nur noch ein Stück Kreide vorhanden war und Professor L. sagte: „Na, solange wir nicht nur noch rot schreiben müssen, möge

es gehen." Wie wir hörten, hatte dies für ihn disziplinarische Folgen. Er erklärte den Sachverhalt in der nächsten Vorlesung und musste sich entschuldigen. Es musste ihn also einer von den Studenten angezeigt haben. In unseren zwei Seminargruppen waren nur wenige Studenten in der Partei. Sie fielen kaum auf.

Starker politischer Druck wurde in den Seminaren zur Lehrveranstaltung Marxismus-Leninismus[268] ausgeübt. Die meisten Lehrer waren überfordert. Ich habe mir manchmal den Spaß gemacht, die Leninbände zur vorgegeben Problematik genau anzusehen und dann dem Seminarleiter Fragen zu stellen, die er meist nicht beantworten konnte. Ein Beispiel: Lenin schreibt, kein vernünftig denkender Mensch wird behaupten, dass es den Kommunismus je geben wird. Aber es ist ein erstrebenswertes Ziel. Ich habe nur den ersten Satz zitiert und gefragt, wie das auszulegen sei. Das brachte dann den ML-Mann sehr ins Schwitzen.

Es gab Einzelgespräche zur Werbung, in die SED einzutreten. Wir tauschten uns aus, mit welchen Argumenten man dies verweigern könnte, ohne sein Studium zu gefährden. Man könnte noch viel über die Wahlen an der TU, die ZV-Ausbildung (Zivilverteidigung), die ET-Fine-Veranstaltungen[269] oder die Kartoffeleinsätze der Studenten in Mecklenburg oder in der Magdeburger Börde schreiben. Ich möchte mich aber auf ein paar Dinge aus dem Leben in einem Studentenwohnheim konzentrieren, die sehr schön die Situation der Studenten und ihre Einstellung zur DDR zeigen.

Im Wohnheim in der Güntzstraße waren mehrere Hundert Studenten verschiedener Fachrichtungen untergebracht, in den ersten Jahren nur Jungen. Wir schliefen in Achtmannzimmern in Doppelstockbetten. Zur Erledigung der Übungen und zum Lesen standen sogenannte Strebersäle zur Verfügung. Wir belegten dort Tische und ließen Bücher und Hefter liegen. Das gemeinsame Lernen am Nachmittag und Abend führte zum Gedankenaustausch und zur gegenseitigen Hilfe. Im Schnitt waren die Leistungen der Wohnheiminsassen besser als von Studenten, die zu Hause oder in Zimmern in der Stadt wohnten. Im Allgemeinen reisten wir montags an und fuhren am Freitag wieder ab. Mindestens zwei Mal in der Woche ging es zum Biertrinken. Beliebt waren der Altmarktkeller und die Zöllnerklause in der Neustadt, die Wernesgrüner Pilsner führte. Ich erhielt von zu Hause eine ausreichende, aber nicht überschwängliche Unterstützung und vom Staat ein Leistungsstipendium. Das reichte zum bescheidenen Leben in Dresden. In den Sechzigerjahren wurden durch die Zwangskollektivierungen[270] bestimmte Lebensmittel knapp. So erhielt man Butter nur

268 Vgl. Anm. 165.

269 Siehe dazu den Beitrag von Lothar Gebauer, „Das Ende der ET-Fine an der TU-Dresden – 1968". (Anm. d. Hg.)

270 Siehe dazu den Beitrag und zeithistorischen Kommentar von Günter Knoblauch, „Kollektivierung der Landwirtschaft – wir Studenten waren dabei". (Anm. d. Hg.)

noch auf Butterkarten, ein halbes Stück pro Woche. Da war es günstig, dass ein Mitbewohner eine Freundin aus einem Lebensmittelgeschäft hatte. Bei ihren Besuchen im Wohnheim wurde eine Decke ans Doppelbett genagelt, was natürlich nur bedingt Diskretion brachte.
Eines Tages hing in der Neustadt ein Schild um den Hals des Reiterstandbildes von August dem Starken. Auf diesen Schild stand: „Lieber August steig hernieder und regiere du uns wieder. Laß in butterarmen Zeiten lieber Walter Ulbricht reiten."
Es herrschte unter den Genossen der TU große Aufregung. Wir wurden zu dem Vorgang befragt. Nach meiner Erinnerung ist der mutige „Übeltäter" nicht ermittelt worden.
Die Belegung der Zimmer im Wohnheim erfolgte gemischt. Das heißt, es wohnten ältere und jüngere Studenten und auch verschiedene Fachrichtungen zusammen. Das hatte den Vorteil, dass die Älteren manchen Tipp zum Studium geben konnten, auch der Austausch von Rückenwinden[271] für Belege war einfacher. Natürlich brachte dies auch mit sich, dass manche „Westzeitung" und verbotene politische Literatur von Hand zu Hand ging. Wir lasen von Alexander Solschenitzyn[272] „Ein Tag im Leben des Iwan Denissowitsch„, Abschriften von Erzählungen Václav Havels[273], Vorlesungsmanuskripte Robert Havemanns[274] und das Buch „Die Revolution entlässt ihre Kinder" von Wolfgang Leonhard[275] auf dem Zimmer. Der bevorzugte Radiosender im Heim war Radio Luxemburg.
Wenn neue Studenten unserem Zimmer zugewiesen wurden, spielten wir denen manchen Streich. So empfingen wir sie im Blauhemd der FDJ, teilten mit, dass wir keine Westsender hören und veranstalteten vor dem Abendbrot im Zimmer eine Presseschau. Höhepunkt war das allabendliche Singen von Arbeiterkampfliedern, wie „Dem Karl Liebknecht haben wir es geschworen" usw. Die Jungen sangen kräftig

---

271 Als Rückenwind bezeichnete man eine Unterlage von anderen Studenten, die als Vorlage – auch zum Abschreiben – benutzt wurde. Das war übliche Praxis. Man durfte sich nur nicht erwischen lassen. (Anm. d. Hg.)
272 Alexander Issajewitsch Solschenizyn (1918–2008), russischer Schriftsteller. Er erhielt 1970 den Nobelpreis für Literatur. Neben seinem Hauptwerk „Der Archipel Gulag", wo detailliert die Verbrechen des stalinistischen Regimes bei der Verbannung und systematischen Ermordung von Millionen Menschen beschrieben werden, ist die Erzählung „Ein Tag im Leben des Iwan Denissowitsch" aus dem Gulag das bekannteste Werk. (Anm. d. Hg.)
273 Václav Havel (1936–2011), tschechischer Dramatiker, Menschenrechtler und Politiker. Er war einer der Initiatoren der Charta 77 bzw. der „Samtenen Revolution", von 1989 bis 1992 Staatspräsident der Tschechoslowakei bzw. von 1993 bis 2003 der Tschechischen Republik. (Anm. d. Hg.)
274 Robert Havemann (1910–1982), deutscher Chemiker, Wissenschaftler; 1935 promoviert; Widerstandskämpfer gegen den Nationalsozialismus; Kommunist; seit 1951 Mitglied der SED und Zusammenarbeit mit dem sowjetischen Geheimdienst KGB und dem MfS. Später Regimekritiker in der DDR, 1964 Ausschluss aus der SED sowie Entzug des Lehrauftrages; 1965 Berufsverbot und Ausschluss aus der Akademie der Wissenschaften der DDR. (Anm. d. Hg.)
275 Vgl. Anm. 244. Zu dem genannten Buch von Leonhard siehe auch den Beitrag von Falk Anders, „Sagt ihnen der Name Leonhard etwas?" (Anm. d. Hg.)

mit. Ich habe mich manchmal umdrehen müssen, um mein Lachen zu verbergen. Meist hielten wir das aber nur drei bis vier Tage durch. Einmal war bei den zwei Neukommilitonen große Verwunderung, da sie von der Vorlesung kommend das Radio auf einen Westsender eingestellt vorfanden. Wir hatten vergessen, es zurückzustellen. Interessant ist, dass die gerade von der Oberschule kommenden Studenten dies alles mitmachten. Allerdings hatte ich an der Oberschule politisch auch so eine Erziehung, fachlich aber eine hervorragende Bildung genossen. Im letzten Jahr des Studiums führten wir in unserem Freundeskreis den Kommersgesang[276] ein, besorgten uns Liederbücher und konnten alle einen Salamander[277] reißen, obwohl Burschenschaften in der DDR verboten waren. Diese Riten wurden in der Studentengruppe der Jungen Gemeinde der Katholischen Kirche praktiziert, die in der Moreau-Schenke in Dresden-Kaitz in einem Hinterzimmer tagte. Ein Studienkommilitone vermittelte uns diese Tradition weiter, die natürlich rigoros von der SED abgelehnt wurde. Die Genossen wussten wahrscheinlich nicht, dass auch Karl Marx ein Kommersbuch mit Studentenliedern besessen und manchen Salamander gerissen hatte.

Hans-Jürgen Hardtke, Foto aus dem Studentenausweis der TU Dresden (Privatbesitz Hardtke)

Als die Sowjetarmee 1968 in Prag einrückte und die NVA im Erzgebirge Ausgangsräume besetzte, kam es zu erregten Diskussionen in Studentenkreisen und fast einhelliger Ablehnung dieser Vorgänge.[278] Mit jeder Seminargruppe wurden deshalb durch die Parteisekretäre Einzelgespräche geführt und zur Unterstützung des Vorgehens des Warschauer Paktes aufgefordert. Ich erinnere mich, dass wir mit Unverständnis die Demonstrationen der Linken im „Westen“ sahen, die für einen Sozialismus eintraten, während in Prag gegen Reformsozialisten russische Panzer rollten.

Dieser grundlegende Unterschied der Sozialisierung in Ost und West hält bis heute an. Rückblickend kann ich sagen, dass die kritische Haltung gegenüber der intoleranten Politik der SED sich im Studium verfestigte und große Teile der Studenten die weitere Entwicklung in der DDR kritisch sahen. So wurden schon damals die Voraus-

---

276 Liedgut der Studentenverbindungen für den Gebrauch in studentischen Kneipen.

277 Salamander: geselliges Trinkritual in Studentenschaften, wohl eher richtig: Salamander reiben, von „S(auft) alle m(itein)ander“. (Anm. d. Hg.)

278 Vgl. Anm. 193.

setzungen gelegt, die zu den großen Demonstrationen 1989 gerade in Dresden und zum Abdanken des Honecker[279]-Regimes führten. Zu den ersten Demonstranten auf den Straßen in Dresden gehörten der Mittelbau, die Mitarbeiter der Werkstätten und viele Studenten.

Hans-Jürgen Hardtke, geb. 1944; 1963–1969 Studium an der TU Dresden, Fakultät Elektrotechnik (Diplom); ab 1969 wiss. Mitarbeiter bei VEB Messelektronik Dresden; 1972–1979 wiss. Assistent an der Sektion 13 (Grundlagen des Maschinenwesens) der TU Dresden, 1977 Promotion; ab 1979 Oberassistent im Bereich Dynamik und Betriebsfestigkeit; 1987 Habilitation an der TU Dresden.
1992 Berufung als Professor an die TU Dresden (Maschinendynamik, 1993 auch Schwingungslehre); 1994–1997 Dekan der Fakultät Maschinenwesen; 1997–2003 Prorektor Planung; 1992–1994 und 1996–2009 Direktor des Instituts für Festkörpermechanik; seit 2001 Mitglied der Akademie der Wissenschaften zu Leipzig und 2002 Mitglied der Deutschen Akademie der Wissenschaften (acatech) Berlin; Präsident der Reichenbachgesellschaft bis 2012; Vorsitzender der AG sächsischer Botaniker und der AG sächsischer Mykologen, Vorsitzender des Landesvereins Sächsischer Heimatschutz; zahlreiche Bücher und Publikationen.

// Zwänge und Chancen als Student und wissenschaftlicher Assistent

Dipl.-Ing. Christian Höfgen (TU Dresden, Studienjahrgang 1964, Fakultät Elektrotechnik, Feingerätebau, Diplom 1971)

Mein Studienwunsch war, Schiffselektrotechnik an der Uni Rostock zu studieren. Deshalb musste ich nach dem Abitur von 1961 bis 1962 ein praktisches Jahr in der Warnowwerft[280] Warnemünde ableisten. Während dieses praktischen Jahres wurde am 13. August 1961 die Mauer gebaut. Als Reaktion darauf versuchte ich am 13. No-

279 Erich Honecker (1912–1994), deutscher Politiker; frühzeitiges Engagement in kommunistischen Organisationen; Dachdeckerlehre. 1937 von der Gestapo (geheime Staatspolizei) der Nazis wegen Widerstandes zu zehn Jahren Zuchthaus verurteilt; nach Kriegsende Befreiung durch die Rote Armee. 1946–1955 Mitbegründer und Vorsitzender der FDJ (Freie Deutsche Jugend) in der DDR; Mitglied der SED nach dem Vereinigungsparteitag von KPD und SPD. Im August 1961 maßgeblicher Organisator beim Bau der Berliner Mauer. Nach dem erzwungenen Rücktritt von Walter Ulbricht 1971 erster Sekretär des ZK der SED (später Generalsekretär) und Vorsitzender des Nationalen Verteidigungsrates. 1989 erzwungener Rücktritt von allen Funktionen. (Anm. d. Hg.)

280 In der DDR war der VEB Warnowwerft Warnemünde der größte Werftbetrieb im Kombinat Schiffbau Rostock. (Anm. d. Hg.)

vember 1961 zusammen mit einem zukünftigen Kommilitonen die Flucht aus der DDR über die Ostsee. Dieser Versuch scheiterte an der Wetterlage, wir wurden gefasst und ich zu zehn Monaten Gefängnis verurteilt. Am 30. Juni 1962 wurde ich entlassen und der Rest der Strafe wurde zur Bewährung ausgesetzt. Da ich vorbestraft war, konnte ich mich nicht erneut zum Studium bewerben, sondern erlernte von 1962 bis 1964 den Beruf des Elektromechanikers. Mein Lehrbetrieb unterstützte danach meine Bewerbung an der TU Dresden zum Studium der Elektrotechnik. Da die geforderten Voraussetzungen zum Studium (Abitur „gut", Lehre „gut", nicht mehr vorbestraft, Delegierung von einem VEB) erfüllt waren, wurde ich 1964 an der TU Dresden zum Studium der Elektrotechnik immatrikuliert.

Christian Höfgen 2013 in der ehemaligen Untersuchungshaftanstalt des MfS in Rostock – 52 Jahre nach seiner Haft (Foto privat)

Die Studienzeit betrug elf Semester, davon ein Semester Vorpraktikum, ein Semester Ingenieurpraktikum und ein Semester für die Diplomarbeit. Das Vorpraktikumssemester wurde mir erlassen, da ich eine abgeschlossene Ausbildung als Elektromechaniker vorweisen konnte. So konnte ich in meinem Ausbildungsbetrieb weiterarbeiten und etwas Geld für das Studium sparen.
Die Vorlesungen waren von hohem fachlichen Niveau und sehr informativ. Die Seminare waren anspruchsvoll und gut auf die Vorlesungen abgestimmt. Die Betreuung durch die Assistenten war gut und effektiv. Eine Ausnahme bildete das Fach Marxismus-Leninismus, abgekürzt ML[281], sowohl bei den Vorlesungen als auch bei den Seminaren. Dieses Fach war primitiv und dogmatisch aufgezogen und damit ausgesprochen konträr zu den wissenschaftlich-technischen Fächern, so dass es eigentlich gar nicht in das Studium passte. Trotzdem und leider war es im Stellenwert fast das wichtigste Fach. Ich bin hier nie über eine Note „befriedigend" hinausgekommen, was auch ein- oder zweimal das mir gewährte Leistungsstipendium gefährdete.
Die Seminargruppe war aus meiner Sicht wichtig, da sie den Zusammenhalt der Studenten förderte und viele Kontakte ermöglichte. Der Seminargruppenbetreuer war stets sehr hilfreich. Bestimmt war er in der FDJ, ob er auch in der Partei war, kann ich nicht sagen, da dies nie ein Thema war.
Meine Ingenieurarbeit wurde mit „sehr gut" bewertet, die zugehörige ML-Arbeit mit

281 Vgl. Anm. 165.

„befriedigend". Während des gesamten Studiums übte ich keine gesellschaftlichen Funktionen aus.
An der militärischen Ausbildung (Grundausbildung) zu Beginn des Studiums habe ich teilgenommen. Ich fand diesen Einsatz nicht weiter kritisch, körperlich hatte ich keine Probleme, für die gesellschaftlichen Schulungen war ich weitgehend immun und der erste Kontakt mit den zukünftigen Kommilitonen war wichtig und prägend. Am zweiten Teil der militärischen Ausbildung nahm ich aus Gesundheitsgründen nicht teil und wurde somit auch nicht vereidigt. Von landwirtschaftlichen Einsätzen während der Ferien war ich freigestellt, da ich als Rettungsschwimmer an der Ostsee tätig war. Diese Einsätze an der Staatsgrenze „Ostseestrand" bestärkten mich in dem Entschluss, nach dem Studium erneut eine Republikflucht zu versuchen.
Das Vordiplom war ein harter und wichtiger Meilenstein während des Studiums, da von seinem Erreichen der weitere berufliche Lebensweg abhing. Bei Nichterreichen stand die Exmatrikulation bevor. Wollte man dann weiterstudieren, musste man sich zunächst in der sozialistischen Produktion bewähren, um erneut delegiert zu werden. Deshalb waren alle glücklich, ihr Vordiplom zu erreichen.
Das Diplom mit Diplomprüfungen und Diplomarbeit war danach leichter zu erlangen, da der in uns investierte Aufwand nicht mehr so einfach riskiert wurde wie beim Vordiplom, bei dem man einige Studenten durchfallen ließ. Die Diplomarbeit an sich hatte das Manko, dass Untersuchungen zu bestimmten technischen Problemen in VEB-Betrieben erwartet wurden, aber aufgrund der vielfach unsinnigen Geheimhaltung in den Betrieben gar nicht erbracht werden konnten. Somit ist die Diplomarbeit zu einer weitgehenden Literaturarbeit mit einigen Versuchen und Ergebnissen degradiert worden.
Aufgrund meiner guten fachlichen Leistungen während des Studiums und trotz meiner nur mittelmäßigen Leistungen im Fach Marxismus-Leninismus wurde ich von der Auswahlkommission der Sektion, bestehend aus der staatlichen Leitung, den gesellschaftlichen Organisationen, der Kaderkommission und den Seminargruppensekretären, als wissenschaftlicher Assistent vorgeschlagen. Das Kadergespräch fand im Sommer 1969 im Barkhausenbau statt. Dieses Einstellungsgespräch verlief zu beidseitigen Zufriedenheit. Der einzige Stolperstein war die notwendige Mitgliedschaft in der Deutsch-Sowjetischen Freundschaft (DSF). Meiner Argumentation, dass die Freundschaft zu allen Völkern einschließlich den Völkern der Sowjetunion für mich wichtig ist, wurde

Christian Höfgen 1970 (Archiv C. Höfgen)

entgegengehalten, dass alle Assistenten Mitglieder in der DSF sind. Schließlich wurde ich vor die Entscheidung gestellt, in die DSF einzutreten und Assistent zu werden oder auf eine Assistententätigkeit zu verzichten. Dieser „Argumentation" konnte ich mich nicht entziehen, ich trat in die DSF ein und wurde als wissenschaftlicher Assistent eingestellt.

Die Einstellung war auf vier Jahre befristet und diente primär der Arbeit an einer Promotion, gleichzeitig wurde man aber auch Betreuer für eine Seminargruppe aus dem neuen Studienjahrgang. So übernahm ich im September 1970 eine Seminargruppe aus neu immatrikulierten Studenten. Erwartet wurde von mir nicht nur eine gute fachliche Betreuung, sondern auch gesellschaftliches Engagement mit absoluter Linientreue. Diesem Zwang wollte ich mich nicht kompromisslos beugen, sondern einen Weg wählen, bei dem ich mich auch noch im Spiegel anschauen konnte. Dieser Weg war nicht einfach zu gehen, da man nie wusste, wem man in seinem Umfeld vertrauen konnte, wenn man seine Meinung zum politischen Tagesgeschehen in der DDR und in der Welt oder zu Vorgängen an der TU Dresden öffentlich vertreten wollte. Was ich damals nicht wusste: In meiner Seminargruppe hatten wir einen Spitzel der Staatssicherheit (IM Herr Wagner). Erst nach der Wende habe ich das meiner Stasi-Akte entnehmen können. Hier einige Passagen aus seinen Berichten, die zur damaligen Zeit für mich nicht unkritisch waren:

- Meine fachlichen Leistungen während der Betreuung der Übungen seien gut. Zu politischen Fragen würde ich aber nie meine persönliche Meinung sagen. – Diese Passivität war bei einer anderen als der vorgeschriebenen Meinung die einzige Chance, um nicht als Abweichler identifiziert und bei der Stasi angeschwärzt zu werden.
- In Diskussionen über den Stand der Erfüllung des Kampfprogramms musste ich die gestellten Aufgaben mit den erfüllten vergleichen. Ich würde aber nie etwas sagen, wie man das Programm besser erfüllen könne, auch würde ich keine Initiativen zur Verwirklichung des Kampfprogramms einleiten.
- Im Herbst 1970 hätte ich gesagt, dass ein Kartoffeleinsatz stattfinden werde, an dem alle teilnehmen müssten, es sei denn, man finde einen guten Entschuldigungsgrund. – Ich selbst habe mich immer entschuldigt (Einsätze als Rettungsschwimmer an der Ostsee).
- Während einer FDJ-Versammlung hätte ich gesagt, dass ich bei den Studenten im Wohnheim einen Besuch machen müsse. – Ich forderte sie darüber hinaus auf, ihre Zimmer aufzuräumen, die Radios nicht auf einem Westsender stehen zu lassen und mir einen Termin zu nennen. Für diesen MfS-Studenten war das eine ungeheuerliche Vorgehensweise, denn wie konnte ich einen Besuch ankündigen, wo ich doch die schwarzen Schafe herausfinden und melden sollte.

So viel zu dieser Einschätzung. Zu dieser Zeit wusste ich noch nicht, dass ich an der TU Dresden observiert wurde, aber ich habe es vermutet. Dass ich nach dem Scheitern des Prager Frühlings 1968 von der Staatssicherheit beobachtet wurde (laut meiner Stasi-Akte wurde ich von drei IMs observiert), habe ich auch vermutet, da Briefe von mir an einen Freund in der ČSSR, in denen ich mich für die Vorgehensweise der Warschauer Pakt Staaten entschuldigte, von der Stasi abgefangen wurden. An der Uni wurde ich darauf nicht angesprochen und so habe ich es kurzzeitig verdrängt. Trotzdem habe ich mich seit dieser Zeit wieder konkret mit Fluchtplänen beschäftigt.

Als Seminargruppenbetreuer kam ich zu dem Schluss, dass ich möglichst schnell einen Schlussstrich ziehen musste, ehe die Stasi noch mehr belastendes Material sammeln und dann meine Entlassung als wissenschaftlicher Assistent fordern konnte.

Als Fazit kann ich feststellen: Meine Studienzeit kann ich nur als problemlos, stark persönlichkeitsfördernd und letztendlich erfolgreich bezeichnen. Die zwischenmenschlichen Beziehungen zu anderen Kommilitonen waren dabei äußerst wichtig und im Allgemeinen sehr gut. Meine Vergangenheit wurde niemals erwähnt, und auch von der FDJ, der Partei und der Stasi wurde ich nie darauf angesprochen und auch nicht zu einer wie auch immer gearteten Zusammenarbeit aufgefordert. In unserer Seminargruppe wurden keine Abweichler ausgemacht und gemaßregelt. Da ich meine eigene Meinung für mich behielt und nur das, was die Genossen hören wollten, in die Diskussion einbrachte, wurde ich nur als passiver Kommilitone eingestuft. Das sicherte mir eine relative Freiheit, die für mich wichtig und (zumindest während der Studienzeit) ausreichend war. Eine wirkliche Änderung konnte erst nach einer Flucht aus dem „Arbeiter-und-Bauern-Gefängnis" erreicht werden, und diesen Schritt unternahm ich dann 1971, ein Jahr nach dem Studienabschluss.

Christian Höfgen, geb. 1943 in Dresden, 1949 Grundschule in Langebrück, 1957 Erweiterte Oberschule in Radeberg, 1961–1962 Gefängnis in Rostock und Wismar wegen versuchter DDR-Flucht, 1962–1964 Lehre als Elektromechaniker in Dresden, 1964–1970 Studium an der TU Dresden, 1970–1971 wissenschaftlich-technischer Assistent, 1971 Flucht aus der DDR.
1971–2003 Beschäftigung bei der Siemens AG in München in den Bereichen Hardwareentwicklung, Softwareentwicklung, Vertrieb und ab 1986 als Dienststellenleiter im weltweiten Service von Kommunikationsanlagen der Text- und Datentechnik, seit 2003 im Ruhestand.

// Forschungsstudium statt Diplom

Dr.-Ing. Johannes Jacob (TU Dresden, Studienjahrgang 1964, Fachrichtung Maschinenwesen, Verfahrenstechnik, TU Dresden, 1969–1972 Forschungsstudium, Promotion 1974)

Im Februar 1964 mussten sich die Studienanwärter im Institut für Verfahrenstechnik der TU Dresden einer Eignungsprüfung unterziehen, die aus einer schriftlichen Prüfung und einem Gruppengespräch mit dem Oberassistenten oder dem emeritierten Institutsleiter bestand. Danach wusste man, ob man angenommen oder abgelehnt war.

Zu diesem Studium kam ich durch ein Ausbildungsangebot der Chemischen Werke Buna Schkopau. Im Rahmen des Unterrichtsfaches „Unterrichtstag in der Produktion" erhielten wir in der 11. und 12. Klasse die Grundausbildung zum Chemiefacharbeiter. In den Sommerferien nach dem Abitur konnte in einem sechswöchigen Lehrgang diese Grundausbildung mit dem Facharbeiterbrief abgeschlossen werden. Damit war bei einem eventuellen Abbruch des Studiums ein Broterwerb möglich.

Das eigentliche Studium begann Mitte September mit einem vormilitärischen Ausbildungslehrgang im GST-Lager in Schirgiswalde. Dieser war ein fester Bestandteil des Studiums. Eine Nichtteilnahme hätte den Abbruch des Studiums bedeutet. Als Ausbilder wurden TU-Studenten eingesetzt, die ihre Wehrpflicht schon abgeleistet hatten. In dieser Zeit lernte man seine Kommilitonen sehr gut kennen.

Nach diesem Ausbildungsabschnitt ging es mit der Seminargruppe nach Mecklenburg zur Kartoffelernte. Im Anschluss daran begann das erste Semester mit dem Industrievorpraktikum im VEB Vereinigte Apparate-Kessel- und Armaturenwerk in Halle. Diesen Betrieb kannte ich schon aus dem polytechnischen Unterricht an der Grundschule. Leider erwies sich diese Wahl als nicht besonders günstig. Als Oberschüler hatte man keine praktischen Erfahrungen und aus Arbeitsschutzgründen durfte man nicht an den Maschinen eingesetzt werden.

Im Frühjahr 1965 trafen wir uns also bei der Immatrikulation wieder. Damals begannen ca. 300 Studenten ihr Studium in der Fakultät Maschinenwesen. Zu diesem Studienjahrgang gehörten nur zwei Mädchen.[282]

Aufgrund des Kennenlernens im Militärlager wählten wir uns ein Sechsmannzimmer in den Baracken in der Fischhausstraße aus. Dass diese Wahl doch nicht so gut war, merkten wir im Laufe des Semesters. Die Bedingungen in so einem Studentenheim waren nicht optimal (viel Lärm, schlechte Arbeitsbedingungen, kein Platz zum

282 Vgl. Anm. 178.

Zeichnen). Die Lernqualität hatte doch erheblich gelitten. Nach Ablauf des Frühjahrssemesters wechselten alle Zimmergenossen in private Zweimannzimmer, die wir bis zum Ende des Studiums bewohnten. Wir hatten genug vom Internatsleben.
Kaum waren wir in unsere Privatzimmer eingezogen, meldete sich ein Mitarbeiter der Staatssicherheit. Er wollte von mir wissen, warum wir aus dem Studentenwohnheim ausgezogen seien. Ich nannte ihm unsere Gründe: wenig Platz und viel Lärm in den beiden Baracken. Namen der Lärmverursacher konnte und wollte ich ihm nicht nennen. Es muss wohl auch Beschwerden von den Bewohnern der angrenzenden Häuser gegeben haben. Nach der Wende wurde mir im Ergebnis der Überprüfung der möglichen Stasitätigkeit mitgeteilt, dass damals (1965) eine Karteikarte zu meiner Person angelegt wurde, aber mehr nicht. Dies war meine einzige Begegnung mit der Stasi.
Von Anbeginn des Studiums habe ich den Kontakt zur evangelischen Studentengemeinde gesucht. Dies wussten auch alle meine Kommilitonen. In unserer Seminargruppe hatten wir zwei Genossen, die mich aber politisch in Ruhe ließen.
Mein Studium habe ich mit dem Stipendium von 140 Mark im Monat finanziert. Das war nur möglich, da die Miete für das Studentenheim 10 Mark und für unser Zweimannzimmer 20 Mark pro Person betrug. Der Komfort war nicht groß, aber es reichte für uns. Fast jedes Wochenende fuhr ich nach Halle. Eine Fahrt kostete 3,20 Mark plus 3,00 Mark D-Zug-Zuschlag. Die Monatskarte für die Dresdner Verkehrsbetriebe erhielt man für 7,50 Mark. Kleidung bekam ich allerdings von meiner Mutter finanziert. In den höheren Semestern habe ich mein Budget durch zusätzliche Hilfsassistententätigkeit erhöht.
Nach dem Erreichen des Vordiploms wurde durch die Hilfsassistententätigkeit die Verbindung zu den Professoren und zu den Assistenten intensiver. Wir führten unter Anleitung eines Assistenten Versuche an einer großtechnischen Versuchsanlage durch. Diese Arbeiten waren in die vorlesungsfreie Zeit im September gelegt. Dafür fiel für uns der Ernteeinsatz aus.
Zur Verbesserung der Studienleistungen wurden in den Seminargruppen „Lerngruppen" eingerichtet. Sie beschränkten sich meistens auf die gemeinsame Lösung der schriftlichen Hausaufgaben. Bei Studenten mit unzureichenden Leistungen wurden Gespräche mit den Dozenten, dem Betreuerassistenten und der FDJ-Gruppenleitung durchgeführt, um Lösungswege zu finden, die Zahl der Studienabbrecher zu senken. Das Ziel wurde aber nicht immer erreicht.
Die Vorlesungen und Seminare fanden während unserer Studienzeit immer zwischen 7.30 Uhr und 14.00 Uhr statt, so dass die Nachmittage fürs Selbststudium und Aufgabenlösen verwendet werden konnten. Leider wurden die Pflichtsportstunden immer auf den Sonnabend gelegt. Da ich mich für die zentrale Basketballgruppe entschied, hatte ich in der Wochenmitte meinen Sport.

Durch die vielen Pflichtfächer und den festen Stundenplan war man zu ständigem Arbeiten gezwungen und konnte die vorgesehene Studienzeit einhalten. Anderseits wurde man daran gehindert, auch Vorlesungen anderer Fachrichtungen (Architektur, Kunst) zu hören. Die schlechteste Resonanz bei den Studenten hatten die Gesellschaftswissenschaften. Mittels Registrierung wollte man die Teilnehmerzahl in den Vorlesungen erhöhen. Bei den Gewi-Seminaren gab es sowieso Anwesenheitspflicht. Die Diskussionen in diesen Seminaren brachten meist nicht viel, und so ließ man es bei der passiven Teilnahme am Seminar.

Doktorfeier 1974 – Dr. Jacob ganz links (Foto privat)

Im August 1968 war für unsere Seminargruppe ein Auslandspraktikum am Verfahrenstechnischen Institut in Prag vorgesehen. Am Prager Institut hatte man aber für uns in dieser Umbruchzeit keine Zeit. Warum das so war, haben wir erst nach dem 20. August richtig mitbekommen. So konnten wir uns die Stadt genauer ansehen.
Im achten Semester wurden wir gefragt, ob sich jemand für ein dreijähriges Forschungsstudium[283] mit anschließender Promotion interessiere. Das Forschungsstudium war gerade ein Jahr vorher eingeführt worden, um die Forschungskapazitäten an

283 Das sogenannte Forschungsstudium wurde in den letzten Jahren der DDR eingeführt, um (fachlich und politisch) besonders befähigte Studenten (natürlich auch Studentinnen) auf direktem Wege, also auch schneller und ohne erst die Diplomarbeit anfertigen zu müssen, zur Berufsfähigkeit mit dem Titel Dr.-Ing. zu führen. Damit wollte

den Universitäten für die Industrie zu erhöhen. Politisch und fachlich wurden keine direkten Kriterien vorgegeben. Dagegen wirkten die finanziellen Bedingungen, ein Stipendium von 300 Mark (1. Jahr), 350 Mark (2. Jahr) und 400 Mark (3. Jahr) sowie die Festlegung, dass keine Diplomarbeit geschrieben werden durfte, hemmend auf die Bereitschaft, dieses Studium zu beginnen. Unsere Wünsche, eine Diplomarbeit zu schreiben, wurden von der TU-Leitung generell abgelehnt. Somit lag kein Abschlusszeugnis vor, und die Zeit des Forschungsstudiums wurde uns in der Nachwendezeit bei der Rentenberechnung nicht berücksichtigt. Wir waren damals vier Forschungsstudenten im Bereich der Verfahrenstechnik, die für ein Großprojekt der Kaliindustrie Anwendungsforschung durchführten. Da für uns an der TU Dresden keine Arbeitsplätze vorhanden waren, wurden wir in das Technikum des VEB Komplette Chemieanlagen Dresden in der Bodenbacher Straße ausgelagert. Darunter litt natürlich die Bindung zum Lehrstuhl und den anderen Doktoranden. Aber wir haben unser Ziel erreicht, wenn auch die Arbeiten nur für den Papierkorb waren, da das bei den Arbeiten behandelte Großprojekt wegen fehlender Finanzen nicht realisiert wurde.

Das Forschungsstudium durfte ich nach Vorlage des Entwurfes der Promotionsarbeit abschließen. Die Arbeit habe ich dann in der Mitte des Jahres 1973 abgegeben. Ich musste aber mehr als ein Jahr auf die Verteidigung der Arbeit warten.

Die sonst für die Studenten vorgesehene zentrale Arbeitsplatzvermittlung entfiel bei uns. So musste man sich damals selbst kümmern bzw. sich per Zeitungsannonce anbieten. Dies hat bei mir auf Anhieb geklappt. Ich konnte als wissenschaftlicher Mitarbeiter in der Bezirkshygieneinspektion Dresden in der Abteilung Lufthygiene meine Arbeit aufnehmen.

Johannes Jacob, geb. 1945 in Halle (Saale), sein Vater war im Zweiten Weltkrieg gefallen. So wuchs er im Haushalt seiner Großeltern auf. Seine Mutter arbeitete als Medizinisch-technische Assistentin in der Radiologischen Klinik der Martin-Luther-Universität in Halle. Ab 1960 besuchte er die Erweiterte Oberschule „Thomas Müntzer" in Halle-Giebichenstein. Gleichzeitig konnte er den Chemiefacharbeiterbrief erlangen. Ab 1964 TU Dresden Verfahrenstechnik, anschließend Forschungsstudium, 1974 Promotion. Von 1972 bis zur Wende arbeitete er als wissenschaftlicher Mitarbeiter bei der Bezirkshygieneinspektion im Bereich Lufthygiene. Mit Gründung des Landesamtes für Umwelt und Geologie wechselte er in den Bereich Immissionsschutz und blieb dort bis zu seiner Pensionierung Ende 2008.

---

man also Zeit „einsparen". Die Teilnahme am Forschungsstudium bedeutete, dass man ohne vorherige Ablegung einer Diplomprüfung direkt eine Promotionsarbeit vorlegen und entsprechend abschließen konnte. (Anm. d. Hg.)

// „Als Parteiloser werden Sie immer am Katzentisch sitzen müssen“

„Sie können sich nur als Fachmann unentbehrlich machen“

Dipl.-Ing. Reinhard Keller (TU Dresden, Studienjahrgang 1964, Sektion Bauwesen, Fachrichtung Konstruktiver Ingenieurbau, Diplom 1970)

Mein Blick zurück auf mein Studentenleben an der TU Dresden ist ein „Blick zurück ohne Zorn“. Dafür gibt es zwei gute Gründe: Erstens verklärt sich der späte Blick zurück aus der heutigen guten und vor allem gesicherten Perspektive. Zum anderen ist es mir damals als Student gelungen, meine eigenen Gedanken in einer Art innerer Emigration mindestens so weit zu verbergen, dass ich nicht mehr als unvermeidlich „angeeckt“ bin.

Ich gehöre dem Jahrgang an, der gerade noch von der Wehrpflicht, die nach dem Bau der Mauer in der DDR eingeführt wurde, verschont blieb, aber schon in der Oberschule massiv der Werbung zum freiwilligen Wehrdienst ausgesetzt war. In meiner Schulklasse gehörte ich zu den ganz wenigen Außenseitern, die dieser Werbung widerstanden. Das war wohl auch der Grund, weshalb ich nach einem durchaus guten Abitur nicht direkt zum Bauingenieurstudium zugelassen wurde. Ich habe eine Baulehre absolviert, lag meinen Eltern ein Jahr länger auf der Tasche, bereue aber diese „Ehrenrunde in der Produktion“ aus nachträglicher Sicht keinesfalls.

Im Herbst 1964 bin ich dann an der Sektion Bauingenieurwesen für die Fachrichtung Konstruktiver Ingenieurbau immatrikuliert worden. Bis zum Vordiplom nach sechs Semestern fanden nahezu alle Vorlesungen gemeinsam für alle 140 Baustudenten des gleichen Jahrgangs statt. Nur die sogenannten Übungen fanden im Rahmen von Seminargruppen statt. Ein Großteil meiner männlichen Studienkollegen hatte den dreijährigen freiwilligen Wehrdienst hinter sich. Nur einige mehr oder weniger Privilegierte hatten den direkten Weg zum Studium einschlagen dürfen.

In den ersten Studienjahren mussten alle Studenten wöchentlich einmal ein „Gewi-Seminar“, natürlich mit strikter Anwesenheitskontrolle, absolvieren. In diesen Veranstaltungen, in denen dialektischer und historischer Materialismus vorgebetet oder politische Ökonomie erklärt werden sollte, wurden wir von einer linientreuen Seminarleiterin immer wieder zu vermeintlich offenen Meinungsäußerungen herausgefordert. Bei einer solchen Gelegenheit standen die „böswilligen“ Behauptungen der „Westpresse“ auf der Tagesordnung, wonach an der Zonengrenze Minen installiert worden seien. Die „Genossin“ am Katheder forderte uns nachdrücklich und auch zeitraubend zur persönlichen Stellungnahme und zur Zurückweisung dieser „Falschmel-

TECHNISCHE UNIVERSITÄT DRESDEN

DER REKTOR

Zulassungsbescheid

für

Reinhard Keller

geb. am 6. 4. 45

Auf Beschluß der Auswahlkommission sind Sie zum Studium an der

Fakultät Bauwesen

für die Fachrichtung Bau-Ing.

mit dem Studienziel Dipl.-Ing.

zugelassen worden.

Der erfolgreiche termingemäße Abschluß Ihres Studiums trägt dazu bei, die großen Aufgaben unseres Staates auf allen Gebieten des wirtschaftlichen und gesellschaftlichen Lebens in den kommenden Jahren erfüllen zu helfen. Ich erwarte deshalb von Ihnen, daß Sie an der Technischen Universität Dresden das in Sie gesetzte Vertrauen durch gute Studienleistungen, durch eine tadellose Studiendisziplin und tatkräftigen Mitarbeit im gesellschaftlichen Leben unserer Universität rechtfertigen.

Für das Studium wünsche ich Ihnen viel Erfolg.

Dresden, den März 1964

In Vertretung des Rektors
der Prorektor für Studienangelegenheiten

III-9-139 Ag 310.63.DDR.8

Zulassungsbescheid zum Studium an der TU Dresden, 1964

dungen“ heraus. Am Ende des Sermons wurde es dann einem meiner Mitstudenten zu bunt. Er sagte, die Westpresse habe recht. Er selbst sei dabei gewesen, als Minen an der Grenze gelegt wurden. Drei Wochen später war mein vorlauter Kommilitone exmatrikuliert. Die Seminarleiterin hatte seine frühere Einheit bei den Grenztruppen kontaktiert und in Erfahrung gebracht, dass die Sache mit den Minen an der Grenze zwar richtig, aber auch militärisches Geheimnis sei. Und das war Grund genug für die Exmatrikulation.

Nach dem ersten Studienjahr, im Sommer 1965, wurden alle „ungedienten“ Studenten meines Jahrgangs ungefragt zu einem dreiwöchigen militärischen Lehrgang in das GST-Lager[284] nach Schirgiswalde in der Oberlausitz geschickt. Dieser Lehrgang wurde von Offizieren der NVA geleitet, die auf der Gehaltsliste der TU geführt wurden. Unsere Ausbilder waren Mitstudenten, die zuvor gedient hatten und auf diese Weise ihre Reserveübung absolvierten. Das hatte eine ganz eigenartige „Ausbildungsatmosphäre“ zur Folge. Die Ausbilder und die Lehrgangsteilnehmer aus dem gleichen Studiengang hatten übereinstimmende Interessen. Wir zogen ins „Feld“, stellten „Feldwachen“ aus, die rechtzeitig das Nahen von Offizieren meldeten, so dass wir dann auf eifrigen Dienst mimten, während ansonsten „fröhliches Jugendleben“ herrschte.

Zu dieser Zeit gab es auf DDR-Fußballplätzen immer wieder Sprechchöre, wobei je nach Spielstand „... 7, 8, 9, 10, Klasse“ oder „... 7, 8, 9, 10, Scheiße“ skandiert wurde. Das GST-Lager bestand aus hölzernen Bungalows, in denen nach dem pünktlichen Zapfenstreich um 22 Uhr jeweils eine Gruppe von 10 Soldaten zur Ruhe kommen sollte. Aus einem der Häuschen kam dann die Idee mit dem Zählen und nach der Zehn kam „Scheiße“. Die anderen Bungalows stimmten begeistert in den gemeinsamen Scheißeschrei ein. Am nächsten Tag beschwerte sich dann der Genosse Bürgermeister von Schirgiswalde bei den Genossen Offizieren. Wir wurden beim Appell verbal „rund gemacht“. Aber am nächsten Abend wurde wieder gezählt. Diesmal hieß unser Slogan: ... 7, 8, 9, 10, ELF.

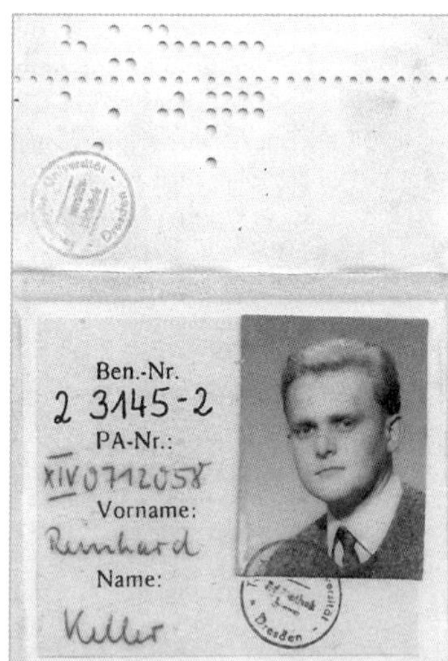

Bibliotheksausweis der TU Dresden von Reinhard Keller

Unser Vordiplom wollten wir dann im Sommer 1967 mit einem zünftigen Bergfest feiern. Um diese Festivität finanzieren zu können, spendierten wir den Professoren, Dozenten und Lehrkräften, die uns mit Wissen fütterten, in

284 Vgl. Anm. 13.

den Vorlesungen und Seminaren ein Bier und bettelten sie dabei um eine Spende für unseren Gipfelsturm an. Der Erfolg war groß und machte uns übermütig. Kurz entschlossen zog der ganze Studienjahrgang, auch dort finanzielle Hilfe suchend, vor das Rektorat, in dem gerade Frau Prof. Herford, Mitglied des ZK der SED, als neue Rektorin[285] eingezogen war. Die Schwelle des Rektorats allerdings blieb uns verwehrt. Die Rektorin habe wichtige Gäste aus Berlin und wir würden nur stören. Enttäuscht postierten wir uns vor den offenen Fenstern des Gebäudes und formierten uns zum Sprechchor: „Wir wollen unsern alten Rektor Schwabe[286] wieder haben", war dann deutlich zu vernehmen.

Nur Tage später wurde der gesamte Jahrgang der Baustudenten zur Vollversammlung herbeizitiert. Der Dekan unserer Fakultät, Prof. Dr. Busch, stand vorn, wedelte mit einem Brief der Rektorin. „Magnifizenz haben mir geschrieben", sagte er, und er möge die „Rädelsführer" unseres Auftritts vor dem Rektorat ermitteln. Also bat er, dass die „Rädelsführer" nach vorn kommen mögen. Als sich niemand meldete, drückte der durchaus mutige Dekan sein Bedauern aus und stellte fest: „Ich werde Magnifizenz mitteilen müssen, dass ich die ‚Rädelsführer' nicht ermitteln konnte".

Im Jahr 1968 verspürten wir als Folge des „Prager Frühlings"[287] auch an der TU Dresden eine besonders aufgeregte Anspannung des gefährdeten Systems. Als der Lenz noch voller Hoffnungen und der „Prager Frühling" noch nicht unter die „brüderlichen Panzerketten" gekommen war, fand in der DDR eine Volksabstimmung über eine neue Verfassung statt, die Abgrenzung statt Wiedervereinigung verhieß.[288] Wenige Tage vor dem „Faltengehen" der Stimmzettel, wie man damals den Wahlvorgang treffend bezeichnete, saßen wir in Erwartung der Mathevorlesung im großen Hörsaal des Andreas-Schubert-Baus. Nach und nach wurden die großen Wandtafeln mit mathematischen Formeln und Zusammenhängen beschrieben. Als per Knopfdruck die nächste Tafel nach oben gefahren wurde, kam unvermutet ein besonderer Vers zum Vorschein: „Gibst du deine Stimme mit *Ja*, bleiben hunderttausend Russen da. Gibst

---

285 Prof. Dr.-Ing. habil. Liselott Herforth (1916–2010) war Naturwissenschaftlerin auf dem Gebiet der Experimentalphysik und Radioaktivität, ab 1960 Professorin an der TH Dresden und von 1965–1968 dort Rektorin, seit 1963 Mitglied des Staatsrates der DDR. (Anm. d. Hg.)

286 Kurt Schwabe (1905–1983) war Professor an der TH bzw. TU Dresden, Direktor des Instituts für Elektrochemie und Physikalische Chemie und von 1959 bis 1965 des Instituts für Radiochemie im Zentralinstitut für Kernforschung in Rossendorf bei Dresden. (Anm. d. Hg.)

287 Vgl. Anm. 193.

288 Am 31. Januar 1968 wurde der Volkskammer der Entwurf einer neuen sozialistischen Verfassung vorgelegt. Die neue Verfassung sollte der Realität in der DDR besser entsprechen als die alte. So schrieb Artikel 1 den Führungsanspruch der SED fest und definierte die DDR als „sozialistischen Staat deutscher Nation". In einem Volksentscheid am 6. April 1968 billigten 94,5 Prozent der Wähler die neue DDR-Verfassung (Wahlbeteiligung: 98 Prozent). (Quellen: Hans Georg Lehmann: Deutschland-Chronik [wie Anm. 233], S. 175 f.; Hermann Weber: Geschichte der DDR, 3. Aufl., München 1989, S. 385 ff.) (Anm. d. Hg.)

du deine Stimme mit *Nein*, kommen weitere hunderttausend rein." Das Staunen war groß, die heimliche Freude musste verborgen bleiben und ein Lappen war schnell zur Hand. Im Unterschied zu unseren Bergfestvorbereitungen blieb diese Angelegenheit ohne erkennbares Nachspiel für meinen Studienjahrgang. Sicherlich haben die Genossen verdeckt ermittelt.

Persönlich und indirekt betroffen vom „Prager Frühling" war ich aber dann doch, als ich eines Dienstagvormittags aus der Vorlesung heraus aufgefordert wurde, in die Hausverwaltung der TU in der Nähe des Beyer-Baus zu kommen. Ich hatte gedacht, dort einen Hausmeister vorzufinden, erschrak aber gewaltig, als ich einem Stasimitarbeiter mit dem sinnigen Namen „Haft" gegenübersaß. Von Mittag an bis in den Abend hinein befragte er mich, wie der Abend des vergangenen Sonntags abgelaufen sei, den ich zu Hause bei meinen Eltern in einer Kleinstadt bei Chemnitz und auf der Rückfahrt in der Eisenbahn nach Dresden verbracht hatte. Ich war mir keiner Schuld bewusst, erinnerte mich aber an alle Kleinigkeiten und Belanglosigkeiten dieses Abends von der Sportschau im Westfernsehen bis hin zu den anderen Fahrgästen, die auch auf dem Bahnsteig auf den Vorortzug nach Chemnitz warteten. Irgendwann nach zermürbendem Warten in der vermeintlichen Hausverwaltung durfte ich dann ziemlich erleichtert gehen. Beim nächsten Besuch bei meinen Eltern erfuhr ich dann, dass an besagtem Abend in der Nähe des Bahnhofs „staatsfeindliche Parolen" an Häuserwände geschrieben worden waren.

Nach dem Studienabschluss war ich noch als befristeter Assistent am Lehrstuhl für Baustoffkunde und Festigkeitslehre tätig. Meinen Chef in dieser Zeit, Prof. Dr. Alfred Hütter, verehre und bewundere ich noch heute, auch wegen seiner Geradlinigkeit und Offenheit im täglichen Umgang mit seinen Mitarbeitern. Als ich ziemlich unauffällig ein Vierteljahr an seinem Lehrstuhl tätig war, bestellte er mich unvermittelt zum persönlichen Gespräch. Zielstrebig kam er schon nach wenigen Worten zum Kern der Sache und fragte mich, was ich werden wolle, worin ich meine berufliche Zukunft sehen würde. Als ich erwiderte, dass ich meine Arbeit gut machen wolle, aber nicht an Karriereplanung denken würde, wurde mein Chef deutlicher. Auf seine Frage, warum ich nicht der „Partei" beitreten würde, legte ich ihm meine Hinderungsgründe vom „christlichen Elternhaus bis zu den Vorbehalten vor den Besitzern der einzigen Wahrheit" dar. Dann zog Prof. Hütter eine Schlussfolgerung aus meiner Einlassung, die sich dann in meinem Berufsleben bis zum Ende der DDR immer wieder bestätigt hat: *„Als Parteiloser werden Sie immer am Katzentisch sitzen müssen. Sie können sich nur als Fachmann unentbehrlich machen."*

Nachdem ich diese Zeilen zu Papier gebracht habe, ist mir die „Gnade meines selektiven Erinnerungsvermögens" bewusst geworden. Der Druck, den ich während des Studiums empfunden habe und der nicht nur aus der Prüfungsangst bei mehr als 50 schriftlichen und mündlichen Prüfungen sowie einer Abbrecherquote von fast

30 Prozent bis zum Diplom resultierte, ist längst dem guten und befreiten Gefühl gewichen, trotz der staatlichen Bevormundung und verbauter Aufstiegschancen für parteilose Absolventen am richtigen Ort das richtige Fach studiert zu haben. Jedenfalls habe ich in meinem Berufsleben niemals fachliche Defizite verspürt, die ich nicht mit dem im Studium gelernten Herangehen an neue Aufgaben hätte beheben können. Was uns allerdings in den „fakultativen" Lehrveranstaltungen zu Betriebswirtschaftslehre und Baurecht beigebracht worden war und das mir schon damals als eine Mischung zwischen gesundem Menschenverstand und „Neuem Deutschland" vorkam, war damals und ist auch heute nicht zu gebrauchen.

Reinhard Keller, geb. 1945 in Hohenstein-Ernstthal; Abitur 1963 an der erweiterten Oberschule in Lichtenstein/Sachsen, 1964 Studium TU Dresden, 1970 Studienabschluss Diplom-Ingenieur, 1970–1975 Assistent am Lehrstuhl für Baustoffkunde und Festigkeitslehre, 1975–1990 wiss. Mitarbeiter im Institut für Stahlbeton Dresden.
1990–1994 Baudezernent und Zweiter Bürgermeister der Landeshauptstadt Dresden, 1994–1996 Referatsleiter im Staatsministerium für Wirtschaft und Arbeit, 1996–2005 Geschäftsführer der WOBA Dresden GmbH, 2005–2010 Geschäftsführer der Stesad Dresden GmbH.

// Eigentlich lief mein Studium ganz normal ab

Ein Rückblick anhand der Stasiakten

Dipl.-Dolm./-Übers. Uta Knoblauch geb. Glatzer (Humboldt Universität Berlin, Studienjahrgang 1964, Fachbereich Slawistik, Diplom 1968)

Wenn ich sage, eigentlich lief mein Studium ganz normal ab, dann meine ich, so, wie es auch Tausende anderer Studenten in der ehemaligen DDR absolvierten. Es gab die Zwänge, auf die man schon seit der Schule eingestellt war, Mitgliedschaften in Organisationen (wie die Jungen Pioniere, die Freie Deutsche Jugend, die Gesellschaft für Deutsch-Sowjetische Freundschaft, für die Jungen auch noch die Gesellschaft für Sport und Technik), Restriktionen, die jeder kannte (fehlende Reisefreiheit, fehlender Zugang zu westlicher Literatur oder Musik, um nur einige zu nennen). Man passte sich an, spielte das Spiel mit, fand Nischen und die entsprechenden Freunde. Während meiner Zeit in Berlin wurde auf befohlenen Demonstrationen gewitzelt, eine gewisse

Zeit der verordneten Anwesenheit nachgekommen (die Anwesenheit wurde festgehalten) und irgendwann dann in einem Hausflur die FDJ-Bluse ausgetauscht gegen Ziviles. Nur wer die Fahne zu tragen hatte, musste ausharren. Ost-Berlin war seinerzeit die Stadt, in der ich an der Friedrichstraße trotz allgemeiner Butterknappheit Butter kaufen und so bei Bedarf die Dresdner Familie damit beglücken konnte. Ost-Berlin war damals auch die Stadt, in der die Leute auf der Straße den Rias hörten. Und in der die Sachsen nicht wirklich beliebt waren, da ein Sachse an der Spitze des Staates stand. Wenn ich normal sage, dann meine ich, wie ich oder wie junge Studenten es damals zu DDR-Zeiten empfanden. Doch das, was hinter den Kulissen um uns herum und wegen uns Studenten alles ablief und passierte, wurde erst mit der Öffnung der Staakten offenbart.

1963/1964 gab es wieder mal einen Aufruf der Partei, so verkürzt nannte man die SED, mehr Leute aus der „Produktion" an die Universitäten zu holen. Als Produktion im eigentlichen Sinne war meine Tätigkeit in einem Büro wohl nicht zu verstehen, dennoch wurde mir noch am Tag der Aufnahmeprüfung in Leipzig zugesichert, dass ich genommen würde für eine vierjährige Dolmetscher- und Übersetzerausbildung, die dann von der Humboldt-Universität Berlin übernommen wurde.

Dass ich jemals noch studieren durfte, was ich mir wünschte, war 1958, als ich mit durchaus sehr guten Noten mein Abitur ablegte, nicht vorstellbar. Ich wollte eigentlich Außenhandel studieren, benötigte dafür aber eine Beurteilung von der Leitung der Oberschule, die aber mit dem Hinweis auf meine Westverwandtschaft gar nicht erst ausgestellt wurde. Diese sechs Schwestern meines Vaters, die alle bereits vor der Gründung der DDR in Westdeutschland lebten und die anzugeben jederzeit erstes Gebot war, hatten meine berufliche Laufbahn schon damals sehr eingeschränkt.

Attraktive Berufsangebote – wie das Dolmetschen für den RGW – waren an eine Parteizugehörigkeit (SED) gebunden und hätten auch die „Absage"[289], das heißt den Abbruch der Beziehungen zu Verwandtschaft jeglicher Art im kapitalistischen Ausland erfordert. Mit sogenannten „Westkontakten" war man stets potenzieller Klassenfeind. Also suchte ich mir auf die Schnelle eine Lehrstelle als Industriekaufmann, durchlief mit Erfolg eine verkürzte Lehrzeit und war einschließlich dieser Lehrzeit insgesamt sechs Jahre berufstätig und somit in den Rang der Werktätigen aufgestiegen.[290]

---

289 Sowohl Studienfächer als auch leitende Positionen in der Industrie, die eine besondere Nähe zur SED, politischen Organisationen, staatlichen Dienststellen als auch Militär hatten, waren den Bewerbern mit Westverwandtschaft entweder von vornherein nicht zugänglich oder die persönlichen familiären Verbindungen mussten abgebrochen werden. (Anm. d. Hg.)

290 In der DDR war Zulassungskriterium für die Oberschulen und besonders für die Universitäten die soziale Herkunft. Es gab die bevorzugten Arbeiter- und Bauernkinder und die Kinder der Angestellten und Intelligenz (Ärzte, Ingenieure, Akademiker). Letzere waren benachteiligt, weil als klassenmäßig unzuverlässig angesehen. (Anm. d. Hg.)

Deshalb und dann nach diesem „Aufruf der Partei" konnte ich doch noch studieren, da ich ja nicht direkt von der Schule kam, sondern jetzt aus der *arbeitenden* Bevölkerung. So nahm ich 1964 das Studium in der Sprachkombination Serbokroatisch/Russisch in einer kleinen Gruppe von sieben Frauen auf.

Als ich im zweiten Studienjahr war, verließ mein Bruder *illegal* die DDR, so hieß es im Sprachgebrauch der DDR, das heißt, er flüchtete aus der DDR. Das Wort Flucht war tabu. Ich hatte das natürlich meiner Seminarbetreuerin zu melden, musste mich dieser Tatsache aber nicht öffentlich stellen, das heißt mich nicht vor den Kommilitonen dafür rechtfertigen oder mich von meinem geflüchteten Bruder öffentlich lossagen.[291]

1966 war eine Delegierung[292] für ein Sommersemester nach Jugoslawien geplant. Die Reise zu diesem Seminar wurde abgelehnt – ohne Begründung. Abgelehnt, obwohl mir berichtet wurde, dass meine Seminargruppenbetreuerin und der Dozent für Serbokroatisch für meine Rückkehr gebürgt hatten. Da galt also schon eine Reisesperre[293] wegen der Flucht meines Bruders.

Ich erinnere mich, dass wir als Studiengruppe im dritten Studienjahr zur Weinernte nach Bulgarien fuhren. Entsprechend der Reiseregelung der DDR durfte der normale DDR-Bürger nicht durch Jugoslawien[294] fahren (Fluchtgefahr) – also fuhren auch wir den Umweg über Rumänien. Dieser Arbeitseinsatz sollte als Austausch von Studiengruppen dienen, normalerweise hätten wir während der Semesterferien drei Wochen Kartoffeln geerntet („Ernteeinsatz" nannte man das), so sortierten wir Trauben. Die bulgarischen Studenten allerdings hatten das Angebot zum Ernteeinsatz in Ostdeutschland nicht angenommen, sie pflückten die Trauben, die wir zu sortieren hatten.

Unsere Seminarbetreuerin, Frau Hochkeppler, war eine Russischdozentin, die als Kind deutscher Eltern in der Sowjetunion aufgewachsen war. Natürlich war sie auch in der Partei (SED). Erst dank meiner Stasiunterlagen erfuhr ich, wie fair sie sich mir gegenüber in all den politischen *Spielchen* verhalten hat.

Im Juni 1966 dann wurde mein damaliger Freund und jetziger Mann wegen Fluchtverdacht verhaftet. Für mich aber lief das Studium weiterhin „normal" – dachte ich. Das bedeutete, ich verließ morgens das Wohnheim in Biesdorf, ging zur S-Bahn, fuhr

---

291 Es war durchaus eine übliche Praxis, dass Angehörige geflüchteter Familienangehöriger durch die Polizei – auch verdeckt durch Mitarbeiter des MfS – in Behördendienststellen oder auch in Räumen der Volkspolizei „einvernommen" (Behördenterminus) wurden. In welcher Form und welchem Umfang die Einvernahmen erfolgten, hing von der Position und Tätigkeit der zurückgebliebenen Familienangehörigen ab. Bei Studenten erstreckte sich dies oft auf den direkten Freundeskreis innerhalb der Seminargruppe. In anderen Fällen wurde die gesamte Seminargruppe aufgefordert Stellungnahme zu beziehen. (Anm. d. Hg.)

292 Man konnte nicht einfach sagen, ich gehe jetzt für ein Semester an die Uni nach Jugoslawien. Es ging nichts ohne eine Delegierung durch die Leitung der Humboldt Universität.

293 Aus den BStU-Unterlagen.

294 Zu Jugoslawien vgl. Anm. 303.

in die Stadt zur Humboldt Universität und besuchte vielleicht noch eine Freundin in Berlin oder telefonierte von einer öffentlichen Telefonzelle, fuhr mit der S-Bahn zurück nach Biesdorf und las dies und das während der Fahrt.

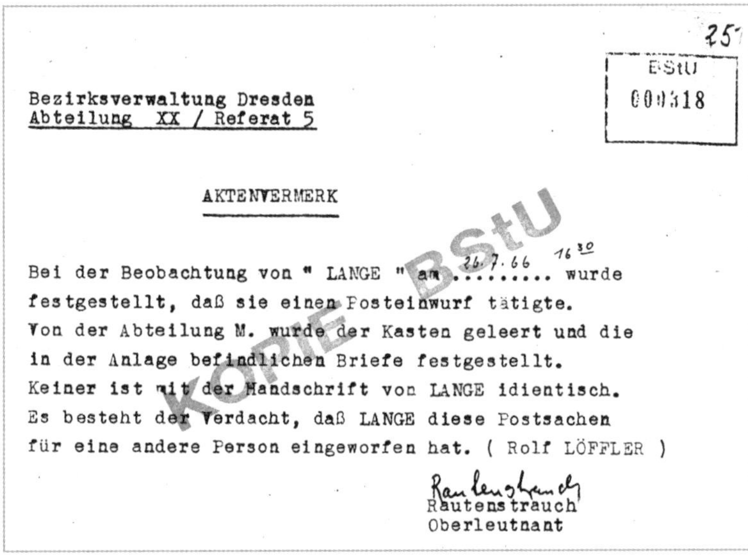

25

BStU 000318

Bezirksverwaltung Dresden
Abteilung XX / Referat 5

AKTENVERMERK

Bei der Beobachtung von " LANGE " am 26.7.66 16³⁰ wurde festgestellt, daß sie einen Posteinwurf tätigte. Von der Abteilung M. wurde der Kasten geleert und die in der Anlage befindlichen Briefe festgestellt. Keiner ist mit der Handschrift von LANGE idientisch. Es besteht der Verdacht, daß LANGE diese Postsachen für eine andere Person eingeworfen hat. (Rolf LÖFFLER)

Rautenstrauch
Oberleutnant

Beispiel für die durchgängige Überwachung durch das MfS

In den Stasiunterlagen liest sich das so: *„[…] warf „Lange“*[295] *eine Postsendung in den Briefkasten […] ein. Darauf wurde die HA VIII*[296] *verständigt.“* Diese veranlasste sofort, dass der Briefkasten geleert und alle Briefsendungen untersucht wurden. Die von mir eingeworfene Briefsendung konnte vom MfS nicht identifiziert werden – ich hatte den Brief einer Kommilitonin zur Post mitgenommen und eingeworfen.

Aus anderen MfS-Unterlagen geht hervor, dass ich in der S-Bahn ein Buch las (Titel konnte durch den IM nicht festgestellt werden), dann noch einen Brief, wobei der mir über die Schulter schauende IM nur wenige Worte erfassen konnte, wie er in seinem Report schrieb. Dann finden sich auch noch Vermerke „Telefonate von öffentlicher Telefonzelle“, wo der IM sogar noch die Nummer erfassen konnte.[297]

Aus zehn Tage lang ununterbrochen von 6 bis 22 Uhr verfassten Beobachtungs- und Begleitdokumenten des MfS geht auch hervor, dass – nachdem innerhalb des Wohn-

295 „Lange“ war der vom MfS für mich vergebene Deckname für alle Operativen Überwachungsmaßnahmen. (Quelle: BStU Dokument 000310, MfS-Dokument 3079/66, 3.8.1966, Bl. 4.)

296 HA VIII: Hauptabteilung Beobachtung/Ermittlung des MfS.

297 BStU Dokument 000299, MfS-Dokument 2974/66, 25.7.1966.

heimes keine geeignete Kontaktperson (hier ist IM[298] gemeint) dem MfS zur Verfügung stand – es dem MfS auch nicht gelang, in unsere Zimmerbelegung (vier Studentinnen im Zimmer) *einzudringen*.
Natürlich habe ich damals von all dem nichts mitbekommen. Allerdings hatte das MfS schon eine „Kontaktperson" (KP) in unserer Seminargruppe und über diese auch

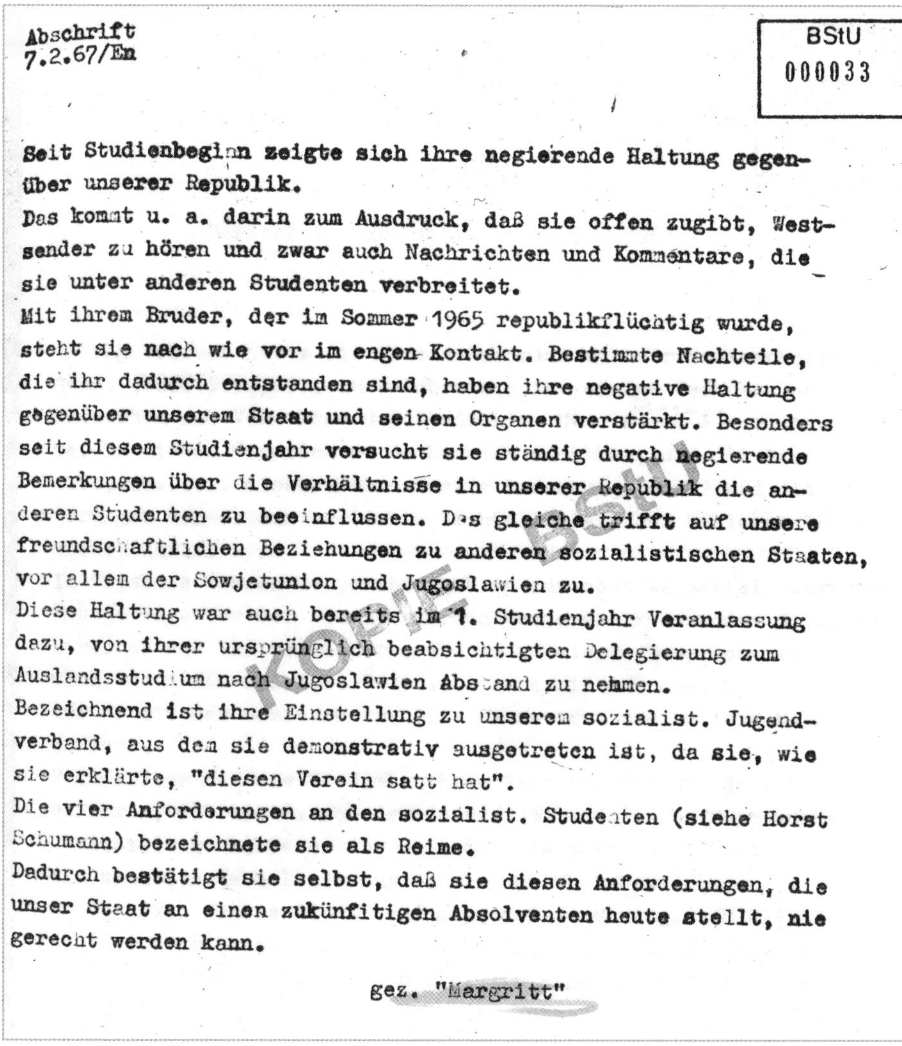

Abschrift
7.2.67/En

BStU
000033

Seit Studienbeginn zeigte sich ihre negierende Haltung gegenüber unserer Republik.
Das kommt u. a. darin zum Ausdruck, daß sie offen zugibt, Westsender zu hören und zwar auch Nachrichten und Kommentare, die sie unter anderen Studenten verbreitet.
Mit ihrem Bruder, der im Sommer 1965 republikflüchtig wurde, steht sie nach wie vor im engen Kontakt. Bestimmte Nachteile, die ihr dadurch entstanden sind, haben ihre negative Haltung gegenüber unserem Staat und seinen Organen verstärkt. Besonders seit diesem Studienjahr versucht sie ständig durch negierende Bemerkungen über die Verhältnisse in unserer Republik die anderen Studenten zu beeinflussen. Das gleiche trifft auf unsere freundschaftlichen Beziehungen zu anderen sozialistischen Staaten, vor allem der Sowjetunion und Jugoslawien zu.
Diese Haltung war auch bereits im 1. Studienjahr Veranlassung dazu, von ihrer ursprünglich beabsichtigten Delegierung zum Auslandsstudium nach Jugoslawien Abstand zu nehmen.
Bezeichnend ist ihre Einstellung zu unserem sozialist. Jugendverband, aus dem sie demonstrativ ausgetreten ist, da sie, wie sie erklärte, "diesen Verein satt hat".
Die vier Anforderungen an den sozialist. Studenten (siehe Horst Schumann) bezeichnete sie als Reime.
Dadurch bestätigt sie selbst, daß sie diesen Anforderungen, die unser Staat an einen zukünfitigen Absolventen heute stellt, nie gerecht werden kann.

gez. "Margritt"

KOPIE BStU

IM-Bericht einer Kommilitonin der HU Berlin. Ihr Klarname ist Margit Wiesner.

298 Vgl. dazu den Kommentar „Anwerbung von ‚Informellen Mitarbeitern' an Schulen und Hochschulen" sowie „Vertrauliche Verschlusssache – MfS 008-Nr. 63/68. Ein Dokument des Ministeriums für Staatssicherheit" in diesem Band. (Anm. d. Hg.)

Informationen abgegriffen (siehe Dokument). Und so findet sich auch aus jener Zeit eine natürlich negative Beurteilung von der „Kontaktperson", einer SED-Genossin – Klarname Margit Wiesner[299] – aus meiner Sprachgruppe. Margit W. erinnerte uns in ihrer Art immer an eine Rotgardistin in Aktion – sie war unter uns Studentinnen isoliert.

Allerdings erfuhr ich auch erst nach Akteneinsicht: Die schon erwähnte Seminarbetreuerin, Frau Hochkeppler, zeigte, als sie von der „KP" (Margit Wiesner) von meiner negativen Meinung und dem dadurch befürchteten Einfluss auf die kleine Gruppe unterrichtet wurde, nicht die Reaktion, die von der KP erhofft wurde. Die Lektorin führte meine negative Einstellung und auch das Austreten aus dem Verband der FDJ auf die Nachteile zurück, die ich durch die Flucht meines Bruders erfuhr. Damit blockte sie weitergehende Diskussionen.

Uta Knoblauch als Studentin 1968 (Foto privat)

Aus jener Zeit stammt aber auch eine durch und durch positive Beurteilung vermutlich durch den FDJ-Sekretär in der Art: *Sie zeigt eine positive Einstellung zu unserem Staat, leistet gute gesellschaftliche Arbeit und weist gute Studienergebnisse auf…*

Das waren die Formulierungen, mit denen man keinerlei Schaden anrichten konnte. Ich weiß auch nicht, ob sich der Student im Klaren darüber war, wer eben diese Beurteilung anforderte.

Ich war, da sechs Jahre älter als die anderen Studentinnen, in meiner kleinen Seminargruppe auch Seminarsekretär (Semsek) und konnte dabei auch einmal eine Studentin warnen, deren westliches Outfit – so würde man es heute nennen – Ärger bei *Genossen* erregte. Ärger im ideologischen Sinne natürlich. Sie hatte halt eine Tante in West-Berlin, die sie ausstatten konnte.

Es versteht sich von selbst, dass wir in der kleinen Sprachgruppe auch leicht ironisch Kritik übten am politischen Tagesgeschehen und die „KP" das sehr *problematisch* sah. Allerdings – die von der „KP" geforderte Aussprache mit mir und meiner kleinen Gruppe hätte von Genossen vorbereitet werden müssen, da die Stasi sonst ein Entgleisen der Diskussion befürchtete. Sie fand nie statt.[300]

299 BStU-Unterlagen, Dok. Nr.0033, Unterzeichnet mit „Margritt" (Margit Wiesner).

300 BStU-Dokument 000032, Bericht zum Treffbericht v. 25.2.1967, Abteilung XX/3 des MfS: „Die KP wurde durch uns auf die Gefährlichkeit der unter solchen Umständen stattfindenden Auseinandersetzung hingewiesen. Sie solle unter allen Umständen die Beratung der Parteigruppe vor der Veranstaltung ermöglichen, damit auf dieser

Seit ich mit einer Gruppe von fünf anderen Studentinnen 1965 während des dreiwöchigen Ernteeinsatzes in Mecklenburg – aus Langeweile und Interesse – einmal den Sonntagsgottesdienst in der kleinen Dorfkirche besuchte, galten wir sechs als *sehr religiös* und das lief dann auch für alle Zeit in den Kaderakten[301] mit.
Natürlich mussten wir uns – zurück an der Uni – einer Aussprache stellen, die aber wegen ihrer Unerheblichkeit nicht weiter in Erinnerung blieb. Mir ist nur in Erinnerung geblieben, dass eine Kommilitonin, die sich beim Verkehrsministerium beworben hatte, aufgrund ihrer „religiösen Einstellung" nicht genommen wurde. Wir haben das seinerzeit nur lächerlich und nicht erklärbar gefunden.
Man bekam damals kurz vor Abschluss des Studiums je zwei Angebote vorgelegt – Stellensuche auf eigene Faust war zu meiner Zeit in der Planwirtschaft nicht vorgesehen.
Den Stasiakten konnte ich später entnehmen, dass aus der sehr neutral gehaltenen Beurteilung durch den Genossen Außenstellenleiter von Intertext Dresden – meiner späteren Arbeitsstelle – hervorging, dass ich als „charakterlich schwieriger" Mensch galt und die Ursachen vom Genossen Außenstellenleiter in meiner „starken religiösen Gebundenheit" zu liegen schienen. Spuren eines Besuchs als Studentin in einer mecklenburgischen Dorfkirche – sie hätten mich ein Leben lang begleitet in meinen Kaderakten.
Mein Studium endete 1968 noch vor dem Einmarsch der Warschauer Paktstaaten in die ČSSR[302] – so blieben wir dann zum Glück noch vor den üblichen Solidaritätsadressen verschont, das heißt solchen, in denen man sich zur Richtigkeit der von der Regierung beschlossenen Aktionen bekennen sollte. Wir hatten seinerzeit durch die Kenntnis des Serbokroatischen immer die Möglichkeit, uns ein anderes Bild als das uns gebotene von den Ereignissen in der ČSSR zu machen. Jugoslawische Presse lag in der Bibliothek der Fakultät aus. Jugoslawien war wohl auch als ein sozialistisches Land einzuordnen,[303] gehörte aber keinesfalls zu den üblichen „Brudervölkern"[304] der DDR. Wir hatten in den letzten Monaten des Studiums im Serbokroatischen einen Muttersprachler als Dozenten, der als Dolmetscher den von jugoslawischen Gästen be-

Veranstaltung der Beginn der Auseinandersetzung zu Fragen der klassenmäßigen Erziehung wird (Wieland, Ultn.)" (Formulierung so im Original. U. Knoblauch).

301 Vgl. Anm. 21.

302 Vgl. Anm. 193.

303 Die Sozialistische Föderative Republik Jugoslawien (1945–1992) entfernte sich nach Titos Bruch mit Stalin 1948 von der Sowjetunion und dem Ostblock und beschritt einen eigenen Weg des jugoslawischen Sozialismus. Jugoslawien war nicht Mitglied des Warschauer Pakts und erst ab 1964 in einigen Organen des RGW vertreten. (Anm. d. Hg.)

304 Unter „Bruderstaaten" wurden die Mitglieder der sogenannten sozialistischen Staatengemeinschaft verstanden, zuerst die Verbündeten im Warschauer Pakt (militärischer Verbund) und im RGW (Rat für gegenseitige Wirtschaftshilfe), darunter auch Kuba und die Mongolei. (Anm. d. Hg.)

43
45

Verwaltung für Staatssicherheit
Groß - Berlin
Abteilung XX/3

Berlin,den 10.März 1969
Wie
Tgb.Nr.:XX/3/ 1216 /69
Tel.:224

MfS
- 13 -
13. MRZ 1969
4836
753 I

Ministerium für Staatssicherheit
Hauptabteilung XX
B e r l i n

GLATZER, Uta-geb.am 9.2.1940 in Dresden
Ihre Tgb.Nr.:XX/1/I/3449/69 - Stau/Ru

Seit Studienbeginn zeigte die G. eine negierende Haltung zu unserer Republik. Sie gab offen zu, Nachrichten und Kommentare von westlichen Rundfunkstationen zu hören. Diese Informationen verbreitete sie auch unter anderen Studenten.
Mit ihrem Bruder, der 1965 illegal die Republik verlassen hat, stand sie weiterhin in regem Briefwechsel. Seit der RF ihres Bruders verstärkte sich ihre negative Einstellung gegenüber unserem Staat, weil sie angeblich dadurch Nachteile hätte. Besonders seit dem Studienjahr 1966/67 versuchte sie ständig, durch negierende Bemerkungen über die Verhältnisse in der DDR andere Studenten zu beeinflussen.So äußerte sie anderen Studenten gegenüber unter anderem "Was Walter Ulbricht auf der Volkskammersitzung über seinen Aufenthalt in der SFRJ gesagt hat, ist sowieso nicht alles wahr","Nun ja, über diesen Staat hier will ich nichts weiter sagen" oder "Staatsmänner wie Cyrankiewicz sind Hampelmänner".
Diese ihre Äußerungen betrafen auch das freundschaftlich Verhältnis der sozialistischen Staaten untereinander, besonders aber gegenüber der Sowjetunion. Diese Haltung war bereits im 1. Studienjahr der Anlaß, von einer beabsichtigten Delegierung zum Auslandsstudium für 1 Jahr nach Jugoslaiwen Abstand zu nehmen.
Bezeichnend war weiterhin ihre Einstellung zu unserem sozialistischen Jugendverband, aus dem sie demonstrativ ausgetreten ist, da sie "diesen Verein satt hat"!

Diese Einschätzung wurde während der Studienzeit inoffiziell erarbeitet.

Stellv. Operativ
S c h w a n i t z
Oberstleutnant

Leiter der Abteilung XX
H ä b l e r
Major

Ein IM-Bericht wird zum offiziellen Statuspapier des MfS. Man beachte die unterzeichnenden hochrangigen MfS-Offiziere.

nutzten Begriff „Schandmauer" für den „antifaschistischen Schutzwall" wörtlich ins Deutsche übersetzte. Das hatte ihm erhebliche Probleme mit der Partei eingebracht. Da ich nichts von den oben erwähnten Überwachungsaktionen wusste, mit dem fachlichen Teil des Studiums gut zurechtkam, das Studium des Marxismus-Leninismus wie die überwiegende Mehrheit der Studenten als notwendiges Übel betrachtete, konnte ich die Studienzeit als Beschäftigung mit meinen Sprachen auch genießen. Und ich habe realisiert, dass auch hier wieder – wie so oft – auch Genossen kritisch mit den Problemen jener Zeit umzugehen versuchten. Und zu dieser Erkenntnis hat – natürlich ungewollt – die Stasi mit ihren Hunderten von zusammengetragenen IM-Berichten, Abhörprotokollen, Postüberwachungsmaßnahmen … mit verholfen.[305]

Uta Knoblauch, geb. 1940 als Uta Glatzer in Dresden; Schulbesuch in Dresden, 1958–1962, Lehre als Industriekaufmann VEB Laborbau, später Wirtschaftsprüferin, Studium an der HU Berlin, 1968/1969 Intertext Berlin/Dresden, 1971 Kündigung bei Intertext, da ihr damaliger Verlobter und heutiger Mann, Günter Knoblauch, geflüchtet war. Sie wollte vermeiden, mit vertraulichen Verschlusssachen bei Intertext in Kontakt zu kommen. Seit 1971 wurde Uta Knoblauch in einem weiteren OPV[306] durch das MfS bearbeitet. 1974 musste das MfS in Dresden den laufenden OPV schließen. Von Berlin[307] war die Anweisung an die MfS-Dienststelle gekommen, die genehmigte Ausreise von Uta Glatzer und des gemeinsamen Sohnes Henrik „[…] entsprechend Ihren operativen Mitteln und Möglichkeiten […] in geeigneter Weise abzusichern".
Ab 1974 eigener Übersetzerservice in München.
Die Stasiakten von Uta und Günter Knoblauch wurden von beiden für Forschungszwecke freigegeben.

// Kommentar zeithistorisch //

Wie das MfS zu seinen Informationen kam – Teil 1: IM-Berichte sammeln[308] Auf den Hunderten Seiten, die das MfS im Falle Uta Glatzer (Geburtsname) sammelte, lässt sich gut verfolgen, wie aus nichtssagenden IM-Berichten Tatsachen werden.
Die schon angeführten BStU-Unterlagen, Dok. Nr.0033, ein Bericht aus der Seminargruppe von Uta Glatzer, unterzeichnet mit „Margritt" (Margit Wiesner), zeigen deutlich, wie aus einem sol-

---

305 Nachdem mein Mann und ich am 1.1.1992 bei der BStU Akteneinsicht beantragt hatten, erhielten wir am 28.9.1999 einen Anruf über die jetzt mögliche Akteneinsicht. Laut Herrn Hamisch von der BStU, Berlin, seien mehr als 10.000 Seiten zu unserem Fall vorhanden.
306 OPV: Operativer Vorgang (MfS). Vgl. dazu Ralf Blum u. a. (Bearb.): Abkürzungsverzeichnis. Häufig verwendete Abkürzungen und Begriffe des Ministeriums für Staatssicherheit. Hg. v. BStU, 10., erg. u. korr. Aufl., Berlin 2012, Anhang 2.6. (Anm. d. Hg.)
307 Ministerrat der DDR, Ministerium für Staatssicherheit, Hauptabteilung VII, Leiter, MfS-Dokument Tgb. Nr. VII/5/792/74, – BStU 000284.
308 Siehe auch die anderen Teile: Wie das MfS zu seinen Informationen kam – Teil 2: Das Telefon abhören, in: Michael Proksch, „Von der Grundschule zur Hochschule – wie über Jahre hinweg psychische Deformationen entstanden"; Teil 3: Informelle Mitarbeiter (IM) anwerben, in: Ursula Wonneberger, „Ein ganz gewöhnlicher Anwerbeversuch der Stasi". (Anm. d. Hg.)

chen IM-Bericht – mit ganz geringen Ergänzungen/Auslassungen vollständig übernommen – ein offizielles MfS-Dokument wird (10. März 1969, Tgb.Nr.: XX/3/1416/69, unterzeichnet vom Stellv. Operativ Schwanitz [Oberstleutnant] und Leiter der Abteilung XX, Häbler [Major]). Hochrangige MfS-Offiziere erheben die „Erklärung eines IM" in den Status eines gewichtigen MfS-Dokumentes. Und vergleicht man dieses IM-Dokument mit der Einschätzung des zur selben Person befragten FDJ-Sekretärs, so wird offensichtlich, das zum einen eine sehr negative Charakterisierung durch die Kontaktperson „Margritt" neben einer sehr positiven Personeneinschätzung durch den FDJ-Sekretär steht. Hochrangige MfS-Offiziere (ein Oberst und ein Oberstleutnant) übernehmen die negative, das heißt die staatsfeindliche Variante.

Oder der Kirchenbesuch: Aus einem „Nichts" wird ein die Betroffenen lebenslang begleitendes Faktum – ohne die Möglichkeit einer Korrektur, da die Betroffenen ja nichts davon wissen.

Aus den Unterlagen wird auch ersichtlich, wie sich über die Zeit durch laufendes Abschreiben aus älteren MfS-Dokumenten die Vorgänge aufblähen, wie absolut falsche Informationen hinzukommen, wie positive Leumundszeugnisse (die Angesprochenen wussten meistens gar nicht, wofür die Erkundigungen waren) sich mit Wichtigtuerei oder gar wissentlicher Verleumdung paarten.

G. Knoblauch

// Wir verloren die FDJ-Mitgliedschaft, nicht aber unsere Studienplätze

Der FDJ-Sekretär warf uns mangelnden Klassenstandpunkt vor

Dr.-Ing. Martin Böttger (TU Dresden, Studienjahrgang 1965, Fachrichtung Physik, Institut für Technische Mechanik, Diplom 1970, Promotion 1982)

Im Jahr 1965 wurde ich an der Technischen Universität Dresden zum Studium der Physik immatrikuliert. 60 Studierende (59 Studenten und eine Studentin) verteilten sich auf drei Seminargruppen. Unter den 20 Studenten meiner Gruppe stellten überzeugte SED-Genossen und -Kandidaten nur einen relativ geringen Anteil, in meiner Erinnerung nicht mehr als fünf. Umso höher fiel der Anteil derer aus, die der SED kritisch gegenüberstanden, wobei die meisten ihre Kritik jedoch nicht offen äußerten. Verstärktes Murren gab es erst nach dem 21. August 1968, als Truppen des Warschauer Paktes den Prager Frühling[309] niederwalzten.

Schon im April dieses Jahres hatten sich aufmüpfige Diskussionen innerhalb der Seminargruppe ergeben, als die SED sich anschickte, eine neue Verfassung[310] für die DDR durch Volksentscheid verabschieden zu lassen. Dozenten für Marxismus-Leni-

---

309 Vgl. Anm. 193.
310 Vgl. Anm. 231.

nismus versuchten, uns zur Abgabe von Jastimmen zu bewegen. Ich weiß von einigen aus meiner Gruppe, die so wie ich unter mehr oder weniger großen Ängsten das Feld NEIN auf dem Stimmzettel ankreuzten. In die Kabine traute sich fast niemand. Später merkten wir, dass es für keine Neinstimme bei diesem Volksentscheid Konsequenzen gab, solange dieses Nein nicht öffentlich bekundet wurde. Eigentlich hätte man keine Angst zu haben brauchen.

Die Seminargruppe hatte im Jahr zuvor schon einen kleinen politischen Aufruhr erlebt, der ohne unmittelbare Konsequenzen blieb. Was war geschehen? Die FDJ[311] führte eine Umtauschaktion aller Mitgliedsausweise durch. Alle 20 Studenten waren Mitglied der FDJ. Wir sollten zu einem bestimmten Datum unsere Mitgliedsausweise abgeben, um neue mit aktuellem Passfoto zu erhalten. Beim Empfang der neuen Dokumente sollten wir auch folgenden Satz unterschreiben: „Ich erkenne das Statut der FDJ an.“ Das war für einige von uns Anlass, dieses Statut erst einmal zu lesen. Ich hatte, obwohl seit meinem 14. Lebensjahr FDJ-Mitglied, dieses Statut noch nie zur Kenntnis genommen.

Beim Lesen merkte ich, dass die Mitglieder auf den Sozialismus unter Führung der „Partei der Arbeiterklasse“ eingeschworen werden sollten. Andererseits las ich aber auch, dass die Mitgliedschaft freiwillig war.

Als sich abends einige von uns in der Kneipe trafen, entstand nach dem dritten Bier der Gedanke, die Statut-Anerkennung einfach nicht zu unterschreiben und den neuen Ausweis nicht anzunehmen. Tags darauf verkündeten Dieter, Rainer und ich der erstaunten Seminargruppe diesen Entschluss. Außer bei den überzeugten SED-Anhängern fand dieses Vorhaben unserer Dreiergruppe sehr viel Anklang beim Rest des Seminars.

In einer eilig einberufenen FDJ-Versammlung warf uns der Sekretär mangelnden Klassenstandpunkt vor. Wir drei müssten als angehende Diplom-Physiker doch wissen, dass wir im späteren Berufsleben Vorbild für „unsere Werktätigen“ sein müssten.

Doch ein großer, mutiger Teil der Seminargruppe stellte sich in der heftigen Auseinandersetzung mit der FDJ-Leitung hinter uns drei. Dabei sind mir besonders Andreas B., Jürgen D. und Jürgen G. in Erinnerung, die von sich sagten, dass sie freiwillig in der FDJ blieben, aber auch respektierten, wenn andere die Freiwilligkeit nutzten, um auszutreten. Sie äußerten unverhohlene Sympathie für die drei „Dissidenten“, ohne sich dabei selbst zu gefährden.

Mein Argument für den Austritt war vor allem die fehlende Attraktivität der FDJ-Veranstaltungen. Ich sagte, dass für mich die Evangelische Studentengemeinde als

311 Die Mitgliedschaft in der FDJ war praktisch für alle selbstverständlich und eine Voraussetzung für die Immatrikulation. (Anm. d. Hg.)

Diskussionsforum viel attraktiver sei und als mein gesellschaftliches Betätigungsfeld ausreiche, so dass ich die FDJ nicht weiter benötigte.
Am Ende verloren Dieter, Rainer und ich unsere FDJ-Mitgliedschaft, nicht aber unsere Studienplätze. Ohne die Solidarität des Großteils der Seminargruppe wären wir drei höchstwahrscheinlich vorzeitig exmatrikuliert worden, wobei ich nicht weiß, inwieweit wir uns dieses Risikos bewusst waren. Möglicherweise war auch eine Portion Leichtsinn im Spiel.

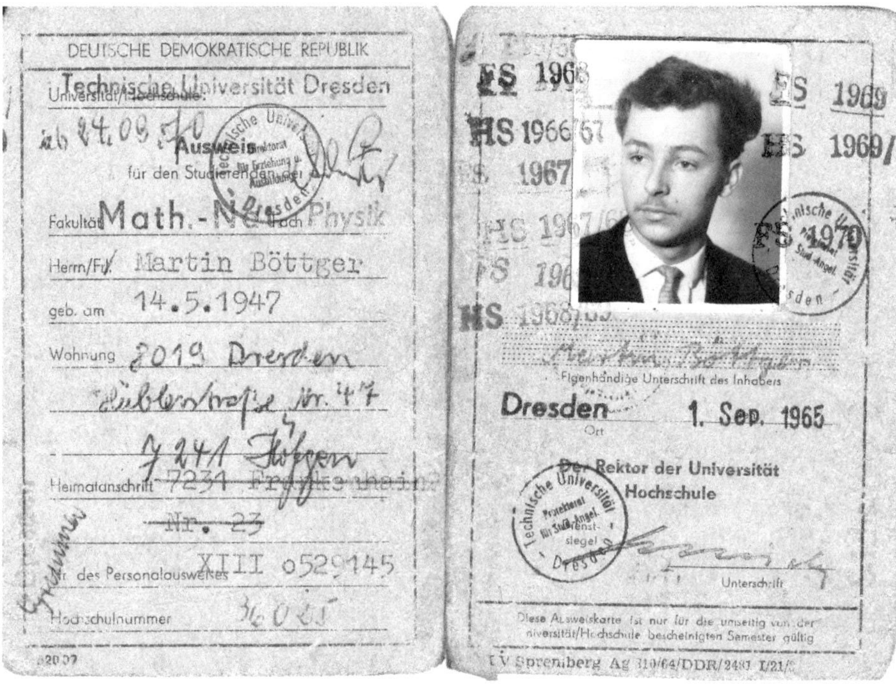

Studentenausweis von Martin Böttger

Erst zum Ende des Studiums, als ich ein damals mögliches dreijähriges Forschungsstudium mit Promotion beantragte, verkündete mir mein damaliger Diplom- und späterer Doktorvater, Professor Günther Landgraf[312], dass mein Antrag auf ein Forschungsstudium wegen einer negativen Stellungnahme der FDJ abgelehnt sei. Ich fragte Professor Landgraf, wieso die FDJ eine Stellungnahme zu meinem Antrag abgebe, wo ich doch gar nicht (mehr) Mitglied der FDJ war. Daraufhin Landgraf:

312 Der Physiker Prof. Günter Landgraf (1928–2006) wurde nach der friedlichen Revolution 1990 der erste frei gewählte Rektor an der TU Dresden. Er war konstruktiver Partner der progressiven Kräfte an der TUD. (Anm. d. Hg.)

„Ich bin auch nicht Mitglied der SED und trotzdem hat die SED eine Stellungnahme zu meinem Antrag auf Habilitation abgegeben." Er durfte mir die Stellungnahme der FDJ nicht aushändigen, las mir aber einen Kernsatz vor: *„Böttger trat aus der FDJ aus und engagierte sich anstatt dessen in der Evangelischen Studentengemeinde."*
Damit war der Fall klar. Ich durfte zwar mein Studium 1970 mit einem Diplom am Institut für Technische Mechanik bei Professor Landgraf abschließen, erhielt jedoch keine Erlaubnis, am selben Institut eine Dissertation anzufertigen. Die schrieb ich dann erst 10 Jahre später neben meiner Arbeit an der Bauakademie in Berlin als „externer Aspirant" wieder unter der Betreuung von Professor Landgraf und reichte sie 1980 bei der TU Dresden ein. Da war dann wohl mein FDJ-Austritt vergessen. Oder die schützende Hand Günther Landgrafs bewirkte die Annahme und ein Jahr später die erfolgreiche Verteidigung meiner Dissertation.
Ich muss wohl niemandem erklären, wie froh ich war, als Günther Landgraf im Jahr 1990 erster demokratisch gewählter Rektor der TU Dresden wurde.

Martin Böttger, geb. 1947 in Frankenhain/Sachsen; Schule mit Abitur 1965 in Geithain, 1965–1970 TU Dresden, 1970–1972 Wehrersatzdienst als Bausoldat, 1972–1976 Programmierer bei Robotron Karl-Marx-Stadt (heute wieder Chemnitz) und zusätzlich aktiv in der kirchlichen Friedensarbeit, 1979 Mitarbeiter bei der Deutschen Bauakademie, 1982 Promotion an der TU Dresden; 1976 und 1980 nach Teilnahme an Maidemonstrationen mit einem selbst gefertigten Transparent vom MfS „zugeführt"[313], im September 1983 Verhaftung wegen „versuchter Teilnahme an einer Menschenkette zum Weltfriedenstag"; 1985 Programmierer beim Kombinat Minol, 1985 Mitbegründer der Initiative Frieden und Menschenrechte (IFM), dort Leitung der Arbeitsgruppe „Menschenrechte und Justiz", Beteiligung an der Herausgabe und Verbreitung von Samisdat[314]-Zeitschriften; 1982 Urheber des Lehrspiels „Bürokratopoly"[315]. 1989 Gründungsmitglied des Neuen Forums und Koordinator dieser Bürgerbewegung im Bezirk Karl-Marx-Stadt.
1990 auf der Liste von Bündnis 90 in die Volkskammer gewählt, bis 1994 Abgeordneter des Sächsischen Landtags (Bündnis 90/Grüne); 1994 Geschäftsführer einer Seniorenpflegeeinrichtung in Kirchberg; 2001–2010 Leiter der Chemnitzer Außenstelle der Bundesbeauftragten für die Unterlagen des Staatssicherheitsdienstes der ehemaligen DDR; seit 2009 als bündnisgrüner Abgeordneter im Zwickauer Stadtrat.

---

313 Vgl. Anm. 129.
314 Mit Samisdat (russ., wörtlich: Selbstherausgabe) bezeichnete man – zuerst in der Sowjetunion, später im gesamten Ostblock – behelfsweise und privat organisierte Lösungen zum Druck von Material, das nicht offiziell genehmigt wurde. Beispiele: Handschriften, Abschriften mit der Schreibmaschine, Fotokopien. (Anm. d. Hg.)
315 „Bürokratopoly ist ein Lehrspiel aus historischem Kontext. In den 1980er Jahren nahm sein Urheber Martin Böttger damit den Staat aufs Korn. Das Spiel verbreitete sich im politischen Untergrund der DDR. Über 30 Jahre nach dem Entstehen wurde das Spiel von Pädagogen, Historikern und Spieleexperten neu aufbereitet und für den Schulkontext optimiert." (Zit. n. http://www.buerokratopoly.de; Zugriff: 7.12.2015) (Anm. d. Hg.)

// „Wissen Sie nicht, dass dies ein konterrevolutionäres Machwerk ist?“

Dipl.-Ing. Guntram Glöde (TU Dresden, Studienjahrgang 1965, Fachrichtung Elektrotechnik/Elektrischer und mechanischer Feingerätebau, Diplom 1970)

Zur Vorgeschichte: In die ČSSR konnte man zum Beginn unserer Studienzeit an der TU Dresden, im Frühjahrssemester 1965, mit einer „Reiseanlage zum Personalausweis“ reisen, wobei man eine Einladung aus der ČSSR vorweisen musste. Ich schreibe bewusst nicht „von einem Bürger der ČSSR“, da man sich nach der ersten Reise seine Einladung immer selbst schreiben und schicken konnte.

Wir nutzten diese Möglichkeit, da Prag (auch schon in der Novotný-Ära[316]) im Vergleich zu Dresden weltoffener zu sein schien, man traf junge Leute bzw. Studenten im Prager Studentenklub, konnte in Jazzklubs gehen – Prag hatte im Vergleich zu Dresden und Ost-Berlin ein mehr „weltstädtisches“ Flair. Anlaufpunkt waren für uns der Zeltplatz in Branik oder auch Studentenheime in der Stadt (zur kalten Jahreszeit).

Im Juli 1967 wurde dann mit dem sogenannten „visafreien Reiseverkehr“ die Prozedur etwas erleichtert, man musste zwar weiterhin seine „Reiseanlage zum Personalausweis“ beantragen und zehn Mark Bearbeitungsgebühr zahlen, aber man konnte sie innerhalb einer Woche abholen.

Wenn man zwischen 1965 und 1967 die Stimmung in der ČSSR verfolgte, und speziell Studenten und Künstlern in den Klubs zuhörte, merkte man sehr bald, dass die Stimmung auf „Wandel“ stand. Auf dem Januar-Plenum der KPČ (3.–5.1.1968) setzten sich dann auch innerhalb des Führungszirkels der Partei progressive Kräfte durch, Antonín Novotný wurde als Erster Sekretär der KPČ von Alexander Dubček abgelöst, dem Mann mit den traurigen Augen. Von diesem Januar-Plenum hörte man neue Töne und nahm sie in Dresden begierig auf, einerseits in gedruckter Form aus der deutschsprachigen „Prager Volkszeitung“ oder auch aus den plötzlich zum Kult werdenden deutschsprachigen Sendungen von „Radio Prag“.

Prag wurde nun noch interessanter, man fuhr häufiger nach Prag, um möglichst viel von diesem Wandel mitzubekommen, man fuhr auch nach Prag, weil es plötzlich wie ein offenes Fenster erschien, durch das man frische Luft atmen konnte, wovon man auch im heimischen Mief noch ein paar Tage zehrte.

316 Antonín Novotný (1904–1975), Erster Sekretär der KPČ und Staatschef der Tschechoslowakischen Sozialistischen Republik.

Diese Entwicklung in der ČSSR rief natürlich den Unwillen der Vertreter von verkrusteten Strukturen insbesondere auch in der DDR hervor, zumal man nervös feststellte, dass die Gedanken vom Wandel zu einem „Sozialismus mit menschlichem Gesicht" gerade bei jungen Menschen in der DDR auf fruchtbaren Boden fielen.
Wohl um sich in dieser Situation selbst Mut zu machen und auch im sozialistischen Lager zu dokumentieren, dass in der DDR keinerlei Wandel erforderlich sei (dies erinnert nun wieder an die spätere Glasnost und Perestrojka und den „Tapezierer" Kurt Hager à la „Tapeten-Kutte")[317], wurde für den 6. April 1968 hastig eine Veranstaltung angesetzt, die sich „Volksabstimmung über die neue Verfassung der DDR"[318] nannte.
Ich war zu jener Zeit gerade im 8. Semester. Das Wochenende mit dem 6. April 1968, ein Sonntag, durfte von uns Studenten nicht zur Heimfahrt genutzt werden, wir hatten an unserem Nebenwohnsitz Dresden zu bleiben und in einem Wahllokal in der Uni „abzustimmen", in meinem Fall im Barkhausenbau, Zeichensaal II/7. Die Seminargruppe war zu einer bestimmten Zeit „einbestellt", der Wahlvorstand/Beisitzer saß links vom Eingang an einem Tisch mit der Wahlurne, zum Fenster hin rechts standen zwei oder drei Tische mit Bleistiften, in der diagonal gegenüberliegenden, weit entfernten linken Ecke war eine „Wahlkabine" drapiert. Um den Eingang herum stand eine Gruppe von sechs bis acht teils bekannter, teils unbekannter Personen (darunter der Seminargruppenbetreuer, Seminargruppensekretär, Fachrichtungssekretär, FDJ-Sekretär), die den ganzen Ablauf beobachteten. Ausweis vorgelegt, Liste abgehakt, Wahlschein empfangen – und dann sollte eigentlich offen das „Ja" angekreuzt werden und der offene Wahlzettel in die Urne gesteckt werden, so die Erwartung der Veranstalter. Ich habe niemanden gesehen, der quer durch den ganzen Zeichensaal demonstrativ zur Wahlkabine gegangen wäre, unter den Augen aller Beobachter. Aber es war immerhin möglich, einen Augenblick abzupassen und mit einer plötzlichen Drehung in die den Personen abgewandte Richtung schnell sein Kreuz auf „Nein" zu machen, den Zettel einmal zu falten und dann in die Wahlurne zu werfen.

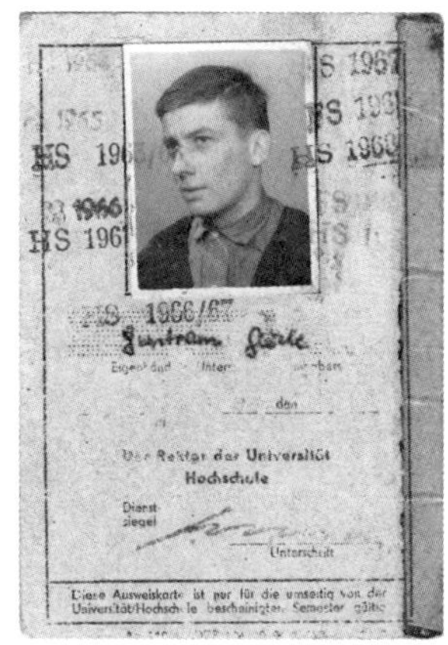

Studentenausweis von Guntram Glöde (Foto privat)

317 Am 9. April 1987 gab Hager in einem Interview mit der bundesdeutschen Illustrierten Stern zu den Reformen Gorbatschows in der Sowjetunion die Antwort: „Würden Sie, nebenbei gesagt, wenn Ihr Nachbar seine Wohnung neu tapeziert, sich verpflichtet fühlen, Ihre Wohnung ebenfalls neu zu tapezieren?" Am 10. April 1987 erschien der Text des Interviews auch im „Neuen Deutschland". (Anm. d. Hg.)
318 Vgl. Anm. 231.

Eine unwürdige Prozedur und das DDR-Gesamtergebnis mit 94,54 Prozent Jastimmen (schon ungewöhnlich, dass es keine 98,xx Prozent waren) natürlich ein überwältigender Beweis für die Einheit von Volk und Partei. Nun hatte ich seinerzeit eine lockere Beziehung zu einer Kommilitonin aus dem 4. Semester, selbst Kandidatin der SED, deren beide Eltern etwas höher in der Dresdner SED-Hierarchie angesiedelt waren. Sie erzählte mir zwei Wochen später, wie empört man in der Dresdner SED über das Votum an der TU Dresden war. Architektur- und Elektrotechnik-Fakultäten hatten je rund zehn Prozent Gegenstimmen. Unter diesen Randbedingungen eine beachtliche Ohrfeige! (Vorbildlich hätten dagegen „Technologen" und „Ingenieur-Ökonomen" votiert, wen wunderte es ...)
Aber zurück zum „Prager Frühling"[319], wie man die Reformbestrebungen in der ČSSR bald nannte. Seit Mitte März 1968 herrschte dort de facto Pressefreiheit, man konnte in Prag zumindest mal einen Blick in die „FAZ" oder den „Spiegel" werfen, an Kaufen war wegen der beschränkten finanziellen Mittel nicht zu denken.
Vom 28. März bis 1. April 1968 fand dann das „April-Plenum" der KPČ statt, auf dem die Reformer ihre Position festigen konnten und ihre Vorstellungen von einem „Sozialismus mit dem menschlichen Gesicht" diskutierten. Ergebnis dieser Debatten war ein „Aktionsprogramm der KPČ", das am 5.4.1968 veröffentlicht und in der ČSSR zur Diskussion gestellt wurde.
Ab April/Mai konnte man dann vom Wetter her auch wieder in Branik zelten. So war ich, so oft es ging, in Prag und habe die Atmosphäre genossen. Die ohnehin schon freundlichen und offenen Tschechen waren überwältigend optimistisch – ich erinnere mich an die Begeisterung, mit der sie Gold spendeten, um ihre Währung konvertibel zu machen, ich erinnere mich an eine Demonstration, die zum Gebäude des ZK in Prag zog und den damaligen Parlamentspräsidenten (und ZK-Mitglied), Josef Smrkovský, herausrief und ihn vor die Menschenmenge zitierte, der er Rede und Antwort stehen musste – leider habe ich nichts verstanden (und was mir ein paar freundliche Tschechen übersetzten, war einfach zu wenig) – aber die Stimmung und die Atmosphäre waren überwältigend.
Irgendwann im April oder Mai 1968 erschien dann das „Aktionsprogramm der KPČ" auch auf Deutsch in der „Prager Volkszeitung". Dieses Dokument zu bekommen – ich glaube, es waren acht Zeitungsseiten –, war für mich natürlich ein absolutes „Muss". Zu dieser Zeit war der DDR-Zoll (Bad Schandau für Bahnreisende oder Zinnwald für Tramper) faktisch nur noch auf der Suche nach „bedrucktem Papier". Auch aus sogenanntem „Freundesland" wurde gnadenlos alles konfisziert. Ich hatte mich aber für eine „friedliche Koexistenz" mit dem DDR-Zoll entschieden und kaufte von der „Prager Volkszeitung" immer zwei Exemplare. Eines wurde in den Schlafsack einge-

319 Vgl. Anm. 193.

wickelt, das andere obenauf in den Rucksack gepackt – so hatte ich immer ziemlich stressfreie Zollkontrollen – der DDR-Zoll konnte wieder einen „Erfolg“ verbuchen – und ich auch.

Nun war also irgendwann im Mai/Juni 1968 mein Exemplar des „Aktionsprogramms der KPČ“ im Dresdner Studentenheim, Güntzstraße, gelandet. In kleinen Studentenzirkeln wurden diese Dinge natürlich diskutiert und über „Radio Prag“ mitverfolgt, nun lag es aber auch gedruckt vor. Zu jenen, die kräftig mitdiskutierten, gehörte auch unser FDJ-Seminargruppensekretär, ein überzeugtes SED-Mitglied und ein ausgesprochener Idealist. Er lieh sich das „Aktionsprogramm“ von mir, studierte es und fand es in weiten Teilen überzeugend. Also ging er mit seinen neuen Erkenntnissen auch in seine montägliche Parteiversammlung in der TU und diskutierte auf Basis dieses Papiers, das er mir bereits zurückgegeben hatte. Das kam aber offenbar gar nicht gut an!

Ein paar Tage später – ich hatte mir eine morgendliche Vorlesung „geschenkt“ und schlief aus – kam der Pförtner des Studentenheims, klopfte an die Tür und weckte mich – ich solle um 14:00 Uhr im Barkhausenbau, Raum xx sein. Ich hatte ein ungutes Gefühl, ahnte natürlich, worum es gehen würde. Ich trat dort also pünktlich an, und es erwarteten mich nach meiner Erinnerung ca. sechs Personen, mir bekannt mein Fachrichtungsleiter, Prof. Dr. Siegfried Hildebrand, ich glaube mich auch an die Gewi-Tante zu erinnern, Parteisekretär etc. etc. Professor Hildebrand eröffnete das „Tribunal“ – an Mimik und Gestik unvergesslich für mich, er hob sowohl die Stimme als auch den Zeigefinger – mit den Worten, „Sie haben da so ein Papier mitgebracht …“ Dabei konnte man sehen, wie peinlich ihm diese ganze Situation war. Ich entgegnete ihm, dass dieses „Papier“ das „Aktionsprogramm einer kommunistischen Partei“[320] sei. Prof. Hildebrand war damit aus der ganzen Geschichte heraus – nun legten die Geiferer los: „Wissen Sie nicht, dass dies ein konterrevolutionäres Machwerk ist?“ Usw. usf. Einerseits versuchte ich, mich bzw. dieses „Machwerk“ zu verteidigen, andererseits aber hatte ich natürlich auch mein Diplom vor Augen – diese ganze unwürdige Prozedur mag 25 bis 30 Minuten gedauert haben. Das Ergebnis war, dass ich das „Machwerk“ sofort bei der Parteileitung abzuliefern hätte. Und süffisant fügte man noch an, mein Seminargruppensekretär hätte ja berichtet, dass einzelne Sätze von mir darin unterstrichen worden seien und dass man doch gern wüsste, was mir darin so besonders wichtig sei.

Um Zeit zu schinden, behauptete ich, das Papier sei derzeit an meinem Hauptwohnsitz in Berlin. Für das folgende Wochenende würde ich planen, nach Berlin zu fahren, hätte dann bei der Rückfahrt auch das „Machwerk“ dabei (das natürlich die ganze Zeit in Dresden war). Es war ein wunderschön warmes Mai- oder Juniwochenende,

320 Siehe den zeithistorischen Kommentar zum „Manifest der 2000 Worte“ am Ende des Beitrags. (Anm. d. Hg.)

ich nahm das „Machwerk“ mit in unseren Kleingarten in Berlin, setzte mich dort in die Sonne und unterstrich das „Aktionsprogramm der KPČ“ mit Lineal und Kugelschreiber Zeile für Zeile über sechs oder acht Zeitungsseiten – einerseits, um eben zu verwischen, was mir besonders wichtig daran war, andererseits aber auch, um zu dokumentieren, dass das ganze Programm wichtig ist und höchst überfällig auch für die DDR. Dieses völlig, Zeile für Zeile, unterstrichene Exemplar habe ich dann bei der Parteileitung abgeliefert.

Ein Jugendlicher mit einer tschechischen Fahne stellt sich am 21. August 1968 einem sowjetischen Panzer entgegen, Pt (ullstein bild – CTK/Libor Hajsky)

Wenig später begannen die Semesterferien, in denen ich wieder mal nach Bulgarien (Primorsko) trampte. Nach meiner Rückkehr aus Bulgarien erfolgte dann die „brüderliche Hilfe“ der Warschauer-Pakt-Staaten für die ČSSR am 21. August 1968.[321] Ich war zum Ingenieurpraktikum (9. Semester) beim Deutschen Fernsehfunk (DFF) in Berlin – also zum Glück etwas von Dresden entfernt. Beim DFF lief dann natürlich auch gleich die Kampagne zur Unterschrift unter eine Huldigung der „brüderlichen Hilfe“ durch die Warschauer Vertragsstaaten. Dem habe ich mich durch einen „grippalen Infekt“ entzogen, den mir unser Hausarzt in Berlin nach (ehrlicher) Schilderung meiner Befindlichkeit bescheinigte.
Diese ganze Geschichte hat für mich weiter keine negativen Folgen gehabt, ist auch nicht in meiner Stasiakte dokumentiert. Aus meiner Sicht war es ja auch kein Widerstand, sondern eher ein Aufmucken, man hatte natürlich immer das Ziel Diplom vor Augen – und dann überlegt man sich doch seine Handlungen und „kneift eher den Schwanz ein …“ So funktioniert eben Diktatur und erzeugt sich ihre angepassten Duckmäuser.
Zum Frühjahrssemester 1969 war ich wieder zurück in Dresden. Nach Abschluss der „Normalisierung“ in der ČSSR durften auch DDR-Bürger wieder in die ČSSR reisen. Mit einem Kommilitonen fuhr ich dann auch im Sommer 1969 hin und wir besuchten unseren gemeinsamen guten Freund Karel in Brno. Als DDR-Bürger, deren Staat sich besonders als Scharfmacher für den Einmarsch hervorgetan hatte, war es uns natürlich auch peinlich, ihm gegenüberzutreten, obwohl er ja unsere Einstellung genau kannte. Aber es trat eine beinahe absurde Situation ein: Karel tröstete uns, und einen seiner Sätze habe ich nie vergessen: „*Ach lasst nur, in zwanzig Jahren haben die*

321 Vgl. Anm. 193.

auch wieder abgewirtschaftet …" Wie recht er doch behielt. 1989 musste ich an eben diesen prophetischen Satz wieder denken, als dann Vaclav Havel und der Mann mit den traurigen Augen auf dem Wenzelsplatz gefeiert wurden.

Was war für mich das Ergebnis? Ich war mit dem 21. August 1968 und meinen Erlebnissen an der TU Dresden – und noch schlimmer an meiner ersten Arbeitsstelle, dem VEB Maschinelles Rechnen in Berlin – zu der Überzeugung gekommen, dass dieser Staat zeit meines Lebens nicht reformierbar sein würde, so dass für mich als Alternative für ein selbstbestimmtes Leben nur die Flucht blieb, die ich im Oktober 1971 realisieren konnte.

Guntram Glöde, geb. 1944, Grundschule 1950–1958 Berlin-Köpenick, Oberschule mit Abitur 1958–1962 in Berlin, 1962–1964 Lehre als Funkmechaniker im VEB Funkwerk Köpenick, Praktikumssemester, 1965–1970 Studium der Elektrotechnik an der TU Dresden, Systemanalytiker im VEB Maschinelles Rechnen Berlin, 1971 Flucht in die Bundesrepublik über Ungarn, Jugoslawien und Österreich.

Ab März 1972 bei der Siemens AG München: Entwickler für Systemsoftware rechnergesteuerter Datenvermittlungstechnik, mehrjährige berufliche Auslandstätigkeit (USA), Inbetriebnahmen (internationale Vermittlungsstellen) in vielen Ländern, Systemsoftware-Entwickler für digitale Telefonvermittlungstechnik. Ruhestand seit 2001. Seit dieser Zeit noch immer mit dem Drang, andere Länder und Kulturen mit seiner chinesischen Ehefrau kennenzulernen: Südostasien, Malaysia, Singapore, Kambodscha, Laos, Myanmar, Vietnam …

// Kommentar zeithistorisch //

Das „Manifest der 2000 Worte" „Das ‚Manifest der 2000 Worte' […] ist einer der wichtigsten Texte des Prager Frühlings in der Tschechoslowakei von 1968. Der Text trug auch die Überschrift ‚Zweitausend Worte, die an Arbeiter, Landwirte, Beamte, Künstler und alle gerichtet sind'.

Es ist ein Zeugnis einer Emanzipation der Öffentlichkeit und wurde von Intellektuellen verschiedener Couleur unterzeichnet. Das Dokument entstand auf Anregung einiger Mitarbeiter der Tschechoslowakischen Akademie der Wissenschaften (*Československá akademie věd*), u. a. Otto Wichterle, Jan Brod, Otakar Poupa und Miroslav Holub. Verfasst wurde es im Juni 1968 von dem bekannten Schriftsteller Ludvík Vaculík. Das Manifest erschien am 27. Juni 1968 in der kulturpolitischen Zeitschrift Literární listy und in den Tageszeitungen *Lidové noviny*, *Práce*, *Mladá fronta* und *Zemědělské noviny*.

Er beleuchtete nicht nur die Rolle der KPČ im Prozess des ‚Prager Frühlings' sehr kritisch und forderte eine unbedingte Weiterführung der Reformpolitik gegen die reaktionären Kräfte im In- und Ausland, sondern übte auch allgemein heftige Kritik an den ‚Irrtümern des Sozialismus'. Die Führung der Kommunistischen Partei lehnte das Dokument als eine Misstrauenserklärung gegenüber ihrer Politik ab. Die Bevölkerung, insbesondere auch die bis dahin eher passive Arbeiterschaft, begrüßte das Manifest hingegen in einem ‚stürmischen Echo'. Generell führten die ‚2000 Worte' zu einer weiteren Radikalisierung sowohl der konservativen als auch der reformorientierten Kräfte, während die Regierung Dubček sich gezwungen sah, zwischen beiden Seiten zu lavieren." (Zit. n. „Manifest der 2000 Worte", https://de.wikipedia.org/wiki/Manifest_der_2000_Worte, 10.04.2017)

Herausgeber

// Studentische Amateurfunker schalteten Radio Prag auf das Heizungssystem

Licht und Schatten meines Studiums – eine episodische Rückschau

Dr.-Ing. Joachim Schmiele (TU Universität Dresden, Studienjahrgang 1967, Fakultät Elektrotechnik; Sektion Regelungstechnik, 1971 Diplom, TH Leipzig, Promotion 1986)

Zu Beginn des Jahres 1968 ermutigte uns Studenten der „Prager Frühling“[322] und gab uns Hoffnung, dass auch bei uns eine Lockerung der Repressionen der Diktatur möglich werden könnte. Das war uns Studenten aus den ersten Semestern besonders wichtig, da wir ja gerade erst der schulischen „Diktatur“ und elterlichen Aufsicht entronnen waren und alles in uns schrie: Mehr von der neuen Freiheit!
Leider währte diese Phase nur kurz und der sowjetische Imperialismus schlug für uns sichtbar zu. Der Widerstand unter uns Studenten (betrifft alle, die nicht zur Militärausbildung nach Seeligenstädt mussten) war enorm und fand seinen Ausdruck in den unterschiedlichsten Formen. Jedoch die Staatssicherheit war auch hier allgegenwärtig und es verschwand der eine oder andere Kommilitone spurlos aus unserem Leben. Das blieb bei vielen von uns nicht ohne Eindruck.
Im Wohnheim, das an der Straße zwischen Fučikplatz und Sachsenplatz lag, beobachteten wir, wie Panzer und andere Militärfahrzeuge in endloser Kette Tag und Nacht in Richtung tschechische Grenze rollten. Wir warfen am ersten Tag aus den Fenstern Eier und Wasserbeutel auf diese Fahrzeuge. Einige von uns versuchten, die Panzerfahrer mit Taschenlampen durch die Sehschlitze zu blenden. Am ersten Tag ging alles gut, weitere Blendversuche mit stärkeren Lampen aus den Fenstern am zweiten Tag ermöglichten der nunmehr aktiven Stasi, durch Ortung der Fenster die komplette Zimmerbelegschaft zu verhaften. Ich habe sie an der Uni nie mehr gesehen.
Im Wohnheim hatten unterdessen studentische Amateurfunker Radio Prag und andere Funkereignisse aus der ČSSR auf das Heizungssystem zu schalten versucht, um uns zu ermöglichen, mit einfachsten Mitteln ungefilterte Nachrichten aus Prag hören zu können.
Der offenbar so massiv nicht eingeschätzte Widerstand in der studentischen Bevölkerung Dresdens führte zu schrittweisen Reaktionen der Diktatur. Jeden Tag marschierten nun zwei völlig unauffällige Ledermantelfüller (Stasi) vor dem Palast auf und ab. Wir spazierten mit diesen Stasimitarbeitern zwei von uns rechts zwei links wie zufällig ein Stück des Weges und fragten sie nach ihrem Anliegen – Irritierung pur

322 Vgl. Anm. 193.

bei ihnen. Außerdem wurden wir Studenten gruppenweise einer Sonderbehandlung durch die geschulten Marxismus-Leninismus-Lehrkräfte der Uni und durch externe Propagandisten ausgesetzt. Dabei war das Ziel, dass jeder unter Aufsicht der oben genannten Propagandisten ein Einmarsch-Befürwortungsschreiben unterzeichnet. Wer unterschrieb, konnte gehen. Die Veranstaltungen dauerten täglich mindestens acht Stunden und zogen sich über eine Woche hin, da die Zahl der so Zermürbten nur langsam anwuchs.

Mit mir blieben von ca. 20 Kommilitonen nach einer Woche noch eine Handvoll Nichtunterzeichner übrig, die mit Bangen in die Zukunft sahen. Ich bereitete mich gedanklich auf eine Arbeit als Elektriker vor. Aber die Verhaftungswelle unter den Studenten (nach meiner subjektiven Einschätzung ca. ein Drittel von uns) zeigte den Machthabern ein großes Ingenieurdefizit für sechs Jahrgänge auf und sie sahen von weiteren Verhaftungen ab. Stattdessen war deren raffinierte wie auch perfide Planung, die mehrheitlich systemtreuen Auslandsstudenten (oft auch Stasimitarbeiter) – die ja aus Prag abgezogen werden mussten – unter den „Rest" zu mischen und damit eine Systemkonformität zu erzeugen. So endeten die Prager Frühlingsgefühle in der Dresdner Studentenschaft allmählich. Es war nichts mehr wie vorher.

Studentenausweis von Joachim Schmiele

Ein Ereignis in dieser Zeit hat sich mir besonders eingeprägt: Ich hatte meinem tschechischen Freund Zdenek aus Hradec Kralove geschrieben, dass viele von uns den Einmarsch nicht befürworteten, aber es kam nie eine Antwort von ihm. So verloren wir uns. Bis ich vor wenigen Jahren, also ca. 40 Jahre danach, auf die Idee kam, mit einer Internetrecherche nach Zdenek zu suchen, und ich fand ihn als Direktor eines Krankenhauses wieder. Wir haben inzwischen Bilder und Fakten ausgetauscht und mussten feststellen, dass mein Brief ihn nie erreicht hat. Die Stasi hatte ihn abgefangen und auch weitere Kontakte mit ihren Mitteln sabotiert.

Weitere Erlebnisse im Bildungswesen der DDR

Vor dem Studium war für mich eine Aufnahmeprüfung an der TU Dresden zu bestehen. In dieser wurde nicht nur Wissen getestet, sondern auch die Fähigkeit, wissenschaftlich, komplex und kreativ zu denken.

Besonders in Erinnerung ist mir nach bestandener Aufnahmeprüfung der Empfang durch meine Mutter in Eisenhüttenstadt. Sie empfing mich auf der Treppe mit den Worten: „Junge, war es schlimm im Gefängnis?“ Ich war verblüfft und wusste von nichts. Es stellte sich heraus, dass es am Hauptbahnhof von Dresden während meines Aufenthaltes 1967 zu politischen Unruhen gekommen war und die Stasi offenbar ihre Unmengen an Informationen falsch zusammengestellt hatte. Ein Stasimitarbeiter besuchte jedenfalls meine Mutter, während ich in Dresden an der Universität meine Prüfung absolvierte, und eröffnete ihr, dass ich in Untersuchungshaft sitze. Zum Glück hatte die Stasi sich in ihren eigenen Verhaftungsaufzeichnungen geirrt – sie wusste aber immerhin ohne Anlass, dass ich in Dresden über den Hauptbahnhof eingetroffen war – wie beruhigend (Sarkasmus aus).

Also kam ich 1967 mit 18 Jahren nach bestandenen Abitur- und Facharbeiterprüfungen in Dresden voller Erwartungen und mit Bammel vor den fachlichen Anforderungen an. Die mich sofort beanspruchende Eigenverantwortlichkeit machte mir anfangs zu schaffen, wurde aber bald zur Schule fürs Leben. Ich hatte abgesehen von den obligatorischen Praktika die Wahl, wie ich mein Wissen erwarb – aus dem Buch oder aus der Vorlesung. Zur Prüfung musste alles abrufbar da sein. Zweimal eine Prüfung verhauen und man wurde exmatrikuliert. In meiner Studienrichtung wurden wir darauf vorbereitet, dass nur ein Drittel von uns das Diplom erfolgreich erwerben wird. Dies als Eingangsinformation war für mich Stress pur aber letztendlich gut, weil das Arbeitsleben, ohne Parteikader sein zu wollen, einem auch nichts schenkte.

Stipendium bekam ich nicht, weil mein Vater zur „Intelligenz“ zählte. Zugewiesen wurden mir Spind, Bett und Hocker im Studentenwohnheim (genannt Günzpalast – Günzstraße/Ecke Holbeinstraße) mit anfangs 24 und später 8 Kommilitonen auf einem Zimmer. Glück gehabt – andere mussten sich den Lesesaal zu 50 teilen, zumindest bis zum offenbar eingeplanten Abgang des ersten Drittels unseres Jahrganges durch Leistungsauslese.

Unmittelbar nach den eingangs geschilderten Erlebnissen im Prager Frühling kam die Hochschulreform[323], die unter anderem den nicht immer staatstreuen Universitätsbetrieb auf „Linie“ bringen sollte. Statt fünfeinhalb Jahre Studium nur noch vier Jahre – uff! Die fehlenden Stunden/Fächer wurden im Expressverfahren in den dafür zusammengestrichenen Semesterferien inklusive Prüfung absolviert. Fröhliches Studentenleben geht anders.

323 Gemeint ist die dritte Hochschulreform in der DDR 1967/68. Zu den Hochschulreformen vgl. den Rückblick im Beitrag von Sigismund Kobe, „Das Jahr 1989 – das Ende parteipolitischer Einflussnahme der SED an der TU Dresden“; vgl. außerdem den Rückblick im Kommentar von Matthias Rößler, „Die Erneuerung der Hochschulen zwischen 1989 und 1993 in Sachsen“. (Anm. d. Hg.)

Die Freiheit der Rede und des Denkens wurde von den Apparatschiks[324] der Uni nunmehr stark bekämpft. Ebenso alte studentische Traditionen, wie bei uns „ET Fine"[325], das Ende des Grundstudiums. Hier durften die Studenten des siebenten Semesters bei den Studenten des ersten Semesters eine Vorlesung zu einem Thema ihrer Wahl halten und die so ersetzten Professoren stellten ihr Honorar (meines Wissens nach 50 Mark) für einen gemeinsamen daran anschließenden Umzug durch die Stadt mit späterem Umtrunk zur Verfügung. Die dabei mitgeführte gelbe Fahne mit einem roten Blitz (Elektrotechnik) hatte alle Jahrgänge in Rot verzeichnet und ab 1961 in Schwarz (wegen des Mauerbaus). „Aus dafür"[326] – und Verschulung des Studiums (Anwesenheitspflicht).

Zum Schluss möchte ich ein paar Bemerkungen zu meinem Lernprozess in der damaligen DDR anfügen und ein paar Bezüge zu heutigen Schul- und Studierwerdegängen herstellen.

Ich beginne mit der Feststellung, dass ich an der TU Dresden Regelungstechnik (später Technische Kybernetik genannt) studiert habe und meine fachliche Ausbildung von sehr guter Qualität war. Die Bestätigung dieser Fachkompetenz erhielt ich nach 1990 in verschiedenen Personalgesprächen. Dies gilt auch für mein Abitur, da ich wie auch im Studium, von gesellschaftswissenschaftlichem Müll abgesehen, auch hier wesentlich bessere naturwissenschaftliche Kenntnisse erwarb, als bei den heutigen Abiturienten abrufbar sind.

Nicht umsonst hat damals Finnland das DDR-Schulsystem übernommen und die Früchte der Leistungsorientierung (fachlich) im ersten PISA-Test geerntet. Nach Finnlands Übergang auf die von den meist linken Lehrern der Bundesrepublik nachgeäffte moderne Unterrichtsform sacken die Finnen nunmehr stetig ab.

Also lautet die Botschaft, dass klare und harte Leistungsanforderungen in Schule und Studium ein Grundstein fürs Leben sind – auch wenn es mir damals nicht gefiel.

Wie meinem Lebenslauf zu entnehmen ist, habe ich auf meinem Bildungsweg fast alle „Entwicklungsschritte" der Diktatur erdulden oder erleben müssen. Das begann mit dem arbeitsbedingten Umzug meiner Eltern nach Stalinstadt (später Eisenhüttenstadt) – der ersten sozialistischen Stadt der DDR ohne Kirche und später ohne Westfernsehen (mit Störsender). Die Bewohner waren mit dem Aufbau des Werkes relativ optimistisch und bemerkten die diktatorischen Lebenselemente nur partiell. Der Ort an der polnischen Grenze war im Wesentlichen geschichtsarm und es gab kaum eine alteingesessene Führungselite – gute Voraussetzungen für die Schaffung eines neuen

324 Als Apparatschik bezeichnete man einen der SED ergebenen Bürokraten. (Anm. d. Hg.)
325 Vgl. dazu den Beitrag von Lothar Gebauer, „Das Ende der ET-Fine an der TU Dresden – 1968". (Anm. d. Hg.)
326 Ausdruck der preußischen Militärbefehlssprache, bedeutet etwa: „aus und vorbei".

„sozialistischen Menschentyps". Die Lehrer waren meist besonders linientreu und der Alternativblick in die Freiheit entfiel zumindest teilweise.
Schule konnte so besser indoktrinieren. Der Proletarier war das Maß aller Dinge und die Intelligenz wurde bis 1961 (Mauerbau) mit guten Einzelverträgen geködert. Andererseits hatten viele Eisenhüttenstädter den Krieg noch in den Knochen und dachten, lasst uns mal was Neues probieren.
Freilich hat mir schon die Schule gezeigt, dass ich als „Intelligenzlerkind" ein Aussätziger war. Ich musste in der Grundschule für die EOS (heutige Entsprechung Gymnasium) eine Note besser sein als meine Mitschüler mit „proletarischer Abstammung" und ich gehörte auch sonst nicht dazu – was immer das war. Gleichzeitig erhöhte die ungehemmte sozialistische Erziehung zumindest bei mir den Hunger nach humanistischer Bildung. So war zum Beispiel für mich Geschichte eben nicht nur die Lehrplan-Geschichte des Spartakusaufstandes, des Bauernaufstandes und die des Proletariats. Die einseitige gesellschaftspolitische Schulbildung erzeugte das Gegenteil ihres Zieles, nämlich meine Freiheitssehnsucht. Damit meine ich insbesondere die Freiheit der Rede und der Gedanken und nicht, wie heute kolportiert wird, meine Freiheit zu reisen.
Ich bleibe aber dabei, die Wissensvermittlung in Mathe, Physik, Biologie, Deutsch, Chemie usw. war sehr gut. Den gesellschaftlichen Restunterricht hat man ertragen – die permanente Indoktrination erzeugte das Gegenteil, nämlich Abneigung. Ein wichtiger Hinweis für unsere, dem damaligen „Neuen Deutschland" immer ähnlicher werdenden Medien. Aber schließlich war das Abitur absolviert und ich freute mich auf mein Studium. Eigentlich wollte ich Autokonstrukteur werden, aber mein Vater riet mir mit dem Hinweis auf die Planwirtschaft ab.
Der Freiheitsfunke hatte in mir auf Dauer die Sehnsucht nach freier Rede und freiem Denken verstärkt. Dies sollte meinen zukünftigen Verhaltenskodex in der Diktatur bestimmen und war dann folgerichtig die Grundlage meines Antriebs, für die letzte frei gewählte Volkskammer zu kandidieren und in dieser mit brennendem Herzen für die deutsche Einheit zu arbeiten.

Joachim Schmiele, geb. 1949 in Schwarzheide; Schule 1955–1967 mit Abiturabschluss, Berufsausbildung zum Elektromonteur im Eisenhüttenkombinat Ost, 1963–1967 Facharbeiterbrief, Studium TU Dresden 1967–1971 (Diplom). Außerplanmäßige Aspirantur auf dem Gebiet der Automatisierungstechnik TH Leipzig, 1986 Promotion, Tätigkeiten als Projektant, Entwicklungsleiter, Problemanalytiker.
1990 Mitglied der demokratisch gewählten Volkskammer der DDR, Parlamentarischer Geschäftsführer im Bundestag, Referent für Privatisierung und Sanierung von Betrieben der Elektrotechnik/Elektronik (Treuhandanstalt), Geschäftsführer und Vorstand verschiedener Firmen, Berater mittelständischer Unternehmen für Personal, Technologie und Betriebswirtschaft.

// Fernstudium – jeder musste auf viel Persönliches verzichten

Dipl.-Ing. Helmar Schober (TH/TU Dresden, Studienjahrgang 1968, Abendfernstudium Fachrichtung Maschinenwesen/Fertigungstechnik, Diplom 1973)

Mein Betrieb delegierte mich zu einem dreijährigen Direktstudium, das ich 1967 als Ingenieur abschloss. Mit 26 Jahren war ich also ein sogenannter Jungingenieur und heiratete. Meine Frau war damals bereits Diplom-Physikerin und Assistentin in der Sektion Physik an der Technischen Universität Dresden – ein wesentlicher Anlass für mich, in meinem Fachbereich des Maschinenbaus, Fachrichtung Fertigungstechnik, auch den Abschluss als Diplom-Ingenieur anzustreben. Der VEB Pentacon (vormals Zeiss Ikon) delegierte mich wiederum – diesmal zum Fernstudium – an die TU Dresden. Dies entsprach schließlich dem Ziel, meine bereits im Alter von 14 Jahren gewählte Berufsorientierung weiterzuverfolgen und mich zu qualifizieren. Wir waren in unserer Studiengruppe 20 Kommilitonen, die selbstredend alle in der Industrie tätig waren.

Wir Fernstudenten (und ebenso auch die Abendstudenten) erhielten kostenlos die von den Mitarbeitern der TU erarbeiteten Lehrbriefe, das wesentliche Material zur Aneignung des Fachwissens (Kopiertechnik, geeignete preiswerte Fachbücher und heute selbstverständlich verfügbare andere – etwa elektronische – Hilfsmittel gab es noch nicht). Nicht selten versuchten Direktstudenten auch diese Lehrbriefe zu erhalten – ein in vielen Fällen nicht realisierbares Unterfangen.

Lehrveranstaltungen, durchgeführt von Professoren und Assistenten der TU, fanden dreimal wöchentlich nach der üblichen betrieblichen Arbeitszeit (8,75 Stunden täglich) in Räumen der TU statt. Es gab Vorlesungen, Praktika – auch mit Übungsaufgaben – und Seminare. Die abendlichen Lehrveranstaltungen dauerten in der Regel zwei Doppelstunden (180 Minuten). Rückfragen zu den behandelten Themen, auf die bereitwillig eingegangen wurde, verlängerten diese jedoch nicht selten.

In dieser Zeit (über fünf Jahre) musste jeder auf viel Persönliches verzichten. Das Fernstudium wurde sehr ernst genommen. Dabei waren alle über die Arbeitsstelle, den Betrieb, sozial abgesichert. Die betrieblichen Aufgaben korrespondierten in der Regel mit dem Studienziel und waren nicht in die durch Normen geprägten unmittelbaren Planerfüllungsleistungen eingebunden. Ich arbeitete als Entwicklungstechnologe nicht im Schichtbetrieb und hatte die primäre Aufgabe, den Konstrukteuren zur Seite zu stehen, wenn es um die Realisierbarkeit ihrer Vorstellungen im gegebenen technologischen Fertigungsablauf der neuen Produkte ging. Es galt also für mich, die gegebenen betrieblichen Kapazitäten, wie Materialeinsatz, Maschinenpark, Werkzeugfundus, Lohnkosten und Kapazität der vorhandenen Produktionsgrundarbeiter, zu beachten und dabei möglichst die Notwendigkeit von zusätzlichen Investitionen zu begrenzen. Die Überleitung in die Produktion war zügig und kostengünstig zu gestalten.

Für Praktika und Prüfungen wurden wir Fernstudenten 52 Arbeitstage im Jahr bei voller Bezahlung freigestellt. Klar, dass dabei trotzdem die betrieblichen Aufgaben zu erfüllen waren. Alle für uns denkbaren Möglichkeiten wurden genutzt, die Prüfungen trotz aller sonstigen Belastungen zu bestehen.

In früheren Jahrgängen aufgetauchte Prüfungsaufgaben wurden weitergereicht, oft (auch durch mitarbeitende Schreibkräfte oder Sekretärinnen) mühevoll abgeschrieben oder fotokopiert und mit der Ormigtechnik[327] vervielfältigt. In kleineren Gruppen traf man sich am Wochenende und besprach den Studienstoff. Jeder beteiligte sich daran. Unklarheiten wurden ausgeräumt. Das war überaus effektiv und festigte das Wissen. Wir hatten alle ein Ziel und unterstützten uns gegenseitig.

Helmar Schober 1965 (Foto privat)

Nach den bestandenen Prüfungen durften wir uns als Hochschulingenieure bezeichnen. Für die anschließende Diplomarbeit an der TU wurde man drei Monate von der betrieblichen Arbeit freigestellt – auch hier bei vollem Gehalt. Diplom-Ingenieur war man dann (in unserem Falle 1973) nach erfolgreicher Verteidigung der Diplomarbeit.

Dieser Abschluss galt in der Regel im Betrieb als Befähigung und Anlass, eine höherwertige Aufgabe zu übernehmen. Ich wurde im VEB Pentacon Dresden Technischer Leiter in der Teilefertigung mit 16 Kostenstellen (Meisterbereiche oder Fertigungsabteilungen wie zum Beispiel Bohrerei, Automatendreherei oder Ähnliches).

Mit der Wiedervereinigung – genauer am 2. Oktober 1990, also einen Tag vor der Deutschen Einheit – wurde den Kollegen des VEB Pentacon mitgeteilt, dass das Kombinat Pentacon[328] liquidiert wird.[329]

---

327 Hinter der Ormigtechnik verbarg sich ein Vervielfältigungsverfahren mit einem Matrizendrucker, bei dem der Text zuerst in einer üblichen Schreibmaschine auf ein Spezialpapier zu schreiben war und dann in begrenzter Anzahl mit Blaupapier abgezogen werden konnte. (Anm. d. Hg.)

328 Ein Kombinat der Volkseigenen Industrie entsprach etwa einem Konzern in der westlichen Wirtschaft. (Anm. d. Hg.)

329 Das Kombinat Pentacon fertigte Kameratechnik, vor allem Fotoapparate. Es war in der DDR allgemein und vor allem auf dem Gebiet der Elektronik, nicht gelungen, mit der technischen Entwicklung Schritt zu halten. So wurde auch eine Kamera von Pentacon in westlichen Warenhäusern für etwa 200 DM verkauft, die in der DDR für

Und was geschah in meinem Falle „neben dem Fernstudium" noch so Wesentliches? In der DDR war es ungeheuer problematisch, eine Wohnung zugeteilt zu bekommen. Einen offenen Wohnungsmarkt gab es nicht. Das geschah in der Regel durch den Betrieb, in dem man beschäftigt war. Schwerpunktbetriebe (beispielsweise Schwermaschinenbau, Energiewirtschaft, Chemie, Arbeiter an der Erdöltrasse) wurden bevorzugt. Pentacon wurde dem allgemeinen Maschinenbau zugeordnet, gehörte also nicht zu den privilegierten Produktionsbereichen der DDR-Wirtschaft. Arbeiter auf der Liste der Antragsteller wurden bei der staatlich gelenkten Wohnungsvergabe entsprechend der folgenden Rangfolge bevorzugt: Dreischichtarbeiter, Schichtarbeiter, Angestellte. Infolge meiner nun erreichten Qualifikation zählte ich nicht mehr zur Arbeiterklasse. Wir erwarben in der Zeit meines Fernstudiums ein altes Vierfamilienmiethaus, das wir durch Um- und Ausbau grundlegend sanieren, also brauchbar gestalten mussten. Wir hatten inzwischen zwei Kinder. Baumärkte im heutigen Sinne gab es in der DDR nicht. Das für solch ein Vorhaben erforderliche Material war, wenn überhaupt, nur auf „Sonderwegen"[330] zu beschaffen. Es galt der Spruch: „Hilft dir nicht Gott, dann hilf dir selbst."[331]
Aus heutiger Sicht fällt es auch wohl nicht ganz leicht, sich vorzustellen, was die konzentrierte parallele Realisierung von Arbeit im Betrieb, Familiengründung, Wohnungsbeschaffung und -renovierung und Fernstudium an Einsatzbereitschaft und Leistungswillen, auch familiärem Zusammenhalt innerhalb der relativ wenigen Jahre bedeutete.

Helmar Schober, geb. 1941, Mutter Lehrerin, Vater kaufmännischer Angestellter; 1947–1955 Grundschule – noch einige Jahre nach dem Zweiten Weltkrieg endete die Schulzeit in der DDR nach der 8. Klasse. Im Alter von 14 Jahren fiel die Entscheidung für den weiteren Bildungsweg: Oberschule oder Lehre in einem Betrieb. 1955–1958 Werkzeugmacherlehre mit Abschluss, 1959 NVA; nach der Armeezeit Arbeit im ehemaligen Lehrbetrieb als Einsteller in der Stanzerei, 1962–1964 VEB Pentacon (Einsteller in Stanzerei), 1962–1964 Mittlere Reife in der Volkshochschule, 1964–1967 Direktstudium an der Ing.-Schule für Maschinenbau und Elektrotechnik Dresden, 1967–1990 VEB Pentacon Konstrukteur, Technologe, Betriebsingenieur. 1968–1973 Abendfernstudium an der TH/TU Dresden.
Ab 1990 Arbeitslosigkeit mit zwei Fortbildungen (Vertriebsingenieur und Stahlbau).

---

ca. 1200 M zu haben war. Man stelle sich vor, was dies nach Einführung der Währungsunion bedeutete, als die Arbeiter natürlich auch westliche Gehälter, also ausgezahlt in DM, erwarteten. (Anm. d. Hg.)

330 Besonders dankbar nahm man Hilfe von Verwandten und Freunden aus den alten Bundesländern in Anspruch – sofern man diese hatte und sie nicht verschweigen musste.

331 Man verstand auch recht gut, die Aussage von Walter Ulbricht praxisnah anzuwenden: „Es ist noch viel mehr aus unseren Betrieben herauszuholen." Es kursierte in der DDR das „Gerücht", dass es bei Großbaustellen in Mecklenburg erst dann richtig voranging, wenn die Bauern ihren Eigenbedarf gedeckt hatten. Damit waren die vielen Diebstähle aufgrund der Mangelwirtschaft gemeint. (Anm. d. Hg.)

Studienbeginn
in den 70er Jahren

// Die Hochschulkommission konnte in meinen Bildern die Bindung an die sozialistische Arbeiterklasse nicht finden[332]

Prof. Hans-Hendrik Grimmling (Hochschule für Grafik und Buchkunst Leipzig, Studienjahrgang 1970, Diplom Freie Malerei 1974)

… Ich war immer der Pünktlichste. Mir gefiel es, in dem morgendlich noch leeren Hochschulgebäude über die Steintreppen nach oben zu wandeln und an der Tiefe des hohen Lichthofes entlang hinten rechts die letzte Etage über eine schmale Holztreppe zu den Malerateliers zu steigen.
Nach dem zweiten Studienjahr war ich in die Fachklasse Freie Malerei bei Mattheuer[333] aufgenommen worden. Das war damals eine Auszeichnung für nur fünf Studenten eines Studienjahres. Die anderen wurden aufgeteilt in die Klassen Illustration, Plakat und Messegestaltung. Mattheuer kam täglich in unser Malstudio. Er schien mir immer unter Spannung, und doch hatte er genug Zeit, manchmal drei Stunden hintereinander weg, über angefangene Arbeiten zu sprechen. Seine Ernsthaftigkeit flößte Respekt und Vertrauen ein.
Unser Atelier war im Verhältnis zu den Dresdner Arbeitsräumen klein, aber für Leipzig, verglichen mit den anderen Ateliers, riesengroß. Wir arbeiteten zu fünft darin, vier Männer und eine Frau. Doris Ziegler kam immer mit ihrem Boxer. Mattheuer hatte noch mehr Angst vor Hunden als ich, dennoch wurde das Tier, das häufig Fisch zu fressen bekam, geduldet. Einer der fünf war Frieder Heinze. Daher Zidany war ein israelischer Kommunist und kam aus Nazareth. Mit Josef Schmidt, dessen protzige Zeichnungen an der Wand ich nicht ertragen konnte, wurde ich bei einer Prügelei ertappt. Wir wurden zu Rektor Tübke[334] gerufen, saßen mit blutenden Lippen vor ihm und sollten unser Verhalten bereuen. Er strich mir das Leistungsstipendium und erteilte Schmidt einen Tadel.
Solches plebsiges Benehmen war Tübke zuwider. Einmal war er besonders angeekelt, als er mit weißem zugeknöpftem Lehrerkittel die Holztreppe zu unserer Künstleretage im dritten Stock hochstieg und ich ihm trunken taumelnd entgegenstürzte. Meine rechte Schulter war blutüberströmt, und das obere Drittel meines Ohres hing ab-

332 Mit freundlicher Genehmigung des Mitteldeutschen Verlages auszugsweise aus Hans-Hendrik Grimmling/ Doris Liebermann: Die Umerziehung der Vögel. einmalerleben, Halle 2008.
333 Wolfgang Mattheuer (1927–2004) war ein deutscher Maler, Grafiker und Bildhauer. Zu seinen bekanntesten Werken zählt die Plastik „Jahrhundertschritt".
334 Werner Tübke (1929–2004), deutscher Maler und Grafiker. Zu seinen bekanntesten Werken zählt das Bauernkriegspanorama in Bad Frankenhausen.

getrennt an einem Hautfetzen, ein Ergebnis der ritualisierten Stockkämpfe auf dem Dach der Hochschule. Renate, ein begehrtes Weib aus den unteren Semestern, hoch gebaut und üppig ausgestattet, segelte mit kurzem Rock und roten Wangen, wie die Fata Morgana der Lüste, treppauf, treppab, durch alle Räume und Gänge. Sie war besonders bei der Stockkampfpaarung von Thomas Ziegler und mir als Kampfrichterin auserkoren und saß mit kleinen weißen, umgeschnallten Pappflügeln auf hohem Thron aus Modellpodesten in der Mitte der Kampfbahn hoch auf den Dächern der Hochschule. Ziegler war ein gefürchteter Gegner und immer bemüht, seine Kampftechnik zu verfeinern. Diesmal konnte ich nicht ahnen, mit welcher List er antrat. Nach einigen harten Hieben mit unseren fasrigen, drei Meter langen Vierkanthölzern, an denen wir uns immer Splitter einzogen, gelang es ihm, einen weiten Hieb kurz am Ziel zu bremsen, das Holz zur Kante zu drehen und wuchtig messerscharf an sich zu ziehen. Ich spürte nur, wie alles kesselheiß wurde, mein Kopf feuerte und wie etwas an meinem Ohr baumelte. Unser großes Engelchen Renate sprang schreiend zu mir und versuchte, das spritzende Blut mit Taschentüchern zu stillen. So stürmten wir vom Dach durch die aufgeklappten hohen Fenster quer durch die Atelierräume die Treppen hinunter und irrerweise gelang es uns draußen, ein Taxi zu erhaschen. In der nahe gelegenen Unfallklinik der Universität, neben der „Leipziger Volkszeitung", offerierte mir der diensthabende Arzt eine Operation ohne Narkose, weil ich unter Alkohol stand. Renate, die immer noch ihre weißen Flügelchen umhatte, und einige Krankenschwestern hielten mir Beine und Arme, und mit sechs Stichen bekam ich mein Ohr wieder drangenäht. Mit einem Riesenverband, wie der in der Kinderzeit bei Mumps, trabte ich benommen und abseitig ins „Schwalbennest", wo Ziegler schuldbewusst in der Ecke wartete, mit zehn kleinen Gläsern warm gewordenen Wodkas auf einem silbernen Tablett. Schweigend gossen wir das Zeug hinunter, und mit dem letzten S-Bahn-Zug erreichte ich meinen Hafen Gaschwitz. …

Als frisch immatrikulierter Student beim Zeichnen in der Natur, 1970 (Foto: Archiv des Verfassers)

… Die Symbolkraft, die die Ereignisse um den Putsch in Chile für meinen Weg, mich mit Bildern auszudrücken, bedeuteten, entdeckte ich erst sehr viel später, in diesem Jahrhundert. Die Erinnerung führt mich zurück in das Jahr der ersten künstlerischen Emanzipation, in das Diplomjahr meiner Hochschulzeit. Eine hoch komplizierte Schnittstelle von Anpassung und Individualisierung, die sich bis in das

Heute generiert hat. Und wahrscheinlich seit dieser Zeit und diesem Zeitpunkt blieb es ein schwieriges Begreifen von Gegenwart.
Mein fünftes Studienjahr an der Hochschule für Grafik und Buchkunst Leipzig begann mit der Bedingung, für das Diplom zwei „Helden der sozialistischen Arbeit" zu porträtieren. Verweigerung hätte die Exmatrikulation bedeutet. Nichts ahnend tauchte ich zum Studienbeginn im alten Malatelier wie immer pünktlich auf, und Mattheuer, der ungewöhnlicherweise schon vor mir da war, tat verwundert, schien aber auf mich zu warten.
Er unterbreitete mir, peinlich berührt und mit augenscheinlich schlechtem Gewissen, die Auflagen. Beim vorangegangenen Atelierdurchgang im vierten Studienjahr vor den Sommerferien konnte die Hochschulkommission und das Rektorat in meinen Bildern die Bindung an die sozialistische Arbeiterklasse nicht finden, stattdessen hatte sie eine „völlig fremde Fantasie" in ihnen ausgemacht.
Als besonders anstößig wurde das religiös anmutende Triptychon „im namen der geheiligten mittel" empfunden. Das Mittelteil zeigt schwarz gekleidete Männer in einem Grubenloch, die im Halbkreis um weiße brennende Kerzen knien und die Hände andächtig zum Gebet gefaltet haben. An ihren Rücken sind starre schwarze Flügel. Auf den Seitenteilen sind die gleichen Figuren ohne Flügel. Links verteilen sie Messer untereinander, rechts stechen sie auf einen an einen Bretterzaun genagelten roten Menschenleib ein. Das Urteil der Kommission zu dieser Arbeit sollte vernichtend sein: „Einfluss imperialistischer Dekadenz".
Ich hatte mich ein Jahr in der Produktion im Kontakt mit der Arbeiterklasse zu bewähren, im Braunkohlentagebau Espenhain bei Leipzig. Diese Zeit habe ich sehr geknickt durchlebt. Ich fühlte mich diskriminiert. Täglich fuhr ich mit der Frühschicht um fünf in das schwarze Loch. Es war Winterzeit. Trotz des Zwangs empfand ich eine seltsame Poesie. Die braun- und schwarzfarbigen Flöze waren mit leichtem weißen Schnee verhangen. Eine irre, surreale, weite Landschaft. Ganz hinten schienen die Bagger und Abraumbrücken die schweren Himmel zu teilen wie das Blei die Kirchenfenster.
Die Brigadiers, die „Helden der sozialistischen Arbeit", die ich porträtieren sollte, waren keine schlechten Kerle. Ich kam prima mit ihnen aus und habe von ihnen mehr oder weniger gute Zeichnungen gemacht. Bei der Arbeit mit den beiden verlor ich das Gefühl von Zwang und Kompromiss, weil die Bilder Kraft bekamen. …
… Mein Chile-Bild hatte beim Studienabschluss keine Rolle gespielt, aber die beiden Arbeiterporträts hatten mir das Diplom mit dem Prädikat „sehr gut" und eine Geldprämie eingebracht. Nun war ich „Diplom-Maler".
Die Diplomarbeiten der Dresdner und Leipziger Hochschule wurden im Austausch im jeweiligen Schulgebäude ausgestellt. In Dresden hatte ich wegen des Chile-Bildes

meinen Ruf weg als Beckmann-Epigone. Aber Gerhard Kettner[335], Professor an der Abteilung Freie Grafik und späterer Rektor der Dresdner Hochschule, bot mir an, bei ihm Meisterschüler zu werden. Natürlich sagte ich sofort zu, da es für Meisterschüler fünfhundert Mark monatliches Stipendium gab. Trotzdem muss es für diesen Meisterschülerjahrgang – Frieder Heinze blieb bei Tübke in Leipzig, Thomas Ziegler ging zu Walter Womacka[336] nach Berlin – eine andere Strategie gegeben haben, denn für keinen von uns dreien galten die sonst üblichen Vorzüge dieses Status, nämlich ein Atelier an der Akademie der Künste Berlin und eine jährliche Reise ins westliche Ausland zugebilligt zu bekommen. Wahrscheinlich war es ein Versuch, uns sukzessive in die jeweiligen Hochschulen einzubinden.

Mein Chile-Bild: „Juntamusik“ 1973 (Foto: Archiv des Verfassers)

Wir konnten das damals nicht durchschauen, und Kettners Vorschläge, in Dresden ein Atelier zu beziehen, hatte ich ausgeschlagen. Ich konnte also in Leipzig bleiben und der Meisterschülerkontakt war wider alle Regeln äußerst gering. Kettner war in den drei Jahren ein einziges Mal in meinem Leipziger Atelier, und ich war in der ganzen Zeit nur viermal zu ihm geladen. Vielleicht hatte ich mir eine engere Auseinandersetzung gewünscht, denn Kettners Arbeiten gegenüber empfand ich Respekt, aber keine Nähe. Seine Persönlichkeit und seine Aura zogen mich zwar an, seine Verschmitztheit erschien mir dennoch altklug und zu gelenkig. Es gelang mir nie, mein Misstrauen ihm gegenüber zu überwinden. …

Hans-Hendrik Grimmling, geb. 1947 in Zwenkau bei Leipzig; 1970–1974 Studium an der HfBK Dresden und HGB Leipzig, Diplom, 1974–1977 Studium an der HfBK Dresden und HGB Leipzig, Diplom; ab 1977 freischaffend in Leipzig (Projekte, Konzepte und Gemeinschaftsarbeiten im Künstlerkreis „Tangente“, später „1. Leipziger Herbstsalon“). 1986 Übersiedlung nach West-Berlin.
Seither freischaffend in Berlin, 2001 Dozent und 2007 Professur an der Berliner Technischen Kunsthochschule – Fachhochschule, Berlin. Weitere Informationen unter: www.h-h-grimmling.de.

335 Gerhard Kettner (1928–1993), deutscher Lithograf und Grafiker, 1969 als Professor an die Hochschule für Bildende Künste Dresden berufen, 1970–1974 und 1979–1981 Rektor der HBfK Dresden.

336 Walter Womacka (1925–2010), deutscher Maler und Grafiker, 1968–1988 Rektor die Kunsthochschule Berlin-Weißensee.

// „Was machen Sie hier draußen, haben Sie nichts zu tun?"[337]

Erinnerung an Rektor Tübke, Hochschule für Grafik und Buchkunst Leipzig

Prof. Hans-Hendrik Grimmling

„Was machen Sie hier draußen, haben Sie nichts zu tun?" Tübke[338] auf dem Flur während des Unterrichts anzutreffen, erzeugte unmittelbares Rechtfertigungsgebaren. Pünktlichkeit und volle Ausnutzung der Arbeitszeit waren das A und O.

Wir 17 Studenten, zweites Jahr Grundstudium an der Kunsthochschule Leipzig, saßen in einem beengten Raum mit Reißbrettern auf den Knien, und auf entsprechend kleinen Blättern ging es weniger um Komposition und Bildhaftigkeit, wie ich es von meinem ersten Studienjahr an der Dresdner Schule kannte. Tübke führte uns vor, meist auf einem Studentenblatt, wie man in wenigen Sekunden mit HB-Fallbleistiften[339] ein Abbild vom Modell „runterschreiben" konnte. In der linken Brusttasche seines immer gebügelten und zugeknöpften weißen Arbeitskittels hatte er verschiedene Stifte parat und auch einen kleinen Spitzapparat für Minen (ein winziges Holzkästchen mit zwei schräg zueinanderlaufenden Sandpapierkeilen), mit dem er auch die Minenspitzen der Studenten meist vorwurfsvoll, mit einem Kopfschütteln, überprüfte.

Er setzte Punkte – Fußpunkt, Kinn- und Scheitelpunkt, Überschneidungen an Gelenken – und verband diese flink und geschickt mit zarter, aber bestimmter Linie wie zu einem Sternbild. In Sekundenschnelle war auf dem jeweiligen Blatt ein Akt mit gewundenen, herrlich attraktiven, epidermalen Strich- und Schattenschraffuren gezaubert, der irgendwie nie etwas mit den Originalen, den Modellen zu tun hatte.

Wir standen im Kreis um ihn herum wie um einen Artisten und staunten über das gelungene Kunststück.

Solche Momente entrückten aus der tatsächlichen Enge des Raumes und durchtrennten die aufdringliche Nähe der Nacktheit. So viel vorgeführte Könnerschaft machte uns aber auch klein und noch unfähiger, zumal der Meister seine Lehrstücke geschwind und vorsorglich als kleine Rollen in seinen Kitteltaschen verschwinden ließ.

---

337 Der folgende Beitrag ist entnommen aus: Hans-Hendrik Grimmling: Erinnerung an Tübke, in: Hans-Werner Schmidt, Tübke – Die Retrospektive zum 80. Geburtstag. Katalog zur Ausstellung des Museums der Bildenden Künste Leipzig vom 14. Juni bis 13. September 2009, Leipzig 2009.

338 Vgl. Anm. 334.

339 HB heißt **H**ard und **B**lack. Ist mittlere Härte, mit 2 H wird der Bleistift zunehmend härter, bis nach oben 6 H schon sehr hart. Mit 2 B wird der Bleistift zunehmend weicher und schwärzer bis 6B und mehr.

Tübke korrigierte selten in einer Studentenskizze herum, ging selten auf das Einzelne, schon Entstandene ein – er führte vor, wie er es meinte, wie er es konnte. Er gab keine „Hilfestellungen", keine Erklärungsversuche, wie das Beobachtete zu einer grafischen Notiz werden konnte, wie man mit dem Zeichnen sehen lernen konnte. Das Modell, das Objekt, war nicht das Erlebnis, sondern des Meisters demonstrierte Beispiele.

Hans-Hendrik Grimmling am Triptychon „Die Umerziehung der Vögel", Leipzig 1977, Atelier Merseburger Straße (Foto: Archiv Hans-Hendrik Grimmling)

Seine knappen, wenigen Sätze klangen immer wie Belehrungen, auch wie Ermahnungen. Aber er formte sie aus seinem sonoren Bass so selbstgenüsslich, als hörte er ihnen selber zu, als lausche er ihnen noch lange nach. Eigentlich konnte man damals schon ahnen, dass diese Selbstverliebtheit eher nur eine äußere Form seiner Selbstgespräche, seiner eigenen Selbstverständigungen war – dass er ganz woanders war. Man konnte nach und nach spüren, dass der weiße Kittel wie eine Fassade und dass der Lehrer darin vielleicht eine notgedrungene Rolle war, um eigene, fernere Passionen unsichtbar zu lassen. Aber nie blieb ein Student seinem Unterricht fern, vielmehr entstand ein widersprüchlicher Stolz, bei ihm durchzuhalten und man begriff bald Bedeutung und Prestige, bei ihm „gehabt" zu haben. Sein Unterricht – das war vor allem „das persönliche Erlebnis Tübke" als Provokation und Ereignis. Dieses war aber auch die Begegnung, die Erfahrung mit einer imaginären Faszination, der ersten Gegenüberstellung und Entdeckung von Besessenheit, die wie ein Geheimnis nicht mitteil- und gar nicht teilbar war und so eben wie „hinter der Person" versteckt blieb.

Dennoch hörten sich bei unserem Aufspüren von Genie und Größe dann des Meisters Plädoyers darüber, dass große Kunst ausschließlich im Auftrag entstehen könne, leider banal, irgendwie verdächtig und enttäuschend an.

Und wenn er seine ostentativen Bekenntnisse als Parteigenosse im Feuilleton, dass seine Kunst nur im Dienste des Auftraggebers, der Arbeiterklasse und ihrer Partei, wachsen und gedeihen könne, auch im Unterricht gebrauchte, und er sich noch dazu völlig zusammenhanglos in Tiraden gegen jegliche Moderne erging, war es schwer für mich, Achtung und Respekt zu wahren, war mein Glaube an Meisterschaft wie losgelöst von der öffentlichen Figur Tübke.

// Warum viele Katholiken in der DDR Mathematiker wurden

Dr. Dipl.-Math. Joachim Heinrich (Friedrich-Schiller-Universität Jena, Studienjahrgang 1970, Diplom 1974, Promotion 1982)

Abgesehen von jenen, die schon seit Kindertagen wissen, was sie studieren wollen, beschäftigte mich diese quälende Frage damals in der DDR vermutlich in gleicher Weise wie Heranwachsende heute. Was kann ich gut, was will ich, was fasziniert mich an meinem potenziellen Berufsleben und könnte mein Leben erfüllen? Fast jeder, der vor diesen Fragen steht, weiß um die Ratlosigkeit.

Die erste Hürde zum Gymnasium bzw. zur Erweiterten Oberschule (die in der DDR zum Abitur führte), zugelassen zu sein, war genommen. Die Leistungen oder besser gesagt die Noten spielten damals wie heute eine wichtige Rolle. Dennoch gab es in der DDR bei der Wahl des Studienfachs einige Besonderheiten, auf die ich etwas näher eingehen möchte. Dabei geht es mir nicht um die hinlänglich bekannten politischen Repressionsstrukturen, die begabten Kindern den Zugang zum Abitur verwehrten, und nicht um die absurde Förderung der Unbegabten, die die spätere Nomenklatura[340] der DDR bilden sollten, sondern um exemplarische Episoden meines eigenen Lebens in der DDR. Ist das von Interesse? Ich glaube ja, weil sie im Kontext mit den anderen Geschichten dieses Bandes den Blick auf die Vielfalt von Lebensläufen in der DDR aufzeigen.

Es ist leichter, – auch anekdotisch – vom Leben in der DDR zu schreiben, wenn man sich einem der beiden Lager, „Dafür“ oder „Dagegen“, zuordnet. Das kann ich so nicht und fühle mich den differenzierenden Grautönen und der Vielfalt der Darstellung von Lebensepisoden verpflichtet. Schließlich besteht das Wesen einer jeglichen politischen Diktatur, die die DDR zweifelsfrei war, gerade darin, Gesetze und Regeln zu missachten. Insofern verwundert es nicht, dass begabten Kindern von Pastorenfamilien der Zugang zu den Universitäten ohne ersichtlichen Grund versagt wurde, während in anderen Fällen auch ohne Loyalitätsbezeugung der Zugang zur höheren Bildung ermöglicht wurde.

Und noch eine Einschränkung sei zu Beginn angesprochen: Die DDR war in ihrer 40-jährigen Geschichte im Hinblick auf ihre politischen Repressionsaktionen nicht gleich. Meine Geschichte bezieht sich auf die Jahre 1966 mit meinem Eintritt in die Erweiterte Oberschule und endet im Jahre 1974 mit dem Studienabschluss.

---

340 Mit „Nomenklatura“ wird die Gruppe politischer Machthaber der führenden Gesellschaftsschicht und der Wirtschaft in Staaten des real existierenden Sozialismus bezeichnet. Die Nomenklatura setzt sich aus langfristig aufgebauten Führungskadern zusammen. (Anm. d. Hg.)

Ich bin in eine katholische Familie als viertes von sieben Kindern in der Diaspora einer ostthüringischen Kleinstadt hineingeboren. An der Jugendweihe, die als Loyalitätsbezeugung für die DDR gefordert wurde, haben wir wegen des eingeschlossenen Bekenntnisses zum (marxistisch-leninistischen) Atheismus nicht teilgenommen. Das wurde in dieser Zeit in meinem Fall offensichtlich akzeptiert und so hatte ich keine Probleme, als einer von drei Schülern meiner Klasse die Erweiterte Oberschule zu besuchen. Das entsprach dem damals gängigen Anteil von etwa zehn Prozent eines Schülerjahrgangs, denen eine höhere Ausbildung ermöglicht wurde. Letztendlich leitete sich aus diesem relativ geringen Anteil der vermeintlich elitäre Anspruch her, der den DDR-Gymnasiasten von der SED auferlegt wurde. Man wurde zur Erweiterten Oberschule, die sich als „Kaderschmiede“ verstand, „delegiert“, was als Auszeichnung verstanden werden sollte. Dort war ich dann der einzige Katholik, der an den katholischen Feiertagen der Schule fernblieb, was als „entschuldigt gefehlt“ vermerkt und dem entschuldigten Fehlen wegen Krankheit gleichgestellt wurde.
Die Diaspora der katholischen Kirche nach ihrer Vertreibung aus Schlesien machte unsere Familie in Thüringen nie zu Einheimischen. Insofern waren wir auch immun gegen das politische System der DDR. Politisiert wurde ich durch katholische Jugendgruppen und insbesondere durch die Veranstaltungen für Gymnasiasten des katholischen Jugendhauses des Bistums Erfurt. Dort wurde zu hochkarätigen Kursen, unter der Leitung von Erfurter Theologieprofessoren sowie zu speziellen Seminaren zur Studienwahl eingeladen. Ich erinnere mich gut an diese Seminare mit Herrn Dr. Kadura als Mathematiker, Herrn Dr. Neugebauer als Astronom und Dr. Fleck als Mikrobiologen. Diese Seminare haben prägend vermittelt, dass man erstens auch als Katholik einen Platz in der Wissenschaft der DDR finden kann, zweitens Leitungsfunktionen für einen Katholiken – von Ausnahmen abgesehen – weder möglich noch erstrebenswert sind wegen des unausweichlichen politischen Konfliktpotenzials und dass drittens bestimmte politisch weniger beeinflusste Studienfächer zu favorisieren sind. So wurden naturwissenschaftliche Fächer zum Studium empfohlen, auch Medizin. Es wurde ferner auf die Gefahr hingewiesen, durch ein Lehrerstudium später in Gewissenskonflikte zu geraten oder dem politischen Druck nicht standhalten zu können. Auch die Wahl ingenieurtechnischer Studienfächer wurde

Aus der Studentenzeit 1974 – links: Joachim Heinrich (Foto privat)

infrage gestellt, weil die damit verbundenen späteren Leitungsfunktionen häufig an eine Mitgliedschaft in der SED gebunden waren. Definitiv abgeraten wurde von solchen Fächern wie Jura, Philosophie oder Geschichte. Wer die leistungsbedingten Voraussetzungen mitbrachte, konnte solchen Empfehlungen folgen.

Aufseiten des Gymnasiums gab es natürlich auch Empfehlungen, Beratungen und Steuerung bei der Vergabe von Studienplätzen. Letzteres war Teil des „Planungssystems der DDR". Entscheidend für die Bereitstellung von Studienplätzen waren wirtschaftliche und politische Erfordernisse des Staats. Ende der 1960er Jahre spielte die Werbung als Berufssoldat eine besondere Rolle, gegen die wir uns zur Wehr setzen mussten. Wenn man die geheim angeworbenen Mitarbeiter des Staatssicherheitsdienstes hinzuzählt, wurden etwa zehn Prozent der männlichen Abiturienten durch Überzeugung, in Aussicht gestellte Vorteile oder mangels anderer Alternativen erfolgreich für diese Dienste in meiner Klassenstufe angeworben.

Ende der 1960er Jahre entstand eine besondere Situation wegen der von der SED proklamierten „Mathematisierung der Volkswirtschaft". Dazu brauchte man viele Mathematiker. Folgerichtig wurden viele neue Studienplätze eingerichtet und Bewerber hatten die Chance, direkt nach dem Abitur mit dem Studium beginnen zu können, ohne vorher den Pflichtwehrdienst bei der Nationalen Volksarmee ableisten zu müssen. Das hieß konkret in meinem Falle, dass ich weder extensiv genötigt wurde, einen 3-jährigen Armeedienst abzuleisten, um einen Studienplatz zu erhalten, noch den 18-monatigen Wehrdienst vor Beginn des Studiums absolvieren musste. Ich war mathematisch begabt, hätte mir unter anderen Umständen auch ein anderes Studienfach gut vorstellen können, hatte aber im Laufe meines Berufslebens Erfolg und auch die Zeit, um mich mit dieser Entscheidung zu versöhnen. So wurde ich Mathematiker. Die Proklamation der „Mathematisierung der Volkswirtschaft" und die Flucht in ein politisch weniger repressives Studium führten schließlich auch dazu, dass in meinem Studienjahrgang fast zehn Prozent Katholiken waren bei einem Bevölkerungsanteil von etwa zwei Prozent.

Die Zeit auf dem Gymnasium habe ich in politischer Hinsicht generell deutlich dumpfer erlebt als die Studienzeit. Ich erinnere mich noch gut an die Angst einflößenden Beschwörungen des Direktors: „Sie besuchen hier eine Kaderschmiede!"[341] Es gab teils sichtbare und teils unsichtbare Wegscheiden, die Weggefährten von einst zum Verhängnis geworden sind, ohne dass sie Solidarität erfuhren. Mein Klassenkamerad Reiner Safar wurde beim Fluchtversuch in den Westen im Alter von 17 Jahren gefasst und zu einer mehrjährigen Jugendhaftstrafe verurteilt. Das warf ihn so aus der Bahn, dass er nur wenige Jahre später verstarb. Mein Kommilitone Harald verweiger-

341 Der Begriff der „Kaderschmiede" wurde zuerst für die sogenannten Arbeiter-und-Bauern-Fakultäten geprägt. (Anm. d. Hg.)

te den dreimonatigen Wehrdienst während seines Physikstudiums und forderte sein verfassungskonformes Recht ein, einen Dienst ohne Waffe als Bausoldat zu leisten. Er wurde mit Zustimmung seiner Kommilitonen exmatrikuliert. So hat jeder in seinem unmittelbaren Umfeld Repression erlebt, musste gar dazu Stellung nehmen oder hat sich geschickt darum gedrückt. Verborgen geblieben sein konnten sie niemandem. Allerdings gab es auch die anderen Erlebnisse einer vertrauensvollen Geborgenheit in Freundeskreisen, mit offenen politischen Diskussionen in solchen Nischen, mit zahlreichen gemeinsamen Unternehmungen. Wie soll beides abgewogen werden? Ein Gesamtresümee mag ich jedenfalls nicht ziehen.

Joachim Heinrich, geb. 1952 in Weida, 1970 Abitur, 1970–1974 Studium der Mathematik an der Friedrich-Schiller-Universität Jena, wissenschaftlicher Mitarbeiter in der Abteilung „Präventive Kardiologie", Promotion 1982; Postgradualstudium „Biomathematik und Epidemiologie" an der Akademie für Ärztliche Fortbildung Berlin, Leiter einer Umweltgruppe beim Kulturbund Erfurt (1984–1989), Ausreiseantrag 1989 und Ausreise. Assistent an der Bergischen Universität Wuppertal (1990–1992), Leiter der AG „Umweltepidemiologie" (1992–2010) und Direktor des Instituts für Epidemiologie I (2010 bis heute), Helmholtz Zentrum München; Lehraufträge an mehreren Universitäten im In- und Ausland, über 500 wissenschaftliche Publikationen; Initiator verschiedener wissenschaftlicher und künstlerischer Projekte zu Struktur und Arbeitsweise der Stasi bei der Bekämpfung von Umweltaktivisten und politisch oppositionellen Gruppen in der DDR. Informationen unter: www.stasi-in-erfurt.de.

// „Spätbürgerlich-dekadent"

Der Diplombetrug der Hochschule für Musik „Franz Liszt" in Weimar

H. Johannes Wallmann (Hochschule für Musik „Franz Liszt" in Weimar, Studienjahrgang 1970, Fagott und Komposition, Exmatrikulation ohne Abschluss 1973, Hochschule für Musik „Franz Liszt" in Weimar, Fernstudium Komposition, Studienjahre 1973–1974, (Diplom) Staatsexamen 1974)

Schon frühzeitig stand für mich fest, dass ich Komponist werden wollte. Da ich jedoch kein Abitur machen durfte (mein Vater wurde 1953 als Leipziger Jugendpfarrer diffamiert, ein „amerikanischer Agent" zu sein …), musste ich einen Umweg nehmen und begann mit mittlerer Reife an der Musikhochschule Weimar zunächst ein Fagott-Studium. Ab 1970 konnte ich von der Fachschule zur Hochschule wechseln und dann Komposition als zweites Hauptfach belegen.
Unter dem Siegel der Verschwiegenheit führte mich Ausnahmedozent Günter Lam-

pe[342] mittels Arnold Schönbergs Zwölftonmethode an die großen Fragen der Musik der Moderne heran. Etwa 1971 erhielt ich – war es Zufall? – vom Ästhetikprofessor den Auftrag, über Schönbergs „spätbürgerlich-dekadente Ästhetik“ im Verhältnis zur realsozialistischen „Volkstümlichkeit“ zu referieren; ein Referat, das ich gründlich vorbereitete. Anstatt die Musik an Gewohnheiten und „Volkstümlichkeiten“ auszuliefern, bevorzugt Schönberg gedankliche Strukturordnungen. So bekannte ich mich in diesem Referat ganz klar zu Schönberg anstatt zur realsozialistischen „Volkstümlichkeit“.

Von da an begannen mich die SED-Ideologen dieser Musikhochschule als „spätbürgerlich-dekadent“ abzustempeln. Während im Nationalsozialismus Künstler, die sich nicht gleichschalten ließen, als „entartet“ verfemt wurden, wurden sie im Realsozialismus als „formalistisch“ bzw. „spätbürgerlich-dekadent“ verfemt. Dies gegebenenfalls schon während ihres Studiums. Meine Kompositionen kamen der Weimarer Hochschulöffentlichkeit daher nur sehr selten zu Gehör. Doch wenn es tatsächlich einmal passierte, wurden sie von vielen Hörern positiv aufgenommen – schon allein deshalb, weil sie anders waren. Es war zwar nicht einfach, etwas Profundes gegen die an dieser Musikhochschule herrschende SED-Musikideologie zu setzen, doch allmählich stellten sich die Erfolge meines ideologiefreien kompositorischen Denkens ein. Zumal ich die SED-Musikideologie immer wieder umgehen konnte (und meine Fachleistungen in allen relevanten Fächern mit „Eins“ benotet wurden), war ich zutiefst motiviert, diesen Weg fortzusetzen.

Nachdem sich Günter Lampe vergeblich bemüht hatte, mir Komposition als erstes Hauptfach zu ermöglichen, empfahl mir Johann Cilenšek[343] im Herbst 1972 (nachdem er die Uraufführung meiner „Serenade …“ durch die Jenaer Philharmonie gehört hatte), die Aufnahme in seine Meisterklasse anzustreben. Wie ich Jahrzehnte später meiner Studentenakte entnahm, schrieb er an das zuständige Direktorat: *„Wallmann einladen und auffordern, Unterlagen beizubringen für den offiziellen Antrag zur Aufnahme in die Meisterklasse“.* In der Verfügung des DDR-Kulturministeriums hieß es betreffs der Meisterklassen jedoch: *„Auswahl und frühzeitige Förderung der gesellschaftlich aktivsten und fachlich besonders befähigten Studenten […] Die Bewerbungen und Vorschläge sind […] mit einer Stellungnahme des Rektors […] einzureichen […] Die Fachkommissionen prüfen die künstlerischen und gesellschaftlichen Voraussetzungen der Bewerber, führen mit ihnen ein Aufnahmegespräch und entscheiden über die Aufnahme.“*

342 Günter Lampe (1925–2003) war der einzige Dozent dieser Hochschule, der um 1970 das Hauptfach Komposition auf der Grundlage von Arnold Schönbergs Zwölftonmethode unterrichtete.

343 Johann Cilencek (1913–1998) war bis 1972 Rektor der Weimarer Hochschule und danach weiterhin Professor einer der Kompositionsmeisterklassen der DDR. Vor seiner SED-Mitgliedschaft und DDR-Karriere war er ein „glühender Verehrer“ Adolf Hitlers, wodurch er durch die SED erpressbar blieb.

Da mir die „gesellschaftlichen Voraussetzungen“ offenbar abgesprochen wurden, wurde ein Aufnahmegespräch mit mir jedoch gar nicht erst geführt und mein Antrag von vornherein abgelehnt. Interessant, dass in meiner Studentenakte die ministeriell geforderte Stellungnahme des Rektors fehlt, denn sie hatte das Votum des Stasibeauftragten sowie der Parteileitung der Hochschule zu berücksichtigen. Unabhängig davon (?) wurde die Ablehnung möglicherweise direkt vom DDR-Kulturministerium selbst vorgegeben. Der entscheidende SED-Genosse dafür war in der oben genannten Fachkommission offenbar Wolfgang Lesser[344]. Er hatte unmittelbar die Aufgabe, die kulturpolitischen Maßgaben der SED zu vertreten und „die Linie des sozialistischen Realismus durchzusetzen“. Auf der Zentralen Delegiertenkonferenz des DDR-Komponistenverbandes 1968 hatte er „jegliche Orientierungen an und Bezugnahmen auf avancierte Kompositionstechniken abgelehnt. Die Mittel der *spätbürgerlichen Musik* seien, so Lesser, *im direkten Zusammenhang mit dem spätbürgerlichen Weltbild und der Funktion der Musik in der spätbürgerlichen Gesellschaft* entstanden“[345]
Lesser hatte offenbar genau gecheckt, dass ich mich durch meine *Bezugnahmen auf avancierte Kompositionstechniken* schwerlich für die realsozialistische Ideologieproduktion eignen würde (wofür nach dem Willen der SED in der DDR alle Künstler ausgebildet werden sollten). Zumal ich nicht nur *avancierte Kompositionstechniken* bevorzugte, sondern mich auch noch in der Leitung der Weimarer Evangelischen Studentengemeinde stark engagierte und zudem kein FDJ-Mitglied war, sollte mir eine Laufbahn als Komponist verwehrt werden. Mir selbst teilte man die Ablehnung meines weiteren Kompositionsstudiums zunächst weder mündlich noch schriftlich mit. Ich ersuchte daher bei der Hochschulleitung schriftlich um einen offiziellen Bescheid. Den erhielt ich nicht, wurde aber irgendwann bestellt, um mein Bewerbungsmaterial wieder abzuholen. Von da an bereitete ich mich strikt auf mein Fagottexamen vor, das ich im Juni 1973 ablegte.
Die Meisterschülerregelung gab es in der DDR offenbar genau deshalb, weil man seitens der SED Menschen und Begabungen für die eigenen Machtzwecke als frei verfügbares Material betrachtete. Wer nicht entsprechend spurte, wurde entweder zu manipulieren und „kaufen“ gesucht oder eben ausgegrenzt. Die von den DDR-Künstlerverbänden ausgeübte Kontrolltätigkeit der SED begann bereits während des

344 Wolfgang Lesser (1923–1999), von 1968–1978 Erster Sekretär des Verbandes der Komponisten und Musikwissenschaftler der DDR; ab 1971 Mitglied der Kulturkommission beim Politbüro des ZK der SED; 1983–1985 Vorsitzender des Beirats der AWA sowie Generalsekretär des Musikrats der DDR.

345 Vgl. dazu die Dissertation von Christiane Sporn: Musik unter politischen Vorzeichen, Friedberg 2007; dort auch das Zitat. Wie die Musikwissenschaftlerin aufzeigt, begründete sich die Rigidität von Lessers Position nicht zuletzt aus dem Einmarsch des Warschauer Paktes 1968 in Prag. In Prag wurde nach der SED-Doktrin eine Konterrevolution niedergeschlagen, nach meiner eigenen „spätbürgerlich-dekadenten“ Auffassung war der Prager Frühling jedoch eine demokratische freiheitliche Massenbewegung gegen ein totalitäres Unrechtssystem.

Studiums, erstreckte sich auf die gesamte Künstler-„Kaderpolitik" der DDR und ging direkt bis in den Bereich der künstlerischen Praxis selbst hinein.
Wie sehr meine künstlerischen und politischen Ansichten den ideologischen SED-Hardlinern der Weimarer Hochschule ein Dorn im Auge gewesen sein müssen, zeigt auch ein Brief, den mir einer der beiden FDJ-Sekretäre[346] der Hochschule ein Jahr nach meiner Exmatrikulation mit Datum vom 10. Juli 1974 sandte. Er schrieb, dass Professor Hartwig[347] seine Diplomarbeit abgelehnt habe, wofür vielerlei Begründungen angeführt wurden. In seinen Augen jedoch entbehrten diese jeglicher Objektivität. Sie würden ihm lediglich zeigen, dass es total sinnlos sei, an der Hochschule noch irgendwelche Kastanien aus dem Feuer reißen zu wollen. Der größte Hammer sei jedoch gewesen, dass man ganz allgemein einige seiner Gedanken auf unsere Freundschaft zurückgeführt habe und dass er quasi „Gedankengut" von mir verwendet habe. Wie dieser Brief zeigt, wurde seitens der politisch-ideologischen Hochschulleitung allein schon der Gedankenaustausch mit mir zu einem ideologischen Vergehen hochstilisiert …
Nach meiner Exmatrikulation von dieser Hochschule (ich war damals gerade 21 Jahre!) war das Spiel noch lange nicht zu Ende. Auch wenn ich nun ab Herbst 1973 zunächst Solofagottist in der Meininger Hofkapelle wurde, wollte ich Komponist werden und einen entsprechenden Diplomabschluss erreichen. Da mich einige der Hochschuldozenten ob meiner fachlichen Leistungen sehr schätzten, bestand dafür eine gewisse Chance, die ich zu nutzen suchte. So bereitete ich mich – ab Herbst 1973 als Fernstudent der Musikhochschule – auf den Abschluss vor und schrieb eine Diplomarbeit zum Thema „Probleme der zeitgenössischen Musik und die Vorbereitung des Fagottisten auf deren Interpretation".
Im Frühjahr 1974 stand in meinem Fernstudium zunächst das Abschlusskonzert für mein zweites Hauptfach Komposition an. Ich betitelte es mit „Kammermusik unkonventionell", was meine abweichende Position umriss. Seitens der Kompositionsabteilung der Hochschule wurden tatsächlich große Plakate gedruckt, auf denen dieses Konzert für den 8. April 1974 im Weimarer *Saal am Palais* angekündigt war. Als die Plakate schon hingen, wurde der Termin jedoch plötzlich auf den 5. April vorverlegt. Ich war zunächst wie vor den Kopf geschlagen, stellte dann aber kleine weiße Aufkleber her, fuhr von Meiningen nach Weimar und ging mit einem Leimtopf durch ganz Weimar, um die „8" mit einer „5" zu überkleben. Es klappte; der Saal war am 5. April bei Konzertbeginn so voll, dass vor dem Wittumspalais noch zig junge Leute standen, die zunächst nicht eingelassen wurden. Da die Emporen noch frei waren, bestand ich

346 Lothar Bohmann.
347 Professor Dr. Edgar Hartwig, geb. 1928, Prorektor für Gesellschaftswissenschaften an der Weimarer Hochschule 1965–1989.

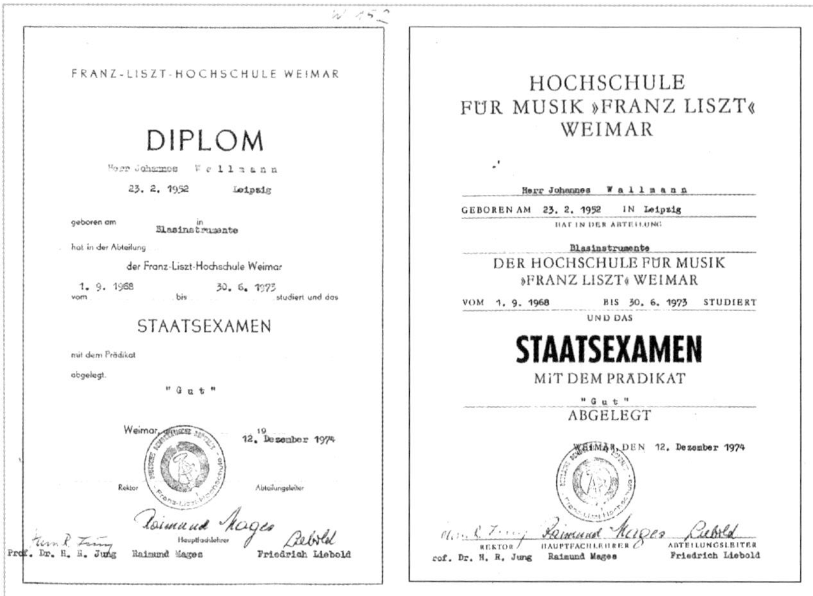

FRANZ-LISZT-HOCHSCHULE WEIMAR

DIPLOM

Herr Johannes Wallmann

geboren am 23. 2. 1952 in Leipzig

hat in der Abteilung Blasinstrumente

der Franz-Liszt-Hochschule Weimar

vom 1. 9. 1968 bis 30. 6. 1973 studiert und das

STAATSEXAMEN

mit dem Prädikat "Gut"

abgelegt.

Weimar, 12. Dezember 1974

Rektor Hauptfachlehrer Abteilungsleiter

Prof. Dr. H. R. Jung Raimund Mages Friedrich Liebold

HOCHSCHULE FÜR MUSIK »FRANZ LISZT« WEIMAR

Herr Johannes Wallmann

GEBOREN AM 23. 2. 1952 IN Leipzig

HAT IN DER ABTEILUNG Blasinstrumente

DER HOCHSCHULE FÜR MUSIK »FRANZ LISZT« WEIMAR

VOM 1. 9. 1968 BIS 30. 6. 1973 STUDIERT UND DAS

STAATSEXAMEN

MIT DEM PRÄDIKAT "Gut" ABGELEGT

WEIMAR, DEN 12. Dezember 1974

REKTOR HAUPTFACHLEHRER ABTEILUNGSLEITER

Prof. Dr. H. R. Jung Raimund Mages Friedrich Liebold

Das bis heute (Jahr 2017) unterschlagene Diplomzeugnis der Hochschule für Musik (links) und das ausgehändigte Staatsexamen. Beide Dokumente weisen das gleiche Datum und die gleichen Unterschriften auf.

darauf, dass sie geöffnet würden. Der Pförtner hatte die Anweisung, sie nicht zu öffnen. Dem im Parkett voll besetzten Saal kündigte ich an, dass der Beginn sich leider verzögern würde, bis alle Hörer eingelassen seien. So war meine Forderung von über 200 Leuten im Saal mitgedeckt und der leitende Hochschuldozent musste handeln. Etwa 15 Minuten später waren alle Zuhörer eingelassen und das Konzert konnte beginnen. Ich gestaltete es als ein Werkstattkonzert; alle Stücke wurden zweimal gespielt und dazwischen erläutert. Aufgeführt wurden meine „Drei Lieder nach Texten von Reiner Kunze", mein „1. Streichquartett", „Clusteriex" für 4 Holzbläser sowie die „Komposition nach drei Plastiken von Ernst Barlach". Es war eine tolle Atmosphäre und meines Wissens das erste Mal, dass ein Konzert im Saal am Palais mit Neuer Musik ohne offiziellen Anlass einen solchen Besucherandrang erfuhr. Vielleicht genau deshalb, weil ein Hauch von Opposition und Alternative wehte. Im Thüringer Tageblatt erschien zu „Kammermusik unkonventionell" eine sehr gute Rezension (Michael von Hintzenstern). Doch der politischen Leitung dieser Musikhochschule war der Erfolg ihres „spätbürgerlich-dekadenten" Studenten Wallmann keineswegs recht. Das bekam ich wenige Wochen später zu spüren, als ich meine Prüfung für „Methodik des musiktheoretischen Unterrichts" ablegte.

Ich war bestens vorbereitet, doch Dozent und SED-Genosse Dieter Nowka (im Thüringer DDR-Komponistenverband später auch für junge Komponisten zuständig) hatte offenbar den Auftrag, meine Zensur zu drücken und mich dafür systematisch in die Zange zu nehmen. Ich kam aus der Prüfung und wusste nicht, wie mir geschehen war. Auf meinem Zeugnis erbrachte diese Prüfung dann die einzige „Drei", und im Nachhinein wurde mir klar, dass es offenbar darum gegangen war, mir von vornherein eine Hochschultätigkeit im Fach Musiktheorie/Komposition unmöglich zu machen; eine Rechnung, die sozusagen bis heute aufging. Wie sich Jahrzehnte später zeigte, wurde die betreffende Zensur auf dem Prüfungsprotokoll jedoch in Anführungsstrichen vermerkt, was auf keinem anderen Prüfungsprotokoll der Fall ist. Diese Anführungsstriche waren für Günter Lampe (der Handschrift nach hatte er das Protokoll zu führen) offenbar die einzige Möglichkeit, die Fremdbestimmtheit und Fragwürdigkeit dieser Note wenigstens auf minimale Weise zu dokumentieren. Zugleich umringelte er die Hauptfachnote „Eins". Doch es sollte noch „besser" kommen. Wie meinen Weimarer Studentenakten zu entnehmen ist, wurde Günter Lampe auch betreffs der Beurteilung meiner Diplomarbeit gemaßregelt, die er zunächst ebenfalls mit „Eins" bewertet hatte, nachträglich aber auf schlechter als „Zwei" herabstufen sollte, was er jedoch verweigerte.

Obwohl ich alle Abschlüsse gemacht und meine Diplomarbeit im Juni 1974 verteidigt hatte, wurde ich – wohl weil Günter Lampe meine Diplomarbeit nicht „schlechter als zwei" benoten wollte – nun gänzlich um mein Diplom betrogen. Erst nach mehrfachem Drängen erhielt ich im Frühjahr 1975 einen Abschluss ausgehändigt – nicht den Diplomabschluss, sondern lediglich das Staatsexamen, auf dem die Diplomarbeit nun „Hausarbeit" genannt wurde. (Noch 2006 machte sich die Weimarer Hochschule diese Umbenennung trotz anderslautender Dokumente zu eigen!)

In meiner Weimarer Studentenakte war ich 2008 – also 34 Jahre danach – auf die Kopie des – mit gleichem Datum und mit gleichen Unterschriften wie das Staatsexamen – ausgestellten Diploms gestoßen, das ich dann zum ersten Mal in Händen hielt. Heute könnte ein solcher Fund eigentlich eine Trophäe sein – ein Beweis gelebter Freiheit der Kunst. Doch die Weimarer Hochschule sieht es offenbar als Schandfleck und drückt sich darum, sich zu ihrem einst begangenen Betrug zu bekennen sowie ihre Verstrickung in die SED-Diktatur aufzuarbeiten. Für die Zukunft von Musik kann das als eine schwere Hypothek gelten. Wann wird sie abgetragen?

H. Johannes Wallmann, geb. 1952 in Leipzig, aufgewachsen in Dresden; Studium in Weimar; kunstphilosophisches Training bei dem in der DDR als „formalistisch" verfemten Maler/Entwerfer Kurt W. Streubel; 1980 Meisterschüler für Komposition der AdK Ostberlin (F. Goldmann); 1986/88 kulturpolitisch begründeter DDR-Ausreiseantrag/DDR-Ausreise.
Zahlreiche Kammer- und Orchestermusik- sowie Raum- und Landschaftsklang-Kompositionen/Rundfunk-Liveübertragungen; Bücher: „Integrale Moderne – Vision und Philosophie der Zukunft" (Pfau-Verlag, 2006); „Die Wende ging schief oder warum Biografie mehr als nur eine rein persönliche Angelegenheit ist" (Kadmos, 2009). Weitere Informationen unter www.integral-art.de.

// Als Gasthörer an der Hochschule für Bildende Künste in Dresden

„Einer geregelten Arbeit ging der K. nicht mehr nach“[348]

Frank Kempe (Kunsthochschule Dresden, Gasthörer 1973–1975)

Meine Mutter hatte eine Rentnerreise nach Westdeutschland überzogen, weil sie krank wurde und ins Krankenhaus musste. Mein Vater wurde daraufhin von der Polizei (Stasi) einbestellt und ihm wurde durch die Blume verkündet, dass meine Mutter nach ihrer Rückkehr massive Probleme erwarteten. Daraufhin entschloss sich mein Vater, selbst noch als Rentner überzusiedeln und meine Mutter dort zu belassen, wo sie war. Leider bekam ich keinen Gewerbeschein,[349] weshalb wir 1973 unser Dresdner Geschäft NOVA Kunsthandel schließen mussten. Im Sommer 1973 stand ich nun erst einmal vor dem Nichts. Zwar musste ich das Geschäft auflösen, was ca. ein Jahr in Anspruch nahm, aber in dieser Zeit konnte ich keine Arbeit nachweisen und es bestand die Gefahr, wegen asozialen Verhaltens zur Klärung eines Sachverhalts einbestellt zu werden.

Das Antiquitätengeschäft Kempe in Dresden, Straße der Befreiung, 1972 (Foto privat)

Ich versuchte, in ein Studium der Kunstgeschichte hineinzukommen. Dies war natürlich schwierig, zumal ich unter Beobachtung der Stasi stand, weil man annahm, dass meine Schwester und ich möglicherweise nach der geplanten Ausreise meines Vaters versuchen würden, die DDR illegal zu verlassen. Ich sprach also bei Professor Kettner[350], dem damaligen Rektor der Akademie für Bildende Künste, vor. Er kannte mich, weil ich schon ein paar Jahre vorher einen Lehrgang für grafische Techniken an der Hochschule absolviert hatte. Er konnte mir keine Hoffnung wegen eines Direktstudiums machen, empfahl mir aber ein Gaststudium, welches er befürworten wollte. Da ich sowieso nicht an einer akademischen Laufbahn interessiert war und die Kunstgeschichte als

348 Stasi-Akten, BStU-Dokument 00263, Bl. 5.
349 Siehe hierzu den Kommentar am Ende des Beitrages. (Anm. d. Hg.)
350 Vgl. Anm. 335.

Weiterbildung zu meiner Tätigkeit als Kunsthändler verstand, sagte ich mit Freuden zu.

Daraufhin schrieb ich für meine Schwester und mich eine Befürwortung des damals noch laufenden Betriebes NOVA Kunsthandel für dieses Gaststudium. Ab Sommer 1973 konnte ich nun zusammen mit meiner Schwester die Vorlesungen zur Kunst-

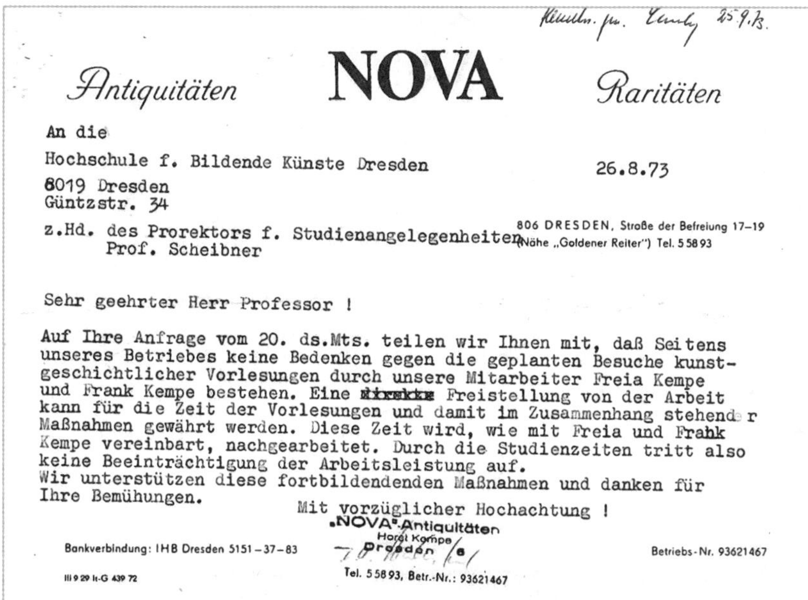

Antiquitäten NOVA Raritäten

An die
Hochschule f. Bildende Künste Dresden
8019 Dresden
Güntzstr. 34

26.8.73

z.Hd. des Prorektors f. Studienangelegenheiten
Prof. Scheibner

806 DRESDEN, Straße der Befreiung 17–19 (Nähe „Goldener Reiter") Tel. 5 58 93

Sehr geehrter Herr Professor !

Auf Ihre Anfrage vom 20. ds.Mts. teilen wir Ihnen mit, daß Seitens unseres Betriebes keine Bedenken gegen die geplanten Besuche kunstgeschichtlicher Vorlesungen durch unsere Mitarbeiter Freia Kempe und Frank Kempe bestehen. Eine ~~xxxxxx~~ Freistellung von der Arbeit kann für die Zeit der Vorlesungen und damit im Zusammenhang stehender Maßnahmen gewährt werden. Diese Zeit wird, wie mit Freia und Frank Kempe vereinbart, nachgearbeitet. Durch die Studienzeiten tritt also keine Beeinträchtigung der Arbeitsleistung auf.
Wir unterstützen diese fortbildendenden Maßnahmen und danken für Ihre Bemühungen.

Mit vorzüglicher Hochachtung !

„NOVA" Antiquitäten
Horst Kempe
Dresden / 6 /
Tel. 5 58 93, Betr.-Nr.: 93621467

Bankverbindung: IHB Dresden 5151 – 37 – 83

Betriebs-Nr. 93621467

III 9 29 Ii-G 439 72

„Pseudo-Delegierung" an die Hochschule für Bildende Künste. Man konnte sich nicht einfach zum Studium einschreiben. Das Schreiben wurde vom Vater von Freia und Frank Kempe ausgestellt.

geschichte bei Kurt Proksch[351] an der Dresdner Akademie besuchen. (Ich erinnere mich daran, dass Proksch oft und gern von seinem 1961 in den Westen geflohenen Studenten Gerhard Richter[352] sprach. Er meinte damals, aus dem wird sicher etwas. Wie recht er hatte.) Die kunstgeschichtlichen Vorlesungen bestanden meist aus der kommentierten Vorführung uralter Dias, die die Kunstgeschichte von der Antike an illustrierten. Politik spielte in diesen Vorlesungen eigentlich keine Rolle. Die Vermitt-

351 Kurt Proksch unterrichtete Kunstgeschichte. Sein Sohn, Michael Proksch, geb. 1958, studierte an der TH Karl-Marx-Stadt und später an der Hochschule für Musik in Dresden. Vgl. seine Beiträge: Michael Proksch, „Von der Grundschule zur Hochschule – wie über Jahre hinweg psychische Deformationen entstanden" und „Ich erlebte die Militarisierung des öffentlichen Lebens" in diesem Band. Darüber hinaus ist Michael Proksch Mitverfasser des Buches: Dorothea Ebert, Michael Proksch: Und plötzlich waren wir Verbrecher. Geschichte einer Republikflucht, München 2010. (Anm. d. Hg.)

352 Gerhard Richter, geb. 1932 in Dresden, ist deutscher Maler, Bildhauer und Fotograf. Seine Werke kosten heute auf dem Kunstmarkt Millionen. (Anm. d. Hg.)

lung des kunstgeschichtlichen Wissens wurde von den Studierenden durchaus ernst genommen, Proksch sowieso. Der wurde schon aus dem Grund ernst genommen, weil er durch die Blume und ganz vorsichtig seine kritische Haltung zum Ausdruck brachte. Diese Courage kam gut an. Ganz im Gegensatz zu vielen linientreuen Professoren, die von den meisten ihrer Studenten mit Hohn und Spott überzogen wurden. Aber mit denen hatte ich nichts zu tun, da ich nur die kunstgeschichtlichen Vorlesungen besuchte. Höhepunkt des Jahres waren die legendären Faschingsfeste der Dresdner Akademie auf der Brühlschen Terrasse, die wochenlang vorbereitet wurden. Es wurden Dekorationen und Prospekte gemalt. Ein ständiger Kampf herrschte zwischen den Studenten und den „Zensoren", die jede politische Anspielung zu verhindern trachteten. Natürlich wurde versucht, das zu umgehen und ganz differenziert doch gewisse Proteste und Anspielungen in den Dekorationen unterzubringen. Ein ständiges Katz-und-Maus-Spiel.

Frank Kempe (rechts) mit Schwester und Vater, 1973 (Foto privat)

1974 wurde mein Vater von der Stasi inhaftiert und man bestellte mich zum damaligen Prorektor für Studienangelegenheiten, Scheibner, wo man mir eröffnete, dass das mit dem Gaststudium nicht mehr weitergehen könne.

Zwischen den Zeilen konnte man hören, dass es Druck seitens der Stasi gab. Gott sei Dank zeigte sich Professor Kettner couragiert und wies Scheibner an, meine Schwester und mich zu belassen. Hatte das Konsequenzen für Professor Kettner? Interessanterweise nicht – auch in den Unterlagen des MfS stand nichts.

Die Vorlesungen bei Kurt Proksch (Kunstgeschichte) waren sehr lebendig, zumal er kein kommunistischer Einpeitscher war und seine kritische Haltung zur DDR immer wieder durchblicken ließ. Wir hatten – glaube ich – nur ein SED-Mitglied in der Studentengruppe. Ansonsten waren es Studenten für Malerei, Grafik, Theatermalerei, es war eine politisch ziemlich unangepasste Truppe.

Ende 1975 wurden meine Schwester und ich aus der DDR ausgewiesen. Den „offiziellen Ausreiseantrag" in Dresden stellten wir, nachdem wir die Genehmigung zur Ausreise schon hatten. Unsere Ausreise hatte RA Wolfgang Vogel[353] über Berlin und über die Köpfe Dresdens, die darüber auch nichts wissen durften, organisiert. Das bedeutete natürlich auch ein Ende dieses Studiums.

353 RA Vogel war der Gesprächs- und Verhandlungspartner bei den Häftlingsfreikäufen und einem Teil der

Unser Dozent Kurt Proksch schrieb einige Tage vor unserer Ausreise am 13. November 1975 auf einem Briefbogen der Akademie nette Beurteilungen. Er meinte, dass wir mit diesen Beurteilungen im Westen anschließen könnten.
Da ich aber schon Ende 1976 eine selbstständige Existenz, die Kunsthandlung Saxonia[354] in München, aufbaute, kam es leider nicht zu einer Weiterführung des Studiums im Westen.

Frank Kempe, geb. 1948 in Dresden, Kindheit und Jugend verbrachte er im zerstörten Dresden; 1964 Eintritt in das alte Familienunternehmen Kunsthandlung NOVA. Hier, bei seinem Vater Horst Kempe, lernte er das ganze Spektrum des Kunsthandels von der Pike auf kennen. Gleichzeitig vertiefte er seine Kenntnisse, indem er an der renommierten Dresdner Kunstakademie Kunstgeschichte und grafische Techniken studierte. Die Kunsthandlung NOVA fiel 1974 der Verstaatlichungswelle zum Opfer und wurde durch die SED enteignet.

Die folgenden Daten sind MfS-Dokumenten über Frank Kempe entnommen.[355]
„Der K. entstammt absolut kleinbürgerlichen Kreisen. Von 1954–62 besuchte er die POS [...] und im Anschluss daran eine EOS, welche er mit dem Abitur (Note 2) abschloss. Nach seiner absolvierten Lehre als Handelskaufmann war er als Aufkäufer bzw. Berater im Antiquitätengeschäft seines Vaters ‚Antiquitäten NOVA' tätig. Während dieser Zeit eignete sich der K. überdurchschnittliche Kenntnisse und Fähigkeiten als Geschäftsmann auf dem Antiquitäten-Sektor an."
In einem weiteren MfS-Dokument steht:
[...] Nach der Inhaftierung und später nach der Übersiedlung seines Vaters regelte der K. Frank den Nachlass bzw. Schließung des Geschäftes. [...] Einer geregelten Arbeit ging der K. bis zu seiner Übersiedlung nach der BRD nicht mehr nach."[356]

// Kommentar zeithistorisch //

Enteignung der Dresdener Kunst- und Antiquitätenhändler Die Enteignungen der Dresdener Kunsthändler – auch den Fall der Familie Kempe – schildert der Kunstwissenschaftler Günter Blutke in seinem Buch „Obskure Geschäfte mit Kunst und Antiquitäten":
„Die offenkundige Geschäftstüchtigkeit eines privaten Händlers muß als besonderes Ärgernis in einer Zeit wirken, in der, wie 1972/73 geschehen, eine große Anzahl von privaten Industriebetrieben enteignet und zu staatlichen oder halbstaatlichen Betrieben gemacht werden.
Anfang dieser für Privatunternehmen sehr schwierigen siebziger Jahre entschließt sich Kempe sen. aus gesundheitlichen Gründen zur Geschäftsaufgabe. Sein Sohn soll an seiner Stelle die Leitung von ‚Nova' übernehmen. Die endgültige Ablehnung der beantragten Gewerbegenehmigung ist unzweideutig formuliert und entspricht genau dem Geist jener Jahre: ‚Ihrem Antrag kann nicht

sogenannten Familienzusammenführungen. Diese Aktionen erfolgten in Zusammenarbeit und Abstimmung mit dem MfS in Berlin. Nachgeordnete Dienststellen des MfS, so zum Beispiel in Dresden, wurden dann nur von der Hauptabteilung des MfS in Berlin informiert, mussten die dazugehörigen Akten und laufende Operative Vorgänge schließen und zudem die Ausreise der betreffenden Personen absichern. (Anm. d. Hg.)

354 Die Kunsthandlung Saxonia war auf sächsische Malerei spezialisiert. (Anm. d. Hg.)

355 Stasi-Akten, BStU-Dokument 00263, Bl. 4.

356 Ebd., Bl. 5.

stattgegeben werden', schreibt der zuständige Abteilungsleiter K. aus dem Dresdner Rathaus, ,Der Antiquitätenhandel gehört nicht zu den Bereichen unserer Volkswirtschaft, für die in der Folge weitere private Genehmigungen erteilt werden. Zur Befriedigung der auf diesem Gebiet existierenden Bedürfnisse steht in zunehmendem Maße der Volkseigene Handel zur Verfügung." (Zit. n. Günter Blutke: Obskure Geschäfte mit Kunst und Antiquitäten – ein Kriminalreport", Berlin: Ch. Links Verlag 1994, S. 92; ISBN 3-86153-085-6)
Die Kunsthandlung Saxonia eröffnete 1976 in München in der Galeriestraße am Hofgarten (www.saxonia.com). Kempe wurde schnell als Spezialist für Sächsische Kunst bekannt. Heute arbeitet er international für private Kunden, für Galerien und stellt Sonderausstellungen zusammen.

G. Knoblauch

// Es herrschte eine Atmosphäre der Angst und Beklemmung

Dipl.-Lehrer Martina Pontius, geb. Anger (Pädagogische Hochschule Erfurt, Studienjahrgang 1973, DK 73 Fakultät Pädagogik, Sektion Philologie/Literatur- und Kunstwissenschaft, Diplom 1977)

Das Jahr 1976 war für uns Studenten ein sehr wichtiges und schwieriges Jahr. Wir befanden uns im dritten Studienjahr der Pädagogik für die Fächer Deutsch und Kunst. Ein Kommilitone unserer Seminargruppe, Wilfried Linke, hatte im Januar an die Hochschulzeitung „WIR" der Pädagogischen Hochschule in Erfurt einen Artikel[357] eingereicht, der sich kritisch mit der Qualität der Lehrveranstaltungen im Fach Marxismus/Leninismus[358] auseinandersetzte. Dieser Artikel sprach die Dinge aus, die uns Studenten bewegten.
Wir wollten in diesen Seminarfächern freier diskutieren, wollten zu einer eigenen Meinung finden und nicht nur die Dinge unreflektiert wiedergeben müssen, die uns im Seminar, in der Vorlesung und in den Tageszeitungen fest vorgegeben wurden. Uns interessierten die gesellschaftlichen Widersprüche, historische totgeschwiegene Ereignisse und ihre Erklärung, wir wollten Rosa Luxemburg lesen und über aktuelle Probleme in der Gesellschaft diskutieren. Uns war klar, dass wir nur etwas ändern können, wenn wir uns aktiv einmischen.
Bereits im vergangenen Semester 1975 nutzen wir deshalb die jährlich anstehende

---

357 Siehe die Veröffentlichung des Artikels in diesem Band: Wilfried Linke, „Sieben unverblümte Äußerungen über Bekanntes (Sätze zum Anzweifeln)". (Anm. d. Hg.)
358 Vgl. Anm. 165.

Wahl der neuen FDJ-Leitung[359] für unsere Seminargruppe, um hier einen Wechsel herbeizuführen. Bisher waren die beiden SED-Genossinnen, so wie es üblich war, in der Seminargruppe die maßgebliche FDJ-Leitung und somit politisches Sprachrohr. Die „Andersdenkenden" unserer Gruppe setzen aber bei der neuen FDJ-Wahl durch, dass eine demokratische Wahl durchgeführt wurde. Jeder schrieb einen Namen auf einen Zettel und dann wurde ausgezählt. Zum ersten Mal wurden die Parteimitglieder einfach abgewählt und wir wurden jetzt Leitungsmitglieder der FDJ. Man benannte mich als FDJ-Vorsitzende der Seminargruppe und Gabi Kachold[360] als Stellvertreterin, ebenfalls wurden Katja Renner und Karla Stiller Leitungsmitglieder.
In dieser Funktion als FDJ-Vorsitzende der Seminargruppe konnte ich mich nun sehr oft und offiziell bei der Redaktion der Hochschulzeitung nach dem Verbleib des Artikels unseres Kommilitonen Wilfried Linke erkundigen. Seitens der Hochschule war niemand daran interessiert, diesen Artikel zu veröffentlichen oder ihn als Diskussionsgrundlage zu nehmen. Wenn dann Mitglieder unserer FDJ-Leitung ständig auftauchten und einfach keine Ruhe gaben mit ihren Fragen, so war das natürlich sehr lästig, nicht nur für die Hochschulzeitung. Inzwischen nahm das alles immer größere Ausmaße an. Innerhalb unserer Seminargruppe gab es sehr viele Diskussionen, auch andere Seminargruppen der Sektion zeigten sich interessiert und wollten mehr darüber erfahren. Der Sektionsdirektor des Bereiches Marxismus/Leninismus, Professor Hub, und der Direktor der Sektion Philologie, Literatur und Kunstwissenschaft, Professor Zacharias, wurden von uns Studenten in den Diskussionen immer wieder angesprochen. Für sie waren es aber nur revisionistische Plattformen und Einflüsterungen des Klassenfeindes. Wir wurden von diesen Dozenten gewarnt, diese revisionistischen Inhalte nicht weiter zu verbreiten, da es sonst Konsequenzen haben würde.
In meiner Funktion als FDJ-Sekretärin der „problematischen" Seminargruppe wurde ich nun ständig vorgeladen zu Einzelgesprächen oder Gruppengesprächen, allein oder mit der FDJ-Leitung zusammen. Diese Gespräche fanden in einer Atmosphäre von Druck, Angst und Bedrohung statt. Die Sektionsdirektoren von Marxismus/Leninismus sowie von Philologie, Literatur- und Kunstwissenschaft, der Parteisekretär der Hochschule, der Parteisekretär der Sektion PLK[361], der Direktor für Erziehung und Ausbildung, die Seminargruppenleiterin und die hauptamtlichen Genossen der FDJ-Leitung der Hochschule wurden unfreiwillig zu meinen ständigen Gesprächspartnern. Inhalt dieser Aussprachen mit unterschwelligen Drohungen war jeweils, dass

359 Die FDJ-Mitglieder einer Seminargruppe wählten aus ihren Reihen eine FDJ-Leitung. Diese bestand in der Regel aus dem FDJ-Gruppenvorsitzenden, dessen Stellvertretern, einem Schriftführer und einem Verantwortlichen für Agitation und Propaganda. (Anm. d. Hg.)

360 Vgl. auch den Beitrag Gabriele Stötzer (verh. Kachold), „Wir lasen bändeweise Marx, Engels, Lenin und Luxemburg". (Anm. d. Hg.)

361 Sektion Philologie, Literatur- und Kunstwissenschaft.

wir endlich Ruhe geben und uns von den politischen Positionen unseres Kommilitonen Wilfried Linke distanzieren und mehr an unsere Studiendisziplin denken sollten. Dr. Radecker (IMS „Wolfgang“)[362], der Stellvertreter des Sektionsdirektors PLK und Direktor für Erziehung und Ausbildung, drohte mir zum Beispiel: *„Lassen Sie sich da nicht vor einen falschen Karren spannen, das kann dann leicht ins Auge gehen.“*
Wilfried Linke wurde am 2. Juni 1976 zum Sektionsdirektor für Philologie, Literatur-und Kunstwissenschaft, Professor Zacharias, vorgeladen. Wilfried bestand darauf, dass ich mitkomme; wir befürchteten das Schlimmste, die Exmatrikulation Wilfrieds. Wir waren sehr aufgeregt. Doch Professor Zacharias versuchte einzulenken und sprach vom Aufbau einer neuen gemeinsamen Vertrauensbasis, bezeichnete den Artikel von Linke sogar als brillant. Was war passiert? Plötzlich gab es keine staatsfeindlichen Äußerungen mehr. Nach all den Anfeindungen der letzten Monate klang das für uns fast unglaublich. Wo war der Haken? Am Abend trafen wir uns dann im Hörsaal mit unserer Seminargruppe und gaben das Gespräch wieder – nicht wissend, dass unser Treffen als „Siegesfeier“ interpretiert werden würde und die Inhalte sofort von unseren beiden SED-Genossinnen der Gruppe an die Hochschulleitung weitergegeben wurden.[363] Auf dem Nachhauseweg, in der Straßenbahn, wurde mein Gespräch mit Manfred Mortzeck[364], einem Studenten der DK75, über dieses Thema ebenfalls mitgehört und sofort weitergegeben. All das führte dazu, dass der Sektionsdirektor Professor Zacharias eine Woche später ein Disziplinarverfahren gegen Wilfried Linke durchführte, das zur Exmatrikulation führte. „Verleumdung und politische Diffamierung“[365] von Professor Zacharias war einer der Gründe. Gegen Gabi Kachold und mich wurde während dieses Exmatrikulationsverfahrens ebenfalls ein Verfahren angedroht.
Wilfrieds Exmatrikulation war für uns alle ein Schock. Gabi Kachold und ich schrieben noch am gleichen Tag der Exmatrikulation (11. Juni 1976) einen Brief an die Ministerin für Volksbildung, Margot Honecker, und sammelten auf dem Hochschulgelände Unterschriften für diesen Brief, in dem wir gegen die Exmatrikulation Linkes protestierten.[366] 83 Studenten unterschrieben, für die damaligen Verhältnisse eine ungeheuerliche Zahl! Per Einschreiben und Eilpost ging der Brief noch am selben Abend nach Berlin. Das löste eine Lawine aus. Im Bundesarchiv existiert eine umfangreiche Akte mit entsprechendem Schriftverkehr zwischen dem Ministerium für

362 Aus der Akte OV „Kapitän“ der BStU Außenstelle Erfurt, Archivnr. 1299/77.

363 Akte des Bundesarchivs DR 2 Archivnr. 28787, S. 294, Joachim Ackermann u. Dr. Horst Zipser, Ministerium für Volksbildung, Hauptabteilung Lehrerbildung: Bericht zu einer Aussprache mit Gen. Prof. Lange und Gen. Dr. Droß, 1. Sekretär der Hochschulparteileitung

364 Vgl. den Beitrag von Manfred Mortzeck, „Eigeninitiative als Stolperstein“. (Anm. d. Hg.)

365 Akte des Bundesarchivs DR 2 Archivnr. 28787, S. 83, Information an Margot Honecker, 21.6.1976.

366 Siehe dazu den Beitrag von Gabriele Stötzer, „Ein Brief an Margot Honecker löste Alarm aus“. (Anm. d. Hg.)

Volksbildung und der Hochschulleitung in Erfurt.[367] Die Ministerin Honecker war an einer schnellen Auflösung dieser unhaltbaren Zustände an der Pädagogischen Hochschule in Erfurt interessiert und hielt sich durch Treffen mit Berichterstattungen durch die Hauptabteilung Lehrerbildung im Ministerium für Volksbildung sowie langen Telefonaten mit dem Rektor in Erfurt auf dem Laufendem. Gabi Kachold, Manfred Mortzeck und ich schrieben am 14. Juni 1976 einen Brief an Dr. Eccarius, Leiter der Abteilung Wissenschaft, Volksbildung und Kultur in der Bezirksleitung der SED Erfurt, in dem wir ebenfalls unsere Ängste formulierten, keine freie Meinung mehr äußern zu dürfen, sowie die Angst vor drohenden Exmatrikulationen. Wir wurden zum Gespräch mit Dr. Eccarius und Genosse Liedtke von der Bezirksleitung der SED geladen, aber es half uns nicht weiter und wurde eher ein Bumerang. Es gäbe keinen Grund, Angst zu haben, wenn man in lauterer Absicht unsere Ziele verfolgt, wurde

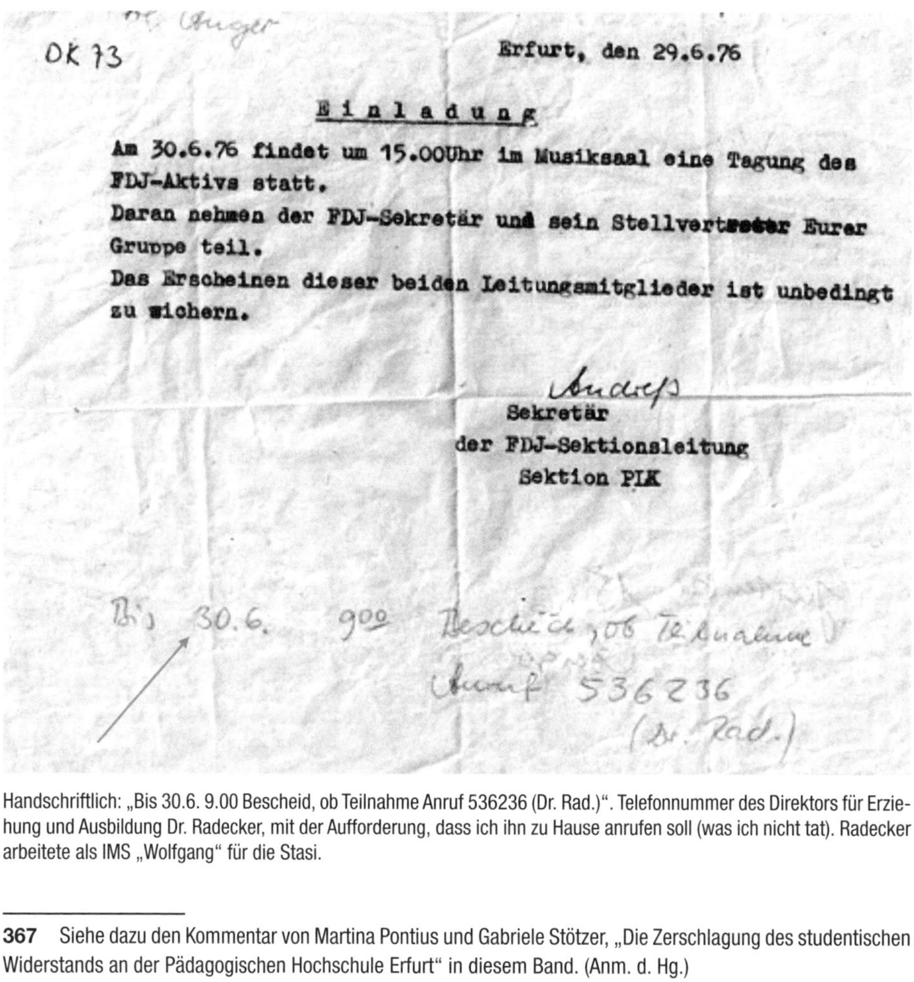
OK 73

Erfurt, den 29.6.76

Einladung

Am 30.6.76 findet um 15.00Uhr im Musiksaal eine Tagung des FDJ-Aktivs statt.
Daran nehmen der FDJ-Sekretär und sein Stellvertreter Eurer Gruppe teil.
Das Erscheinen dieser beiden Leitungsmitglieder ist unbedingt zu sichern.

Sekretär
der FDJ-Sektionsleitung
Sektion PIK

Bis 30.6. 9⁰⁰ Bescheid, ob Teilnahme
Anruf 536236
(Dr. Rad.)

Handschriftlich: „Bis 30.6. 9.00 Bescheid, ob Teilnahme Anruf 536236 (Dr. Rad.)“. Telefonnummer des Direktors für Erziehung und Ausbildung Dr. Radecker, mit der Aufforderung, dass ich ihn zu Hause anrufen soll (was ich nicht tat). Radecker arbeitete als IMS „Wolfgang“ für die Stasi.

367 Siehe dazu den Kommentar von Martina Pontius und Gabriele Stötzer, „Die Zerschlagung des studentischen Widerstands an der Pädagogischen Hochschule Erfurt“ in diesem Band. (Anm. d. Hg.)

uns erklärt.[368] Die Gesprächsinhalte wurden sofort nach Berlin weitergemeldet. In dem Bericht der Hauptabteilung Volksbildung des Ministeriums für Volksbildung zur operativen Kontrolle an der PH Erfurt vom 23. Juni 1976 steht: *„Welche Maßnahmen wurden eingeleitet bzw. geplant, um gegen die Studenten Kachold und Anger sowie Mortzeck vorzugehen, die zum engeren Kreis um Linke gehören?"*[369]

Inzwischen war die Kommission mit den Inspektoren aus Berlin vom Ministerium für Volksbildung in Erfurt eingetroffen. Mit den 83 Studenten, die den Brief an Margot Honecker unterschrieben hatten, wurde in kleinen Gruppen oder einzeln geredet, bis sie ihre Unterschrift zurückzogen. Für jeden wurden rhetorisch die passenden Mittel gefunden, um ihn jeweils unter Druck zu setzen. Einige gaben vor, nicht gewusst zu haben, was sie da unterschrieben, anderen wurden entsprechende Beurteilungen angedroht oder sie wurden gefragt, ob sie denn das Studium wirklich erfolgreich beenden wollen.

Zum Schluss blieben noch die Studenten unserer Seminargruppe übrig. Für uns hatte man sich etwas ganz Besonderes ausgedacht. Am 30. Juni 1976 wurde eine große FDJ-Aktivtagung anberaumt, zu der ich einen Tag zuvor per Telegramm und mit zusätzlicher schriftlicher Einladung durch die zentrale FDJ-Leitung der PH Erfurt (siehe Abbildung) bestellt wurde. In dieser Veranstaltung sollten sich die FDJ-Leitungsmitglieder Martina Anger, Gabi Kachold, Katja Renner, Karla Stiller sowie vier andere Studenten offiziell vor einem großen Gremium von ihren falschen politischen Plattformen distanzieren. Uns wenigen Studenten saß ein Gremium von mehreren Sektionsdirektoren, Parteisekretären, hauptamtlichen FDJ-Sekretären, etwa 100 ausgewählten Studenten[370] der Sektion Russisch sowie alle FDJ-Sekretäre und ihre Stellvertreter gegenüber. Es herrschte eine Atmosphäre der Angst und Beklemmung. Drei Stunden lang dauerte diese nervenaufreibende Veranstaltung. Schließlich fanden wir für uns einen Kompromiss der Formulie-

Birgit Model, Martina Anger und Karla Stiller (von links) während der Studienzeit im Wörlitzer Park (Foto privat)

368 Akte des Bundesarchivs DR 2 Archivnr. 28787, S. 239, Information an Margot Honecker durch Prof. Müller, Hauptabteilungsleiter der Hauptabteilung Lehrerbildung im Ministerium Berlin, 25.6.1976.

369 Ebd., S. 245, Ministerium für Volksbildung, Hauptabteilung Lehrerbildung, Gen. Prof. Dr. Müller (Hauptabteilungsleiter) u. Gen. Ackermann (Inspektion der HA Lehrerbildung): Operative Kontrolle an der Pädagogischen Hochschule am 24.6.1976.

370 Akte des Bundesarchivs DR 2 Archivnr. 28787, S. 212.

rung, denn niemand von uns wollte exmatrikuliert werden. Wir formulierten, dass wir keine falsche politische Plattform sehen und vertreten, wenn aber seitens der Prorektoren eine solche gesehen wird, distanzieren wir uns davon. Jeder hörte das, was er hören wollte. In der Akte des Bundesarchivs steht: *„Doch ist anzunehmen, dass diese FDJ-Gruppenleitung und einige weitere Studenten ihren Standpunkt nicht aus eigener Einsicht und Überzeugung geändert haben. Das trifft vor allem auf die Studentin Kachold und Anger zu.“*[371]

Dann fingen die Sommerferien an. Klar war jedoch, dass wir keine eindeutige Aussage getroffen hatten.

Diese ganze aufgeheizte Situation in der Hochschule hatte enorme Auswirkungen bis in die Familie hinein. Mein Vater bewarb sich 1976 für eine Berufung als ordentlicher Professor an der Medizinischen Akademie Erfurt und sollte neben dem Lehrstuhl auch das Direktorat der Klinik für Innere Medizin erhalten. Im Sommer 1976 war alles spruchreif und beschlossen. Da aber parallel die Vorgänge an der Pädagogischen Hochschule Erfurt eskalierten und ich als seine Tochter im Fokus der Aufmerksamkeit stand, wurde auch mein Vater mehrfach zum Sekretär der Bezirksleitung der SED, Genosse Schinkel, vorgeladen und unter Druck gesetzt. Ihm wurde nahegelegt, entsprechenden Einfluss auf seine Tochter zu nehmen, schließlich hänge sein berufliches Fortkommen daran. Die Berufung sollte am 1. September erfolgen. Mein Vater erzählte mir nach solch einer Vorladung, dass bereits fertige vorbereitete Exmatrikulationsanträge für Gabi Kachold und mich an der Hochschule existierten. Dass die ganze Situation zu enormen Konflikten innerhalb der Familie führte, kann man sich vorstellen. Ich fühlte mich vollkommen zerrissen.

Nach den Sommerferien wurde deshalb sofort zwei Tage nach Studienbeginn eine erneute FDJ-Aktivtagung am 8. September einberufen. Die zwei Tage vor dieser Veranstaltung wurden von den Sektionsdirektoren intensiv dazu genutzt, die Russischstudenten, die gerade von einem längeren Studienaufenthalt in der Sowjetunion zurückkamen und von den Vorgängen an der PH nichts wissen konnten, zu briefen und in ihrem Sinne zu beeinflussen, das Gleiche erfolgte mit allen FDJ-Sekretären und ihren Stellvertretern. *„Eine besonders positive Rolle in der Aktivtagung spielten die vom Teilstudium in der Sowjetunion zurückgekehrten Studenten, die eine klare Entscheidung forderten.“*[372] Die Studenten wurden aufgefordert, sich im Sinne der Hochschulleitung zu äußern.

---

371 Ebd., S. 213, Brief an Gen. Kurt Hager, Zentralkomitee der SED vom Ministerium für Volksbildung Berlin, abgezeichnet von Margot Honecker, Gen. Dietzel, Gen. Prof. Müller, Gen. Machacek: Abschließende Information zu den Vorkommnissen an der Pädagogischen Hochschule „Dr. Theodor Neubauer“ Erfurt/M., Ministerium für Volksbildung, 7.7.1976.

372 Ebd., S. 153, Hauptabteilung Lehrerbildung, Ergänzende Informationen über die besonderen Vorkommnisse an der Pädagogischen Hochschule Erfurt/Mühlhausen, 20.9.1976.

Diese FDJ-Aktivtagung empfanden wir als Tribunal. Eine Stunde vor Beginn der Versammlung hatte man Gabi Kachold isoliert zu einem Disziplinarverfahren vorgeladen und sie exmatrikuliert. Danach begann die FDJ-Aktivtagung in entsprechend aufgeheizter Stimmung. Der Saal war bis auf den letzten Platz belegt. Der Rektor, Professor Glocke, alle Prorektoren und Parteisekretäre, mehrere Inspektoren des Ministeriums für Volksbildung in Berlin, sämtliche Dozenten des Lehrkörpers und die ausgewählten beeinflussten Studenten saßen uns wenigen Studenten gegenüber: sechs Studenten aus meiner Seminargruppe DK 73 und zwei Studenten aus der KD 74. Wir sollten uns nun von unseren falschen politischen Positionen distanzieren. Es war ganz klar, was das bedeutete: Exmatrikulation oder Weiterstudieren, in meinem Falle musste ich auch an meine Familie denken. Wir fühlten uns alle schrecklich. Zwei Studentinnen haben sich nicht distanziert und wurden am darauffolgenden Tag exmatrikuliert.
Wir anderen distanzierten uns. *„Konkret angesprochen distanzierten sich die Studentinnen Renner, Stiller und Anger von ihrem bisherigen Verhalten, wobei die abgegebenen Erklärungen für das FDJ-Aktiv nicht sehr überzeugend waren“*, wie die Inspektoren des Ministeriums für Volksbildung Berlin befanden.[373] Ebenfalls wurden wir als FDJ-Gruppenleitung von unserer Funktion *„wegen groben Verstoßes gegen die Verbandsdisziplin“*[374] mit sofortiger Wirkung entbunden und die beiden SED-Genossinnen der Seminargruppe wurden wieder, wie schon einmal, zur FDJ-Leitung ernannt. Fortan stand unsere Seminargruppe unter Beobachtung. Eine solche Entwicklung sollte nicht noch einmal geduldet werden.
Auf den Fluren der Hochschule kam es dann immer wieder zu heimlichen Sympathiebekundungen seitens einiger Dozenten, die unserem Wunsch nach Veränderung Verständnis entgegenbrachten.

Martina Pontius, geb. Anger, geb. 1954; 1973–1977 Studium, Abschluss als Diplom-Lehrer für Deutsch und Kunsterziehung, 1977–1980 Lehrer in Leipzig, 1980–1995 wissenschaftliche Mitarbeiterin im Museum für Thüringer Volkskunde Erfurt, 1996–1999 Ausbildung zur Logopädin, 1999 bis heute Lehrlogopädin an der Höheren Berufsfachschule für Logopädie Erfurt.

373 Ebd., S. 153, Hauptabteilung Lehrerbildung Inspektion, Ministerium für Volksbildung Berlin, Ergänzende Information zu den Vorkommnissen an der Pädagogischen Hochschule Erfurt/M., 20.9.1976.
374 Ebd.

// Warum wollte ich eigentlich studieren?

Dipl.-Päd. Lutz Rathenow (Friedrich-Schiller-Universität Jena, Studienjahrgang 1973–1977, Fachbereich Deutsch/Geschichte, 1977 Exmatrikulation ohne Abschluss)

Meine Mutter wurde einmal von zwei Männern besucht und sprach mit ihnen allein im Wohnzimmer. Ich versuchte an der Tür zu horchen, es ging um den Nachbarn, ich verstand nichts Genaues. Das Gespräch war kurz. Als die Leute rausgingen, holte meine Mutter einen feuchten Lappen und wischte die Stühle gründlich ab: *„Der Dreck, den die Stasi reinschleppt, muss weggemacht werden."* Das Säubern als Gegenwehr gegen die Permanenz politischer Kontrolle.[375]
So lernte ich nebenbei und eindrücklich, dass das MfS eine schmutzige Sache sei. Noch beim Abendbrot schimpfte sie auf die Männer und erklärte meinem Vater, dass sie denen nur Gutes über die Nachbarn gesagt hätte – die erste Lektion in puncto Staatssicherheit noch vor der Schule.
Meine Mutter blieb wütend auf die Männer, aber auch auf sich selbst und den Staat, der es ihr mit Rücksicht auf die Arbeit des Mannes (Direktor Stadtverkehr Jena) nicht erlaubte, einfach „Ich rede nicht mit Ihnen!" zu sagen. Dachte und glaubte sie und schimpfte dennoch, um ihre Scham wegzuschimpfen, überhaupt mit ihnen gesprochen zu haben.
Als das MfS das nächste Mal in die Wohnung in Jena-Ost kam, da war ich Student an der FSU Jena und es waren fünf oder sechs Mitarbeiter, es ging um eine Hausdurchsuchung und meine Festnahme, ein dreißigstündiges Verhör und zwei weitere danach. *„Sie sitzen im Zug der Republik im letzten Wagen, bei der nächsten Biegung werden Sie abgehängt."* – Jeder ihrer Sätze kappte einen der Fäden, die mich noch unsichtbar mit dieser Republik verbanden. *„Wir untersagen Ihnen, weiterhin doppeldeutige Gedichte zu schreiben. Auch keine dreideutigen. Wir haben Experten, die alles entschlüsseln."* Ich lächelte in mich hinein und hatte Angst.
Warum wollte ich eigentlich studieren? Die Antwort ist peinlich: um nicht mit der Hand arbeiten zu müssen. Das war scheußlich: Feilen, Drehen, Fräsen beim VEB Carl Zeiss Jena, das musste ich als Oberschüler alle vierzehn Tage. Nur Bohren an der Bohrmaschine klappte besser, aber ein lästiger Ölfilm legte sich auch hier in die Nase

375 Die Stasi wollte in erster Linie keine Denunziationen, sondern brauchbare Informationen. Sie plante nicht, alle zu unterdrücken, sondern so viele wie möglich zu Mitwirkenden ihrer Unterdrückung zu machen. Im Idealfall sollten die Menschen das gar nicht mehr bemerken, sondern für eine schlichte Selbstverständlichkeit halten. Die Stasi hatte aus der Geschichte gelernt: möglichst für die Öffentlichkeit unauffällig wirken, auf die Unterdrückung nicht zu verzichten, sie aber in lauter kleine Unterdrückungseinheiten zu zerlegen, damit öffentlich so wenig wie möglich geprügelt oder nur manchmal an der Grenze geschossen werden musste.

und über die Haut. Die Haare hatten unter einem ekligen Haarnetz zu verschwinden. Eine Tarnkappe für den Menschen, die den willigen Produktionsarbeiter vortäuschte. Als Abschreckung funktionierte der Unterrichtstag in der Sozialistischen Produktion (UTP) bestens.

Das Studium war spannend, ich lernte in der Seminargruppe meine spätere (und heutige) Ehefrau Bettina kennen. Und es gab politische Auseinandersetzungen in Permanenz. Ich schrieb Gedichte und satirische Prosatexte von einem Herrn Leibling, der als Gärtner Minitretminen gegen Ameisen legte. Wir diskutierten über Eurokommunisten abseits des sowjetischen Kurses.

Bis nach der Ausbürgerung Wolf Biermanns[376] in Jena ganz besonders aufgeräumt worden ist: 50 Festnahmen mit Hausdurchsuchungen, 10 Ermittlungsverfahren. Wir lebten als Studenten in Jena in einem Ostdeutschland mit zehn oder zwölf Westrundfunksendern und schauten nur Westfernsehen.

Der Westen aber schaute über uns hinweg. Die meisten jüngeren Westmenschen interessierte Restdeutschland wenig. „Nicaragua ist mir näher als Jena", sagte eine Studentin vom Bodensee auf der Durchreise. Ich nickte und ignorierte die Bundesrepublik auch. Bis auf Rundfunkprogramme und ein bisschen Fernsehen. Dieser Teil des Westens gehörte immer zu Jena, zum Studium irgendwie auch.

Die USA, wie Jimi Hendrix,[377] das klang. Sie flüsterte die ganze Zeit Woodstock. „Der Fänger im Roggen"[378] erschien sogar in der DDR. Danach muffte uns der Osten noch trister entgegen. Zur Abwechslung schauten wir nach China und ich besorgte eine Fibel vom großen Vorsitzenden Mao Tse-tung. Der plötzlich in der DDR auch verboten worden war wie der ganze chinesische Kurs. Ich zeigte sie angeberisch herum und vermied ihre Lektüre. Schon beim Blättern störte der anmaßende Ton. Der *Klassenkrampf*. Wollte uns nicht mal einer das Schreiben von Gedichten verbieten? Auch so ein Wessi, den wir damals „Bundi" nannten („Gedichte sind Krampf im Klassenkampf", Franz Josef Degenhardt[379]).

Wir waren süchtig nach Poesie und sahen uns alle als Dichter. Die bescheideneren nur als Schriftsteller. Schon vor dem November 1976 gab es ständig Ärger. Wir woll-

376 Wolf Biermann (geb. 1936), deutscher Liedermacher und Lyriker, der wegen seines systemkritischen Engagements in der DDR 1976 ausgewiesen und ausgebürgert wurde. (Anm. d. Hg.)

377 Jimi Hendrix (1942–1970) US-amerikanischer Sänger, Gitarrist und Komponist; sein Auftritt 1970 in Berlin wurde auch in der DDR, wo möglich, von der jungen Generation mit großem Interesse wahrgenommen. (Anm. d. Hg.)

378 J. D. Salinger: Der Fänger im Roggen (Original: The Catcher in the Rye, Boston/USA 1951; dt. Erstausgabe Stuttgart/Konstanz 1954) (Anm. d. Hg.).

379 Franz Josef Degenhardt (1931–2011) (west-)deutscher Liedermacher, Romanautor und Jurist mit starkem politischem Engagement (APO; als Rechtsanwalt Verteidiger von Mitgliedern der RAF; SPD und DKP); korrespondierendes Mitglied der Akademie der Künste der DDR. (Anm. d. Hg.)

Der Autor (links) zusammen mit Roland Jahn (wenige Tage nach seiner Entlassung aus der Haft) in Jena, März 1983 (Überwachungsfoto der Stasi, Archiv L. Rathenow)

ten keine Reserveoffiziersanwärter[380] sein und fragten vor den Volkskammerwahlen, wie man einen Gegenkandidaten zu Kurt Hager[381] nominiert. Für Kurt Hager war ich sozusagen mit dem Arbeitskreis[382] so etwas wie ein junger Anti-Kulturpolitiker.
Der Ärger machte Spaß. Es gab jede Woche Aussprachen, in die sich Angst einschlich. Es drohte der Rauswurf. Als ich im April 1976 zur Bewährung in die Produktion geschickt werden sollte, schrieb ich dem Schriftsteller Volker Braun[383] einen langen Brief. Der ging zu seinem einflussreichen Bekannten[384] und machte gegen den Rausschmiss

380 Zu den Reserveoffiziersanwärtern (ROA) vgl. den Kommentar von Günter Knoblauch, „Studium und Wehrdienst". (Anm. d. Hg.)

381 Kurt Hager (1912–1998) war Mitglied des Zentralkomitees und des Politbüros der SED sowie Mitglied des Staatsrates der DDR. Seit seiner Rückkehr aus der Emigration 1946 bis zum Ende der DDR war er der für Kultur und Bildungspolitik bestimmende Politiker – der Chefideologe der SED. Er galt als Dogmatiker – deshalb auch die Reaktion der Studenten. Bekannt wurde sein Ausspruch zu den Reformen Gorbatschows: „Würden Sie […], wenn ihr Nachbar seine Wohnung neu tapeziert, sich verpflichtet fühlen, Ihre Wohnung ebenfalls neu zu tapezieren?" (Interview mit der bundesdeutschen Illustrierten „Stern" am 9. April 1987; am 10. April 1987 auch im „Neuen Deutschland".) (Anm. d. Hg.)

382 Lutz Rathenow hatte 1973 den oppositionellen Arbeitskreis „Literatur und Lyrik Jena" gegründet, der 1975 verboten wurde. (Anm. d. Hg.)

383 Volker Braun (geb. 1939 in Dresden), deutscher Schriftsteller, beschäftigte sich mit Widersprüchen und Hoffnungen in einem sozialistischen Staat. (Anm. d. Hg.)

384 Volker Braun nannte mir seinen Kontakt im ZK nicht. Für meinen Vater war das prägend mitzuerleben, wie rasch der Parteikurs bei einer Sache wechseln konnte.

Druck. Die SED-Zentrale pfiff ihre Jenaer Genossen zurück. Mitten in einer Aussprache der Uni-Parteileitung mit meinem Vater (der mich zum freiwilligen Abgang in die Arbeitswelt überreden sollte) kam der alles ändernde Anruf. *„Wir haben uns entschlossen, weiter mit deinem Sohn zu arbeiten"*. Ja, die Partei hatte immer Recht,[385] nur wusste sie manchmal nicht wie. Wolf Biermann und Robert Havemann[386] waren noch Feinde und Jürgen Fuchs[387] und Siegfried Reiprich[388] schon zu Feinden geworden. *„Es wird keinen Jenaer Frühling geben!!!"*, sagte ein Dozent in einer Aussprache.

Aber eine andere Geschichte vom Studium will ich wiedergeben: Ich erschrak immer wieder beim Lesen des „Völkischen Beobachters" in der „Deutschen Bücherei" zu Leipzig, für die ich einen Genehmigungsschein hatte. Für meine Diplomarbeit. Einen sehr weitgehenden, um sechs Jahrgänge dieses Nazihetzblattes durchzuarbeiten, das oft wie eine normale Zeitung wirkte. Wenn nicht gerade Parteitag oder Staatsfeiertag war oder die Nürnberger Gesetze gegen die Juden verkündet worden sind. Oder Hitler eine seiner Reden seitenlang ausbreiten ließ, was mich in der drögen Gestaltungsart an die Tageszeitung „Neues Deutschland" in meiner DDR erinnerte, die ich am Morgen beim Frühstück noch überblättert hatte. Eigentlich nur überflogen. Es gab im „Völkischen Beobachter" interessante Artikel, verblüffende Berichte über Naziverbündete und Sympathisanten weltweit. Ich war mir mit vierundzwanzig Jahren völlig sicher, absolut immun gegen jede Form des Faschismus zu sein und auf der richtigen Seite zu stehen. Immer für die Unterdrückten und Entrechteten einzutreten. Schon als Kind fühlte ich mich auf der Seite der Indianer im Freiheitskampf gegen die Weißen. In Nordamerika. Eigentlich wählte ich das Thema Hitlerkult als Geschichtsstudent, um einerseits die Parallelen zu Stalin herauszulesen. Um mir endlich einen Überblick über westdeutsche Literaturzeitschriften zu verschaffen. Ich stieg also Wochen lang die eiserne Wendeltreppe in Leipzig hinauf. Zu der sich nur auf Klingelzeichen öffnenden Tür und trat ein in den Raum für Schriften und Bücher mit dem strengsten Genehmigungsnachweis. Verschlussliteratur. Der Zuständige kontrollierte den Ausweis, prüfte jedes Mal neu den von der Sektion Geschichte abgestempelten Genehmigungsschein und reichte den neuen Stapel „Völkischer Beobachter". Ich blätterte mich hinein in die Nazizeit. Und im Zeitraffer hindurch. Ich verabscheute die Nazis so, dass ich gar nicht darüber nachdenken wollte, warum. Es wäre mir schon als Annäherung

385 Vgl. Anm. 25.

386 Vgl. Anm. 274.

387 Jürgen Fuchs (1950–1999), deutscher Schriftsteller und Bürgerrechtler, Vertreter der Opposition in der DDR. Er war Ziel von „Zersetzungsmaßnahmen" durch die Staatssicherheit der DDR. (Anm. d. Hg.)

388 Siegfried Reiprich, geb. 1955 in Jena; deutscher Schriftsteller und Bürgerrechtler; zwangsexmatrikuliert wegen seiner kritischen Haltung gegenüber dem SED-Regime in der DDR; auch nach der Ausbürgerung aus der DDR und nach der deutschen Einheit politisch aktiv; u. a. Geschäftsführer der Stiftung Sächsischer Gedenkstätten. (Anm. d. Hg.)

erschienen. Jetzt bekam meine Selbstgerechtigkeit Risse und ich begriff erst in diesem Lesesaal, wie gefährlich die Nazipropaganda wirklich war. Und wie wenig die DDR sich wirklich mit ihr konkret auseinandersetzte.

Lutz Rathenow wurde 1952 in Jena geboren, Wehrdienst in den Grenztruppen der DDR, Studium an der Universität Jena (Deutsch und Geschichte), Gründung des *oppositionellen* Arbeitskreises „Literatur und Lyrik Jena“, der Arbeitskreis wurde 1975 verboten, 1976 Festnahme mit Hausdurchsuchung und Anfang 1977, drei Monate vor dem Examen, wegen „Zweifeln an Grundpositionen, Objektivismus und Intellektualisieren der Probleme“ exmatrikuliert. Danach Beifahrer und Transportarbeiter beim VEB Carl Zeiss Jena. 1977 in (Ost-)Berlin Arbeit beim Theater und freier Schriftsteller, 1980 dreimonatiges Ermittlungsverfahren wegen des ersten nur im Westen erschienen Buches. Aktiv in der Bürgerrechtsbewegung, Netzwerker zu oppositionellen Kreisen in Ost und West.[389]
1992 wurde ihm mit der formellen Rehabilitierung von der Friedrich-Schiller-Universität Jena nachträglich das Abschlussdiplom verliehen. Seit 2011 ist er Sächsischer Landesbeauftragter für die Stasi-Unterlagen.

// Wir lasen bändeweise Marx, Engels, Lenin und Luxemburg

Dipl.-Lehrer Gabriele Stötzer, verh. Kachold (Pädagogische Hochschule Erfurt, Studienjahrgang 1973, Fachbereich Deutsch/Kunsterziehung, Exmatrikulation ohne Abschluss 1976, Studienabschluss an der Pädagogischen Hochschule, Diplom 1991)

Ich hatte nach der Berufsausbildung als medizinisch-technische Assistentin gearbeitet und auf der Abendschule Abitur gemacht, um zu studieren, denn Wissen erlangen bedeutete für mich die Zukunft. Doch an der Pädagogischen Hochschule Erfurt, wo ich 1973 begann, sollte man nicht viel mehr lernen, als man später in der Schule lehren sollte. Und so wiederholte sich der Stoff. Nur ausführlicher. Ein großes Faustseminar war das Highlight. Ansonsten Thomas Mann. Hermann Hesse nicht. Christa Wolf[390] mit „Der geteilte Himmel“ zeigte die Richtung an: im Lande bleiben, Liebes-

389 Viele historische und biografische Details finden sich in: Harald Hauswald/Lutz Rathenow: Ostberlin – Leben vor dem Mauerfall. Mit einem Vorwort von Ilko-Sascha Kowalczuk, 6., erw. Aufl., Berlin 2014 (zuerst erschienen unter dem Titel: Ostberlin. Die andere Seite einer Stadt in Texten und Bildern, München/Zürich 1987, in der DDR verboten).
390 Christa Wolf (1929–2011) war eine deutsche Schriftstellerin. Sie zählt zu den bedeutendsten Schriftstellerpersönlichkeiten der DDR und ist international bekannt. Ihr Werk wurde in viele Sprachen übersetzt.

verzicht. Kritik am Land war wieder unerwähnbar. Volker Brauns „Die unvollendete Geschichte“ tippten wir selber aus der Zeitschrift „Sinn und Form“ ab und reichten sie herum. Das „Leiden (und Sterben) des jungen W.“ von Ulrich Plenzdorf[391] gab es auf der Bühne, aber nicht im Unterricht. Ebenso den jungen Brecht: Der „Baal“ wurde in Erfurt inszeniert und viele unserer Freunde gingen zum Theater.

In der Kunst Ähnliches, ausgiebig die vergangenen Epochen. Und in der Gegenwart der sozialistische Realismus. Arbeiter-und-Bauern-Optimismus. Namen wie Womacka, Neubert[392], Sitte[393], Tübke[394] standen für die offizielle Sicht dieser Zeit. Der Bauer war der Held im Bauernaufstand, der Arbeiter baute die Zukunft auf und die Frau stand dabei in Arbeiterkleidung mit dem Kind im Arm beschützt vom Soldaten mit Gewehr. Natürlich war die Darbietung der Materie wichtig, inwieweit ein Dozent das fühlte, was er vermittelte, aber die Erfolgsleiter an der Hochschule war eine Parteileiter und die Ideologie löschte das Fühlen aus.

Wenige der Professoren hatten eine eigene Meinung, alles war vorgegeben. Die Wertung ersetzte den Zugang zum Stoff. Gegenwartsrichtungen der Moderne wurden ausgespart. Die „Mühen der Ebenen“ von Mattheuer[395] waren als kritische Bilder gerade noch diskutabel, aber ihre Signale an uns, sich aus den Ebenen hinauf oder hinabzubewegen, wurden ignoriert. Die Politik stand still, nach innen durfte sich nichts verändern, der Feind war draußen, hinter der Grenze, und die Zeit nannte sich „Kalter Krieg“, was bedeutete, Angst zu haben, sich zu ducken, zu warten. Dazu grassierte fast humorvoll ein Satz von Volker Braun[396]: *„Die DDR ist das langweiligste Land der Welt.“*

In dieser Zeit lasen wir „zwischen den Zeilen“ der öffentlichen Zeitungen. Und als auf einem der SED-Parteitage Margot Honecker[397] sagte: *„Wenn es um Kultur und Kunst geht, darf es keine Tabus geben“*, dachten wir, es geht voran. Wilfried Linke aus unserer Seminargruppe gründete gleich im ersten Studienjahr die Studentenbühne und insze-

---

391 Ulrich Plenzdorf (1934–2007) war ein deutscher Schriftsteller, Drehbuchautor und Dramaturg. Sein bekanntestes Werk ist das 1972 in Halle (Saale) uraufgeführte Bühnenstück „Die neuen Leiden des jungen W.“.

392 Willi Neubert (1920–2011), bekannt durch seine großformatigen Emaille-Bilder, Seit 1964 war Willi Neubert Mitglied der Akademie der Künste. Von 1963 bis 1967 war Neubert Abgeordneter der Volkskammer für den Kulturbund. 1971 wurde er Professor im von ihm mitgegründeten Instituts für Architekturemail in Thale.

393 Willi Sitte (1921–2013) wurde u.a. durch seine muskulösen Arbeiterfiguren bekannt. Sitte studierte Malerei, wurde 1951 Professor, war 1974 bis 1988 Präsident des Verbandes Bildender Künstler in der DDR, 1986 bis 1989 Mitglied des Zentralkomitees der SED, seine politische Einstellung und Haltung gegenüber Kollegen ist umstritten. (Anm. d. Hg.)

394 Vgl. Anm. 334.

395 Vgl. Anm. 333.

396 Vgl. Anm. 383.

397 Margot Honecker (1927–2016), SED-Politikerin, 1963–1989 Ministerin für Volksbildung in der DDR, Witwe Erich Honeckers, lebte seit 1992 in Chile.

nierte Majakowskis „Die Wanze“[398]. Unser Fokus stand auf Veränderung der Gesellschaft und diese Energie fanden wir im Beginn des realen Sozialismus in der Sowjetunion. Die Ideologie der ROSTA-Fenster[399], die den Arbeiter als eine Art Superhelden darstellten, ermunterte uns, im „Antispießer“ ein neues Lebensideal zu sehen. Wir versuchten, Trotzki[400] und Bakunin[401] zu lesen, um die festgefahrenen Konturen des Sozialismus zu öffnen. Wir lasen bändeweise Marx, Engels, Lenin und Luxemburg.[402]

Gabriele Stötzer 1978 in Dresden (Quelle: Archiv Gabriele Stötzer)

Wir waren selber jung und auf Gesellschaftliches orientiert. Strindberg[403] oder Ibsen[404], was ja bedeutet hätte, sich mit sich selbst zu beschäftigen, bedeutete Individualismus. Dieses Wort, das ich noch mit Egoismus gleichsetzte, hatten wir damals noch nicht entdeckt.

Als ich in der ersten Stunde des Psychologieseminars nach Sigmund Freud[405] fragte, sagte mir der Dozent: *„Freud hat das Unterbewusste analysiert, wir arbeiten am Bewusstsein der Menschen“*, was ein sozialistisches war. Wir kamen dann bis zu den Pawlowschen Hundeversuchen[406],der Konditionie-

398 Wladimir Majakowski (1983–1930), georgischer (sowjetischer) Schriftsteller und Vertreter eines kommunistischen Futurismus. Gegen Ende der 1920er Jahre kritisierte auch Majakowski die Entwicklungen in der sowjetischen Gesellschaft, vor allem die zunehmende Bürokratie. Das bezeugt sein satirisches Drama Die Wanze, 1929. Er beging 1930 Selbstmord.

399 ROSTA-Fenster waren sowjetische Propagandaplakate. Sie wurden von der russischen Telegrafen-Agentur ROSTA, die mit Künstlern wie Majakowski zusammenarbeitete, herausgegeben. Die Plakate standen immer unter einem bestimmten Thema und zeigten meistens 4 (maximal 12) thematisch zusammengehörige Einzelbilder.Siehe dazu den Beitrag, „Die politische Grafik in der DDR. Kunst im Bildungssystem?“ unter „Studentische Kultur“. (Anm. d. Hg.)

400 Leo Trotzki (1879–1940), eigentlich Lew Bronstein, russischer Revolutionär, Politiker und marxistischer Theoretiker. 1917 Volkskommissar des Auswärtigen, 1918 Volkskommissar für Verteidigung. Gründer der Roten Armee. Trotzki wurde 1927 von Josef Stalin entmachtet und ins Exil getrieben, wo ihn 1940 ein sowjetischer Agent ermordete. (Anm. d. Hg.)

401 Michail Bakunin (1814–1876), russischer Revolutionär und Begründer des sogenannten kollektivistischen Anarchismus. (Anm. d. Hg.)

402 Marx, Engels, Lenin waren Pflichtliteratur, Rosa Luxemburg fakultativ.

403 August Strindberg (1849–1912), schwedischer Schriftsteller und Künstler.

404 Henrik Ibsen (1828–1906) war ein norwegischer Dramatiker und Lyriker, der gegen die Moral und „Lebenslüge“ seiner Zeit zu Felde zog und im „Kampf der Geschlechter“ den Standpunkt der Frau vertrat.

405 Siegmund Freud (1856–1939) gilt weltweit als Begründer der Psychoanalyse. Er war in der DDR kein Lehrstoff, da die Psychoanalyse in der DDR als unwissenschaftlich und bürgerlich abgetan wurde.

406 Der russische Physiologe und Mediziner Iwan Petrowitsch Pawlow (1849–1936) entdeckte bei seinen Versuchen mit Hunden das Prinzip der klassischen Konditionierung. Es besagt, dass einem natürlichen, „unbedingten“ Reflex durch Lernen/Training ein neuer, „bedingter“ Reflex hinzugefügt werden kann. (Anm. d. Hg.)

rung der Menschen auf etwas, das sie erwarten (den Sozialismus), aber nie erreichen sollten.

Dazu kam, dass vor allem gerade in der Psychologie und Philosophie fast alles Sekundärliteratur war – zu über 90 Prozent – und wir wollten primäre Texte lesen. Wir besorgten uns nun eigene Bücher. Erich Fromm[407] ebenso wie Alexander S. Neill[408]. Ein damaliger Kommilitone, Eugen Blume, der nach kurzer Zeit des Studiums krank wurde und die Hochschule verließ[409], erzählte mir vor zwei Wochen, dass er damals mit Wilfried Linke zur Sparte Pädagogik ging, um das Projekt Summerhill, antiautoritäre Erziehung, in den Lehrstoff aufzunehmen. Aber ihnen wurde von den Lehrkräften gesagt, dass das schon längst analysiert und dialektisch in unser System der sozialistischen Pädagogik aufgenommen wäre.[410] Eugen Blume hat zu Majakowski noch das Bühnenbild gemacht, und ich war so 'ne Art Dramaturgin und wie gesagt Wilfried Linke der Regisseur. Wilfried Linke hatte vor dem Studium in Erfurt in Jena studiert, kannte dort den Kreis um Jürgen Fuchs[411], Lutz Rathenow[412], den Maler Gerd Sonntag[413]. Der Weg einer gesellschaftlichen Veränderung von oben wurde diskutiert, Fuchs war sogar in der Partei. Wir luden ihn ein, in Erfurt seine Gedichte zu lesen. Ein anderer ehemaliger Jenaer Kommilitone, Eberhard Stein, war Dozent an der TU Ilmenau. Er sang Lieder von Wolf Biermann, dessen Texte wir abtippten und weiterreichten. Wir lasen Havemann und suchten die Kritik in der Reformation der eigenen Ideologie, keiner widerlegte den Sozialismus total.

Dazu muss ich sagen, dass unsere Seminargruppe zum größten Teil aus Frauen bestand, die mit Studieren, Heiraten und Kinderbekommen zu tun hatten. Andere waren elegisch, depressiv, dachten an Selbstmord und waren irgendwie abwesend. Ich schrieb in dieser Zeit ein Stück für Studenten, „Der Schlaf". Die „andere Frau" für mich suchte ich beim Studium von Rosa Luxemburg, die uns mit ihrem Satz: *„Freiheit ist die Freiheit anderer"* immer aktivierte. Aber ich las auch Friedrich Engels über die

---

407 Erich Fromm (1900–1980), deutsch-amerikanischer Psychoanalytiker, Philosoph und Sozialpädagoge. Er vertrat einen demokratischen, humanistischen Sozialismus. (Anm. d. Hg.)

408 Alexander Sutherland Neill (1883–1973), war ein Pädagoge und langjähriger Leiter der von ihm gegründeten Demokratischen Schule Summerhill in Leiston, England. Neill gilt als Begründer des Konzepts der antiautoritären Erziehung. Zu den Erfahrungen damit in der DDR vgl. auch den Beitrag von Manfred Mortzeck, „Eigeninitiative als Stolperstein" in diesem Band. (Anm. d. Hg.)

409 Prof. Dr. Eugen Blume (geb. 1951 in Bitterfeld) ist Leiter der Nationalgalerie im Hamburger Bahnhof, Museum für Gegenwart, Berlin. Blume studierte 1972–1974 Pädagogik in den Fächern Deutsch und Kunsterziehung an der Pädagogischen Hochschule in Erfurt. Siehe auch den Beitrag, „Die politische Grafik in der DDR. Die Studentenbühne der Pädagogischen Hochschule Erfurt" unter „Studentische Kultur" (Anm. d. Hg.)

410 Siehe dazu den Beitrag von Manfred Mortzeck, „Eigeninitiative als Stolperstein". (Anm. d. Hg.)

411 Vgl. Anm. 389.

412 Vgl. den Beitrag: Lutz Rathenow, „Warum wollte ich eigentlich studieren?" in diesem Band. (Anm. d. Hg.)

413 Gerd Sonntag (geb. 1954), Maler in Jena aus dem Kreis um Jürgen Fuchs.

… so sah Erfurt 1978 um uns herum aus, während wir „hoch intellektuelle" gesellschaftserneuernde Reden schwangen (Foto: Tilo Stolzenhain)

Rolle der Frau im Matriarchat und versuchte eine tiefere Kraft im Jetzt zu erkennen. So nach und nach wachten die anderen Frauen in unserer Seminargruppe auf und traten mehr in den Vordergrund. Unseren Aktionsraum suchten wir mit der FDJ, was wir vorher abgelehnt hätten, weil man da „nicht mitmachte". Die FDJ-Leiterin und Vertreterin waren zwei Jahre unsere beiden Parteigenossinnen gewesen. Jedes Jahr am Anfang des Semesters wurde die neue FDJ-Leitung gewählt. 1975 machten wir das anders. Wir ließen jeden einen Namen auf einen Zettel schreiben und diese wurden in einen Karton gesteckt. Nun waren andere Namen darauf: Martina Anger[414], Katja Renner[415], Gabriele Kachold usw. und so haben wir uns die Posten geteilt – Martina wurde FDJ-Sekretärin, ich FDJ-Stellvertreterin, Katja machte Schriftführerin. Die beiden Parteimitglieder beschwerten sich darüber bei ihrer Parteileitung, aber die Wahl war demokratisch und nicht anfechtbar. Ich war in dieser Zeit mit dem Polytechnikstudenten Dietmar Kachold verheiratet und wir hatten eine Wohnung, wo wir uns trafen. Wir begannen auch, zusammen zu lernen. Ein Dozent mit Namen Wolf-

414 Siehe dazu auch den Beitrag von Martina Pontius (geb. Anger), „Es herrschte eine Atmosphäre der Angst und Beklemmung". (Anm. d. Hg.)

415 Katja Renner war eine engagierte Kommilitonin der DK73.

gang Nietsche erklärte uns die Antike mit solcher Begeisterung, dass wir Spezialisten wurden und eine „Eins“ im Kunstabschluss erhielten.
Als Wilfried Linke im Januar 1976 nach einem Aufruf zur Verbesserung des Marxismus-Leninismus-Unterrichtes der Hochschulzeitung „WIR“ (wissenschaftlich informativ richtungsweisend) „Sieben unverblümte Äußerungen über Bekanntes (Sätze zum Anzweifeln)“[416] schrieb und der Artikel nicht veröffentlicht wurde, stellte sich die FDJ-Leitung hinter ihn. Ich erhielt vom Redakteur die Antwort: *„Ich wollte euch nicht in offene Messer laufen lassen.“* Andere Kommilitoninnen hörten, dass der Artikel *„wegen falscher politischer Positionen zurückgewiesen“ wurde.* In späteren Aufzeichnungen der Hochschule steht: *„Linke ging es darum, Erkenntnisse des Marxismus-Leninismus infrage zu stellen und durch aus dem Zusammenhang gerissene Zitate die Politik unserer Partei und die sozialistische Wirklichkeit der DDR zu verunglimpfen.“*[417] Wir reagierten, indem wir den Artikel vervielfältigten und in andere FDJ-Gruppen weitergaben, uns zu Diskussionen einladen ließen. Das wirkte ungemein anregend. Waren vorher die Sektionen Deutsch/Kunst von den Polytechnikern verlacht und diese von den Mathematikern verachtet, gab es nun ein kleines gemeinsames Vielfaches, was uns alle motivierte, miteinander freundlich umzugehen. Man grüßte sich auf dem Campus, wurde in der Mensa von anderen Sektionen zum gemeinsamen Mittagessen eingeladen und es war ein hoffnungsfroher Frühling, der mich und andere beim Studium beflügelte und angekommen fühlen ließ. Angst hatten wir nicht und die Stasi war 1976 für uns kein Begriff. Unsere Gegenspieler waren nach unserer Meinung die sichtbaren Menschen in ihren unkündbaren Posten.
Wilfried Linke schickte seinen Artikel – „Sieben unverblümte Äußerungen über Bekanntes (Sätze zum Anzweifeln)“ – auch an die Zeitschrift „Forum“, der Chefredakteur wies ihn wegen einer „falschen ideologischen Position“ zurück und sendete an die Hochschule eine Information. Wilfried Linke sollte nun zu seinem Artikel Stellung nehmen und wurde mit Martina Anger am 23. Februar 1976 vom Direktor der Sektion Philologie, Literatur- und Kunstwissenschaften (PLK), Genosse Professor Zacharias, von Genossin Dr. Helga Tille aus der Sektion PLK (Philologie, Literatur und Kunst), von Dr. Knop[418] (Seminargruppenberater der DK73) sowie Genosse

416 Siehe die Veröffentlichung des Artikels in diesem Band: Wilfried Linke, „Sieben unverblümte Äußerungen über Bekanntes (Sätze zum Anzweifeln)“. (Anm. d. Hg.)

417 Aus Kopien aus dem Bundesarchiv, Nummer: Sign. DR 2/28787, S. 95: Information vom 4.11.1976 Über einige Probleme der politisch-ideologischen Arbeit an der Pädagogischen Hochschule Erfurt/Mühlhausen im Zusammenhang mit gegnerischen Aktivitäten.

418 Dr. Knop, Seminargruppenberater der DK73, wurde 1976 abgesetzt, weil er im Fall Linke gegen die Hochschule stand.

Dr. Radecker[419] (Direktor für Erziehung und Ausbildung) eingeladen. Der Artikel war jetzt „revisionistisch", was Wilfried abstritt und widerlegte. Heraus kam: *„Linke macht zunehmend Schwierigkeiten."*[420] Andere Aussprachen folgten, die nächstgrößere war am 1. März 1976, wo Wilfried Linke die Ablehnung des Artikels durch die HPL (Hochschulparteileitung) verkündet wurde und ein Verbot ausgesprochen wurde, den Artikel auf illegale Art unter den Studenten zu verbreiten (dazu gehörte, illegal vervielfältigen und in die Postfächer verteilen). Aber es ging weiter, am 10. März 1976 wurde eine FDJ-Versammlung zum Thema Artikel einberufen, am 11. März eine Aussprache über Kollektivbildung in der Seminargruppe (SG), wobei Dr. Radecker meinte: *„Linke betreibt intellektuellen Terror in der SG."*

Es gab Aussprachen nun in größerem und kleinerem Kreis, immer mit Wilfried Linke, der als Beistand Martina Anger oder mich in die Veranstaltungen mit hineinnahm. So am 16.3. und 19.3. und 22.3. und 29.3. und 30.3. und 31.3. und 12.4. und 26.4. und 28.4. und 3.5. und 17.5. und 19.5. und 20.5. und sechs weitere Aussprachen. Ich kann mich erinnern, dass es in dieser Zeit eine solche Anspannung gab, dass sie uns vollkommen vom Lernstoff ablenkte, das Leben ging von Aussprache zu Aussprache. Einmal erinnere ich mich, dass ich im Lehrgebäude 1 im Vorlesungssaal nach einer dieser Aussprachen eine eigene Vorlesung machte, zu der mindestens 30 Studenten kamen. Die Argumente wurden immer ablehnender. Unser Wort Dialog wurde als Pluralismus definiert und das war gegen die führende Rolle der Partei, also staatsfeindlich. Und da die Kritik in der DDR nie unter und aus uns sein konnte, wurde beim Klassenfeind gesucht und gefunden. Einmal wurden wir mit amerikanischen Namen konfrontiert, an die ich mich nicht mehr erinnern kann, das bedeutete aber, dass unsere Ansichten auch woanders diskutiert wurden, und das gab uns kurz eine Beziehung zu einer anderen, offeneren Welt, zu der wir keinen Zugang hatten, gleichzeitig entstand Angst aus der vollkommenen Machtlosigkeit und dem Ausgeliefertsein gegenüber den Vorwürfen der Hochschulleitung.

In dieser Zeit schrieb ich alle Daten in einem Gedächtnisprotokoll auf, das Jürgen Fuchs als eine Art literarisches Gedächtnis als Kunstform entwickelt hatte.[421]

Am 11. Juni 1976 wurde Wilfried exmatrikuliert, ich war sein Beisitzer. Antragsteller war Professor Zacharias, der eine etwa zehn Seiten lange Anklageschrift vorlas. Ihm wurde die Verbreitung des Artikels, eine revisionistische Plattform, die Position des Klassenfeindes vorgeworfen. Genosse Professor Lange, Erster Prorektor, meinte, dass

---

419 Genosse Dr. Radecker, Stellvertreter des Sektionsdirektors, Direktor für Erziehung und Ausbildung, IMS „Wolfgang".

420 Dr. Radecker (aus dem Gedächtnisprotokoll von Gabriele Kachold, S. 1).

421 Jürgen Fuchs war schon im Sommer 1975 von der Friedrich-Schiller-Universität in Jena exmatrikuliert worden und wohnte zur dieser Zeit in Berlin im Gartenhaus bei Robert Havemann.

Linke nicht mal ein „Minisacharow oder Westentaschensolschenizyn“[422] sei. Gegen Martina Anger und Gabriele Kachold wurden weitere Verfahren angedroht.[423] Wir handelten ja immer in Gruppen und als Wilfried exmatrikuliert wurde, warteten vor dem Zimmer auf dem Gang zehn Studenten aus Solidarität.

Gabriele Stötzer, geb. 1953 in Emleben, Ausbildung zur MTA, 1973–1976 Studium PH Erfurt, 1976 Exmatrikulation; 1976–1977 Haft im Frauenzuchthaus Hoheneck (Unterschriftensammlung gegen Ausbürgerung Wolf Biermanns); 1977 Arbeit in einer Schuhfabrik; 1980 Übernahme der „Galerie im Flur“ Erfurt, freischaffend als Künstlerin, 1981 Liquidierung der Privatgalerie durch das MfS; 1982 Veröffentlichungen in Untergrundzeitschriften, ab 1984 Arbeit mit Erfurter Künstlerinnengruppe Performances; 1989 Mitarbeit bei „Frauen für Veränderung“, Mitinitiatorin der Besetzung der MfS-Zentrale Erfurt.
Nach 1990 diverse Publikationen, Lese- und Vortragsreisen im Ausland, Ausstellungen in Berlin, Den Haag, Dresden, Hannover, Wanderausstellung „re.act.feminism“, „Schwingungskurve Leben“ Einzelausstellung Klassik Stiftung Weimar, ab 2010 Dozentin für Performance-Seminare, Universität Erfurt, ab 2011 Features für den mdr.

// Ein Brief an Margot Honecker löste Alarm aus

Dipl.-Lehrer Gabriele Stötzer, verh. Kachold

Am Vorabend des Disziplinarverfahrens gegen Wilfried Linke[424] – ihm wurde wegen der Verbreitung des Artikels „Sieben unverblümte Äußerungen über Bekanntes (Sätze zum Anzweifeln)“[425] eine revisionistische Plattform, das heißt, das Vertreten der Position des Klassenfeindes vorgeworfen – hatten Martina Anger[426] und ich einen

422 Andrei Dmitrijewitsch Sacharow (1921–1989), sowjetischer Atomphysiker, später Dissident und Nobelpreisträger. Zu Solschenizyn vgl. Anm. 272.

423 Siehe auch die Beiträge von Gabriele Stötzer, „Ein Brief an Margot Honecker löste Alarm aus“ und Martina Pontius (geb. Anger), „Es herrschte eine Atmosphäre der Angst und Beklemmung“. (Anm. d. Hg.)

424 Siehe dazu auch den Beitrag von Gabriele Stötzer, „Wir lasen bändeweise Marx, Engels, Lenin und Luxemburg“ sowie den Kommentar von Martina Pontius und Gabriele Stötzer, „Die Zerschlagung des studentischen Widerstands an der Pädagogischen Hochschule Erfurt“. (Anm. d. Hg.)

425 Siehe die Veröffentlichung des Artikels in diesem Band: Wilfried Linke, „Sieben unverblümte Äußerungen über Bekanntes (Sätze zum Anzweifeln)“. (Anm. d. Hg.)

426 Martina Anger war FDJ-Sekretärin der DK73, Kommilitonin von Linke und Kachold, die sich öffentlich und engagiert für Wilfried Linke einsetzte und am Brief an Margot Honecker mitarbeitete. Siehe ihren Beitrag: Martina Pontius (geb. Anger), „Es herrschte eine Atmosphäre der Angst und Beklemmung“. (Anm. d. Hg.)

Brief an Margot Honecker[427] geschrieben, den ich mit meiner Schreibmaschine abtippte. Wir dachten, dass sie uns als einzige Frau im Politbüro und als Ministerin für Volksbildung helfen würde. Während des Disziplinarverfahrens wurden 83 Unterschriften gesammelt und diesen Brief schickten wir am gleichen Tag ab, als Wilfried mit Exmatrikulation und zeitweiligem Studienverbot an allen Hoch- und Fachschulen der DDR das Gelände bis 18.00 Uhr verlassen musste.

Wir schrieben noch mehr Briefe an Volker Braun[428], den Wilfried Linke in seinem Artikel zitiert hatte und der uns ermunternde Antworten schrieb. Am 14. Juni 1976 schickten Martina Anger, Manfred Mortzeck[429] und ich einen Brief an den Genossen Dr. Eccarius, den Leiter der Abteilung Wissenschaft, Volksbildung und Kultur der SED-Bezirksleitung Erfurt, in dem nun klar stand:

„Wir haben Angst, dass alles, was wir für die Erfüllung unseres Studienauftrages tun – und wir verstehen darunter, genau wie Margot Honecker auf dem IX. Parteitag der SED sagte, ‚[…] selbstständig zu denken, selbstständig weiterzulernen […] das Suchen nach den besten Wegen, den Streit der Meinungen und den Austausch der Erfahrungen‘ – als konspirative Tätigkeit ausgelegt wird. Wir bitten Sie um Hilfe, da wir befürchten müssen, auch exmatrikuliert zu werden, denn gegen uns sollen in nächster Zeit ähnliche Verfahren eingeleitet werden.“

Eccarius traf sich zwar danach mit uns dreien, verwies uns aber an die Hochschule und schloss sich von da ab mit deren Parteileitung kurz.

Der Brief vom 11. Juni 1976 an Margot Honecker, den 83 Studentinnen unterschrieben hatten, löste Alarm aus.[430] Am 17. Juni gibt es vom Stellvertreter des Ministers in Berlin eine zehnseitenlange Niederschrift:

„Über die Aussprache bei Genossin Honecker mit Genossen Prof. Dr. Glocke (Rektor der Pädagogischen Hochschule Erfurt) am 17. Juni 1976 (Teilnehmer: Genosse Lorenz, Genosse Dr. Machacek[431]).“

Aus dem Protokoll, Genossin Honecker:

„Erst am 11. 6. habe ich von dem Vorgang erfahren durch die Eingabe von 90 Studenten, die Einspruch erheben gegen ein Redeverbot und das Disziplinarverfahren gegen Linke. Drei Fragen gilt es zu stellen:

Wie kann es zu solchen Schwankungen eines großen Teils der Studenten bis in den Lehrkörper hinein kommen?

427 Vgl. Anm. 397.

428 Vgl. Anm. 383.

429 Zum Schicksal von Manfred Mortzeck siehe seinen Beitrag, „Eigeninitiative als Stolperstein“. (Anm. d. Hg.)

430 Für die folgenden Ereignisse siehe auch den zeithistorischen Kommentar auf der Grundlage von Dokumenten von Martina Pontius und Gabriele Stötzer, „Die Zerschlagung des studentischen Widerstands an der Pädagogischen Hochschule Erfurt“ in diesem Band. (Anm. d. Hg.)

431 Dr. Ernst Machacek, geb. 1923, Stellvertreter des Ministers für Volksbildung, Hauptabteilung Lehrerbildung.

Inwieweit wissen wir um ideologische Einflüsse in bestimmten Bereichen der Wissenschaft (z. B. Literatur, Ästhetik u. a.), wo intensive ideologische Arbeit erforderlich ist? [...] Wie ist es möglich, das seit Januar, besonders März (es handelt sich um keine Irrtümer) Träger prinzipiell falscher politisch-ideologischer Positionen agieren konnten? [...]
Jetzt darf man keine Aktion starten, sondern muss von den vorgenannten Positionen, von der realen Einschätzung ausgehen, eine offensive, theoretisch fundierte Diskussion mit den eigenen Partei- und FDJ-Kräften führen mit dem Ziel, den Differenzierungsprozess einzuleiten. Die Exmatrikulation von Linke war höchste Zeit, sie war richtig, dazu darf man keine Diskussion zulassen [...]"[432]
Margot Honecker traf dabei für den Rektor der Pädagogischen Hochschule, Genosse Glocke, klare Festlegungen, bei auftretenden Fragen solle er den zuständigen stellvertretenden Minister bzw. Leiter der Hauptabteilung (HA) Lehrerbildung konsultieren. Als erste Reaktion sollten die einzelnen Studenten ihre Unterschrift unter dem Brief an Margot Honecker zurücknehmen. Ab dem 24. Juni 1976 wurden Studenten der KD 74 (Kunst/Deutsch), mit denen wir am meisten zusammenarbeiteten, in Dreiergruppen zum Parteisekretär der Sektion PLK (Philologie, Literatur und Kunst), Dr. Kerbst, und den Kunstlehrern Gode und Werneburg bestellt und sollten unterschreiben:
„Ich distanziere mich von der falschen politischen Plattform der Gruppe um Linke und deren illegale Verbreitung."
Angedroht wurde Exmatrikulation, alle außer Jürgen Winter[433] unterschrieben. (Winter unterschrieb später bei der Kompromissformulierung „Sind Sie für oder gegen unseren Staat?")
Es fanden FDJ-Aktivtagungen statt, wo am 21. und 22. Juni 1976 propagandistische Erklärungen abgegeben wurden, in denen die FDJ-Aktivisten unter anderem meinten: *„Wir distanzieren uns energisch von Leuten, die unsere sozialistischen Ideale heuchlerisch im Munde führen und ‚Verbesserungsvorschläge' anbieten, die schon seit Eduard Bernstein[434] auf dem Misthaufen der Geschichte faulen [...] Diese Leute könnten zum Teufel gehen, aber da es ja keinen gibt, werden sie in unserer sozialistischen Welt bleiben: Sie sollen aber nicht Lehrer künftiger Generationen sein."*[435]
An der Hochschule änderte sich das Klima. Immer mehr Studenten, die mir begegneten, senkten den Blick oder sahen weg. Man konnte genau sehen, wer seine Unterschrift zurückgenommen hatte. Der Frühling war vorbei und ein kalter Sommer kam.

---

432 Kopie aus dem Bundesarchiv, S. 72 und S. 73, Kopie Nr. 020/021 – Sign. DR 2/28787.
433 Jürgen Winter studierte in der KD 74 (Kunst-Deutsch).
434 Eduard Bernstein (1850–1932), sozialdemokratischer Theoretiker und Politiker, gilt als Begründer des theoretischen Revisionismus innerhalb der SPD.
435 Kopie aus dem Bundesarchiv, Sign. DR 2/28787, S. 40, 41a, Kopie Nr. 009, 011, 012.

Es war der Beginn einer großen Zahl von Zusammenkünften zwischen Berlin und Erfurt, in denen über die weiteren Vorgänge beraten wurde. Inzwischen gab es einen klaren Schulterschluss:

„Um die Genossen der Pädagogischen Hochschule Erfurt zu unterstützen, wurde eine gemeinsame Arbeitsgruppe der Abteilung Volksbildung des ZK der SED, der Bezirksleitung der SED Erfurt und der Hauptabteilung Lehrerbildung des Ministers für Volksbildung eingesetzt."[436]

Zur Prognose für das neue Studienjahr wurde in Berlin in der HA Lehrerbildung[437] gefordert, dass in der DK73 (Deutsch/Kunst) eine völlige Klarheit darüber zu schaffen sei, *„welche politisch-ideologischen Anforderungen an den Lehrer der sozialistischen Schule gestellt werden. [...] In diesem Zusammenhang ist einzuschätzen, welchen Standpunkt nunmehr die Studentin Kachold*[438] *vertritt und ob sie die politischen Voraussetzungen besitzt, Lehrerin zu werden."*[439]

Die Studentinnen unserer Seminargruppe wurden von den direkten Konfrontationen wegen ihrer Unterschrift erst einmal verschont, es traf aber alle anderen Seminargruppen. Mit unserer Gruppe hatte vor den Ferien eine Aussprache stattgefunden, bei der wir uns von einer falschen politischen Plattform – die wir aber gar nicht sähen – distanzierten.

In den Ferien führte die Hochschule einen Sommerkurs mit skandinavischen Studenten durch, die durch den Studenten Lutz Gruse[440] von der Exmatrikulation von Wilfried Linke hörten und sich u. a. nach der Redefreiheit in der DDR erkundigten. Hierzu gibt es vom 13. August 1976 mit Stempel „Nur für den Dienstgebrauch" eine Aktennotiz:

„Wir sind seit vorgestern davon informiert, dass Studenten eine unrichtige Darstellung dieser Zusammenhänge gegenüber Gästen aus dem kapitalistischen Ausland geäußert haben. Das ist eine schwerwiegende Schädigung des Ansehens nicht nur der Hochschule, sondern der DDR. [...] Für diese Entwicklung tragen die Initiatoren der Kampagne mindestens eine moralische Schuld." Gezeichnet Prof. Dr. habil. Lange[441].

---

436 Ebd., S. 97, Prof. Müller, ZK, Akte vom Minister, bestätigte Fassung 12.11.1976, „Information 4.11.1976 über einige Probleme der politisch-ideologischen Arbeit an der Pädagogischen Hochschule Erfurt/Mühlhausen im Zusammenhang mit gegnerischen Aktivitäten"

437 „Information zu den Vorkommnissen an der Pädagogischen Hochschule Erfurt/Mühlhausen" am 14.7.1976, Kopie aus dem Bundesarchiv, S. 21.

438 Die Autorin heiratete 1973 Dietmar Kachold, wurde 1979 geschieden und nahm 1991 wieder ihren Mädchennamen Stötzer an. (Anm. d. Hg.)

439 „Information zu den Vorkommnissen an der Pädagogischen Hochschule Erfurt/Mühlhausen" am 14.7.1976, Kopie aus dem Bundesarchiv, S. 21.

440 Lutz Gruse, Student der DK73 (Deutsch/Kunst), hatte den Brief nicht unterschrieben, redete aber in der Bar über die Affäre Linke.

441 Kopie aus dem Bundesarchiv, S. 179.

PÄDAGOGISCHE HOCHSCHULE „DR. THEODOR NEUBAUER"
ERFURT / MÜHLHAUSEN

Hochschulbereich Erfurt Direktorat für Studienangelegenheiten

Päd. Hochschule „Dr. Theodor Neubauer", 501 Erfurt, Postschließfach 307 Fernruf 536 213

Frau
Gabriele Kachold

50 Erfurt
Triftstraße 41

Ihre Zeichen	Ihre Nachricht vom	Unsere Zeichen	501 Erfurt, Nordhäuser Str. 63
		P/Rei	8. 9. 1976

Betreff
Exmatrikulation

Auf Beschluß des Zentralen Disziplinarausschusses der Pädagogischen Hochschule "Dr. Theodor Neubauer" vom 7. 9. 1976 werden Sie mit sofortiger Wirkung exmatrikuliert. Die Stipendienzahlung endet ebenfalls mit dem 7. 9. 1976.

Wir fordern Sie auf, sich umgehend im Direktorat für Studienangelegenheiten abzumelden. Mit erfolgter Abmeldung ist Ihnen der Aufenthalt im Gebäude der Pädagogischen Hochschule einschließlich der Wohnheime untersagt.

Paul
Direktor für Studienangelegenheiten

Bankkonto: Staatsbank der DDR 4221-27-125112 Betriebs-Nr. 05262004 Sprechzeiten: Dienstag und Freitag 9–11.30 und 13.00–15.00 Uhr

Exmatrikulationsbescheid von Gabriele Stötzer (Archiv Gabriele Stötzer)

Über den Skandinavier-Kurs schaltete sich das Sekretariat Berlin mit Dr. Machacek, dem Stellvertreter Margot Honeckers, ein und eine Aktennotiz mit Stempel „Nur für den Dienstgebrauch" vom 17. August 1976 meldet:

„Über ein Gespräch mit dem Rektor der Pädagogischen Hochschule Erfurt/Mühlhausen, Genossen Prof. Dr. Glocke, am 13. 8. 1976, Teilnehmer: Genosse Dr. Machacek, Genosse Herrmann Apel, Genosse Dr. Zipser, Hauptabteilung Lehrerbildung, Genosse Dr. Werner Maier, Inspektion der Hauptabteilung Lehrerbildung.

4 Teilnehmer hatten Kenntnis von der Exmatrikulation des Studenten Linke[442] *erhalten, sie befragten Mitglieder des Lehrkörpers danach [...] Für die Exmatrikulation des Studenten Linke wurden disziplinarische Gründe (Verstoß gegen die Disziplinarordnung) angegeben. [...]*

‚Was ist in der weiteren Arbeit noch zu beachten:

Wir führen mit dem engsten Kreis der Linke-Anhänger keine individuellen Gespräche mehr. Bei Beharren auf diesen Positionen sind sie zu exmatrikulieren.

Es gilt als klare Position für die Exmatrikulation: Nichteignung für den Lehrerberuf.'

Unterschrieben von Prof. Dr. habil. Lange"[443].

Ich wurde am 7. September 1976 exmatrikuliert, unter anderem hätte ich eine verleumderische Kampagne organisiert, die dem Staat schade, respektiere die Grundlagen in diesem Lande nicht und hätte Professor Zacharias schmutzig verleumdet.

In einem Brief an Genossen Hager[444] vom 20. Oktober 1976, gezeichnet von Margot Honecker, steht:

„Zur Vervollständigung einer Information muss noch festgestellt werden, dass im Ergebnis der Auseinandersetzung mit den Studenten der Sektion Philologie/Literatur/Kunstwissenschaft zu Beginn des Studienjahres außer dem Studenten Linke (der Verfasser des Artikels gegen das Grundlagenstudium) noch die Studenten Kachold und Kämpfert wegen Nichteignung für das Lehrerstudium exmatrikuliert und das Studium für den Studenten Wernitzsch für 2 Jahre ausgesetzt werden mussten. Einsprüche gegen diese Maßnahmen liegen inzwischen im Ministerium für Volksbildung vor und werden im Einvernehmen mit dem Minister für Hoch- und Fachschulwesen abschlägig beschieden. Ein weiterer Student hat selbst seine Exmatrikulation beantragt."[445]

Ich nahm 1976 wieder meine Tätigkeit als medizinisch-technische Assistentin auf. Wegen einer Unterschriftensammlung von 20 Unterschriften in Erfurt gegen die Ausbürgerung Wolf Biermanns[446] wurde ich 1977 zu einem Jahr Gefängnis wegen Staats-

442 Die Akte Linke hat im Bundesarchiv die Nummer: Sign. DR 2/28787.

443 Ebd., S. 174 und 177.

444 Vgl. Anm. 381.

445 Kopie aus dem Bundesarchiv, Nummer Sign. DR 2/28787, S. 122.

446 Vgl. Anm. 376.

verleumdung verurteilt.[447] Danach arbeitete ich drei Jahre in einer Schuhfabrik, kündigte und organisierte mich als Künstlerin und Autorin in der Untergrundszene der DDR. 1991 wurden Wilfried Linke, Manfred Mortzeck, Sabine Wernitzsch, Christine Kämpfert und ich rehabilitiert. Inzwischen war ich geschieden und nahm meinen Mädchennamen Stötzer wieder an. Lange dachte ich, die Exmatrikulation wäre mein Glück, weil ich als Lehrerin sowieso versagt hätte. Erst ab 2010, seit ich an der jetzt Universität Erfurt genannten ehemaligen PH Performance-Seminare gebe, die sehr erfolgreich sind, merkte ich, dass ich eine gute Lehrerin hätte werden können.

// Ein ganz gewöhnlicher Anwerbeversuch der Stasi

Dipl.-Ing. (FH) Ursula Wonneberger (Ingenieurhochschule Dresden, Studienjahrgang 1973, Diplom 1977)

Sommer 1973: Das Abitur ist geschafft, und bis zum Studienbeginn im September habe ich noch zwei Monate Freizeit. Da ich die Älteste von vier Brüdern und zwei Schwestern bin, war vom Elternhaus hinsichtlich finanzieller Unterstützung nicht viel zu erwarten. Mein Verlobter arbeitete zur damaligen Zeit als Kellner beim Mitropafahrdienst in Dresden und war auf dem Tourex im Einsatz. Das war ein Sonderzug des Reisebüros der DDR, welcher Urlauber von Dresden nach Varna (Bulgarien) und zurück beförderte. Ferienkräfte wurden für den Einsatz als Schlafwagenschaffner immer gesucht. Meine Bewerbung hatte Erfolg, so war auch ich mit auf dem Tourex. Eine Woche dauerte so eine Fahrt, dann hatte man eine Woche frei, das war schon genial. In der freien Woche sind wir oftmals zu meinen Eltern in Richtung Frankfurt/Oder gefahren.
Wieder einmal bei meinen Eltern zu Besuch erzählte mir meine Mutter ganz freudestrahlend: Ein ehemaliger Student, der an der Humboldt-Universität Berlin studiert habe und sich jetzt seiner Doktorarbeit widme, wolle mich kennenlernen. Ich hätte doch alle Vorgaben, die in seine Arbeit einfließen sollten, wie Arbeiterkind, viele Geschwister, abgeschlossene Lehre und darauf aufbauend das Studium. Meine Mutter

447 Meine Exmatrikulation war 1976, in diesem Jahr wurde ich auch erstmalig verhaftet und meine Wohnung durchsucht und alle Materialien von der Hochschule einbehalten. Ich habe nun lange nach diesen Materialien in den Stasiakten gesucht und nach und nach meine Gedächtnisprotokolle über den Ablauf der Befragungen und meiner Exmatrikulation gefunden. 2015 dann der Hinweis, dass die Unterlagen zur Volksbildung im Bundesarchiv Berlin liegen. Dort liegt auch der Originalbrief an Margot Honecker und Akten, die den ganzen Umfang der Affäre belegen – auch der Artikel von Wilfried Linke und die Exmatrikulation von Manfred Mortzeck und Ulrich Gater.

war natürlich sehr stolz, dass mir als ihrer Ältesten so eine Ehre zukommen sollte. Da sie sehr von diesem jungen Mann eingewickelt wurde, verriet sie ihm, dass ich mir mein Taschengeld als Schlafwagenschaffnerin auf dem Tourex verdiene und auch, wann ich Dienst hatte, wo ich in den freien Tagen in Dresden wohnte und wann er mich dort antreffen könnte.

Unverhofft stand dieser Herr nun eines Tages vor der Wohnungstür meiner zukünftigen Schwiegereltern in Dresden. Nach dem Klingelzeichen öffnete ich ihm die Tür und war sehr erstaunt, als er mich mit „Uschi" ansprach. Von ihm kam die kurze Erklärung, dass er von meiner Mutter diese Adresse bekommen habe. Er wolle mich gern kennenlernen und dann über sein Projekt, die Doktorarbeit, mit mir sprechen. Heute wolle er sich nur kurz vorstellen, und in meiner nächsten Freiwoche käme er zum gleichen Zeitpunkt noch einmal. Dann würde er seine Gliederung mitbringen und gern meine Angaben notieren.

Er erschien zum angekündigten Zeitpunkt, natürlich ohne Gliederung, aber mit erneutem Anliegen. In absehbarer Zeit begänne ja mein Studium an der IHS Dresden auf dem Gebiet der elektronischen Datenverarbeitung (EDV), Sektion Informations-

Rektor und Wissenschaftlicher Rat der Ingenieurhochschule Dresden beehren sich, Sie zur feierlichen Immatrikulation des neuen Studienjahrganges zu einer

FESTVERANSTALTUNG

am Montag, dem 10. September 1973, Steinsaal des Deutschen Hygiene-Museums, 801 Dresden, Lingnerplatz 1, einzuladen.

Beginn: 15.00 Uhr

Prof. Dr. habil. Buzmann
Rektor

PROGRAMM

Einzug der Ehrengäste
Reinhold Glier: Freundschaft der Völker (Ouvertüre)
Festansprache des Rektors
Peter Tschaikowski: Klavierkonzert G-Dur, 3. Satz
Immatrikulation
Franz Liszt: Les Preludes
Nationalhymne
Auszug der Ehrengäste

Einladung zur feierlichen Immatrikulation der Studenten der Ingenieurhochschule Dresden (Besitz Ursula Wonneberger)

verarbeitung. Diesen Abschnitt würde er sehr gern mit in seine Doktorarbeit einfließen lassen. Über meine Mitkommilitonen könnte ich ihm während seines Besuches in Dresden dann auch gleich noch berichten. Dabei interessierte ihn besonders die politische Einstellung, wer hat welche Kontakte, eventuell auch zu Ausländern. Wie ist die allgemeine Stimmung innerhalb der Studentengruppen?

Sollte ich in der Woche keine Zeit haben, könnten wir uns doch auch an einem Samstag in der „Mazurkabar!" auf der Prager Straße in Dresden treffen. Plätze bestellt er und natürlich hält er mich frei, denn mein bescheidenes Stipendium sollte ich scho-

nen, ich sei sein Gast. Gibt es schon vor unseren Treffs bewegende Tatsachen, zum Beispiel anbahnende Liebesbeziehungen zu ausländischen Studenten? Dann solle ich es ihm aufschreiben und postalisch postlagernd nach Eisenhüttenstadt schicken. Am Wochenende hätte er dann immer meine Post, da er in der Woche in Berlin sei und sich an der Humboldt-Uni seiner Doktorarbeit widme.
Im September 1973 unternahmen meine zwei Brieffreunde aus Frankfurt am Main auf der Durchreise nach Prag einen Abstecher nach Dresden. Wir kannten uns schon von Besuchen in Ostberlin, und so sollte es diesmal ein Wiedersehenstreffen bei meinem Verlobten in Dresden sein. Da wir in einem regen Briefwechsel standen, war dieser Termin schon sehr lange geplant.
Meine Brieffreunde trafen zum verabredeten Termin ein und auch noch ein Freund aus Bischofswerda. Im kleinen Zimmer meines Verlobten tauschten wir jungen Leute uns über alles aus, Studium in der DDR, Studium im Westen, Ferienerlebnisse, Freundinnen usw. Es klingelte wieder an der Wohnungstür, mein zukünftiger Schwiegervater öffnete und ließ den neuen „Freund" ein. Mir blieb das Herz stehen: Es war der Herr von der Humboldt-Uni Berlin, unangemeldet, so ein Zufall. Er sagte, dass er auf einem Kurztrip in Dresden sei, und wollte fragen, ob ich vielleicht schon etwas für sein Projekt hätte? Meinen Westfreunden konnte ich meine Vermutungen nicht mitteilen, da dieser Herr sich sofort ins Gespräch mit einmischte. Schnell freundete er sich mit den „Westlern" an, bat um Materialien von ihrer Uni in Frankfurt am Main und deren Adressen. Als der angebliche „Student der Humboldt-Uni" gegangen war, konnte ich meinen Brieffreunden endlich meine Gedanken zu diesem „Freund" unterbreiten.
Jetzt wollte ich es genau wissen. Ich bat einen sehr guten Freund, welcher seit 1972 an der Humboldt Universität Berlin die Fachrichtung Jura studierte, herauszubekommen, ob es diesen Studenten an der Uni gab, außerdem auch die Sektion, in welcher er seine Doktorarbeit schreiben würde. Nach einer ausführlichen Recherche stand dann fest: Es gab weder diesen Studenten, noch die Sektion, aber es gab ein Zimmerchen im Dachgeschoss für diesen Herrn. Von da an war mir hundertprozentig klar, dass es ein Stasimitarbeiter war, welcher mich als IM anwerben wollte.
Telefonisch war dieser Herr nicht zu erreichen, da ich von ihm keine Telefonnummer bekam. Ich musste ihm deshalb an die Adresse postlagernd nach Eisenhüttenstadt schreiben.
In diesem Schreiben teilte ich ihm

Studentenfete in unserem Studentenklub im Keller der Ingenieurhochschule Dresden im Januar 1974; die Autorin ist links zu sehen (Archiv Ursula Wonneberger)

mit, dass es mir nicht liegt, mit meinen Internatskolleginnen, den Mitstudenten, gesellige Stunden zu haben, Seminare und gemeinsame Vorlesungen zu besuchen und sie dabei auszuhorchen. Ich wünschte ihm alles Gute und er solle sich für diese Dienste jemand anderes suchen. Natürlich hatte ich Befürchtungen, dass ich während meiner Studienzeit Einschränkungen haben werde. Das hielt sich jedoch in Grenzen. Meine Brieffreunde leben immer noch in Frankfurt am Main. Wir und auch unsere Kinder sind bis heute gut miteinander befreundet.

Ursula Wonneberger, geb. zwei Tage nach dem Volksaufstand 1953 in Fürstenberg/Oder; 1970 Abschluss der zehnklassigen Oberschule, 1970–1973 Ausbildung als Datenverarbeiter mit Abitur, 1973–1977 Studium an der Ingenieurhochschule Dresden mit Diplomabschluss (FH); Weiterbildung unter anderem zur Medienreferentin und Finanzdienstleisterin; verschiedene berufliche Tätigkeiten: Konsumgenossenschaft Dresden (1977–1979), Krippenmitarbeiterin (bis 1980, da sie in der DDR als verheiratete Frau keinen Krippenplatz bekam), Organisatorin VEB Lufttechnische Anlagen Dresden (bis 1989).
Vertriebsingenieur in der Brenner Bürotechnik GmbH (1992), Kundenberaterin, Bearbeiterin im Arbeitsamt Dresden (1993–1995) und Tätigkeiten in Selbstständigkeit.

// Kommentar zeithistorisch //

Wie das MfS zu seinen Informationen kam – Teil 3: Informelle Mitarbeiter (IM) anwerben[448]
Hier wird die praktische Umsetzung der Anwerbepraxis durch die Stasi beschrieben, wie sie in der Vertraulichen Verschlusssache (VVS) MfS 008-63/68 vom 10. Januar 1968, der Durchführungsbestimmung Nr. 1 zur Dienstanweisung Nr. 4/66 des Ministers für Staatssicherheit, befohlen wurde.[449]
Auf Seite 4 ist dort unter I, Punkt 1 Inoffizielle Arbeit unter anderem zu lesen:
Die Werbung inoffizieller Mitarbeiter hat unter Berücksichtigung des Mindestalters von 18 Jahren und bereits bekannter Schwerpunkte vorrangig bei folgenden Personenkreisen zu erfolgen:
1.2 Studenten und Schüler, die negativen Gruppierungen angehören, ihnen nahestehen oder die Möglichkeiten und Fähigkeiten besitzen, in solche einzudringen. Studenten und Schüler, die geeignet sind, die Informationsbasis des MfS an den Universitäten, Hoch-, Fach- und Erweiterten Oberschulen qualitätsmäßig zu erweitern. Dabei ist stärker als bisher Wert auf Werbungen aus den ersten Studienjahren zu legen, um eine kontinuierliche und perspektivvolle IM-Arbeit zu organisieren.
Und weiter liest man:
1.4 Zur allseitigen Lösung der operativen Aufgaben sind zusätzlich in den Internaten, Studentenclubs, kirchlichen Organisationen, Gaststätten, in denen vorwiegend Studenten und Schüler verkehren und unter bekanntwerdenden Personenkreisen, besonders weibliche Personen, die engen Kontakt zu Studenten und Schülern unterhalten, Werbungen durchzuführen.

Herausgeber

448 Siehe auch die anderen Teile: Wie das MfS zu seinen Informationen kam – Teil 1: IM-Berichte sammeln, in: Uta Knoblauch, „Eigentlich lief mein Studium ganz normal ab"; Teil 2: Das Telefon abhören, in: Michael Proksch, „Von der Grundschule zur Hochschule – wie über Jahre hinweg psychische Deformationen entstanden".
449 Siehe das vollständig abgedruckte Dokument in diesem Band.

// Eine spontane Unterschriftenaktion gegen die Exmatrikulation eines Kommilitonen

Wie mein Sozialismusbild einen Riss bekam

Dipl.-Lehrer Beate Tremmel, geb. Pieczonka (Pädagogische Hochschule Erfurt, Studienjahrgang 1974, Sektion Pädagogik, Fachrichtung Kunst/Deutsch, Diplom 1978)

Der Unterricht in Marxismus-Leninismus war niedrigstes Niveau. Ein Frage-und-Antwort-Spiel mit Bücherwissen. Es fehlte die wahre Auseinandersetzung mit dem realen Leben und den „wissenschaftlichen" Theorien. Die Dialektik existierte als Begriff, fand aber nie praktische Anwendung. Das war oft Diskussionsstoff unter uns Studenten.

Einer unserer Kommilitonen wurde 1976 an der Pädagogischen Hochschule exmatrikuliert, weil er ein Schriftstück aufgesetzt hatte, in dem er das mangelnde Niveau dieses Unterrichts kritisierte.

Schon nach Bekanntwerden der Absicht, den Studenten zu exmatrikulieren, entstand spontan eine Unterschriftssammlung durch Studenten eines Jahrgangs über mir. Auch ich leistete die Unterschrift gegen diese beabsichtigte Exmatrikulation.

Die Unterschriftsleistung hatte Folgen, allerdings anders, als wir es erwartet hatten. Einzeln wurden wir in einen Raum im Hochschulgebäude vorgeladen. Wir hatten feste Zeiten für unser Erscheinen angesagt bekommen. Es war ein zügiger Wechsel der Befragten. Angst hatte ich nicht, ich war von der Richtigkeit meines Handelns überzeugt, ich vertrat den Standpunkt, man kann doch über alles reden. Ich bzw. wir Studenten wussten damals nicht, dass es nie Anliegen war, ehrlich miteinander zu reden. Ich war einfach zu jung, vollkommen arglos und optimistisch, um die möglichen Konsequenzen meines Handelns zu erahnen.

In einem relativ kurzen Gespräch wurde der Anlass der gegebenen Unterschrift reduziert auf die Grundsatzfrage jener Zeit: „Sind Sie für oder gegen den Frieden und den Aufbau des Sozialismus?"

Wie das Gespräch im Wortlaut verlief, weiß ich heute nicht mehr. Ich erinnere mich jedoch gut daran, dass sie sich meinen Unmut über den Marxismus-Leninismus-Unterricht kurz anhörten und dass sie dann den kritisierenden Studenten als Provokateur und Stimmungsmacher darstellten, der die Werte des Landes verrät.

Sie ließen keine Diskussion über den Anlass zu und vereinfachten alles auf die Grundsatzfrage: „Sind Sie für den Frieden und Sozialismus oder sind Sie es nicht?"

Diese Frage wurde von mir mit „Ja, ich bin für den Frieden und Sozialismus" beantwortet. Ich wurde als „bekehrt" aus dem „Gespräch" entlassen. Mein Name wurde von

der *Liste* der oppositionellen Studenten gestrichen. Damit war das Thema offiziell für mich erledigt, ich konnte weiterstudieren.
Wir Studenten haben uns über diese primitive und aus unserer Sicht *unfaire* Überrumplung durch das Hochschulpersonal ausgetauscht. Wir haben uns über unsere Ohnmacht und Naivität geärgert, waren aber auch froh, selbst Studenten bleiben zu können.

Ein Nachwort zu diesem Erlebnis an der Pädagogischen Hochschule Erfurt

Meine Arglosigkeit hatte ich nach diesem Erlebnis verloren. Dieser Vorgang in der Studienzeit hat meine bis dahin systemtreue Haltung beschädigt und mein weiteres Denken und Handeln beeinflusst. Ich ging kritischer an die Lebensumstände heran, habe vom Parteieintritt Abstand genommen. Mein Bild vom sogenannten sozialistischen Menschen war ab diesem Zeitpunkt zerstört. Es kamen weitere Erlebnisse hinzu, die mich meine vom Elternhaus und der Schulzeit geprägte sozialistische Grundeinstellung vollkommen zur Seite legen ließen.
Ich bin in der ersten sozialistischen Stadt der DDR geboren und aufgewachsen - das prägt. Daher hatte ich später auch immer etwas *Zoff* mit der Schulleitung, den Mund ließ ich mir nicht mehr verbieten, meine Maxime zum Handeln war Menschlichkeit, persönliche Ehrlichkeit im Sagen und Handeln - auch wenn mir dies wiederholt Ärger eingebracht hat. Ich galt als Pazifistin, was in der DDR für eine Lehrerin kaum akzeptabel war. Aber ich konnte damit leben. Mein Glück war wohl, dass sie mich als Kunstlehrerin dringend brauchten und letztendlich war ich harmlos für das System in meiner kleinen zeitweisen Opposition.

> Beate Tremmel, geb. 1956 als Beate Pieczonka in Stalinstadt[450]; 1974–1978 Studium an der Pädagogischen Hochschule Erfurt, 1978–1979 Lehrerin in Berlin für Kunst/Deutsch, 1980–1992 Lehrerin in Eisenhüttenstadt für Kunst und Deutsch bis zum Abschluss.
> Ab 1992 Mitarbeiterin für Kunst und Kultur im kommunalen Bereich der Stadt Eisenhüttenstadt (Kulturzentrum/Theater).

450 Im Zusammenhang mit dem neu errichteten Eisenhüttenkombinat Ost wurde im Kreis Fürstenberg eine neue Wohnstadt aufgebaut und nach dem Tode von Stalin 1953 mit dem Namen Stalinstadt versehen. Sie wurde ab 1961 Bestandteil von Eisenhüttenstadt. (Anm. d. Hg.)

// Kommentar zeithistorisch //

Die Pädagogische Hochschule Erfurt „1952 begannen die Arbeiten für eines der größten Bauprojekte der Erfurter Stadtgeschichte, den Campus an der Nordhäuser Straße. Am 1. September 1953 nahm hier das neu gegründete Pädagogische Institut Erfurt seinen Lehrbetrieb auf. Der weitgehend fertiggestellte Komplex wurde zehn Jahre später als „Sinnbild des sozialistischen Erfurt" gefeiert, das in der Aufbaubilanz der frühen DDR-Zeit herausragte. 1969 erhob man die Einrichtung zur Pädagogischen Hochschule „Dr. Theodor Neubauer" Erfurt/Mühlhausen. Die PH zählte bis zu 2.500 Studenten, die hier ihre Ausbildung zur „sozialistischen Lehrerpersönlichkeit" absolvierten. Leben und Lernen spielte sich auf einem „Campus der kurzen Wege" mit zwei Lehrgebäuden, Wohnheimen, Sporteinrichtungen, Kindergarten, Mensa und Studentenclub ab.
Nach der friedlichen Revolution in der DDR 1989/90 kam es auf Initiative der heutigen Universitätsgesellschaft 1994 zur Wiedergründung der traditionsreichen Universität Erfurt (1389–1816), die sich auf dem Campus ansiedelte und 2001 mit der Pädagogischen Hochschule fusionierte." (Zit. n. Steffen Raßloff: Der Universitäts-Campus. Vom „Sinnbild des sozialistischen Erfurt" zum „Harvard an der Gera". In: Campus. Die Zeitung der Universität Erfurt 4/2009, S. 27; im Internet unter: http://erfurt-web.de/Geschichte_Campus_Pädagogische_Hochschule_Universität [5.11.2015])

Herausgeber

// „Mach dir keine Sorgen, Roland, wir stehen zu dir ..."[451]

Roland Jahn (Friedrich-Schiller-Universität Jena, Studienjahrgang 1975, Fakultät Sozialistische Betriebswirtschaft, Sektion Wirtschaftswissenschaften, 1977 Exmatrikulation ohne Abschluss)

Als zukünftige „Leitungskader der sozialistischen Wirtschaft"[452] hatten wir uns laut Studienplan natürlich mit den Grundlagen des Marxismus-Leninismus[453] zu beschäftigen. „Wissenschaftlicher Kommunismus" hieß das Pflichtfach. Im November 1976 hatte der Seminarleiter Helmut Horst kurz nach dem Konzert und der Ausbürgerung von Biermann[454] eine Aussprache dazu angestoßen. Für den Genossen, Mitte 30, groß und schlank und schütteres Haar, war der Fall Biermann eine gute Gelegenheit, die Festigkeit unseres sozialistischen Standpunkts zu testen. Und so verkündete er weitgehend monoton das, was die Partei dazu zu sagen hatte:
„Mit seinem feindseligen Auftritt gegenüber der Deutschen Demokratischen Republik hat er sich selbst den Boden für die weitere Gewährung der Staatsbürgerschaft der DDR

451 Mit freundlicher Genehmigung des Piper Verlages auszugsweise aus: Roland Jahn „Wir Angepassten – Überleben in der DDR", München 2014.
452 Vgl. Anm. 24.
453 Vgl. Anm. 165.
454 Vgl. Anm. 376.

Studienbuch von Roland Jahn (Quelle: Robert-Havemann-Gesellschaft e.V.; Matthias-Domachk-Archiv – mit Genehmigung der Robert-Havemann-Gesellschaft e.V.)

entzogen [...] Schon jahrelang hat er unter dem Beifall unserer Feinde sein Gift gegen die DDR verspritzt [...]."[455]

Biermann sei ein „antikommunistischer Hetzer", damit schloss Horst sein Verlesen der offiziellen Darstellung. Ich konnte es mir nicht verkneifen zu fragen, warum es nicht möglich sei, einen überzeugten Kommunisten wie Biermann, der eine nachvollziehbare Kritik an der Umsetzung der Idee in unserem Land übte, hier leben zu lassen. *„Der Sozialismus darf doch keiner Auseinandersetzung auf ideologischem Gebiet ausweichen. Warum fällt es uns denn so schwer, Kritik zuzulassen?"*, fragte ich. Eine Antwort gab es nicht. Der Rest des Seminars schwieg ebenfalls.

Drei Tage später wurde ich zum SED-Parteisekretär der Sektion Wirtschaftswissenschaften bestellt. Meine simple Frage im Seminar hatte ein Nachspiel. Im Gespräch mit dem Funktionär wurde sie plötzlich zur Bewährungsprobe. Mein Rauswurf aus der Uni hing in der Luft. Ich war angespannt. Mein Vater setzte mir heftig zu. *„Ich sage dir schon seit Langem, dass du Gefahr läufst, mit deinem Querulantentum alles zu versauen. Was ich mit meiner Hände Arbeit aufgebaut habe, das setzt du leichtfertig aufs Spiel. Für so einen bescheuerten Liedermacher gefährdest du das Glück der ganzen Familie. Das ist unverantwortlich!"*

Er hatte das Recht, wütend auf mich zu sein. Meine Entscheidung, meine eigene Meinung sagen zu wollen, hatte direkte Konsequenzen für sein Leben. Das war nicht meine Absicht, aber unvermeidlich. Dennoch. Ich wollte auch mir treu bleiben können. Das Dilemma war perfekt. Meine Mutter machte es nicht besser. *„Was soll denn nun werden? Es hat doch sowieso keinen Sinn, sich anzulegen. Du musst jetzt mal klein beigeben."* Mir wurde mehr als mulmig zumute. Was tat ich meinen Eltern an? War Wolf Biermann nun wirklich so wichtig für die DDR? Und war die Möglichkeit, meine Meinung zu dem Rauswurf sagen zu dürfen, wirklich wichtiger als meine berufliche Zukunft und die meines Vaters?

Der Parteisekretär hatte mir im Gespräch eine Aktennotiz zum Seminar vorgelesen. Ich hätte die Ausbürgerung Biermanns als eine verfeinerte stalinistische Methode bezeichnet und von einer Diktatur des Politbüros gesprochen. Ich bestritt, diese Äußerungen so getan zu haben, und erklärte, missverstanden worden zu sein. Er forderte mich auf, die Missverständnisse in einer Stellungnahme auszuräumen. In drei Tagen

455 Zitiert nach Neues Deutschland vom 17.11.1976.

sollte sie auf seinem Schreibtisch liegen. Ich setzte mich in den Lesesaal im 25. Stock vor ein weißes Blatt Papier und überlegte. Uta, meine Kommilitonin, saß am Tisch gegenüber. Wir diskutierten leise über die Stellungnahme. „*Pass auf, dass sie dir nichts falsch auslegen können*“, warnte sie. Die Argumentationslinie im Brief stellte hohe Anforderungen. Ich wollte nicht, dass sie mich als „Feind des Sozialismus“ abstempeln konnten. Ein Teil von mir wollte kämpfen um meinen Platz in der sozialistischen DDR. Ich wollte ihnen zeigen, dass man auch ein kritischer Sozialist sein kann. Dass die DDR solche Kritiker unbedingt braucht für ihre Weiterentwicklung. Ein anderer Teil von mir wollte aber unbedingt, dass ich meine Meinung offen äußern kann. Ich wollte mich nicht dafür entschuldigen, dass ich Biermanns Kritik an der DDR befürwortete. Ich wollte meine Ablehnung der Ausbürgerung nicht zurücknehmen.

Diesen dreiseitigen Brief heute zu lesen setzt viele Emotionen frei. Ich bin erstaunt über mich, weil er zeigt, wie sehr ich bereit war, mich zu verbiegen, mich den Umständen der Situation anzupassen, wie ich lavierte und taktierte, um an der Uni zu bleiben.

Am 29. November 1976 schrieb ich unter anderem: „*Ich bin der Meinung, man müsste die Aberkennung der Staatsbürgerschaft des DDR-Bürgers Wolf Biermann noch einmal überdenken. Unser sozialistischer Staat ist stark. Er ist fähig, Meinungen, wie die Biermanns, gelassen und nachdenkend hinzunehmen. Der real existierende Sozialismus hat es und darf es nicht nötig haben, auf diese administrative Weise Meinungswidersprüche zu klären. Biermann hat sich kritisch, scharf, verallgemeinernd über die DDR geäußert. Er zeigt richtig einige Schwächen in unserem Lande auf, begeht dabei aber den Fehler, sie zu scharf, verallgemeinert und unrealistisch darzustellen. In seinem Drang, Widersprüche aufzudecken, steigert er sich oft zu überspitzten Äußerungen. Seine Darstellungen werden demzufolge oft falsch und spiegeln nicht das real Existierende wider. Biermann tut dies alles durch bürgerliche Massenmedien. Diese versuchen, die Äußerungen Biermanns in ihrer Hetze gegen den Sozialismus und die DDR einzubeziehen. Ich distanziere mich von den hier genannten Fehlern Biermanns […].*“

Der Eiertanz, den ich hier versuchte – es den Herrschenden recht zu machen, ihre Sprache zu übernehmen und doch eine eigene Position zu behaupten –, er ist holprig. Die Worte, die ich wählte – „bürgerliche Medien“, die „Hetze gegen den Sozialismus“, das „real Existierende“ –, sie waren Worte der Anpassung an das, von dem ich glaubte, dass es die Partei hören wollte. Ich war mir sicher, dass die Erklärung funktionieren würde. Der Brief ist ein typisches Produkt der DDR. Ein Dokument des Anpassens und Widersprechens.

An jenem 5. Januar 1977 schließlich sollte es zu einer endgültigen Entscheidung kommen. In unserer Seminargruppe sollten wir nun darüber abstimmen, wie mit mir weiter zu verfahren sei. Die Partei allein wollte das nicht entscheiden, das hätte zu

sehr nach Willkür ausgesehen. So sollten nun eben meine Kommilitonen ran. So, „demokratisch" abgestimmt, wäre ein für die Partei wünschenswertes Ergebnis besser vermittelbar.
Ich hatte kein Problem mit einer Abstimmung, ich fühlte mich sicher im Seminar. Wir waren schließlich eine ganz entspannte Gruppe. Keine Karrieristen und Parteiideologen. Wir alle wollten einen ordentlichen Beruf, Spaß haben und unser Ding machen. Irgendwo eine halbwegs sinnvolle Arbeit finden, in einem Kombinat, und mit Freunden und Familie leben. Wir hatten uns alle durch unsere ersten zwei Semester gewühlt und immer auch den Widerspruch zwischen Theorie und Praxis sozialistischer Wirtschaftsführung bemerkt. Roland Tix, der FDJ-Sekretär, der eigentlich auf eine sanfte Art seine sozialistische Überzeugung lebte. Kein 150-Prozentiger, kein Antreiber. Petra, die schon verheiratet an die Uni kam und immer für alle Diskussionen offen war. Hans-Jürgen, den wir den „Dicken" nannten, der öfter mal erzählte, dass sein Vater in einem volkseigenen Betrieb eine leitende Stellung hatte. Günter, der ein klares Ziel hatte: einen Abschluss machen und Geld verdienen für sich und die Familie. Er hatte die Karriere im Blick, nicht zuletzt, weil seine Frau schon mit dem zweiten Kind schwanger war. Fred, der vieles mit maoistischen Theorien verglich, weil er China einfach gut fand und so auch hin und wieder mal den Seminarleitern widersprach. Und Ulli, der lockere Typ mit blonden langen Haaren, der alles ganz entspannt sah.
Wir saßen öfter abends in der Kneipe zusammen, so auch zwei Abende vor der Abstimmung. Es war wie immer. Wir diskutierten auch beim Bier über ein paar schwer zu verstehende Mathe-Modelle für die Wirtschaft, die wir am Tage gelernt hatten. Wir alberten über einen Professor. Karl-Heinz brachte das Gespräch auf Biermann. *„Du hast schon recht, Roland. Was im ‚Neuen Deutschland' steht, das ist nicht das, was man im West-Fernsehen sehen konnte."* Die Runde nickte. Die Gedanken wanderten kurz zur Abstimmung. *„Mach dir keine Sorgen, Roland, wir stehen zu dir. Das wird schon."* Meine Erklärung vom November hatten die Kommilitonen ja gelesen. *„Damit hast du dich doch gut behauptet. Das ist alles nur reine Formsache."* 15 Leute waren wir in der Seminargruppe. An dem Abend waren wir uns einig. Ich fühlte mich aufgehoben. Die Sonderzusammenkunft wurde von Professor Mühlfriedel geleitet, Professor für Wirtschaftsgeschichte der Sektion Wirtschaftswissenschaften, auch zuständig für Erziehung und Ausbildung der Studenten. Er leitete das Treffen mit ein paar formalen Bemerkungen ein. *„Die FDJ-Seminargruppe 21 ist vollzählig versammelt.*[456] *Einziger Zweck unserer Zusammenkunft heute ist die Auseinandersetzung über Roland Jahns*

456 Wir waren Studenten, und wir waren alle auch Mitglieder der FDJ, der Freien Deutschen Jugend. Daher saßen wir als FDJ-Seminargruppe zusammen.

Äußerungen zur Ausbürgerung von Wolf Biermann." Ich schaute in die Runde. 14 angespannte Gesichter. Als nach einer Stunde alles gesagt schien, wurde abgestimmt. Offen per Handzeichen. Eine Abstimmung über mich. Das Resultat: 13 zu 1. Gegen mich. Für meinen Rauswurf. Mein Magen rutschte ein paar Etagen tiefer. Das war es erst mal mit dem Studieren. Ich schaute in die Runde, jeder vermied es, mich anzusehen. Aber kaum war Mühlfriedel draußen, kamen sie einzeln zu mir. „*Du musst verstehen, Roland, mein Vater, ich konnte doch seine Position im Betrieb nicht gefährden.*"

Sektion Wirtschaftswissenschaften 05.01.1977
FDJ -Seminargruppe 21

Antrag auf Exmatrikulation Roland Jahn's

Wir, die Seminargruppe 21, haben uns mit der Stellungnahme Roland Jahn's vom 29.11.1976, welche er zu seinen Äußerungen im Seminar Wissenschaftlicher Kommunismus vom 23.11.1976 abgab, auseinandergesetzt.
In ihr verteidigt er die Angriffe Biermanns gegen den realen Sozialismus in der DDR. Eine solche Einstellung Roland Jahn's lehnen wir entschieden ab.
Seinen Standpunkt verließ er auch in mehreren Aussprachen mit der staatlichen Leitung und der FDJ-Leitung nicht.
Wir schätzen ein, daß Roland Jahn's Kritik sich nur auf das Aufzählen von Mängeln beschränkte und sein Bekenntnis zu unserem Staat ein Lippenbekenntnis ist.
Dies wird bekräftigt durch sein Auftreten im Militärlager in Beichlingen und seine Stellung zum Reserveoffiziersanwärter .
Auch seine Studiendisziplin läßt vor allem in letzter Zeit sehr zu wünschen übrig.
Wir bedauern es sehr, daß er trotz seiner Intelligenz, den Argumenten der staatlichen Leitung und unsererseits nicht zugängig ist. Eine solche Einstellung ist für einen zukünftigen Wirtschaftsfunktionär nicht tragbar.

Die Seminargruppe ist wie die Sektionsleitung der Meinung, daß Roland Jahn aus den genannten Gründen exmatrikuliert wird.

R. Tix
FDJ-Sekretär SG 21

Antrag der FDJ-Seminargruppe auf Exmatrikulation (Quelle: Matthias-Domaschk-Archiv – mit Genehmigung der Robert-Havemann-Gesellschaft e.V.)

„Meine Frau ist schwanger, und ich konnte das Studium nicht gefährden, es war einfach zu riskant, das verstehst du doch …“

Ich habe sie alle verstanden. Jeden dieser Gedanken. Hatte ich sie nicht auch schon oft gedacht? Auch ich hatte einen Vater, eine Freundin, den Wunsch nach Karriere und einem erfüllten Leben. Ich hatte nicht zuletzt deswegen meine Stellungnahme geschrieben. Und dennoch. Ich hatte mich auf sie verlassen. Das Ergebnis kam überraschend. Die schriftliche Version des Rauswurfs, unterzeichnet vom FDJ-Sekretär, habe ich erst viele Jahre später lesen können (siehe Dokument).

Oft hatte ich mich seither gefragt, was passiert ist zwischen dem Abend in der Kneipe, an dem wir uns alle einig waren, und dem Morgen der Abstimmung, an dem 13 der 14 absprangen.

36 Jahre später nun saß ich Fred gegenüber, und endlich gab es für das Abstimmungsverhalten eine bessere Erklärung als nur die Vermutung, dass Menschen eben schwach sind und sich bei Druck anpassen. Der Kern der Seminargruppe, so erzählte er, war nach unserem Kneipenabend, aber vor der Abstimmung über mich noch einmal von der Sektionsleitung zusammengerufen worden. Bei dieser Zusammenkunft war ein unbekannter Mann dabei gewesen, von dem jeder glaubte, dass er von der Stasi sei. Seinen Namen hatte er nicht genannt. Davon hörte ich nun zum ersten Mal. Die Stasi im Raum, das war eine Angst einflößende Verschärfung der Situation. Dieser Mann hatte die Studenten instruiert, und Fred konnte mir auch heute noch fast wörtlich erzählen, was er von sich gegeben hatte. *„Er hat gesagt, dass du mit einem westlichen Geheimdienst zusammenarbeitest. Da hat einer ganz spontan in die Runde geworfen, dass er das nicht glaubt, dass du mit einem westlichen Geheimdienst kooperierst.“* Doch der Stasimann war hart. Einem Vertreter des Staates müsse man glauben, sagte er. *„Ich bin ein Vertreter der Arbeiter- und Bauernmacht, und wenn du, Genos-*

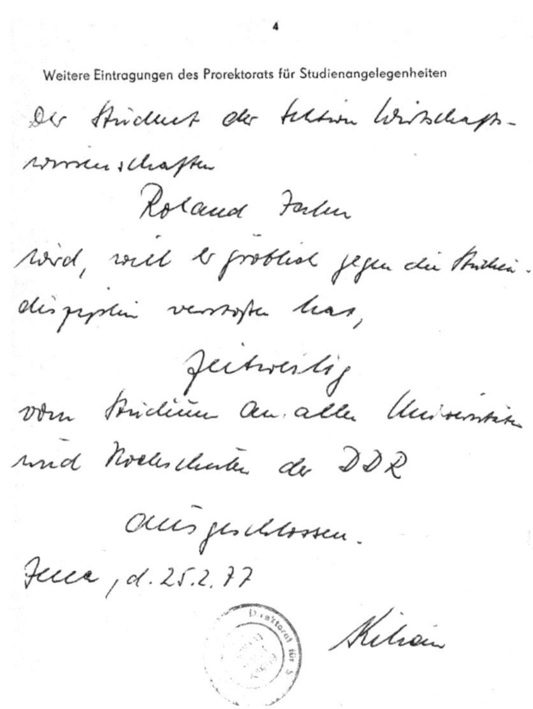
4

Weitere Eintragungen des Prorektorats für Studienangelegenheiten

Der Student der Sektion Wirtschaftswissenschaften

Roland Jahn

wird, weil er gröblich gegen die Studiendisziplin verstoßen hat,

zeitweilig

vom Studium an allen Universitäten und Hochschulen der DDR

ausgeschlossen.

Jena, d. 25.2.77

Kilian

Seite 4 des Studienbuches: Ausschluss vom weiteren Studium (Quelle: Robert-Havemann-Gesellschaft e.V.; Matthias-Domachk-Archiv – mit Genehmigung der Robert-Havemann-Gesellschaft e.V.)

se, das nicht so siehst, ist klar, dass du dich dem Staat nicht würdig erweist. Das heißt auch für dich, dass du dein Studium nicht beenden kannst. Außerdem helfen Menschen wie Roland Jahn dem Klassenfeind, und ihn zu unterstützen heißt, den Klassenfeind zu unterstützen."

Das waren deutliche Worte. Und sie hatten ausgereicht, um allen in der Runde das Gefühl zu geben, dass entweder Roland Jahn allein oder sie mit ihm von der Uni flögen. Und so haben sie dann an jenem Nachmittag für den Rauswurf gestimmt. „*Ich habe mich geschämt, aber ich traue mich erst jetzt, davon zu erzählen. Es ist schwer zuzugeben, aber ich habe mir die ganze Zeit weiszumachen versucht, dass es meine eigene Entscheidung war, dem Rauswurf zuzustimmen. Dass ich mich ganz unabhängig von den Vorgaben und Umständen allein für die Sache des Sozialismus entschieden habe. Ich wollte es mir einfach nicht eingestehen, dass ich dich aus Angst vor Folgen für mich preisgegeben habe.*" Es war eine intensive Stunde, die wir gemeinsam an einem Tisch saßen. Die Verletzung, die Fred und unsere Mitstudenten mir damals zugefügt hatten, hatte auch ihn verletzt. Die Entscheidung gegen mich hat ihn nie losgelassen. Das hat mich überrascht und bewegt. Es war für uns beide ein gutes Gefühl, endlich darüber sprechen zu können.

Das Verrückte an dieser Geschichte ist, dass einzig Ulli, der sich nicht hatte einschüchtern lassen und die einsame Stimme gegen den Rauswurf abgegeben hatte, danach keine Probleme deswegen an der Uni hatte. „*Das hat mich eigentlich am meisten fertiggemacht*", sagte Fred. „*Dass wir uns haben einschüchtern lassen, und es wäre dann doch gar nicht unbedingt etwas passiert. Aber man wusste es eben nicht.*"[457]

Roland Jahn, geb. 1953 in Jena; Abitur 1972 und anschließend Grundwehrdienst, bei der Volkspolizei-Bereitschaft, 1975–1977 Studium in Jena, Exmatrikulation, mehrfache Festnahmen und Verurteilungen und 1983 Zwangsausbürgerung aus der DDR.
2011 wählte der Bundestag Jahn zum neuen Bundesbeauftragten für die Unterlagen des Staatssicherheitsdienstes der ehemaligen DDR (BStU).

457 Für die freundliche Genehmigung zur Verwendung von Auszügen aus Roland Jahn: Wir Angepassten – Überleben in der DDR, München 2014, danken die Herausgeber dem Piper Verlag.

// Eigeninitiative als Stolperstein

Du sollst nicht aus der Reihe tanzen!

Manfred Mortzeck M.A. (Pädagogische Hochschule Theodor Neubauer Erfurt, Studienjahrgang 1975, Pädagogik, Fachrichtung Deutsch und Kunsterziehung, 1978 Exmatrikulation ohne Abschluss, Freie Universität Berlin, Studienjahre 1983–1989, Pädagogik, Fachrichtung Germanistik und Kunstgeschichte, Magister 1989)

Im Herbst 1977 begann für unsere Seminargruppe die praktische Seite des Studiums. Wir wurden zu diesem Zweck auf die Erfurter Schulen als Praktikanten aufgeteilt. Dort durften wir hospitieren und auch selbst Unterrichtsstunden geben.
Ich war gemeinsam mit einem befreundeten Studenten, Ulrich Gater, einer achten Klasse zugeteilt, in der es munter zur Sache ging, weil in dieser Klasse auch Kinder aus einem Kinderheim waren. Diese Kinder hatten einen Außenseiterstatus und verhielten sich auch entsprechend. Sie kannten keine Disziplin im üblichen Sinne und hatten auch nicht das geringste Interesse, sich am Unterricht zu beteiligen, stattdessen lärmten sie herum, legten sich auf den Fußboden und störten auf jede erdenkliche Weise den Unterricht.
Es war eine kleine Herausforderung, da etwas zu tun und diesen Kindern vielleicht zu helfen. Ohne einen besonderen Plan gingen wir daran, mit den betreffenden Kindern konkret und persönlich im Unterricht etwas zu unternehmen. Die Lehrer hatten meist auf die Provokationen reagiert, indem sie die betreffenden Schüler aus der Klasse warfen. Wenn wir hospitierten, saßen wir auf der letzten Bank und holten die Kinder neben uns. Wir versuchten eine einfache Annäherung an den Stoff zu erreichen und wollten sie herausfordern, ihren Ehrgeiz etwas anstacheln, etwa in dem Sinne: *„Hör mal, das bringst du doch spielend. Komm, wir gehen das mal gemeinsam durch.“* Das hatte fast einen konspirativen Charakter und gefiel ihnen gut.
Wir hatten bei unseren Unterrichtstunden eine deutlich lockerere Herangehensweise als die Lehrer, was sich schon in der Begrüßung ausdrückte. Während es üblich war, in militärischer Strenge „Freundschaft“ im Chor zu brüllen, gingen wir deutlich entspannter in die Klasse etwa: *„Hallo“*, oder *„Na, wie geht's euch heute, wer hat was Tolles erlebt, mal schnell erzählen“*, usw.
Natürlich hatten wir unser „Summerhill“[458] gelesen und waren auch entsprechend

---

458 Alexander Sutherland Neill/Hermann Schroeder: Theorie und Praxis der antiautoritären Erziehung: Das Beispiel Summerhill, Reinbek b. Hamburg 1969. „Summerhill“ war in der Bundesrepublik zu dieser Zeit ein Bestseller, in der DDR verboten, aber unter Pädagogikstudenten durchaus oder gerade deshalb von Interesse. Dahinter verbirgt sich eine die Reformpädagogik vertretende, demokratische private Internatsschule in Leiston (England), die das Ziel verfolgt, auch für Kinder und Jugendliche persönliche Freiheit zu verwirklichen.

motiviert. Es wäre sicher unkorrekt, zu sagen, dass diese Entwicklung den Lehrern gefallen hätte. Die waren ja bei unseren Stunden auch im Klassenraum anwesend. Indessen wuchs unsere Beliebtheit bei den Heimkindern. Ulrich Gater hatte dann die Idee, die Heimkinder zu uns privat nach Hause einzuladen. Dies setzten wir auch um, ohne uns jedoch Gedanken zu machen, ob das denn so einfach geht. An einem Nachmittag kamen sie auch, wie verabredet, und brachten gleich Wein mit, den sie (wie wir später erfuhren) auf dem Weihnachtsmarkt so im Vorbeigehen geklaut hatten. Wir ließen sie einfach mal erzählen, was in ihrem Alltag auch nicht unbedingt als normal gelten konnte. So erfuhren wir, dass es schon strenge und einschränkende Regeln für sie gab, die ihnen gar nicht viel Spielraum ließen. Sie beklagten sich darüber, dass sie geschlagen oder auch im Keller eingesperrt wurden, wenn es bestimmte Verstöße gab. Auch im Besenschrank konnte man für eine Weile verwahrt werden.

Manfred Mortzeck 1981 (Foto privat)

Natürlich waren wir empört und überlegten, was zu tun sei. Die Kinder wollten gar nicht wieder gehen, wir mussten sie regelrecht rausschmeißen. Sie gingen dann nicht ohne unser Versprechen, dass wir ihnen im Heim einen Gegenbesuch abstatten würden. Wir hätten sie aber besser nach Hause bringen sollen, denn sie wählten nicht den direkten Weg und kamen verhältnismäßig spät an. Völlig klar war, dass sie daraufhin erneut Bestrafungen zu erwarten hatten.
Aber wir waren uns auch im Klaren, dass jetzt etwas ins Rollen kommen würde, wie es eben in einem durchkontrollierten System nicht anders sein kann. Trotzdem besuchten wir die Heimkinder an einem Nachmittag, an dem gerade kein Erzieher vor Ort war. Sie berichteten uns wiederum über ihren Alltag und die Erlebnisse, die sie hier hatten, zeigten uns dann noch die Orte ihres Schreckens, sozusagen die Karzer für Kinder.
Unser Besuch wurde schnell ruchbar und entsprechend groß war der Skandal. Es dauerte auch nicht lange, bis uns eine Vorladung erreichte. Die totale Verschulung an der Hochschule war unsere Sache auch bisher nicht gewesen, so dass es bereits erhebliche Probleme gegeben hatte. Es gab Unterschriftensammlungen, Beschwerden. Wir hatten versucht, ein nicht von der Hochschule autorisiertes Literaturseminar zu veranstalten. Wir hatten die Bereitschaft, Reserveoffizier zu sein, verweigert, was bis dahin noch nicht vorgekommen war, und anderes mehr. Das Maß war also voll. An einem Nachmittag fand diese Aussprache statt, an der als Vertreter der Hochschulleitung der Schulleiter, der Leiter unseres Praktikums und wir beide, also Gater und Mortzeck, teilnahmen.

In mein Sündenregister war bereits einiges eingetragen. Dass ich überhaupt noch studierte, hatte damit zu tun, dass ich ein Arbeiter war, der einen Bonus hatte. Wie bekannt, gab es an Hochschulen davon zu wenige. Außerdem gab es glückliche Umstände, die mich bisher vor dem Rauswurf bewahrt hatten. Der glückliche Umstand kam diesmal in Gestalt des Schulleiters daher. Gleich nach Eröffnung der Veranstaltung ergriff er das Wort und sagte sinngemäß:

„Ich möchte die beiden Herren gern nach Abschluss ihres Studiums an meiner Schule als Lehrer sehen, wenn diese nichts Besseres vorhaben. Ich höre immer gern auf meine Schüler, und wenn diese zu mir kommen und sagen, dass sie die beiden gut finden und begeistert sind, dann muss ich mich darum kümmern."

Das war ein Paukenschlag, den keiner der Anwesenden erwartet hatte, vor allem wir Studenten nicht. Es wurde nun nichts mehr aus dem geplanten Tribunal, unsere Verstöße gegen die geltenden Regeln wurden aber noch deutlich verurteilt, zum Beispiel sei bis dahin nie ein Student in ein Heim gegangen, um sich da umzusehen oder habe andere Eigenmächtigkeiten begangen. So wurden wir mit Verwarnungen nach Hause geschickt. Wir waren nochmal davongekommen, jedoch nicht für lange.

Manfred Mortzeck, Zeichnung seines Kommilitonen Tilo Stolzenhain, 1974 (Archiv: Tilo Stolzenhain)

Noch im Sommer dieses Jahres, 1978, wurde ein Anlass genutzt, um die Dauerstörungen des Studienbetriebes durch mich zu beenden. Bei einem Rockkonzert, an dem wir nicht teilnahmen, kam es zu Ausschreitungen, die Anlass für einen Polizeieinsatz mit Hundestaffel waren, bei dem es zu zahlreichen Verletzten kam. Am darauf folgenden Montag hatten wir morgens eine Vorlesung, in der der Professor kurz über dieses Ereignis sprach und dann erklärte, dass dieses Geschehen von westlichen Agenten ausgelöst worden sei, um unsere friedliche Ordnung, in der so etwas nicht entstehen könnte, zu stören usw.

An dieser Stelle stand ich auf, klappte die Schreibplatte an meinem Sitzplatz mit einem lauten Knall nach unten und verließ den Hörsaal. Zwei weitere Kommilitonen taten das Gleiche und verließen ebenfalls den Hörsaal. Das wurde natürlich als Riesenprovokation verstanden, und uns war sofort klar, dass dies Folgen haben würde. Wohl noch am selben Tag erhielten wir die Nachricht von der Einleitung eines Disziplinarverfahrens gegen uns. Mir wurde sofort der Zutritt und Aufenthalt an der Hochschule verboten. Ich wurde exmatrikuliert und erhielt ein Studienverbot für unbegrenzte Zeit.

Was mich am tiefsten beeindruckt und betroffen gemacht hat, speziell auch in diesem Verfahren, war der Verrat. Einige Kommilitoninnen traten in der Verhandlung als Zeugen auf und denunzierten mich. Sie wiesen darauf hin, dass ich mich doch schon oft sehr parteifeindlich geäußert und vieles kritisiert hätte. Das hat mich sehr lange beschäftigt.
Als ich nach den Anschuldigungen zum Schluss der Veranstaltung noch einmal das Wort erhielt, sagte ich zu dem leitenden Professor: „Sie kennen doch sicherlich die Lebensmaxime von Karl Marx? Eine seiner wichtigsten war: *‚An allem ist zu zweifeln.‘*„
Aber auch Solidarität ist etwas Bewegendes. Ich erfuhr auch solidarisches Verhalten. Ulrich Gater, der nur einen Verweis erhalten hatte, ging einige Tage später zur Hochschulleitung und sagte dort sinngemäß: *„Also, ich habe mir überlegt, wenn Sie den Studenten Mortzeck rausschmeißen, dann kann ich hier auch nicht länger bleiben. Bitte exmatrikulieren Sie mich auch.“* Das geschah dann umgehend. Gater ging noch vor mir in die Bundesrepublik.

Manfred Mortzeck, geb. 1948 in Gera/Thüringen; Schulbesuch bis zur 8. Klasse, Malerlehre in einem Baubetrieb, 1966 Facharbeiterabschluss; Grundwehrdienst in der NVA (Nationalen Volksarmee) 1967/68; ab 1968 Arbeit bei der Wismut als Maler und 1971–1975 unter Tage als Transportarbeiter und Anschläger; Besuch der Abendoberschule in Gera, Abitur, ab 1975 Pädagogikstudium in Erfurt – 1978 Exmatrikulation; zwischen 1978 und 1982 Herstellung und Verkauf kunstgewerblicher Keramiken zur Finanzierung des Lebensunterhalts für sich und die Familie; 1983 nach Ausreiseantrag Übersiedlung nach West-Berlin mit Familie.
1983–1989 Studium Germanistik/Kunstgeschichte an der Freien Universität Berlin mit Magisterabschluss, 1991/92 Deutschlehrer an einer Privatschule in Fulda (Hessen), 1992 Rückkehr nach Gera bzw. Jena; Betrieb eines Antiquariats bis 2014.

// Ich sei kein geeigneter Nachwuchskader, erklärte mir der Genosse Kaderentwickler[459]

Dr.-Ing. Matthias Rößler (TU Dresden, Studienjahrgang 1975, Sektion Energieumwandlung, Diplom 1979, Hochschule für Verkehrswesen, 1979–1989, Promotion 1983)

Der Schüler Rößler musste sich als Sprössling eines kapitalistischen Ausbeuters von seinem Platz erheben. Damit war ich in der Welt des „real existierenden Sozialismus“

459 Teile des vorliegenden Beitrags sind mit freundlicher Genehmigung des Ch. Links Verlags, Berlin, entnom-

angekommen und lernte, mich entsprechend zu verhalten. Auf der Erweiterten Oberschule, auf die mich meine Dorfschule als Sohn einer kinderreichen Familie delegiert hatte, erlebte ich die Chancengleichheit im sozialistischen Bildungssystem: Der neben mir sitzende Sohn eines bei Stalingrad gefangen genommenen Wehrmachtsgenerals, nun NVA-General, wurde im Klassenbuch mit dem begehrten A für Arbeiter klassifiziert und mit den entsprechenden Privilegien ausgestattet.

Dort lernte ich auch, dass ein „kleinbürgerliches Relikt“ trotz seines Abiturdurchschnitts von 1,0 keinen Völkerkunde-Studienplatz bekam. Ich solle einen technischen Studiengang belegen. Dort könne so einer wie ich keinen Schaden anrichten, erklärte mir der Genosse Kaderentwickler.[460]

Ich befolgte seinen Rat, da mir nichts anderes blieb. An ein solides Maschinenbaustudium schloss sich ein Forschungsstudium mit Promotion an, obwohl ich den Eintritt in die SED und die Kampfgruppe[461] sogar im Kadergespräch beim Rektor ablehnte und mich nicht als Reserveoffizier werben ließ.

In meiner nach der friedlichen Revolution[462] einsehbaren Kaderakte[463] schrieb der Genosse Kaderleiter auch warnend an den Genossen Rektor, dass ich *„kein geeigneter Nachwuchskader sei, den wir im Sinne der wissenschaftlichen Nachwuchsentwicklung fördern sollten“*.[464] Damit fand ich mich wie Hunderttausende Angehörige der sogenannten technischen Intelligenz in meinen beruflichen Nischen an Hochschule, an der Akademie der Wissenschaft und im Kombinat Lokomotivbau-Elektrotechnische Werke Hennigsdorf auch irgendwie ab.

Wenn man sich nicht mit dem kommunistischen Regime einlassen wollte, blieb die Konzentration auf die wissenschaftliche Forschung und die Privatsphäre, auf das millionenfache kleine Glück einer inzwischen von vielen verklärten kleinbürgerlichen DDR-Gesellschaft.[465]

---

men aus der Publikation: Eckhard Jesse (Hg.): Friedliche Revolution und deutsche Einheit – Sächsische Bürgerrechtler ziehen Bilanz, 1. Aufl., Berlin 2006.

460 Vgl. Anm. 24.

461 Vgl. Anm. 17.

462 Die durch die Bevölkerung der DDR veranlasste umfassende Umwälzung von 1989/90, die letztlich zur Wiedervereinigung Deutschlands führte, war eine friedliche Revolution – eine Einmaligkeit in der deutschen Geschichte. Der damalige Generalsekretär der SED, Egon Krenz, versuchte diese noch aufzuhalten und bot eine „Wende“ an. (Anm. d. Hg.)

463 Vgl. Anm. 21.

464 Dokument der TU Dresden vom 4.4.1984, Direktor für Kader, an Genossen Professor Wießner, Direktor der Sektion 3.

465 Matthias Rößler begann sich 1989 in den neu entstehenden Bürgerbewegungen und Parteien, Neues Forum und Demokratischer Aufbruch, politisch zu engagieren. 1990 erhielt er die Leitung der Fachkommission „Wissenschaft und Bildung“, die mit der demokratischen Umgestaltung des Bildungs- und Hochschulwesens der DDR beauftragt war. Siehe dazu seinen Beitrag „Das Jahr 1989 – der Aufbruch aus der Sicht des akademischen Mittelbaus“. (Anm. d. Hg.)

Nur für den Dienstgebrauch

Direktor für Kader

Dresden, 4. 4. 1984
93500/103 Sa/He

Gen.
Prof. Wießner
Direktor der Sektion 3

11400

Koll. Dr.-Ing. Matthias R ö ß l e r

Mit Schreiben vom 28. 12. 1983 teilte ich Ihnen meinen Standpunkt zur Umwandlung des befristeten Arbeitsrechtsverhältnisses von Dr. Rößler in ein unbefristetes mit. Obwohl ein Antrag auf Umwandlung der Sektion 3 vorlag, wurde das ARV nicht verändert.

Inzwischen informierte mich der Genosse Rektor, daß Dr. Rößler dagegen Einspruch erhoben hat, da ihm offensichtlich verbindliche Zusagen zur Übernahme in eine unbefristete Tätigkeit gegeben wurden.

Der Genosse Rektor hat angewiesen, für Koll. Dr. Rößler einen unbefristeten Arbeitsvertrag auszufertigen.

Ich möchte nochmals darauf hinweisen, daß Dr. Rößler aus meiner Sicht kein geeigneter Nachwuchskader ist, den wir im Sinne der wissenschaftlichen Nachwuchsentwicklung fördern sollten. Das wurde sehr eindeutig im Kadergespräch des Rektors mit Dr. Rößler sichtbar. So hat Dr. Rößler keine Meinung zur Mitgliedschaft der SED und ist auch nicht bereit, Mitglied der Kampfgruppe zu werden. Die Frage nach der Reserveoffiziers-Bereitschaft wird von ihm dahingehend beantwortet, daß man das im Studium von ihm nicht gefordert hätte.

Da über Dr. Rößler seit seiner Einstellung keine Beurteilung angefertigt wurde, bitte ich um eine ausführliche Beurteilung und um Mitteilung der Planstelle und Vergütung.

Samen
Samen

Anweisung des Rektors gilt als Zustimmung zur Planstellenumwandlung von Plst Nr. 3024 WM I in Plst. Nr. 4119 WM IV

Einstufung war von Sektion z. 1.1.84 mit WM IV/ = 1180,- beantragt.

2.5.84 Mücke

In meiner Kaderakte nach 1989 aufgefundenes Schriftstück

Matthias Rößler, geb. 1955 in Dresden, 1973 Abitur, anschließend Grundwehrdienst, 1975–1979 Studium an der TU Dresden, 1979 Diplom, 1979–1985 Forschungsstudent/Assistent an der Hochschule für Verkehrswesen Dresden, 1983 Promotion („Experimentelle Untersuchungen an Tragflügeln bei hochturbulenten Außenströmungen"), 1979–1989 Lehrveranstaltungen/Seminare an der TU Dresden zur Strömungsmechanik, 1985–1990 Entwicklungsingenieur und Leiter eines Forschungsteams im Kombinat Lokomotivbau – Elektrotechnische Werke Henningsdorf.
Nach 1989: Mitglied des Sächsischen Landtags, Staatsminister für Kultus (1994–2002), Staatsminister für Wissenschaft und Kunst (2002–2004), seit 2009 Präsident des Sächsischen Landtags.

// Das Jahr 1989 – der Aufbruch aus der Sicht des akademischen Mittelbaus[466]

Dr.-Ing. Matthias Rößler

Das Jahr 1989: Anfang Oktober ging ich mit nach Leubnitz-Neuostra zu einer Gründungsversammlung des Neuen Forums[467], um organisatorische Strukturen zu schaffen. Deswegen rief ich zahlreiche Freunde und Bekannte an. Die meisten kamen auch. Allerdings wurde das Neue Forum dort nicht gegründet, die Staatssicherheit verhinderte es.
Wir haben uns später bei einer anderen Gründungsveranstaltung beteiligt. Im Neuen Forum ging aber nichts los außer endlosen Diskussionen. Gemeinsam mit Bekannten beschlossen wir deshalb, uns die neuen Parteien anzusehen. Mein Großvater und mein Urgroßvater waren in der SPD gewesen, alle in der Familie Rößler waren vor 1933 in der SPD gewesen. Deswegen gingen wir zur SDP-Gründung[468] in Dresden am 9. November 1989 im Saal der Martin-Luther-Kirche. Es war zwar eine unbelastete Partei, aber im Grunde dasselbe wie beim Neuen Forum: Am Tag des Mauerfalls weinerliches Gerede über die historische Schuld der Deutschen und unentschlossenes

466 Teile des vorliegenden Beitrags sind mit freundlicher Genehmigung des Ch. Links Verlags, Berlin, entnommen aus der Publikation: Eckhard Jesse (Hg.): Friedliche Revolution und deutsche Einheit – Sächsische Bürgerrechtler ziehen Bilanz, 1. Aufl., Berlin 2006.
467 Das Neue Forum (NF) war eine der ersten neuen Bürgerbewegungen in der DDR, die die friedliche Revolution wesentlich prägten. Ein Teil des NF fand sich später im Bündnis 90 bzw. in der Partei Bündnis 90/Die Grünen, ein anderer in der CDU wieder. (Anm. d. Hg.)
468 SDP: Sozialdemokratische Partei in der DDR, gegründet am 7.10.1989. Zwischen Oktober und Dezember 1989 wurden in verschiedenen Städten Regionalgruppen der SDP gegründet. Im Januar 1990 änderte die Partei ihre Abkürzung in SPD. Die SPD der DDR vereinigte sich am 26.9.1990 mit der westdeutschen Sozialdemokratischen Partei Deutschlands (SPD). (Anm. d. Hg.)

Hin und Her. Ich sagte: „*Leute, ihr müsst was machen, ihr müsst aktiv werden. Die Menschen wollen die Wiedervereinigung, die wollen leben wie im Westen.*“ Die Antwort war: „*Das können wir nicht, da gibt es noch so viel zu bedenken, da müsse man, da solle man ...*“

Beim Demokratischen Aufbruch[469] erfolgte zu diesem Zeitpunkt gerade der Bruch mit Friedrich Schorlemmer[470] und dem linken Flügel, am Jahresende redete in dieser Partei keiner mehr vom Sozialismus. Als ich dort richtig aktiv wurde, war das Spektrum des Demokratischen Aufbruchs schon sehr zusammengeschrumpft. Der ganze rot-grüne Teil um Schorlemmer trat aus. Die Partei erschien konservativer und patriotischer. Wolfgang Schnur[471] positionierte sich immer eindeutiger, erst zur Marktwirtschaft und dann zur Wiedervereinigung. Das Programm hat mir gut gefallen. Es war durchdacht und ein ostdeutsches Eigenprodukt. Deswegen sind wir dort eingetreten. Auch mit der Idee von Hans Geisler[472], dem späteren sächsischen Sozialminister, den Demokratischen Aufbruch zur Partei im Neuen Forum zu machen, war ich einverstanden. Mit Parteien hatten die Leute nach der DDR-Erfahrung nicht viel am Hut, ich ja auch nicht. Ich musste wirklich eine echte Barriere überwinden. Die Vorstellung, in einer Partei zu sein, war für mich schwierig.

Übrigens hatte ich bereits im Oktober 1989 bei uns in der Hochschule für Verkehrswesen in Dresden zwei Gründungsaufrufe ausgehängt, den von der sozialdemokratischen SDP und den vom Demokratischen Aufbruch. Bis Anfang 1990 sagte nie jemand etwas dagegen. Dann kam am 3. Januar 1990 diese unglaubliche SED-Provokation am Treptower Ehrenmal in Ost-Berlin. Provokateure hatten – man erinnere sich – den Sockel des sowjetischen Ehrenmals mit Naziparolen beschmiert, um auf diese Weise eine antifaschistische Einheitsfront anzuregen. Daraus wurde aber nichts. Noch heute sehe ich die Fernsehbilder, die Gregor Gysi[473] und Lothar de Maizière[474] in Treptow nebeneinander zeigten.

---

469 Die politische Gruppierung „Der Demokratische Aufbruch“ (DA) konstituierte sich Mitte Dezember 1989 in Leipzig und trat später dem Wahlbündnis „Allianz für Deutschland“ bei. (Anm. d. Hg.)

470 Friedrich Schorlemmer (geb. 1944), deutscher evangelischer Theologe, Bürgerrechtler, Mitglied der SPD. (Anm. d. Hg.)

471 Wolfgang Schnur (1944–2016), in der DDR Rechtsanwalt, Mitbegründer und zeitweise Vorsitzender des Demokratischen Aufbruchs (DA) bis zu seiner Enttarnung als IM der Staatssicherheit. (Anm. d. Hg.)

472 Hans Geisler (geb. 1940), promovierter Chemiker, 1989 Mitglied des Demokratischen Aufbruchs (DA), später der CDU, war von 1990 bis 2002 Sächsischer Staatsminister für Soziales, Gesundheit und Familie. (Anm. d. Hg.)

473 Gregor Gysi, geb. 1948, war 1989–1993 Parteivorsitzender der SED-PDS. (Anm. d. Hg.)

474 Lothar de Maizière, geb. 1940, war 1989 stellvertretender Vorsitzender des Ministerrates und Minister für Kirchenfragen der DDR in der Regierung von Hans Modrow. Nach der ersten freien Volkskammerwahl wurde er am 12. April 1990 zum Ministerpräsidenten der DDR gewählt. (Anm. d. Hg.)

Und plötzlich forderte unser Sektionsdirektor mich auf, ich solle die Gründungsaufrufe dieser beiden Parteien entfernen.
Bei einer dieser damaligen großen Demonstrationen in Dresden von manchmal 100.000 Menschen zogen wir auch einmal auf mein Drängen an den Studentenheimen der TU Dresden vorbei. Es war ein Phänomen der friedlichen Revolution in der DDR und wohl einmalig in der europäischen Geschichte, dass die Studentenschaft nicht zu den Triebkräften einer revolutionären Bewegung gehörte. Leider trat diese „Kampfreserve der Partei", ähnlich wie die Masse der SED-Hochschullehrer, eher als Gegenkraft in Erscheinung.
Eine unrühmliche Rolle spielten die Studenten der Karl-Marx-Universität Leipzig als Gegendemonstranten auf dem Augustusplatz oder die Studenten der Pädagogischen Hochschule in Dresden bei der historischen Rede von Helmut Kohl vor der Frauenkirche in Dresden. Die passive, manchmal im Wortsinne konterrevolutionäre Haltung der ostdeutschen Hochschulen blieb gerade im Hinblick auf die Rolle der Universitäten in Mittel- und Osteuropa ein besonderer Makel und signalisierte hier besonderen Reformbedarf. Jedenfalls skandierten die Demonstranten – Arbeiter, Handwerker, Angehörige der sogenannten technischen Intelligenz und des akademischen Mittelbaus der Dresdner Hochschulen – immer wieder: *„Kommt heraus und schließt euch an, wir brauchen jeden Mann!"* Die Studenten in ihren braunen NVA-Trainingsanzügen glotzten zwar aus den hell erleuchteten Zimmern des Wohnheims, angeschlossen hat sich keiner. Die friedliche Revolution wurde zur Angelegenheit der kleinen Leute, die „Eliten" der DDR stemmten sich gegen die Wiedervereinigung.
Dass die Auseinandersetzung mit den Vertretern des DDR-Machtapparates aber richtig gefährlich werden konnte, lernte ich nach einer der vielen Sitzungen des Runden Tisches. Wie jeden Montag fand diese im Rat des Bezirkes, der heutigen Staatskanzlei, statt. Wie immer stritten wir mit den Funktionären der SED, wurden von manchen Vertretern der Blockparteien misstrauisch beäugt und stimmten in der Gruppe der neuen Kräfte, nämlich Vaatz-CDU, Demokratischer Aufbruch (DA), DSU, Forumpartei, Neues Forum, SPD, Vereinigte Linke und andere, geschlossen ab. Spät in der Nacht verließ ich dann das düstere Gebäude, froh darüber, heil aus dieser Zentrale des alten Unterdrückungsapparates herausgekommen zu sein. Als ich im Schritttempo mit meinem Wartburg[475] um eine Kurve bog, stoppte ein fürchterliches Krachen meine Fahrt. Mit Mühe und ganz langsam erreichte ich die Autowerkstatt. Im Laufe des Tages rief der Monteur ganz verstört meine Frau an und fragte, ob ich Feinde habe. Am Auto hatten Unbekannte alle Radmuttern gelöst. Noch heute besitze ich die „Anzeige gegen unbekannt", die ich damals an die Kriminalpolizei richten wollte.

475 Der „Wartburg" war ein mit einem Zweitaktmotor (1000 cm^3) ausgestatteter PKW der DDR-Produktion. (Anm. d. Hg.)

Arnold Vaatz[476] sagte damals bitter zu mir, dass „die nie gegen sich selber ermitteln". So erstattete ich die Anzeige nicht.
Eine weitere schmerzhafte Erfahrung brachte mir mein erster Zeitungsartikel[477] „Selbstentstalinisierung – oder: Neue Kaderakten entstehen"[478] in der uns nahestehenden Dresdner Tageszeitung „Union" am 28. April 1990. Die Kaderakte bestimmte bekanntlich das Wohl und Wehe des realsozialistischen Menschen. Deshalb folgten im Frühjahr Zehntausende Staatsbedienstete in Betrieben und Universitäten der Aufforderung der Kaderleitungen, die jetzt Personalabteilungen hießen, Einsicht in die eigenen mysteriösen Akten zu nehmen. Natürlich prangte auch der Name des Ge-

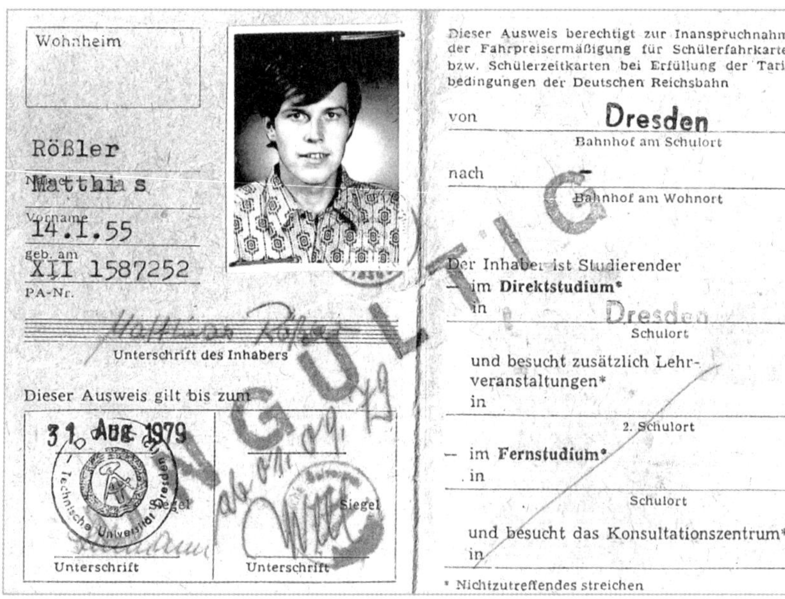
Wohnheim
Rößler
Matthias
Vorname
14.1.55
geb. am
XII 1587252
PA-Nr.
Unterschrift des Inhabers
Dieser Ausweis gilt bis zum
31. Aug. 1979
Siegel
Unterschrift
Siegel
Unterschrift
Dieser Ausweis berechtigt zur Inanspruchnahme der Fahrpreisermäßigung für Schülerfahrkarten bzw. Schülerzeitkarten bei Erfüllung der Tarifbedingungen der Deutschen Reichsbahn
von Dresden
Bahnhof am Schulort
nach
Bahnhof am Wohnort
Der Inhaber ist Studierender
– im Direktstudium*
in Dresden
Schulort
und besucht zusätzlich Lehrveranstaltungen*
in
2. Schulort
– im Fernstudium*
in
Schulort
und besucht das Konsultationszentrum*
in
* Nichtzutreffendes streichen
UNGÜLTIG

Studentenausweis von Matthias Rößler

nossen Kaderleiter am Türschild seiner Personalabteilung, denn auch die Leitung der Hochschule für Verkehrswesen konnte auf solch einen Parteiarbeiter mit inquisitorischem Scharfblick nicht verzichten.
Über meine damaligen Beobachtungen schrieb ich in dem genannten Artikel u.a. Folgendes: „Verdutzt überlege ich, warum die Unterlagen von solchen Ehrenerklärungen

---

476 Arnold Eugen Hugo Vaatz (geb. 1955), Mathematiker, deutscher Politiker und ehemaliger Bürgerrechtler, Bundestagsabgeordneter, seit 2002 stellvertretender Vorsitzender der CDU/CSU-Bundestagsfraktion. (Anm. d. Hg.)
477 „Selbstentstalinisierung – oder: Neue Kaderakten entstehen", in: Dresdener Tageszeitung „Union" vom 28./29.4.1990.
478 Jeder DDR-Bürger konnte seine eigene Kaderakte zur „Einsichtnahme" sich aushändigen lassen, „einsehen", um diese dann wieder in der Kaderabteilung zurückzugeben.

bereinigt werden müssen. Weniger Probleme hatte ein Kollege am anderen Ende des Tisches, dem eine andere nette Sachbearbeiterin eine Teilnahmebescheinigung für die Bezirksparteischule zuschob. Mit roten Ohren versenkte der ‚Geschulte' die ‚belastenden (?)' Schriftstücke in der tiefen Jackentasche. Sofort nahm er die Möglichkeit war, einen ‚neuen' Lebenslauf zu formulieren. Ich blieb beim bisherigen Lebenslauf, obwohl sich aus der Funktion eines Gruppenratsvorsitzenden durchaus der Vorwurf einer Kollaboration mit dem stalinistischen Regime ableiten ließe."

Viele sortierten Schriftstücke wie Teilnahmebestätigungen für die Bezirksparteischule aus und schrieben sich selbst neue Lebensläufe. Damals lief die moralische Selbsterneuerung durch flächendeckende Bereinigung der Kaderakten auf Hochtouren. Man bastelte an neuen Lebensläufen, die die Inhaber als völlig unbelastet darstellten. Die ehemaligen Genossen schufen sich eine neue Identität. Sie waren alle im inneren Widerstand gewesen, verhüteten das Schlimmste. Während sie den finsteren stalinistischen Mächten trotzten, führten wir ein gemütliches Leben in unseren oppositionell tapezierten Nischen. Tausendfach entstand aus der alten Kaderakte eine neue Personalakte, aus dem eifrigen Genossen der fachkompetente Demokrat. Nach diesem Artikel isolierte mich ein Großteil der Kollegen an meiner Hochschule durch eine regelrechte Mauer des Schweigens. Mein damals ruhendes Arbeitsverhältnis an der Hochschule für Verkehrswesen Dresden – ich war gerade als Applikationskader in die Praxis delegiert – löste die Kaderleitung, die jetzt Personalabteilung hieß, noch im Sommer 1990 eilends auf.

Nachtrag

Ich erhielt 1990 die Leitung der Fachkommission „Wissenschaft und Bildung", besetzt mit Rektoren, Prorektoren und Bezirksschulräten.[479] Die oftmals stasibelasteten Altkader wurden einer nach dem anderen durch unbelastete Personen aus Basisgruppen und Initiativen ersetzt. Unvergessen bleibt mir mein erster Besuch mit der Delegation in Baden-Württemberg, als der dortige Wissenschaftsminister Engler schnurstracks auf den damaligen Chemnitzer Rektor zusteuerte. In aller Höflichkeit aber mit Nachdruck erklärte ich dem verdutzten alten Herrn, dass Magnifizenz nicht das Sagen hatte. Das war für beide eine ganz neue Erfahrung: für Magnifizenz, die einem Assistenten die Delegationsleitung überlassen musste, und für den westdeutschen Wissenschaftsminister, der nie so richtig verstand, was sich im Osten abspielte.

479 Unter dem Druck des Runden Tisches und des CDU-Fraktionsvorsitzenden Erwin Teufel im Stuttgarter Landtag leiteten dann drei prominente Vertreter der Basisdemokratie eigene Arbeitsgruppen.

// Kommentar zeithistorisch //

Das Jahr 1990 aus der Sicht der Fachkommission „Wissenschaft und Bildung" Der Grundkonflikt zwischen radikaler Erneuerung und restaurativer Besitzstandswahrung prägte die politische Auseinandersetzung in der untergehenden DDR und später in den neuen Bundesländern. Die Herbstrevolutionäre trugen diesen Konflikt nicht nur mit den Regierungen Modrow und de Maizière aus, sondern vor allem mit den Inhabern der Machtpositionen in der Verwaltung, dem Bildungswesen und den anderen öffentlichen Bereichen. Besonders an den Hochschulen versuchten diese, ihre Lehrstühle und andere Pfründen in das von ihnen so verteufelte demokratische System des Westens zu retten. Im politischen System der DDR ordnete die herrschende Partei Forschung und Lehre dem engeren Regierungssystem unmittelbar nach.

Die Personalkultur an den Hochschulen war ein Produkt der Kaderpolitik der SED, einer gezielten politischen Auslese. Die Devise „Parteilich entscheiden über Bewerbungen!" der speziell an Universitäten geschaffenen SED-Kreisleitung, führte zu einer Parteimitgliedschaft von über 80 Prozent in der besonders systemnahen Hochschullehrerschaft. Die Karriere eines Hochschullehrers bestimmte nach der Hochschulreform von 1968[480] ein Kaderentwicklungsplan und erst in zweiter Linie fachliche Leistung.

Erneuerungswillige Kräfte aus Teilen des akademischen Mittelbaues versuchten Anfang 1990 einen Selbstreinigungsprozess, um so die Hochschulen auf ihre Autonomie vorzubereiten. Die Kraft dieser Initiativgruppen, die wenig Unterstützung im Bildungsministerium fanden, erlahmte im Herbst 1990 zunehmend. Starke Beharrungskräfte und absolute SED-Mehrheiten führten zu einer Struktur- und Hierarchieverfestigung. Die Hochschulen entwickelten sich zu letzten Wagenburgen des DDR-Sozialismus.

Matthias Rößler

// Ein Kommilitone hatte auf der Leipziger Messe ein Westbuch gestohlen

Dr. med. Michael Büdke (Martin-Luther-Universität Halle-Wittenberg, Studienjahrgang 1976, Fachbereich Medizin, Diplom 1982, Promotion 1987)

Nicht das Studium selbst, sondern der Zugang war in meinem Fall problematisch. Nach der Ablehnung der Bewerbung zum Medizinstudium hatte ich nach dem Abitur zwei Jahre als Hilfspfleger in einer Hochschulpsychiatrie gearbeitet, war trotz guter Arbeitszeugnisse erneut nicht zum Studium angenommen worden und leistete dann von 1973 bis April 1975 Dienst als Bausoldat[481] in der NVA ab. Auch die Studienbewerbung aus dem Wehrersatzdienst heraus wurde abgelehnt.

480 Vgl. Anm. 245.

481 In der DDR wurde ab 1964 eine Sonderform der Wehrpflicht geschaffen, die es erlaubte, die Wehrpflicht

Engagiert bemühten sich die zuständigen Behörden in Kooperation, auch meine jeweiligen Einsprüche und Beschwerden abzuschmettern, immer den Schein wahrend, dass das alles nichts mit meiner Wehrdienstverweigerung oder gar mit meiner christlichen Grundeinstellung zu tun habe. Ich fand später in den Akten interne Rückkopplungen zwischen Universität, Ministerium für Hoch- und Fachschulwesen und der NVA. Sichtlich erfolgte die Auswahl nicht durch Medizinprofessoren, sondern der jeweils als Direktor für Erziehung und Ausbildung amtierende Professor (oder die Professorin) unterschrieb in der entscheidenden Sitzung die von der Arbeitsebene vorbereiteten Entscheidungen über Zulassung oder Ablehnung. Sekretärin und eigentliche Chefin der damals immer nur kurz E&A (Erziehung und Ausbildung) genannten Abteilung am Bereich Medizin war damals die Genossin Käthe Dick (beim MfS IM „Käthe").[482]

Eigentlich hatte ich resigniert und eine Arbeit mit berufsbegleitender Ausbildung zum Buch- und Musikalienhändler aufgenommen. Mit einer Beschwerde beim SED-Generalsekretär Honecker wollte ich abschließend (im Sommer 1975) meinem Frust Ausdruck geben und einen letzten Versuch machen. Der Brief war lang, argumentativ-sachlich, im Ton höflich mit ironisch-fragenden Abschnitten. Gerade war der Helsinki-Prozess[483], eine deutliche Entspannung zwischen Ost und West, auf seinem Höhepunkt. Die DDR hatte sich in diesem Rahmen zu allerhand Menschenrechtsfragen geäußert und immer ihre Rechtsstaatlichkeit betont.

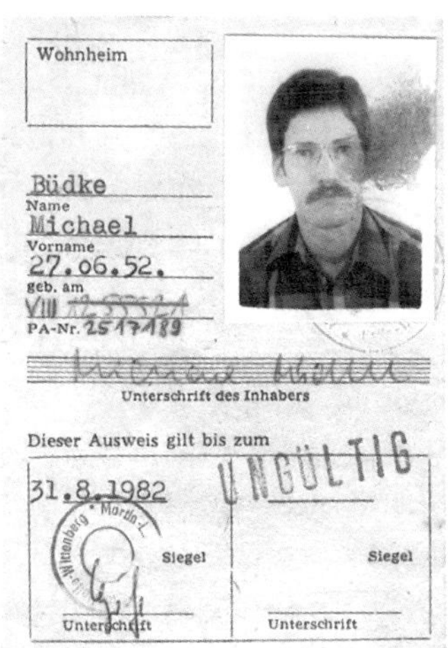

Studentenausweis von Michael Büdke

Unerwartet bekam ich vom „Büro Honecker" den Bescheid, dass mein Anliegen zur Prüfung an das Ministerium für Hoch- und Fachschulwesen zurückverwiesen worden sei. Kurz darauf kam von dort, woher ich sonst gewundene ablehnende Briefe bekommen hatte, die Mitteilung über die Zulassung zum Medizinstudium, „leider" nicht mehr für das bald beginnende Semester, sondern

ohne unmittelbaren Waffendienst als Bausoldat (auch Spatensoldat genannt) abzuleisten. Die Bausoldaten wurden an militärischen Bauvorhaben, später auch an Schwerpunkten in der Wirtschaft eingesetzt. Sie waren Angehörige der NVA und hatten in der Regel mit Benachteiligungen bei der weiteren beruflichen Entwicklung zu rechnen. (Anm. d. Hg.)

482 Steffen Reichert: Unter Kontrolle. Die Martin-Luther-Universität und das Ministerium für Staatssicherheit 1968–1989, 2 Bde., Halle 2007, Bd. 1, S. 308 ff.

483 Mit „Helsinki-Prozess" sind die „Konferenzen über Sicherheit und Zusammenarbeit in Europa" gemeint, die 1975 zur Unterzeichnung der Schlussakte von Helsinki führten. (Anm. d. Hg.)

ein Jahr später, ohne dass ich mich neu bewerben müsse. Das dürfte für die kleinen Parteidiktatoren an der Uni Halle ein Schock gewesen sein. Noch im Sommer 1976, kurz vor Studienbeginn, fragte der E&A-Leiter der gesamten Uni, Genosse Sobotta, auf einem in den Akten erhaltenen handschriftlichen Zettel bei der Genossin Dick an, ob ich nicht vielleicht die Auflage hätte, in dem erzwungenen letzten Wartejahr in einem volkseigenen Betrieb zu arbeiten. Sie antwortete ebenfalls handschriftlich, es sei nicht so gewesen, das „Leider" liest man zwischen den Zeilen.
Das Studium begann. Ich fühlte mich wie alle anderen, es war neu, es war spannend, anstrengend, wunderbar. Es zählte die Leistung, die fachliche Ausbildung. Ich war nie in der FDJ gewesen; das spielte keine Rolle. Über die „Rote Woche"[484], eine Art Indoktrination zu Beginn jedes Studienjahres, wurde allgemein gelacht. Wenn ich mich richtig erinnere, fand sie an der Uni Halle gar nicht oder nur rudimentär statt, weil die Wohnheime gerade zu dieser Zeit immer wegen der Leipziger Messe von den Studenten geräumt werden mussten, um Messequartiere zu schaffen.
Für den „Sozialistischen Studentenwettbewerb"[485] bauten wir zu viert eine große Marionette.[486] Das hatte ich in der Freizeit als Bausoldat gelernt. Das Thema war egal, Hauptsache war die Abrechnung der Teilnehmerzahlen am Wettbewerb nach oben. Die Marionette wurde akzeptiert und ausgestellt.
Mein Eindruck von Anfang an: Stolz der allermeisten Lehrenden auf die Qualität und die alte Tradition der Lehre an unserer Alma Mater. Hinnehmen der „Roten" Abteilungen als notwendiges Übel, deren Forderungen man erfüllt, um keinen Ärger zu bekommen. Hohes Engagement in der Lehre, bis hin zu Extrazeit für besonders interessierte Studierende. Auf jeden Fall Wahrnehmung der Lernenden als Individuen, sofern sie lernbegierig waren.
Im ersten Studienjahr unterrichtete in „Marxistisch-leninistischer Philosophie" (ML) ein unangenehmer Dozent, der auch unser Seminar leitete.[487] Er ließ in der ersten oder zweiten Seminarveranstaltung plötzlich einen Zettel herumgehen, auf dem jeder die Berufe der Eltern notieren musste. Es gab keine Begründung dafür. Bei der Prüfung in ML im ersten oder zweiten Studienjahr fiel ein Student, eifriger Kommunist, durch, offensichtlich, weil er im blauen FDJ-Hemd erschienen war. Wir

484 Unter Studenten hatte sich dieser Begriff eingebürgert. Mit „Rote Woche" wurde die aktuell-politische Schulung aller Studierenden zu Semesterbeginn bezeichnet mit zahlreichen marxistisch-leninistischen Pflichtveranstaltungen, insbesondere „Gehirnwäsche", um die SED-gewünschten Einstellungen zu DDR-politischen und weltpolitischen Ereignissen zu erzeugen. Vgl. Anm. 249.

485 Sozialistischer Studentenwettbewerb: Diesen habe ich selbst nur im ersten Semester wahrgenommen. Forderung nach „gesellschaftlicher Tätigkeit" zusätzlich zum Studium auf künstlerischem, sportlichem oder anderem Gebiet. Offenbar war für die Verantwortlichen nur die Abrechnung der Teilnehmerzahl wichtig.

486 Wir wollten nichts „Sozialistisches" machen und bauten eine etwa 60 cm hohe Marionette ohne besondere künstlerische Merkmale.

487 Dr. Edgar Fischer war Dozent für Marxistisch-Leninistische Philosophie.

haben gelacht, weil eben gerade bei den ML-Leuten der schwarze Anzug so wichtig war, um als gleichberechtigtes und wichtiges Fach neben Anatomie, Physiologie, Biochemie usw. zu gelten. Bei diesen naturwissenschaftlichen Fächern wäre man in Halle im FDJ-Hemd aus der Prüfung geworfen worden. Schwarzer Anzug war Pflicht.

Ein Kommilitone hatte auf der Leipziger Messe ein Westbuch gestohlen, ein allgemeiner „Volkssport", auf den die westdeutschen Verlage offensichtlich vorbereitet und eingestellt waren, wenn ich das auch nicht beweisen kann. Ohne Verwandtschaft im Westen kam man ja sonst nicht an westliche Fachbücher und auch *mit* solchen Beziehungen kaum an Belletristik heran. Jedenfalls wurde er von ostdeutschen Aufpassern erwischt und von der Staatssicherheit in mehreren Verhören („Gesprächen" auf dem Gelände und in Räumen der Medizinischen Fakultät) erpresst, als IM unter den Studenten zu arbeiten. Bei Weigerung Exmatrikulation. Zum Glück erzählte er es schnell einigen, auch mir, und ließ diese Verletzung der Konspiration durchblicken. Die Sache verlief für ihn folgenlos.

1976 oder 1977 las Sarah Kirsch im TURM, dem Studentenklub der FDJ. Sie war schon politisch verfemt, reiste 1977 in die BRD aus. Die Karten waren offensichtlich durch die FDJ an zuverlässige Mitarbeiter verteilt worden, doch es waren auch viele Interessierte da. Wir hatten keine Karten, wurden aber als Gruppe literaturbegeisterter Medizinstudenten von einem Insider kurz nach Beginn der Lesung durch einen Nebeneingang in den Raum geschleust. Es war sehr voll. Wir landeten unmittelbar zu Füßen der Autorin, auf dem Fußboden, der im ganzen Raum besetzt war. Kaum saßen wir, machten sich vom offiziellen Eingang aus zwei Ordner durch die Enge robbend auf den Weg zu uns, um im flüsternden Befehlston die Studentenausweise einzusammeln. Wenige, auch ich, konnten sich im Gedränge entziehen. Die anderen mussten nach einigen Tagen die Ausweise bei der Uni-FDJ-Leitung abholen und bekamen eine Verwarnung.

Ich erhielt Leistungsstipendium[488], wie viele mit guten Leistungen. Sozialistisches Engagement oder FDJ-Zugehörigkeit spielten hier keine Rolle. Allein die fachlichen Ergebnisse zählten. Das verwaltete die gleiche E&A-Abteilung, die beobachtete, ob man zur Maidemonstration ging oder auch zu den Wahlen. Es war absurd. Den einzigen Ernteeinsatz, an den ich mich aus dem Studium erinnere, musste ein Dozent für Pharmakologie organisieren.

---

488 Es hieß allgemein, man bekommt Leistungsstipendium, nicht „ein Leistungsstipendium", deshalb habe ich es auch bewusst so geschrieben. Die Formulierung „ein Leistungsstipendium" würde suggerieren, es habe, ähnlich wie heute, verschiedene Stipendien gegeben, um die man sich hätte bewerben können. Das war nicht der Fall. Das Leistungsstipendium war streng an die fachliche Benotung gebunden und betrug, soweit ich mich erinnere, 40, 60 oder 80 Mark pro Monat bei einem Grundstipendium von 120 Mark, es war also für Studenten durchaus ein Wert.

Vor 1976 war die militärische Ausbildung als Pflichtabschnitt im ersten oder zweiten Studienjahr vorgesehen. Ich hätte sie verweigert und wäre mit Sicherheit deswegen exmatrikuliert worden. Aber zu meinem Glück wurde mit Beginn unseres Studiums dieses Problem auf das fünfte Studienjahr verlagert. Als es dann so weit war, ging es nur noch um die Frage, Offizier zu werden. Mein Argument, als Bausoldat könne ich gar nicht Reserveoffizier werden,[489] wurde ohne Kommentar akzeptiert.
Fachlich blieb es immer interessant und sachlich. Man wusste von vielen Lehrenden und Studierenden, dass sie „rot" waren, auch, vor wem man sich in Acht nehmen musste. Allgemein wurde ja in der DDR nicht allein nach Parteizugehörigkeit, sondern eher nach persönlicher Erfahrung und Gefühl differenziert. In Halle spielten in der medizinischen Lehre politische Dinge keine Rolle, auch nicht bei Examina. Eine Ausnahme war unser Professor für Militärmedizin, Kurt Geiger.[490] Wir haben ihn damals erlebt, wie er auch in „Geschichte der Medizinisch-Biologischen Institute Berlin-Buch" charakterisiert wird: großmäulig.[491] Einer, der sich für einen ganz Großen hielt und sich durch bizarren Unsinn selbst disqualifizierte wie zum Beispiel in seiner Vorlesung: *„Ich bin nicht nur klüger als Sie alle, ich bin auch intelligenter als Sie alle"* oder ein anderes Mal *„Die Zahl der Intershops[492] hat bei uns ein Optimum erreicht"*.
Ich kann mich nur an einen einzigen Internisten erinnern, der, bei fachlich gutem Seminar, penetrant und pseudoväterlich nach der gesellschaftlichen und politischen Tätigkeit jedes einzelnen Studenten fragte. Man wusste nicht recht, warum. Er nervte sehr. Heute lebt er wieder in Halle und macht auf kulturvollen Pensionär in halböffentlicher Stellung.
Das Fach Marxismus-Leninismus, das nach „Philosophie" im ersten und „Politischer Ökonomie" im zweiten Studienjahr uns schließlich als „Wissenschaftlicher Kommunismus" nahegebracht werden sollte, verlor unter Prof. Ernst Luthers[493] realitätsferner nicht *Vor-* sondern *Verlesung* jeglichen Glanz, während mit einem jungen Dr. Lübbe gut und nah an Problemen zu diskutieren war.
Sicher hat auch die in Halle ansässige Leopoldina[494] dazu beigetragen, dass die SED-

---

489 Ein Bausoldat hatte ja keine Waffenausbildung und konnte auch nicht befördert werden.

490 Kurt Geiger (1920–1993) war ein deutscher Militärmediziner und NVA-Generalmajor. 1979 wurde er zum Leiter der neu gegründeten Abteilung Militärmedizin an der Martin-Luther-Universität Halle-Wittenberg berufen.

491 Vgl. Heinz Bielka: Geschichte der Medizinisch-Biologischen Institute Berlin-Buch, 2. Aufl., Berlin/Heidelberg 2002, S. 90 f.

492 Intershops: Geschäfte in der DDR zum Verkauf westlicher Waren gegen westliche Währung, auch für DDR-Bürger offen. Diese hatten allerdings ab etwa Anfang der 80er Jahre Devisen vorher in sogenannte Forumschecks bei der DDR-Staatsbank umzutauschen. Die Läden waren für die meisten Menschen, die keine Devisen hatten, ein ständiges Ärgernis.

493 Zu Professor Ernst Luther vgl. Steffen Reichert: Unter Kontrolle (wie Anm. 484), Bd. 2, S. 94.

494 Leopoldina: älteste, ununterbrochen existierende naturwissenschaftlich-medizinische Akademie der Welt,

Einflüsse auf das Medizinstudium marginal (aus meiner Erfahrung) blieben. Die Jahrestagungen dieser Gelehrtenvereinigung waren Glanzlichter. Hallesche Professoren hatten hohe Funktionen in der Leopoldina. Die Parteifunktionäre wurden vorgeführt, wenn sie zum Beispiel als Einzige in Tagungsbroschüren mit ihren akademischen Titeln aufgeführt waren, neben Nobelpreisträgern, die schlicht mit Namen erschienen. So etwas wurde auch von Studierenden wahrgenommen und belächelt. Tagsüber durften einige von uns als Saalordner und Ähnliches arbeiten und den Vorträgen lauschen. Abends ging man dann in die Laurentiuskirche und hörte Carl Friedrich von Weizsäcker[495] zu, den die ESG eingeladen hatte. Am Ende des Studiums kam die Absolventenlenkung. Natürlich gab es hier Vorteile für Genossen und sicher auch für Stasi-IMs. Auch ich bekam nicht mein Wunschfach. Aber das ging vielen so. Und mit größerer Mobilität innerhalb der DDR hätte sicher auch ich anderes erreichen können. Auch war ich offen für Kompromisse.

Was mich wirklich aufbrachte, war das Verbot unserer Examenszeitung. 10 bis 15 Studierende hatten sie gemacht. Sie war scharf und kritisch. Sie musste bei der FDJ-Leitung eingereicht werden (der hauptamtliche FDJ-Sekretär war ein Arzt, dem nach dieser Funktion alle Wege offenstanden).

Medizinarier aller Lehrstühle, verteidigt euch!

DAS PARODIES

Organ des Satirialkomitees der Optimistischen Absolventenschaft
Martin-Luther-Universität Halle-Wittenberg Bereich Medizin

Ausgabe I/81 erscheint einmalig und inoffiziell

STUDENTENZEIT - SCHÖNSTE ZEIT

Fünf Jahre lang war diese Weisheit immer wieder Grund für Stoßseufzer altehrwürdiger Katheder-Hasen. Nun werden wir ihn selbst bald ausstoßen! Ehe sich aber der atherosklerotische Kalk auf den Erinnerungen ablagert, soll mit einer Karikatur des studentischen "Paradieses" senilen Sentimentalitäten vorgebeugt werden. In Lied, Wort und Bild ist auf den folgenden Seiten das Leben im Garten der akademischen Lüste festgehalten worden.

Wissenschaftlich-technischer Fortschritt im Lehrbetrieb: fotografische Anwesenheitskontrolle (Archivbild 30.10.1980)

Titelblatt der Examenszeitung, die verboten wurde. Der Pfeil rechts auf dem Gruppenfoto bezeichnet Michale Büdke. Die Gestaltung des Titelblattes parodiert das SED-Zentralorgan „Neues Deutschland“. Über dem Zeitungstitel stand: „Proletarier aller Länder, vereinigt euch“, darunter „Organ des Zentralkomitees der Sozialistischen Einheitspartei Deutschlands“.

gegründet 1652 in Schweinfurt, seit 1878 Sitz in Halle. Seit 2008 Nationale Akademie der Wissenschaften. (Anm. d. Hg.)

495 Carl Friedrich von Weizsäcker (1912–2007), deutscher Physiker, Philosoph und Friedensforscher. Als evangelischer Christ beschäftigte sich Weizsäcker mit den Gefahren der Atombombe, des Nord-Süd-Konflikts und der Umweltzerstörung und trat für einen radikalen Pazifismus ein. (Anm. d. Hg.)

Eine Druckgenehmigung wurde nicht erteilt. Nur wir Initiatoren besitzen jede(r) ein Schreibmaschinenexemplar mit eingeklebten Fotos.

Wenn ich zusammenfasse: Mein Medizinstudium an der MLU Halle-Wittenberg 1976 bis 1982 war schön, fachlich gut und hat mir eine solide Grundlage für die Berufsausübung gegeben. Die SED und ihre Hilfsstrukturen haben am Primat der fachlichen Ausbildung nichts Wesentliches geändert. Ich kann nicht beurteilen, ob sie das wollten. Die Auswahl der Studierenden war in unangemessener Weise durch die Partei diktiert.

Auch gab es unnötige Belastungen durch die Ausbildung in Marxismus-Leninismus und andere politisch-organisatorische Vereinnahmungen. Nach meinem Eindruck konnten diese Einflüsse durch überwiegend passiven Widerstand (ins Leere laufen lassen) sehr in Grenzen gehalten und dadurch nahezu unwirksam gemacht werden.

Ein Rückblick: Leipzig, Februar 1976. Ich bin Buchhändlerlehrling aus Magdeburg (mit Studienplatz für Medizin ab September 1976) und befinde mich zum schulischen Abschnitt meiner Ausbildung an der Buchhändlerschule in Leipzig. Mit Freundinnen aus Leipzig und anderswoher sind wir am Abend in der Hochschule für Grafik und Buchkunst, nach meiner Erinnerung ein großer Saal (Keller?), große Party (Fasching?). Sicher waren deutlich mehr als 100 Menschen im Raum. Nach Mitternacht singen alle – auch Dozenten – auswendig und laut Lieder von Wolf Biermann. Und ich hatte immer gedacht, einer der ganz wenigen zu sein, die diese Lieder kennen und auswendig können. Freude und Hoffnung. Neun Monate später wird Biermann ausgebürgert. Auf dem Weg zur Mensa in Halle sehen wir von der Stasi frisch übermalte Protestparolen an einer Hauswand. Am 1. Dezember 1989 bin ich als junger Arzt auf dem Biermann-Konzert in Leipzig. Freude und Siegesgefühl.

Eintrittskarte für das Wolf-Biermann-Konzert am 1. Dezember 1989 in Leipzig

Michael Büdke, geb. 1952 in Magdeburg, aufgewachsen in einem christlichen Elternhaus; Abitur 1971 an der EOS „Karl Marx“ in Calbe/S.; 1971–1973 Hilfspfleger in der Psychiatrie der Medizinischen Akademie Magdeburg; November 1973 bis April 1975 Bausoldat in Saßnitz; danach Arbeit und Ausbildungsbeginn als Buchhändler in Magdeburg; Medizinstudium in Halle 1976–1982; Facharztausbildung für Allgemeinmedizin, Promotion 1987.

Seit 1991 niedergelassener Arzt mit eigener Praxis in Halle. Seit Herbst 2015 im Ruhestand.

// Arbeit und Fernstudium waren eine hohe Belastung

Dipl.-Ing. Roland Mettcher (TU Dresden, Fernstudienjahrgang 1976, Sektion Fertigungstechnik und Werkzeugmaschinen, Diplom 1982)

Da ich nicht an der Jugendweihe teilnahm, sondern mich konfirmieren ließ, durfte ich nicht auf die erweiterte Oberschule gehen und so war ein Abitur für mich ausgeschlossen. Ein Studium schien zunächst unerreichbar. Also begann ich 1965 eine Ausbildung zum Mechaniker beim VEB Feinmess[496] in Dresden, welche ich mit guten Ergebnissen 1968 abschloss. Mein Berufsschulklassenlehrer, Herr Salat, war für mich nicht als SED-Genosse erkennbar, ich kann nicht wissen, ob er einer war oder nicht. Jedenfalls verhielt er sich unpolitisch, das gab es im DDR-Schulwesen als seltene Ausnahme auch. Er holte mich einmal nach dem Unterricht zu sich und fragte mich, warum ich bei meinen guten schulischen Leistungen kein Abitur gemacht hätte und warum ich nicht studieren wolle. Ich erzählte ihm von der fehlenden Jugendweihe. Da zeigte er mir einen Weg auf, nämlich dass ich mit dem Facharbeiterbrief und dem guten Abschlusszeugnis die Fachschulreife erworben hatte und mich zum Ingenieurabendstudium bewerben könnte. Er war persönlich bekannt mit dem Leiter der Fachschule für Maschinenbau Bautzen, Außenstelle Dresden, Herrn Habermehl und gab mir eine persönliche Empfehlung mit.
Zuerst musste ich den Grundwehrdienst bei der Nationalen Volksarmee der DDR (NVA) von November 1968 bis April 1970 absolvieren. Dort sagt man mir, wenn ich eine Chance zum Ingenieurabendstudium haben wollte, benötigte ich eine Delegierung vom Betrieb. Diese könnte ich nur bekommen, wenn ich mich für mindestens drei weitere Jahre Militärdienst verpflichten würde. Dies lehnte ich jedoch ab und stellte mich darauf ein, nun doch auf ein Studium verzichten zu müssen.
Ich nahm meine Arbeit als Mechaniker beim VEB Feinmess wieder auf und bat um eine Delegierung zum Abendstudium. Dies wurde mir abgelehnt, der Betrieb habe ein Interesse daran, mich in meinem erlernten Beruf als Schichtarbeiter zu beschäftigen, nicht aber als Ingenieur. So schnell gab ich jedoch nicht auf und sah mich anderweitig um, wo es eine Chance für mich geben könnte. Anfang 1971 bewarb ich mich als Mechaniker bei VEB Messelektronik Dresden. Gleich bei der Bewerbung sprach

---

496 VEB Feinmess Dresden stellte in den 60er Jahren feinmechanisch-optische Geräte her. Es gab eine Ausbildungsstätte für etwa 40 auszubildende Feinmechaniker je Lehrjahr – bis etwa 1960 auch Feinoptiker. Aus den ehemaligen feinmechanischen Werkstätten von Gustav Heyde entstanden, wurden 1948 daraus der VEB Optik Feinmess Dresden, der 1970 dem DDR-Technologiekombinat Carl Zeiss Jena zugeordnet wurde. Standen anfangs Kamera-Objektive (eigene optische Werkstätten und Lehrausbildung) im Mittelpunkt, verlagerte sich der Schwerpunkt später zu geodätischen Messgeräten. (Anm. d. Hg.)

ich von meinem Studienwunsch, erzählte von der Empfehlung, die ich hatte, und bat um Delegierung zum Ingenieurabendstudium.
Ich solle doch erst einmal anfangen. Eine Delegierung könne ich erst bekommen, wenn ich mich in der neuen Arbeitsstelle bewährt habe. Ich ließ mich darauf ein und nahm den neuen Job im Mai 1971 an und wusste zunächst nicht, ob es mit dem Studium klappen würde.

Roland Mettcher bei der Lehrausbildung bei Feinmess in Dresden, 1966 (Foto: Roland Mettcher)

Die Delegierung bekam ich im August, da war die Anmeldefrist schon abgelaufen. Dennoch ging ich zu Herrn Habermehl und bewarb mich zum Studium. Die gute Empfehlung von meinem ehemaligen Berufsschulklassenlehrer war offenbar entscheidend, vielleicht hatte ich auch besonderes Glück, indem ein Student kurzfristig zurückgetreten war, ich weiß es nicht, doch ich konnte noch im September 1971 mein Abendstudium beginnen.
Meine Arbeitszeit in der Werkstatt dauerte von 6.45 bis 16.15 Uhr, dann musste ich ganz schnell zur Straßenbahn, es waren zehn Minuten Fahrt bis zur Ingenieurschule. Dienstags bis freitags dauerte das Abendstudium von 16.30 bis 20.00 Uhr.
Wir waren zu Beginn 22 Studenten in der Seminargruppe. Gleich am ersten Tag in der Unterrichtspause rief einer: „Alle Genossen bitte raus in den Korridor an den Aschenbecher, wir bilden die Parteigruppe!“ Insgesamt waren es fünf Kommilitonen, die sich dort trafen. Was sie sich vornahmen oder auch später unternahmen, blieb uns Übrigen verborgen. Sie übten keinen Einfluss auf uns und unseren Studienablauf aus, wir hatten den Eindruck, sie wollten es auch nicht.
26 Fächer waren in acht Semestern zu erlernen, davon in den ersten vier Semestern ML (Marxismus-Leninismus). Die SED-Genossen unter uns hatten die gleichen Schwierigkeiten wie alle anderen auch, den ML-Schulbuchlehrstoff zu erlernen.
Die anderen Dozenten der „nützlichen Fächer“ verhielten sich betont unpolitisch und riskierten gelegentlich leicht politisch angehauchte Witze. Jeder Dozent ließ sich mindesten einmal überreden, abends nach dem Unterricht mit der Seminargruppe Bier trinken zu gehen. Ich habe dieses Studium als angenehm unpolitisch empfunden und schloss mit guten Ergebnissen ab.
Wieder hatte ich Glück. Ein Dozent holte mich zu sich und fragte, ob ich nicht weiter studieren wollte. Nun hatte ich doch mit dem Ingenieurabschluss die Hochschulreife,

welche man als besonders „linientreuer" DDR-Bürger mit dem Abitur hätte leichter haben können. Dieser Dozent war persönlich bekannt mit Professor Rockstroh, damals Direktor der Sektion Fertigungstechnik und Werkzeugmaschinen, später Rektor der TU. Dort ging er mit mir hin, um mich persönlich zu empfehlen. Der Professor sah sich meine Ergebnisse an und erklärte sich bereit, mich zu immatrikulieren. Voraussetzung war wiederum eine Delegierung vom Betrieb.

Beim VEB Messelektronik Dresden stieß dieses Anliegen nicht auf Gegenliebe. Es reiche für diesen Betrieb, wenn ich Ingenieur sei. Offenbar war man der Meinung, Posten mit höherer Qualifikation blieben ohnehin den SED-Genossen vorbehalten. Es wurde so nicht gesagt, doch die gängige Praxis war so. Gesagt wurde mir, ich solle mich erst mal einige Jahre als Ingenieur bewähren und dann könnte man ja mal weitersehen. Gleichzeitig wurde mir aber angetragen, ich solle der „Kampfgruppe der Arbeiterklasse" beitreten, ich hätte doch mit meinem Grundwehrdienst bei der NVA genügend militärische Ausbildung und könne mir mit der Mitgliedschaft in der Kampfgruppe einen möglichen Reservedienst bei der NVA ersparen. Wozu gab es die Kampfgruppe? Um die DDR gegen innere Feinde zu schützen. Das hätte bedeuten können, dass die Kampfgruppe eingesetzt worden wäre, um Demonstrationen mit Waffengewalt niederzuschlagen. Dann hätte ich womöglich auf die eigenen Landsleute schießen müssen.

Kampfgruppe wäre für mich nie infrage gekommen. Lieber hätte ich auf das Studium verzichtet. Ich meldete mich bei der freiwilligen Betriebsfeuerwehr, das fand ich unpolitisch und ich zeigte doch Engagement für den Betrieb und die Gesellschaft. Mein Abteilungsleiter holte mich zu sich und sagte mir, dass er sehr enttäuscht sei, dass ich mich mit der Feuerwehr um die Kampfgruppe gedrückt hätte.

Ich stellte mich auf eine Arbeit als Ingenieur ohne weiteres Studium ein und arbeitete an Rationalisierungsprojekten. Dennoch suchte ich weiter nach einer Arbeitsstelle, von der ich eine weitere Delegierung zum Fernstudium bekommen könnte. Diese fand ich bei Typoart in Dresden. Beim Bewerbungsgespräch erzählte ich vom Besuch bei Professor Rockstroh und machte meine Zusage von der Zusage zur Delegierung abhängig. Offenbar wollte man mich unbedingt haben und ging auf meine Bedingung erstaunlicherweise ein. Im August 1976 begann ich meine Arbeit bei Typoart als Ingenieur für Investitionen und nahm gleich darauf im September als Fernstudent an der TU Dresden mein Studium auf.

Arbeit und Studium zusammen waren für mich schon eine hohe Belastung. Ich habe an manchen Tagen zehn bis elf Stunden bei der Arbeit zugebracht. 8,75 Stunden war die Regelarbeitszeit. Abends und an Wochenenden habe ich für das Studium gelernt. Dazu hatte ich in dieser Zeit schon eine Familie mit drei Kindern. Ich wurde, wie beim Fernstudium üblich, 26 Tage im Jahr von der Arbeit freigestellt (Studientage).

Diese brauchte ich für Vorlesungen – regelmäßig 14-tägig ein ganzer Tag, an dem dann auch Klausuren geschrieben wurden – und für Prüfungen.

Das Fernstudium empfand ich weitestgehend als unpolitisch. Die Professoren und Dozenten konzentrierten sich auf das Fachliche und waren freundlich und normal. Die einzige Ausnahme war wiederum Marxismus-Leninismus, und dieses Fach war hier besonders nervig. Der Dozent hieß Dr. Ludewig. Das Ganze ging über sieben Semester und endete mit einer Hauptprüfung. Alle 14 Tage mussten wir ein „Konspekt“ über den jeweils aktuellen Stoff abgeben. Es mussten jedes Mal sieben DIN-A4-Seiten geschrieben werden, handschriftlich, PCs hatten wir nicht. Ich wurde einige Male von Herrn Dr. Ludewig zu persönlichen Gesprächen einbestellt, weil er mit meinen Konspekten gar nicht zufrieden war. Ich schrieb zwar immer sieben Seiten, doch es war ihm aufgefallen, dass ich zu viel aus dem Lehrbuch abgeschrieben hatte. Das war eben keine „wissenschaftliche“ Arbeit. Wir sollten originale Literatur (Marx, Engels, Lenin) zitieren. Ich verstand eben nicht, was daran so „wissenschaftlich“ war. Ich erklärte ihm, dass es für mich schwierig war, die Zeit für alle Lernfächer aufzubringen. Ich erzählte ihm von meiner verantwortungsvollen Tätigkeit im Betrieb, dass ich doch als Führungskraft in besonderem Maß belastet war und deshalb abends oft spät nach Hause kam und dass für die Familie mit drei Kindern auch Anforderungen zu erfüllen waren. Das interessierte den Herrn Dr. Ludewig überhaupt nicht. Er rechnete mir vor, die TU habe für das Fernstudium 20 Stunden pro Woche veranschlagt, wer seinen Stoff in dieser Zeit nicht schaffe, sei eben kein guter Student und gehöre nicht an die TU. Ich könne doch jeden Abend diszipliniert zwei Stunden lernen, montags bis freitags, das seien schon mal zehn Stunden. Samstags und sonntags könne ich jeweils um 6 Uhr aufstehen und bis 13 Uhr lernen. Nach dem Mittagessen wäre dann noch genügend Zeit, mit den Kindern spazieren zu gehen. Er erklärte mir, ML sei eben ein Hauptfach mit einer Hauptprüfung. Diese müsse bestanden werden, sonst erfolge unweigerlich die Exmatrikulation.

Gerade als Führungskraft im Sozialismus müsste ich das in mich gesetzte Vertrauen erfüllen, für meine Mitarbeiter ein Vorbild sein und mit besonders gutem politischem Wissen argumentieren können. Dies könnte ich nur erfüllen, wenn ich die wissenschaftlichen Grundlagen des Marxismus-Leninismus in besonderer Weise beherrsche. Herr Dr. Ludewig sagte mir zum Schluss, wenn meine Leistungen in ML nicht sofort besser würden, könnte er auch gleich meine Exmatrikulation bewirken, womit sich der Posten, den ich bekleidete, dann für mich wohl auch erledigen würde.

Das war eine deutliche Drohung. Also blieb mir nichts übrig, als meine Marxismus-Leninismus-Leistungen auf das Mindestmaß zu verbessern. Das fiel mir schwer und ich weiß gar nicht mehr, wie ich das Ganze doch noch geschafft habe. Letztlich habe ich diese Hauptprüfung mit „Befriedigend“ bestanden, der Durchschnitt in den ande-

ren Fächern war „gut". In der beruflichen Praxis als Akademiker in der DDR konnte man sein technisches Wissen recht gut anwenden. Mir ist jedoch nicht eine einzige Situation im beruflichen Alltag vorgekommen, in der ich Wissen aus „ML" hätte gebrauchen müssen.
Mein Diplom habe ich mit „Gut" absolviert.

Roland Mettcher, geb. 1949; Abschluss der 10. Klasse 1965; Besuch der Oberschule war nicht möglich, weil er, statt an der Jugendweihe teilzunehmen, konfirmiert wurde. 1965–1968 Ausbildung zum Mechaniker Feinmaß Dresden, 1969–1970 Wehrpflicht NVA; neben der Arbeit als Mechaniker 1971–1975 Ingenieurabendstudium an der Fachschule für Maschinenbau Bautzen; Firma Typoart, Ingenieur für Investitionen, 1978 Hauptabteilungsleiter für Technologie, 1979 Mitglied der Betriebsleitung, Leiter Produktion, Materialwirtschaft, Absatz; 1976–1982 Fernstudium TU Dresden, 1983–1988 Mitarbeiter für technologische Projekte in der Kombinatsleitung von NAGEMA; 1985 Antrag auf Ausreise aus der DDR, Mai 1988 Übersiedlung in die Bundesrepublik mit Ehefrau und drei Kindern.
1988–1992 Fertigungsplaner, später Fertigungsleiter Amphenol-Tuchel GmbH Heilbronn, 1992 Produktionsleiter in der Lincoln GmbH in Walldorf, seit 2014 im Ruhestand.

// Als Nichtgenosse in Führungspositionen

Dipl.-Ing. Roland Mettcher

Nach langem Ausbildungsweg, der nur deshalb so mühsamen war, weil ich wegen fehlender Jugendweihe nicht zum Abitur zugelassen wurde, begann ich 1976 nahezu gleichzeitig das Fernstudium an der TU Dresden und die Arbeit als Ingenieur für Investitionen bei Typoart in Dresden.
Was ich erst gar nicht wusste und erst nach dem Arbeitsbeginn erfuhr, war, dass Typoart zwar offiziell ein volkseigener Betrieb (VEB), tatsächlich jedoch ein „parteieigener" Betrieb war und der Zentrag[497] unterstellt. Die Zentrag wiederum war kein volkseigenes Kombinat. Alles, was in der DDR mit Druck und Medien zu tun hatte, gehörte nicht, wie sonst üblich, zu einem Industrieministerium, sondern war unter direkter Kontrolle des ZK der SED. Wo war ich da hingeraten?

---

497 Zentrag, Abkürzung für Zentrale Druckerei-, Einkaufs- und Revisionsgesellschaft mbH, gegründet 1945, später umbenannt in VOB (Vereinigung Organisationseigener Betriebe) Zentrag, unterstand dem ZK der SED. (Anm. d. Hg.)

Es dauerte nicht lange, da machte man mir klar, dass man von mir selbstverständlich erwartete, dass ich in die SED eintrete, ich müsse nur warten, bis ich als Ingenieur aufgenommen werden könne. Das Witzige daran war, dass die SED eine Arbeiterpartei sein wollte. Demnach war es nicht zulässig, dass in einer Betriebsparteiorganisation mehr Angestellte und Ingenieure waren als Arbeiter. Im Moment müsse im Betrieb erst mindestens ein Arbeiter für die SED gewonnen werden, bevor ich aufgenommen werden könne.

Ich sagte, dass ich der evangelischen Kirche angehöre. Das ginge natürlich nicht, ich könne nicht beides, in der Kirche sein und in der Partei, aber ich hätte ja nun Zeit, das selbst „in Ordnung zu bringen".

So wurde diese Angelegenheit vertagt, allerdings ohne dass ich unmissverständlich klar machen konnte, dass ich niemals der SED beitreten würde. Mein soeben begonnenes Studium wollte ich durch eine unbedachte Äußerung nun auch nicht gleich wieder gefährden. Doch ich hatte wieder Glück. Offenbar hat man nicht gleich einen Arbeiter für die SED gewinnen können. Ich wurde jedenfalls lange Zeit nicht für einen Parteieintritt angesprochen.

Schon im Januar 1977 wurde ich Gruppenleiter in der Technologieabteilung und im Januar 1978 Hauptabteilungsleiter der Technologie. Meine Aufgabe bestand darin, Projekte zur Rationalisierung der Produktion zu generieren und umzusetzen.

In der Betriebsleitung gab es einen Leiter für Produktion, Materialwirtschaft und Absatz. Das war natürlich kein einfacher Genosse, er hatte die Parteihochschule absolviert. Damit war er „qualifiziert", die Interessen von Typoart im westlichen Ausland zu vertreten. Eine linke Wiener Zeitung hatte von Typoart Magazinmatrizen gekauft und deren Qualität reklamiert. Nun sollte es der „gute" Genosse richten. Doch der hatte es sich anders überlegt. Er fuhr von Wien aus in die Bundesrepublik, um für immer dort zu bleiben.

Offenbar hoffte man immer noch, mich für die Partei zu gewinnen, doch die Zeit war noch nicht reif. Obwohl nun ein Ingenieur weniger in der Parteigruppe war (der Flüchtige wurde in Abwesenheit in einer gesondert einberufenen Parteiversammlung aus der SED ausgeschlossen), fehlte immer noch ein Arbeiter. Ich wurde also immer noch in Ruhe gelassen. Dennoch wurde mir nun der Posten des Leiters für Produktion, Materialwirtschaft und Absatz angeboten. Nun war ich als einziger Nichtgenosse in der Betriebsleitung und hatte eine Personalverantwortung für 180 Mitarbeiter.

Ich war für fünf Produktionsabteilungen zuständig, drei in Dresden, eine in Leipzig, eine in Berlin, und für die Einkaufsabteilung und die Absatzabteilung. So war ich dem Betriebsdirektor direkt unterstellt und war Mitglied der Geschäftsleitung und das immer noch als Nichtgenosse. Für meine Arbeit wurde ich gelobt, die Produktionspläne habe ich erfüllt, besser als mein Vorgänger. Probleme machte mir zunehmend die Parteigruppe der SED von Typoart. Wie es nun mal so in der DDR üblich war, gab es

in jedem Betrieb montags nach der Arbeit Parteiversammlung, so auch bei Typoart. Die Genossen der Parteigruppe suchten nach Themen, über welche sie beraten könnten. Vielleicht dachten sie auch, dass ein Nichtgenosse als zuständiger Leiter nicht dafür sorgen könne, dass die Produktionspläne dauerhaft erfüllt werden könnten. Also machten sie sich Gedanken darüber, wie man die Organisation im Produktionsablauf besser gestalten könnte. Es wurden dort Beschlüsse gefasst, die nicht mit mir abgesprochen wurden, die ich aber dennoch umsetzen sollte. Zahlreiche zusätzliche Zwischenkontrollen sollten eingeführt werden mit immensem bürokratischem Aufwand. Ich hingegen setzte eher auf Ziele, welche im Team erreicht werden sollten.
Zum Glück hatte ich ein sehr gutes Verhältnis zum Parteisekretär. Er war ein sehr positiv eingestellter Mensch, der sich fair verhielt und fest an den Sieg des Sozialismus glaubte. Ihm habe ich diplomatisch beibringen können, dass die Parteigruppe doch bitte nicht ohne den Produktionsleiter Beschlüsse fassen sollte. Ich erklärte mich auch bereit, mal mit zur Parteiversammlung zu kommen und meine Organisationsprinzipien zur Diskussion vorzutragen. Dazu wurde ich auch eingeladen. Das ging nicht ganz so einfach. Die Parteigruppe musste erst einen einstimmigen Beschluss fassen, dass ich als Nichtgenosse an der Parteiversammlung teilnehmen durfte, doch man war sich darüber schnell einig und ich durfte nun meine Vorstellungen zur Ablauforganisation mit der Parteigruppe diskutieren. So wurde mit Geschäftsleitung und Parteileitung ein Projekt zur Verbesserung der Betriebsorganisation vereinbart, dessen Projektleiter ich dann sein durfte.
Die Partei wollte natürlich die Kontrolle darüber behalten und ich musste ständig über den Projektfortschritt berichten. Das hatte den Nachteil, dass ich längere Zeit fast jeden Montag in der Parteiversammlung saß, natürlich nur zu den Projektthemen, wenn die Parteiinternas drankamen, musste ich gehen.
Ich entwickelte eine Projektstufensystematik, in der die Ergebnisse einzelner Stufen verifiziert wurden und auf deren Basis die nächsten Schritte im Projektplan beschlossen wurden. Somit konnte ich mein im Fernstudium neu erworbenes Wissen in der Praxis umsetzen. Diese Methode gefiel dem Betriebsdirektor und er berichtete darüber dem Generaldirektor der Zentrag. Bald darauf wurde ich zu einem Seminar der Führungskräfte eingeladen, um dort einen Vortrag zu halten. Der Generaldirektor duzte mich und stellte mich den Seminarteilnehmern als „den Genossen von Typoart Dresden" vor. Ich hielt es für zu gefährlich, mich als Nichtgenosse zu outen. Mein Vortrag kam aber gut an.
Nun kam die Zeit, in der ich erneut gefragt wurde, wann ich denn endlich mal den Antrag auf Parteiaufnahme stellen wolle, die Parteigruppe hatte beschlossen, mich letztmalig zu fragen, ob ich nun Genosse werden möchte. Da ich das mit „Nein" beantwortete, wurde beschlossen, dass ich von da an nicht mehr an der Parteiversammlung teilnehmen durfte. Darüber war ich zunächst ganz froh. Der Nachteil war aber,

dass es wieder neue Beschlüsse der Parteigruppe gab, jetzt ohne mich. Es kam mehr und mehr zu Spannungen, welche sich zu regelrechtem Mobbing gegen mich entwickelten. Ich gab schließlich auf. Ganz besonders kritisierte man mich, weil man mich zum 1. Mai bei der Demonstration nicht sah. Ich wäre doch ein sehr schlechtes Vorbild für meine Mitarbeiter. Man war nun wohl zu der Erkenntnis gekommen, dass ich nicht der richtige Mann auf dem Posten des Leiters für Produktion, Materialwirtschaft und Absatz wäre, und setzte mich zunehmend unter Druck.
Zwischenzeitlich hatte ich mein Fernstudium 1982 mit „Gut“ abgeschlossen. Ich suchte nach einer neuen Arbeitsstelle. Am 1. Januar 1983 begann ich im Kombinat NAGEMA als Mitarbeiter in der Kombinatsleitung. Ich hatte dort keine direkte Führungsposition mehr, jedoch Projektverantwortung für drei Kombinatsbetriebe. Hier stand die SED-Mitgliedschaft nicht so im Vordergrund, Fachkenntnisse und Industrieerfahrungen waren gefragt.
Im August 1985 beantragten wir die Ausreise in die Bundesrepublik. Meine Vorgesetzten waren sehr enttäuscht, behielten mich jedoch erstaunlicherweise in meiner Position, bis wir im Mai 1988 tatsächlich in die Bundesrepublik übersiedeln konnten.
Ein Resümee: Von meinem Vater habe ich die Begeisterung für die Technik mitbekommen und auch die Liebe zur Freiheit. Er hatte die Flucht in die Bundesrepublik mit unserer Familie fest eingeplant, jedoch der Mauerbau in Berlin am 13. August 1961 kam überraschend dazwischen. Wir mussten uns auf ein Leben in der DDR einstellen. Unsere Familie lebte, so gut es ging, wie die meisten anderen in Gedanken in Opposition, jedoch im Beruf engagiert, ohne alles mitzumachen. Mein Vater als Dipl.-Ing., meine Mutter als Angestellte, meine ältere Schwester und ich in unseren jeweiligen Ausbildungswegen.

// „Ihr habt die Bildung und wir haben das Geld und die Freiheit“

Soziale und politische Impressionen aus der Studentenzeit

Dipl.-Archivar Dr. Matthias Lienert (Humboldt-Universität Berlin, Studienjahrgang 1979, Fachbereich Archivwissenschaft, Sektion Geschichte, Diplom 1984, Promotion)

Das „einheitliche sozialistische Bildungssystem“ galt als wichtiges Faustpfand in der politischen Auseinandersetzung zwischen Ost und West. Dabei wurden die fachlichen Leistungen gerade der Hochschulen und Universitäten der DDR in der Bundesrepublik anerkannt, mitunter sogar beneidet. Letztlich profitierte die Bundesrepublik von den Tausenden Hochschulabsolventen, die insbesondere vor dem Mauerbau aus wirtschaftlichen sowie politischen Gründen die DDR verließen und vom boomenden westlichen Arbeitsmarkt aufgenommen wurden.

Meine Eltern, die der DDR eher ablehnend gegenüberstanden und sich auch keiner Partei anschlossen, hatten Anfang der 1950er Jahre ihr Studium absolviert. Der Vater war Ingenieur, die Mutter hatte nach dem Abitur zunächst als Neulehrerin[498] gearbeitet, verschiedene Lehrerprüfungen absolviert, um dann ein Hochschulfernstudium als Deutschlehrerin erfolgreich zu beenden. In der Familie standen Bildung und Kultur ziemlich weit oben auf der Werteskala.

Mit diesem Pfund wurde auch in der West-Ost-geteilten Familie gewuchert. Hier konnte mit Recht aufgetrumpft werden. In Erinnerung ist mir ein Ausspruch eines Anverwandten aus der Zeit um 1970 geblieben: „Ihr habt die Bildung und wir haben das Geld und die Freiheit." Daran war sicher mehr als ein Fünkchen Wahrheit. Später holte in hochschulpolitischer Hinsicht die Bundesrepublik aber auf. Insbesondere der exorbitante Hochschulbau in den 1970er Jahren, die hohe Internationalität und die Förderung von jungen Leuten aus eher bildungsfernen Schichten[499] unter der Kanzlerschaft von Willy Brandt ließen den Glanz der DDR-Bildung zunehmend verblassen.

Unter diesen Auspizien begann ich Ende der 1970er Jahre an der renommierten Berliner Humboldt-Universität das Studium der Archivwissenschaft und Geschichte. Vorher war mir ein Fachschulstudium verwehrt worden, weil die Staatssicherheit Briefe abgefangen hatte, in denen ich mich wenig freundlich über die DDR-Innenpolitik geäußert und einem unter Druck gesetzten Bekannten empfohlen hatte, gegenüber den Offiziellen angepasst aufzutreten. Ich konnte mich bei den entsprechenden Befragungen nur schwer herausreden, da das „Untersuchungsorgan" ja alles schön schwarz auf weiß hatte. Im Gegensatz zu

Matthias Lienert während der Studentenzeit an der Humboldt-Universität (Foto privat)

498 Nach dem Zweiten Weltkrieg fehlten Lehrer und durch den Nationalsozialismus belastete Lehrer sollten nicht eingestellt werden. Denn das Ziel war, eine demokratische Erziehung zu ermöglichen. Daher wurden damals in der sowjetischen Besatzungszone auch außerhalb eines regulären Studiums kurzfristig Lehrkräfte ausgebildet und eingesetzt. (Anm. d. Hg.)

499 BaföG: Bundesausbildungsförderungsgesetz. Damit wurde ab 1971 in der Bundesrepublik (aber natürlich nicht in der DDR) die staatliche Unterstützung für die Ausbildung von Schülern und Studenten geregelt. (Anm. d. Hg.)

dem Adressaten, für den die Geschichte tragisch endete, hatte ich in gewisser Weise Glück. Es folgte ein großes Donnerwetter mit vielen Konflikten und auch Angeboten, die weniger nach meinem Geschmack waren. Jedenfalls durfte ich erst mal für drei Jahre nicht studieren und sollte mich in der Praxis bewähren. Aber nach dem Motto, was uns nicht umbringt, das macht uns stark, marschierte ich offiziell zumeist, aber auch nicht immer, im Gleichschritt und bekam nach einer Karenzzeit von drei Jahren – in der ich an der Volkshochschule mein Abitur nachholte – die Studienzulassung für ein Hochschulstudium. Ich zog aus dieser Affäre den Schluss, dass es sich nicht lohnt, sich mit der sozialistischen Staatsmacht absichtlich oder unabsichtlich anzulegen. Aber ich lernte dabei in der Praxis die Funktionsweise eines Regimes kennen, das neben graduell unterschiedlichen Formen der Disziplinierung und Repression gleichzeitig auf ebenfalls graduell unterschiedliche Formen der Belohnung setzte. Oder anders ausgedrückt: Machtausübung mit Zuckerbrot und Peitsche.
Jedenfalls fand ich in dieser Situation nur geringe und vorsichtige Solidarität, selbst bei nahestehenden Menschen und Leuten, die der DDR eher ablehnend gegenüberstanden. Warum sollten sie mit Solidarisierungen Risiken eingehen und womöglich Nachteile in Kauf nehmen? Die übergroße Mehrheit will nun mal ihren Seelenfrieden und ohne große Aufregungen alt werden. Außerdem ist es ein psychologisches Grundbedürfnis, nicht abseitsstehen, sondern zur dominierenden Mehrheit gehören zu wollen. Diese auch wissenschaftlich bestätigte, eigentlich banale Erfahrung wirkte für mich fortan wie eine Art Kompass.
Rückblickend waren die fünf Studienjahre von 1979 bis 1984 die unbeschwertesten in meinem bisherigen Leben. Ich war jung, unabhängig und bar jeder ernsthaften familiären oder sonstigen Verantwortung. Das seit den 1970er Jahren einheitliche Stipendium zuzüglich eines Leistungsstipendiums sicherte einen auskömmlichen Lebensunterhalt. Die Lebenshaltungskosten waren unter Berücksichtigung der zehn Mark Wohnheimmiete und der Fahrpreisermäßigungen für Studierende niedrig.
Berlin wirkte im Vergleich zu Dresden, das auch Tal der Ahnungslosen genannt wurde, weltoffen. Hier steppte der Bär. Die Kultur- und Freizeitangebote waren gigantisch und auch für die Westberliner hoch attraktiv.
Das Studium begann im September 1979 mit der spätsommerlichen, über drei Wochen währenden Apfelernte im schönen Havelland. Hier konnte ich die Kommilitonen und Kommilitoninnen, Letztere waren eindeutig in der Überzahl, kennenlernen. Unter ihnen befand sich auch meine heutige Frau.
Im Oktober begann dann der offizielle Studienbetrieb mit dem üblichen Universitätschaos. Das Fachstudium war zumeist interessant, manchmal spannend, aber mitunter auch einschläfernd. Besonders interessierten mich die geschichtswissenschaftlichen Disziplinen. Am Anfang waren es die Alte Geschichte mit Griechenland und Rom, später die Geschichte der Weimarer Republik und der Nationalsozialismus oder auch

die Geschichte der politischen Organisationen. Die Hochschullehrer waren international ausgewiesen, wie Bernhard Töpfer für Mittelalterliche Geschichte, der den Sinn der Anwendung marxistischer Erklärungsmodelle für das Mittelalter auch öffentlich in Frage stellte, der Holocaustforscher Kurt Pätzold, der Althistoriker Armin Jähne, der Berlinexperte Laurenz Demps oder der Spezialist für die Weimarer Republik Wolfgang Ruge (1917–2006), dessen Memoiren unlängst posthum von seinem Sohn herausgegeben wurden. Eine besondere Herausforderung waren Lehrveranstaltungen bei dem auch im Westen gefragten, aber auch umstrittenen Astrophysiker Hans-Jürgen Treder (1928–2006). Er gehörte zur international kleinen Community der Gravitationsphysiker (Allgemeine Relativitätstheorie) und hat sich unter anderem als Herausgeber der Einstein-Briefe verdient gemacht. Von den Inhalten der frei gehaltenen Vorlesungen dieses Wissenschaftlers blieben bei mir vor allem seine unfreiwillig kabaretthaften Auftritte des zerstreuten Professors in Erinnerung.

Das Fachstudium im engeren Sinne mit der archivwissenschaftlichen Ausbildung, die das Archivmanagement, aber auch solche Orchideenfächer wie Paläografie, Diplomatik oder Sphragistik umfasste, war die Basis für den Beruf. Das merkte man aber erst später in der Praxis. Hier wären beispielsweise zu nennen die Professoren Friedrich Beck für Schriftkunde, der international ausgewiesene langjährige Direktor des Goethe-Schiller-Archivs in Weimar, Gerhard Schmid, der die Disziplin Urkundenlehre vertrat, Hans-Stephan Brather für die Organisationsgeschichte Deutschlands und natürlich auch der langjährige Bereichsleiter Botho Brachmann, der Archivverwaltungslehre und Schriftgutverwaltung lehrte. Besonders in Erinnerung geblieben ist mir außerdem der Honorarprofessor und noch in der Dienstzeit verstorbene damalige Direktor des Zentralen Staatsarchivs der DDR, Helmut Lötzke. Als junger Offizier hatte er im Zweiten Weltkrieg gedient und war auch später mit ehemaligen hohen Offizieren der Wehrmacht gut bekannt gewesen, die sich für den Osten entschieden und dann in den 1950er Jahren ins Archivwesen abgeschoben wurden. Seine Lehrveranstaltungen zeichneten sich durch eine gewisse Schnoddrigkeit aus und hätten eher in ein Offizierskasino als in ein Seminar gepasst.

Die Sprachausbildung erfolgte in Russisch, Englisch und Latein. Im marxistisch-leninistischen Grundlagenstudium, das alle Studierenden an Hochschulen und Universitäten seit der sogenannten 2. Hochschulreform[500] Anfang der 1950er Jahre absolvieren mussten, wurde bis zum Ende der DDR zumeist doktrinär auf SED-Linie gelehrt. Einschränkend muss aber konstatiert werden, dass in Seminaren und Vorlesungen

500 Hochschulreform 1951/52 – Zu den Hochschulreformen vgl. den Rückblick im Beitrag von Sigismund Kobe, „Das Jahr 1989 – das Ende parteipolitischer Einflussnahme der SED an der TU Dresden"; vgl. außerdem den Rückblick im Kommentar von Matthias Rößler, „Die Erneuerung der Hochschulen zwischen 1989 und 1993 in Sachsen". (Anm. d. Hg.)

Die Humboldt-Universität zu Berlin im März 1983 (Quelle: BArch, Bild 183-1983-0317-017/Hanns-Peter Lochmann)

Wissen über die antike Philosophie, aber auch über Georg Wilhelm Friedrich Hegel und Ludwig Feuerbach ausgebreitet wurde. Dagegen fanden Philosophen wie Friedrich Nietzsche höchstens am Rande Erwähnung. Die modernen Theoretiker wie Max Weber, Karl Jaspers oder Herbert Marcuse waren höchstens Gegenstand kritischer Auseinandersetzung aus marxistischer Sicht.

In den Veranstaltungen zum wissenschaftlichen Kommunismus gingen die Lehrenden vom unvermeidlichen Sieg des Weltsozialismus aus, wobei aber die internationalen Beziehungen, Konflikte und Bündnisoptionen, abhängig von der Intelligenz oder Fortune der Vortragenden, durchaus auch differenziert dargeboten wurden.

Weniger Verständnis erntete ich für ein Seminarreferat über den amerikanischen Finanzkapitalismus, wozu ich mich freiwillig gemeldet hatte. Wenige Wochen vorher hatte ein vom Westzweig der Familie angeheirateter Verwandter aus Denver meine Eltern für zwei Wochen besucht. Bei gemeinsamen Ausflügen in die Dresdener Umgebung und intensiven Gesprächen hatte sich rasch ein freundschaftliches Verhältnis entwickelt. Er war damals Anfang 30, hatte einen Abschluss in Wirtschaftswissenschaften und beriet Firmen, die ins Ausland exportierten in steuerlichen Fragen. Seine stehende Rede war, „für die Gesellschaft eigentlich wenig sinnvolle Arbeiten würden am besten bezahlt". Jedenfalls war er für mich eine Quelle erster Ordnung und ich gedachte mit dieser Connection zu glänzen, zumal Ron zu denen gehörte, die das Kapital von Karl Marx im Studium wirklich gelesen hatten. Nun wartete ich mit einem

Vortrag auf, der ausgehend von den verschiedenen amerikanischen wirtschaftspolitischen Schulen nicht mit Kritik am damaligen wirtschaftspolitischen Kurs der USA sparte. Als ich einleitend meine Quellen nannte, wurde die mir sonst wohlgesonnene Professorin zunehmend unruhig. Am Schluss verzichtete sie auf jegliche Kommentare, eine Diskussion kam nicht zustande, und ich erzielte mit der Note „befriedigend" meine schlechteste Note im marxistisch-leninistischen Grundlagenstudium.

Insbesondere während der Lehrveranstaltungen zur politischen Ökonomie sind mir Themen in Erinnerung geblieben, die der offiziellen Propaganda hohnsprachen. So wurde in den Seminaren, die die Tochter des damaligen Präsidenten des Zentralamtes für Statistik der DDR hielt, Tacheles geredet. Sie wies anhand aktueller Zahlen nach, dass die wirtschaftliche Akkumulationsrate der DDR nicht einmal für die einfache Reproduktion der DDR-Wirtschaft ausreichte, dass praktisch die gesamte Wirtschaft auf Verschleiß gefahren wurde.

Was den Studienbetrieb anbelangt, kann resümiert werden, dass gerade in den archivwissenschaftlichen Kernfächern solide Grundlagen für den späteren Berufseinsatz gelegt wurden. Die Unterschiede zur Ausbildung in der alten Bundesrepublik waren in Bezug auf das „archivarische Handwerkszeug" eher marginal. Auch nach zeitgenössischen Einschätzungen seitens der bundesdeutschen Fachwelt galt das Studium in Berlin mit organisierten Praktika und stringenter Ausbildung als anerkannte Alternative zur Ausbildung in Marburg an der Lahn. Auch deshalb wurde die an der Humboldt-Universität zu Berlin absolvierte archivwissenschaftliche Ausbildung den entsprechenden Abschlüssen in der alten Bundesrepublik gleichgestellt. Gleichfalls war das geschichtswissenschaftliche Studium trotz ideologischer Scheuklappen zumeist anspruchsvoll und erforderte Lernanstrengungen. Als mangelhaft empfand ich die stiefmütterliche Ausstattung der Bibliotheken mit westlicher Forschungsliteratur und die nur sehr eingeschränkten Möglichkeiten, Auslandserfahrungen zu sammeln.

Matthias Lienert, geb. 1955 in Dresden, aufgewachsen in Radebeul, Mutter Lehrerin, Vater Ingenieur; 1962–1972 Besuch der Polytechnischen Oberschule, 1972–1974 Lehrausbildung zum Archivassistenten im Staatsarchiv Dresden, 1974–1976 Grundwehrdienst, 1976–1979 tätig im Betriebsarchiv des VEB Transformatoren- und Röntgenwerk „Hermann Matern" Dresden, 1976–1978 neben Berufstätigkeit Besuch der Volkshochschule und Erwerb des Abiturs, 1979–1984 Studium an der Humboldt-Universität, 1984–1987 Universitätsarchiv der TU Dresden, 1987–1992 Leiter des Universitätsarchivs/Sachgebietsleiter.
1992 ff. nach Hochschulfusionen Direktor des Universitätsarchivs der TU Dresden.

// Um nicht aufzufallen, drückten die sowjetischen Studenten jedem eine druckfrische Prawda in die Hand

Begebenheiten, Lehrbeispiele und Impressionen in der Studentenzeit

Dipl.-Archivar Dr. Matthias Lienert

Eine wenig angenehme Erfahrung war im Mai 1981 die pflichtgemäße Teilnahme an der zentralen vierwöchigen militärischen Weiterbildung für Studenten im thüringischen Seelingstädt, wo sich auch eine große, schon damals umstrittene Uranaufbereitungsanlage befand. Diese Ausbildungsstätte unterstand der Kommandogewalt der Nationalen Volksarmee (NVA). Die Wochen in Seelingstädt musste jeder wehrdiensttaugliche Student durchstehen, obwohl er seinen anderthalb- oder dreijährigen „Ehrendienst" bereits vor dem Studium absolviert hatte. Bereits wenige Monate nach Studienbeginn lief die Werbung für Reserveoffiziere (ROB) auf Hochtouren. Während diejenigen, die nur 18 Monate gedient hatten, in der Regel nicht befördert wurden, erhielten die „Dreijährigen" einen Offiziersdienstgrad mindestens im Range eines Unterleutnants. Ich wurde mit meinem alten Dienstgrad „Gefreiter" entlassen. Eine Verweigerung des Militärlagers hätte die Exmatrikulation bedeutet.

Die Stellung und Wirksamkeit der Staatssicherheit an der Universität war eigentlich offensichtlich. Sie hatte Zugriff in alle Bereiche des Universitätslebens, einschließlich auf die SED und die FDJ. Mit der Ausrufung des Kriegsrechts Ende 1981 in Polen waren besorgte, kritische und unsichere Stimmen aus der Studentenschaft unüberhörbar. So stellte ich während einer FDJ-Veranstaltung die hypothetische Frage, ob in Zukunft nicht doch eine Einbeziehung der inzwischen verbotenen Solidarność in die Regierung sinnvoll wäre. Nach der Diskussion nahm mich der damalige Wissenschaftsbereichsleiter beiseite und warnte mich freundlich, solche Meinungsäußerungen doch künftig zu unterlassen. Seine Reaktion ist aus damaliger Sicht nachvollziehbar, war er doch Ende der 1960er Jahre schwer gerügt und beinahe seiner weiteren wissenschaftlichen Karriere verlustig gegangen, weil mehrere seiner Studentinnen zu einer Gruppe von Geschichtsstudenten gehörten, die politisch unangepasst Kontakte zu Westberliner Studierenden unterhalten hatten.

Rückblickend muss ich mir aber auch eingestehen, dass ich zumeist angepasst und vorsichtig agierte, um das angestrebte Studienziel nicht zu gefährden. Als die Mitstudentin Elke K., eine „individualistische" und in der modernen Literatur außerordentlich bewanderte Kommilitonin, exmatrikuliert wurde, gehörte ich nicht zu den wenigen „Mutigen", die sich eindeutig gegen diese Maßnahme wandten. Es war bekannt, dass ihr Vater, der als Arzt in der Schweiz lebte, sie großzügig mit Devisen versorgte.

Das war zur damaligen Zeit schon mehr als exotisch. Der Stein des Anstoßes war aber ihr Schreiben an den wohl berühmtesten Anwalt in der DDR, Friedrich Karl Kaul (1906–1981), in dem sie auf die Bedingungen im Studentenwohnheim hinwies und das Zusammenleben mit Vietnamesinnen aufgrund der kulturellen Unterschiede als nicht zumutbar bezeichnete. Der Anwalt versagte aber seine Unterstützung und sandte empört und mit der Bemerkung, dass er nicht verstünde, wieso eine junge Dame mit einer solchen Einstellung an einer Universität der DDR studiere, den Brief an das Rektorat. Zu den wenigen, die in dieser Situation etwas Mumm bewiesen, gehörte eine damals mit einem Stasimitarbeiter liierte und später verheiratete Kommilitonin. Ansonsten herrschten vorgebliche Zustimmung und Tolerierung. Ich tröstete mich damit, dass ich Elke empfohlen hatte, ihre Lebensumstände doch nicht so offen auszubreiten und taktisch geschickter, also opportunistisch zu agieren.
Für Aufregung sorgten zwei Diebstähle von Studentinnen, die elegante Schuhe in Berliner Exquisit-Läden entwendet hatten und dabei erwischt wurden. Diese zwei in aufeinanderfolgenden Jahren ausgeführten Diebstähle hatten in den Organisationen der SED und der FDJ zu lebhaften ethischen Diskussionen geführt, ob ein Weiterstudium und eine Mitgliedschaft in SED und FDJ unter diesen Gegebenheiten noch tragbar sind. Da es sich im ersten Fall pikanterweise um die Tochter eines hohen Funktionärs handelte, wurde trotz heftiger Gegenwehr seitens der Studierenden und mehrerer Hochschullehrer und Assistenten nach geschickter Argumentation eines Hochschullehrers letztlich zugunsten der Delinquentin entschieden. Als im folgenden Jahr sich ein fast gleich gelagerter Fall wiederholte und es sich nun um eine Studentin aus einem „normalen" Elternhaus handelte, erfolgte nach abermaliger heftiger Gegendiskussion – diesmal zugunsten der Delinquentin – der „konsequente" Rauswurf. Hier war offensichtlich auch mithilfe eines international angesehenen Hochschullehrers, der ein ideologiefernes Fach vertrat, sich später aber als Mitarbeiter des Staatssicherheitsdienstes herausstellte, mit zweierlei Maß gemessen worden.
Während der fünf Studienjahre mussten mehrere Praktika in verschiedenen Archivtypen absolviert werden. Rückblickend kann ich einschätzen, dass die Ausbildung für die verschiedenen beruflichen Einsatzgebiete zielführend war. Archivare waren für das gesamte Verwaltungsspektrum interessant: Sie konnten eingesetzt werden in Industriebetrieben, in Parteien und Massenorganisationen, in Ministerien, in Universitäten und Hochschulen, in Akademien und Museen, in Verlagen und bei der Presse, in Kirchen, in Krankenhäusern oder bei der Staatssicherheit. Dieses breite Spektrum spiegelte sich zumeist – wenn auch nicht in jedem Fall – in den politischen Einstellungen bei den Studierenden der Archivwissenschaft wider. Oppositionelles, gar widerständiges Denken oder davon abgeleitete Handlungen waren nicht an der Tagesordnung, wohl aber offene Kritik am Niveau von Lehrveranstaltungen. Auch offen geäußerte Zweifel am offiziell propagierten Bild des Sozialismus auf der einen

und der erlebten Realität auf der anderen Seite waren nicht nur in vertrauten Kreisen üblich. Es gab dabei natürlich eng gesetzte Grenzen, die mehr oder weniger ausgelotet wurden.

Das ging den Studierenden im Bruderland Sowjetunion offenbar nicht anders. Als Teilnehmer eines sechswöchigen Studentenaustauschs hatte ich 1982 die Möglichkeit, in näheren Kontakt mit Kommilitonen in Moskau und Leningrad zu treten. Es war die Zeit beginnender Liberalisierung in der Ära nach Breschnew. Mir sind vielfältige Diskussionen in Erinnerung, die die politische Weltlage im Allgemeinen, aber auch offensichtliche Probleme der Sowjetunion betrafen, wie die Probleme in der Nationalitätenpolitik, der allgemeinen Versorgungslage und den internationalen Beziehungen. Besonders interessant waren die halblegalen Ausflüge in die Umgebung Moskaus. Das war für Ausländer, auch aus dem „Bruderland DDR", eigentlich verboten. Um nicht aufzufallen, drückten die sowjetischen Studenten jedem eine druckfrische Prawda in die Hand, die wir in der Metro und anschließend im Bus einfach vor das Gesicht halten sollten, um nicht aufzufallen. Gerade während dieser Ausflüge wurden gravierende Unterschiede zwischen dem Schaufenster Moskau und der beginnenden Provinz deutlich. Verschlammte Straßen und heruntergekommene Häuser prägten das Bild, doch auch in Moskau selbst war Armut, vor allem Altersarmut sichtbar.

Jedenfalls hatte sich ein gewisses Vertrauensverhältnis gebildet, das im Februar/März 1983 während des Gegenbesuches der Moskauer Studenten in Berlin die Grundlage für weitere gemeinsame Unternehmungen war. So sagten uns beiläufig zwei Studenten, dass die ältere der beiden offiziellen sowjetischen Betreuerinnen für den KGB arbeite, vor ihr sollten wir bei politischen Aussagen eher vorsichtig sein. Dagegen hätten wir von der jüngeren nichts zu befürchten. Glücklicherweise verstünde die ältere sowieso kaum Deutsch, so dass entsprechende Aussagen ihr dann schon so interpretiert würden, dass wir nichts zu befürchten hätten. Noch gut in Erinnerung ist mir während eines Spaziergangs in der Straße Unter den Linden in Berlin die Frage von Micha, ob es nicht doch noch schöner wäre, wenn es die Mauer nicht mehr gäbe und wir zweihundert Meter weiter westlich hinter dem Brandenburger Tor unsere Gespräche führen könnten. Diese Frage sprengte meine damalige politische Fantasie, verfestigte aber bei mir die Einschätzung, dass sich langfristig politische Änderungen anbahnten.

Das wurde auch deutlich an den „Republikfluchten" von Hochschullehrern, die ihre Westreisegenehmigungen nutzten, um der DDR den Rücken zu kehren. So ist mir unser Warten auf Professor Harald Brost noch sehr geläufig, der früh am Morgen eines schönen Junitages 1982 ein Seminar zur Geschichte der Geschichtswissenschaft halten sollte. Aber statt seiner erschien ein anderer Professor, der uns knapp mitteilte, dass die Lehrveranstaltung ersatzlos ausfalle, da der „Flüchtige" mitgeteilt habe, dass er nicht mehr in die DDR zurückkehre. Mit seinem Buch „Berlin wird Weltstadt", das er gemeinsam mit seinem Freund und Hochschullehrerkollegen geschrieben hatte, war er auch im Westen erfolgreich angekommen.

Viele interessante Persönlichkeiten kreuzten während des Studiums meinen Weg und prägten mein Bild von der DDR. Zu ihnen gehörte beispielsweise Walter Bartel (1904–1992), kommunistischer Widerstandskämpfer, Mitglied der illegalen Interna-

Typische Losung auf einer Veranstaltung im Audimax der Humboldt-Universität Berlin während der FDJ-Studententage 1975 (Foto: H. Reubke)

tionalen Lagerleitung in Buchenwald, persönlicher Referent von Staatspräsident Wilhelm Pieck und im Jahre 1953 als selbstständig denkender und couragiert auftretender Mensch bei der Parteiführung in Ungnade gefallen. Daraufhin wurde er in den akademischen Bereich abgeschoben. Er konnte noch als hochbetagter Emeritus aus eigenem Erleben über die Weimarer Republik, den Faschismus und Nationalsozialismus und in Ansätzen über den Stalinismus berichten. Die von solchen Persönlichkeiten vermittelte Geschichte war sicher nicht frei von Dogmen, aber keinesfalls waren ihre Analysen eindimensional und langweilig.

Auch an der Universität selbst war während der 1980er Jahre ein Aufbrechen überkommener Denkmuster angesichts von nicht mehr nur im Verborgenen ausgetragenen politischen Auseinandersetzungen offensichtlich. So lehrte der politisch kaltgestellte Hermann von Berg (geb. 1933) an der Berliner Universität. Davor gehörte er Anfang der 1970er Jahre als Strippenzieher zu den Unterhändlern während der deutsch-deutschen Verhandlungen. Seine politische Karriere nahm ein jähes Ende, als seine Urheberschaft eines Manifests oppositioneller Kommunisten[501] herauskam, dessen Text vom westdeutschen Nachrichtenmagazin „Der Spiegel" im Januar 1978 veröffentlicht wurde. Daraufhin verbrachte von Berg Monate in Stasi-Untersuchungshaft. Nach seinem Sturz lehrte er zunächst Wirtschaftswissenschaften, später Geschichte der Arbeiterbewegung und der Europäischen Wirtschaftsgemeinschaft (EWG). Als interessierter Student hatte ich mich natürlich für das EWG-Seminar eingeschrieben. Rückblickend muss ich feststellen, dass dieses Seminar besser als Deutschlandfunk und Westfernsehen die schwierige wirtschaftliche Situation und das bevorstehende Ende der DDR hat deutlich werden lassen. Die Analyse von Berg war stichhaltig, dass eine weitere Existenz der DDR nur bei der schnellsten Einleitung grundlegender politischer und wirtschaftlicher Reformen möglich sei.

Jedenfalls beendete ich mein Studium keinesfalls in einem von der Welt abgeschotteten Glaskasten. Wie die übergroße Mehrheit der Absolventen und Absolventinnen der 1980er Jahre gehörte ich zu einer Studentengeneration, die die realen politischen Verhältnisse als gegeben hinnahm, auch mal gemessen Kritik übte, dabei die offensichtlichen materiellen Vorteile eines Studiums in der DDR gern in Anspruch genommen hatte und damit objektiv auch Träger und Mitläufer des dem Untergang geweihten politischen Systems war.

Anders als in Diktaturen oder totalitären Regimes ist uns heute die Freiheit gegeben, uns einzumischen und, wenn nötig, mit politischen Mitteln aufzubegehren, ohne persönliche Nachteile in Kauf zu nehmen oder gar die Freiheit zu verlieren. Vielleicht schöpfen nachfolgende Generationen auch aus der kritischen und differenzierten Aneignung des immer noch zu sehr verdrängten Erfahrungswissens aus dem verrückten 20. Jahrhundert die Kraft für Zweifel und Zivilcourage.

501 Am 10. Januar 1978 veröffentlichte das Nachrichtenmagazin „Der Spiegel" den ersten Teil des „Manifestes des Bundes Demokratischer Kommunisten", einer angeblich oppositionellen Gruppe in der SED. Vgl. den Wortlaut des „Manifestes" unter http://www.chronik-der-mauer.de/material/178849/manifest-des-bundes-demokratischer-kommunisten-deutschlands-1977 [Zugriff: 14.12.2015]. (Anm. d. Hg.)

// Von der Grundschule zur Hochschule – wie über Jahre hinweg psychische Deformationen entstanden[502]

Michael Proksch (TH Karl-Marx-Stadt, Studienjahrgang 1979, Fachrichtung Gerätetechnik, Hochschule für Musik in Dresden, ab 1982 Klavierstudium)

Mein erster Schultag fällt mir wieder ein. Voller Neugier und Erwartung war ich, den neuen Ranzen auf dem Rücken, in die Schule gestapft. Dort brachte uns der Lehrer als Erstes bei, wie wir uns als Klasse beim Appell verhalten sollten. Wir mussten uns in einer Linie aufstellen und auf Befehle, die aus der Militärsprache stammten, reagieren. „Richt euch! Zur Meldung die Augen links!" usw., bis dann eine Mitschülerin in die Weite des Schulhofes piepste: „Klasse 1a zum Fahnenappell angetreten." Eine Fahne wurde feierlich gehisst, Gelöbnisse gesprochen, der Nachwuchs auf das Dienen für den Staat eingeschworen.

Wer so heranwächst, wird frühzeitig an Militarismus gewöhnt. Er hinterfragt nicht, warum er im Sportunterricht anstatt mit Bällen bald mit Imitaten von Handgranaten Weitwurf üben soll. Im Alter von sechs Jahren glaubt ein Kind alles – ein Märchen von den Brüdern Grimm oder auch, dass „die Sowjetunion der große Freund und Bruder der DDR ist". Wir wurden indoktriniert und nahmen Dinge auf, die auch später noch im Unterbewusstsein gespeichert blieben. Jeder Unterricht begann mit „Für Frieden und Sozialismus seid bereit!", worauf wir antworten mussten: „Immer bereit!". Erst in der vierten oder fünften Klasse traute ich mich, nach außen hin zwar die Mundbewegung anzudeuten, aber leise „Keine Zeit" zu erwidern. Es war die Lebensphase, in der ich begann, vieles zu hinterfragen.

Um auch in der Freizeit auf Kinder einwirken zu können, gab es die Pionierorganisation, die dann ab der 8. Klasse von der FDJ, der Freien Deutschen Jugend, abgelöst wurde. Auch Organisationen wie die Deutsch-Sowjetische Freundschaft (DSF)[503] kamen dazu.

„Die Freie Deutsche Jugend erkennt in ihren Beschlüssen die führende Rolle der Partei der Arbeiterklasse an und hat sich in ihrer Arbeit als aktiver Helfer der Partei im Aufbau, der Festigung und Verteidigung der Arbeiter- und Bauernmacht in der Deutschen

502 Dieser Beitrag ist eine gekürzte Fassung aus der Publikation Dorothea Ebert, Michael Proksch: Und plötzlich waren wir Verbrecher. Geschichte einer Republikflucht, München 2010.

503 Zur DSF vgl. den Beitrag von Christian Höfgen, Zwänge und Chancen als Student und wissenschaftlicher Assistent. (Anm. d. Hg.)

Demokratischen Republik erwiesen und auf allen Gebieten des gesellschaftlichen Lebens viele Kader entwickelt.“ [504]
Alles wurde durch Funktionäre gesteuert. Die „politische Diskussion“ bestand meistens aus ausgearbeiteten Vorträgen. Echte, persönliche Gespräche konnten in dieser überwachten Atmosphäre nicht stattfinden und waren auch gar nicht erwünscht. Wie litt ich unter den vielen, öden Nachmittagen. Mit der Schulklasse musste ich ins Kino gehen und Filme über den heldenhaften Kampf der Sowjetarmee anschauen. Unser Lehrer stand mit einer Liste am Eingang und hakte alle Anwesenden ab, da er Bericht erstatten musste. Das Schwänzen solcher Veranstaltungen hätte disziplinarische Folgen gehabt. Die meisten meiner Klassenkameraden litten ähnlich wie ich, viele trauten sich aber nicht, etwas zu sagen. Zu groß war die Angst, verraten zu werden. Nur unter vertrauten Gleichgesinnten machten wir unserem Ärger Luft.
Als ich später begann, mich auch für Politik zu interessieren, gab es regelmäßige Gespräche mit meinem Vater. Wir mussten vorsichtig sein, denn ich hatte durch Zufall herausgefunden, dass unser Telefon zu Hause abgehört wurde. Als ich den Hörer ans Ohr hielt, vernahm ich – ohne gewählt zu haben – seltsame Stimmen, die irgendwelche operativen Anweisungen gaben. Tage davor war ein Techniker gekommen, der angeblich „wegen eines Fehlers unser Telefon zu reparieren“[505] hatte. Da war uns klar, dass wir von nun an im Wohnzimmer bei den gemeinsamen Mahlzeiten nicht mehr frei reden konnten. Anfangs hat mein Vater einfach den Telefonstecker gezogen. Später wurden wir vorsichtiger, da auch dies der Stasi verdächtig vorkommen konnte. Sicher wirkte es unverfänglicher, wenn die Verbindung immer hergestellt war, auch wenn unser Lebensgefühl davon sehr beeinträchtigt wurde.
In der Schule musste ich dann wieder umschalten. Das Einfachste war, sich hinter gängigen Phrasen, die ideologisch unbedenklich waren, zu verschanzen: *„Also wenn Sie mich fragen, so hat Karl Marx gesagt, dass diesbezüglich ...“* Kein Wunder, dass im gesamten öffentlichen Leben eine Art Gefühlsleere entstand, die erschreckend war. Kein normaler Mensch hält es auf die Dauer aus, ständig langatmige, inhaltslose Reden eines Honecker oder anderer Parteifunktionäre über sich ergehen zu lassen. In all den politischen Pflichtveranstaltungen schalteten wir auf Durchzug; lernten, nach innen zu flüchten, um die eigene Gefühlswelt zu erhalten.
Ich erinnerte mich an die Zeit in der 8. Klasse. Obwohl ich solche Zusammenhänge noch nicht genau erkannt hatte, so hingen mir doch die leeren Worthülsen derart zum Halse heraus, dass ich mich in einer Situation nicht zurückhalten konnte: Wieder war es unsere Pflicht, in der Freizeit die Wandzeitung zu gestalten, die in jedem Klas-

504 Aus dem Statut der Sozialistischen Einheitspartei Deutschlands, IV. Parteitag, Berlin 30. März bis 6. April 1954.
505 Vgl. hierzu den Kommentar am Ende des Beitrags. (Anm. d. Hg.)

senzimmer hing und von keinem wirklich gelesen wurde. Dazu wurden die immer gleichen, den Sozialismus verherrlichenden Artikel zu einem vorgegebenen Thema zusammengestellt. Um meinem Ärger über diese ununterbrochene Litanei von Lobhudeleien Luft zu machen, dachte ich, eine Auflockerung täte allen gut und schrieb: „Kommunismus ist, wenn jeder von jedem genug hat." Einen solchen Witz an eine Wandzeitung zu schreiben, war einfach leichtsinnig und musste Ärger geben. Der Direktor lud mich nur zu einer „persönlichen Aussprache" vor und hielt mir unter vier Augen „das Schändliche, Unverantwortliche meiner Tat" eindringlich vor. Dann sollte ich mich ganz klar von dem Spruch distanzieren. Nur wenn ich meine Schuld einsähe und verspräche, dass so etwas nie wieder vorkomme, habe mein Vergehen keine weiteren Folgen. Etwas widerwillig, aber dann von Angst beherrscht – gerade vorher war die Zusage für meine Aufnahme an eine Spezialschule für Naturwissenschaften gekommen – bereute ich alles und kam mit dieser mündlichen Verwarnung davon. Zum ersten und nicht zum letzten Mal musste ich den entwürdigenden Prozess der Selbstbezichtigung und Reue über mich ergehen lassen. Drei Jahre später, an der erwähnten Spezialschule, ging es nicht so glimpflich für mich ab.

Schon bei der Begrüßungsveranstaltung merkte ich dort, was auf mich zukommen würde. Es wurde viel davon gesprochen, dass die Partei der Arbeiterklasse uns den Auftrag gegeben habe, durch gute schulische Leistungen zur Stärkung der DDR und zur Sicherung des Friedens beizutragen. Dies sei nur mit einem gefestigten, sozialistischen Standpunkt möglich. Auch in der Freizeit sollten wir uns bemühen, durch die Aneignung einer marxistisch-leninistischen Weltanschauung unsere persönlichen Interessen mit den gesellschaftlichen Anforderungen in Übereinstimmung zu bringen.

Die EOS: Während der gesamten vier Jahre bis zum Abitur schwebte eine undefinierte, aber ständig wirkende Drohung über uns, denn bei den kleinsten Vergehen brachte man uns in Erinnerung, dass wir die EOS besuchen „durften". Schon in der Wortwahl war klar, dass dies ein Gnadenbeweis des Staates war, der jederzeit entzogen werden konnte, wenn wir der „Ehre nicht gerecht wurden, uns nicht als würdig erwiesen". Wer anfangs noch den Versuch machte, ehrliche Fragen zu stellen, dem entgegnete man mit arroganter Selbstsicherheit. Es waren Antworten, die keine weiteren Fragen mehr zuließen, ohne den Verdacht einer weltanschaulichen Abweichung oder gar Staatsfeindlichkeit aufkommen zu lassen. Solche ideologischen „Verirrungen" hatten disziplinarische Folgen. Der Satz *„Sonst müssen wir uns von Ihnen trennen"* brachte auch den letzten Aufrechten zum Umknicken. Weitere psychische Deformationen waren die Folge. Gerade, aufrechte Menschen wurden immer seltener. Das eigenständige, fantasievolle, kritische Denken einer ganzen Generation wurde begraben. Irgendwann begriff auch der Rebellischste, dass ehrlicher Gedankenaustausch nicht erwünscht war.

Sicher litten auch die Lehrer. Ängstlichkeit und kleinkariertes Denken waren die Folge und erstickten oft jeden Humor. Die Lehrer naturwissenschaftlicher Fächer hatten es durch die Objektivität ihres Lehrstoffes natürlich leichter. Sie boten uns oft einen hervorragenden Unterricht und waren fachlich ausgezeichnet. Viele kamen aus traditionsreichen Familien, die über Generationen in Forschung und Lehre tätig waren. Trotz der generellen Vorbehalte gegenüber „Intelligenzlern" – im Klassenbuch stand nicht ohne Grund hinter jedem Namen ein A für Arbeiter oder I für Intelligenz – hatte die SED-Führung doch erkannt, wie wichtig diese Menschen für die Wirtschaft des Landes wie auch für moderne Militärtechnik waren. Schwieriger war es in den Geisteswissenschaften. Ich musste erleben, wie der Direktor im Deutschunterricht hospitierte und unseren wunderbaren Lehrer dazu zwang, in der nächsten Deutschstunde seine Einschätzungen zu Thomas Manns „Felix Krull" zu revidieren, also dem „sozialistischen Klassenstandpunkt" anzupassen. Das hat mir damals richtig wehgetan. Ich spürte, dass dieser vielseitig gebildete, feine Mensch, der uns so viele Literaturanregungen mit auf den Lebensweg gab, wider das eigene Gewissen große Literatur kleinreden sollte.

Während der 11. Klasse wurden alle Jungen immer wieder in Gesprächen agitiert, sich für den Beruf des Offiziers zu entscheiden. In Zeiten technischer Aufrüstung brauchte die Nationale Volksarmee dringend Spezialisten für Elektronik. Vorgabe war, pro Klasse mindestens einen Schüler zu gewinnen. Bei uns war keiner bereit dazu. Das Schwierige war, wie man eine Ablehnung bei diesen Werbegesprächen unverfänglich begründete sollte. Immer wieder wurden mir ideologische Fallen gestellt und so mit dem Vorwurf der Sozialismusfeindlichkeit immenser Druck ausgeübt. Als man mich zunehmend drangsalierte, mir schließlich bei einem erneuten Agitationsgespräch sogar nahelegte, wenigstens auf meine Klassenkameraden positiv einzuwirken, reagierte ich auf dieses absurde Anliegen spontan und verteilte kleine Zettel mit ironischen Sprüchen über den Offiziersberuf. Diese Aktion hatte etwas Befreiendes für mich: Ironie als Schutzfunktion in Folge einer seelischen Verletzung. *„Es gibt kein größeres Glück auf Erden, als Offizier unserer NVA zu werden."* Oder: *„Dein im Kampf gestählter Körper wird manche Jungfrau erröten lassen."*

Als die Zettel in Umlauf kamen, schlossen sich andere Klassenkameraden an, und all die flotten Sprüche, die später als „verwerfliche Schandtat gegen unsere sozialistische Armee" gewertet wurden, landeten, ohne dass wir es bemerkten, bei einer Mitschülerin. Sie erzählte uns, dass ihr Papi durch Zufall einen Zettel in ihrer Schultasche gefunden hätte. Klar, welchen Beruf ihr Vater hatte und welchen „Klassenauftrag" sie erfüllen sollte. Es stellte sich heraus, dass wirklich jeder noch so kleine Zettel bei der Stasi gelandet war. Der Direktor kochte vor Wut, als er uns zu sich bestellte und wir angeben sollten, wer welchen Zettel geschrieben hatte. Dabei war längst alles mit fünffachem Durchschlag protokolliert und mit kriminalistischer

Energie die Urheberschaft über Handschriftenvergleich ermittelt worden. Eine Lawine von Aussprachen oder besser von Verhören rollte auf uns zu. Dem Direktor „ging die Muffe". So unser Ausdruck für dessen ängstliches Einknicken. Schnell hatte sich unsere Zettelaktion in der ganzen Schule herumgesprochen. Viele Schüler fanden es insgeheim gut. Endlich hatte jemand etwas gegen diese ständige Drangsalierung unternommen!
Meine Eltern wurden zum Gespräch in die Schule bestellt. Hier war mein Vater sehr mutig: Es sei doch ganz normal, dass junge Menschen derart reagierten, wenn man sie ständig zu einem Beruf überreden will, den sie nicht mögen, sagte er unverblümt zum Direktor. Es stärkte mir den Rücken und ich war stolz auf ihn. Aber der Druck auf mich wurde mit der Zeit größer. Ich bekam immer mehr Angst. Das Gerücht ging um, zwei Schüler sollen als abschreckendes Beispiel exmatrikuliert werden. Plötzlich tauchten in den Aussprachen manipulierende Fragen auf wie: „Wer hat dich denn auf die Idee mit den Zetteln gebracht?" Ein Freund und ich sollten als Anführer dingfest gemacht werden. Aber alle beteiligten Jungs hielten zusammen und erhielten schließlich einen Direktorverweis. *„Sie haben durch Ihre Haltung die Ehre des Schulkollektivs verletzt. Durch schriftliche Äußerungen, die weitergereicht wurden und damit der Meinungsbildung und Beeinflussung anderer Schüler dienten, haben Sie gegen den Offiziersberuf in ironischer Weise Stellung genommen."*[506] Wir mussten eine Stellungnahme zu unserer Tat schreiben, in der wir alles bereuten, und ein klares Bekenntnis zum Sozialismus abgaben, in dem Sinne, „den Sozialismus stärken, heißt den Frieden auf der Welt sichern". Außerdem sei es unsere Pflicht, durch gute Taten und vorbildliches Benehmen in einem militärischen Sommerlager unsere positive Einstellung zum Staat zu untermauern! Beim Appell zum Schuljahresende wurde der Direktorverweis vor versammelter Schulbelegschaft verlesen. Der Wille durchzuhalten, um den Studienplatz nicht zu riskieren, half über alles hinweg.

Michael Proksch, geb. 1958 in Dresden und dort aufgewachsen, Abitur an der Spezialschule für elektronische Industrie Martin Andersen Nexö, 18 Monate Grundwehrdienst, ab 1979 Studium der Gerätetechnik, 1981 freiberuflicher Musiker, 1982 Klavierstudium, 1983 versuchte Republikflucht über Bulgarien, Verurteilung zu zwei Jahren und acht Monaten Freiheitsentzug, 1985 Freikauf durch die Bundesrepublik.
Fortsetzung der Klavier- und Kompositionsstudien in Genf, München und Berlin, lebt als freiberuflicher Komponist, Pianist und Autor in München, zahlreiche Veröffentlichungen, CD-Einspielungen und Filmmusiken.

506 Aus dem Direktorverweis der Spezialschule für elektronische Industrie für Michael Proksch vom 2.7.1976.

// Kommentar zeithistorisch //

Wie das MfS zu seinen Informationen kam – Teil 2: Das Telefon abhören[507] Ein Techniker steht vor der Tür und will „wegen eines Fehlers das Telefon reparieren". – Dies war ein Standardsatz des MfS, wenn sogenannte Techniker beauftragt wurden, bei der Zielperson das Telefon gegen ein abhörfähiges auszutauschen. Bei meiner damaligen Freundin Uta lief es genauso ab. Diese ausgetauschten Telefone konnten vom MfS so durchgeschaltet werden, dass über die Sprechmuschel als Mikrofon alle im Raum geführten Gespräche abgehört bzw. mitgeschnitten werden konnten. Die daraus gewonnenen „Erkenntnisse" wurden dann bei Vernehmungen eingesetzt mit dem Hinweis, dass das Ministerium für Staatssicherheit über „alles" sehr gut informiert sei.
Nachbemerkung: Es gab seitens des MfS – wenn die Vernehmungen „stockten" – immer wieder mal Bemerkungen wie: „Herr Knoblauch, wir sind doch ein Nachrichtendienst und da haben wir so einige Mittel ... oder wollen Sie nicht verstehen? ... Wenn Sie jedoch behaupten, wir machen illegale Dinge, dann bekommen Sie ein Verfahren wegen Staatsverleumdung. Wir machen nur legale Dinge und so hat die Staatsanwaltschaft für Sie die Postüberwachung beantragt." Ich gab vor, eben nichts zu verstehen.
Interessant ist hierzu, das unter unseren tausenden BStU-Dokumenten keine Abhörprotokolle zu finden waren. Nur ein einziges Dokument enthält einige eigentlich nicht im direktem Zusammenhang stehende MfS-Notizen mit dem Hinweis: „mit technischen Mitteln gewonnene Informationen". Es waren also auch nach DDR-Recht illegal gewonnene Informationen.

G. Knoblauch

// Ich erlebte die Militarisierung des öffentlichen Lebens[508]

Michael Proksch

Nach dem Abitur und dem Grundwehrdienst begann ich 1979 Gerätetechnik im damaligen Karl-Marx-Stadt, heute wieder Chemnitz, zu studieren. Der erste Tag an der dortigen Technischen Hochschule fing gleich sehr bezeichnend an. In einem langen Gang saßen Tisch an Tisch Beamte, die alle auf dem gewissenhaften Ausfüllen höchst wichtiger Formulare bestanden. Auch wurden die Mitgliedshefte von FDJ, DSF, GST oder DRK kontrolliert.[509] Fällige Beiträge mussten bezahlt und die entsprechenden

---

507 Siehe auch die anderen Teile: Wie das MfS zu seinen Informationen kam – Teil 1: IM-Berichte sammeln, in: Uta Knoblauch, „Eigentlich lief mein Studium ganz normal ab"; Teil 3: Informelle Mitarbeiter (IM) anwerben, in: Ursula Wonneberger, „Ein ganz gewöhnlicher Anwerbeversuch der Stasi". (Anm. d. Hg.)

508 Dieser Beitrag ist eine gekürzte Fassung aus dem Buch Dorothea Ebert/Michael Proksch: Und plötzlich waren wir Verbrecher. Geschichte einer Republikflucht, München 2010.

509 Zur DSF vgl. den Beitrag von Christian Höfgen, Zwänge und Chancen als Student und wissenschaftlicher Assistent, zur GST siehe den Kommentar am Ende des Beitrags von Hanns-Lutz Dalpke, „In Dresden benutzte man die eigenen Füße, die Straßenbahn oder das Fahrrad".

Marken eingeklebt werden. Am Ende der langen Tischreihe wartete unser Seminargruppenleiter und schob uns gleich noch die Verpflichtung zum Reserveoffizier zu. Man war ja einmal so im Unterschreiben drin. Sehr raffiniert war die Überrumplungstaktik nicht gerade. Eher überraschte mich die Dreistigkeit. Zum Überlegen blieb nicht viel Zeit und ich reagierte mit einer Hinhaltetaktik, da ich mich erst einmal informieren müsse, was für Pflichten denn genau daraus für mich entstehen würden. Er ließ dieses Argument nicht im Geringsten gelten und redete immer intensiver auf mich ein. Nach einer unangenehmen Stunde, die viel Beherrschung verlangte, wusste ich gleich am ersten Tag, was wieder auf mich zukommen würde. Und es ging so weiter. Bei der folgenden Einweisung in das Studentenwohnheim sagte mir die nette Leiterin, dass es gut wäre, wenn wir pro Zimmer die „Junge Welt" und das „Neue Deutschland" abonnierten, um dann hinter vorgehaltener Hand zu ergänzen: Sie müsse eine Liste mit diesen Angaben weiterreichen. Das passte gut zu meiner Stimmung nach dem gerade absolvierten Agitationsgespräch. Bestimmt wurde hier noch so einiges mehr beobachtet.

Michael Proksch als Soldat im Grundwehrdienst (Foto privat)

Wie an allen Universitäten begann das Studium mit der sogenannten „Roten Woche"[510]. Alle Studientage waren angefüllt mit Vorlesungen und Seminaren, die ausschließlich der ideologischen Beeinflussung dienten. Kurz danach durften alle Studenten erst einmal zu einem Einsatz in der Landwirtschaft fahren, wo wir zehn Stunden pro Tag die Ernte mit einfahren mussten. Natürlich unentgeltlich und auch samstags. Wir waren gewohnt, aus allem das Beste zu machen, genossen die Bewegung an der frischen Luft und die nahrhafte ländliche Hausmannskost. Die Bauern spendierten ohne Unterlass Nordhäuser Doppelkorn, und zu unseren feuchtfröhlichen Feierabenden kamen bald auch die jungen Leute des Dorfes hinzu. In mancher Hinsicht ging es freizügig zu. Eines nachts gingen wir heimlich in die Dorfkirche und ich spielte auf der Orgel „Je t'aime mois non plus".
Auch das zweite Studienjahr begann wieder mit einer längeren Unterbrechung durch die Teilnahmepflicht an einem militärischen Ausbildungslager in Seelingstädt.
Die Sowjetunion war 1980 dabei, moderne Mittelstreckenraketen zu stationieren, die auf Westeuropa gerichtet waren, stritt es aber offiziell ab. Sollten die angestrebten

510 Vgl. Anm. 249.

Verhandlungen in Genf scheitern, würden beide Teile Deutschlands mit SS-20 bzw. Pershing bestückt,[511] so dass auf Knopfdruck atomare Sprengköpfe innerhalb von wenigen Minuten über deutschen Städten explodieren könnten.
Unter diesem Gesichtspunkt waren die Erlebnisse in dem Militärlager, das alle Studenten nach dem zweiten Semester über sich ergehen lassen mussten, für mich sehr beunruhigend.
„Wir lernen marschieren, stillstehen, Befehle bedingungslos ausführen, in Schützenkette angreifen und was sonst noch zum Sterben nötig sein wird. Der Motorisierte Schütze (Infanterist) im modernen Gefecht hat eine durchschnittliche Lebensdauer von zwei Minuten. Ihm bleibt gerade noch Zeit, das befohlene Hurra zu schreien … Was haben wir aus Tausenden von Jahren Geschichte gelernt?"
So schrieb ich damals an meine Eltern in einem Brief, den ich heimlich in den Briefkasten eines der umliegenden Dörfer gebracht hatte.
Neben dem üblichen Ausbildungsprogramm zeigte man uns mehrmals Propagandafilme, die eindeutig einen Angriffskrieg verherrlichten. Hier wurde mir zum ersten Mal ganz klar, dass die Militärführung des Warschauer Paktes offensichtlich überzeugt war, den Westen durch ihre Überlegenheit an konventionellen Waffen überrollen zu können, denn rein technologisch hielt ihre Rüstungsindustrie mit der NATO nicht mehr mit. Inzwischen hat sich bestätigt, dass damals reale Pläne für einen Angriffskrieg vorlagen.
Seit jenem Militärlager war ich von der über uns schwebenden Kriegsgefahr beunruhigt. Ich erlebte, wie die Militarisierung des öffentlichen Lebens weiter vorwärtsgetrieben wurde; ich fühlte mich schuldig und eigentlich verpflichtet, nicht mehr mitzumachen. 1978 wurde „Wehrerziehung" als obligatorisches Fach in allen Schulen eingeführt, 1982 ein neues Wehrdienstgesetz verabschiedet, dessen vollständigen Wortlaut man kaum zu lesen bekam. Danach konnten alle Männer bis zum Alter von 45 Jahren alle zwei Jahre für drei Monate als Reservisten eingezogen werden. Somit bestand die Möglichkeit, unliebsame Personen regelmäßig während des nun gesetzlich verankerten Reservistendienstes zu drillen. Auch Frauen wurden zu Wehrdienstübungen verpflichtet. In Betrieben verstärkte man die „Kampftruppen", Kinderferienlager wurden im Winter zu militärischen Camps umfunktioniert, an Hochschulen sollten Räume eingerichtet werden, in denen Schutzanzüge gegen ABC-Waffen gelagert und im Ernstfall ausgegeben werden konnten. Viele spürten wie ich die drohende Gefahr eines atomaren Schlagabtausches. Aber während sich im Westen Hunderttausende auf den Straßen versammelten, um ihrer Sorge Ausdruck zu verleihen und

511 Die SS-20 war eine sowjetische, die Pershing II eine amerikanische Mittelstreckenrakete mit atomarem Sprengkopf. 1987 einigten sich die Sowjetunion und die USA auf die Abschaffung dieser Waffen. (Anm. d. Hg.)

gegen die Aufrüstung zu protestierten, wurde in der DDR schon der kleinste Ansatz einer freien Meinungsäußerung eisern unterdrückt. Alle, die noch nicht resigniert oder abgestumpft waren, litten darunter. Hätte man wenigstens seine Ängste offen mitteilen können!

Mit engen Freunden redeten wir viel darüber. Würden nicht spätere Generationen uns einmal vorwerfen, Mitläufer gewesen zu sein, das System zwar durchschaut, aber nichts dagegen unternommen zu haben? Der Vergleich zum Dritten Reich lag hier nahe.

Studienbeginn in den 80er Jahren

// Anders als die anderen

Kritik war erlaubt, aber bitte nicht politisch

Dipl.-Ing. Ralf Anders (TU Dresden, Studienjahrgang 1980, Sektion Informationsverarbeitung, Diplom 1985)

Mein Studium in der DDR war für mein Leben eine Bereicherung und ist mir insgesamt positiv in Erinnerung geblieben. Aber es gab Vorgänge dabei, die man nicht verdrängen darf und die nicht unerwähnt bleiben sollten.

Für das Studium bedarf es gewisser Voraussetzungen. Die hatte ich: einen Notendurchschnitt von 1,2; drei Fremdsprachen in der Schule gelernt; bei Mathematikolympiaden im Kreis und Bezirk gewonnen. Auch bei DDR-Olympiaden lag ich am Ende weit vorn.

Dass es schon damals etwas gab, was meinen Träumen ein jähes Ende hätte bereiten können, habe ich erst viel später erfahren, aus den Stasiunterlagen meines Vaters. Da steht: *„Nicht in Ordnung ist der Antrag der Schule […] auf Aufnahme seines Sohnes Ralf in die EOS. […] Nach dem versuchten illegalen Grenzübertritt seines Sohnes und wegen dessen schlechten Betragens und arroganten Benehmens, besonders nach der totgeschwiegenen abenteuerlichen Reise, kann er unmöglich als ein zukünftiger Leitungskader der DDR ausgebildet werden.“*

Aber die Schule hat mich delegiert, ein IM-Bericht dagegen war wohl nicht ausreichend oder nicht bekannt.

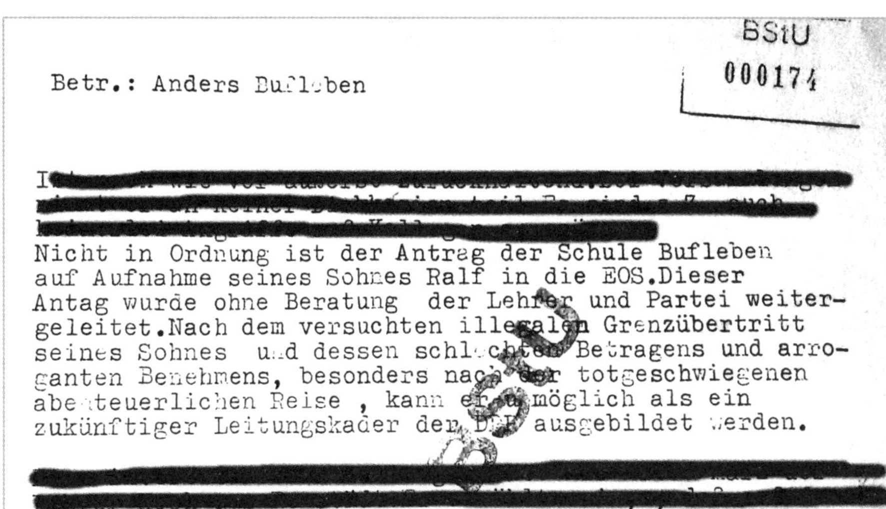

BStU
000174

Betr.: Anders Bufleben

[redacted]

Nicht in Ordnung ist der Antrag der Schule Bufleben
auf Aufnahme seines Sohnes Ralf in die EOS.Dieser
Antag wurde ohne Beratung der Lehrer und Partei weiter-
geleitet.Nach dem versuchten illegalen Grenzübertritt
seines Sohnes und dessen schlechten Betragens und arro-
ganten Benehmens, besonders nach der totgeschwiegenen
abenteuerlichen Reise , kann er unmöglich als ein
zukünftiger Leitungskader der DDR ausgebildet werden.

[redacted]

IM-Bericht aus den BStU-Unterlagen des Vaters von Ralf Anders

Was die Republikflucht betrifft: Das war eher so eine Vater-Sohn-Geschichte. Mein Vater war stellvertretender Schuldirektor, meine Schuhabdrücke waren an der Decke der Schultoilette sichtbar, und das Klavier der Schule hatte auch durch mich gelitten. Den Strafmaßnahmen wollte ich mich durch Flucht entziehen, und im Westen war ja wohl ohnehin alles schöner. Als 13-Jähriger griff man mich an der tschechischen Grenze auf und fand bei mir einen Taschenatlas mit der Route von Tschechien nach der BRD. Meine Eltern wurden informiert und holten mich sofort ab.

Eine ganz wichtige Studienvoraussetzung, zumindest nach Meinung des stellvertretenden Direktors der EOS (ich habe keine Allergie gegen stellvertretende Direktoren) war die Bereitschaft, drei Jahre zur Armee zu gehen. Um mich keinen Schikanen auszusetzen, habe ich in Anwesenheit dieses Herrn auch meine Bereitschaft erklärt, aber um eine gründlichere medizinische Untersuchung und Nachmusterung gebeten. Bei der war dann kein Schulvertreter anwesend, und ich bin mit 18 Monaten davongekommen.

Damit hatte ich erst einmal ein neues Problem: Meine Bewerbung zum Studium lautete „Mathematik, 1981, TU Dresden". Meine Armeezeit endete aber nun schon im April 1980. Ich bin nach Dresden gefahren, habe erklärt, dass ich wegen gesundheitlicher Probleme nur 18 Monate zur Armee gehe und schon 1980 mit dem Studium beginnen könne. Nun forderte man, ich möge aber meine wohlwollende Gesinnung dadurch zum Ausdruck bringen, dass ich mich bereit erkläre, Reserveoffizier zu werden. Damit hatte ich kein Problem, wusste ich doch: Wer wird schon einen einfachen Soldaten zum Reserveoffizier machen, wo es doch genügend willige Unteroffiziere gibt? Die Rechnung ging auf.

Während meiner 18 Monate Armeezeit habe ich mir dann noch überlegt, dass Mathematik etwas weltfremd ist, bin noch mal nach Dresden gefahren und habe mich für ein Studium der Informationsverarbeitung beworben.

Mein Studium begann im Herbst 1980 mit einem mehrwöchigen Einsatz als Erntehelfer. Zu der Zeit fehlten dort noch die männlichen Studenten, welche ihre drei Jahre Wehrdienst absolvierten. Da in der Seminargruppe aber auch drei männliche ausländische Studenten aus Bulgarien und Polen waren und einige Studenten von gewissen Ministerien (MdI, MfS) delegiert waren, fiel das nicht so ins Gewicht.

Apropos Seminargruppe: Das Studium damals hatte zumindest in den ersten fünf Semestern recht viel Ähnlichkeit mit Schulunterricht. Die Seminargruppen entsprachen den Klassen, es gab für die gesamte Seminargruppe geltende Stundenpläne, einen Seminargruppenleiter, ein dem Zeugnisheft analoges Studienbuch. Nur die Vorlesungen waren etwas wirklich Neues. Hier konnte man auch mal eine gewisse „Freiheit" ausleben. Es gab keine Kontrolle der Anwesenheit und zumindest in Hörsälen mit Hintereingang konnte man auch mal das „akademische Viertel" ausprobieren. Nur in den Marxismus-Leninismus-Vorlesungen gingen pro Seminargruppe Anwesenheitslisten

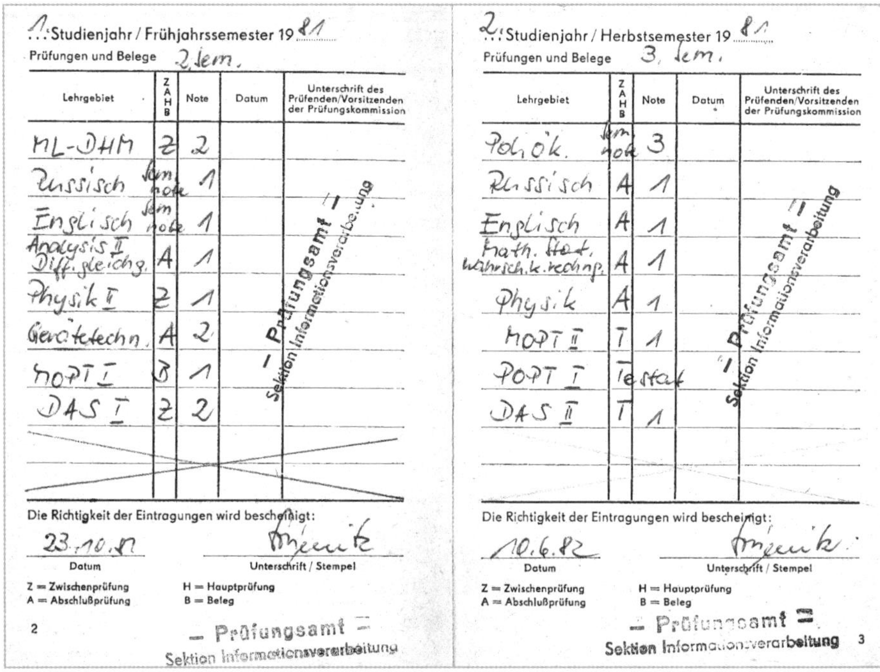

1. Studienjahr / Frühjahrssemester 1981
Prüfungen und Belege 2. Sem.

Lehrgebiet	ZAHB	Note	Datum	Unterschrift des Prüfenden/Vorsitzenden der Prüfungskommission
ML-DHM	Z	2		
Russisch	Sem. note	1		
Englisch	Sem. note	1		
Analysis II Diff.gleichg.	A	1		
Physik II	Z	1		
Gerätetechn.	A	2		
MOPT I	B	1		
DAS I	Z	2		

Die Richtigkeit der Eintragungen wird bescheinigt:
23.10.81
Datum — Unterschrift / Stempel
Z = Zwischenprüfung H = Hauptprüfung
A = Abschlußprüfung B = Beleg
2
– Prüfungsamt –
Sektion Informationsverarbeitung

2. Studienjahr / Herbstsemester 1981
Prüfungen und Belege 3. Sem.

Lehrgebiet	ZAHB	Note	Datum	Unterschrift des Prüfenden/Vorsitzenden der Prüfungskommission
Pol. Ök.	Sem. note	3		
Russisch	A	1		
Englisch	A	1		
Math. Stat. Wahrsch.-rechnung	A	1		
Physik	A	1		
MOPT II	T	1		
POPT I	T	testat		
DAS II	T	1		

Die Richtigkeit der Eintragungen wird bescheinigt:
10.6.82
Datum — Unterschrift / Stempel
Z = Zwischenprüfung H = Hauptprüfung
A = Abschlußprüfung B = Beleg
– Prüfungsamt –
Sektion Informationsverarbeitung 3

Auszug Studienbuch nach dem zweiten Semester 1982

durch die Reihen, außer in meiner. Auch wenn es keine Anwesenheitskontrollen gab, so gab es in den wie Schulstunden organisierten Seminaren Leistungsüberprüfungen. Dabei wurde das in den Vorlesungen (nicht) erworbene Wissen abgefragt.

Nun zu mir. Ich war, wie schon erwähnt, mathematisch vorbelastet, was nicht unbemerkt blieb und letztlich dazu führte, dass ich von den regulären Mathematikvorlesungen und -seminaren befreit wurde. Das war sehr angenehm, zumal das Grundstudium der Informationsverarbeitung zu einem Drittel aus Mathematik bestand. Stattdessen habe ich im Rahmen eines Sonderstudienplanes gelegentlich mit meinem Mathematikprofessor Dr. Volker Nollau[512] über Gott, die Welt und das Vier-Farben-Problem[513] geredet. Man entsandte mich bereits im ersten Semester zum zentralen Mathematikwettstreit der DDR-Hochschulen und -Universitäten. Ich denke mal, dass dort eigentlich die Hochschulen darstellen wollten, wie gut ihre Ausbildung ist. Ich erreichte dort auch ohne diese die höchste Punktzahl. Der Preis dafür war das

512 Volker Nollau studierte Mathematik und Theoretische Physik, war ab 1969 wissenschaftlicher Oberassistent der Sektion Mathematik an der TU Dresden, promovierte 1966 und habilitierte sich 1971; 1990 Ordentlicher Professor für Mathematik und Statistik; 2006 Honorarprofessor an der TU Wien. (Anm. d. Hg.)

513 Vier-Farben-Satz: mathematischer Satz, der besagt, dass vier Farben immer ausreichen, eine beliebige Landkarte so einzufärben, dass keine angrenzenden Länder die gleiche Farbe bekommen.

Versprechen einer Reise mit dem „Freundschaftszug" in die Sowjetunion. Auch dazu später.
Noch mal zurück zur Seminargruppe und den schulähnlichen Strukturen. Es bedurfte natürlich auch eines Seminargruppensekretärs. Als dieser wurde ich vom Seminargruppenleiter vorgeschlagen und einstimmig „gewählt". Es kannte ja niemand niemanden, und wer will schon gleich opponieren. Der Seminargruppenleiter hatte wahrscheinlich in meiner Abschlussbeurteilung der Schule gelesen, dass ich so was schon gemacht hatte. Allerdings hatte er wahrscheinlich nicht bis zu Ende gelesen, dann da stand auch *„Seine führende Position nutzt er nicht konsequent genug, um die Forderungen der Schule durchzusetzen [...] sein Auftreten [...] war im Allgemeinen ohne Mängel [...]."* Vielleicht war er auch ein Schelm. Jedenfalls habe ich den Seminargruppenbetreuer Dr. Giese[514] in guter Erinnerung behalten. Er verabschiedete sich später von mir mit den Worten *„Gehen Sie mit Gott ...* " Er hatte große Gewissensnöte, als er meine Abschlussbeurteilung für das Studium schreiben musste und auch mit mir darüber geredet. Letztlich stand dann dort *„Von Studienbeginn an übte er die Funktion des Seminargruppensekretärs aus. Sein Leitungsstil musste häufig als nachlässig bezeichnet werden, so dass Kritik nicht ausblieb [...]."*
Die Seminargruppensekretäre der Fakultät trafen sich regelmäßig, um die Vorstellungen der Fakultätsleitung zum gesellschaftlichen Leben zu hören und zu verbreiten. Ich habe dort klargemacht, dass ich mich als Studentensprecher meiner Seminargruppe verstehe (ich hatte das mal im Westfernsehen so gehört) und nur erscheine, wenn es Probleme gibt. Mit mir gab es keinen Kampf um den Titel „Sozialistisches Kollektiv" und auch keine Anwesenheitsliste in Marxismus-Leninismus. Die Mehrheit meiner Kommilitonen fand das gut.
Im Dezember 1981 habe ich dann wohl eine Grenze überschritten, die von noch höherer Stelle definiert war. Die Fakultät Marxismus-Leninismus forderte meine sofortige Exmatrikulation. Damals war in Polen das Kriegsrecht ausgerufen worden und die ML-Seminarleiterin[515] hielt es für angemessen, zu erklären, dass diese Vorgänge der Erhaltung der Demokratie dienen würden. Ich konnte nicht an mich halten und entgegnete, dass es sich aus meiner Sicht um einen Militärputsch handele, bei dem die Macht der kommunistischen Partei gegen den Willen der Mehrheit des Volkes durchgesetzt werden solle. Hier könne man sehen, was mit Diktatur des Proletariats gemeint ist. Die Seminarstunde wurde sofort beendet, noch am gleichen Abend befand ich mich vor einer „Kommission". Man machte mir sehr deutlich und ausführlich klar, dass ich den Bezug zur Arbeiterklasse verloren hätte und so weiter ... In Aner-

514 Dr. Giese war Mitarbeiter an der Sektion Informationsverarbeitung und wissenschaftlicher Mitarbeiter. (Anm. d. Hg.)
515 Vgl. Anm. 165.

kennung meiner Leistungen für die TU Dresden würde man von einer Exmatrikulation absehen, wenn ich öffentlich vor dem gesamten Jahrgang widerrufe. Man würde mir dann lediglich mein Leistungsstipendium streichen und den Sonderstudienplan beenden. Ich hatte eine Woche Bedenkzeit bis zur nächsten ML-Vorlesung. Ich habe widerrufen. Wie versprochen wurde mir das Leistungsstipendium (ca. 100 Mark/ Monat) gestrichen und ich sollte wieder am Mathematikunterricht teilnehmen. (Ich arbeitete dann mitunter eine Achtstundenschicht in der Dresdner Feldschlösschen-Brauerei, die außer 3,25 Mark pro Stunde vier „Deputat-Biere" einbrachte – siehe Foto.)

Der Arbeitsplatz im Wohnheim Güntzstraße – Ralf Anders im Vordergrund (Foto privat)

Dass das wohl ein Kompromiss war, den die Fakultät Informationsverarbeitung ausgehandelt hatte, habe ich erst sehr viel später erfahren. (Dr. Giese hat mich bei dem Gespräch zu meiner Abschlussbeurteilung über die damaligen Hintergründe informiert.) Ich hätte diesen Leuten sonst wahrscheinlich nicht bei einer anderen Veranstaltung vorgeworfen, dass sie alle unter einer Decke steckten.
Jedenfalls habe ich im dritten Semester erneut eine Reise in die Sowjetunion gewonnen. Ich hatte die erste noch gar nicht angetreten, da ich zum eigentlichen Termin an der obligatorischen Militärausbildung teilnehmen musste. Dass ich dort nicht zum Reserveoffizier qualifiziert wurde, hatte ich schon erwähnt. Letztlich ist die erste Reise

verfallen. Ich wollte sie auf meine Freundin überschreiben lassen und mit ihr gemeinsam fahren, man ist eben manchmal auch naiv.
Ab dem sechsten Semester war die Seminargruppenstruktur nicht mehr so dominant, es gab das Ingenieurpraktikum und Vorlesungen, und Seminare nahm man je nach Spezialisierungsrichtung wahr. Es gab auch keine ML-Vorlesungen und -Seminare mehr und wenig Anlass für ideologische Auseinandersetzungen. Ich hatte damals auch geheiratet und meine Schwerpunkte etwas verlagert.
In Erinnerung ist mir geblieben, dass wir das neue Wohnheim in der Zeunerstraße verlassen mussten, als libysche Studenten mit Dollars die besseren Argumente hatten. Bei der Gelegenheit ließ ich mich zu „*Ihr steckt alle unter einer Decke*“ hinreißen. Ich sollte mich da auch entschuldigen, was ich nicht tat. Es blieb ohne Konsequenzen.

Ralf Anders, geb. 1960 in Gotha; 1966–1974 Polytechnische Oberschule in Bufleben, 1974–1978 Erweiterte Oberschule „Arnoldi“ in Gotha; 1978–1980 18-monatiger Grundwehrdienst in Straßgräbchen bei Kamenz; 1980–1985 Studium der Informationsverarbeitung an der TU Dresden; 1985–1990 angestellt im Jenaer Glaswerk als Softwarebearbeiter und wissenschaftlicher Mitarbeiter.
1990–1991 angestellt als Softwareentwickler bei der Firma HEITEC in Jena, 1991–1996 Geschäftsführer und Teilhaber bei der Firma ANTEC OHG in Jena, seit 1996 als selbstständiger Gewerbetreibender in der Softwareentwicklung tätig.

// Fachprofessoren wurden verpflichtet, mit mir „Erziehungsgespräche“ zu führen

Dr. phil. Dipl.-Phys. Joachim Klose (Fernstudium für Theologie, Studienjahre 1982–1984, TU Dresden, Studienjahre 1985–1990, Sektion Physik, Diplom 1990, Hochschulen in München und USA, Studienjahre 1990–1997, Fachbereich Philosophie, Logik und Wissenschaftstheorie, Promotion 1997)

Im November 1985 wurde ich vom Dienst als Bausoldat aus der NVA entlassen und mit denjenigen, die einen längeren Armeedienst als Unteroffizier oder Offizier auf Zeit absolvierten – diese waren immerhin ein Drittel der Studenten des Jahrgangs – an der TU Dresden, Sektion Physik, immatrikuliert.
Anfang der 1980er Jahre hatte ich aus Gewissensgründen den Wehrdienst mit der Waffe in der Nationalen Volksarmee (NVA), zu dem jeder Bürger verpflichtet war, verweigert. Zum einen überdeckte die Friedensrhetorik der DDR, die nicht mit den

Feindbildprojektionen zusammenpasste, nicht deren ideologische Aggressivität. Zum anderen war ich überzeugt, dass die NVA keine defensive Armee ist, die also nur der Verteidigung dient, was sich nach 1989 auch bestätigen sollte. Damit war ich einer der wenigen Studenten überhaupt, die in der DDR als Bausoldat an einer staatlichen Universität zugelassen wurden und dabei nicht Theologie studierten.
Der Aufforderung an der TU Dresden, die Reserveoffiziersbereitschaftserklärung (ROA-Erklärung) zu unterschreiben, kam ich nicht nach, da ich nicht vereidigt war. Der Sachverhalt schien bis dato der Uni unbekannt gewesen zu sein. So erstaunte mich die Selbstverständlichkeit, mit der die ROA-Erklärung ausgeteilt und von den Anwesenden unterzeichnet wurde, ebenso beeindruckte mich der Druck, der sich nach diesem Ereignis aufbaute. Da ich außerdem aus allen gesellschaftlichen Organisationen wie FDJ, DSF, GST, FDGB und DTSB ausgetreten war, wurden die Fachprofessoren, denen ich später in den Prüfungen begegnete, verpflichtet, während der ersten 14 Tage meines Studiums mit mir „Erziehungsgespräche" zu führen, um meine politische Einstellung und Eignung zu prüfen. Schließlich wurde ein Disziplinarverfahren eröffnet, um meine Exmatrikulation einzuleiten. Aufgrund einer Verpflichtungserklärung, die bei der Studienbewerbung jeder zukünftige Student unterzeichnete, musste jeder alle Veränderungen zur Person unmittelbar der Universität mitteilen. Dieser „Selbstverpflichtung" war ich nicht nachgekommen, sonst wäre ich gar nicht erst zur Universität zugelassen worden.
Das Verfahren wurde erst beendet, als sich der akademische Mittelbau für mich einsetzte und ich zustimmte, wieder in die FDJ einzutreten. Der damalige Sektionsdirektor, Herr Seeliger, bemerkte abwertend: *„Sie können hier studieren, das ist alles."* Damit schien auch die weitere Perspektive festgelegt zu sein.
Da Bausoldaten als „Staatsfeinde" bezeichnet wurden, polarisierte sich der Studienjahrgang: Parteigenossen mieden und schnitten mich, wo es möglich war, andere, meist Kinder christlicher Elternhäuser, sympathisierten und solidarisierten sich mit mir. Das Studium selbst war ein Balanceakt. Jede mündliche Prüfung konnte den Exmatrikulationsgrund liefern. Von Beginn an spürte ich sowohl Gegenwind als auch Unterstützung. Nach der Aufspaltung des Studienjahrgangs in „systemtreue" und „systemkritische" Studenten wurde systematisch versucht, den sich bildenden Freundeskreis zu zerschlagen, wobei ich im Fokus der Aufmerksamkeit stand. Gründe für Auseinandersetzungen gab es vielfältige. So wurde mir zum Beispiel mit Weisung vom Sektionsdirektor untersagt, Programmhefte der Katholischen Studentengemeinde zu verteilen, oder vor Wahlen wurde ich zu Gesprächen geladen, in denen meine Haltung erfragt und ich quasi genötigt wurde, zu den Wahlen zu gehen. Die Universität hatte sich selbst verpflichtet, zu 100 Prozent für den Vorschlag der Nationalen Front zu stimmen. Ich stellte ein Risiko dar und überhaupt war der sich bildende systemkritische, aber leistungsstarke Freundeskreis der Sektionsparteileitung ein Dorn

im Auge. Er sollte mit allen Mitteln zerschlagen werden. Dies gelang im Frühjahr 1986 durch „gezielten Einsatz" eines inoffiziellen Mitarbeiters der Staatssicherheit. In meiner Stasiakte ist zu lesen:

„Es wurden durch den IMS Helm und den GMS[516] *Hasse Hinweise bekannt, [...] dass in der Sektion Physik eine politisch negative Gruppierung besteht. [...] Gleichzeitig wurde zu den Personen bekannt, dass sie versuchten, bei der FDJ-Wahl 1985 durch Manipulation eine ‚gefügige' FDJ-Leitung zu schaffen und fortschrittliche Studenten zu isolieren."*

„Über einen IM in Schlüsselposition konnte erreicht werden, dass der JÜTTNER mit Wirkung vom 27.5.1986 vorzeitig exmatrikuliert wurde.

Bezirksverwaltung für Staatssicherheit Objektdienststelle TU/H"

Das Exempel ist gelungen. Bernhard Jüttner, mit dem ich in einer Wohngemeinschaft wohnte, wurde aufgrund einer unbedachten Äußerung im Zuge einer organisierten Solidaritätsbekundung mit dem libyschen Präsidenten Gaddafi nach dem Lockerbie-Anschlag[517] der Uni verwiesen mit der Begründung, dass er nicht die Anforderungen an einen zukünftigen sozialistischen Leiter erfülle. Mir wurde gleichzeitig eine Studienzurückstellung verwehrt, die ich aufgrund eines 15-wöchigen Krankheitsausfalls beantragt hatte. Dadurch war ich isoliert und die Kommilitonen waren gewarnt.

Joachim Klose als Student (Foto privat)

Von Beginn meines Studiums an versuchte die Stasi, mir staatsfeindliche Tätigkeiten nachzuweisen. Man vermutete, dass in meiner Wohnung Treffen mit staatsfeindlichen Aktivitäten stattfinden. So wurde geplant, während des Sportunterrichts Abdrücke von meinen Schlüsseln zu machen. Meine Wohnung wurde überwacht, Dossiers über mich angefertigt und eine Operative Personenkontrolle (OPK „Atom") gestartet. Erfahren habe ich dies erst nach 1989 beim Lesen meiner Stasiakte. Das gezielte Installieren inoffizieller Mitarbeiter der Stasi führte zur Observierung des gesamten Lebensumfelds. Sechs verschiedene Quellen

516 GMS: Gesellschaftlicher Mitarbeiter für Sicherheit, eine besondere Form der inoffiziellen Zusammenarbeit mit dem MfS. (Anm. d. Hg.)

517 Der Lockerbie-Anschlag 1988 war ein Bombenanschlag auf ein Verkehrsflugzeug der US-amerikanischen Fluglinie Pan Am über dem schottischen Ort Lockerbie. Dabei kamen 270 Menschen ums Leben. Ein libyscher Geheimdienstmitarbeiter wurde 2001 von schottischen Strafgerichten dafür verurteilt. 2003 übernahm Lybiens Staatschef Muammar al-Gaddafi die Verantwortung für das Attentat. (Anm. d. Hg.)

vor allem aus der Studentenschaft und dem Lehrkörper fertigten Berichte an. Die Staatssicherheit attestierte mir eine negative Grundhaltung zur DDR und hob meinen schlechten Einfluss auf meine Seminargruppe hervor. Mit krimineller Energie plante sie, mich mit staatsfeindlichen Flugblättern, die ich hergestellt haben sollte, zu erpressen. Interessant für die Beobachtung war ich außerdem, weil ich in der Katholischen Studentengemeinde (KSG) als Sprecher tätig war. Die OPK wurde schließlich im Herbst 1988 eingestellt, als von dem Erpressungsversuch Abstand genommen wurde, es aber auch nicht gelang, mich als Informationsquelle zu führen bzw. abzuschöpfen.

Das Hannah-Arendt-Institut stellte nach Aktenstudium fest, dass es dem Ministerium für Staatssicherheit zu keiner Zeit gelang, in die sogenannten „Kernkreise“ der KSG Dresden vorzudringen. *„Ein legendierter [sic!] Kontaktversuch zu dem seit Juni 1986 in der OPK ‚Atom‘ bearbeiteten späteren KSG-Gemeinderatsvorsitzenden scheiterte 1988 bereits nach dem ersten Gespräch (in dem sich der MfS-Mitarbeiter noch nicht als solcher vorzustellen wagte).“*

Dafür, dass es mir möglich war, in der DDR aufrecht zu gehen, bin ich dankbar. Der zu verhandelnde Raum bei der Aufarbeitung einer Diktatur, wie die DDR es war, ist der zwischen minimalem Kompromiss und vorauseilendem Gehorsam. Jeder Einzelne hat zu verantworten, inwieweit er sich auf das System eingelassen hat und seinen Mitmenschen Schaden zugefügt hat, indem er andere aufgrund ihrer Einstellung drangsalierte oder sich selbst Vorteile verschaffte.

Ein SED-Genosse fragte mich einmal, warum ich viele Sachen nicht einfach mitmachen könne. Daraufhin fragte ich ihn: *„Warum schreiten Sie nicht ein, wenn Sie offensichtlich Benachteiligungen anderer wahrnehmen?“*

Joachim Klose, geb. 1964; trotz ausgezeichneter schulischer Leistungen keine Zulassung zur EOS; Berufsausbildung mit Abitur zum Gas- und Wärmenetzmonteur in Halle (Saale); Pfarrgemeinderatsmitglied der Katholischen Studentengemeinde Halle; Fernstudium Theologie 1982–1984 (Pastoralkurs); Wehrdienstverweigerung, Bausoldat 1984–1985; aufgrund seines Abiturs mit Auszeichnung Zulassung zum Physikstudium an der TU Dresden 1985–1990; Sprecher und Pfarrgemeinderatsvorsitzender der Katholischen Studentengemeinde Dresden.

1990–1997 Studium der Philosophie, Logik und Wissenschaftstheorie an der Hochschule für Philosophie in München, der Harvard-Universität in Cambridge/USA und der LMU München; Promotion 1997; 1996–1999 wissenschaftlicher Referent an der Katholischen Akademie in Berlin; 2000–2006 Gründungsdirektor der Katholischen Akademie des Bistums Dresden-Meißen; seit 2007 Landesbeauftragter der Konrad-Adenauer-Stiftung für den Freistaat Sachsen und Leiter des Politischen Bildungsforums Sachsen.

// „Herr Hübner, wollen Sie mich umbringen?"

Reise nach Hamburg zur Hochzeit meiner Cousine Vera

Dipl.-Ing. Armin Hübner (TU Dresden, Studienjahrgang 1985, Sektion 14 Maschinenbau, Fachrichtung Fertigungsmittelentwicklung, Diplom 1990)

Am 30. November 1988 wurde die „Verordnung über Reisen von Bürgern der Deutschen Demokratischen Republik nach dem Ausland" erlassen, in deren Paragraf sieben unter anderem stand, dass ein Antrag zu einer Privatreise auch aus Anlass der Hochzeit einer Cousine gestellt werden kann.

Auf dieser Grundlage habe ich Anfang 1989 bei meinem zuständigen Professor für Erziehung, Aus- und Weiterbildung (EAW)[518], Herrn Professor Will, eine Besuchsreise in die Bundesrepublik Deutschland zur Hochzeit meiner Cousine Vera in Hamburg beantragt. Meine Chancen auf Genehmigung schätzte ich damals auf fünf bis zehn Prozent ein, zumal die Feier ausgerechnet am Wochenende der 40. Volkskammerwahl im Mai stattfand.

Professor Will hielt an diesem Tag eine seiner ersten Vorlesungen nach einer längeren Herzkrankheit, als ich ihm nach der Doppelstunde, während er die Tafel säuberte, meinen Wunsch vortrug. Nie werde ich vergessen, wie er wortlos den Schwamm auf den Tisch legte, zum Fenster ging, dieses öffnete und sagte: *„Herr Hübner, wollen Sie mich umbringen?"* Später erfuhr ich, dass ich wohl der erste Student an der Sektion, vielleicht sogar an der TU war, der so einen Antrag stellte.

Als ich ihm den Termin sagte, machte er mir keine Hoffnung, dass ich die Genehmigung bekomme, aber er wolle das nicht entscheiden und bat mich, meinen Antrag am nächsten Tag schriftlich bei ihm einzureichen, er werde dann die weiteren Schritte einleiten.

Ich habe den Antrag bei ihm eingereicht, und er hat ihn offensichtlich befürwortend weitergeleitet an den Prorektor E/A – zu der Zeit Professor Blankenbüchler, der ihn auch genehmigt haben muss. Den weiteren Ablauf kenne ich leider nicht, aber ich weiß, dass ein SED-Mitglied der Seminargruppe um eine Beurteilung und um seine Einschätzung gebeten wurde, ob bei mir das Risiko einer Republikflucht besteht, was er wohl verneint hat.

Durch seine Äußerung zum Termin der beantragten Reise und meine eigene Ein-

---

518 Professor Will hatte diese Funktion zu der Zeit an der Sektion 14, er war also der disziplinarische Vorgesetzte der Studenten. Es gab auch einen Prorektor EAW an der TU, verantwortlich für alle die Erziehung, Aus- und Weiterbildung der Studenten betreffenden Angelegenheiten.

schätzung der Chancen wollte ich schon fast aufgeben, wurde aber von befreundeten Kommilitonen ermutigt, es doch zu versuchen und so beantragte ich noch in der gleichen Woche bei der zuständigen Meldestelle der Polizei den Reisepass und die Genehmigung der Reise. Es war eine Auflage der polizeilichen Meldestelle, die Genehmigung des Arbeitgebers für die Reise vorzulegen.

In den folgenden Wochen fanden mehrere Aussprachen statt, es wurde versucht, herauszubekommen, ob ich mich mit dem Gedanken trage, nicht wiederzukommen. Es wurde gefragt, ob das unbedingt sein muss, aber was wollte man für Argumente finden gegen den Wunsch, die Hochzeit seiner Cousine zu besuchen?

Es waren unterschiedliche Gesprächspartner mit Leitungsfunktionen in FDJ und SED. Unter anderem mit dem Seminargruppenberater, der FDJ-Leitung der Sektion und der Seminargruppenleitung. Es waren in der Erinnerung aber entspannte Gespräche, für mich war es ja nur ein Versuch mit wenig Aussicht auf Erfolg, aber selbst aufgeben kam nicht infrage, eigentlich wollte ich nur wissen, wer das entscheidende „Nein" sagt und mit welcher Begründung.

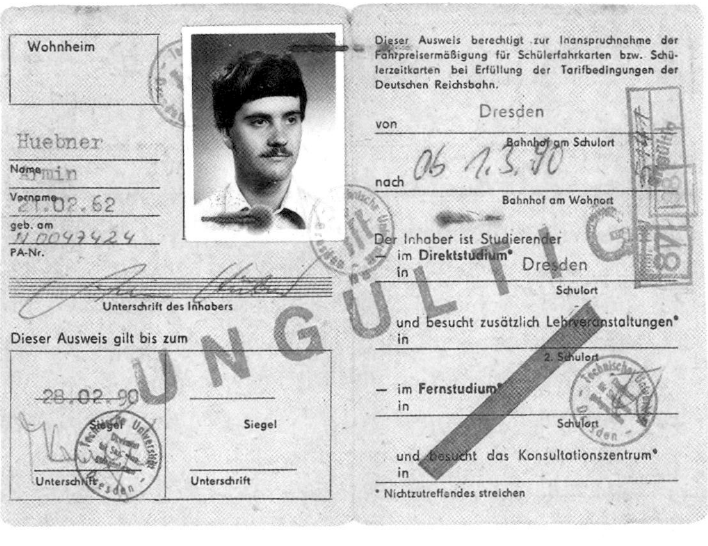
Wohnheim

Huebner
Name
Armin
Vorname
21.02.62
geb. am
N 0047424
PA-Nr.

Unterschrift des Inhabers

Dieser Ausweis gilt bis zum

28.02.90
Siegel
Unterschrift

Siegel
Unterschrift

UNGÜLTIG

Dieser Ausweis berechtigt zur Inanspruchnahme der Fahrpreisermäßigung für Schülerfahrkarten bzw. Schülerzeitkarten bei Erfüllung der Tarifbedingungen der Deutschen Reichsbahn.

von Dresden
Bahnhof am Schulort
nach 05 1.3.90
Bahnhof am Wohnort

Der Inhaber ist Studierender
– im Direktstudium*
in Dresden
Schulort
und besucht zusätzlich Lehrveranstaltungen*
in
2. Schulort
– im Fernstudium*
in
Schulort
und besucht das Konsultationszentrum*
in
* Nichtzutreffendes streichen

Studentenausweis von Armin Hübner, ausgestellt August 1985

In einem der Gespräche musste ich mich zum Beispiel verpflichten, per Briefwahl zu wählen, um das angestrebte 100-Prozent-Ergebnis der TU nicht zu gefährden. Ja, es war ja das irrwitzige Staatsziel, dass 100 Prozent der Bevölkerung hinter der SED-Regierung stehen, was ja mit allen erdenklichen Tricks auch zu erreichen versucht wurde, wir hatten sogar die Anweisung, am Wahlsonntag bis 9 Uhr im Wahllokal gewesen zu sein, um als Studenten mit gutem Beispiel voranzugehen, da der Staat uns ja auch die Möglichkeit des Studiums gegeben hat und wir so unseren Dank auszudrücken hatten. Außerdem gab es die Wahlpflicht. Wer nicht wählen kam, wurde geholt. Ein Kommilitone bekam zum Beispiel Ärger, da er in der Nacht vor der Wahl nicht im Wohnheim schlief, sondern bei seiner Freundin, und so erst gegen 10 Uhr gewählt hatte (die Wahllokale hatten bis 18 Uhr auf!)[519]

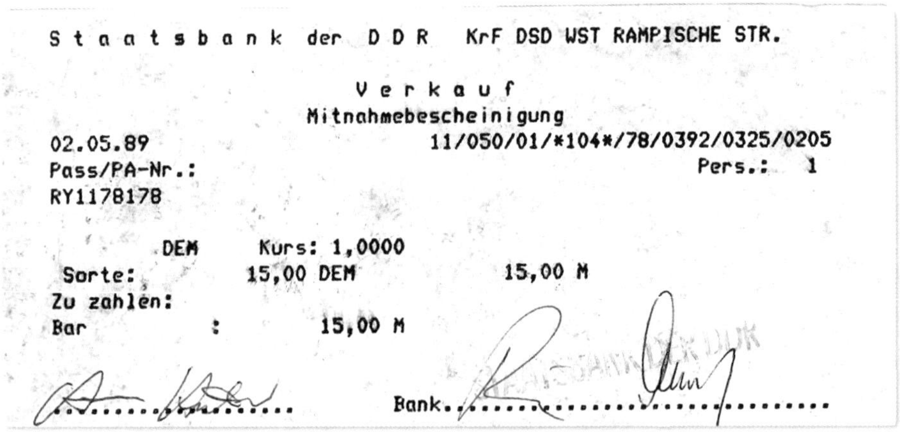
Staatsbank der DDR KrF DSD WST RAMPISCHE STR.

Verkauf
Mitnahmebescheinigung

02.05.89 11/050/01/*104*/78/0392/0325/0205
Pass/PA-Nr.: Pers.: 1
RY1178178

DEM Kurs: 1,0000
Sorte: 15,00 DEM 15,00 M
Zu zahlen:
Bar : 15,00 M

Bank.

Umtauschbescheinigung für 15 Mark der DDR zu 15 DM (Quelle: Archiv Armin Hübner)

Nach Wochen des Wartens bekam ich drei Tage vor Reiseantritt die Aufforderung von der Meldestelle, mir meinen Reisepass mit eingetragenem Visum abzuholen. Damit durfte ich mir zum Kurs von 1 : 1 in der Staatsbankfiliale 15,– DM eintauschen.
Am Dienstagvormittag habe ich den Pass abgeholt und kam danach mit etwas Verspätung in die Vorlesung, wo meine Kommilitonen schon gespannt warteten und es genauso wenig wie ich glauben konnten, dass ich vom 4. bis 8. Mai 1989 nach Hamburg reisen konnte. Noch heute bin ich allen Beteiligten dankbar, die mir die Teilnahme an der Feier ermöglicht haben, sei es durch eine wohlwollende Bearbeitung des Antrags oder durch eine ebensolche Beurteilung.
Erwähnen möchte ich noch, wie unterschiedlich solche Reiseanträge an der TU gehandhabt wurden, da meinem Bruder Olaf, der zu der Zeit an der Sektion Wasserwesen studierte, die gleiche Reise von seinem verantwortlichen Hochschullehrer für EAW nicht genehmigt wurde. Er sagte ihm sogar, dass er sich den Weg zum Prorektor EAW der TU sparen könne, da er keine Befürwortung von der Sektion, also von ihm,

519 Zu den im Hintergrund ablaufenden Aktivitäten kann ich leider nichts sagen, da ich von der Stasiunterlagenbehörde 1995 zwar die Mitteilung erhalten habe, dass es Unterlagen zu einem meine Person betreffenden „Sicherungsvorgang" gibt, diese aber momentan nicht auffindbar sind. Ich hatte gehofft, in meiner Studentenakte der TU Unterlagen zu dieser Reise zu finden, leider ohne Erfolg.

bekäme. Gegen eine solche Entscheidung konnte man auch nicht vorgehen, da die Erlaubnis des Arbeitgebers im Ermessen desselben lag.[520] Die Arbeitsstelle von uns Studenten war die TU Dresden.

Armin Hübner, geb. 1962 in Dresden; Besuch der zehnklassigen Polytechnischen Oberschule, 1978–1980 Lehre als Zerspanungsfacharbeiter im Kombinat Pentacon[521] Dresden, 1983–1985 zweijähriger Abendkurs zur Erlangung der Hochschulreife an der Volkshochschule, 1985 TU Dresden Fachrichtung Fertigungsmittelentwicklung. Diplomabschluss 1990.
Konstrukteur und Entwicklungsingenieur im ZFW Dresden, bei der Firma Ecoform, dem Ingenieurbüro Winckler, der Von Ardenne Anlagentechnik GmbH sowie Mikromat, seit 2013 Entwicklung von Prozesstechnik und Anlagenkomponenten zur Vakuumbeschichtung, Firma Solayer GmbH.

// Teilnahme am Kulturwettstreit der TU Dresden – 1986 und 1987

Dipl.-Ing. Armin Hübner

Ein gewisser Höhepunkt im gesellschaftlichen Leben an der Universität war der jährlich stattfindende Kulturwettstreit der Seminargruppen. Dazu wurde jedes Jahr von der FDJ-Kreisleitung der TU ein Motto vorgegeben, verbunden mit Richtlinien zum erwarteten Inhalt und Tipps zur Gestaltung.
Da wir gute Sänger sowie einen Gitarristen und einen Pianisten in unseren Reihen hatten, fiel recht schnell die Entscheidung, uns mit einem eigenen Programm an diesem Wettbewerb zu beteiligen. Das hatte – neben dem Spaß am Erstellen der Texte, dem Einstudieren und Vorführen der Werke – auch den Vorteil, dass wir etwa bei der Beantragung von Leistungsstipendien eine anerkannte gesellschaftliche Aktivität vorweisen konnten und mit anderen Aktivitäten aus dieser Rubrik weitestgehend nicht behelligt wurden. Außerdem boten uns die eigenen Texte die Gelegenheit, einige kri-

520 Zitat § 8: „Die zuständige Dienststelle der Deutschen Volkspolizei – Paß- und Meldewesen – ist berechtigt, bei der Beantragung von Privatreisen gemäß § 7 von Berufstätigen eine schriftliche Zustimmung ihrer Arbeitsstelle zu fordern."
521 Der VEB Pentacon produzierte unter anderem Fotoapparate, Diaprojektoren, Schmalfilmkameras. (Anm. d. Hg.)

FDJ-Kreisleitung
Technische Universität Dresden
Sekretariat

Dresden, den 8. Okt. 1986

AUFRUF

zum Wettstreit um das beste politisch-kulturelle Programm

Darum laßt uns alles wagen.
Nimmer rasten, nimmer ruhn.
(Karl Marx an Friedrich Engels)

Unter diesem Leitgedanken, der die brennendsten Probleme der Gegenwart berührt, rufen wir alle FDJ-Gruppen unserer Universität auf, sich am diesjährigen Wettstreit um das beste politisch-kulturelle Programm zu beteiligen!

Was sollte der Inhalt Eurer Programme sein?

Die Thematik bietet einen breiten Raum, die Aufgaben und Ziele, die Probleme und Konflikte, die Möglichkeiten und Leistungen unserer Jugend darzustellen. Dabei steht der diesjährige Wettstreit ganz im Zeichen der Auswertung der Beschlüsse des XI. Parteitages der SED, des Jahres des Friedens und des 40. Jahrestages der Gesellschaft für Deutsch-Sowjetische Freundschaft. Stellt in Euren Programmen die aktive parteiliche Position Eurer FDJ-Gruppe dar, seht in Euren Programmen stets Euer Bekenntnis zu politischen Fragen unserer Zeit in der Darstellung mit kulturell-künstlerischen Mitteln. Setzt Euch aktiv mit den brennendsten politischen Problemen auseinander und diskutiert in der Gruppe, was Ihr erreichen, was Ihr verändern wollt. Denkt an Eure Stärken und Schwächen, zeigt, wie Ihr es versteht, Euch den Anforderungen zu stellen. Betrachtet weniger die Erlangung eines Preises als Teilnahmemotiv, sondern vielmehr den Beitrag, den die Erarbeitung des Programmes für Eure Kollektivbildung und die Persönlichkeitsentwicklung eines jeden FDJlers leistet. Sucht gemeinsam mit Euren FDJ-Leitungen nach Möglichkeiten, das fertige Programm möglichst vielen Freunden Eurer Sektion aber auch darüber hinaus an der TU oder im Territorium zu zeigen.

Wie beginnt man mit der Programmbearbeitung?

Ihr müßt zuerst in der gesamten FDJ-Gruppe über das Anliegen der Thematik diskutieren, Möglichkeiten beraten und alles gut aufschreiben. Ein kleines Team wertet diese Ideen aus und schlägt der FDJ-Gruppe eine Entscheidung vor. Das müßte bis spätestens Ende November abgeschlossen sein. Damit ist die Hälfte schon geschafft. Jetzt sucht nach Texten oder schreibt eigene. Bilder, Lieder und andere Materialien müssen gefunden werden und erste Probenarbeiten sollten beginnen.

Aufruf der SED-Kreisleitung – Seite 1 (Quelle: Archiv Armin Hübner)

Bezieht möglichst viele Freunde ein, es soll ja ein kollektives Programm werden. Bei ein bischen Überwindung werdet Ihr sicher viele ungeahnte Talente finden.

Hier noch einige kurze methodische Hinweise:

- legt in Euren Programmen Wert auf Selbstgeschaffenes
- nutzt neben dem künstlerischen Wort auch Instrumentalmusik und Gesang
- setzt Bild- und Tontechnik ein
- verwendet Prosatexte, Originaldokumente und optische Elemente
- Achtung! Programmdauer 15 bis 20 Minuten ist optimal!
- konzentriert den Inhalt Eures Programmes, denkt an einen guten Auftakt und einen starken Schlußakkord
- vergeßt bitte nicht die Satire und den Humor und stellt Euch damit selbst dar
- baut Euer Programm so auf, daß es unkompliziert und flexibel einsetzbar ist

Wer gibt Euch Ratschläge?

FDJ-Gruppen, die sich schon erfolgreich am Wettstreit beteiligt haben, könnt Ihr gerne um Hilfe bitten. Holt Euch auch Rat bei Euren Gruppenberatern, Hochschullehrern und natürlich in der FDJ-GOL beim Kulturfunktionär. Nutzt die Möglichkeiten, die das Methodische Kabinett (Zentraler FDJ-Studentenklub in der FDJ-Kreisleitung, Zimmer 14, Hausruf 3073) bietet. Sucht nach Anregung und Hilfe beim Studium der Tagespresse.

Wie ist der Ablauf des Wettstreites?

Beginnt natürlich möglichst bald mit der Arbeit an den Programmen, so daß im Dezember zumindest die Idee, besser noch der "Rohbau" steht! Im Dezember organisieren alle Grundorganisationen kleine Werkstätten, wo Ihr Eure Erarbeitungsstände vorstellen könnt. Im Zeitraum bis Ende März 1987 werden die Wettstreite in den Sektionen abgeschlossen sein, danach gibt es Ausscheide auf Fakultätsebene. Im Rahmen der FDJ-Studententage Anfang Mai 1987 findet die feierliche Abschlußveranstaltung statt, auf der die Sieger der Fakultätsausscheide vorgestellt werden.

Wir wünschen Euch viele gute Einfälle, Spaß und Elan bei der Programmerarbeitung!

Freundschaft!

Eure FDJ-Kreisleitung

III-9-276-86-3597

Aufruf der SED-Kreisleitung – Seite 2 (Quelle: Archiv Armin Hübner)

tikwürdige Sachverhalte einigermaßen augenzwinkernd und diplomatisch anzusprechen. Alle Genossen (SED-Mitglieder) waren auch dabei, sehr engagiert und, soweit ich mich erinnere, ohne inhaltliche Kritik an meinen Texten.

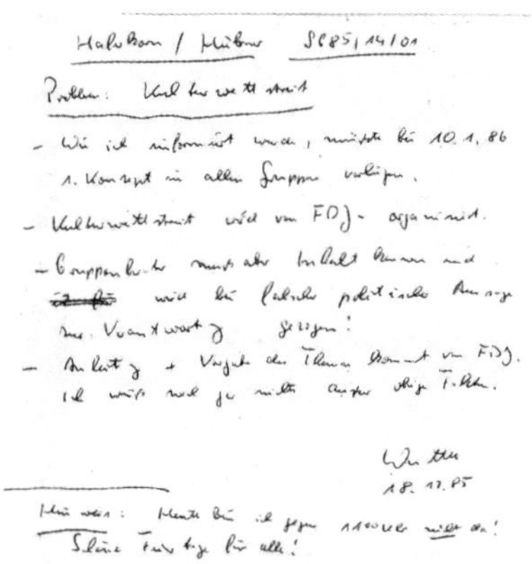

Schreiben des Seminargruppenberaters Wuttke zum Inhalt des Kulturprogrammes 1985

„Problem: Kulturwettstreit
- Wie ich informiert wurde, müßte bis 10.1.86
1. Konzept in allen Gruppen vorliegen.
- Kulturwettstreit wird von FDJ – organisiert.
- Gruppenleiter muß aber Inhalt kennen und wird bei falscher politischer Aussage zur Verantwortung gezogen!
- Anleitung + Vorgabe des Themas kommt von FDJ. Ich weiß noch gar nichts außer obige Fakten.

Wuttke, 18.12.85"

Wie in der beigefügten Kopie eines „Briefes" unseres Seminargruppenberaters zur Erarbeitung eines Kulturprogrammes deutlich zu erkennen ist, wurde schon ziemlich unverhohlen versucht, Einfluss auf die inhaltliche Gestaltung der Darbietung beziehungsweise auf deren „richtige" politische Aussage zu nehmen, ja es wurde sogar eine direkte und vorbeugende Drohung gegen die an der Gestaltung des Inhaltes völlig unbeteiligte Person des verantwortlichen Hochschullehrers gerichtet, die dieser zur Vermeidung von Ärger mahnend an uns weiterreichte. Wir konnten ihm seine Befürchtungen nehmen mit dem Versprechen, uns mit unseren Texten nicht zu weit aus dem Fenster zu lehnen.[522] Auch ohne dieses Schreiben war uns natürlich klar, dass es eine Zensur der zur Aufführung vorgesehenen Beiträge geben würde und wir den Spagat zwischen gewünschter politischer Aussage und unserer Sicht der angesprochenen Dinge hinbekommen mussten. Da wir aber schon die sprichwörtliche Schere im Kopf hatten und unsere Texte selbst durch die Augen eines Zensors betrachteten, konnten wir unser Programm unverändert und ohne Beanstandungen aufführen und sogar den Sieg in unserer Sektion erringen. Und das mit Textzeilen wie:

> „… Jeder Tag ist ausgefüllt mit verschiedenen Aktionen,
> es verplanen unsre Zeit diverse Organisationen,
> DSF und FDJ, nicht zuletzt auch die Genossen,
> haben ein Aktionsprogramm gegen freie Zeit beschlossen."
> (Zur Melodie „Über den Wolken" von Reinhard Mey)

522 Die handschriftliche Notiz SG 85/14/01 stammt von unserem Seminargruppenberater Dr. Wuttke und war an Sven Haferkorn (Gitarrist) und mich gerichtet.

Oder:

„… Kohle braucht das Land, sprach der Minister, also müssen die Studenten ran.
Aber sehr schlecht informiert, das ist er, weil man uns hier nicht gebrauchen kann.
Doch mit etwas gutem Willen und mit Hilfe der Partei
Konnt' man unsre Triebe stillen, aus war's mit der Warterei.
…
SO_2 in malerischen Wolken zieht am Himmel ruhig seine Bahn,[523]
zeigte uns aus jeder Himmelsrichtung unfehlbar die Lage Vetschaus[524] an,
und weil die Bäume daran sterben, pflanzt man resistente Sorten an,
schade nur, dass man bis heute keine resistenten Menschen züchten kann. …"
(Zur Melodie „Gänselieschen" der seinerzeit verbotenen Gruppe Renft[525])

Unsere Professoren und Betreuer bewiesen Humor beim Vortrag folgender Zeilen:

„… Einmal wie ein Hochschullehrer leben,
einmal vorne an der Tafel stehn
und Zensuren für Belege geben,
ohne sie nur einmal anzusehn …"
(Zur Melodie von „Am Fenster" von City[526])

Ein Nachwort zum Kulturwettbewerb

Es ist sicher glücklichen Umständen zuzuschreiben, dass unsere Seminargruppe so zusammengestellt wurde, dass die Chemie zwischen uns von Anfang an recht gut stimmte und im Laufe des Studiums immer besser wurde, ohne dabei zu vergessen, dass es natürlich ab und zu auch ordentlich krachte.
Es gab natürlich immer mal wieder Meinungsverschiedenheiten zu verschiedenen Anlässen, einer war, dass wir im April 1986 für drei Wochen in den Braunkohle-Noteinsatz beordert wurden, uns dort aber zwei Tage lang keiner brauchen konnte

523 SO_2 (Schwefeldioxid), giftiges Gas und bei der Verbrennung von Braunkohle entstehend, Ursache für sauren Regen.
524 Vetschau – großes Braunkohlekraftwerk zu DDR-Zeiten, 1964–1996 betrieben, 2013 gesprengt.
525 Klaus Renft Combo, auch Renft, 1958 in Leipzig gegründete Rockband.
526 City, 1972 in Ost-Berlin gegründete Rockband.

oder wollte, bis ein Teil von uns beschlossen hatte, über die Parteileitung unserer Sektion das Problem zu klären, uns entweder eine vernünftige Arbeit zu geben oder studieren zu lassen, was dann auch klappte. Wir halfen bei der Generalüberholung eines Braunkohlebaggers, wobei wir auch für unser Technikstudium einiges lernen konnten. Die nötige gute Stimmung bei Schnee und Eis auf der rostigen Riesenmaschine haben wir uns selbst geschaffen. Ein Teil unserer Seminargruppe hätte lieber nichts unternommen und die Zeit „abgesessen". Da flogen die Fetzen. Am Ende haben wir aber immer einen Kompromiss gefunden, mit dem alle leben konnten.

Ein Resümee

Für das gute Verhältnis untereinander in der Seminargruppe spricht auch, dass innerhalb der Gruppe zwei Ehen geschlossen wurden, die bis heute glücklich bestehen, und ebenso langjährige Freundschaften entstanden. Einige Mitstreiter von damals haben noch immer sehr engen Kontakt und wir treffen uns mehrmals jährlich zu Familienfeiern und wir halfen und helfen uns gern gegenseitig bei Großprojekten wie zum Beispiel Garagenbau bei Svens Eltern, Dachdeckung bei Ines Eltern, Haus vorrichten bei Andreas Eltern, Hausbau bei Ines und Andreas, Wohnungssanierung und Dachgeschossausbau bei Carmen und mir (Ines und Andreas opferten hierfür ihren Jahresurlaub und halfen drei Wochen lang), Hilfe bei Umzügen etc. Und wenn die Gelegenheit sich bietet und die Stimmung passt, stimmen wir auch gern die alten Lieder an und schwelgen in Erinnerungen an eine summa summarum schöne und interessante Zeit, die unser Leben sicher in vielerlei Hinsicht entscheidend geprägt hat. Rückblickend kann ich sagen, dass es eine Vielzahl offener oder subtiler Versuche gab, politischen Einfluss auf unser Studium und auf uns zu nehmen, aber es gab auch viele Möglichkeiten, diesem Druck auszuweichen oder ihn abzuschwächen.

ANHANG

Studentische Kultur

Der Gedanke, die Seiten „Studentische Kultur“ aufzunehmen, entstand im Laufe des Projektes. In Gesprächen und in der Korrespondenz mit den Autoren wurde Bezug auf Plakate, studentische Lieder und natürlich auch Witze, die unter den Studenten kursierten, genommen, so dass wir uns zur Auflockerung der Dokumentation entschlossen haben, doch einiges davon mit aufzunehmen.
Die Entstehung von Witzen ist eine typische Erscheinung des sozialistischen Systems – begründet in Mangelwirtschaft, Ohnmacht, Schadenfreude und systemimmanenter Borniertheit. So lachten auch die Genossen in allen Hierarchieebenen. Entscheidend war, ob das Erzählen eines Witzes gefährlich oder harmlos war: Es hing davon ab, wer der Erzähler war und auf welcher politischen Seite er stand.
In der Kunst war dieser Spielraum wesentlich geringer.
Die Erläuterungen zu den Seiten sind von uns hinzugefügt worden. Erzählt oder als Bildmaterial zur Verfügung gestellt wurden die Inhalte von den Autoren selbst.

Das politische Studentenlied

Es gab immer wieder Anlässe (wie ET-Fine oder Theatergruppen), zu denen Studenten bekannte Volkslieder, aktuelle Popsongs und Chansons (etwa Wolf Biermann oder Reinhard Mey) oder Songs – zum Beispiel aus Brecht/Weil-Opern – umgestalteten, um auf ihre Situation aufmerksam zu machen. Kritik wurde in „moderater“ Form vorgetragen, ohne zu sehr zu provozieren. Das Geschick bestand darin, ein ausgewogenes Verhältnis zwischen Kritik und erklärter Loyalität zur DDR zu beweisen. Hier ein Beispiel von Armin Hübner:

"über den Wolken" (Mey)

Jeder Tag ist ausgefüllt
mit verschiedensten Aktionen,
es verplanen un'sre Zeit
diverse Organisationen.
DSF und FDJ nicht
zuletzt auch die Genossen
haben ein Aktionsprogramm
gegen freie Zeit beschlossen.

Hab mich selten so geirrt,
wie in diesen ersten Zeilen.
Darum will ich nicht mehr lang
bei dem Zeitproblemverweilen
Mit Computern – wenn sie geh'n,
kann mann das Problem bezwingen
mit CAD/CAM und etwas Glück
wird uns das sehr bald gelingen.

Ref: Dann nach dem Studium muß die Freizeit wohl grenzenlos sein.
Keiner kann mir mehr sagen: "Da mußt du hin".
Weil ich dann ein Diplomingenieur bin,
dann bestimme ich allein was ich tu und ich hab meine Ruh.

Ausschnitt aus Hübners Originaltext

„Über den Wolken"[527] (Oringinaltext: Reinhard Mey)

Jeder Tag ist ausgefüllt
mit verschiedensten Aktionen,
es verplanen uns're Zeit
diverse Organisationen.
DSF und FDJ nicht
zuletzt auch die Genossen
haben ein Aktionsprogramm
gegen freie Zeit beschlossen.

Hab mich selten so geirrt,
wie in diesen ersten Zeilen.
Darum will ich nicht mehr lang
bei dem Zeitproblem verweilen
Mit Computern – wenn sie geh'n,
kann mann das Problem bezwingen
mit CAD/CAM und etwas Glück
wird uns das sehr bald gelingen.

Ref: Dann nach dem Studium muß die Freizeit wohl grenzenlos sein.
Keiner kann mir mehr sagen: „Da mußt du hin".
Weil ich dann ein Diplomingenieur bin,
dann bestimme ich allein was ich tu und ich hab meine Ruh.

Was wir eigentlich studieren,
das ist sehr schwer zu erraten,
weil Sie uns zu jedem Fach,
was gelesen wird verbraten.
Russisch, Mahte, SBW,
Englisch, Femiko, Dynamik
das gibt unsren Stundenplan
einen kleinen Hauch von Panik.

aktuell 1987:
Im September zieh'n wir um
in das Haus Gagarinstraße.
Jedes Zimmerchen dort hat
von Sojus die Innenmaße.
Gagarin hätte sich gefreut,
doch der mußte nicht studieren.
Einfach wird es sicher nicht,
doch wir müssen es probieren.

Ref: Dann nach dem Studium muß die Freizeit wohl grenzenlos sein.
Wenn mein Chef mir sagt: „Du bist Konstrukteur, laß Dir was
einfall'n, das ist doch nicht schwer." Dann sag ich leise:
„wenn Du wüßtest" und dann geh ich los und fang an.

Die politische Grafik in der DDR – Kunst im Bildungssystem?

ROSTA-Fenster

Gabriele Stötzer schreibt in ihrem Beitrag „Wir lasen bändeweise Marx, Engels, Lenin und Luxemburg": *„Die Ideologie der ROSTA-Fenster*[528]*, die den Arbeiter als eine Art Superhelden darstellten, ermunterte uns, im ‚Antispießer' ein neues Lebensideal zu sehen […].“*

527 Orthografie und Zeichensetzung folgen dem Original.
528 Vgl. Anm. 399.

Man kann von dieser Kunst- und Ausdrucksform durchaus überleiten zur Form der politischen *Ausbildung* an den Hochschulen in der DDR: plakativ und einprägsam – die Möglichkeit einer individuellen Interpretation weitgehend „einschränkend".[529]

Ausschnitte aus ROSTA-Fenstern von Wladimir Majakowski (1893–1930) aus den Jahren 1920 und 1921.
Das Plakat (links) richtet sich gegen die sogenannte Bourgeoisie. Ausschnitt aus einem ROSTA, Anfang 1920 (Bild 2 von 7). (Mitte) „Noch lebt das Scheusal Weltkapital". ROSTA 729, 1920 (Bild 2 von 4). (Rechts) „Hebe die Produktivität Pud für Pud". ROSTA Nr. 923, 1921 (Bild 2 von 4). Pud war ein altes russisches Gewichtsmaß.
Wladimir Majakowski (vgl. Anm. 398) wurde während der Sowjetzeit einer der prominentesten Dichter und Lyriker, seine Fähigkeit, politische Aussagen sehr eindrucksvoll plakativ umzusetzen, passte in die Ideologie des Sowjetsystems. In den Zwanzigerjahren begann er, das Sowjetsystem kritischer zu sehen. Majakowski war in der DDR Pflichtliteratur. Von ihm stammt der schon berühmte Ausspruch: „Meine Feder ins Waffenverzeichnis."

Die Studentenbühne der Pädagogischen Hochschule Erfurt

Gabriele Stötzer beschreibt in ihrem genannten Beitrag (Seite 307), wie aus ihrer Seminargruppe heraus gleich im ersten Studienjahr eine Studentenbühne gegründet wurde. Die Studenten nahmen auf, was Margot Honecker[530] auf einem SED-Parteitag sagte: *„Wenn es um Kultur und Kunst geht, darf es keine Tabus geben."*

---

529 Die ROSTA-Fenster-Kunst war nicht die Kultur der DDR und spielte auch nur eine geringe Rolle als Kunst im Bildungssystem. Dass sich Studenten damit befassten, ist verständlich, da diese Kunstform von Majakowski und anderen mit einfachen und klaren Worten Position – wofür oder gegen wen auch immer – bezog und zu Taten aufforderte. Diese Kunstform enthielt ein Protestpotenzial – man denke an die 68er-Bewegung in der Bundesrepublik. Was wir jedoch in der DDR wiederfinden, ist die Übernahme der verbalen plakativen Inhalte: Aussagen zum Lob der Partei, zu Helden der Arbeit, Übererfüllung von Produktionszielen, Verpflichtungen, um den Klassenfeind zu besiegen usw. Und wir finden zudem die Grafik, wenn auch verfeinert wieder. Es werden Helden der Arbeit und heroische Szenen – bestehend aus Arbeitern, Bauern, sozialistischer Intelligenzija unter der Fahne der SED, unter Hammer, Sichel und Zirkel – in plakativer Malerei oder als Mosaik an öffentlichen Gebäuden im Großformat dargestellt. Die offizielle Bezeichnung dafür lautete „sozialistischer Realismus". Wichtige Vertreter dieser Malerei in der DDR sind Walter Womacka und Willi Sitte. (Anm. G. Knoblauch)

530 Vgl. Anm. 397.

Marx, Lenin und Rosa Luxemburg mit Dompteur. Entwurf des Studenten Eugen Blume (vgl. Anm. 409) für die Studentenbühne der Pädagogischen Hochschule Erfurt, 1974 (Archiv G. Stötzer)
„Das waren unsere Ansichten damals." (Gabriele Stötzer)
Die Grafik „[...] entstand als eine der Zeichnungen im Umfeld des Bühnenbildes zur ‚Wanze', für die ich einen Vorhang entworfen habe, auch mit Marx etc. ..." (Eugen Blume)
Es ist heute nicht mehr bekannt, welche Grafik tatsächlich verwendet wurde. Diese anscheinend nicht. Für die Hochschulleitung hätte dies ein Grund für eine Exmatrikulation sein können.

Der politische Witz

„Wir hatten tagtäglich etwas zu lachen“

Es war nicht so, dass an den Hochschulen und Universitäten kein Spielraum für Humor existierte. Witze wurden überall erzählt - auch unter Genossen. Natürlich mit einem zweideutigen Schmunzeln im Sinne von „Schau mal her, was wieder mal kursiert“. Der politische Witz wurde im kleinen Kreis toleriert, solange er „allgemein“ blieb und nicht höhere Funktionäre das Ziel des Spotts waren.

Eine neue Anwendungsmöglichkeit für ein „Dreistoff-Diagramm“

(nacherzählt von Reinhard Keller)

In der Baustoffkunde ist das Dreistoff-Diagramm ein oft benutztes Hilfsmittel, um Bindemittel einzuordnen. Dabei schließt das Vorhandensein von zwei Eigenschaften jeweils das Auftreten der dritten aus.

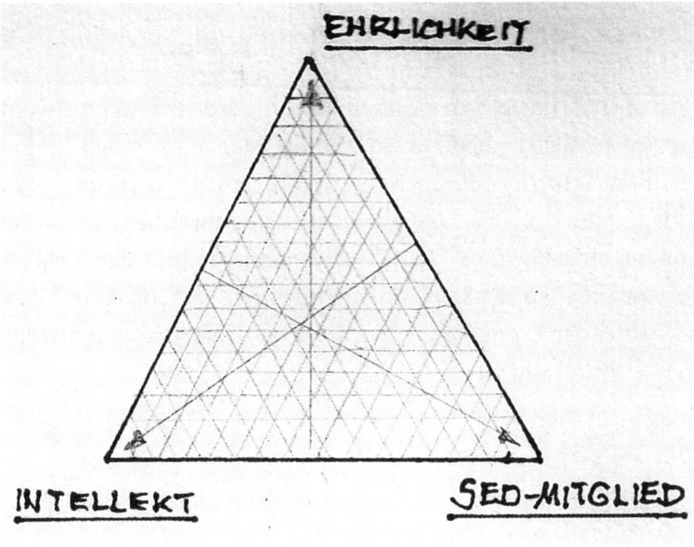

Diese Methodik kann auch mit Erfolg bei der Beurteilung sozialistischer Kader angewendet werden. Als Parameter kommen die Parteizugehörigkeit zur SED, der Intellekt und die Ehrlichkeit des Delinquenten zur Anwendung. Die folgenden Ergebnisse liegen auf der Hand:

- *Der Nachwuchskader ist ehrlich und intelligent. Also ist er nicht in der Partei.*
- *Der Nachwuchskader ist intelligent und in der Partei. Also ist er nicht ehrlich.*
- *Der Nachwuchskader ist ehrlich und in der Partei. Also ist er nicht intelligent.*

Der politische Witz in der vorliegenden Form entwickelte sich in der DDR und auch in den damaligen Ostblockstaaten. Es gab vieles nicht und dies und das war „verboten". Mangelwirtschaft und Verbote sind die Keimzelle für den politischen Witz und eben auch ein Ausgleichsventil. Das erklärt auch, warum in der Bundesrepublik kaum politische Witze entstanden. (G. Knoblauch)

Ein neuer Modetanz wird kreiert

(nacherzählt von Reinhard Keller)

Im Sinne der Abgrenzung von dekadenten Westeinflüssen auf die Jugend der DDR wurde auf der „Messe der Meister von morgen" ein neuer Modetanz mit dem hinreißenden Titel „La Combinata" vorgestellt, der sofort viele Nachahmer in allen Bereichen der Volkswirtschaft gefunden hat. Der Grundschritt dieses Tanzes besteht in zwei Schritten rückwärts, dann ein Schritt vorwärts. Der Vorwärtsschritt wird nur angedeutet.

Natürlich gab es auch Witze, die öffentlich erzählt werden konnten – dann waren sie „harmlos", betrafen allgemeine Themen, wie die Mangelwirtschaft in der DDR, Ereignisse oder Berufsgruppen, die auch von der Partei kritisiert wurden. War der Witz „politisch", dann musste man schon sehr überlegen, in welcher Gesellschaft man ihn erzählen konnte, ohne Gefahr zu laufen, dass es an die Stasi weitergemeldet wurde. In der Regel wurde es in den Akten zur Person notiert und konnte bei „Bedarf" dann jederzeit als Mittel der Erpressung oder in einigen Fällen auch strafrechtlich gegen den Erzähler verwertet werden.[531]

531 In der Haftanstalt Bautzen (1967–1968) lernte ich einen höheren Funktionär aus dem damaligen VEB Carl-Zeiss Jena kennen. Dieser war nach dem Bürgerlichen Strafgesetzbuch straffällig geworden und zu zwei Jahren und acht Monaten verurteilt worden. Darin waren acht Monate nach dem damals gültigen StEGB (Strafrechtsergänzungsgesetz – das war nach heutiger Wertung politisches Strafrecht) enthalten, da er einen Witz über den damaligen Staatsratsvorsitzenden – Walter Ulbricht – erzählt hatte. Die Anklage lautete: Herabwürdigung W. Ulbrichts. (Anm. v. G. Knoblauch)

Preisfrage

(nacherzählt von Reinhard Keller)

Der folgende Witz konnte – je nachdem, welcher Student ihn erzählte – zur Exmatrikulation führen. (G. Knoblauch)

Preisfrage: Worin besteht der Unterschied zwischen einer Silbermann-Orgel und der Sektion Gesellschaftswissenschaften der TU Dresden?

Antwort: Bei einer Silbermann-Orgel kann man die Pfeifen noch zählen.

Der sozialistische Arbeitstag

(nacherzählt von Reinhard Keller)

Beim Arbeitstag in der sozialistischen Produktion geht es rund. Er umfasst vier Tätigkeiten:

- *Arbeit,*
- *Kaffee trinken,*
- *Erledigung von Privatem,*
- *Agitation und Propaganda. Der Ablauf des Arbeitstages ist für den Einzelnen von der Einordnung in die Hierarchie des VEB abhängig, wie die Grafik verdeutlicht:*

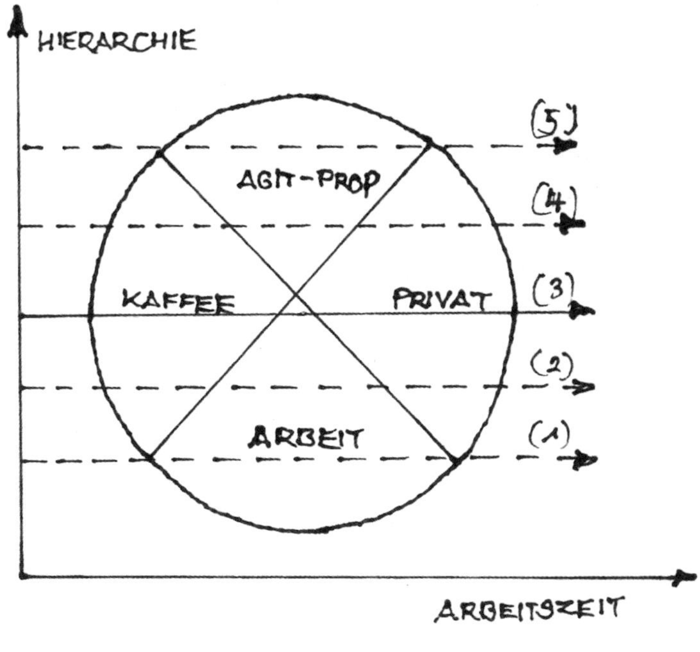

- *Der einfache Arbeiter (1) kommt zur Arbeit und geht wieder.*
- *Der Brigadier (2) kommt in den Betrieb, trinkt Kaffee, arbeitet etwas, erledigt Privates und geht wieder.*
- *Der BGLer (3) kommt in den Betrieb, trinkt Kaffee, erledigt Privates und geht wieder.*
- *Der sozialistische Leiter (4) kommt in den Betrieb, trinkt Kaffee, betreibt etwas Agit-Prop*[532]*, erledigt Privates und geht wieder.*
- *Der Parteisekretär (5) kommt in den Betrieb, betreibt Agit-Prop und geht wieder.*

Für jedes Problem ein besonderes Institut

(nacherzählt von Reinhard Keller)

Das bekannteste Kabarett in der DDR war „Die Distel" in Berlin. Sowohl sie als auch andere Kunstinstitutionen mussten ihre Programme vor dem Aufführen von einer Kommission abnehmen lassen. Der folgende Witz war sicher grenzwertig: Zulassen als Ventil zum Dampfablassen oder streichen, da die sozialistische Landwirtschaft und Institutionen der DDR der Lächerlichkeit preisgegeben wurden?

Die LPG „Roter Oktober" wendet sich an das Institut für Hühnerernährung mit der Frage, was sie den Hühnern zu fressen geben sollte. Auf die Gegenfrage, was sie bisher verfüttert hätten, wird wahrheitsgemäß geantwortet: Alles, was wir so haben. Das Institut für Hühnerernährung rügt diese Verfahrensweise und regt an, nur Körnerfutter zu verwenden. Nach einem halben Jahr hat sich die Zahl der Hühner halbiert und die LPG wendet sich in ihrer Not wieder an das Institut für Hühnerernährung. Wiederum wird nach dem Futter gefragt, und bemängelt, dass Körnerfutter völlig falsch sei. Es dürfe nur „Grünes" verfüttert werden. Nach einem weiteren Halbjahr ist auch das letzte Huhn verendet. Die LPG „Roter Oktober" wendet sich in ihrer Verzweiflung erneut an das Institut für Hühnerernährung. Diesmal kommt die Antwort ganz prompt und schon vor der Frage: „Wir haben noch viele Ideen. Aber ihr habt ja keine Hühner mehr."

532 Agitprop: Kurzwort aus Agitation und Propaganda, Methode zur Werbung für die Ziele der SED in der DDR.

Das Kommunistische Manifest

(nacherzählt von Reinhard Keller)

Im Gewi-Seminar stellt der Genosse Seminarleiter den Studenten die Frage, wer das „Kommunistische Manifest“ geschrieben habe. Erstaunlicherweise erhält er keine Antwort.

Bei nächster Gelegenheit informiert der Seminarleiter ganz entrüstet seinen Sektionsdirektor über diesen Sachverhalt. Dieser erkennt die ungeheure Gefahr dieses Unwissens, worüber die Stasi informiert werden müsse, und greift sofort zum Telefon. Nachdem er dem Genossen von „Horch und Guck“ den Fall geschildert hat, erhält er eine beruhigende Antwort: Die Stasi werde schon herausbekommen, wer das „Kommunistische Manifest“ geschrieben habe.

Zeithistorische Kommentare und Dokumente

Bei einigen Beiträgen der Dokumentation wurden zum besseren Verständnis Fußnoten oder ein Kurzkommentar eingefügt. Einige Themen sind dafür jedoch zu komplex und erfordern einen eigenen Artikel.
Auf den folgenden Seiten sind sowohl solche längeren Kommentare als auch zeithistorische Dokumente abgedruckt. Daran wird gezeigt, wie das Hochschulsystem von einer freien wissenschaftlichen Institution in der Tradition bekannter Persönlichkeiten und freier Diskussion mehr und mehr zu einer SED gesteuerten und überwachten Bildungseinrichtung wurde. Gab es an den Technischen Universitäten noch Spielraum für Professoren, so duldete das SED-Regime in Bereich der Pädagogik absolut keine Abweichungen von der Staatsdoktrin. Mit welchen Mitteln die SED-Führung mithilfe des Ministeriums für Staatssicherheit im gesamten Bildungsbereich – von der EOS bis hin zu Fachhochschulen und Universitäten – dabei vorging, zeigt ein im Rahmen eines Forschungsprojektes aufgefundenes Dokument (VVS MfS 008-Nr. 63/68), das ebenfalls auf den folgenden Seiten kommentiert und abgedruckt wird.
Mit diesen Altlasten des SED-Regimes musste nach 1989 auch im Hochschulbereich ein Neubeginn erfolgen. Das war und ist ein schwieriges Unterfangen und bis heute nicht abgeschlossen – in einigen Fällen noch nicht einmal begonnen.

// Die Arbeiter-und-Bauern-Fakultäten (ABF) in der DDR

Günter Knoblauch

Einige der Autoren sind über die damaligen Arbeiter-und-Bauern-Fakultäten zum Studium *gekommen.* Eine einfache und kurze Erklärung in einer Fußnote kann schnell zu einer falschen Darstellung über Anliegen und Funktion der damaligen ABF führen.
In der Literatur findet man sowohl unterschiedlich ausführliche als auch tendenziöse Beschreibungen der Funktionen der damaligen ABF. Wir entschieden uns, mehr auf die Daten in den Autorenbiografien einzugehen, um Fehlinterpretationen zu vermeiden. Dies sei am Beispiel Zugang zur ABF verdeutlicht: *„Um Kindern von Arbeitern und Bauern, die nach dem Krieg nicht über den sonst üblichen Schulweg zum Abitur und damit zu einer Studienberechtigung gelangen konnten, den Zugang zum Studium zu ermöglichen, wurden in der DDR die Arbeiter-und-Bauern-Fakultäten (ABF) eingerichtet.“*

Im Projekt haben wir uns dann entschieden, folgende Definition in den Fußnoten zu verwenden: „*Die ABF (Arbeiter-und-Bauern-Fakultäten) hatten die Aufgabe, systemtreue Arbeiter- und Bauernkinder in zwei- und dreijährigen Studiengängen zum Abitur zu bringen. Studienplätze an den Hochschulen und Universitäten waren dann für die Absolventen der ABF gesichert.*“
Warum die erste Definition so nicht befriedigen konnte,[533] sei an den folgenden Beispielen aus der Dokumentation erläutert:
Die Gründung der ABF geht auf das Jahr 1949[534] zurück. Ziel war, das alte Bildungsprivileg der sogenannten Bourgeoisie zu brechen und eine neue „staatstragende Führungsschicht“ aus der Arbeiter- und Bauernschaft heranzuziehen. Infolgedessen waren auch die Auswahl- und Zulassungsbedingungen sehr strikt.[535] Man konnte sich nicht einfach an einer ABF bewerben oder einschreiben. Der Kandidat musste als Voraussetzung eine soziale Arbeiter- oder Bauernherkunft für beide Elternteile nachweisen können. War dies nicht der Fall – waren die Eltern Angestellte, selbstständige Handwerker oder gehörten sie zur Intelligenz[536], dann waren die Chancen, über die ABF das Abitur und damit den Zugang zu den Hochschulen zu erhalten, schlecht bis aussichtslos.
Man benötigte eine Delegierung durch einen VEB, eine der DDR-Massenorganisationen oder den FDGB. Ob auch aus einem privaten Handwerksbetrieb delegiert werden konnte, ist mir nicht bekannt; wenn doch, dürfte der Anteil klein gewesen sein, da die richtige „Sozialisierung“ eines Antragstellers aus diesem Milieu nicht ohne Weiteres erkennbar war. Aus der Bauernschaft an die ABF zu kommen war in den Anfangsjahren vermutlich leicht (Zeitzeugen fehlen), da nach 1945 mit der Bodenreform eine neue Bauernschaft entstand und diese auch im Fokus der entstehenden ABF lag. Mit dem Beginn der Kollektivierung – Anfang der Fünfzigerjahre – hing es davon ab, ob die Eltern der Bauernkinder „willig und freudig“ in die neu zu gründenden Landwirtschaftlichen Produktionsgenossenschaften (LPG) übertraten oder im Falle ihres Zögerns, oder gar ihrer Verweigerung die soziale Herkunft auf den Status „Kulaken-Kinder“[537] (natürlich nicht öffentlich so formuliert) gesetzt wurde. Mit dem Abschluss der Kollektivierung (Zwangskollektivierung) in den Siebzigerjahren waren nun alle Bauern Genossenschaftsbauern und erfüllten formal die Vorgaben für die ABF.

---

533 Der Autor dieses Beitrages kam über die ABF der TU Dresden zum Studium und war nach dem zweiten Studienjahr für ein Auslandsstudium in der Sowjetunion eingeplant.

534 Bis zum Jahr 1960 gab es in der DDR etwa 15 ABF.

535 Siehe auch Beitrag Günter Knoblauch, „Der Klassenfeind sitzt auch in ihren Reihen“.

536 Unter die Klassifizierung „Intelligenz“ fielen in der DDR zum Beispiel Ärzte, Ingenieure, Wissenschaftler.

537 Als „Kulaken“ bezeichnete man schon im 19. Jahrhundert in Russland die reicheren Bauern. Nach der Oktoberrevolution 1917 und der Ende der 20er Jahre beginnenden Kollektivierung wurde die Bezeichnung „Kulak“ und „Kulakentum“ negativ besetzt. Kulaken wurden im *mildesten* Fall enteignet oder deportiert.

Beispiel 1: Am 19. Mai 1959 saß ich in der Aufnahmeprüfung der ABF der TU Dresden. Neben mir ein mit mir die Berufsschule besuchender Lehrling[538] aus dem VEB Carl Zeiss in Dresden. Er wird aus der Prüfung herausgebeten und man teilt ihm mit, seine Zulassung zur Aufnahmeprüfung wäre ein Versehen gewesen. Er falle nicht unter den Status Arbeiterkind.[539] Man teilte ihm mit, dass er sich, wenn er sich noch ein Jahr in der Produktion bewähre, erneut bewerben könne – was er auch ein Jahr später tat, und er wurde angenommen.[540]

Die Arbeiter-und-Bauern-Fakultät der TH Dresden im Juni 1953 (BArch, Bild 183-19853-0016)

Beispiel 2: Ein Autor dieser Dokumentation – Michael Ventzke – hatte Eltern, die definitionsgemäß der Arbeiterklasse zuzuordnen waren. Er selbst hatte eigentlich keine Ambitionen, nach der Lehrzeit zu studieren. Deshalb war er überrascht, als eines Tages mehrere Studenten aus Berlin[541] ihn direkt am Ausbildungsplatz aufsuchten, ihm das Abitur an der ABF schmackhaft machten und ihm in den Mund legten, dass er dafür geeignet sei und dass dies – so seine heutige Erinnerung – auch eine „Gnade" sei. Michael Ventzke auch aus der Erinnerung: *„Mit einem formalen Antrag, ohne weitere Gespräche und ohne Aufnahmeprüfung wurde ich 1960 an der ABF in Berlin immatrikuliert. Ich wurde geworben."*

Interessant an diesem Beispiel ist: Michael Ventzke war weder Mitglied in der Jugendorganisation der Jungen Pioniere (JP) noch in der Freien Deutschen Jugend (FDJ).[542] Es ist offensichtlich, dass hier Studenten für die ABF gezielt – sicher nach Vorarbeit –

---

538 Jürgen D.

539 Bestimmte ausgewählte Personen, meistens in der Forschung tätig – auch oft als „Intelligenzler" bezeichnet –, hatten sogenannte Einzelverträge und damit in der DDR gewisse Privilegien. Dies war ein Mittel, um diese Personen an die DDR zu binden. Der Vater von Jürgen D. war Biologe am Pflanzenforschungszentrum in Dresden Pillnitz und hatte einen Einzelvertrag. Jürgen D. war somit kein Arbeiter-und-Bauern-Kind und der Status des Vaters war in seinem Fall ein Bildungshindernis.

540 Jürgen D. hatte vier Jahre Lehrzeit und mit dem zusätzlichen Jahr in der Industrie kamen fünf „Arbeiterjahre" zusammen. Damit hatte er den Makel seiner sozialen Herkunft korrigiert.

541 Es ist davon auszugehen, dass diese Studenten von der ABF in Berlin kamen.

542 Vergleicht man diese Bedingungen mit der Aufnahmeprüfung des Autors in Dresden: Die Nichtmitgliedschaft bei den JP und in der FDJ wäre in seinem Fall ein absolutes Ausschlusskriterium vom Studium an der ABF gewesen.

diese wurde beispielsweise durch die FDJ-Organisation oder den FDGB im Ausbildungsbetrieb geleistet – als mögliche künftige Kader ausgesucht wurden.
Beispiel 3: Zwei Lehrlinge, Günther Hummel und Gottfried Kaden, mit guten schulischen und beruflichen Leistungen aus dem VEB Feinmess Dresden stellten nach 4-jähriger Lehrzeit im März 1959 an die dortige Qualifizierungskommission den Antrag auf Delegierung an die ABF Dresden. Sie wurden zum Kaderleiter[543] Kühn vorgeladen und aufgefordert, zuerst einen zweijährigen freiwilligen Wehrdienst bei der Nationalen Volksarmee der DDR zu leisten, dann würde man sie auch an die ABF delegieren. Es war Erpressung. Die beiden haben unterschrieben und gingen für zwei Jahre zur NVA.
Bekannt sind auch andere Beispiele, dass junge Facharbeiter mit dem Wunsch nach einer weiterführenden Schulbildung (die beruflichen und schulischen Leistungen sowie die sozialen Vorgaben mussten stimmen) relativ einfach auf diesen „zweiten Bildungsweg" zum Studium gelangen konnten. Sicher spielte dabei auch eine Rolle, inwieweit die ABF in den einzelnen DDR-Bezirken belegt waren.
Ab dem Jahr 1962 war die Funktion der ABF als Türöffner zum Studium für als zuverlässig eingestufte SED-Nachwuchskader nicht mehr in diesem Umfang notwendig, da inzwischen über die EOS (Erweiterte Oberschule) schon eine Vorauswahl und damit Steuerung (Zulassung zur EOS) im Sinne der SED erfolgte.
Ehemalige Studenten der ABF Halle – dies war die letzte ABF, die 1989 noch auf das Studium, speziell auf ein Auslandsstudium im sozialistischen Lager, vorbereitete – haben im Internet eine Absolventenseite. Ein Absolvent schrieb darin 2007 als Reaktion auf den Inhalt der anderen Beiträge und nach Einsichtnahme in die eigenen Stasiunterlagen:
„Was für eine Verklärung einer ach so lustigen Supi-Dupi-Schulzeit, kein Wort zu Lehrmethoden, die heute wahrscheinlich sogar in Nordkorea als überholt gelten würden, kein Wort darüber, dass jeder zu jedem Zeitpunkt an der ABF unter totaler Überwachung stand […] dass die Genossen […] des MfS Dresden für meine Person im Alter von 9(!) Jahren einen Sicherungsvorgang […] angelegt haben, wo unter „Delikt" Auslandsstudent vermerkt wurde.[544] *Der ganze Vorgang ist dann noch um den Zusatz, Bruder bestimmt für ein Studium Außenpolitik erweitert worden […]. Ich kann gar nicht so viel essen, wie ich kotzen könnte,*[545] *wenn mir klar wird, in was für einer perfiden Über-*

543 Kaderleiter in VEB-Betrieben waren in der Regel SED-Mitglied und waren bei allen wichtigen Entscheidungen eingebunden. Von ihren Aufgaben im Bereich Personal her entsprechen sie in etwa einem heutigen Personalchef.
544 Der Vater des Verfassers dieses Kommentares war ein SED-Funktionär in gehobener Position. Nur so ist die Laufbahnplanung des MfS für die beiden Kinder zu erklären. (Anm. v. G. Knoblauch)
545 „Ich kann nicht so viel fressen, wie ich kotzen möchte!" – das Zitat wird Max Liebermann zugeschrieben,

wachungssituation wir uns zwei Jahre an der ABF in Halle bewegt haben und dass bis zum heutigen Tag kein einziger meiner Klassen-„Kameraden" den Arsch in der Hose hatte, sich zu outen […]. Diese Informationen haben mir so nachhaltig jegliche Erinnerungen an die DDR versaut, dass so etwas wie Nostalgie oder noch bescheuerter Ostalgie bei mir nicht aufkommen will."[546]
Anhand der geschilderten Beispiele kann festgehalten werden: Die Gründung der ABF war ein Mittel, jungen Menschen aus sozial ärmeren oder schwächeren gesellschaftlichen Schichten (Arbeiter- und Bauernkinder) einen Zugang zum Studium zu ermöglichen (Brechung des Bildungsmonopols des Bürgertums), jedoch mit dem klaren Ziel, politisch verlässliche Kader für das SED-Staatssystem heranzubilden. Deshalb wurde für die Arbeiter-und-Bauern-Fakultäten auch oft die Bezeichnung „Kaderschmiede der DDR" verwendet.

// Studium und Wehrdienst

Günter Knoblauch

„An alle männlichen Studierenden des ersten Studienjahres …"
Die Weisung des Prorektors für Studienangelegenheiten der TU Dresden, März 1964

Bis Juni 1961 – also vor dem Bau der Mauer in Berlin – war der Wehrdienst noch freiwillig. Das bedeutete jedoch nicht, dass es keinen Druck dafür gab, sich „freiwillig" für den Dienst in der NVA bereit zu erklären. Die Werbungen für die Nationale Volksarmee hatten vielfach den Charakter von Erpressungen, vor allem dann, wenn man spezielle eigene Bildungswünsche verfolgte. Das betraf einerseits technische Studienwünsche, aber ganz besonders das Medizinstudium. Das Werben für den freiwilligen Dienst in der Nationalen Volksarmee (NVA) war oft Bestandteil von sogenannten *Selbstverpflichtungen*[547], gefordert von leitenden Funktionären in Schulen und auch in der volkseigenen Wirtschaft.

als er am 30. Januar 1933 den Fackelzug anlässlich der Machtübernahme Hitlers sah. Zitiert nach Bernd Küster, Max Liebermann – ein Maler-Leben, Hamburg 1988.

546 Wolfgang Schönekerl, in: Tagebuch der ehemaligen ABF Halle, Eintrag vom 15. 2. 2007/72751; www.abf-iva.de (Zugriff: 30.4.2015).

547 Selbstverpflichtungen – so nannte man das Abgeben von schriftlichen Erklärungen darüber, was man sich alles für die Stärkung und den Aufbau des Sozialismus freiwillig vornehmen will – wurden zu den verschiedensten Anlässen, an Jahrestagen der DDR, zum Neuen Jahr oder aus selbstdefinierten Anlässen gegenüber Vorgesetzten, Dienststellen, Institutionen abgegeben. Das konnte die Verpflichtung zur Ableistung von freiwilligen Aufbaustun-

Gab es bis zum Mauerbau immer noch die Möglichkeit einer Flucht in den Westen, so änderte sich der Ton und Druck nach dem 13. August 1961 spürbar. In einigen Beiträgen wird darauf hingewiesen.

Das allgemeine Wehrpflichtgesetz vom 24. Januar 1962 legte in der DDR einen einheitlichen Grundwehrdienst von 18 Monaten fest. Danach erübrigte sich der bis dahin von Werbefunktionären ausgeübte breite *individuelle* Druck. Dann ging es eher darum, ein längeres Dienen zu erreichen.

Vielfach wurde also die Bereitschaft für eine längere Wehrdienstzeit erwartet, wenn ein besonderer Studienwunsch genehmigt werden sollte:

Wie wir in einigen Beiträgen lesen, wurde bereits in den Oberschulen/EOS geworben, um vor allem den steigenden Bedarf an qualifizierten Unteroffizieren in der NVA zu sichern. Dabei versuchte man, die angesprochenen Schüler auf eine längerfristige Dienstzeit – auf die Laufbahn Unteroffizier auf Zeit oder Offizier auf Zeit – zu verpflichten. Gleichermaßen wurden jedoch auch Lehrlinge in der Berufsausbildung[548] und Grundwehrdienstleistende angesprochen.

Anreize sollten die in Aussicht gestellte Förderung der beruflichen Entwicklung und die Möglichkeit eines Sonderstipendiums sein. In diesen Anwerbegesprächen wurde oft ein unverhältnismäßiger Druck auf die Jugendlichen ausgeübt, die in der Regel allein mehreren geschulten Werbern gegenübersaßen. Es wird auch berichtet, dass die Werber von den Wehrkreiskommandos gehalten waren, jeden zweiten bis dritten Wehrpflichtigen als Längerdienenden zu gewinnen.

Vor Gewissensentscheidungen wurden vor allem diejenigen gestellt, die aus einem christlichen Elternhaus kamen. Viele verzichteten auch ganz auf ein Studium unter diesen politischen Zwängen.

An den Hochschulen und Universitäten erhöhte man nochmals den Druck auf die Studenten – sowohl auf die gerade immatrikulierten als auch auf die jetzt zur Reservistenausbildung eingezogenen.[549]

Professor Kobe schreibt hierzu: „Die ROA-Werbung (ROA=Reserve-Offiziers-Anwärter) wurde aggressiv und erpresserisch geführt. Derjenige Student, der sich

---

den (zum Beispiel Ziegelklopfen beim Beseitigen von Ruinen) im Nationalen Aufbauwerk sein bis hin zur Werbung von Jugendlichen für die Nationale Volksarmee.

548 Aus meiner Lehrwerkstatt (Feinmess Dresden) mit etwa 70 Lehrlingen wollten drei Lehrlinge (darunter ich) sich um ein Studium an der damaligen ABF der TU Dresden bewerben. Wir wurden faktisch erpresst: freiwilliger Wehrdienst und danach Delegierung zum Studium oder kein Studium. Die zwei anderen haben sich freiwillig zum Wehrdienst verpflichtet. Ich lehnte die Unterschrift für den freiwilligen Wehrdienst ab und meine Delegierung zum Studium wurde wegen Mangel an gesellschaftlicher Initiative abgelehnt. Aufgrund der Intervention der Werkstattleitung und von Dozenten der Berufsschule musste die Kaderleitung die Ablehnung zurückziehen. Ich wurde mit bestem Zeugnis delegiert.

549 Anordnung des Nationalen Verteidigungsrates der Deutschen Demokratischen Republik über den Wehrdienst der Reservisten (Reservistenordnung), vom 30. Juli 1969.

Technische Universität Dresden
Prorektorat f. Studienangelegenheiten

An alle männlichen Studierenden des 1. Studienjahres
der Fakultäten Maschinenwesen, Technologie, Elektrotechnik, Ingenieurökonomie und Bauwesen

---

Liebe Kommilitonen!

Ihr Studium an der TU Dresden beginnt mit der obligatorischen militärischen Ausbildung, die entsprechend dem Wehrgesetz und der durch das Staatssekretariat für das Hoch-und Fachschulwesen gegebenen Durchführungsbestimmung ein fester Bestandteil Ihres Studiums ist. Die Ausbildung wird im 1. und 2. Studienjahr mit je 24 Tagen Dauer durchgeführt.

Sind Sie zur Frühjahrsmusterung aufgerufen, haben Sie zur Musterung in Ihrem zuständigen Wehrkreiskommando zu erscheinen.
Sind Sie noch nicht gemustert bzw. erfaßt oder liegt Ihre Musterung oder Ihr Diensteintritt in den bewaffneten Streitkräften länger als ein Jahr zurück, so haben Sie sich bei Ihrem zuständigen Wehrkreiskommando einer Tauglichkeitsüberprüfung zu unterziehen.
Die Frühjahrsmusterung 1964 findet im Zeitraum von Ende März bis Anfang April statt. Die dabei erzielten Ergebnisse sind in dem beigelegten Ergänzungsfragebogen genauestens anzugeben.
Diesen Ergänzungsfragebogen senden Sie bitte bis spätestens

30. A p r i l

an das Prorektorat für Studienangelegenheiten an der Technischen Universität, Dresden A 27, Helmholtzstr.10.

Haben Sie bereits in den bewaffneten Streitkräften der DDR gedient, müssen Sie damit rechnen, bereits 6 Tage früher anzureisen. Den entsprechenden Bescheid erhalten Sie zur Einschreibung.

Die militärische (taugliche Bewerber) bzw. vormilitärische Ausbildung (untaugliche Bewerber) findet voraussichtlich in der Zeit vom

17.9. - 11.10.64

statt. Genaue Informationen erhalten Sie bei der Einschreibung.
Sollten Sie den Grundwehrdienst bzw. Dienst in den bewaffneten Streitkräften der DDR noch nicht beendet haben, ist dem Prorektorat umgehend eine Bescheinigung der entsprechenden Dienststelle der bewaffneten Streitkräfte zu übersenden.
Urlaubs-und sonstige Gründe werden als Entschuldigung für das Fernbleiben bei der militärischen oder vormilitärischen Ausbildung nicht anerkannt. Gemäß Anweisung des SfHF v. Juni 1963 gelten Sie ab 17.9.64 als ordentlicher Studierender der TU.

Dr. Kursitza
Prorektor f. Studienangelegenheiten

Dresden,
März 1964

Anlage: Ergänzungsfragebogen

III-9-276 JG02/64/1583

Dokument aus dem Bestand von Reinhard Keller

dennoch nicht beugte, wurde als Forschungsstudent abgelehnt, konnte also nicht Doktorand werden. Auf diese Weise verlor unsere Universität nachweislich viele ihrer besten Studenten für den wissenschaftlichen Nachwuchs, während besser Angepasste deren Plätze einnahmen." [550]

// Anwerbung von „Informellen Mitarbeitern" an Schulen und Hochschulen

Günter Knoblauch

Ein Kommentar zum Dokument
„Vertrauliche Verschlusssache – MfS 008-Nr. 63/68 Ministerium für Staatssicherheit – Durchführungsanweisung Nr. 1, Berlin, 10. Januar 1968"

Dass das Ministerium für Staatssicherheit in der ehemaligen DDR alle Lebensbereiche der DDR-Bürger durchsetzt hatte, ist hinlänglich bekannt. In einer Vielzahl von Publikationen wurde dies bereits untersucht. Dagegen scheint die „Vertrauliche Verschlusssache MfS 008-Nr. 63/68" (VVS) vom 10. Januar 1968 bisher nicht entsprechend ihrer Bedeutung bewertet worden zu sein. Diese VVS nimmt Bezug auf die Durchführungsanweisung Nr. 1 zur Dienstanweisung Nr. 4/66 des Ministers für Staatssicherheit.[551]

Warum das Dokument bisher nicht öffentlich wurde ist nicht bekannt. Es muss in Betracht gezogen werden, dass Ausfertigungen aufgrund ihrer Brisanz noch 1989 in den MfS-Dienststellen der Hochschulen und Universitäten vernichtet wurden.

Diese Durchführungsanweisung hat einen Umfang von 18 Blatt. Es geht nur um *ein* Thema: die exakte Vorgabe von MfS-Maßnahmen für Bildungseinrichtungen, beginnend bei den Erweiterten Oberschulen (EOS), über die Fachschulen (Ingenieurschulen) bis hin zu den Hochschulen und Universitäten. Maßnahmen zur Anwerbung von und Zusammenarbeit mit „Informellen Mitarbeiten" (Abkürzung: IM), die Überwachung aller Aktivitäten von studentischen Zirkeln, Diskussionen in Seminaren bis zum Verhalten der Studenten bei Ernteeinsätzen oder Reservistenlehrgängen. Es gibt keinen Lebensbereich – von der Oberschule bis zur akademischen Lehre –, der in

550 Prof. Dr. rer. nat. habil. Sigismund Kobe, Technische Universität Dresden, Rückblick auf TU-Initiativen beim Neubeginn, Technische Universität Dresden, Festveranstaltung am 14. Oktober 2003.

551 „Dienstanweisung 4/66 zur politisch-operativen Bekämpfung der politisch-ideologischen Diversion und Untergrundtätigkeit unter jugendlichen Personenkreisen der DDR", Berlin 15.5.1966 (MfS 008-365/66, 620 Ausfertigungen, unterzeichnet von Erich Mielke [1907–2000], Minister für Staatssicherheit in der DDR).

dieser Dienstanweisung nicht erfasst und mittels Verhaltens- und Überwachungsvorschriften „geregelt" wurde.
Dieses Dokument wurde im Rahmen eines Forschungsauftrags[552] durch die BStU-Dienststelle in Dresden aus den Archiven zur Verfügung gestellt.
Es stellt sich die Frage, wie und in welcher Form sollte und kann man diese 18-seitige Anweisung zur totalen Überwachung der Öffentlichkeit zugänglich machen?
Ein Herausgreifen einzelner Formulierungen und Anweisungen würde dem nicht gerecht werden. Deshalb wird diese Durchführungsanweisung hier mit einer eigenen Kommentierung vollständig veröffentlicht.[553]
Für die Umsetzung der Vorgaben der Dienstanweisung waren die „Objektdienststellen" (OD) des MfS zuständig. Die Dienststelle an der TU Dresden wurde am 27. Oktober 1976[554] eingerichtet und beschäftigte 28 Mitarbeiterinnen und Mitarbeiter in vier Referaten. Sie war im Georg-Schumann-Bau[555] am damaligen Salvador-Allende-Platz[556] untergebracht. Der Platz trägt heute wieder seinen ursprünglichen Namen: „Münchner Platz". Der Eingang war über die George-Bähr-Str. 7 und den damaligen Salvador-Allende-Platz zu erreichen.
Die OD bestand im Jahr 1989 aus 29 hauptamtlichen Mitarbeiterinnen und Mitarbeitern (OibE, HIM).
Sie saßen in einer Zimmerflucht natürlich ohne Namen an der Tür bzw. Firmenbezeichnung. Bei den Mitarbeitern der OD handelte es sich um Hauptamtliche, zum Teil in Offiziersrang.[557] *Sie traten natürlich unter Verwendung von Legenden, manchmal mehr oder weniger offen auf. Ihr Auftrag bestand ganz allgemein in der „politischen Absicherung der TUD vor feindlich-negativen Kräften". Das schloss auch schwere kriminelle Vergehen ein, die nach deren Auffassung im gesamtgesellschaftlichen Zusammenhang auch eine politische Dimension hatten. Die Hauptamtlichen müssen von den Inoffizi-*

---

552 BStU AZ 025054 – 10 Z; Forschungsauftrag G. Knoblauch.

553 Siehe den Beitrag von Günter Knoblauch „Vertrauliche Verschlusssache – MfS 008-Nr. 63/68. Ein Dokument des Ministeriums für Staatssicherheit".

554 Befehl 19/76 vom 27.10.1976, S. 1 f.; BStU, ZA, DSt 102293. – Es gibt Hinweise, nach denen die OD bereits am 1.3.1975 eingerichtet worden ist. Vgl. Konvolut zur Struktur in den Übersichten zur OD TU/H (Anm. 15), Bl. 26. (Quelle: Reinhard Buthmann: Die Objektdienststellen des MfS (MfS-Handbuch). Hg. v. d. BStU, Berlin 1999)

555 Das Gebäude des ehemaligen Landgerichts am Münchner Platz wird nach einem Umbau seit 1964 von der TU genutzt und ist heute Teil des Campus der TU Dresden. Es beherbergt heute auch die Gedenkstätte Münchner Platz Dresden. Sechs Todeszellen der ehemaligen, ans Landgericht angeschlossenen Dresdner Haupthaftanstalt wurden in unverändertem Zustand belassen. Sie beherbergen auch eine Ausstellung zur Geschichte des Landgerichts. Das Gebäude wurde nach dem Widerstandskämpfer Georg Schumann benannt.

556 Salvador Allende (1908–1973) war promovierter Arzt und von 1970 bis 1973 Präsident Chiles. Er versuchte, auf demokratischem Wege eine sozialistische Gesellschaft in Chile zu etablieren.

557 Die Nomenklatur der MfS-Bezeichnungen ist etwas verwirrend und scheinbar widersprüchlich. MfS intern gab es jedoch eine klare Trennung zwischen „Hauptamtlichen (Inoffiziellen Mitarbeitern)" und „Inoffiziellen Mitarbeitern" (IM). Die HIM gehörten zu den Hauptamtlichen Mitarbeitern.

ellen klar getrennt werden. Ein Teil der Hauptamtlichen waren als Führungsoffiziere tätig, die ihre Inoffiziellen „betreuten" und deren Berichte entgegennahmen und prüften. Die Aufgaben reichten von der Überprüfung von Westkontakten bei VS-Verpflichteten, der Beobachtung von Antragstellern auf Ausreise, der Überprüfung von Nomenklaturkadern (insb. Westreisekadern), teilweise der Überwachung des stud. Lebens (Theatergruppe, Wohnheime, ausl. Studierende) bis hin zur Spionageabwehr.[558]

Professor Kobe berichtete 2003 auf einer Festveranstaltung an der TU Dresden: *„Eine Kontrolle im Februar 1990 ergab, dass von der TU aus eine direkte Telefonverbindung in die Stasi-Zentrale Bautzener Str. bestand und jeder Hausapparat der TU von dort abgehört werden konnte. Von den IM an der TU hatte sich bis zu diesen Zeitpunkt nur ein kleiner Teil freiwillig zu ihrer Vergangenheit bekannt. Heute ist bekannt, dass zum Beispiel in der Sektion Physik mindestens acht Prozent aller Wissenschaftler geheime Verbindungen zur Stasi hatten, der Anteil der Hochschullehrer der Physik betrug mindestens 20 Prozent."*[559]

Die Tabelle 1 zeigt für das Jahr 1988 – unter Einbeziehung der Verkehrshochschule und der Ingenieurhochschule in Dresden – die Anzahl der im Einsatz befindlichen hauptamtlichen IM.

Über die Anzahl der unter Studenten und im Lehrkörper aktiven und geworbenen IM ist mir nichts bekannt.

Zur Mitarbeit angesprochene oder vorgesehene Studenten oder Mitarbeiter der Universität wurden – wenn es zu einer „Einigung" über eine Mitarbeit oder „Zusammenarbeit" (oft unter Druck, Erpressung, Angebot von Vergünstigungen, Beförderungen, besseren Karrierechancen usw.) kam – in einer sogenannten Vorlaufakte (IM-Vorlauf) geführt. Wenn der IM-Vorlauf aus Sicht des MfS „brauchbare" Ergebnisse lieferte, wurde aus dem sogenannten IM-Vorlauf ein IM. Es gab auch Fälle, wo die vom IM-Vorlauf abgelieferten Ergebnisse nicht ergiebig oder unbrauchbar waren. Hatte der IM-Vorlauf sich im Freundes- oder Kommilitonenkreis „geoutet" (diese Fälle gab es auch), was ihm in der von ihm unterschriebenen Mitarbeitserklärung untersagt war, so war er wertlos für das MfS geworden und dieses schloss in solchen Fällen die Vorlaufakte.

Als ein Beispiel sei der Fall von Professor Simon an der TH Dresden erwähnt.[560] Pro-

558 Recherche von Dr. Lienert, Leiter des Archivs der TU Dresden.

559 Sigismund Kobe: Rückblick auf TU-Initiativen beim Neubeginn, in: Der Neubeginn 1989 – Würdigung von TU-Initiativen zur Hochschulerneuerung zwischen 1989 und 1993 in Sachsen, Festveranstaltung am 14. Oktober 2003, Sammlung der Reden und Beiträge. Hg. v. A. Post, Dresden 2004, S. 46–71.

560 Professor Dr. phil. habil. Dr.-Ing. E. H. Arthur Simon (1893–1962) war Professor mit Lehrstuhl an der TH Dresden, Vorstand der Abteilung Chemie und Biologie, Institutsdirektor für anorganische und anorganisch-technische Chemie und Dekan der Ersten Fakultät der TH Dresden, Mitglied der Sächsischen Akademie der Wissenschaften zu Leipzig.

fessor Simon wurde von 1959 bis 1961 im Operativen Vorgang (OPV) „Chemie" vom MfS bearbeitet. Diesem vorausgegangen war ein sogenannter Überwachungsvorgang[561]. Aus den noch verfügbaren Unterlagen des MfS[562], aus GI-Berichten[563], geht hervor, dass das MfS seine Informationen (darunter auch offensichtliche Falschinformationen) aus Simons engstem Mitarbeiterkreis erhielt. Mit dem Tod von Professor Simon im Jahre 1961 wurde der OPV geschlossen. Der Fall Simon ist besonders interessant, da sich aus dem Abschlussprotokoll des MfS entnehmen lässt, wie am Institut nach der Emeritierung (1960) und dem Tod (1962) von Simon „umorganisiert" wurde: *„[…] Im Institut befindet sich ein neuer Direktor, der Genosse unserer Partei ist. Er hat es bereits verstanden, das Institut ideologisch zu säubern. Im Verlaufe kurzer Zeit werden alle ehemaligen Vertrauten des Beschuldigten aus dem Institut entfernt bzw. unter Kontrolle gehalten."*[564]

Bemerkenswert sind die Ausführungen zum Thema Informationsnetz von SED, FDJ und MfS an der TU Dresden in Reiner Pommerins „Geschichte der TU Dresden"[565]. *„Dieses Informationsnetz der Partei hat eigentlich keine Lücken, dennoch erscheint der SED-Führung eine zusätzliche Kontrolle erforderlich. Entsprechend operiert überall noch die Staatssicherheit mit ihren hauptamtlichen Mitarbeitern, mit den „Offizieren im besonderen Einsatz" (OibE), den „Inoffiziellen Mitarbeitern" (IM) sowie den „Gesellschaftlichen Mitarbeitern für Sicherheit" (GSM). Insgesamt umfaßt die Stasi in der DDR 1982 ein Heer von etwa 82.000 hauptamtlichen und 180.000 Inoffiziellen Mitarbeitern. Auch Bereichsleiter und Assistenten stehen unter Observierung, denn es werden entweder willige Helfer oder Angriffspunkte gesucht. Durch Offiziere der Stasi erhalten zahlreiche Studenten und Wissenschaftler die praktische Anleitung für die von Ihnen an der TU erwünschten Spitzeldienste. Sie erfüllten diese zumeist freiwillig und aus Überzeugung, seltener wird Zwang oder Erpressung nötig. Doch es gibt – erfreulicherweise – auch aufrechte Charaktere unter den Angehörigen der TU Dresden, die sich weigern, der Stasi als Informant und Spitzel zu dienen. In einigen Jahren werden hoffentlich Forschungen sowohl das Ausmaß von Ablehnung als auch von Kooperationsbereitschaft mit der Staatssicherheit an der TU Dresden wissenschaftlich befriedigend belegen."*[566]

---

561 Überwachungsvorgang (= Ü-Vorgang), MfS-Dokument vom 22.5.1958, Reg.Nr. 162/58, Verwaltung Dresden, Abt. V/6; BSTU 00009

562 BStU AZ 025054 – 10 Z; Forschungsantrag G. Knoblauch „Repressionen gegen Studenten der TU Dresden" G. Knoblauch.

563 GI = Geheimer Informator – inoffizieller Mitarbeiter; seit 1968 Bezeichnung IM.

564 Einstellung des OPV „Chemie", MfS Dokument vom 10.03.1961, Reg. Nr. 16/59; 36/61 Ablage, BSTU 000156.

565 Reiner Pommerin: 175 Jahre TU Dresden. Geschichte der TU Dresden 1828–2003, Köln 2003.

566 Ebd., S. 315f.

Gesellschaftlicher Mitarbeiter für Sicherheit (GMS)	61
Inoffizieller Mitarbeiter zur politisch-operativen Sicherung des Verantwortungsbereiches (IMS) (IM-Kategorie 1968–1989)	159
Inoffizieller Mitarbeiter der Abwehr mit Feindverbindung bzw. zur unmittelbaren Bearbeitung im Verdacht der Feindtätigkeit stehender Personen (IMB) (IM-Kategorie 1968–1989, Vorläufer IMF, IMV)	5
Inoffizieller Mitarbeiter im bzw. für besonderen Einsatz (IME)	29
Führungs-IM (FIM), IM zur Führung anderer IMS und GSM	17
Inoffizieller Mitarbeiter zur Sicherung der Konspiration und des Verbindungswesens (IMK) (IM-Kategorie 1968–1989)	46
Gesamt ohne IMK	271

Tabelle 1: IM-Struktur der Objektdienststelle TU Dresden für das Jahr 1988 – eingebunden waren die Hochschule für Verkehrswesen Friedrich List und die Ingenieurhochschule Dresden. Quelle: Reinhard Buthmann: Die Objektdienststellen des MfS (MfS-Handbuch). Hg. BStU, Berlin 1999, S. 20, http://www.nbn-resolving.org/urn:nbn:de:0292-97839421302407 (06.04.2017). Erläuterungen der Abkürzungen unter http://www.bstu.bund.de.

Um die Ziele, wie in dieser Dienstanweisung formuliert, an der TU Dresden umzusetzen, reichte es natürlich nicht, die dortige Dienststelle des MfS personell aufzurüsten. Nur über den zusätzlichen Einsatz auch der Parteikader konnten diese Vorgaben umgesetzt werden.

„Am 22. Oktober 1968 erfolgt mit der 3. Hochschulreform auch eine Neustrukturierung der Partei an der TU Dresden. Die Kreisleitung der SED an der TU umfasst weiterhin 45 Mitglieder und zehn Kandidaten. Die Zahl der Grundorganisationen (GO) erhöht sich jedoch von 19 auf 28 mit 58 Abteilungsparteiorganisationen (APO) und 203 Parteigruppen. Damit ist die SED auf sämtlichen Ebenen der TU vertreten. Die APO gliedern sich in die Studienjahrgänge; ihre Mitglieder sind TU-Mitarbeiter, Wissenschaftler sowie Studenten […].“[567]

Mit dieser 3. Hochschulreform wurden sowohl die Strukturen an wissenschaftliche Erfordernisse angepasst als auch sichergestellt, dass nichts mehr – Ernennungen, Einstellungen, Zulassungen, Promotionen – ohne die Zustimmung der SED mit ihren Grund- und Abteilungsparteiorganisationen möglich war. Der gesamte Universitätsbereich war entsprechend den Vorgaben der „Vertraulichen Verschlusssache MfS 008-Nr.63/68“ unter Kontrolle.

Für weiterführende Informationen und Daten der Strukturen von Objektdienststellen und deren Aufgaben sei auf die schon erwähnte sehr gute Dokumentation „Die Objektdienststellen des MfS (MfS-Handbuch)“ von Reinhard Buthmann, hingewiesen.[568]

567 Ebd., S. 314.
568 Online: http://www.nbn-resolving.org/urn:nbn:de:0292-97839421302407 (Zugriff: 2.5.2017); s. a. http://

// Vertrauliche Verschlusssache – MfS 008-Nr. 63/68

Ein Dokument des Ministeriums für Staatssicherheit

Eingeleitet von Günter Knoblauch

Durchführungsanweisung Nr. 1 – Berlin, 10. Januar 1968

Die Auswahl und Besprechung einzelner Absätze aus der 18-seitigen Dienstanweisung wurden erwogen, jedoch verworfen, da es unmöglich ist, diese Vertrauliche Verschlusssache (VVS) nach Punkten, die wichtig sind, und solchen, die man weglassen könnte, zu zerlegen. Diese VVS deckt komplett alle Bildungsbereiche von der Erweiterten Oberschule (EOS), über die Ingenieurschulen, die Hochschulen bis zu den Universitäten ab und zusätzlich die Bereiche, mit denen Studenten während ihrer Ausbildung in Verbindung kommen: Ernteeinsätze und die militärische Ausbildung. Nichts, keine Eventualität und kein Personenkreis – bis hinein in die Familien selbst der als IM tätigen Personen – wurde übersehen oder vergessen. Daher wurde entschieden, dieses Dokument hier vollständig abzudrucken (diese Vertrauliche Verschlusssache wurde im Rahmen des Forschungsauftrages „BStU AZ 025054 – 10 Z; Forschungsauftrag G. Knoblauch" aufgefunden).

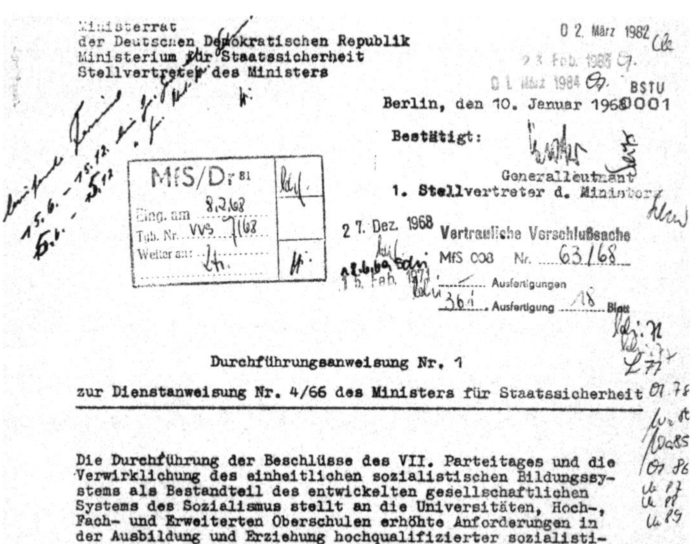

Ministerrat
der Deutschen Demokratischen Republik
Ministerium für Staatssicherheit
Stellvertreter des Ministers

02. März 1982
23. Feb. 1985
01. März 1984
BSTU
Berlin, den 10. Januar 1968 0001

Bestätigt:

Generalleutnant
1. Stellvertreter d. Ministers

MfS/Dr 81
Eing. am 8.2.68
Tgb. Nr. VVS 7/68
Weiter an:

27. Dez. 1968
15. Feb. 1971

Vertrauliche Verschlußsache
MfS 008 Nr. 63/68
Ausfertigungen
36. Ausfertigung 18 Blatt

Durchführungsanweisung Nr. 1

zur Dienstanweisung Nr. 4/66 des Ministers für Staatssicherheit

Die Durchführung der Beschlüsse des VII. Parteitages und die Verwirklichung des einheitlichen sozialistischen Bildungssystems als Bestandteil des entwickelten gesellschaftlichen Systems des Sozialismus stellt an die Universitäten, Hoch-, Fach- und Erweiterten Oberschulen erhöhte Anforderungen in der Ausbildung und Erziehung hochqualifizierter sozialistischer Kader und eine hohe Effektivität in der Forschung.

Die Titelseite der VVS MfS 008 Nr. 63/68

www.runde-ecke-leipzig.de/sammlung/Zusatz.php?w=w00069 (Zugriff: 26.10.2015); http://www.ddr-wissen.de/wiki/ddr.pl?Inoffizielle_Mitarbeiter_des_MfS (Zugriff: 26.10.2015).

Gliederung der Durchführungsanweisung Nr. 1 vom 10. Januar 1968

Abb. 163–180

Dies ist eine vereinfachte Lese- und Suchhilfe für die Dienstanweisung Nr. 1. Kursiv gesetzte Worte und Passagen dienen der Hervorhebung von sprachlichen Formulierungen des MfS.

Zielsetzung und Anwendungsbereich der Dienstanweisung	**Blatt**
Sichtweise des MfS zur Situation an den Bildungseinrichtungen	**1–3**
Definition des *Gegners*	2
Eingesetzte Mittel zur *systematischen Zersetzung* der Bildungseinrichtungen der DDR	2
Kritik an der *nicht klassenmäßigen Auswahl* der neu zu Immatrikulierenden	2
Kritik an den Lehrkräften wegen noch nicht ausreichender *klassenmäßiger Erziehung*	3
Zielstellungen zur Abwehr des feindlichen Einflusses und zu strafrechtlichen Maßnahmen	3
I. Inoffizielle Arbeit – Anwerbung von IM	**4–10**
Maßnahmen zur Ausweitung und Qualifizierung des IM-Netzes	4
Schwerpunkte bei der Anwerbung von *Schülern und Studenten* (ab 18 Jahren) als IMs	4
Anwerbungsprofile unter Assistenten, Dozenten und Professoren	4
Besetzung von *Schlüsselfunktionen* an Universitäten, Hoch- und Fachschulen und EOS	5
Anwerbungen in Studentenheimen, kirchlichen Organisationen usw.	5
Einbindung und Ausnutzung der Angehörigen von IMs (studierende Kinder)	5–6
Anwerbungen mit *zielgerichteter Einflussnahme auf späteren beruflichen Einsatz*	6
Einsatz des *inoffiziellen Netzes* zur Erkennung *feindlicher Handlungen*	6
Vorgehensweise beim Erkennen *feindlicher Handlungen*	6
Überwachung bestehender Kontakte zu *republikflüchtigen Studenten und Lehrkräften*	6
Operative Aufklärung und Überwachung von Reisekadern bei Kongressen/Tagungen	7
Überwachung von Gastwissenschaftlern aus dem *nicht-sozialistischen Ausland*	7
Erkennung *feindlicher Elemente* – Entfernung durch *geeignete Legendierung*	8
Verhinderung von Kontaktaufnahmen zu wissenschaftlichen Kadern der DDR	8
Verhinderung der Bildung *negativer Gruppierungen* in Internaten, Klubs, kirchlichen Organisationen u. a. Einrichtungen	8
IM-*Schlüsselpositionen* zur Unterstützung des MfS an den Universitäten u.a. Bildungseinrichtungen	8
IM in Schlüsselpositionen zur Verhinderung von Immatrikulationen *klassenfeindlicher Elemente*	9
IM und Schlüsselpositionen zur Überwachung studierender ausländischer Bürger	9
Einbeziehung studierender Mitarbeiter des MfS und ihrer Angehörigen	10

II. Operative Vorgänge und Materialien	**11–12**
Definition sogenannter Feindgruppen an Universitäten, EOS u.a.	11
Aufklärung von *Feindtätigkeit*, Sammeln von Material	12
III. Operative Absicherung von Ernteeinsätzen, der vormilitärischen und militärischen Ausbildung beim Studium	**12–16**
Absicherung der Ernteeinsätze – Erkennen geplanter feindlicher Handlungen	12
Erkennen feindlich wirkender Elemente unter der Bevölkerung am Einsatzort	13
Entsendung von *operativen Mitarbeitern* zur *Führung der IM* während der Ernteeinsätze	13
Erstellung eines *Abschlussberichtes* zum Ernteeinsatz durch die MfS-Bezirksverwaltung	14
Vormilitärische und militärische Ausbildung als *obligatorischer Bestandteil des Studiums*	14
Operative Absicherung der vormilitärischen und militärischen Ausbildung	15
Gewährleistung der *Führung des inoffiziellen Netzes* und geplanter operativer Maßnahmen	15
Einsatz *klassenbewusster und erfahrenerer Offiziere* für die Ausbildung der Studenten	16
Maßnahmen zur *Gewährleistung der inneren und äußeren Sicherheit*	16
Unterbindung von Kontakten zu kirchlichen Personen bei Ernteeinsätzen/militärischer Ausbildung	16
Zusätzliche Absicherung durch IM der Volkspolizei, Abschnittsbevollmächtigte (ABV) der Volkspolizei	16
IV. Berichtswesen	**17–18**
1. Sofortmeldungen	17
2. Halbjahresanalyse	17

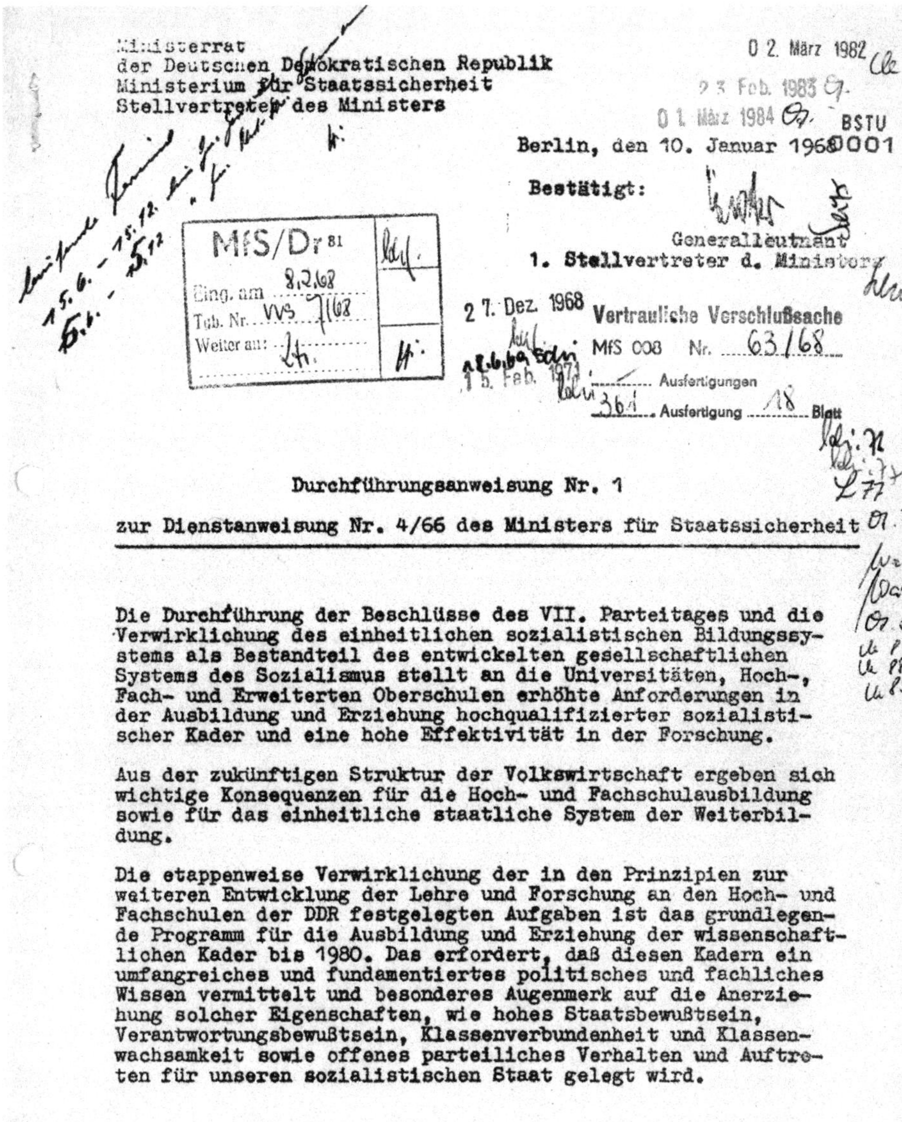

Ministerrat
der Deutschen Demokratischen Republik
Ministerium für Staatssicherheit
Stellvertreter des Ministers

0 2. März 1982
2 3. Feb. 1983
0 1. März 1984
BSTU
0001

Berlin, den 10. Januar 1968

Bestätigt:

Generalleutnant
1. Stellvertreter d. Ministers

MfS/Dr 81
Eing. am 8.2.68
Tgb. Nr. VVS 7/68
Weiter an:

2 7. Dez. 1968
1 5. Feb. 1971

Vertrauliche Verschlußsache
MfS 008 Nr. 63/68
Ausfertigungen
361 Ausfertigung 18 Blatt

Durchführungsanweisung Nr. 1

zur Dienstanweisung Nr. 4/66 des Ministers für Staatssicherheit

Die Durchführung der Beschlüsse des VII. Parteitages und die Verwirklichung des einheitlichen sozialistischen Bildungssystems als Bestandteil des entwickelten gesellschaftlichen Systems des Sozialismus stellt an die Universitäten, Hoch-, Fach- und Erweiterten Oberschulen erhöhte Anforderungen in der Ausbildung und Erziehung hochqualifizierter sozialistischer Kader und eine hohe Effektivität in der Forschung.

Aus der zukünftigen Struktur der Volkswirtschaft ergeben sich wichtige Konsequenzen für die Hoch- und Fachschulausbildung sowie für das einheitliche staatliche System der Weiterbildung.

Die etappenweise Verwirklichung der in den Prinzipien zur weiteren Entwicklung der Lehre und Forschung an den Hoch- und Fachschulen der DDR festgelegten Aufgaben ist das grundlegende Programm für die Ausbildung und Erziehung der wissenschaftlichen Kader bis 1980. Das erfordert, daß diesen Kadern ein umfangreiches und fundamentiertes politisches und fachliches Wissen vermittelt und besonderes Augenmerk auf die Anerziehung solcher Eigenschaften, wie hohes Staatsbewußtsein, Verantwortungsbewußtsein, Klassenverbundenheit und Klassenwachsamkeit sowie offenes parteiliches Verhalten und Auftreten für unseren sozialistischen Staat gelegt wird.

Blatt 1. Hinweis: An- bzw. Unterstreichungen und Anmerkungen sind bereits im Original enthalten.

– 2 – VVS MfS 008-63/68

Der Gegner hat die Bedeutung der planmäßigen Entwicklung unseres Hochschulwesens und der Volksbildung für die weitere Stärkung der DDR erkannt und organisiert durch staatlich gelenkte Organisationen und Einrichtungen, wie das sog. Gesamtdeutsche Ministerium, die westdeutsche Rektorenkonferenz, das "Kuratorium unteilbares Deutschland", die beauftragten "Referenten an den westdeutschen Hochschulen für mitteldeutsche Hochschulfragen" sowie studentische Organisationen eine systematische Zersetzung.

Das Ziel besteht darin,

- unter der studentischen Jugend Zweifel an der Richtigkeit der Politik der Partei und Regierung zu erzeugen;
- die führende Rolle der Partei zu untergraben;
- die Sieghaftigkeit des Sozialismus in Frage zu stellen.

Diese Zersetzungstätigkeit dient dem Zweck, feindliche Stützpunkte und Untergrundorganisationen im Innern der DDR zu bilden, Ausgangspunkte für konterrevolutionäre Aktionen sowie Voraussetzungen für Spionage und Abschöpfung wichtiger Informationen und Forschungsergebnisse zu schaffen.

Mit den vielfältigsten Mitteln und Methoden wird von seiten des Gegners ständig versucht, unsere Wissenschaftler in das System der psychologischen Kriegführung einzubeziehen. Zur Durchsetzung dieser feindlichen Tätigkeit nutzt er u. a. den Reiseverkehr von Wissenschaftlern der DDR zu Tagungen/Kongressen weitgehendst zur ideologischen Aufweichung und Zersetzung aus. Hier werden alte Verbindungen, die aus gemeinsamer Studienzeit, wissenschaftlicher Tätigkeit, Konzernverbindungen und sonstiger Zusammenarbeit herrühren, aufgefrischt und neue Kontakte geschlossen. Durch das Anbieten von Fachliteratur zum Zwecke des Studiums und des Erfahrungsaustausches will der Gegner Einfluß gewinnen.

Mittels Rundfunk, Fernsehen und Presse werden differenziert und in speziellen Sendungen bzw. Veröffentlichungen zielgerichtet unser sozialistisches Bildungswesen diffamiert und westliche Anschauungen propagiert.

Insbesondere wird versucht, eine Abwertung des Studiums der Gesellschaftswissenschaften und des Russischunterrichtes vorzunehmen unter dem Vorwand, daß dieses für die fachliche Ausbildung nur hemmend sei.

An den Universitäten, Hoch-, Fach- und Erweiterten Oberschulen wirken eine Reihe für den Gegner begünstigender Faktoren, die bereits bei der Zulassung zum Studium beginnen. Es wird zum Teil durch eine nicht verantwortungsvolle und nicht klassenmäßige Auswahl der neu zu Immatrikulierenden, feindlichen, negativen und wegen schwerer Kriminalität bei den Schutz- und Sicherheitsorganen angefallenen Elementen Eingang zu den Universitäten, Hoch- und Fachschulen gewährt.

Blatt 2

- 3 - VVS MfS 008-63/68

Die klassenmäßige Erziehung ist noch nicht in ausreichendem Maße gesichert. Einige Lehrkräfte verhalten sich gegenüber den Studenten und Schülern liberal, kommen nicht ihren Pflichten zur politischen Erziehung nach und überlassen diese zum überwiegenden Teil dem gesellschaftswissenschaftlichen Unterricht, dem Elternhaus, den Betrieben und gesellschaftlichen Organisationen. Das Zusammenwirken zwischen gesellschaftlichen Organisationen und staatlichen Einrichtungen ist teilweise noch ungenügend entwickelt, weist Lücken auf, womit sich für negative Kräfte Möglichkeiten für provokatorische und andere feindliche Handlungen bei Großeinsätzen, wie Einbringung der Ernte oder militärische Ausbildung, bieten.

Mangelndes Klassenbewußtsein und das ungenügende Erkennen des Wirkens des Feindes bieten dem Gegner Möglichkeiten, Kontakte zu schaffen, unsere Wissenschaftler abzuschöpfen und ideologisch zersetzend zu wirken.

Auf Grund der versteckten Angriffe des Gegners von außen und der Aktivität einiger feindlicher Elemente im Innern ist die politisch-operative Arbeit offensiver und umfassender zu gestalten und zu intensivieren.

Die politisch-ideologische Einflußnahme des Gegners auf die studentische Jugend, die Schüler der Hoch-, Fach- und Erweiterten Oberschulen und den Lehrkörper ist systematisch zurückzudrängen.
Die politisch schädlichen und andere nicht im staatlichen Interesse bestehenden Kontakte sind unter Kontrolle zu bringen und zu unterbinden.

Personen, die feindliches Gedankengut verbreiten oder auf der Grundlage ihrer feindlichen ideologischen Grundeinstellung in anderer Form gegen die sozialistische Ordnung tätig werden, sind durch kurzfristige Erarbeitung ausreichenden Beweismaterials strafrechtlich bzw. in Zusammenarbeit mit den Partei- und staatlichen Organen sowie gesellschaftlichen Organisationen durch disziplinarische Maßnahmen zur Verantwortung zu ziehen und von den Universitäten, Hoch-, Fach- und Erweiterten Oberschulen zu entfernen.

In Zusammenarbeit mit den Partei- und staatlichen Organen und gesellschaftlichen Organisationen sind die die Feindtätigkeit begünstigenden Umstände zu beseitigen und systematisch, unter Einbeziehung patriotischer Kräfte, inoffizieller Kontakte und Schlüsselpositionen eine revolutionäre Massenwachsamkeit zu entwickeln.

Blatt 3

BSTU
0004

- 4 - VVS MfS 008-63/68

Zur Lösung dieser Aufgaben sind unter Ausnutzung der operativen Möglichkeiten aller Diensteinheiten des MfS folgende Maßnahmen durchzuführen:

I. Inoffizielle Arbeit

1. Zur gründlichen Einschätzung der politisch-operativen Situation unter den Studenten, Schülern und dem Lehrkörper, zum rechtzeitigen Erkennen und zur ausreichenden Beweisführung geplanter feindlicher Handlungen, negativer Konzentrationen, begünstigender Faktoren im Innern und zur Feststellung der Angriffsrichtung des Feindes sind auf der Grundlage der Analyse des inoffiziellen Netzes Maßnahmen zur zahlenmäßigen Erweiterung, politisch-ideologischen Erziehung, operativen Qualifizierung und zur stärkeren Ausnutzung des IM-Netzes durchzuführen.

Die Werbung inoffizieller Mitarbeiter hat unter Berücksichtigung des Mindestalters von 18 Jahren und bereits bekannter Schwerpunkte vorrangig bei folgenden Personenkreisen zu erfolgen:

1.1. Studenten und Schüler, die negativen Gruppierungen angehören, ihnen nahe stehen, oder die Möglichkeiten und Fähigkeiten besitzen, in solche einzudringen.

Studenten und Schüler, die geeignet sind, die Informationsbasis des MfS an den Universitäten, Hoch-, Fach- und Erweiterten Oberschulen qualitätsmäßig zu erweitern.

Dabei ist stärker als bisher Wert auf Werbungen aus den ersten Studienjahren zu legen, um eine kontinuierliche und perspektivvolle IM-Arbeit zu organisieren.

Bei Notwendigkeit Jugendliche unter 18 Jahren zur Lösung operativer Aufgaben heranzuziehen, ist vom Standpunkt der vielseitigen Formen der Zusammenarbeit mit patriotischen Kräften heranzugehen. Dabei ist der Reifegrad des Jugendlichen zu beachten und ein enges Zusammenwirken mit den Eltern, Lehrern, dem Lehrkörper und anderen Erziehungsberechtigten zu gewährleisten.

1.2. Assistenten, Dozenten und Professoren, die auf Grund ihrer Lehrtätigkeit einen großen Personenkreis operativ erfassen und in der Lage sind, sowohl unter den Studenten als auch im Lehr- und Verwaltungskörper operativ wirksam zu werden. Sie müssen insbesondere in der Lage sein, die raffinierten Methoden der politisch-ideologischen Diversion zu erkennen und zu bearbeiten. Die Werbung unter diesem Personenkreis ist gleichzeitig vom Standpunkt der Absicherung der Reisekader sowie des Erkennens und Bearbeitens der feindlichen Kontaktpolitik/Kontakttätigkeit durchzuführen.

- 5 - VVS MfS 008-63/68

Zur Erkundung der Pläne und Absichten des Gegners ist besonders unter den wissenschaftlichen Kadern mit internationaler Anerkennung das Netz zu erweitern und zu qualifizieren. Durch verstärkte Werbungen wissenschaftlicher Kader und verwaltungstechnischer Kräfte in den volkswirtschaftlich wichtigsten Forschungsbereichen der Universitäten sind die Ordnung und Sicherheit zu gewährleisten und die spionagegefährdeten Punkte abzusichern.

1.3. Zur stärkeren Unterstützung der analytischen und operativen Tätigkeit sind in den Verwaltungen der Universitäten, Hoch-, Fach- und Erweiterten Oberschulen wichtige Schlüsselfunktionen durch IM zu besetzen bzw. geeignete Kader in solchen Funktionen zu werben. Dabei kommt es besonders darauf an, überprüfte und zuverlässige IM einzusetzen, die befähigt und bereit sind, Aufgaben des MfS konspirativ durchzusetzen.

1.4. Zur allseitigen Lösung der operativen Aufgaben sind zusätzlich in den Internaten, Studentenclubs, kirchlichen Organisationen, Gaststätten, in denen vorwiegend Studenten und Schüler verkehren, und unter bekanntwerdenden Personenkreisen, besonders weiblichen Personen, die engen Kontakt zu Studenten und Schülern unterhalten, Werbungen durchzuführen.

1.5. Zur Erweiterung der operativen Möglichkeiten und der Informationsbasis des MfS sind inoffizielle Mitarbeiter aller Diensteinheiten, deren Kinder und Verwandte an den Universitäten, Hoch-, Fach- und Erweiterten Oberschulen studieren bzw. tätig sind, in die operative Aufgabenstellung einzubeziehen. Weiter sind besonders IM aller Linien, die Verbindung zu Studenten und Schülern haben, auszunutzen.

Koordinieren

1.6. Um die Wirksamkeit der politisch-operativen Abwehrarbeit besonders im ersten Studienjahr zu erhöhen, sind vorhandene IM und Kontaktpersonen aller Diensteinheiten unter den vorimmatrikulierten Studenten rechtzeitig, vor Aufnahme des Studiums, der für die Universität verantwortlichen Bezirksverwaltung/Verwaltung zwecks Übernahme mitzuteilen, wenn andere operative Interessen dem nicht entgegenstehen.

Mit welcher Zielstellung sind von allen Diensteinheiten der zuständigen Bezirksverwaltung/Verwaltung Hinweise über vorimmatrikulierte Studenten, die sich besonders für eine inoffizielle Arbeit eignen (u. a. Kinder und Verwandte von IM), zu geben und Unterstützung bei der Verbindungsaufnahme zu leisten.

BSTU
0006

- 6 - VVS MfS 008-63/68

Gleichzeitig sind vorliegende oder bekanntwerdende operative Hinweise über vorimmatrikulierte oder bereits in der Ausbildung befindliche Studenten und Schüler der für die Universität, Hoch- und Fachschule zuständigen Bezirksverwaltung/Verwaltung zur Bearbeitung oder zur Festlegung von Koordinierungsmaßnahmen zur Kenntnis zu geben.

Die Werbung unter Oberschülern, Studenten, Hoch- und Fachschülern muß vom Standpunkt der Bearbeitung jetziger und perspektivischer operativer Schwerpunkte unter gleichzeitiger Berücksichtigung eines inoffiziellen Einsatzes mit hohem Nutzeffekt nach dem Studium im eigenen Bereich oder im Bereich anderer Diensteinheiten erfolgen.
Das erfordert eine zielgerichtete Einflußnahme auf den späteren beruflichen Einsatz unter Beachtung der bestehenden Schwerpunkte im Bereich der Politik, Ökonomie, Wissenschaft und der ideologisch-kulturell-erzieherischen Aufgaben.

2. Die operative Aufgabenstellung für das inoffizielle Netz ist in folgenden Richtungen zu konzentrieren:

2.1. Durch den allseitigen Einsatz des inoffiziellen Netzes und unter Einbeziehung der IM anderer Diensteinheiten ist zu sichern, daß alle feindlichen Handlungen oder Versuche solcher Art an unseren Universitäten, Hoch-, Fach- und Erweiterten Oberschulen ~~durch~~ Studenten, Schüler oder Angehörige des Lehrkörpers rechtzeitig erkannt und verhindert werden.

Durch ständige Analysierung aller operativen Hinweise sind die politisch-operativen Schwerpunkte herauszuarbeiten und durch den Einsatz besonders befähigter IM und solche mit Spezialkenntnissen und der Nutzung anderer operativer Möglichkeiten des MfS zu liquidieren.

In der Anleitung und Erziehung der IM ist der Schwerpunkt auf die ausreichende und objektive Beweisführung aller negativen und feindlichen Handlungen bestimmter Personen und Personengruppen zu legen.

Bei festgestellten politisch-ideologischen Schwerpunkten sind durch Informierung der Partei die staatlichen Leitungen und gesellschaftlichen Kräfte zu mobilisieren, um gegnerische Einflüsse in Abstimmung mit den operativen Maßnahmen zurückzudrängen und zu beseitigen.

2.2. Herausarbeitung und Überwachung bestehender Kontakte von seiten der Studenten und Schüler, des Lehrkörpers und der Verwaltungsangestellten zu staatlichen Stellen, Organisationen, Institutionen, Einzelpersonen und besonders zu republikflüchtigen ehemaligen Studenten und Lehrkräften in Westdeutschland, Westberlin und dem übrigen nichtsozialistischen Ausland.

CSSR

Blatt 6

BSTU
0007

- 7 - VVS MfS 008-63/68

Dabei ist besonders zu beachten, ob bestehende Kontakte oder Versuche, solche herzustellen, den Zielen unserer Politik entsprechen und von den jeweils zuständigen Organen angeleitet und kontrolliert werden.

Alle Versuche, diese Kontakte von westlicher Seite aus zur Unterwanderung, Abschöpfung, Abwerbung usw. zu nutzen, sind rechtzeitig zu erkennen und zu verhindern.

Durch operative Maßnahmen ist zu sichern, daß es feindlichen Elementen an den Universitäten, Hoch-, Fach- und Erweiterten Oberschulen nicht gelingt, solche Verbindungen zur Organisierung einer Feindtätigkeit zu nutzen.

2.3. Operative Aufklärung, Überwachung und Absicherung der Reisekader, die an Kongressen und Tagungen teilnehmen bzw. Dienstreisen im Auftrage staatlicher Organe und gesellschaftlicher Organisationen in das nichtsozialistische Ausland durchführen. Es ist zu verhindern, daß feindliche oder schwankende Elemente durch ihr Auftreten und Verhalten im Ausland dem Ansehen der DDR schaden, den Abwerbungsversuchen des Gegners unterliegen oder Verbindungen zur Organisierung der Feindtätigkeit geschaffen werden.

Entschlüsse zur Verhinderung der Ausreise von Kadern sind gewissenhaft zu fassen unter Zugrundelegung allseitig erarbeiteter operativer Materialien. Über Schlüsselpositionen ist durchzusetzen, daß vorgesehene Auslandsreisen den betreffenden Personen erst nach erfolgter Bestätigung durch uns zur Kenntnis gelangen. Ablehnungen von Auslandsreisen sind entsprechend zu legendieren.

2.4. Durch das inoffizielle Netz ist das Auftreten von Wissenschaftlern und anderen Personen aus dem nichtsozialistischen Ausland an unseren Universitäten ständig zu überwachen und zu analysieren. Versuche feindlichen Auftretens sind vorher zu verhindern und Bestrebungen von Personen, solche Möglichkeiten zur Verbreitung der feindlichen Ideologie zu schaffen, sind rechtzeitig zu signalisieren.

2.5. In den Bereichen der Forschung und der Vertragsforschung sind im engen Zusammenwirken mit den zuständigen operativen Linien die sich für die Volkswirtschaft und der zweiseitgen Zusammenarbeit mit der UdSSR ergebenden Aufgaben allseitig abzusichern.

Blatt 7

- 8 - VVS MfS 008-63/68

Durch das inoffizielle Netz sind die wissenschaftlichen Kader ständig zu überwachen, um zu verhindern, daß feindliche Elemente in diesen Bereichen tätig werden können. Erkannte feindliche Elemente sind, wenn keine Strafrechtsnormen angewandt werden können, durch geeignete Legendierung in Zusammenarbeit mit Partei oder staatlichen Stellen zu entfernen.

Durch das inoffizielle Netz, Schlüsselpositionen und patriotische Kräfte ist zu sichern, daß die Anordnung des Ministerrates über die Anfertigung, Behandlung, Aufbewahrung und Sicherung von Verschlußsachen vom 30. 1. 1964 gemäß Befehl 245/64 des Genossen Minister durchgesetzt wird und verbrechensbegünstigende Bedingungen aufgedeckt und beseitigt werden.

Die wissenschaftlichen Kader sind so abzusichern, daß alle Versuche der Kontaktaufnahme von westlicher Seite in ihrem Charakter erkannt werden und verhindert wird, daß der Feind durch Abschöpfung oder Spionage in den Besitz von Forschungsunterlagen kommt bzw. sie zur Zersetzung und Aufweichung der Bürger der DDR benutzt.
Mit gleicher Zielstellung sind Kontakte zu westdeutschen Konzernen operativ zu kontrollieren und herauszuarbeiten, inwieweit feindliche Organisationen diese Tätigkeit organisieren.

Durch die inoffizielle Arbeit muß gesichert werden, daß es westlichen Konzernen nicht gelingt, Wissenschaftler der DDR zu gewinnen, um unsere Forschungsstätten und staatlichen Gelder für ihre Profitinteressen zu mißbrauchen.

2.6. Der Einsatz des IM-Netzes hat zusätzlich in den Internaten, Klubs, kirchlichen Organisationen und anderen Zusammenkunftsorten der Studenten und Schüler zu erfolgen, um rechtzeitig die Bildung negativer und feindlicher Gruppierungen oder anderer negativer und feindlicher Handlungen bzw. des Verdachtes solcher Handlungen über den Rahmen der Universitäten, Hoch-, Fach- und Erweiterten Oberschulen hinaus zu erkennen.

2.7. Mit Hilfe von Schlüsselpositionen ist die analytische Arbeit des MfS an den Universitäten, Hoch-, Fach- und Erweiterten Oberschulen zu unterstützen.

Sie sind heranzuziehen bei der Überprüfung der durch IM erhaltenen Fakten. Die IM in Schlüsselpositionen sind einzubeziehen bei der Durchsetzung operativ notwendiger Maßnahmen und deren Abdeckung.

Blatt 8

- 9 - VVS MfS 008-63/68

Über IM in Schlüsselpositionen sind die Beschlüsse des Ministerrates über die Durchführung von Dienstreisen in das nichtsozialistische Ausland und der Arbeit im Bereich der Wissenschaft und Kultur nach Westdeutschland und Westberlin unter Berücksichtigung der operativen Interessen durchzusetzen.

IM in Schlüsselpositionen und patriotische Kräfte sind zur Verhinderung von Immatrikulationen klassenfeindlicher und im Zusammenhang mit der schweren Kriminalität angefallenen Elemente einzusetzen.

Erkannte verbrechensbegünstigende Umstände sind über IM in Schlüsselpositionen zu beseitigen.

Gleichzeitig sind sie einzusetzen, um die revolutionäre Wachsamkeit an den Universitäten, Hoch-, Fach- und Erweiterten Oberschulen zu erhöhen und die Ordnung und Sicherheit zu gewährleisten.

2.8. Inoffizielle Mitarbeiter, Schlüsselpositionen und patriotische Kräfte sind zur Durchführung von operativen Sicherungsmaßnahmen unter den in der DDR studierenden ausländischen Bürgern einzusetzen.
Die Maßnahmen müssen das rechtzeitige Erkennen und Verhindern von feindlichen Handlungen dieser Bürger und Handlungen, die die freundschaftlichen Beziehungen zwischen den delegierenden Staaten und der DDR stören könnten, gewährleisten.

Dabei ist besonders herauszuarbeiten:

- die Bildung negativer Gruppierungen innerhalb und außerhalb der bestehenden nationalen Ländergruppen;

- beabsichtigte Demonstrationen, die dem Ansehen der DDR schaden können;

- provokatorische Handlungen;

- Unterstützung von Bürgern unseres Staates beim illegalen Verlassen der DDR;

- Ausnutzung der Reisemöglichkeiten in die nichtsozialistischen Länder, vorwiegend Westberlin und Westdeutschland, zur Durchführung von Spionage, Nachrichtensammlung, Kuriertätigkeit und ideologisch zersetzenden Handlungen unter den Bürgern der DDR;

- Ausnutzung von Reisemöglichkeiten zur Aufrechterhaltung von Verbindungen zu ausländischen feindlichen Zentren zwecks Spionage, Nachrichtensammlung, ideologischer Zersetzung und Organisierung von Provokationen unter den in der DDR studierenden ausländischen Bürgern;

Blatt 9

BSTU
0010

- 10 - VVS MfS 008-63/68

- Verbrechen der schweren Kriminalität.

2.9. Die Leiter der Bezirksverwaltungen/Verwaltung gewährleisten, daß zur Durchführung der politisch-operativen Aufgaben an den Universitäten, Hoch-, Fach- und Erweiterten Oberschulen die in diesen Einrichtungen vorhandenen inoffiziellen Mitarbeiter aller Diensteinheiten der Bezirksverwaltung/Verwaltung mit hohem Nutzeffekt einbezogen werden.

3. Einbeziehung der an Universitäten, Hoch- und Fachschulen studierenden Mitarbeiter des MfS und ihrer Angehörigen.

3.1. Die vom MfS an die Universitäten, Hoch- und Fachschulen delegierten Mitarbeiter sind zur Durchführung politisch-operativer Aufgaben entsprechend ihren Möglichkeiten und Fähigkeiten einzusetzen.
Dieser Einsatz ist mit dem Leiter der Abteilung Schulung der Hauptabteilung Kader und Schulung des MfS und dem Dienstvorgesetzten des Delegierten abzustimmen.

3.2. Die Leiter der Bezirksverwaltungen/Verwaltung sichern, daß Verwandte von Mitarbeitern, die an Universitäten, Hoch- und Fachschulen studieren und geeignet sind, politisch-operative Aufgaben durchzuführen, in die operative Abwehrarbeit einbezogen werden.

- 11 - VVS MfS 008 - 63/68

II. Operative Vorgänge und Materialien

1. Der Entwicklung und zielstrebigen Bearbeitung operativer Materialien und Vorgänge ist zur erfolgreichen Bekämpfung des Feindes besondere Aufmerksamkeit zu schenken. Die Hauptkraft ist auf die operative Bearbeitung von Vorgängen zu konzentrieren.

1.1. In der Entwicklung von operativen Materialien und Vorgängen muß sich der Hauptstoß gegen solche Personenkreise richten, die eine Untergrundtätigkeit gegen die DDR durchführen. Im Bereich der Universitäten, Hoch-, Fach- und Erweiterten Oberschulen zeigt sich die Feindtätigkeit insbesondere in

- der Bildung von Untergrundgruppen mit staatsfeindlicher Konzeption;
- Verbreitung der politisch-ideologischen Diversion;
- Spionage- und Schädlingstätigkeit;
- Verrat von Forschungsergebnissen, die vertraulichen Charakter tragen;
- der Organisierung einer umfangreichen feindlichen Kontaktpolitik/Kontakttätigkeit;
- Grenzdelikten;
- Republikverrat und in dessen Folge die verbrecherische Ausnutzung der Rückverbindungen;
- der Ausnutzung der Reisetätigkeit nach Westdeutschland und dem nichtsozialistischen Ausland zur Durchführung von Spionage;
- der Propagierung feindlicher Argumente durch mündliche und schriftliche Formen der staatsgefährdenden Propaganda und Hetze.

1.2. In der Bearbeitung der operativen Vorgänge und Materialien ist systematisch und kontinuierlich zu arbeiten, um

- die Feindtätigkeit allseitig aufzuklären;
- die Organisatoren zu erkennen und zu liquidieren bzw. in ihrer Wirkung einzuschränken;

BSTU
0012

- 12 - VVS MfS 008 - 63/68

- die Methoden der feindlichen Organisationen herauszuarbeiten;

- begünstigende Bedingungen zu erkennen und zu beseitigen;

- beweiskräftiges Material für evtl. propagandistische Zwecke zu erarbeiten.

III. <u>Operative Absicherung der Ernteeinsätze, der vormilitärischen Ausbildung im Rahmen der GST und der militärischen Ausbildung im Rahmen des Studienprogrammes für die Studenten des 1. und 2. Studienjahres und anderer Großveranstaltungen</u>

Um zu verhindern, daß feindliche Elemente während der Ernteeinsätze, der vormilitärischen und militärischen Ausbildung und anderer Großveranstaltungen provokatorisch und zersetzend tätig werden können, sind in die langfristige politisch-operative Planung Maßnahmen zur wirksamen Absicherung und Lösung anderer operativer Aufgaben aufzunehmen und durchzuführen.

1. <u>Ernteeinsätze</u>

1.1. Die politisch-operative Absicherung der Ernteeinsätze erfordert die Analyse des vorhandenen Materials über den zum Einsatz kommenden Personenkreis und Festlegung der operativen Schwerpunkte. Das inoffizielle Netz ist in der Zeit vor den Einsätzen darauf zu orientieren, geplante feindliche Handlungen schon in den Anfängen zu erkennen.

1.2. Auf der Grundlage der erarbeiteten operativen Situation sind die inoffiziellen Mitarbeiter mit konkreter Aufgabenstellung in den personellen Schwerpunkten zum Einsatz zu bringen.

Die operative Aufgabenstellung ist zu konzentrieren auf:

- die Durchführung vorbereiteter operativer Maßnahmen in bezug auf verdächtige Personen, die in Operativvorgängen und operativen Vorlaufakten bearbeitet werden;

- solche Personen, bei denen Hinweise auf beabsichtigte feindliche Handlungen vorliegen;

- Personen, die auf Grund ihres bisherigen Verhaltens Ausgangspunkt für Provokationen sein können;

Blatt 12

- 13 - VVS MfS 008 - 63/68

- das rechtzeitige Erkennen geplanter feindlicher Aktionen;

- die Herausarbeitung von Mängeln und Unzulänglichkeiten in den Einsatzgebieten, die die Einsatzkräfte negativ beeinflussen und evtl. Anlaß zu demonstrativen Handlungen sein können;

- das Erkennen feindlich wirkender Elemente unter der am Einsatzort wohnenden Bevölkerung.

1.3. Durch Schlüsselpositionen und IM in den von den Hoch- und Fachschulen gebildeten Einsatzstäben ist zu gewährleisten, daß zur Unterstützung der operativen Aufgaben die notwendigen Maßnahmen durchgesetzt werden.

1.4. Für die Führung der inoffiziellen Mitarbeiter und die Durchführung der geplanten und sich aus dem Einsatz ergebenden operativen Maßnahmen kommandiert die Bezirksverwaltung/Verwaltung, aus deren Bereich Studenten, Hoch-, Fach- und Oberschüler in andere Bezirke zum Einsatz kommen, für die Zeit des Ernteeinsatzes operative Mitarbeiter in die für den Einsatzraum verantwortliche Bezirksverwaltung.

1.5. Die für den Einsatzraum zuständige Bezirksverwaltung ist hauptverantwortlich für alle im Zusammenhang mit dem Ernteeinsatz durchzuführenden Sicherungsmaßnahmen einschl. unter den zum Einsatz kommenden Studenten, Hoch-, Fach- und Oberschüler anderer Bezirke.
Sie unterstützt die Durchführung aller operativen Maßnahmen und mobilisiert die IM der Bezirksverwaltungen und Kreisdienststellen.
Durch Nutzung der operativen Verbindungen in den Bezirks- und Kreislandwirtschaftsräten sind notwendige operative Maßnahmen konspirativ durchzusetzen und zu gewährleisten, daß feindliche Elemente nicht desorganisierend tätig werden können.
Für die ordnungsgemäße Durchführung der Aufgaben, einschl. der Anleitung und Unterstützung der kommandierten Mitarbeiter, ist von der für den Einsatzraum verantwortlichen Bezirksverwaltung eine Einsatzgruppe unter Führung eines operativ erfahrenen Offiziers einzusetzen.

1.6. Die Bezirksverwaltung/Verwaltung, aus deren Bereich Studenten, Hoch-, Fach- und Oberschüler zum Einsatz gelangen, übergeben dem Leiter der für den Einsatzraum verantwortlichen Bezirksverwaltung eine Analyse über die Einsatzkräfte, über die operative Lage und die zu beachtenden operativen Schwerpunkte.

Blatt 13

BSTU
0014

- 14 - VVS MfS 008 - 63/68

1.7. Die zuständigen Stellvertreter Operativ sichern, daß rechtzeitig zwischen den Bezirksverwaltungen/Verwaltung koordinierte Absprachen erfolgen und Festlegungen getroffen werden, die die ordnungsgemäße Durchführung des Ernteeinsatzes gewährleisten. Dabei muß der Einsatz des inoffiziellen Netzes zur Klärung beiderseits stehender operativer Probleme maximal genutzt werden. Die Abgrenzung der Verantwortlichkeit ist entsprechend der örtlichen Lage in den Absprachen zu konkretisieren.

1.8. Nach Beendigung des Ernteeinsatzes ist durch die Bezirksverwaltung, in deren Verantwortungsbereich der Einsatz erfolgte, ein Abschlußbericht zu fertigen. Dieser hat zu enthalten:

- Einschätzung der operativen Vorkommnisse und deren Auswirkungen;
- Stand der Aufklärung feindlich in Erscheinung getretener Kräfte;
- Verantwortlichkeit der Weiterbearbeitung;
- Mängel operativer Art und staatlicherseits;
- Schlußfolgerungen für weitere Einsätze.

T

Der Abschlußbericht ist dem Leiter der Hauptabteilung XX 14 Tage nach Beendigung des Ernteeinsatzes zu übersenden.

Der Leiter der Hauptabteilung XX ist verantwortlich für die Auswertung dieser Berichte mit allen Bezirksverwaltungen und Festlegung von Aufgaben bei weiteren Einsätzen.

2. Vormilitärische und militärische Ausbildung

Die vormilitärische Ausbildung im Rahmen der GST und die militärische Ausbildung als obligatorischer Bestandteil des Studiums sind im engen Zusammenwirken mit den Verantwortlichen der GST und den für die militärische Ausbildung an den Universitäten, Hoch- und Fachschulen eingesetzten Personen mit den Schlüsselpositionen und dem IM-Netz qualifiziert abzusichern.

Zur Verhinderung von Provokationen während der Ausbildung sind folgende Maßnahmen durchzuführen:

BSTU
0015

- 15 - VVS MfS 008 - 63/68

2.1. Für die operative Absicherung der zur vormilitärischen und militärischen Ausbildung gelangenden Studenten, Hoch- und Fachschüler ist die Abteilung XX der Bezirksverwaltungen/Verwaltung verantwortlich, zu deren Bereich die Studieneinrichtungen gehören.

2.2. Durch die operative Arbeit ist zu gewährleisten, daß die politisch-operative Situation unter den zur Ausbildung kommenden Studenten, Hoch- und Fachschülern real eingeschätzt wird und sich daraus konkrete operative Maßnahmen ableiten lassen.

Es ist zu sichern, daß zu den Ausbildungslehrgängen ein ausreichendes Netz qualifizierter inoffizieller Mitarbeiter zum Einsatz gebracht wird.

2.3. Die operative Aufgabenstellung ist zu konzentrieren auf

- die Durchführung vorbereiteter operativer Maßnahmen in bezug auf verdächtige Personen, die in Operativ-Vorgängen und operativen Vorlaufakten bearbeitet werden;
- solche Personen, bei denen Hinweise auf beabsichtigte feindliche Handlungen vorliegen;
- Personen, die auf Grund ihres bisherigen Verhaltens Ausgangspunkt für Provokationen sein können;
- das rechtzeitige Erkennen geplanter feindlicher Aktionen;
- die Absicherung und den Vorschriften entsprechende Unterbringung der im Ausbildungslager befindlichen Waffen und Munition;
- die Herausarbeitung von Mängeln und Unzulänglichkeiten in den Ausbildungslagern, die geeignet sind, die Studenten, Hoch- und Fachschüler negativ zu beeinflussen und evtl. Anlaß zu demonstrativen Handlungen werden können;
- das Erkennen feindlich wirkender Elemente unter den technischen Kräften des Ausbildungslagers.

2.4. Während der Zeit der Ausbildung ist sicherzustellen, daß die Führung des inoffiziellen Netzes und die Durchführung geplanter und sich aus dem Einsatz ergebender operativer Maßnahmen gewährleistet sind. Zu dem von der Universität, Hoch- und Fachschule eingesetzten Leiter für die Ausbildung, zu dem Führungsoffizier der Armee, der die Offiziersgruppe für diese Ausbildung leitet und zu der Kreisdienststelle, in deren Bereich das Ausbildungslager liegt, ist Kontakt zu halten, um zusätzliche Informationen über die Situation im Ausbildungslager zu erhalten bzw. inoffizielle Hinweise über Mängel und Unzulänglichkeiten auswerten und beseitigen können. Durch den Leiter der Bezirksverwaltung ist entsprechend der jeweiligen Lage zu entscheiden, ob ein ständiger oder zeitweiliger Einsatz operativer Mitarbeiter zur Gewährleistung der Sicherheit notwendig ist.

Blatt 15

- 16 - VVS MfS 008 - 63/68

2.5. Die Hauptabteilung I hat zu gewährleisten, daß für die vormilitärische und militärische Ausbildung der Studenten klassenbewußte und erfahrene Offiziere eingesetzt werden. Die Abteilungen XX der Bezirksverwaltungen/Verwaltung konsultieren sich rechtzeitig mit der Hauptabteilung I, wenn von den Universitäten, Hoch- und Fachschulen die Anforderungen an die Wehrbezirkskommandos zur Bereitstellung von Ausbildungsoffizieren gestellt werden. Die Hauptabteilung I ermöglicht die Kontaktaufnahme zu dem Führungsoffizier durch den verantwortlich eingesetzten Mitarbeiter der zuständigen Abteilung XX der Bezirksverwaltung/Verwaltung. Sie unterstützt mit vorhandenen IM bzw. anderen Möglichkeiten die betreffende Linie der Bezirksverwaltung/Verwaltung.

2.6. Die Kreisdienststelle, in deren Bereich das Ausbildungslager liegt, unterstützt durch IM unter dem technischen Personal die Maßnahmen zur Gewährleistung der inneren und äußeren Sicherheit.

Sie gewährleistet durch den Einsatz des inoffiziellen Netzes in den anliegenden Orten das rechtzeitige Erkennen feindlicher Absichten, die im Zusammenhang mit der Ausbildung der Studenten, Hoch- und Fachschüler stehen. Notwendig werdende Maßnahmen, die sich auf Studenten, Hoch- und Fachschüler im Ausbildungslager beziehen, sind mit dem Mitarbeiter der Abteilung XX, der für die Absicherung der in der Ausbildung befindlichen Studenten, Hoch- und Fachschüler beauftragt ist, zu koordinieren.

Durch die zuständige operative Diensteinheit sind ausreichende Sicherungsmaßnahmen gegen Diebstahl und Verlust von Waffen und Munition unter Einbeziehung der Lagerleitung durchzuführen.

3.1. Bei Ernteeinsätzen und in der vormilitärischen und militärischen Ausbildung ist die Tätigkeit der kirchlichen Organisationen und Sekten an den Einsatz- bzw. Ausbildungsorten schon in der Vorbereitung dieser Einsätze zu beachten, und entsprechende Maßnahmen sind mit der Abteilung XX/4 der jeweiligen Bezirksverwaltung am Einsatz- bzw. Ausbildungsort zu koordinieren. Es darf weder reaktionären Geistlichen und kirchlichen Angestellten, noch unter den Studenten befindlichen Anhängern der evangelischen und katholischen Studentengemeinden sowie anderer kirchlicher Organisationen die Möglichkeit des Auftretens, der Verbindungsaufnahme, der Werbung und Beeinflussung von Studenten gegeben werden. Verbindungsaufnahmen zwischen Anhängern der ESG und KSG unter den Studenten zu Pfarrern und anderen kirchlichen Personen an den Einsatz- und Ausbildungsorten sind unter Kontrolle zu nehmen und soweit wie möglich einzuschränken.

3.2. Der zuständige Stellvertreter Operativ gewährleistet über die Linie VII bei Ernteeinsätzen und bei der vormilitärischen und militärischen Ausbildung die zusätzliche Absicherung durch geeignete inoffizielle Mitarbeiter der Arbeitsrichtung I der Kriminalpolizei und durch vertrauliche Helfer der Abschnittsbevollmächtigten der Deutschen Volkspolizei.

Blatt 16

- 17 - VVS MfS 008 - 63/68

IV. Berichtswesen

1. Sofortmeldungen

Die Leiter der operativen Diensteinheiten, die für Universitäten, Hoch-, Fach- und Erweiterte Oberschulen in ihrem Verantwortungsbereich zuständig sind, haben an den jeweils zuständigen Leiter der Hauptabteilung im Ministerium für Staatssicherheit Sofortmeldungen über

- Entstehung staatsfeindlicher Gruppierungen;
- beabsichtigte und durchgeführte Provokationen und terroristische Handlungen;
- Aufstellung von politisch-feindlichen Forderungen;
- Verbreitung von Hetzschriften und Anbringung feindlicher Losungen;
- erfolgte Republikfluchten wissenschaftlicher Kader und die durchgeführten und eingeleiteten Maßnahmen

zu geben. Sofort meldepflichtig sind ebenfalls Vorkommnisse dieser Art während des Ernteeinsatzes, der vormilitärischen und militärischen Ausbildung und anderer Großveranstaltungen.

2. Halbjahresanalyse

Die zuständigen Stellvertreter Operativ haben Halbjahresanalysen über die operative Lage an den Universitäten, Hoch-, Fach- und Erweiterten Oberschulen zu erarbeiten, die jeweils am 15. 6. und 15. 12. des laufenden Jahres an mich zu übersenden sind. In den Halbjahresanalysen sind nach gewissenhafter Einschätzung aller operativen Materialien die politisch-operativen Schwerpunkte herauszuarbeiten.

Besonders zu beachten ist

- die politisch-ideologische Situation unter den Studenten, Schülern und dem Lehrkörper und die sich daraus gebildeten operativen Schwerpunkte;
- Mittelund Methoden sowie Wirksamkeit der politisch-ideologischen Diversion und der dabei konkret in Erscheinung tretenden feindlichen Zentren, Organisationen und Einrichtungen;

Blatt 17

- 18 - VVS MfS 008 - 63/68

- die Einschätzung der Aktivität und Auswirkung der feindlichen Kontaktpolitik/Kontakttätigkeit und die neu erkannten Zentren, Mittel und Methoden;

- die operative Situation im Bereich der Forschung sowie der zweiseitigen Zusammenarbeit UdSSR-DDR;

- die Einschätzung der Wirksamkeit der Absicherungsmaßnahmen im Reiseverkehr;

- der erreichte Stand in bezug auf die allseitige Ausnutzung aller inoffiziellen Mitarbeiter, Schlüsselpositionen und des Einsatzes patriotischer Kräfte an den Universitäten, Hoch-, Fach- und Erweiterten Oberschulen;

- die Einschätzung der erzielten Ergebnisse bei der Bearbeitung operativer Vorgänge.

Die politisch-operative Analyse und die durchzuführenden operativen Maßnahmen sind im engen Zusammenhang mit den sich aus dem Befehl 11/66 und der Dienstanweisung 4/66 ergebenden Maßnahmen zu sehen.

Die Leiter der Bezirksverwaltungen /Verwaltung sichern, daß ein richtiges Zusammenwirken zwischen den Genossen der nichtstrukturellen Arbeitsgruppe gemäß Befehl 11/66 und den Genossen, die für die Bearbeitung von Universitäten, Hoch-, Fach- und Erweiterten Oberschulen zuständig sind, erfolgt.

Schröder
Generalmajor

Blatt 18

// Die Zerschlagung des studentischen Widerstands an der Pädagogischen Hochschule Erfurt

Martina Pontius und Gabriele Stötzer[569]

Ein Brief mit 83 Unterschriften von Erfurter Studentinnen und Studenten der Pädagogischen Hochschule[570] an Margot Honecker, Ministerin für Volksbildung in der DDR, vom 11. Juni 1976 löste eine Reihe von weitreichenden Reaktionen der Ministerin für Volksbildung und ihrer Hauptabteilung Lehrerbildung (Ministerium für Volksbildung Berlin) sowie der Leitung der Pädagogischen Hochschule Erfurt/Mühlhausen, der Hochschulparteileitung der SED und der Bezirksleitung der SED Erfurt aus.

Anlass war die Exmatrikulation des Studenten Wilfried Linke der Seminargruppe DK73 (Deutsch/Kunsterziehung) im dritten Studienjahr. Linke hatte einen Artikel für die Hochschulzeitung geschrieben, in dem er die Qualität des Seminarfachs Marxismus-Leninismus zur Diskussion stellte.[571] Viele Studenten solidarisierten sich mit seiner Meinung und diskutierten öffentlich darüber. Die Hochschulleitung fühlte sich politisch und persönlich angegriffen. Daraufhin wurde Wilfried Linke als Staatsfeind exmatrikuliert. Die Studenten der Hochschule wehrten sich gegen die Exmatrikulation des Studenten und kamen damit selbst in Gefahr. Die heftige Reaktion des Staatsapparates und der Schulterschluss aller institutionellen Einrichtungen lassen sich in einem umfangreichen Material des Bundesarchivs Bestand DR 2 – Ministerium für Volksbildung (Signatur DR 2/28787) nachlesen.

Anhand von Protokollen aus den Archiven des ehemaligen Ministeriums für Volksbildung und der PH Erfurt soll rekonstruiert und belegt werden, wie im Ministerium, an der PH Erfurt und in den dortigen SED- und FDJ-Organisationen gedacht und gehandelt wurde. Für die Kommentierung wurden zehn Dokumente ausgewählt.[572]

---

569 Martina Pontius (geborene Anger) und Gabriele Stötzer (verheiratete Kachold) waren betroffene Studentinnen der damaligen Vorgänge. Deshalb wurde auf jede Form der Wertung und Kommentierung verzichtet und nur aus den Akten zitiert. (Anm. d. Hg.)

570 Die Zustimmungen der betroffenen Personen zur Offenlegung im abgedruckten Brief enthaltenen Namen – soweit nicht geschwärzt – liegen vor. (Anm. d. Autorinnen)

571 Siehe die Veröffentlichung des Artikels in diesem Band: Wilfried Linke, „Sieben unverblümte Äußerungen über Bekanntes (Sätze zum Anzweifeln)". (Anm. d. Hg.)

572 Die Recherche im Bundesarchiv wurde von Frau Stötzer in Kooperation mit dem Landesbeauftragten des Freistaates Thüringen zur Aufarbeitung der SED-Diktatur, Christian Dietrich, im Februar 2015 durchgeführt. Ziel ist eine Publikation der Ergebnisse durch den Landesbeauftragten. Hier wird nur ein ganz kleiner Einblick in die damaligen Vorgänge gegeben, da mehrere Beiträge dieser Dokumentation von den Vorgängen berichten. (Anm. d. Hg.)

Brief an Margot Honecker, Ministerin für Volksbildung, vom 11. Juni 1976[573]

Diesen Brief unterschrieben 83 Studenten der Pädagogischen Hochschule Erfurt. In ihm wird gegen die Exmatrikulation von Wilfried Linke protestiert. Ebenfalls wird in dem Brief Sorge darüber geäußert, „*[...] dass verschiedenen Studenten administrative Maßnahmen angedroht wurden (der Seminargruppe DK 73 wurde ein Redeverbot über einen von der Hochschule abgelehnten Artikel auferlegt), und gegen einen Studenten (Wilfried Linke, der Verfasser des Artikels) in eintägiger Frist ein Disziplinarverfahren eröffnet wurde. [...] Wegen dieser Vorgänge sind wir in großer Sorge und bitten Sie zu verhindern, dass dieses Disziplinarverfahren mit einer Exmatrikulation oder gar angedrohter strafrechtlicher Verfolgung endet.*"[574]

Niederschrift über die Aussprache bei Genossin Honecker mit Genosse Prof. Dr. Glocke am 17. Juni 1976

(Teilnehmer: Genosse Lorenz, Genosse Dr. Machacek, Stellvertreter des Ministers für Volksbildung, Hauptabteilung Lehrerbildung)
Diese Niederschrift zeigt erste Reaktionen und definitive Festlegungen von Margot Honecker für die Pädagogische Hochschule Erfurt und den Umgang mit den Studenten. Margot Honecker äußerte sich empört darüber, dass sie erst am 11. Juni 1976 von diesem Vorgang an der PH Erfurt erfahren habe. „*[...] Wie ist es möglich, dass seit Januar, besonders seit März [...], Träger prinzipiell falscher politisch-ideologischer Positionen agieren konnten? [...] Die Exmatrikulation von Linke war höchste Zeit, sie war richtig, dazu darf man keine Diskussion zulassen.*"[575]
Der Rektor der PH Erfurt, Prof. Dr. Theo Glocke, erwiderte: „*Die politische Seite wurde nach dem Disziplinarverfahren verstärkt. Ausarbeitung einer schriftlichen Argumentation für die Hand der Studenten ist vorgenommen. Es gibt keine Schwankungen im Lehrkörper [...] GOL[576] hat spät, aber doch reagiert. Erkennen des Sachverhaltes dauerte länger! Linke ausgeschlossen. Gegen den FDJ-Sekretär[577] und 1 Mitglied der Gruppe Verbandsverfahren eingeleitet. [...] Ziel ist es, zu den Rädelsführern vorzudringen!*"[578]
Bezug nehmend auf das Redeverbot zum Artikel äußerte Ministerin Margot Hone-

---

573 Verfasser: Gabriele Kachold (Stötzer) und Martina Anger (Pontius).
574 Bestandssignatur DR2 Aktennr. 28787, S. 301, Brief von G. Kachold und M. Anger an Margot Honecker.
575 Bestandssignatur DR2 Aktennr. 28787, S. 72, 73, Margot Honecker.
576 GOL – Grundorganisationsleitung der FDJ, in diesem Fall FDJ-Leitung der gesamten Pädagogischen Hochschule Erfurt.
577 Damalige FDJ-Sekretärin war Martina Anger.
578 Bestandssignatur DR2 Aktennr. 28787, S. 77, Prof. Dr. Glocke.

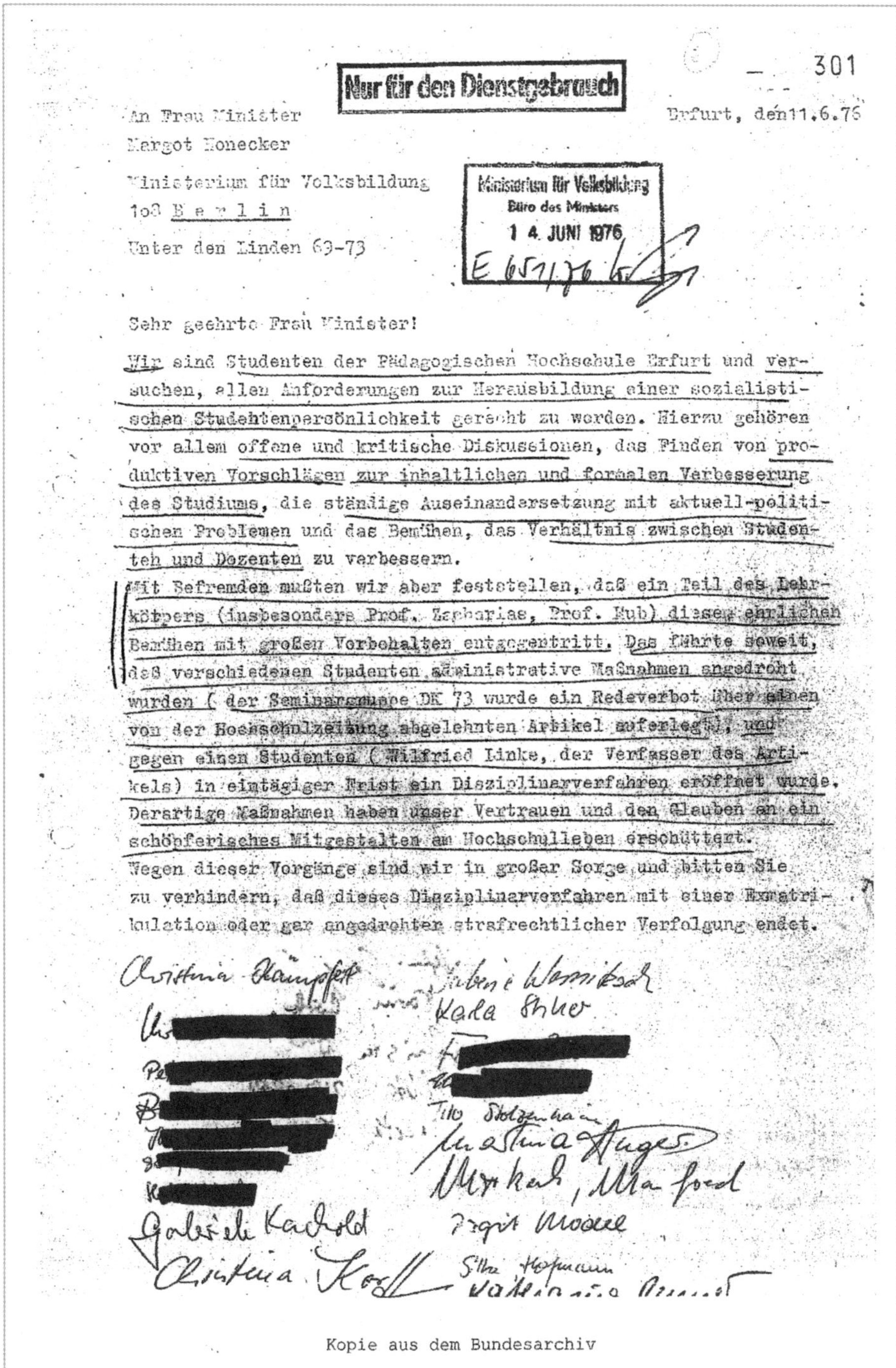

Nur für den Dienstgebrauch — 301

An Frau Minister
Margot Honecker
Ministerium für Volksbildung
108 B e r l i n
Unter den Linden 69-73

Erfurt, den 11.6.76

Ministerium für Volksbildung
Büro des Ministers
14. JUNI 1976
E 651/76

Sehr geehrte Frau Minister!

Wir sind Studenten der Pädagogischen Hochschule Erfurt und versuchen, allen Anforderungen zur Herausbildung einer sozialistischen Studentenpersönlichkeit gerecht zu werden. Hierzu gehören vor allem offene und kritische Diskussionen, das Finden von produktiven Vorschlägen zur inhaltlichen und formalen Verbesserung des Studiums, die ständige Auseinandersetzung mit aktuell-politischen Problemen und das Bemühen, das Verhältnis zwischen Studenten und Dozenten zu verbessern.

Mit Befremden mußten wir aber feststellen, daß ein Teil des Lehrkörpers (insbesondere Prof. Zacharias, Prof. Kub) dieses ehrlichen Bemühen mit großen Vorbehalten entgegentritt. Das führte soweit, daß verschiedenen Studenten administrative Maßnahmen angedroht wurden (der Seminargruppe DK 73 wurde ein Redeverbot über einen von der Hochschulzeitung abgelehnten Artikel auferlegt), und gegen einen Studenten (Wilfried Linke, der Verfasser des Artikels) in eintägiger Frist ein Disziplinarverfahren eröffnet wurde. Derartige Maßnahmen haben unser Vertrauen und den Glauben an ein schöpferisches Mitgestalten am Hochschulleben erschüttert.

Wegen dieser Vorgänge sind wir in großer Sorge und bitten Sie zu verhindern, daß dieses Disziplinarverfahren mit einer Exmatrikulation oder gar angedrohter strafrechtlicher Verfolgung endet.

[redacted]

[redacted]

Tilo Stolzenhain

Gabriele Kachold

Kopie aus dem Bundesarchiv

Seite 1 des von 83 Studenten der Erfurter Pädagogischen Hochschule unterschriebenen Briefes an die Ministerin für Volksbildung, Margot Honecker (Quelle: Bundesarchiv)

cker: „*Das war ein grundsätzlicher Fehler. Anstelle des Verbots hätte man gezielt die Argumente zerschlagen müssen. […] Laut Gesetz hat ein Lehrer die Ideologie unseres Staates zu vertreten, sonst ist er für den Lehrerberuf nicht geeignet. Wer sich dazu nicht in der Lage fühlt, soll zurücktreten. […] Was ist jetzt noch zu tun! […] In den Lehrveranstaltungen des M/L*[579] *muss man sich mit bestimmten Positionen auseinandersetzen. Die gesamte Parteiorganisation muss man voll informieren, ebenso das FDJ-Aktiv. […] Es ist abzusichern, wo bestimmte Studenten während der Ferien hingehen, welche Kontakte dabei aufgenommen werden*[580] *[…] Das gesamte Vorgehen ist mit der Bezirksleitung der SED abzustimmen […].*“[581]
Abschließend verfügt Ministerin Honecker: „*[…] Genosse Machacek*[582] *wird beauftragt, eine knappe Parteiinformation an die Genossen Hager*[583] *und Oppermann vorzubereiten, die den Vorgang mit den wesentlichen Fakten darstellt und über die eingeleiteten Maßnahmen informiert.*“[584]

Bericht von einer Aussprache mit Genosse Prof. Dr. Lange (Prorektor), Genosse Dr. Droß (1. Sekretär Hochschulparteileitung der SED der PH Erfurt), Genosse Joachim Ackermann[585] und Dr. Horst Zipser vom 17. Juni 1976

Dieser Bericht enthält, wer von der Exmatrikulation des Studenten Linke informiert wurde (Bezirksleitung der SED Erfurt, Ministerium für Volksbildung Berlin, Bezirksleitung der FDJ Erfurt). Das Verfahren gegen Wilfried Linke wurde auf Band aufgezeichnet.
„*Nach bisheriger Ermittlung der Erfurter Genossen waren an der Verteilung des Artikels von Linke neben Angehörigen der Gruppe DK 73 die Studenten Winter und Bohne der Gruppe KD 74 beteiligt. Von Gen. Prof. Lange*[586] *wurde die bisher nicht bestätigte Vermutung geäußert, dass die Studentenbühne der PH Erfurt, in der Linke aktiv war, ein Zentrum dieser Gruppe bildet. Wir wurden informiert, dass unmittelbar nach dem Disziplinarverfahren ein weiterer Brief, und zwar an die Bezirksleitung der SED, gerichtet wurde, der von den Studenten Kachold, Anger (beide DK 73) sowie dem Studenten*

579 M/L: Marxismus-Leninismus.
580 Die Studentinnen Gabi Kachold, Christina Kämpfert und Martina Anger planten eine große Reise nach Rumänien.
581 Bestandssignatur DR2 Aktennr. 28787, S. 79, 80, Margot Honecker.
582 Vgl. Anm. 433.
583 Vgl. Anm. 383.
584 Bestandssignatur DR2 Aktennr. 28787, S. 81.
585 Gen. Joachim Ackermann – zusammen mit Gen. Dr. Werner Maier bildete er die Inspektion der Hauptabteilung Lehrerbildung im Ministerium Berlin
586 Gen. Prof. Dr. Lange, 1. Prorektor der PH Erfurt.

Mortzeck (DK 75)[587] *unterschrieben wurde. Der Brief liegt der Hochschule nicht vor. Er beinhaltet nach Aussagen von Prof. Lange eine Art ‚Hilferuf' wegen angeblich bevorstehenden Massenexmatrikulationen."*[588]

In diesem Bericht kommt es zu einer ausführlichen Darstellung, wie es zur Exmatrikulation des Studenten Wilfried Linke gekommen ist.

„Am 24.5.76 fand mit den Studenten Linke und Anger ein weiteres Gespräch statt, an dem Prof. Hub[589]*, Prof. Zacharias*[590]*, Gen. Dr. Kerbst*[591]*, Gen. Dr. Hohmann*[592] *teilnahm. Ziel dieses Gesprächs war es, Linke wegen seiner illegalen Aktivitäten zur Rede zu stellen, um damit zu erreichen, dass er sich entweder davon distanziert und damit vor der Gruppe unglaubwürdig macht oder aber diese Aktivitäten tatsächlich zuzugeben. […] Am 2.6.76 führte Prof. Zacharias ein weiteres Gespräch mit Linke, an dem auf dessen Wunsch die FDJ-Sekretärin der Gruppe, Frl. Anger, teilnahm. In einer Abendveranstaltung der FDJ-Gruppe wertete die Studentin Anger dieses Gespräch aus, wobei sie, wie im Protokoll des Disziplinarverfahrens zum Ausdruck gebracht wurde, die tatsächlichen Äußerungen des Gen. Prof. Dr. Zacharias entstellte. Die beiden Genossinnen* [der Seminargruppe DK 73] *verließen unter Protest diese Veranstaltung und informierten am nächsten Morgen Prof. Dr. Zacharias über das Vorkommnis."*[593]

Eine Woche später wurde das Disziplinarverfahren gegen Wilfried Linke durchgeführt und endete mit dessen Exmatrikulation.

Aktennotiz über ein Telefongespräch des Genossen Dr. Machacek (Stellvertretender Minister für Volksbildung) mit dem Genossen Prof. Dr. Glocke, (Rektor der Pädagogischen Hochschule Erfurt/Mühlhausen) am 21. Juni 1976 (mit Kürzel von Margot Honecker „M. H." versehen)

„Genosse Glocke informierte darüber, dass es in der Aussprache mit Genossen Schinkel, Sekretär der Bezirksleitung der SED in Erfurt, Übereinstimmung gab, so wie vom Minister für Volksbildung festgelegt vorzugehen. Dabei hat Genosse Schinkel darauf hingewiesen, dass es wahrscheinlich doch, veranlasst durch Hinweise der Bezirksleitung Gera,

---

587 Siehe auch den Beitrag von Manfred Mortzeck, „Eigeninitiative als Stolperstein". (Anm. d. Hg.)

588 Bestandssignatur DR2 Aktennr. 28787, S. 290, 291, Joachim Ackermann, Dr. Horst Zipser, Ministerium für Volksbildung, Hauptabteilung Lehrerbildung.

589 Gen. Prof. Dr. R. Hub, Sektionsdirektor Marxismus/Leninismus an der PH Erfurt.

590 Gen. Prof. Dr. Zacharias, Sektionsdirektor Philologie, Literatur- und Kunstwissenschaft der PH Erfurt.

591 Gen. Dr. Peter Kerbst, APO-Sekretär (Partei), Sektion Philologie, Literatur- und Kunstwissenschaft der PH Erfurt.

592 Gen. Dr. Hohmann, Vertreter der Hochschulparteileitung, Philologie, Literatur- und Kunstwissenschaft der PH Erfurt.

593 Bestandssignatur DR2 Aktennr. 28787, S. 293, 294, Joachim Ackermann, Dr. Horst Zipser, Ministerium für Volksbildung, Hauptabteilung Lehrerbildung.

eine Beziehung von Linke zum ‚Klub junger Lyriker'[594] *in Jena gibt. […] Die Mehrzahl der Seminargruppen der Sektion Ph/D/K*[595] *hat sich öffentlich prinzipiell von dem Verhalten Linkes distanziert. 40 Studenten, die die Eingabe an die Genossin Minister unterschrieben haben, haben ebenfalls öffentlich erklärt, dass sie irregeführt worden sind und dass sie ihre Unterschrift zurückziehen.*"[596]

Inzwischen hat sich auch das FDJ-Aktiv der Pädagogischen Hochschule Erfurt/Mühlhausen formiert und ein vierseitiges Schreiben verfasst, das einstimmig am 21. Juni 1976 angenommen wurde:[597]

„*Wir, die FDJ-Aktivisten an der Pädagogischen Hochschule „Dr. Theodor Neubauer" Erfurt/Mühlhausen, haben mit tiefer Bestürzung und ernster Sorge das Verhalten einiger Kommilitonen zur Kenntnis genommen. Wir distanzieren uns energisch von Leuten, die unsere sozialistischen Ideale heuchlerisch im Munde führen und ‚Verbesserungsvorschläge' anbieten, die schon seit Eduard Bernstein auf dem Misthaufen der Geschichte faulen. […] Wir danken der Partei der Arbeiterklasse dafür, dass wir mehr als drei Jahrzehnte in Frieden leben, dass wir Klassenfeinde nur aus der Ferne und von Karikaturen her kennen. Manche von uns haben – ideologisch gesehen – Fett angesetzt, sind behäbig, friedfertig und leichtsinnig geworden. Das wird sich ändern, Wachsamkeit ist uns jetzt kein Fremdwort mehr […] Wir verurteilen die Leichtfertigkeit der Mitläufer anderer, uns fremder Kräfte, jene Kommilitonen, die aus persönlicher Sympathie, unkritische Kameraderie oder auch aus Furcht vor der Verantwortung das preisgeben, was für jeden Kommunisten – mit oder ohne Parteibuch – das höchste Ziel ist: mit der ganzen Persönlichkeit, und sei es mit dem Leben, für die Ideale der Arbeiterklasse einzustehen. Ein bisschen schmutziger Schaum bleibt am Ende noch übrig, befleckt – vielleicht – nicht immer durch eine hinterhältige Taktik, durch ehrloses Verhalten. Diese Leute können zum Teufel gehen, aber da es ja keinen gibt, werden sie in unserer sozialistischen Welt bleiben; sie sollen aber nicht Lehrer künftiger Generationen sein. Das erklären die Mitglieder des FDJ-Aktivs der PHEM.*"[598]

---

594 Jürgen Fuchs, Lutz Rathenow u. a.

595 Philologie/Deutsch/Kunst.

596 Bestandssignatur DR2 Aktennr. 28787, S. 276, 277.

597 Dieser Brief war auch Anhang zu einer Information an die Genossin Minister Margot Honecker durch Gen. Prof. Dr. Müller (Hauptabteilungsleiter Lehrerbildung des Ministeriums für Volksbildung der DDR) vom 25. Juni 1976.

598 Bestandssignatur DR2 Aktennr. 28787, S. 40, 41, 41a.

Operative Kontrolle an der Pädagogischen Hochschule „Dr. Theodor Neubauer" am 24. Juni 1976

Am 24. Juni 1976 erfolgte eine Operative Kontrolle an der PH Erfurt. Genosse Prof. Dr. Müller (Hauptabteilungsleiter der HA Lehrerbildung) und Genosse J. Ackermann (Inspektion der Hauptabteilung Lehrerbildung) flogen aus Berlin-Schönefeld ein und trafen sich mit dem Rektor der PH Erfurt, Prof. Dr. Glocke, dem 1. Prorektor Genosse Prof. Lange, dem Parteisekretär und FDJ-Sekretär der Hochschule sowie Genosse Eccarius von der Bezirksleitung der SED. Besprochen wurde unter anderem, wie viele Studenten sich schon von der Unterschriftensammlung an Margot Honecker distanziert hätten und in welcher Form mit den Studenten politisch gearbeitet würde.
„Welche Maßnahmen wurden eingeleitet bzw. geplant, um gegen die Studenten Kachold und Anger sowie Mortzeck vorzugehen, die zum engeren Kreis um Linke gehörten?"[599]

Information an Genossin Ministerin Honecker durch Genosse Müller (HA Lehrerbildung) vom 25. Juni 1976 (mit Kürzel von Margot Honecker „M. H." versehen)

Der Hauptabteilungsleiter der HA Lehrerbildung des Ministeriums für Volksbildung der DDR, Genosse Prof. Dr. Müller, informierte seine Vorgesetzte, Ministerin Margot Honecker, am 25. Juni 1976 in einem neunseitigen Schreiben über die neuesten Entwicklungen an der PH Erfurt. Diesem Schreiben waren zusätzlich acht Seiten einer Argumentation der PH Erfurt gegen den Artikel von Linke sowie das oben genannte vierseitige Schreiben des FDJ-Aktivs der PH Erfurt/Mühlhausen beigelegt.
„Das Ziel besteht darin, die in der schriftlichen Argumentation und in der Erklärung des FDJ-Aktivs formulierten Standpunkte und Argumente darzulegen. In der Diskussion sollen nach gründlicher Vorbereitung die politisch bewusstesten Studenten die Auseinandersetzung mit den feindlichen Auffassungen und falschen Auffassungen solcher Studenten führen, die sich bisher nicht von den Positionen Linkes klar distanziert haben oder Anhänger seiner Plattform sind. Letzteres bezieht sich vor allem auf die Studenten Kachold, Anger und Mortzeck, mit deren Haltung und Auffassung eine offene Auseinandersetzung geführt werden soll."[600]
Es wurde die Durchführung einer FDJ-Aktivtagung am 30. Juni 1976 beschlossen, wo den feindlichen Positionen entgegengetreten werden sollte. Ebenfalls wird wieder der aktuelle Stand des Rückzugs der Unterschriften ausgewertet. Ziel ist,
„vor Abschluss des Studienjahres bei der Mehrzahl der Studenten einen richtigen politi-

599 Ebd., S. 246.
600 Ebd., S. 241.

schen Standpunkt zu der Sache herbeizuführen und die Auffassungen von Kachold und Anger offen aufzudecken. Mit dem Rektor wurde Übereinstimmung erzielt, dass unter Berücksichtigung des weiteren Stabilisierungs- und Differenzierungsprozesses unter diesen Studenten er entscheiden wird, ob und wann die Studentin Kachold durch Weisung des Rektors exmatrikuliert wird, weil sie für den Lehrerberuf ungeeignet ist. Letztere tritt mehrfach als Hauptakteur neben Linke in Erscheinung."[601]

Die FDJ-Aktivtagung fand am 30. Juni 1976 statt. Die FDJ-Gruppenleitung der DK 73 distanzierte sich formal von der charakterisierten Plattform. Dazu notiert das Ministerium für Volksbildung in einer abschließenden Information:

„*Doch ist anzunehmen, dass diese FDJ-Gruppenleitung und einige weitere Studenten ihren Standpunkt nicht aus eigener Einsicht und Überzeugung geändert haben. Das trifft vor allem auf die Studentin Kachold und Anger zu.*"[602]

Einschätzung der politisch-ideologischen Arbeit im Internationalen Ferienkurs für Lehrer und Studenten der deutschen Sprache,[603] 14. Juli und 22. Juli 1976

In den kommenden Hochschulferien findet ein Internationaler Ferienkurs für Lehrer und Studenten der deutschen Sprache aus Dänemark, Finnland, Norwegen und Schweden statt. Die ausländischen Studenten erfahren von der Exmatrikulation des Studenten Linke. In der Aktennotiz des Direktorates vom 14. Juli 1976 wird den Studenten der Hochschule folgende Aussage gegenüber den ausländischen Studenten unterstellt:

„*Wer Kritik übt, wird disziplinarisch belangt; wer eine andere politische Ansicht vertritt, muss mit Exmatrikulation rechnen.*"[604]

Die ausländischen Studenten ziehen ihre Schlussfolgerungen über die DDR:

„*keine Meinungsfreiheit, keine uneingeschränkte Reisemöglichkeit, keine Kritik an bestehenden gesellschaftlichen Verhältnissen, keine Pressefreiheit*"[605].

In Einzelgesprächen erklären die Lehrkräfte den vor Kursbeginn festgelegten einheitlichen Standpunkt: „*[…] dass Herr Linke exmatrikuliert wurde wegen Verstoßes gegen die Disziplinarordnung, d. h. wegen Schädigung des Ansehens der Hochschule in der Öffentlichkeit, wegen Verleumdung der leitenden Mitarbeiter der Hochschule, wegen*

601 Ebd., S. 242.
602 Ebd., S. 213.
603 Durch das Direktorat für Internationale Beziehungen und Öffentlichkeitsarbeit der Pädagogischen Hochschule Erfurt, Dr. Schreiber.
604 Bestandssignatur DR2 Aktennr. 28787, S. 183.
605 Ebd., S. 187.

183

Direktorat IBÖ
Abteilung Ausländerstudium — Erfurt, den 14.7.76

A k t e n n o t i z

über Diskussionen im Internationalen Ferienkurs für Lehrer und Studenten der deutschen Sprache aus Dänemark, Finnland, Norwegen und Schweden (Exmatrikulation des Herrn Linke)

Am Montag, dem 12.7.76 informierte mich Genossin Dr. Schirmer (Leiterin der Arbeitsgruppe Bildungswesen der DDR) darüber, daß unter den Ausländern über die Exmatrikulation des Herrn Linke diskutiert wird. Ein norwegischer Teilnehmer (Herr Zahl) hatte sie gefragt, ob es stimmt, daß ein Student wegen seiner politischen Einstellung exmatrikuliert worden sei. Genossin Dr. Schirmer hat entsprechend den Festlegungen in der ersten Dienstbesprechung des diesjährigen Internationalen Ferienkurses die Frage beantwortet. (Festlegung: Exmatrikulation erfolgte wegen Verstoßes gegen die Disziplinarordnung, d.h. wegen Schädigung des Ansehens der Hochschule in der Öffentlichkeit, wegen Verleumdung von leitenden Mitarbeitern der Hochschule, wegen bewußter Belügung des Disziplinarausschusses)

Am Dienstag, dem 13.7. wurde in der Sprachübungsgruppe des Genossen Dr. Schreiber eine ähnliche Frage gestellt. Eine Rückfrage bei den ausländischen Teilnehmern mit Bitte um Konkretisierung der Fragestellung ergab, daß sie von den Studenten unserer Hochschule über den "Fall Linke" informiert worden waren. (Information: Wer Kritik übt, wird disziplinarisch belangt; wer eine andere politische Ansicht vertritt, muß mit Exmatrikulation rechnen.) Auch in dieser Gruppe wurden die Ausländer entsprechend der Festlegung der ersten Dienstbesprechung informiert.

Am gleichen Tag wurde Genosse Dr. Schreiber von einem Schweden (Herr Björn Holmberg) ebenfalls nach der Meinungsfreiheit und nach Möglichkeiten der Kritik an bestehenden Verhältnissen in der DDR gefragt. Auch hier ergab eine Rückfrage, daß Kenntnis über den "Fall Linke" vorhanden war.

Es kann angenommen werden, daß unter den ausländischen Kursteilnehmern recht ausführlich über dieses Problem diskutiert wurde und daß die Ausländer zu dem Schluß gekommen sind, in der DDR

- 2 -

Einschätzung der politisch-ideologischen Arbeit im Internationalen Ferienkurs für Lehrer und Studenten der deutschen Sprache (Quelle: Bundesarchiv)

bewusster Belügung des Disziplinarausschusses.“[606] Sie versuchen, die Kursteilnehmer zu spalten, und erreichen *„[...] dass diese Gruppe*[607] *von den anderen Kursteilnehmern [...] immer stärker isoliert wurde und dass einige ausländische Teilnehmer offen gegen sie auftraten.“*[608]

Ergänzende Information über die besonderen Vorkommnisse an der Pädagogischen Hochschule Erfurt/Mühlhausen vom 20. September 1976

(Hauptabteilung Lehrerbildung Inspektion)
Unmittelbar nach Beginn des Studienjahres 1976/77 wurde eine erneute FDJ-Aktivtagung einberufen. Auf Antrag der Grundorganisationsleitung (GOL) der FDJ der PH Erfurt wurde am 7. September 1976 ein Disziplinarverfahren gegen Gabriele Kachold, DK73, eingeleitet,
„[...] das mit ihrer Exmatrikulation wegen Nichteignung zum Lehrerberuf endete. Unmittelbar nach dem Disziplinarverfahren wurde eine FDJ-Aktivtagung der Sektion Philologie/Literaturwissenschaft/Kunst durchgeführt, die das Ziel hatte, bei allen Studenten grundsätzlich Klarheit darüber zu schaffen, dass nicht würdig ist, Lehrer zu werden, wer nicht bereit ist, die Politik der Partei der Arbeiterklasse aktiv zu vertreten und die Kinder im Geiste der Weltanschauung und Moral der Arbeiterklasse zu bilden und zu erziehen. In einer mehrstündigen Zusammenkunft waren die Genossen Studenten des 4. Studienjahres der Sektion Philologie/Literaturwissenschaft/Kunst, verstärkt durch die Genossen Studenten anderer Sektionen (insgesamt 30–40 Studenten, durch den HPL-Sekretär auf die Aktivtagung vorbereitet worden. Die Vorbereitung der parteilosen FDJ-Gruppenleiter erfolgte durch den Direktor der Sektion Philologie/Literaturwissenschaft/Kunst [...] Eine besonders positive Rolle in der Aktivtagung spielten die vom Teilstudium in der Sowjetunion zurückgekehrten Studenten, die eine klare Entscheidung forderten.“[609]
Zwei Studentinnen, Christina Kämpfert und Sabine Wernitzsch, distanzierten sich nicht und wurden am nächsten Tag exmatrikuliert. Die aktivsten Studenten der DK73, die bis zuletzt Widerstand geleistet hatten, gaben auf, um ihren Studienplatz nicht zu gefährden.

606 Ebd., S. 186.
607 Damit ist die Gruppe um Wilfried Linke gemeint. Dazu gehörte auch Gabriele Kachold.
608 Bestandssignatur DR2 Aktennr. 28787, S. 187. – Im später folgenden Exmatrikulationsverfahren gegen G. Kachold wird den hier nicht anwesenden Studenten der DK73 – gemeint ist die Gruppe um die Studentin Kachold – die moralische Schuld für die Information der ausländischen Studenten gegeben, die ja auch bei der CIA sein oder gegen die DDR agieren könnten. (Anm. d. Autorinnen)
609 Bestandssignatur DR2 Aktennr. 28787, S. 152, 153.

Brief an Genosse Kurt Hager, Zentralkomitee der SED, von Genosse Dr. Machacek, Stellvertreter des Ministers für Volksbildung, vom 30. September 1976 (mit Kürzel von Margot Honecker „M. H." versehen)

Genosse Machacek, Stellvertreter Margot Honeckers, formuliert abschließend in seinem Brief an Kurt Hager:
„Während meines Aufenthaltes in Erfurt hatten wir auch Gelegenheit, kurz mit dem 1. Sekretär der Bezirksleitung, Gen. Bräutigam, zu sprechen. Genosse Schinkel trug unsere gemeinsame Einschätzung vor. Sie wird von Genossen Bräutigam gebilligt. Das Sekretariat der Bezirksleitung hat inzwischen im Arbeitsplan festgelegt, dass die Hochschulparteileitung der Pädagogischen Hochschule Erfurt/Mühlhausen Ende November/ Anfang Dezember über die politisch-ideologische Arbeit an der Hochschule nach dem IX. Parteitag berichtet. Die Vorbereitung dieser Berichterstattung, die wir gemeinsam mit den Genossen des Ministeriums für Volksbildung unterstützen werden, wird eine große Hilfe für die Parteiorganisation der Hochschule sein, ihre Arbeit konkreter und effektiver zu gestalten. Mit sozialistischem Gruß"[610]

Information über einige Probleme der politisch-ideologischen Arbeit an der Pädagogischen Hochschule Erfurt/Mühlhausen im Zusammenhang mit gegnerischen Aktivitäten, Ministerium für Volksbildung, Dr. Machacek, Prof. Dr. Müller, 4. November 1976

Die Ereignisse an der Pädagogischen Hochschule Erfurt zusammenfassend ziehen die Genossen das Fazit, es sei
„[...] an der Hochschule eine schöpferische Arbeitsatmosphäre zu entwickeln und die dabei noch verbreitete Scheu, Kritik zu üben und Mängel und Schwächen aufzuzeigen, zu überwinden"[611].

610 Ebd., S. 123.
611 Ebd., S. 99.

// Wilfried Linke: „Sieben unverblümte Äußerungen über Bekanntes (Sätze zum Anzweifeln)"

Ein „quasi illegal verbreiteter Text" mit einer Einführung von Günter Knoblauch

Das nachfolgend abgebildete Schriftstück wird in einigen Beiträgen erwähnt.[612] Der Verfasser, Wilfried Linke, war Student an der Pädagogischen Hochschule Erfurt.
Mit seinem Artikel „Sieben unverblümte Äußerungen über Bekanntes (Sätze zum Anzweifeln)", geschrieben im Januar 1976, wollte Linke dazu beitragen, den Unterricht im Fach Marxismus-Leninismus zu verbessern, etwas gegen die (an allen Hochschulen sozusagen angeordnete) ideologische Indoktrinierung tun und eine kritische Diskussion anregen. Der Artikel ist jedoch nie gedruckt worden.
Der Autor, Wilfried Linke, sagt heute dazu: „Der Text war für die Hochschulzeitung der Partei (SED) an unserer damaligen PH Erfurt bestimmt gewesen. Der zuständige Redakteur ist aber angewiesen worden, den Text auf keinen Fall zu veröffentlichen. Daraufhin haben die Studenten Gabi Stötzer, Manfred Mortzeck und andere den Text einfach abgeschrieben und unter den Studenten verbreitet – quasi illegal. Durch unsere Verbreitung ist der Text aber nur einigen Studenten bekannt geworden. Eine öffentliche Diskussion über den Text oder über den kritisierten ML-Unterricht hat es nie gegeben."
Dieser Text führte zu unerwarteter Eskalation und Konsequenzen, wie sie in einigen Beiträgen angesprochen werden. Wilfried Linke selbst wurde im Juni 1976 exmatrikuliert. Die Exmatrikulation bedeutete unbegrenztes Studienverbot an allen Universitäten, Hochschulen und Fachschulen der DDR.
Das abgebildete Dokument wurde in der Gerichtsakte von Gabriele Kachold gefunden,[613] die sich als FDJ-Stellvertreterin damals zusammen mit der FDJ-Sekretärin Martina Anger (verh. Pontius) für Linke einsetzte.
Interessant an dem abgebildeten Dokument ist der BStU-Stempel. Es handelt sich um eine Kopie aus den Unterlagen des MfS. Ein Indiz dafür, dass das MfS auch in der Hochschule für Pädagogik, Erfurt, über alle Vorgänge entweder durch IM unter den Studenten oder aus dem Lehrkörper heraus informiert wurde.

---

612 Siehe die Beiträge Martina Pontius (geb. Anger), „Es herrschte eine Atmosphäre der Angst und Beklemmung"; Gabriele Stötzer (verh. Kachold), „Wir lasen bändeweise Marx, Engels, Lenin und Luxemburg"; dies., Ein Brief an Margot Honecker löste Alarm aus". Vgl. auch den Kommentar von Pontius und Stötzer, „Die Zerschlagung des studentischen Widerstands an der Pädagogischen Hochschule Erfurt".

613 Gerichtsakte Kachold, Gabriele, Archiv der Außenstelle Erfurt, AU 444/78, Bd. 2, S. 64–66.

Wilfried Linke, geb. 1950 in Eisenberg/Thüringen; 1973 Studium der Pädagogik in Erfurt, 1976 Exmatrikulation aus politischen Gründen, dann Hilfsarbeiter bei der Post und beim DRK in Jena. 1977 Regieassistent am Schweriner Theater. Ab 1983 Lagerist, Hilfspfleger in Schwerin. Seit 1974 massive Bespitzelung durch das Ministerium für Staatssicherheit; 1989/90 Mitglied des „Neuen Forums" in Schwerin.

1992 politische Rehabilitation (Zuerkennung Diplom-Pädagoge), wodurch 1993 ein Psychologiestudium in Jena ermöglicht wurde. 1997 Diplom-Psychologe; Tätigkeit als Diplom-Psychologe und Psychotherapeut in der Klinik Carolabad Chemnitz. 2004 Approbation als Psychologischer Psychotherapeut. 2002–2008 Leiter des Fachbereichs Persönlichkeit und Trauma an der Danuvius-Klinik in Ingolstadt. Seit 2009 (bis heute) Teamleiter in der Luisenklinik Bad Dürrheim und Dozent am Ausbildungsinstitut für Verhaltenstherapie der Luisenklinik. 2016 Gründung des Theaters No Blind Date. Lebt seit 2009 in Villingen-Schwenningen.

55

Sieben unverblümte Äußerungen über Bekanntes
(Sätze zum Anzweifeln)

1

Die Seminargruppe T 74/2 äußerte in WIR -18/75:"...daß es ganz sinnvoll wäre, wenn andere Seminargruppen ihre Erfahrungen (über) den Unterricht in Marxismus-Leninismus/ W.L.) auch einmal zu Papier bringen,...um mit dazu beizutragen, die Lehrveranstaltungen in Marxismus-Leninismus effektiver zu gestalten."
Eingangs nur soviel:
Bringen wir diese Erfahrungen zu Papier, ist aufzupassen, daß sie vom Papier nicht vergewaltigt werden. Was soll das? Es hat sich eingebürgert, den Erfahrungsaustausch mehr als Umarmung denn als Boxkampf zu verstehen. Von wegen der unangenehmen Treffer und - schaudererregende Vorstellung für manche - des Auszählens. Lieber schlagen wir uns die Erfolgsmeldungen gegenseitig um die Ohren und klopfen dem Gegenüber satt auf die linke Schulter: Alles okay; der Laden läuft schon.
Aber mir ist denn doch wohler, wenn ich in den Ring trete; auch wenn da Tiefschläge zu erwarten sind.

2

"...Die Lehrveranstaltungen in Marxismus-Leninismus effektiver zu gestalten." Eine ehrfurchtslose Notiz dazu:
Wir haben uns lenge genug auf Allgemeinplätzen wie "Effektivität", "noch bessere Qualität", "noch mehr Aktivität" etc. ausgetobt. Und es hat uns müde gemacht, immer durch die Blume der "Effektivität" und dergleichen mehr in papieraufwendigen Verbesserungskommuniques zu verkünden: Lust muß effektiver werden, die FDJ-Arbeit, die Seminare in Marxismus-Leninismus, die Mitarbeit, das Interesse, die Effektivität und was uns sonst noch alles bewegt. Die höheren Leitungen registrieren mit Eifer diese Großartigkeiten, und unser Gewissen läßt sich von derartigen "Feiertagen" verblüffen. Frappante Selbsttäuschungen, die uns höchstens dort Erfolge bescheren, wo keiner von uns sie will. Vor einem Dilemma stehen wir deswegen keinesfalls: Wirksamer ist immerhin erst dann etwas zu gestalten, wenn ich benenne, was da noch brachliegt - und warum. "Wir geben der Hoffnung Ausdruck, wenn wir vom Wirklichen reden." (Volker Braun: Es genügt nicht die einfache Wahrheit; S.59)

3

Der Marxismus-Leninismus ist Studienobjekt Nummer 1. So steht's geschrieben. Im Kampfprogramm unserer FDJ-Organisation. Genau: Studienobjekt Nummer 1, weil u.a. die dialektische Methode - von Marx und Engels gründlich benutzt, um beispielsweise die wirklichen Basis der Ideologie aufzuzeigen (und so auch die Ursachen für das Funktionieren bestimmter historischer Herrschaftsmechanismen) - eine ganz brauchbare Handhabe ist, sich in unsere eigenen Belange einzumischen.
Und so ab und an kann man in Zeitungen lesen, daß die Lehren der Klassiker - und nun gar besonders deren Methode - bei uns lebendiger denn je wären. Sitzt man dann allerdings im Seminar, wähnt man sich eher auf einer Tagung der Schläfrigkeit als auf einem Fest zu Ehren der Lebendigkeit.
Das schulmeisteliche Frage-Antwort-Spiel - seit unserer Einschulung noch immer die geläufigste Art, uns was beizubringen - wird, Verzeihung für den Ausdruck, "munter" betrieben, Diskussionen schießen zwar auf, breiten sich aus, aber das Lachen kann einem vergehen

 56

angesichts der Auskünfte, die man sich einholt, angesichts der Klarheit, die herrscht. Wenn es so gerade anfängt "unartig" zu werden, was ja ganz belebend ist, denn Artigkeit hat irgendwo etwas mit Langeweile zu tun, passiert für uns in ebendem Augenblick immer noch Unverständliches: Da der Lehrplan eine seriöse runde Sache ist, kann ein unbequem fragender Mund schon ein bißchen Verwirrung in seinem Gefüge stiften. Ähnliches vor Augen, setzt dann auch der Lehrer ein, Meinungen zu koordinieren, sie zusammenzufassen" und hernach die fertigenLehrbuchsätze zu postulieren oder solche, die bestenfalls davon abstammen. Mittlerweile hat der Student den Dreh heraus und sammelt sich eilends die ordentlichen Zusammenfassungen in sein Merkbuch. Er weiß:
Das ist Gesichertes, das wird verlangt, und das brauche ich in diversen Kontrollen nur noch ausgeschmückt herzubeten.
Und Ungeklärtes? Offene Fragen? Wie ist das tatsächlich mit dem Absterben des Staates bei uns? Gibt es bei uns antagonistische Widersprüche - oder? Wer gehört denn nun zur Arbeiterklasse?
Wie entwickelt sich wirklich die sozialistische Demokratie, und wie sehr wird sie denn von der Bürokratie untergraben?
Solches, wo uns die klaren Antworten fehlen, solches, sagt sich der Student, werden die doch nicht abfragen. So kurzsichtig werde ich nicht sein und damit herausrücken. Womöglich handle ich mir dunkle Noten ein, und die werfen ein verdächtig düsteres Licht auf mich.

4

Was hier vorerst aufgezeigt wurde, provoziert eine Menge Fragen, Wem nützt denn, verschiedene Sichten auf Probleme, Vorgänge und Zusammenhänge zu benoten? "Wenn die Auffassung geistiger Dinge individuell ist, welches Recht hat eine geistige Ansicht vor der anderen, die Meinung des Zensors vor der des Schriftstellers?" (M/E, Bd.1, S.61).
Teilt man aber Noten für Meinungen aus, so darf man sich nicht wundern, daß zensurenorientiertes Denken eigene Überlegungen ausspart. (Wie entwickelt sich ein enges, schöpferisches und eingreifendes Verhältnis zu unserer Wirklichkeit anders, als durch offenes und ungeschminktes Behandeln der oft diffizielen Probleme).

5

Weiter: Von welcher Absicht wird eigentlich die stillschweigende Übereinkunft diktiert, diese oder jene Fragen, deren Antworten noch nirgendwo nachzulesen sind (siehe oben), im M/L-Seminar mit Wendungen wie: "Das gehört nicht hierher/Das Problem wird in einem anderen Zusammenhang erörtert/Das führt jetzt zu weit/Das wird zu speziell/ Das liegt nicht in unserem Interesse" usw. letztlich zu tabuieren? Offensichtlich ist das Umgehen von nicht eindeutigen Sachverhalten kein Akt der Klärung der Dinge. Allgemeone Sätze herzitieren oder die Hinweise auf geordnete Erklärungen in Lehrbüchern ist auch nichts anderes als Ausweichen. Diese Palliative sind zwar gängig, ersetzen uns aber niemals den Meinungsstreit, der uns alle aufscheuchen müßte. Das Erwähnte deutet auf Tabus.
Nun gut: Gibt es noch Bezirke, die durch kleine Fähnchen mit der Aufschrift "Tabu" abgesteckt sind, fragt man sich, welcher Art das Vertrauen zu den Studenten ist, daß man ihnen öffentlich den Blick über besagte Bezirksgrenzen vorenthält.
"Die Existenz unserer Gesellschaft ist nämlich nicht an Tabus gebunden: das ist neu. Ja, diese Gesellschaft kann nur weiterexistieren und sich entwickeln, indem sie ihre Tabus aufgibt, das heißt indem sie sich selbst rigeros anrührt." (V.Braun,a.a.O., S.112).

57

6

Die Frage des Vertrauens ist keineswegs aus der Luft gegriffen. An Institutionen und von einigen Lehrkräften wird -oft schnell bei der Hand- ein Vokabular von Prädikaten benutzt (etwa: reaktionär, oppertunistisch, linksradikal, revisionistisch, sektiererisch usw.) für eine beinahe denunzierende "Klassifizierung" "unbormäßiger" Überlegungen der Studenten. Die so Disqualifizierten müssen dann - gegen ihre Absicht - meist lange den schwarzen Schafspelz überziehen (er wird ihnen übergezogen).
Es kann einfach nicht mehr angehen, sich auf so fragwürdige Art konträrer Meinungen zu entledigen. Was sind denn das für Präservativmittel, die leichtfertig verwendet werden und nicht vorbeugen, sondern eher begünstigen, daß man schweigt!
Und wenn es allen, die es angeht, Mühe, Schweiß und Zeit kostet: Es ist immer noch besser mit Argumenten zu arbeiten, sich ~~xxxixxxx~~ auseinanderzusetzen, als jemandem solche Etiketten aufzukleben - und damit fertig.

7

Markiert einer brüchige Stellen, bleibt man noch recht gemütlich, schaut ihm zu; das ist noch gefällig und zumutbar. Solange er nicht antastet, warum sie dünn geworden sind, solange mag er seinen Finger ausstrecken und darauf zeigen, solange. Und dabei wird gar nicht mal hinter vorgehaltener Hand über Zugriffe und Antasten gesprochen. Aber die Hände werden über dem Kopf zusammengeschlagen, w e n n einer z u g r e i f t .
Mit dem Unterricht in M/L ist die allerbeste(!) Möglichkeit gegeben, eingreifendes Denken und Handeln zu vermitteln. Die Religion drückte die Menschen in eine kontemplative Haltung. Ihre eigenen Angelegenheiten wurden ihnen zum Mysterium, da undurchsichtige Gestalten (Götter) die Regelung in der Hand hatten.
Wir haben das hinter uns. Wir haben es nicht mehr drauf, Seminare über die Runden zu bringen, in denen Einsichten in Notwendigkeiten obligaterweise einzuprägen sind, deren Einsehbarkeit hinfällig geworden ist.

Wilfried Linke DK 73 ; 9.1.1976

// Die Erneuerung der Hochschulen zwischen 1989 und 1993 in Sachsen

Matthias Rößler[614]

Zur Situation der Hochschulen in der DDR (1968 bis 1989)

Wenn den Fernsehzuschauern die DDR-Zeit als eine Art Seifenoper vorgeführt wird, mag bei manchem der Eindruck entstehen, das SED-Regime sei ja ganz lustig, jedenfalls gar nicht so schlimm gewesen. Wer aber in der DDR studiert hat, der weiß, wie unhaltbar das ist. Die Universitäten und Hochschulen des Landes befanden sich aufgrund der „führenden Rolle der Partei" in einer katastrophalen Situation.
Mit der Partei war nicht irgendeine, sondern selbstverständlich die SED gemeint, und den Ausdruck „führende Rolle" verstand jeder so, wie er gemeint war. Er umschrieb mit sanft klingenden Worten den absoluten, vollständigen Machtanspruch der kommunistischen SED, vor dem es kein Entrinnen gab. Dieser Machtanspruch ließ sich nur mit den dafür geeigneten „Kadern" durchsetzen, für die eine „Kaderschmiede" gebraucht wurde. Das waren die Hochschulen. „Kader" sind nach einem DDR-Lexikon von 1976 der *„planmäßig herangebildete Stamm von Leitungs- und Nachwuchskräften des gesellschaftlichen Lebens"*.
Unter Stalin, Walter Ulbricht und später Erich Honecker hieß es: *„Die Kader entscheiden alles."* Daher gab es in jeder Sektion einen „Kaderbeauftragten" – es versteht sich von selbst, dass er der SED angehörte – und in der Sektionsparteileitung gab es eine „Kaderkommission". Berufungskommissionen zur fachlichen Wertung von Kandidaten gab es wie überall auch in DDR-Hochschulen, und es wäre auch falsch, würde man sie allein als ein „akademisches Mäntelchen" bezeichnen, das den Berufenen umgehängt wurde. Dennoch: Auch ein fachlich herausragender Kandidat wäre niemals in einen Berufungsvorschlag aufgenommen worden, wenn er den Segen der Kaderkommission nicht gehabt hätte. Die wirklichen Entscheidungen über die Berufung und über die Besetzung von Leitungspositionen in der Sektion wurden also von der SED getroffen.

Die dritte Hochschulreform 1968

Die Weichen dafür, dass das möglich wurde, waren im Jahre 1968 mit der dritten Hochschulreform der DDR gestellt worden. Nachdem die SED in ihren Anfangsjah-

614 Matthias Rößler, Präsident des Sächsischen Landtages (s. S. 339).

ren noch auf diejenigen angewiesen war, die sie in abwertender Weise als „bürgerliche Intelligenz" bezeichnete, sah sie 1968 die Zeit gekommen, diese Wissenschaftler von den entscheidenden Positionen im Hochschulsystem zu verdrängen, sie auszuschalten und neue, eben die richtigen „Kader" in diese Positionen zu bringen. Damit gelang es ihr zwar nicht vollständig, aber doch in weiten Teilen, das zentralistische und dirigistische Kommandosystem des „real existierenden Sozialismus" in den Hochschulen zu etablieren.

In der Folgezeit führten die rigiden Methoden der Machtausübung zu Fehlentwicklungen, die auch von der SED nicht ohne Weiteres ignoriert werden konnten. Sie waren teilweise so gravierend, dass in den Achtzigerjahren Korrekturen vorgenommen werden mussten, um die Leistungsfähigkeit des Hochschulsystems nicht weiter absinken zu lassen.

In den ersten Jahren nach der Hochschulreform kam ein Wissenschaftler, der nicht SED-Mitglied war, unter keinen Umständen in die engere Wahl für eine Berufung. Später kam man nicht umhin, gewisse Modifikationen vorzunehmen, natürlich nur, wenn Exzellenz auf keine andere Weise erreichbar war. Der Umfang blieb aber gering. Ein fachlich sehr gut geeigneter Parteiloser wurde nicht einmal dann berufen, wenn die fachlichen Mängel des SED-Kandidaten unverkennbar und die negativen Auswirkungen der Berufung absehbar waren.

In dieser Zeit wurde eine Reihe stark spezialisierter Hochschulen neu gegründet und bereits bestehende wurden durch Spezialisierung umgewandelt. Bei dieser engen Ausrichtung der Hochschulen handelte es sich einerseits um das Kopieren des sowjetischen Hochschulwesens, denn auch im akademischen Bereich hatte die Losung zu gelten: *„Von der Sowjetunion lernen heißt siegen lernen."* Die Neugründung von Hochschulen aber hatte auch kaderpolitische Gründe. In neuen Hochschulen brauchte man nicht erst alte Strukturen zu zerschlagen. Es war der SED auf diese Weise viel leichter möglich, ihre kaderpolitischen Entscheidungen durchzusetzen.

Zur „führenden Rolle der Partei" kam die „marxistisch-leninistische Durchdringung der Wissenschaften" hinzu. Zwar war der Marxismus-Leninismus schon 1951 als obligatorisches Studienfach für jeden Studenten eingeführt worden, aber die anderen Fächer waren davon zunächst kaum berührt. Das sollte sich nach der dritten Hochschulreform gründlich ändern. Die erste Folge war die Pflicht für jeden Wissenschaftler, der nicht der SED angehörte, an einer marxistisch-leninistischen Weiterbildung teilzunehmen. Sie fand monatlich im Beisein eines von der Parteileitung mit der Kontrolle beauftragten SED-Mitglieds statt, wurde an der Sektion ML (Abkürzung für Marxismus-Leninismus) durchgeführt und wie bei den ML-Vorlesungen und ML-Seminaren für Studenten wurde auch hier festgestellt, wer fehlte. Hochschullehrer hatten im Zweijahresrhythmus die marxistisch-leninistische Weiterbildung für Professoren zusätzlich zu durchlaufen.

In den Achtzigerjahren trat noch etwas hinzu: Alle Fachrichtungen, auch die technischen und naturwissenschaftlichen, hatten die marxistisch-leninistische Ideologie in die Lehrveranstaltungen zu integrieren. Ein Mathematikprofessor sollte zum Beispiel nachweisen, dass seine Wissenschaft ohne die marxistisch-leninistische Philosophie eigentlich handlungsunfähig und wertlos sei. Außerdem ordnete die SED an, dass in den Vorlesungen zur – wie es hieß – „aktuell-politischen Lage" Stellung bezogen wird, natürlich im Sinne der SED-Doktrin. Es waren „die Vorzüge des real existierenden Sozialismus" zu preisen und „dessen Überlegenheit über den sterbenden, faulenden, parasitären Kapitalismus" musste deutlich werden.

Zu den Auswirkungen der Hochschulreform von 1968

Den Studenten war die ideologische Vergewaltigung bereits aus der Schule wohlbekannt, die nahtlos im Studium fortgesetzt wurde. Wer fachlich gut war und Leistungsstipendium haben wollte, durfte in den ML-Seminaren nicht nur einfach still dasitzen. Er musste aktiv die SED-Position vertreten. Wer promovieren wollte, brauchte vor der Verteidigung seiner Dissertation das Plazet der Sektion Marxismus-Leninismus, dass er dort seine Prüfung bestanden hatte.

Wenn man dies alles in Rechnung stellt, erscheinen die negativen Pauschalurteile über Wissenschaft und Wissenschaftler in der DDR, die aufkamen und gefällt wurden, nicht völlig unverständlich. Sie sind aber falsch und setzen die herab, die sich ihren klaren Blick, ihre wissenschaftlichen Fähigkeiten, ihre politische Urteilsfähigkeit und ihre persönliche Integrität über die Zeiten der Diktatur hinweg bewahrt haben. Es ist eine uralte Menschheitserfahrung, dass es in Zeiten der Not stets auch die wahre Elite, die Fähigen und zugleich Aufrechten gibt, die allen Widrigkeiten zum Trotz Kristallisationspunkte für künftige Entwicklungen bilden und so der Zukunft den Weg bereiten. Und das waren in der DDR durchaus nicht wenige.

Ohne jeden Zweifel richtig war, dass die Professorenschaft in den geisteswissenschaftlichen Fächern, wenn überhaupt, dann nur zu einem verschwindend geringen Teil geeignet war, die kommenden Führungsaufgaben wahrzunehmen. Das Gleiche trifft auch für die Wirtschafts- und Sozialwissenschaften zu. Die meisten dieser „Wissenschaftler" hatten dem Denken nur dann seine Berechtigung zugesprochen, wenn es dem Machtanspruch der SED diente, in Wissenschaftlern nur Lakaien dieser Partei gesehen und dem diktatorisch beherrschten Staat bedingungslos gedient.

Nicht gänzlich anders, aber dennoch davon zu unterscheiden, war die Situation in den technischen und naturwissenschaftlichen Disziplinen. Weil sich darin Unfähigkeit nur schlecht vertuschen ließ und diese zudem die DDR in einem neuralgischen Punkt, der wirtschaftlichen Leistungsfähigkeit, traf, war die SED gezwungen, in diesen Disziplinen deutlich mehr Wert auf die fachlichen Fähigkeiten der Professorenschaft zu legen. Dennoch gab es auch hier Unfähigkeit und Ignoranz, und viele befähigte Wissenschaftler hatten aufgrund ihrer ablehnenden Haltung gegenüber dem SED-Regime keinerlei berufliche Aufstiegsmöglichkeiten. Sie mussten im wissenschaftlichen Mittelbau verbleiben.

Dort also, im Mittelbau, bildete sich auf diese Weise ein auch zahlenmäßig erhebliches Potenzial an fähigen Wissenschaftlern heraus, die nicht nur über persönliche Integrität verfügten, sondern auch über einen klaren Blick für das nach dem Ende der SED-Diktatur Notwendige, und über die Fähigkeit, dies in die Tat umzusetzen. Das erwies sich nach der friedlichen Revolution in der DDR als große Chance für die Universitäten und Hochschulen. Diese Wissenschaftler wurden zur Triebkraft der Erneuerung, auf diesen Personenkreis konnte gebaut werden und diese Wissenschaftler standen auch zur Übernahme von Verantwortung bereit.

Von der friedlichen Revolution zur deutschen Einheit (1989 bis 1990)

Die Universitäten und Hochschulen waren nicht der Ausgangspunkt der friedlichen Revolution, aber sie standen auch nicht völlig abseits, wie manchmal behauptet wurde. Trotzdem verhielt sich die Masse der Studenten und die Mehrheit des Lehrkörpers anders als in den anderen mittel- und osteuropäischen Staaten eher passiv und vielfach ablehnend.

Akademische Gremien wurden durch demokratische Wahlen neu besetzt

Manche Wissenschaftler der Hochschulen und Universitäten, auch der Institute der Akademie der Wissenschaften, auch manche Studenten beteiligten sich aktiv und versuchten vor allem, Veränderungen in den Hochschulen herbeizuführen. Die FDJ-Leitungen wurden von beherzten Studenten einfach beiseitegeschoben und später aufgelöst. Ein basisdemokratisch gewählter Studentenrat konstituierte sich. Eine Änderung der personellen Besetzung der Universitätsgremien kam in Gang. Sie verlief aber langsamer und immer wieder stockend und eine Änderung der Universitätsstruktur wurde zunächst gar nicht in Angriff genommen.

In den meisten Sektionen wurden der Sektionsrat und der Sektionsdirektor neu gewählt und der „Stellvertreter EAW", der die SED-Doktrin in der Lehre durchzusetzen hatte, wurde abgeschafft. Der akademische Mittelbau setzte in vielen Fällen durch, dass seine Vertreter mit denen der Professoren gemeinsam gewählt wurden, um so den Einfluss der SED-Professoren zu begrenzen. Zwar wurde der eine oder andere Gewählte später als Stasi-IM enttarnt, aber das waren wenige Ausnahmen. Durch diesen Wahlmodus wurde jedenfalls erreicht, dass diejenigen schon frühzeitig zahlreicher in Führungspositionen kamen, die anschließend Verantwortung übernehmen sollten.

Eine bedeutende Weichenstellung an der Technischen Universität Dresden vollzog sich am 26. Februar 1990, als von einem aus 400 Personen bestehenden und von allen Mitgliedergruppen der Universität paritätisch besetzten Wahlgremium ein neuer Senat und zugleich auch ein neuer Rektor gewählt wurde.

Einigkeit herrschte darin, dass das Hochschulrecht der DDR für jede Erneuerung untauglich ist

Es war klar, dass die bevorstehenden Einschnitte drastisch und die Widerstände erheblich sein würden. Einigkeit unter allen Erneuerungsbefürwortern herrschte allein darin, dass das Hochschulrecht der DDR für jede Erneuerung untauglich ist. Wie die Erneuerung aber vonstattengehen sollte, war weithin strittig. Das Spektrum der Meinungen reichte von der Abwicklung und Neugründung aller Hochschulen auf der einen Seite bis zur Selbstreinigung ohne Eingriffe des Staates auf der anderen.

Vonseiten der Modrow-Regierung wurde alles getan, um so viel wie möglich von dem zu erhalten, was die SED – inzwischen in SED/PDS umbenannt – an Voraussetzungen für ihre Machtausübung geschaffen hatte.

Die vom Staat ausgehenden Orientierungen und Einflüsse änderten sich erst, als im Ergebnis der einzigen demokratischen Volkskammerwahl vom 18. März 1990 eine Koalitionsregierung unter dem Ministerpräsidenten Lothar de Maizière ihr Amt angetreten hatte. Ein erster klarer Trennungsstrich war die Abberufung aller Hochschullehrer für Marxismus-Leninismus. Diese Abberufung war nach der DDR-Hochschullehrerberufungsverordnung rechtlich ohne Weiteres möglich, denn mit dem Wegfall des marxistisch-leninistischen Grundlagenstudiums waren alle sich darauf beziehenden Berufungsgebiete entfallen.

Ich war damals bereits wissenschaftspolitischer Sprecher im Vorstand der Partei „Demokratischer Aufbruch" in Berlin – Angela Merkel, die ich von daher kenne und schätze, war unsere Pressesprecherin –, Mitglied des Runden Tisches in Dresden und später zuständiger Arbeitsgruppenleiter für den Kultusbereich im Koordinierungsausschuss zur Bildung des Landes Sachsen. Die politischen Maßnahmen der de Maizière-Regierung waren damals viel zu zögerlich und auf die Wahrung einzelner Besitzstände der alten DDR-Eliten auch an den Hochschulen ausgerichtet. Deshalb drängten wir die de Maizière-Regierung zum schnellen Beitritt zur Bundesrepublik und zu radikaleren, weitergehenden Veränderungen.

Die vorläufige Hochschulordnung von 1990

Weitere Schritte mussten folgen. Weil diese rechtsstaatlich eingeleitet werden sollten, dies aber mit dem bestehenden, auf Machterhalt der SED ausgerichteten DDR-Recht nicht möglich war, wurde von DDR-Bildungsminister Prof. Dr. Hans-Joachim Meyer eine „vorläufige Hochschulordnung“ ausgearbeitet und am 18. September 1990, zwei Wochen vor der Wiedervereinigung, von der DDR-Regierung beschlossen.
Sie schrieb vor, dass die Hochschulen *„gemeinsam mit den zuständigen staatlichen Stellen ihre Bereitschaft und Fähigkeit zur Reform des Hochschulwesens“* zu gewährleisten haben. Land und Hochschulen hatten nach diesem Gesetz die Freiheit der Forschung, der Lehre und des Studiums für alle Mitglieder der Hochschulen zu wahren.
Eine wichtige Änderung betraf die Abberufung hauptberuflich tätiger Hochschullehrer: Nach der Hochschullehrerberufungsverordnung von 1968 waren Professoren bei Entzug der facultas docendi abzuberufen. Diese Vorschrift war das „akademische Deckmäntelchen“, mit dem es möglich geworden war, Professoren aus der Hochschule zu verdrängen, die sich dem SED-Diktat widersetzten. Die facultas docendi konnte von der zuständigen Fakultät unter anderem dann entzogen werden, wenn deren Inhaber zur „Leitung wissenschaftlicher Kollektive“ nicht mehr geeignet erschien.
Diese Vorschrift wurde zwar gestrichen, aufgenommen wurde jedoch die Möglichkeit der Abberufung *„bei fehlender Eignung nach grundsätzlicher inhaltlicher Änderung des Berufungsgebietes“*. Insbesondere im geisteswissenschaftlichen Bereich konnten auf dieser Rechtsgrundlage durch ideologische Ausrichtung belastete Professoren sofort abberufen werden. Umgesetzt wurden diese Vorschriften allerdings von der Regierung de Maizière nicht mehr. Wichtig wurden also die in den neu entstehenden Bundesländern zu beschließenden Hochschulgesetze.

Auf dem Weg zum Hochschulerneuerungsgesetz (1990/91)

Am 3. Oktober 1990 wurde Deutschland in Freiheit und Frieden wiedervereinigt. Der Einigungsvertrag umfasst Hunderte von Seiten, die die Grundlage für den nunmehr anlaufenden Transformationsprozess bildeten. Es versteht sich von selbst, dass die öffentliche Verwaltung bei der Gestaltung des Transformationsprozesses von besonderer Bedeutung war. Nicht nur an den Hochschulen, sondern in der gesamten öffentlichen Verwaltung dominierten noch die SED-Kader.
Aus diesem Grunde wurde im Einigungsvertrag bestimmt, dass die persönliche Eignung für eine Tätigkeit im öffentlichen Dienst jeder Person fehlt, die gegen die Grundsätze der Menschlichkeit oder Rechtsstaatlichkeit verstoßen hat oder für das Ministerium für Staatssicherheit tätig ist und deren Beschäftigung im öffentlichen Dienst deshalb unzumutbar erscheint – ein Grundsatz, der zwei Jahre später als Arti-

kel 119 Eingang in die sächsische Verfassung fand. Damit erhielten die international anerkannten Grundrechte und Rechtsgrundsätze, die in der „Allgemeinen Erklärung der Menschenrechte" vom 10. Dezember 1948 sowie im „Internationalen Pakt über bürgerliche und politische Rechte" vom 19. Dezember 1966 aufgeführt sind, unmittelbare Bindungswirkung.

Das sächsische Hochschulerneuerungsgesetz

Nur elf Tage nach der Wiedervereinigung, am 14. Oktober 1990, fand die erste Wahl zum Sächsischen Landtag statt, aus der die Christlich-Demokratische Union mit absoluter Mehrheit als weitaus stärkste Fraktion hervorging. Ich war im August 1990 in die CDU eingetreten, wurde im September in den Sächsischen Landtag und im Oktober als wissenschaftspolitischer Sprecher der CDU-Fraktion gewählt.

Die Hochschulen mussten die Folgen jahrzehntelanger ideologischer Indoktrination überwinden und sowohl personell als auch strukturell erneuert werden. Die Debatte um den zu wählenden Weg wurde nicht nur im Sächsischen Landtag, sondern auch in der Öffentlichkeit, insbesondere natürlich in den Hochschulen, damals sehr leidenschaftlich geführt. Fest stand, dass die Erneuerung bei Fortführung der Lehr- und Forschungstätigkeit geschehen musste, schon weil die immatrikulierten Studenten ein einklagbares, vor allem aber moralisches Recht auf ununterbrochene Fortsetzung ihres Studiums hatten.

Mit einer ersten Maßnahme im Bereich des Hochschulwesens, der Abwicklung der ideologisch besonders belasteten Sektionen, setzte die Sächsische Staatsregierung ein deutliches Zeichen.

Im zweiten Schritt galt es, ein Hochschulgesetz zu schaffen, mit dem die Erneuerung weiter vorangetrieben werden konnte. Der Ausschuss für Wissenschaft und Hochschulen des Sächsischen Landtags, an dessen Arbeit ich als wissenschaftspolitischer Sprecher der CDU-Fraktion teilhatte, versicherte sich durch Anhörung aller maßgeblichen Gruppen und Verbände in umfassender Weise des Sachverstandes der Experten, aber vor allem der Betroffenen.

Nach zum Teil kontrovers geführter Debatte verabschiedete der Sächsische Landtag am 25. Juli 1991 das Sächsische Hochschulerneuerungsgesetz. Mit diesem Gesetz wurde die politische, rechtliche und organisatorische Voraussetzung für die personelle und strukturelle Erneuerung der sächsischen Hochschulen geschaffen. Neben einer umfassenden Überprüfung des Hochschulpersonals wurden alle Lehrstühle durch die sogenannten „Professoren neuen Rechts" verkürzt oder in ordentlichen Berufungsverfahren neu besetzt.

Von manchem wurde der, wie es hieß, undemokratische Zentralismus dieses Gesetzes gerügt. Es ist richtig, dass das Hochschulerneuerungsgesetz dem Wissenschaftsminister mehr Kompetenzen eingeräumt hat, als dies im Allgemeinen in Hochschulgesetzen der Fall ist. Anders ließen sich aber die durch die Nationalsozialisten und die Kommunisten systematisch zerstörten Voraussetzungen akademischer Eigenverantwortung und Selbstverwaltung nicht wiederherstellen.

Ich war und bin fest davon überzeugt, dass sich die personellen und strukturellen Hochschulreformen nur von hochschulinternen und hochschulexternen Kräften gemeinsam realisieren ließen und dass dabei der Staat die Bürde der unangenehmen Entscheidungen zu übernehmen hatte.

Die personelle und strukturelle Erneuerung der Hochschulen (1991 bis 1993)

Der achte Abschnitt des Sächsischen Hochschulerneuerungsgesetzes trägt die Überschrift „Reform und Erneuerung des wissenschaftlichen und künstlerischen Personals". Das Gesetz schrieb vor, dass unverzüglich nach seinem Inkrafttreten zu prüfen war, welche Hochschullehrer und Mitarbeiter nicht über die erforderlichen persönlichen Voraussetzungen für ihre Tätigkeit verfügten. Dazu wurden Personal- und Fachkommissionen eingerichtet.

Die Arbeit der Personalkommissionen

Die Personalkommissionen überprüften in der Folgezeit alle in ihren Zuständigkeitsbereich gehörenden Personen. Das dabei angewendete Verfahren war gesetzlich geregelt.

Den Betroffenen war rechtliches Gehör zu gewähren, insbesondere Gelegenheit zur Stellungnahme zu allen von der Kommission herangezogenen Unterlagen. Die Personalkommission konnte alle verfügbaren Unterlagen, Unterlagen aus dem Universitätsarchiv, Berufungsunterlagen aus dem Bundesarchiv, auch die manchmal sehr entlarvenden Akten des SED-Archivs, nutzen. Sie konnte auch Personen befragen und sonstige sachdienliche Ermittlungen durchführen. Im Ergebnis ihrer Beratungen hatte die Personalkommission mit der Mehrheit ihrer Mitglieder zu beschließen, ob dem Staatsminister für Wissenschaft und Kunst die Abberufung von Professoren oder die Kündigung von wissenschaftlichen und künstlerischen Mitarbeitern zu empfehlen ist.

Die Überprüfung hat übrigens gezeigt, dass das Votum „Fachlich ungeeignet" vielfach mit dem Befund „Persönlich ungeeignet" einherging, eine Tatsache, die mit den in der DDR gemachten Erfahrungen vollständig übereinstimmt.

Die Personalkommissionen wurden auf Beschluss des Gesetzgebers auch nach Abschluss des Überprüfungsverfahrens für den damaligen Personalbestand fortgeführt.

Ihre Aufgabe bestand seither darin, das neu einzustellende Personal zu überprüfen. Damit wurde erfolgreich verhindert, dass Personen, denen die persönliche Eignung fehlt, in die Hochschulen zurückkehren können.
Unabhängig von der Überprüfung durch die Personalkommission wurde und wird jeder an einer sächsischen Hochschule Beschäftigte durch die sogenannte Gauck-Behörde, die Behörde des Bundesbeauftragten für die Stasi-Unterlagen, überprüft.
Insgesamt wurden an den sächsischen Hochschulen 2.630 Personalentscheidungen getroffen. Im Geschäftsbereich des Staatsministeriums für Wissenschaft und Kunst wurden rund 55.000 Anträge an die Gauck-Behörde gestellt. In etwa 1.850 Fällen enthielten die von der Gauck-Behörde erteilten Auskünfte einen Hinweis auf vorhandene Aktenbestände. Aus solchen Auskünften resultierten ca. 800 Personalmaßnahmen, die von Kündigungen bis zu Abmahnungen wegen falscher Angaben im Erklärungsbogen reichten.
Im Geschäftsbereich des Staatsministeriums für Wissenschaft und Kunst wurden ca. 1.400 Kündigungen wegen nachgewiesener Menschenrechtsverletzungen bzw. wegen einer Tätigkeit für das Ministerium für Staatssicherheit ausgesprochen. Zusätzlich kam es in ca. 500 Fällen zu andersartigen Beendigungen von Arbeitsverhältnissen wegen persönlicher Nichteignung.
Mit den Kündigungen waren ungefähr 1.000 Arbeitsrechtsstreitigkeiten verbunden und nur in 53 Fällen unterlag der Freistaat Sachsen rechtskräftig.
Mit dem Ziel der Rehabilitierung wurde auch die Möglichkeit geschaffen, Hochschuldozenten und wissenschaftlichen Mitarbeitern das Recht zur Führung des Titels Professor zu verleihen, wenn sie sich durch besondere Verdienste in Forschung und Lehre ausgezeichnet hatten, aber durch die politischen Verhältnisse bisher benachteiligt waren. Diese außerplanmäßigen Professoren wurden den gemäß Hochschulerneuerungsgesetz berufenen Professoren („Professoren neuen Rechts“) gleichgestellt. Auf diese Weise war es möglich, rasch und flächendeckend die Leitungspositionen der Hochschulen mit Professoren neuen Rechts zu besetzen.

Die Arbeit der Hochschulkommission

Neben der personellen Erneuerung stand zugleich auch die Aufgabe der strukturellen Erneuerung der Hochschulen – und das war mindestens eine genauso große Hürde. Zum einen gab es, wie bereits erwähnt, Hochschulen, in denen eine echte personelle Erneuerung kaum denkbar war und das bis dahin Geschehene teilweise als Mogelpackung angesehen werden musste. Andererseits war klar, dass auch die Universitäten nicht in der von der dritten Hochschulreform der DDR 1968 geschaffenen Struktur weiterbestehen konnten, sondern dass sie den Anforderungen an moderne Universitäten angepasst werden mussten.

Zugleich mit dem Abwicklungsbeschluss für belastete Teileinrichtungen bekundete die Sächsische Staatsregierung ihre feste Absicht zur Weiterführung der begonnenen Studien und zur Neugründung von Fakultäten, Fachbereichen und Instituten. Sie schuf damit auch die Grundlage dafür, dass in der zukünftigen akademischen Lehre und Forschung, die von fachlicher Kompetenz, wissenschaftlicher und weltanschaulicher Pluralität und persönlicher Integrität geprägt wird, auch den erneuerungswilligen und erneuerungsfähigen Angehörigen der früheren Einrichtungen eine Chance gegeben wurde.
In den technischen und naturwissenschaftlichen Fachgebieten stand man vor dem gewiss nicht einfachen Prozess, eine Reihe von Berufungsgebieten neu zu definieren und die Kompetenz der Lehrenden an diesen neuen Berufungsgegenständen zu messen. Im Interesse der künftigen Leistungsfähigkeit der wissenschaftlichen Einrichtungen musste unabhängig vom vorhandenen Personal festgestellt werden, wie diese Berufungsgebiete inhaltlich zu definieren wären. Das war ohne die verantwortliche Mitwirkung auswärtiger Sachverständiger und Gutachter nicht möglich. Deshalb beschloss das Kabinett bereits im Januar 1991, eine Sächsische Hochschulkommission ins Leben zu rufen. In den zweieinhalb Jahren ihrer Tätigkeit hat diese Kommission eine kritische Analyse der überkommenen Hochschulstruktur erarbeitet und einen fundierten Rat zur zukünftigen Gestaltung der sächsischen Hochschullandschaft vorgelegt.
Was sich bereits bei der personellen Erneuerung herausstellte, zeigt sich auch im Hinblick auf die strukturelle Erneuerung: Die Hochschulen waren aus eigener Kraft nicht in der Lage, die Erneuerung im erforderlichen Tempo zuwege zu bringen, aber auch die Politik allein, das zeigte sich genau so drastisch, konnte das nicht schaffen. Erforderlich war der Verbund aller Reformkräfte aus den Hochschulen selbst sowie aus Politik und Verwaltung, und auch die Hilfe aus den alten Bundesländern.
Alle damals aktiv Beteiligten sind bis an die Grenzen ihrer Leistungsmöglichkeiten gegangen, psychisch und mental, aber auch physisch. 14 Hochschulen – vier Universitäten, vier Kunsthochschulen und fünf Fachhochschulen sowie das Internationale Hochschulinstitut – wurden, zugleich mit ihrer Personalausstattung, als sächsische Hochschullandschaft festgeschrieben. Alle anderen bis dahin bestehenden Hochschulen wurden aufgelöst und weiterbestehende bzw. neu gegründete Hochschulen mit der vorübergehenden Übernahme von deren Aufgaben und mit der Durchführung der Auflösung beauftragt. Dieser Prozess der Umstrukturierung der Hochschulen war mit erheblichen Turbulenzen verbunden, konnte aber – das hat die Entwicklung seit 1993 unter Beweis gestellt – erfolgreich abgeschlossen werden.

Didaktische Hinweise für die Arbeit mit der Dokumentation

Birgit Scholz

Die vorliegende Dokumentation über das Studium in der DDR soll sowohl der Aufarbeitung der DDR-Vergangenheit dienen als auch dazu anregen, die aktuellen Bildungs- und Ausbildungsbedingungen an Schulen und Hochschulen sowie die persönlichen Erwartungen und Wünsche an ein Studium zu reflektieren. Dabei geht es auch darum, sich der Chancen bewusst zu werden, die die „Freiheit von Forschung und Lehre" bietet, und zu hinterfragen, wie diese Chancen heute genutzt werden.

I. Anmerkungen zur didaktischen Aufbereitung des Materials

Um die Arbeit mit den vorliegenden Zeitzeugenberichten in Unterrichtszusammenhängen zu erleichtern, wurde schon bei der Sammlung und Bearbeitung der Beiträge an ihre didaktische Aufbereitung gedacht.

1. Thematische Einordnung

Bei der Sichtung der eingehenden Texte entstand das Bedürfnis, sie thematisch zu ordnen. So wurden an jeden Beitrag „zeithistorische Stichworte" angeheftet, die die schwerpunktmäßig behandelten Themen enthielten. Diese Stichworte wurden in einer Liste gesammelt. Wenn ein Beitrag neue Themen aufwarf, kamen neue Stichworte hinzu. Diese Stichwortsammlung wurde schließlich der besseren Übersicht wegen nach Hauptthemenbereichen geordnet, und es entstand die hier vollständig abgebildete „Themenleiste", die alle verwendeten Stichworte enthält (siehe Tabelle auf Seite 468).
Selbstverständlich ist diese Einordnung subjektiv und es ist auch nicht immer eindeutig, welche Themen als Schwerpunkt eines Beitrages zu betrachten sind. Schließlich sollte die Zahl der ausgewiesenen Stichworte auf maximal drei bis vier begrenzt sein. Mit diesen Einschränkungen jedoch dürfte die die Spalte „Stichworte für die zeithistorische Kommentierung" im Verzeichnis der Autoren auf Seite 484 eine eine Hilfe für die Leserin bzw. den Leser sein, Beiträge zu bestimmten Themen zu finden.

Rahmen-bedingungen	Lehren und Lernen	Studentenalltag	Gesellschaft	Politik und Staat
Zugang zum Studium	Dozenten/ Vorlesungen	Wohnen	soziale Herkunft	FDJ/SED
Studienablauf	Praktikum/ Seminare	Ernteeinsatz	Christen	MfS
Lehre/ABF/ Fernstudium	studentische Ämter	Humor	Wehrdienst	politische Haft
Finanzierung	Assistenzzeit	Reisen	Übergang in den Beruf	politische Ereignisse
Exmatrikulation	Auslandsstudium	Solidarität	Nischen	Flucht/Ausreise
Kommentar	Kommentar	Kommentar	Kommentar	Kommentar

2. Überschriften und Angaben zum Autor

Als *Überschriften* wurden in den meisten Fällen in Abstimmung mit den Autorinnen und Autoren prägnante Zitate aus den Beiträgen gewählt, um nichts Fremdes von außen heranzutragen. Unter dem *Autorennamen* werden die wichtigsten Informationen zu Studienort, Studienjahrgang, Fachrichtung und Abschluss gegeben. Am Ende des Beitrags werden diese Daten durch eine Kurzbiografie der Autorin/des Autors ergänzt.

3. Zusatzinformationen

Die *Kurzbiografie* der Autorin/des Autors enthält Daten zum beruflichen Werdegang vor und nach 1990. Die Autorinnen und Autoren wurden auch gebeten, ein Foto aus der Studienzeit einzureichen. Viele scannten ihren Studentenausweis ein. Einige boten darüber hinaus den Herausgebern *Bildmaterial* und *Dokumente* zu ihrer Geschichte an. Dieses Material wurde, soweit es die Aussagen im Beitrag unterstützte und der erforderliche Platz vorhanden war, in die Dokumentation aufgenommen.
Um Abkürzungen, Namen von Personen, Orten, Institutionen und Organisationen sowie historische Ereignisse kurz zu erläutern, fügten die Herausgeber *Fußnoten* ein, die mit „Anm. d. Hg." gekennzeichnet sind. Bei diesen Erläuterungen, die den Lesern der älteren Generation – als Zeitgenossen – großenteils geläufig sein werden, wurde vor allem an die junge Generation gedacht, für die diese Begriffe bereits Geschichte sind. Die kurzen Erklärungen sollen ein erstes flüssiges Lesen ermöglichen, können jedoch eine eigenständige Beschäftigung mit den Besonderheiten der DDR-Geschichte und ihrer Epoche nicht ersetzen.
Sachverhalte, die ausführlichere Erklärungen erfordern, wurden aus den Fußnoten

ausgelagert und in Form von Kurzkommentaren unter der Überschrift „*Kommentar zeithistorisch*" an die Beiträge angehängt. Einige Themen erschienen als so grundlegend, dass ihnen im Anhang an die Dokumentation eigene Artikel gewidmet wurden unter der Rubrik „*Zeithistorische Kommentare und Dokumente*". Am Beginn dieser Rubrik befindet sich ein Inhaltsverzeichnis von allen in der Dokumentation enthaltenen Kommentaren.
In vielen Beiträgen wird das kulturelle Leben der Studentinnen und Studenten erwähnt. Als kleiner Einblick in diese Welt sind die Sonderseiten „Studentische Kultur" mit Witzen, Liedern und Grafiken im Anhang der Dokumentation gedacht.

4. Verzeichnisse zur Erschließung des Materials

Um die Erschließung des Materials zu erleichtern, wurden parallel zur Bearbeitung der Beiträge verschiedene Verzeichnisse angelegt:
- Alphabetisches Autorenverzeichnis mit Jahr des Studienbeginns
- Autorenverzeichnis, geordnet nach Studienorten in der DDR
- Grafische Übersicht über die Studienverläufe
- Autoren- und Beitragstitelverzeichnis mit historischen Stichworten
- Glossar der wichtigsten Begriffe mit Querverweisen zu den Beiträgen
- Verzeichnis der Abkürzungen
- Verzeichnis der genannten, zitierten und weiterführenden Literatur (Auswahl)

Diese Verzeichnisse ermöglichen die Erschließung des Materials auf verschiedenen Ebenen:

a) Biografischer Zugang

(z. B. Untersuchung von Lebensverläufen mit Abbruch des Studiums)
Bei der Suche nach Beiträgen helfen folgende Verzeichnisse und Informationen:
- Alphabetisches Autorenverzeichnis mit Studienanfängen
- Autorenverzeichnis, geordnet nach Studienorten in der DDR
- Grafische Übersicht über die Studienverläufe
- Kurzbiografien

b) Themenorientierter Zugang

(z. B. Untersuchung der Finanzierung des Studiums)
Bei der Suche nach Beiträgen helfen folgende Verzeichnisse und Informationen:
- Autorenverzeichnis, geordnet nach Studienorten in der DDR
- Autoren- und Beitragstitelverzeichnis mit historischen Stichworten

- Kommentare zu zeithistorischen Themen
- Glossar der wichtigsten Begriffe mit Querverweisen zu den Beiträgen

c) Epochenorientierter Zugang

(z. B. Untersuchung der Studienbedingungen vor und nach dem Mauerbau)
Bei der Suche nach Beiträgen helfen folgende Verzeichnisse und Informationen:

- Alphabetisches Autorenverzeichnis mit Jahr des Studienbeginns
- Grafische Übersicht über die Studienverläufe

II. Anmerkungen zur Nutzung des Materials für die politische Bildung

1. Zu den Besonderheiten der Quellengattung „schriftlicher Zeitzeugenbericht"

Zeitzeugenberichte besitzen zunächst große Authentizität, denn schließlich hat der Zeitzeuge die Ereignisse, von denen er berichtet, selbst erlebt. Dennoch spiegeln die Texte nicht „die historische Wahrheit" („wie es eigentlich gewesen ist"[615]) wider, sondern eine bestimmte Sicht der Autorinnen und Autoren auf die Ereignisse.
In diesem Zusammenhang ist der Hinweis der Zeithistorikers Christoph Classen bedenkenswert, der sich mit Erinnerungskulturforschung und Gedächtnisforschung befasst hat. Diese Wissenschaften kommen zu dem Ergebnis, dass das Gedächtnis nicht „als Speicher individueller Erinnerungen"[616] funktioniert, die man eins zu eins abrufen könnte, sondern es „dient vor allem zur Bewältigung gegenwärtiger Anforderungen"[617]. Das heißt, so Classen, dass „gegenwärtige soziale Erwartungen und Vorstellungen die Erzählungen in hohem Maße prägen".[618]
Man muss bei der Analyse der Zeitzeugenberichte also berücksichtigen, dass die Sicht der Autorinnen und Autoren durch verschiedene Faktoren bestimmt ist, die das damalige Erleben überlagern, möglicherweise verzerren, zum Beispiel:

---

615 Zitat von Leopold von Ranke (1795–1886). Ranke gehört zu den Begründern der modernen Geschichtswissenschaft. Er forderte, der Historiker solle nicht richten und lehren, sondern nur zeigen, „wie es eigentlich gewesen ist". Dazu entwickelte er die kritische Methode zur Quellenerschließung.

616 Christoph Classen: Zeitzeugen und Medien. Entstehung und Problematik einer populären Figur der Erinnerungskultur. In: Christian Ernst (Hg.): Geschichte im Dialog? ‚DDR-Zeitzeugen' in Geschichtskultur und Bildungspraxis, Schwalbach/Ts. 2014, S. 54–66, hier S. 60.

617 Classen beruft sich hier auf Harald Welzer: Die Medialität des Gedächtnisses. In: BIOS, Nr. 1 (2008), S. 15–27.

618 Classen, Zeitzeugen und Medien (wie Anm. 618). Vgl. dazu auch Thomas Ahbe: Die DDR im Alltagsbewusstsein ihrer ehemaligen Bevölkerung, in: Jens Hüttmann/Ulrich Mählert/Peer Pasternack (Hg.): DDR-Geschichte vermitteln. Ansätze und Erfahrungen in Unterricht, Hochschullehre und politischer Bildung, Berlin 2004, S. 113–138.

- Wie sehen die Autorinnen und Autoren sich selbst damals und heute? Haben sie sich in der DDR für die Ziele des Staates aktiv eingesetzt, haben sie sich aus verschiedenen Gründen angepasst oder standen sie in Opposition dazu? Haben sie die Wiedervereinigung aufseiten der DDR erlebt, also aufseiten der „Verlierer“, oder aufseiten der Bundesrepublik, der „Gewinner“?
- Wie bewerten die Autorinnen und Autoren ihr weiteres Leben: Erfolg oder Scheitern?
- Welche gesellschaftlichen und politischen Wertvorstellungen waren damals vorherrschend, welche sind es heute?
- Schriftliche Zeitzeugenberichte stehen in einem bestimmten Zusammenhang bzw. wurden für einen bestimmten Zusammenhang produziert (z. B. Aufarbeitung des SED-Staates). Auch dies prägt die Sicht auf die Ereignisse, führt zu einer bestimmten Auswahl dessen, was erzählenswert erscheint.
- Die Redakteure bzw. Initiatoren eines Projekts verfolgen in der Regel bestimmte Ziele mit ihrer Dokumentation. Dies hat Auswirkungen auf die Auswahl der Autorinnen und Autoren, auf die Themen und Länge der Beiträge und die Art ihrer Präsentation.[619] Bei der vorliegenden Dokumentation wollten die Initiatoren des Projekts ausdrücklich eine ausgewogene Sicht auf das Studium in der DDR vermitteln.[620] Sie warben[621] daher um Beiträge aus allen Absolventenkreisen, auch um Beiträge von Personen, die dem damaligen System nahestanden. Und sie lehnten keinen Beitrag ab. Um alle Beiträge, die ihnen angeboten wurden, in die Dokumentation aufnehmen zu können, mussten sie die Länge der Beiträge begrenzen. Dennoch konnte das Ziel der Ausgewogenheit nicht erreicht werden, da sich die damals „systemtreuen“ Absolventen an dem Projekt kaum beteiligt haben.
- Der aktuelle gesellschaftliche Diskurs über die DDR in den Massenmedien wird von bestimmten Themen, Deutungsmustern und Wertvorstellungen beherrscht

---

619 Vgl. dazu: Elena Demke: Zeitzeugnis, Selbstzeugnis, redaktionelles Material. DDR-Erinnerungen im Internet und Nutzungsmöglichkeiten in der politisch-historischen Bildung. In: Ernst (Hg.): Geschichte im Dialog? (wie Anm. 620), S. 206–223.

620 Dies wird deutlich an der Fragestellung, die potenziellen Autorinnen und Autoren vorgelegt wurde: „Was war gut am Studium in der DDR und worauf hätten wir verzichten können?“

621 Werbung erfolgte in Publikationen wie zum Beispiel dem „Dresdener Universitätsjournal“, das „Absolventenmagazin Kontakt-online“ der TUD“, der „Zeitschrift des Forschungsverbundes SED-Staat“ der Freien Universität Berlin, ferner durch Auslegen eines Informationsblattes (in Abstimmung und mit Hilfe der Verantwortlichen) in Bundesdienststellen und Gedenkstätten, auf Veranstaltungen von Bildungswerken. Das Projekt wurde beworben in Internetforen, in Briefen an andere Hochschulen sowie an deren Mitarbeiter (z. B. die Hochschule für Musik „Franz Liszt“) sowie an politische Institutionen, durch Vorträge wie z. B. auf der Geschichtsmesse in Suhl oder im Lions Club in München. Auch alle angesprochen Personen wurden motiviert, sich als Multiplikatoren zu betätigen. Über den Stand des Vorhabens wurde bereits ab 2012 auf einer eigens dafür eingerichteten Seite unter www.knobi-muc.de berichtet. Ab 2014 wurde dort dann das Gesamtobjekt vorgestellt, beworben und über den Stand der Arbeiten berichtet.

(z. B. „Unrechtsstaat“), die bei Zeitzeugen die Wahrnehmung der Vergangenheit mitbestimmen und allmählich verändern.[622]

Diese Punkte sollten bei der Nutzung des Materials in der Bildungsarbeit thematisiert und in ihren Konsequenzen diskutiert werden. Quellenkritik ist notwendig! Gegenüber direkten Gesprächen mit anwesenden Zeitzeugen haben schriftlich vorliegende Zeitzeugenberichte den Vorteil, dass sie unbefangen einer Quellenkritik unterzogen werden können.
Dadurch besteht die Möglichkeit, gerade Jugendliche mit Methoden und Strategien auszustatten, die es ihnen ermöglichen, Zeitzeugenerzählungen, die im Alltag an sie herangetragen werden, zu hinterfragen und einzuordnen. Die Jugendlichen werden so befähigt, umgeben von einer Vielfalt der Deutungen und Meinungen einen eigenen Standpunkt zu entwickeln und diesen verteidigen zu können.

2. Mögliche Erkenntnisziele

Wenn Zeitzeugenberichte keine unmittelbaren Rückschlüsse darauf erlauben, „wie es eigentlich gewesen ist“ im Sinne einer objektiven historischen Wahrheit, welcher andere Erkenntnisgewinn ist dann möglich?[623]

- Aus Zeitzeugenberichten erfahren wir, wie Menschen die historischen Ereignisse erlebt und verarbeitet haben.
- Wir erfahren, wie sich Menschen in bestimmten historischen Konstellationen verhielten und welche Motive ihr Handeln bestimmten.
- Wir erfahren, wie komplex die Lebenswirklichkeit unter der Diktatur war und dass ein einfaches Schema von Staatsmacht auf der einen Seite und Widerstand auf der anderen Seite dieser komplexen Wirklichkeit nicht gerecht wird. Wir erfahren beispielsweise, dass die Konflikte zwischen Anpassung und Opposition oft innerhalb des einzelnen Individuums ausgetragen wurden.

Bleibt die Frage zu beantworten, die im Zusammenhang mit Zeitzeugenberichten immer wieder diskutiert wird: Kann man auf der Grundlage dieser individuellen Erfahrungen und Sichtweisen überhaupt allgemeine Aussagen treffen, die zum historischen Erkenntnisgewinn über die DDR beitragen?

---

622 Vgl. Classen, Zeitzeugen und Medien (wie Anm. 618), S. 61.
623 Vgl. dazu Dorothee Wierling: Oral History und Zeitzeugen in der politischen Bildung. Kommentar zu einem Spannungsverhältnis. In: Ernst (Hg.): Geschichte im Dialog? (wie Anm. 618), S. 99–105, hier S. 99.

Die Antwort lautet Ja, es gibt keine andere Möglichkeit, zu historischen Erkenntnissen zu gelangen. Geschichte setzt sich zusammen aus singulären Einzelereignissen, ihre Summe erst ergibt die historische Wahrheit. Im Fall dieser Dokumentation über das Studium in der DDR haben die Leserinnen und Leser den Vorteil, dass sie viele Berichte zum selben Thema vorliegen haben, die – bei allen genannten Einschränkungen – doch unterschiedliche Perspektiven enthalten. Die Sammlung der Zeitzeugenberichte wird ergänzt durch zeithistorische Dokumente, die einen ungefilterten Einblick in die damaligen Ereignisse erlauben. Die zeithistorischen Kommentare und Hinweise auf weiterführende Literatur regen zu vertiefender Auseinandersetzung an, um die Zeitzeugenberichte einzuordnen und zu gewichten. Auf dieser Grundlage sollte es gelingen, ein angemessenes Bild vom Studium in der DDR zu gewinnen, das geeignet ist, als Baustein auch das Bild von der DDR zu vervollständigen.

III. Fragenkatalog, Themen und Aufgaben für die Unterrichtspraxis[624]

1. Allgemeines Frageraster zur Auswertung der Beiträge

a) Einen ersten Eindruck gewinnen

1. Lesen Sie den Beitrag.
2. Sehen Sie sich die Biografie des Autors/der Autorin an.
3. Fassen Sie den Inhalt des Beitrags zusammen.
4. Formulieren Sie kurz Ihren ersten Eindruck von diesem Text.
5. Ziehen Sie ein erstes Fazit: Wer berichtet in dem Beitrag worüber und mit welcher Absicht?

b) In den historischen Kontext einordnen

6. Evtl. als Referat(e): Notieren Sie historische Daten, Ereignisse und Namen, die genannt werden. Recherchieren Sie dazu und verschaffen Sie sich einen Überblick über den historischen Hintergrund. Tragen Sie Ihre Ergebnisse der Klasse vor.
7. Evtl. als Referat(e): Notieren Sie Institutionen, die genannt werden (z. B. FDJ, GST, MfS) und recherchieren Sie dazu. Verschaffen Sie sich einen Überblick über ihre damalige Funktion und Bedeutung. Tragen Sie Ihre Ergebnisse der Klasse vor.

624 Die folgenden Aufgaben sind für Schülerinnen und Schüler der Sekundarstufe II sowie für Studierende konzipiert. Auch ein Einsatz im Rahmen von Projektwochen oder Klassenreisen ist denkbar, wo für die intensive Bearbeitung eines Themas mehr Zeit zur Verfügung steht.

c) Die Darstellung analysieren

8. Wählen Sie aus den folgenden Fragen einige aus und versuchen Sie sie anhand des Textes zu beantworten:

- Von welchen persönlichen Absichten und Zielen berichtet der Zeitzeuge/die Zeitzeugin?
- Von welchen äußeren Bedingungen berichtet der Zeitzeuge/die Zeitzeugin?
- Von welchen Personen und Institutionen zeigt er/sie sich beeinflusst?
- Welche sprachlichen Besonderheiten fallen Ihnen auf?
- Sind starke Emotionen erkennbar?
- Wie stellt der Zeitzeuge/die Zeitzeugin seine/ihre Situation und das eigene Handeln dar?
- Mit welchen Strategien versucht er/sie seine/ihre Ziele zu erreichen? (z. B. Anpassung an politische Anforderungen, zeitaufwendige Umwege, gesellschaftliches Engagement, fachliche Leistung, offener Widerstand)
- Wie beurteilt der Autor/die Autorin die geschilderte Situation, sein/ihr eigenes Verhalten und die Ergebnisse seines/ihres Handelns damals und heute?
- Vermuten Sie, welches Ziel der Autor/die Autorin mit seinem/ihrem Bericht verfolgt?

d) Abschließende Reflexion und Bildung eines eigenen Urteils

9. Nehmen Sie anhand der Zeitzeugenberichte Stellung zu folgenden Behauptungen:

- Im DDR-Bildungssystem hatten alle die gleichen Chancen.
- Im DDR-Bildungssystem kam es auf die Leistung an.
- Es ist sinnvoll, den Zugang zum Studium zu regulieren.
- Das Ausbildungsniveau in der DDR war hoch.
- Es ist sinnvoll, auf der Einhaltung der Regelstudienzeit zu bestehen und einen Studiengangwechsel in der Regel nicht zu akzeptieren.
- Die Staatssicherheit war ein ganz normaler Geheimdienst.

10. Wie deutet der Zeitzeuge/die Zeitzeugin die Geschichte der DDR? (Vgl. die Deutungsansätze[625] „Diktaturgedächtnis", „Arrangementgedächtnis" und „Fortschrittsgedächtnis". Gibt es noch andere Deutungen?)

11. Stellen Sie Bezüge zu Ihrer eigenen Lebenssituation her: Vergleichen Sie die

---

625 Die drei genannten Deutungsansätze der DDR-Geschichte hat der Zeithistoriker Martin Sabrow formuliert: 1. Das „Diktaturgedächtnis" interpretiert die DDR von ihrem Ende her und fasst sie vor allem als „Staat der SED", als „zweite deutsche Diktatur" nach dem Nationalsozialismus auf („Unrechtsstaat"), die ihre Bürger mit totalitären Herrschaftsmethoden unterdrückte. Diese Deutung ist die zurzeit in staatlichen Gedenkveranstaltungen und Schullehrplänen vorherrschende.

Bedingungen, Wünsche, Ziele, Strategien und Verhaltensweisen des Zeitzeugen sowie die Konsequenzen seines Handelns mit Ihren eigenen Bedingungen heute.

12. Zeigen Sie auf, welche Chancen und Spielräume der Zeitzeuge/die Zeitzeugin hatte, sein/ihr Leben nach eigenen Vorstellungen zu gestalten. Vergleichen Sie mit Ihren Möglichkeiten heute.

2. Inhaltliche Vorschläge für die Arbeit mit dem Material

Vorschlag 1: Vergleich Studium in der DDR und heute

1. Vergleichen Sie die Studienbedingungen in der DDR mit den Studienbedingungen heute. Überlegen Sie sich dazu geeignete Vergleichspunkte.
2. Was wird von den Zeitzeugen als positiv, was als negativ bewertet? Was bewerten Sie selbst an den heutigen Studienbedingungen als positiv, was als negativ?
3. Gibt es bei den Zeitzeugen und Ihnen übereinstimmende Vorstellungen zum Studium? Oder sind diese Vorstellungen davon geprägt, in welcher Gesellschaft man aufwächst oder auch zu welcher Generation man gehört?
4. Einige Studienwege der Zeitzeugen sind nicht glatt verlaufen (siehe Übersicht Studienverläufe). Untersuchen Sie, wie die jeweiligen Zeitzeugen das bewerten und welche Ursachen sie dafür sehen.
5. Diskutieren Sie, welche Gründe es heute gibt, dass Studienwege nicht glatt verlaufen.
6. Vertiefung: Befragen Sie Ihre Eltern und Großeltern zu den Studienbedingungen in der Bundesrepublik/in der DDR in den Fünfziger- bis Achtzigerjahren.

---

2. Das „Fortschrittsgedächtnis" interpretiert die DDR von ihren Anfängen her als (gescheiterten) Versuch, eine antifaschistische und antikapitalistische Gesellschaft aufzubauen, deren Errungenschaften zum Teil noch heute nützlich sind. Diese Sichtweise wird vor allem von ehemaligen DDR-Eliten vertreten.

3. Das vor allem unter ehemaligen DDR-Bürgern verbreitete „Arrangementgedächtnis" lehnt sowohl eine einseitig positive als auch eine einseitig negative Sichtweise ab, sondern betont die Ambivalenzen des sozialistischen Systems: Hoffnung und Enttäuschung, Konsens und Dissens, Mitmachbereitschaft und Verweigerung, Integration und Ausgrenzung. Vgl. dazu Martin Sabrow: Die DDR zwischen Geschichte und Gedächtnis. In: Ernst (Hg.): Geschichte im Dialog? (wie Anm. 618), S. 23–37, hier S. 31–33. Vertiefend zu dieser Thematik siehe Jens Hüttmann: Deutungskonflikte über DDR-Geschichte aus Akteursperspektive, in: Hüttmann/Mählert/Pasternack (Hg.): DDR-Geschichte vermitteln (wie Anm. 620), S. 185–200.

Vorschlag 2: Kreative Methoden zur Erschließung der Zeitzeugenberichte

Wählen Sie für die folgenden Aufgaben geeignete Beiträge als Grundlage aus.

- Darstellendes Spiel: Gestalten Sie die szenische Darstellung einer geschilderten Szene oder einer lediglich erwähnten Szene, von der nur das Ergebnis bekannt ist.
- Kreatives Schreiben: Verfassen Sie den Tagebucheintrag eines SED-Kommilitonen, eines IM der Stasi oder eines Kommilitonen, der zwischen Solidarität und Loyalität schwankt.
- Rollenspiel mit Perspektivwechsel: Simulieren Sie das Verfahren einer Zwangsexmatrikulation aus politischen Gründen im Rollenspiel. Entwerfen Sie eine Anklagerede der Hochschulleitung und eine Verteidigungsrede der Betroffenen Studentin/des Studenten. Tragen Sie beides im Plenum vor und diskutieren Sie darüber.
- Podiumsdiskussion: Versetzen Sie sich in der Rolle einer Zeitzeugin/eines Zeitzeugen. Verfassen Sie in ihrem/seinem Namen jeweils ein kurzes Statement zum Studium in der DDR und vertreten Sie diese Perspektive.
- Kreatives Schreiben: Wählen Sie aus den Zeitzeugenberichten ein dramatisches Ereignis aus. Bilden Sie zwei Journalistenteams. Das eine Team verfasst darüber einen Artikel für die staatstreue Zeitung „Neues Deutschland". Das andere Team schreibt über dasselbe Ereignis einen Artikel für eine Untergrundzeitung.
- Podiumsdiskussion: Spielen Sie eine Podiumsdiskussion nach dem Mauerfall. Der Rektor einer Universität der ehemaligen DDR, zwei Professoren (einer bereits zu DDR-Zeiten im Amt, der andere aus dem Westen), drei ehemalige Absolventen der Universität sowie ein Politiker und ein Vertreter der DDR-Bürgerrechtsbewegung diskutieren darüber, wie die Universität mit ihrer DDR-Vergangenheit umgehen sollte.

Vorschlag 3: Konsens und Verweigerung in der Gesellschaft der DDR

Der Historiker Michael Schneider schreibt in seinem Aufsatz über Konformismus und Widerstand in der DDR":

> „Parallel zum Anspruch auf totalitäre Durchdringung aller Lebensbereiche mit ‚sozialistischem Geist', also parallel zur Politisierung des Alltags, erhob das SED-Regime einen umfassenden Anspruch auf Zustimmung und Mitmachen, auf Folgebereitschaft und Einordnung. Damit wurde das Alltagsverhalten zum Ausdruck politischen Bekenntnisses und zugleich zum Gegenstand politischer Überwachung sowie – gegebenenfalls – zum Anlass politischer Verfolgung. Formen der Verweigerung von Zustimmungs- und Folgebereitschaft wurden als politischer Dissens begriffen und dementsprechend kriminalisiert und verfolgt. Doch die politische Verfolgung der als ‚Staatsfeind', ‚Feind des Sozialis-

mus‘ usw. Gebrandmarkten war nicht nur ein Instrument zur Durchsetzung und Stabilisierung der SED-Herrschaft und -Politik; sondern sie folgte letztlich einem gesamtgesellschaftlichen Gestaltungsanspruch zugunsten des Aufbaus einer politisch-weltanschaulich homogenen ‚sozialistischen Gesellschaft‘, von dem eben auch der Alltag nicht ausgenommen war.
Da Konsens und Dissens miteinander verschränkt waren, lassen sich die unterschiedlichen Verhaltensweisen von DDR-Bürgerinnen und -Bürgern als abgestufte Formen sowohl von Konsens als auch von Dissens beschreiben, d. h. als partieller Konsens bzw. partieller Dissens [...].“

Zit. n. Michael Schneider, Konformismus und Widerstand in der DDR.– In: Christian Ernst (Hg.): Geschichte im Dialog? ‚DDR-Zeitzeugen‘ in Geschichtskultur und Bildungspraxis, Schwalbach/Ts.: Wochenschau Verlag 2014, S. 67–80, hier S. 68.

Untersuchungsfragen:

1. Formulieren Sie den Gedankengang von Michael Schneider mit eigenen Worten.
2. Untersuchen Sie die Zeitzeugenberichte zum DDR-Studium zunächst nach Formen der Zustimmung zum DDR-Staat und Formen des Mitmachens (Konsens). Suchen sie dann nach Formen der Missbilligung und Verweigerung (Dissens).
3. Versuchen Sie die verschiedenen Formen des Dissens in ein System zu bringen. Nach welchen Kriterien könnte man sie ordnen?
4. Wie sind Konsens und Dissens in den Beiträgen anzutreffen? Lassen sich die Beiträge dem einen oder anderen Verhalten zuordnen?
5. Untersuchen Sie, welche innen- und außenpolitischen Ereignisse die Haltung der Studenten zum DDR-Staat beeinflussten, und erläutern Sie die Zusammenhänge.
6. Welche Formen von Konsens und Dissens gegenüber dem Staat sind in der heutigen Gesellschaft zu beobachten?
7. Diskutieren Sie die Frage: Inwieweit erwartet auch unser Staat Konsens von seinen Bürgern?

Vorschlag 4: Solidarität – ein besonderes Kennzeichen der DDR-Gesellschaft?

In Gesprächen über die DDR wird häufig das solidarische Verhalten der Menschen untereinander gelobt und dem gesellschaftlichen Klima in der Bundesrepublik gegenübergestellt. Untersuchen Sie anhand der Beiträge über das Studium in der DDR, ob Sie dieser Auffassung zustimmen können.

1. Suchen Sie Beiträge heraus, in denen es um Solidarität geht.
2. Analysieren Sie, welche Formen von Solidarität geschildert werden.

3. Untersuchen Sie, in welchen Situationen solidarisches Verhalten geschildert wird. Werden auch Situationen geschildert, in denen solidarisches Verhalten vermisst wird? Wie bewerten die Autorinnen und Autoren jeweils die berichteten Situationen?
4. Sammeln Sie Beispiele von Solidarität oder Nicht-Solidarität in unserer heutigen Gesellschaft und vergleichen Sie sie mit den Beispielen aus den Zeitzeugenberichten.
5. War die DDR-Gesellschaft solidarischer als unsere heutige Gesellschaft? Nehmen Sie Stellung zu dieser Frage und begründen Sie Ihre Meinung.

Birgit Scholz, geboren 1962 in Osnabrück; 1981 Abitur; 1981–1988 Studium der Fächer Geschichte, Deutsch, Erziehungswissenschaft (Höheres Lehramt) an der Albert-Ludwigs-Universität Freiburg i. Br. und an der Universität Hamburg, 1. Staatsexamen; 1990 Forschungsaufenthalte in der DDR und UdSSR.
1992–1994 Referendariat in Hamburg und 2. Staatsexamen für das Höhere Lehramt; 1995/96 DAAD-Lektorin an der Pädagogischen Hochschule Novosibirsk, Russland; 1996 Promotion in Neuerer und Neuester Geschichte/Osteuropäischer Geschichte in Berlin; 1996–2000 Wissenschaftliche Mitarbeiterin am Forschungszentrum Europäische Aufklärung in Potsdam; 2001–2003 Schulbuchredaktion des Verlags Volk und Wissen in Berlin, seit 2005 als freiberufliche Lektorin tätig.

Verzeichnisse zur Erschließung des Materials

Grafische Übersicht über die Studienverläufe

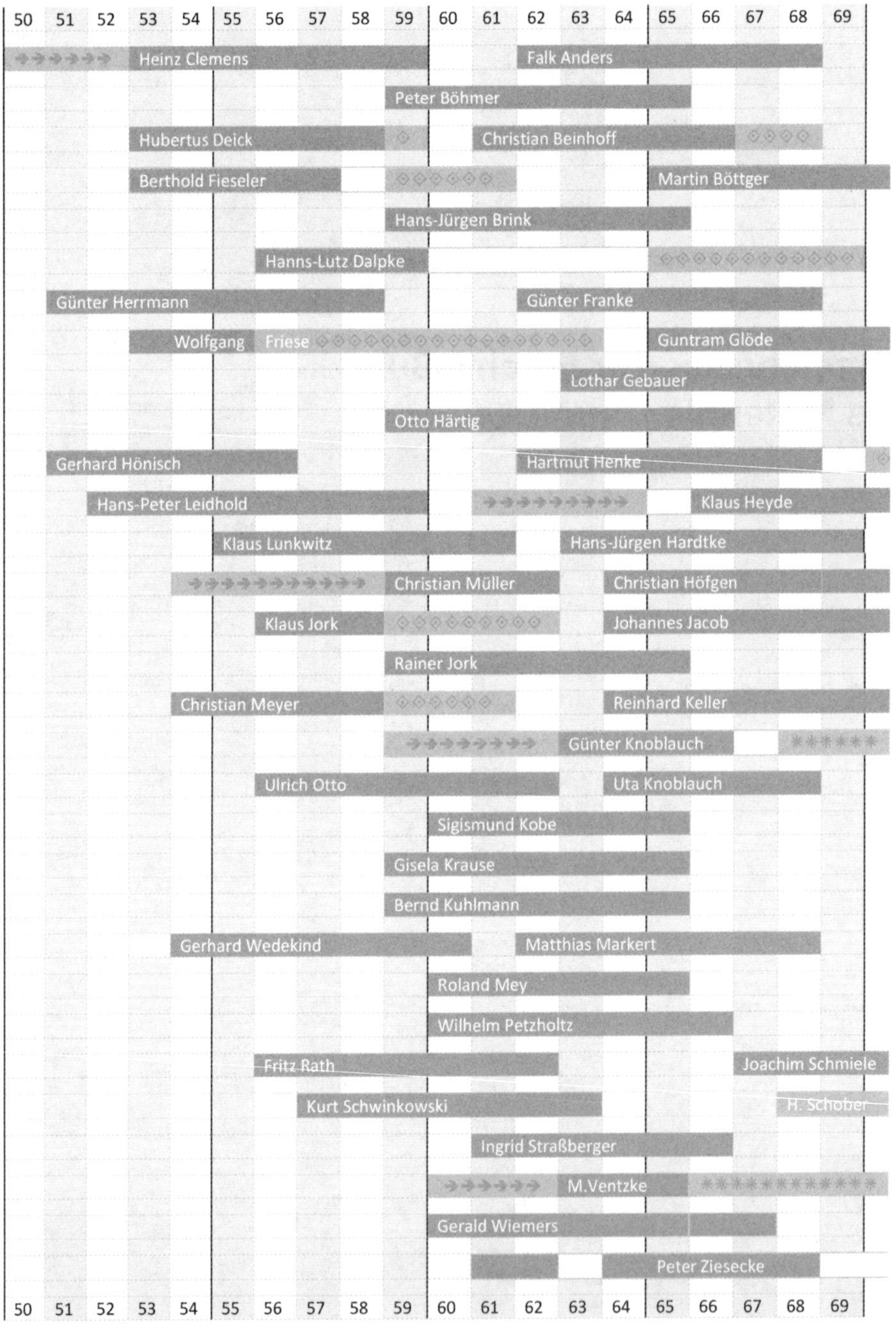

Legende: Studium in der DDR | Abbruch/Exmatrikulation | Arbeiter-und-Bauern-Fakultät (ABF)

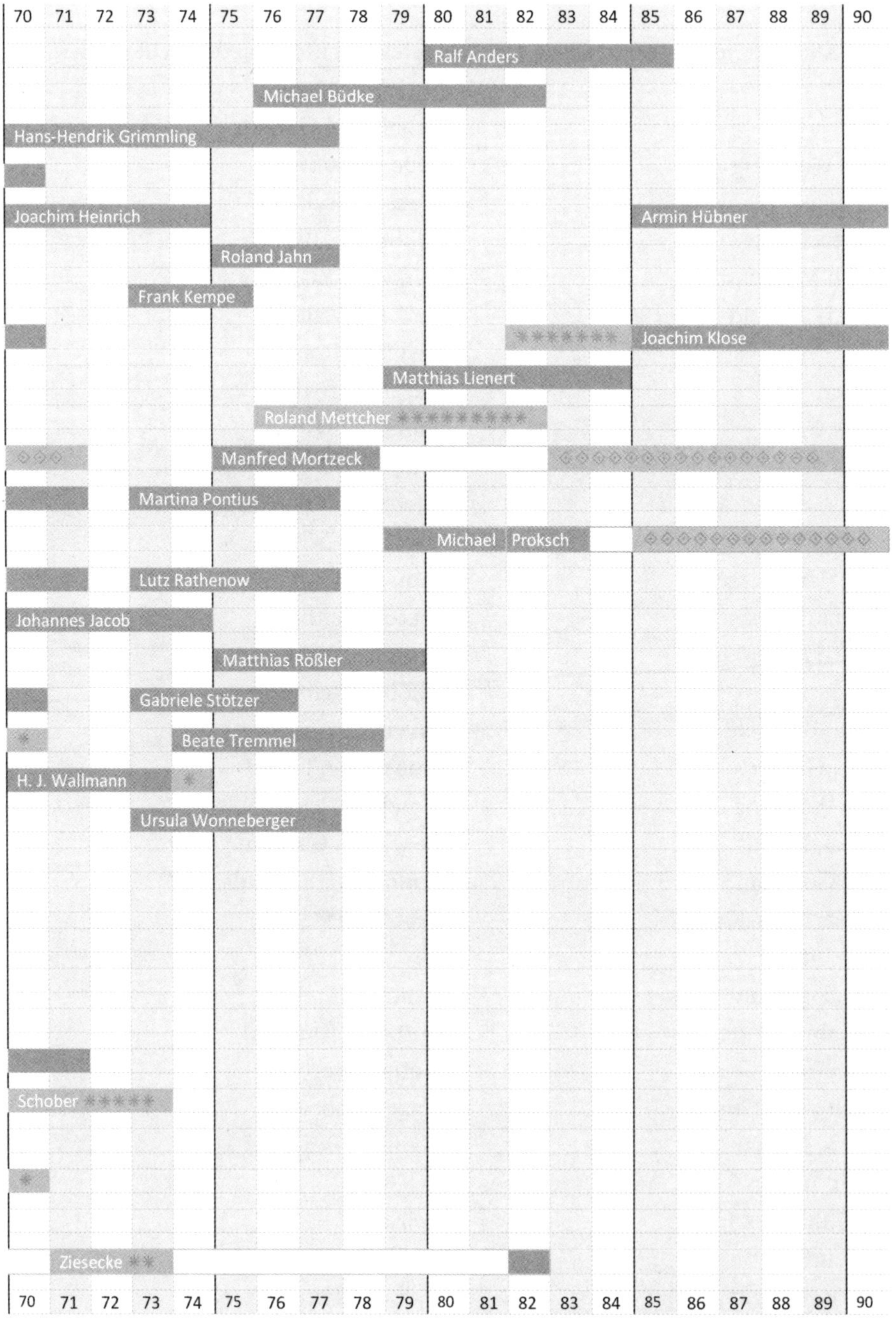

Fortsetzung der Legende: Fernstudium in der DDR Studium in der BRD/im Westen

Autorenverzeichnis, geordnet nach Studienorten in der DDR

Einige Autorinnen und Autoren haben an mehreren Hochschulen der DDR studiert.

Berlin
Friese, Wolfgang
Jork, Klaus
Knoblauch, Uta
Lienert, Matthias
Wiemers, Gerald

Dresden
Anders, Falk
Anders, Ralf
Böhmer, Peter
Böttger, Martin
Brink, Hans-Jürgen
Clemens, Heinz
Dalpke, Hanns-Lutz
Deick, Hubertus
Fieseler, Berthold
Franke, Günter
Friese, Wolfgang
Gebauer, Lothar
Glöde, Guntram
Hardtke, Hans-Jürgen
Härtig, Otto
Henke, Hartmut
Herrmann, Günter
Heyde, Klaus
Höfgen, Christian
Hönisch, Gerhard
Hübner, Armin
Jacob, Johannes
Jork, Rainer
Keller, Reinhard
Kempe, Frank
Klose, Joachim
Knoblauch, Günter
Kobe, Sigismund
Krause, Gisela
Kuhlmann, Bernd
Lunkwitz, Klaus
Markert, Matthias
Mettcher, Roland
Meyer, Christian
Müller, Christian
Otto, Ulrich
Petzholtz, Wilhelm
Proksch, Michael
Rath, Fritz
Rößler, Matthias
Schmiele, Joachim
Schober, Helmar
Schwinkowski, Kurt
Straßberger, Ingrid
Ventzke, Michael
Wedekind, Gerhard
Wonneberger, Ursula
Ziesecke, Peter

Erfurt
Mortzeck, Manfred
Pontius, Martina
Stötzer, Gabriele
Tremmel, Beate

Freiberg
Beinhoff, Christian
Leidhold, Hans-Peter

Halle-Wittenberg
Büdke, Michael
Wiemers, Gerald

Jena
Heinrich, Joachim
Jahn, Roland
Mey, Roland
Rathenow, Lutz

Karl-Marx-Stadt
Proksch, Michael

Leipzig
Grimmling, Hans-Hendrik
Leidhold, Hans-Peter
Schmiele, Joachim

Mühlhausen
Wedekind, Gerhard

Weimar
Rath, Fritz
Wallmann, H. Johannes

Verzeichnis der Autoren und Beitragstitel mit Stichworten für die zeithistorische Kommentierung

Autor	Beitragstitel	Stichworte für die zeithistorische Kommentierung
Anders, Falk, Dr.-Ing. Jahrgang 1943 TU Dresden, Studienjahrgang 1962, Fakultät Elektrotechnik/ Regelungstechnik, Diplom 1968, Promotion	„Sagt Ihnen der Name Leonhard etwas?" ▶ S. 205	**Politik und Staat/MfS** – Ideologische Patenschaften, Betreuung durch FDJ-SED-Funktionäre – Staatssicherheit an der TU Rahmenbedingungen/Studienablauf – Hochschulreform, Dritte 1968/69
Anders, Ralf, Dipl.-Ing. Jahrgang 1960 TU Dresden, Studienjahrgang 1980, Sektion Informationsverarbeitung, Diplom 1985	Anders als die anderen Kritik war erlaubt, aber bitte nicht politisch ▶ **S. 379**	**Rahmenbedingungen/Exmatrikulation** Gründe für Exmatrikulationen – Statistik – Ablauf des Verfahrens **Lehren und Lernen/studentische Ämter** Seminargruppensekretär – Anforderungen und Handlungsspielräume **Politik und Staat/politische Ereignisse** Kriegsrecht in Polen 1981 – studentische Reaktionen darauf
Beinhoff, Christian, Dr.-Ing. Jahrgang 1943 Bergakademie Freiberg, 1961–1966 Fachrichtung Metallhüttenkunde TU Clausthal, 1967–1968 Metallhüttenwesen, Diplom 1968, Promotion 1976	Mit Mainelke im Knopfloch in die erste Reihe des Audimax ▶ **S. 181**	**Gesellschaft/soziale Herkunft** Kinder von selbstständigen Unternehmern – Zukunftschancen in der DDR – Zugang zum Studium – Anteil unter Ausgereisten und Flüchtigen (Statistik) **Politik und Staat/Flucht/Ausreise** Legale Ausreise nach dem Mauerbau – Familienzusammenführung – Freikäufe – Integration in der Bundesrepublik
Böhmer, Peter, Dr.-Ing. Jahrgang 1941 TH/TU Dresden, Studienjahrgang 1959, Fakultät Maschinenwesen, Fachrichtung Wärmetechnik, Diplom 1965, Promotion 1971	Ohne NVA-Dienst zum Studium – dank guter Ratgeber und Fürsprecher ▶ **S. 106**	**Rahmenbedingungen/Zugang zum Studium** **Gesellschaft/Christen/Wehrdienst**
Böhmer, Peter, Dr.-Ing.	Wie ich einer Anwerbung der Stasi entkam. Dekonspiration als sicheres Schutzmittel ▶ **S. 109**	**Politik und Staat/MfS**

Autor	Beitragstitel	Stichworte für die zeithistorische Kommentierung
Böttger, Martin, Dr.-Ing. Jahrgang 1947 TU Dresden, Studienjahrgang 1965, Fachrichtung Physik, Institut für Technische Mechanik, Diplom 1970, Promotion 1982	Wir verloren die FDJ-Mitgliedschaft, nicht aber unsere Studienplätze. Der FDJ-Sekretär warf uns mangelnden Klassenstandpunkt vor ▶ **S. 258**	**Politik und Staat/FDJ/SED** FDJ, Satzungen der FDJ – politische Zielstellungen/Änderungen zwischen Erstausgabe bis 1989, Einfluss und angestrebter Wirkungsbereich der FDJ-Organisation an den Hochschulen, Mitspracherechte bei Hochschulthemen
Brink, Hans-Jürgen, Dr.-Ing. Jahrgang 1939 TH/TU Dresden, Studienjahrgang 1959, Maschinenwesen/Wärmetechnik, Diplom 1965, Promotion 1972	Vom Fabriksaal ins Kellerzimmer – ein Aufstieg ▶ **S. 111**	**Studentenalltag/Wohnen** Wohnheime der Unis in der DDR – Ausstattung und Belegung – Kosten – Vergabe Richtlinien – studentische Sicht – Alternative Wohnmöglichkeiten Wohnungsnot **Rahmenbedingungen/Finanzierung** Finanzierung des Studiums: Stipendien – Voraussetzungen für Vergabe – evtl. Statistik – Zuverdienstmöglichkeiten **Lehren und Lernen/studentische Ämter** Seminargruppensekretär – FDJ-Sekretär Aufgaben – Bedeutung – Handlungsspielräume
Brink, Hans-Jürgen, Dr.-Ing.	Schwejk in der NVA – Ungeschick oder Verweigerung? ▶ **S. 116**	**Gesellschaft/Wehrdienst** NVA-Werbeversuche im Vorfeld des Studiums – statistische Zahlen, soweit verfügbar – wo waren die Ausbildungslager – Beförderungen aus der Studentenschaft – Werbungen für Schulen der NVA – Bedeutung Westverwandtschaft **Lehren und Lernen/studentische Ämter** Seminargruppensekretär – FDJ-Sekretär Aufgaben – Bedeutung – Handlungsspielräume
Büdke, Michael, Dr. med. Jahrgang 1952 Martin-Luther-Universität Halle-Wittenberg, Studienjahrgang 1976, Fachbereich Medizin, Diplom 1982, Promotion 1987	Ein Kommilitone hatte auf der Leipziger Messe ein Westbuch gestohlen ▶ **S. 344**	**Rahmenbedingungen/Zugang zum Studium** Praxis der Zulassung zum Medizinstudium – Eingaben von Studienbewerbern an Behörden, welche Erkenntnisse hierzu liegen vor, Projekte bei der Bundesstiftung darüber **Rahmenbedingungen/Studienablauf** Zugang zu westlicher Fachliteratur – Rezeption bundesdeutscher Forschungsergebnisse in der DDR – dt.-dt. wissenschaftlicher Austausch – Gastredner/Gastwissenschaftler aus der Bundesrepublik in der DDR

Autor	Beitragstitel	Stichworte für die zeithistorische Kommentierung
Clemens, Heinz, Dr.-Ing. (†) Jahrgang 1926 TH Dresden, Studienjahrgang 1950, Fakultät Elektrotechnik, Diplom 1959, Promotion 1970	„Jede Rübe ein Meilenstein auf dem Wege zum Sozialismus“ ▶ **S. 19**	**Studentenalltag/Ernteeinsatz/Humor** Ernteeinsatz
Dalpke, Hanns-Lutz, Dr.-Ing. Jahrgang 1937 TH Dresden, Studienjahre 1956–1959, Technologie/Papiertechnik TH Darmstadt, Studienjahre 1965–1969, Maschinenbau/Papiertechnik, Diplom 1969, Promotion 1973	Höhere Bildung – ein Privileg der Arbeiter- und Bauernkinder ▶ **S. 71**	**Rahmenbedingungen/Zugang zum Studium** Wie änderten sich die Zulassungsbedingungen zwischen 1945 – 1989 an den Schulen – EOS – Ing.-Schulen – Hochschulen/Universitäten – ABF
Dalpke, Hans-Lutz, Dr.-Ing.	In Dresden benutzte man die eigenen Füße, die Straßenbahn oder das Fahrrad Motorisiert waren meines Wissens zu der Zeit nur zwei Studenten mit Motorroller ▶ **S. 76**	**Politik und Staat/FDJ/SED u.a. Organisationen** Bedeutung und Breitenwirkung der GST (Gesellschaft für Sport und Technik), Aktivitäten der Freien Deutschen Jugend (FDJ) und anderer Massenorganisationen an den Unis/Hochschulen – Mitarbeit der Studenten – Zusammenwirken dieser Organisationen auch mit der späteren Nationalen Volksarmee (NVA) **Studentenalltag/Reisen** Informationsmöglichkeiten – Teilhabe an westlicher Kultur – Besuche in West-Berlin – Empfang von westlichem Rundfunk und Fernsehen
Deick, Hubertus, Dipl.-Ing. Jahrgang 1935 TH Dresden, Studienjahre 1953–1958, Fakultät Bauingenieurwesen TH Darmstadt, Fakultät Bauingenieurwesen, Diplom 1960	1958 zog das System die Daumenschrauben enger ▶ **S. 41**	**Rahmenbedingungen/Studienablauf** Das Jahr 1958: Reiseverbot für Studenten in die Bundesrepublik, das berüchtigte Fünfpunkteprogramm **Politik und Staat/FDJ/SED/Flucht/Ausreise** Anerkennung von Zeugnissen zwischen ost- und westdeutschen Universitäten, Gab es Kontakte? Welcher Art? – Änderungen über die Zeit von 1945 – 1989?

Autor	Beitragstitel	Stichworte für die zeithistorische Kommentierung
Fieseler, Berthold, Dipl.-Ing. Jahrgang 1932 TH Dresden, Studienjahre 1953–1957, Fakultät Bauwesen TH Hannover, Studienjahre 1959–1961, Fakultät Bauwesen, Diplom 1961	Vor dem Abitur wurde ich zum Schuldirektor beordert oder Warum ich von Ost nach West ging ► **S. 45**	**Rahmenbedingungen/Zugang zum Studium** Mitgliedschaft in FDJ/SED als Voraussetzung für den Zugang zum Studium Anfang der 50er Jahre? Hat sich dies über die Jahre geändert? **Politik und Staat/FDJ/SED/Flucht/Ausreise** Statistik zur Flucht/Ausreise vor dem Mauerbau: Alter – Schulbildung – Anteile Männer/Frauen; Umgang der Bundesrepublik mit den Flüchtlingen; Gegenmaßnahmen der DDR vor dem Mauerbau; die Rolle Berlins bei der Flucht in die Bundesrepublik
Franke, Günter, Dr.-Ing. habil. Jahrgang 1942 TU Dresden, Studienjahrgang 1962, Fakultät Elektrotechnik/Regelungstechnik, Diplom 1968, Promotion 1972	Formen psychischen Drucks an der TU Dresden ► **S. 210**	**Lehren und Lernen/Assistenzzeit** Anforderungen für Assistentenstellen, Promotionen an Unis/Prämissen … **Staat und Politik/MfS** Anpassungsdruck auf Assistenten, Bedeutung der Linientreue für die Karriere – Möglichkeiten, dem Druck und der Anpassung auszuweichen
Franke, Günter, Dr.-Ing. habil.	Ich konnte studieren, nachdem ich unterschrieben hatte mit: „Nur im Ernstfall" ► **S. 212**	**Gesellschaft/Wehrdienst** Studium und Militärdienst, – Rekrutierungsmethoden vor Einführung der allgemeinen Wehrpflicht 1962 – Reservelehrgänge – Wehrdienstverweigerung
Friese, Wolfgang, Dipl.-Ing. Jahrgang 1935 Technische Hochschule Dresden, Studienjahre 1953–1955, Fachrichtung Bauwesen Technische Universität Berlin, Studienjahre 1955–1963, Fachrichtung Bauwesen, Diplom 1963	„F. war Mitglied des DS, der FDJ, DSF und GST, leistete aber keine dementsprechende Arbeit" ► **S. 49**	**Politik und Staat/Flucht/Ausreise** Flucht von Studenten – Aufnahmeregeln an westdeutschen Unis für geflüchtete Studenten – Statistik – Situation in Berlin (Hörer in beiden Teilen Berlins – viele hörten an beiden Universitäten HU + FU/TU Berlin)
Gebauer, Lothar, Dipl.-Ing. Jahrgang 1943 TU Dresden, Studienjahrgang 1963, Elektrotechnik/Regelungstechnik, Diplom 1969	Eine Geburtstagskarte als Anwesenheitskontrolle ► **S. 223**	**Politik und Staat/politische Ereignisse** Besuch hoher Politiker: Besuch Ulbrichts – Empfang durch Studenten – Vorbereitungen darauf

Autor	Beitragstitel	Stichworte für die zeithistorische Kommentierung
Gebauer, Lothar, Dipl.-Ing.	Das Ende der ET-Fine an der TU Dresden – 1968 ▶ S. 225	**Lehren und Lernen/Dozenten** **Studentenalltag/Humor** ET-Fine an den anderen Unis? – Eventuell auf Pommerin „Geschichte der TUD“ zurückgreifen
Gebauer, Lothar, Dipl.-Ing.	„Man könne mich leider nicht zum Studium delegieren, da mir dazu die menschliche Reife fehle …“ ▶ S. 226	**Rahmenbedingungen/Zugang zum Studium** Wie änderten sich die Zulassungsbedingungen zwischen 1945 – 1989 an den Schulen – EOS – Ing.-Schulen – Hochschulen/Universitäten – ABF **Rahmenbedingungen/Studienablauf** – Hochschulreform, (Vierte) 1970: „Es gibt keine Fakultäten mehr, es sind Sektionen entstanden.“
Glöde, Guntram, Dipl.-Ing. Jahrgang 1944 TU Dresden, Studienjahrgang 1965, Fachrichtung Elektrotechnik/Elektrischer und mechanischer Feingerätebau, Diplom 1970	„Wissen Sie nicht, dass dies ein konterrevolutionäres Machwerk ist?“ ▶ S. 262	**Studentenalltag/Reisen** Reisen von Studenten in die ČSSR Politik und Staat/politische Ereignisse Veränderungen an den Unis in Bezug zu den Ereignissen 1968 in der Tschechoslowakei
Grimmling, Hans-Hendrik, Prof. Diplom Freie Malerei Jahrgang 1947 Hochschule für Grafik und Buchkunst Leipzig, Studienjahrgang 1970, Diplom Freie Malerei 1974	Die Hochschulkommission konnte in meinen Bildern die Bindung an die sozialistische Arbeiterklasse nicht finden ▶ S. 277	**Lehren und Lernen/Dozenten/Vorlesungen** **Studentenalltag/Humor** **Politik und Staat** Verständnis der SED, Kultur als Teil des politisch-ideologischen Überbaus
Grimmling, Hans-Hendrik, Prof. Diplom Freie Malerei	„Was machen Sie hier draußen, haben Sie nichts zu tun?“ Erinnerung an Rektor Tübke, Hochschule für Grafik und Buchkunst Leipzig ▶ S. 281	**Lehren und Lernen/Dozenten/Vorlesungen** **Studentenalltag/Humor** **Politik und Staat** Kulturpolitik in der DDR

Autor	Beitragstitel	Stichworte für die zeithistorische Kommentierung
Hardtke, Hans-Jürgen, Prof. Dr.-Ing. habil. Prof. h.c. Jahrgang 1944 TU Dresden, Studienjahrgang 1963, Fakultät Elektrotechnik, Fachbereich Elektroakustik/Informationstechnik, Diplom 1969, Promotion 1977	Neue Studenten empfingen wir im Blauhemd der FDJ ► S. 231	**Lehren und Lernen/Dozenten/Vorlesungen** **Studentenalltag/Wohnen** **Politik und Staat/politische Ereignisse**
Härtig, Otto, Dipl.-Ing. Jahrgang 1940 TU Dresden, Studienjahrgang 1959, Fakultät Elektrotechnik/Fernmeldetechnik, Diplom 1966	Was es bedeutet, wenn man eine Prüfung nicht bestand. Prof. Freitag fragte mich, ob es nicht besser wäre, das Studium zu beenden ► S. 119	**Rahmenbedingungen/Studienablauf** Notensystem an DDR-Universitäten
Heinrich, Joachim, Dr. Dipl.-Math. Jahrgang 1952 Friedrich-Schiller-Universität Jena, Studienjahrgang 1970, Diplom 1974, Promotion 1982	Warum viele Katholiken in der DDR Mathematiker wurden ► S. 283	**Gesellschaft/Christen** Christen in der DDR: Gab es sogenannte Nischen für Christen – Tolerierung durch den Staat – Positionen der Kirche
Henke, Hartmut E., Dipl.-Ing. Jahrgang 1944 TU-Dresden, Studienjahrgang 1962, Fachrichtung Landmaschinentechnik, Diplom 1968 RWTH-Aachen, 1970–1971 Aufbaustudium Wirtschaftswissenschaften	„Wer noch an Gott glaubt, der stehe bitte auf!" ► S. 215	**Politik und Staat/politische Ereignisse/politische Haft/Flucht/Ausreise** – NÖS (Das neue ökonomische System) – was war das? – „Schwerter zu Pflugscharen" – Woher kommt dieser Spruch? – Internationaler Studentenausweis, viele Studenten besorgen sich diesen Ausweis in Prag – Einfluss der Prager Frühlings auf die Stimmung und Haltung unter den Studenten – zunehmende Unruhen, vermehrte Verhaftungen – der SED-Staat verlor durch dieses Ereignis wesentlich an Unterstützung **Gesellschaft/Wehrdienst** – Niederschlagung des Prager Frühlings und Wehrdienstverweigerung in der DDR

Autor	Beitragstitel	Stichworte für die zeithistorische Kommentierung
Herrmann, Günter, Dr.-Ing. Jahrgang 1933 TH/TU Dresden, Studienjahrgang 1951, Fakultät Mathematik und Naturwissenschaften, Fachbereich Chemie, Diplom 1958, Promotion 1970	Ich wurde innerhalb der Seminargruppe als Nicht-FDJ-Mitglied „toleriert" ▸ S. 23	**Lehren und Lernen/Dozenten/Vorlesungen** ML-Vorlesungen
Herrmann, Günter, Dr.-Ing.	Italienisches Intermezzo ▸ S. 28	**Studentenalltag/Reisen** Reisen im westlichen Ausland
Heyde, Klaus, Dipl.-Ing. Jahrgang 1942 ABF der TU Dresden, Studienjahre 1961–1964 TU Dresden, Studienjahre 1966–1971, Fachbereich Maschinenwesen, Diplom 1971	In Moskau ein Studium beginnen … Mir war's Verlockung, aus der DDR mal rauszukommen ▸ **S. 186**	**Lehren und Lernen/Auslandsstudium** Auslandsstudium in der UdSSR – wie viele Studenten aus der DDR studierten dort? Welche Motivation/Ziele individuell und staatlicherseits gab es?
Hönisch, Gerhard, Prof. Dr.-Ing. habil. (†) Jahrgang 1932 Technische Hochschule Dresden, Studienjahrgang 1951, Fakultät Maschinenwesen, Diplom 1956, Promotion 1963	Von persönlicher Benachteiligung bis Sippenhaftung Disqualifizierung und Benachteiligung in der Regie der SED und Stasi ▸ S. 31	**Politik und Staat/FDJ/SED/MfS** **Gesellschaft/Übergang in den Beruf**
Höfgen, Christian, Dipl.-Ing. Jahrgang 1943 TU Dresden, Studienjahrgang 1964, Fakultät Elektrotechnik, Feingerätebau, Diplom 1971	Zwänge und Chancen als Student und wissenschaftlicher Assistent ▸ **S. 235**	**Rahmenbedingungen/Zugang zum Studium** Zugang zum Studium nach versuchter Republikflucht – Überwachung – Karrierechancen **Lehrern und Lernen/Assistenzzeit** Assistenzen und gesellschaftliche Organisationen, Struktur SED – Nicht SED im universitären Bereich, Laufbahnplanungen an Universitäten
Hübner, Armin, Dipl.-Ing. Jahrgang 1962 TU Dresden, Studienjahrgang 1985, Sektion 14 Maschinenbau, Fachrichtung Fertigungsmittelentwicklung, Diplom 1990	„Herr Hübner, wollen Sie mich umbringen?" Reise nach Hamburg zur Hochzeit meiner Cousine Vera ▸ **S. 388**	**Studentenalltag/Reisen** Westreisen von Studenten – Reisen in den Ostblock

Autor	Beitragstitel	Stichworte für die zeithistorische Kommentierung
Hübner, Armin, Dipl.-Ing.	Teilnahme am Kulturwettstreit der TU Dresden – 1986 und 1987 ▸ **S. 391**	**Studentenalltag/Humor** studentische Kultur zwischen Gängelung und Protest
Jacob, Johannes, Dr.-Ing. Jahrgang 1945 TU Dresden, Studienjahrgang 1964, Fachrichtung Maschinenwesen, Verfahrenstechnik TU Dresden, 1969–1972 Forschungsstudium, Promotion 1974	Forschungsstudium statt Diplom ▸ **S. 240**	**Rahmenbedingungen/Studienablauf** **Lehren und Lernen/Assistenzzeit** Regeln für Promotionsverfahren – Auswahl der Studenten – Festlegung des Themas – finanzielle Situation – Zusammenarbeit Universitäten und Industrie
Jahn, Roland Jahrgang 1953 Friedrich-Schiller-Universität Jena, Studienjahrgang 1975, Fakultät Sozialistische Betriebswirtschaft, Sektion Wirtschaftswissenschaften, 1977 Exmatrikulation ohne Abschluss	„Mach dir keine Sorgen, Roland, wir stehen zu dir …“ ▸ **S. 326**	**Politik und Staat/MfS** Opposition in Jena – Dokumente des MfS über die dortige Situation – Junge Gemeinde und Gründung der „Friedensgemeinschaft Jena“
Jork, Klaus, Prof. Dr. med. Jahrgang 1937 Humboldt Universität Berlin, Medizinische Fakultät, Studienjahre 1956–1958 Johannes Gutenberg Universität Mainz, Humanmedizin, Studienjahre 1958–1962, Staatsexamen 1962, Promotion 1965	„Wir sind der Meinung, dass der Student Jork mit seinen Äußerungen die Rechtsprechung unseres Staates anzweifelt“ Als bekennender Christ und Wehrdienstverweigerer für ein Medizinstudium untragbar ▸ **S. 81**	**Gesellschaft/Christen** **Politik und Staat/FDJ/SED/MfS** Personen der DDR-Kirche und ihre Stellung zur und in der DDR – Schmutzler – Grüber – Dibelius … Wie organisierten die FDJ/Parteileitung/MfS derartige „Schaudiskussionen“? Andere Universitäten?

Autor	Beitragstitel	Stichworte für die zeithistorische Kommentierung
Jork, Rainer, Dr.-Ing. Jahrgang 1940 TH/TU Dresden, Studienjahrgang 1959, Fakultät Maschinenwesen, Diplom 1965 TH Ilmenau, Sektion Technische und Biomedizinische Kybernetik, Promotion 1974	Über Umwege zum Studium, um der „Sippenhaftung“ zu entgehen ▶ **S. 124**	**Politik und Staat/Flucht/Ausreise** Abwanderung von Studenten durch Flucht – Statistik – Reaktion der Hochschulen auf Flucht – Situation in den 80er Jahren – Ausreiseanträge von Studenten und Dozenten **Gesellschaft/soziale Herkunft** Ideologie und Praxis – Bedeutung für Zugang zum Studium und späteren Lebensweg – Sippenhaft – Lebenswege von Kindern aus der Intelligenz
Jork, Rainer, Dr.-Ing.	Maschinenbaustudium an der TH/ TU Dresden Frei nach Karl Marx: Das Sein formt das Bewusstsein ▶ **S. 128**	**Rahmenbedingungen/Zugang zum Studium** Auswahlkriterien, Prämissen dafür, soziale Struktur der Studenten und Sonderregelungen für bestimmte Personengruppen **Studentenalltag/Reisen** Studentenaustausch mit sozialistischen Ländern, Reisen
Jork, Rainer, Dr.-Ing.	Als trampender Student unterwegs nach dem noch nicht vermauerten Berlin Ich wurde belehrt, dass das Trampen auf der Autobahn nach Berlin verboten sei ▶ **S. 134**	**Studentenalltag/Reisen** Ausflüge von DDR-Studenten nach West-Berlin – Kontakte zwischen DDR-Studenten und DDR-Unis zu Westberlin – Trampen in der DDR
Keller, Reinhard, Dipl.-Ing. Jahrgang 1945 TU Dresden, Studienjahrgang 1964, Sektion Bauwesen, Fachrichtung Konstruktiver Ingenieurbau, Diplom 1970	„Als Parteiloser werden Sie immer am Katzentisch sitzen müssen“. „Sie können sich nur als Fachmann unentbehrlich machen.“ ▶ **S. 244**	**Rahmenbedingungen/Exmatrikulation** Statistik und Wertung über die Quote der Absolventen/ Studienabbrecher Direktstudium/ Fernstudium – gab es Wechsel zu Ingenieurschulen? **Studentenalltag/Humor** Möglichkeiten und Grenzen für Studenten, politische Distanz oder Kritik auszudrücken – Folgen für Karriere **Dozenten/Vorlesungen** Rolle der Dozenten beim Aufbau politischen Drucks, Kontrolle des Wohlverhaltens der Studenten – politische Spielräume der Dozenten, Studenten zu fördern

Autor	Beitragstitel	Stichworte für die zeithistorische Kommentierung
Kempe, Frank Jahrgang 1948 Kunsthochschule Dresden, Gasthörer 1973–1975	Als Gasthörer an der Hochschule für Bildende Künste in Dresden. „Einer geregelten Arbeit ging der K. nicht mehr nach" ► **S. 292**	**Rahmenbedingungen/Zugang zum Studium** Zugang zum Studium an der Kunsthochschule – Auswahlkriterien **Lehren und Lernen/Dozenten/Vorlesungen** Lehrbetrieb an der Kunsthochschule – Freiheiten **Gesellschaft/Nischen** Die Enteignung der Dresdener Kunsthändler – das Wirken und Geschäfte Schalk-Golodkowskis als Leiter des geheimen Bereichs für Kommerzielle Koordinierung im Ministerium für Außenhandel
Klose, Joachim, Dr. phil., Dipl.-Phys. Jahrgang 1964 Fernstudium für Theologie, Studienjahre 1982–1984 TU Dresden, Studienjahre 1985–1990, Sektion Physik, Diplom 1990 Hochschulen in München und USA, Studienjahre 1990–1997, Fachbereich Philosophie, Logik und Wissenschaftstheorie, Promotion 1997	Fachprofessoren wurden verpflichtet mit mir „Erziehungsgespräche" zu führen ► **S. 384**	**Politik und Staat/MfS** Kontrolle und Verfolgung nicht systemtreuer Studenten – Ziele des MfS **Studentenalltag/Solidarität** Solidarität der Kommilitonen mit unangepassten Studenten – Gefährdung der eigenen Karriere
Knoblauch, Günter, Dipl.-Ing. Jahrgang 1940 ABF-TH Dresden, Studienjahre 1959–1962 TU Dresden, Studienjahre 1962–1966, Elektrotechnik/Regelungstechnik, 1968–1970 Fernstudium, Diplom 1970	„Der Klassenfeind sitzt auch in Ihren Reihen …". „Wer ist hier in der Partei? – Der hebe die Hand!" ► **S. 137**	**Rahmenbedingungen/Zugang zum Studium/ABF** ABF Funktion, Auswahlkriterien, Prämissen dafür, soziale Struktur der Studenten und Sonderregelungen für bestimmte Personengruppen **Lehren und Lernen/Dozenten/Vorlesungen** ML-Vorlesungen
Knoblauch, Günter, Dipl.-Ing.	Kollektivierung der Landwirtschaft – wir Studenten waren dabei ► **S. 143**	**Studentenalltag/Ernteeinsatz** Ernteeinsätze der Studenten, warum **Staat und Politik/politische Ereignisse** Kollektivierung der Landwirtschaft, Bewertung, Bauernflucht in den Westen
Knoblauch, Uta, Dipl.-Dolm./Übers. Jahrgang 1940 Humboldt Universität Berlin, Studienjahrgang 1964, Fachbereich Slawistik, Diplom 1968	Eigentlich lief mein Studium ganz normal ab. Ein Rückblick anhand der Stasiakten ► **S. 249**	**Rahmenbedingungen/Zugang zum Studium** **Studentenalltag/Solidarität** **Politik und Staat/MfS**

Autor	Beitragstitel	Stichworte für die zeithistorische Kommentierung
Kobe, Sigismund, Prof. Dr. rer. nat. habil. Jahrgang 1940 TH/TU Dresden, Studienjahrgang 1960, Fakultät Mathematik und Naturwissenschaften, Fachbereich Physik, Diplom 1965 TU Dresden, 1965–1992 Assistent, Lehrer im Hochschuldienst und Oberassistent an der Sektion Physik, Promotion 1971	Das Jahr 1989 – das Ende parteipolitischer Einflussnahme der SED an der TU Dresden ▶ **S. 13**	**Lehren und Lernen/Dozenten/Vorlesungen** **Politik und Staat/politische Ereignisse** Kommentierung: politische Entwicklung an den Hochschulen 1945 bis 1989
Krause, Gisela, Dipl.-Ing. Jahrgang 1940 TU Dresden, Studienjahrgang 1959, Fakultät Maschinenwesen/Regelungstechnik, Diplom 1965	Als junge Frau einen technischen Beruf zu ergreifen, war für mich nichts Absonderliches ▶ **S. 148**	**Rahmenbedingungen/Zugang zum Studium** Anteil der Studentinnen an den Unis – offizielle Politik der SED in diesem Punkt? – Förderung und Unterstützung von Studentinnen?
Kuhlmann, Bernd, Dipl.-Ing. Jahrgang 1940 Hochschule für Verkehrswesen Dresden, Studienjahrgang 1959, Fachrichtung Eisenbahnbetrieb, 1962 Exmatrikulation, 1965 Diplom	Studienerlaubnis ohne Begründung entzogen. Vormilitärische Ertüchtigung – verpflichtender Bestandteil des Studiums ▶ **S. 152**	**Rahmenbedingungen/Exmatrikulation*** Exmatrikulationen – evtl. Recherche im Archiv der ehemaligen HfV – gehört möglicherweise heute zum TU-Archiv – Exmatrikulationen scheinen hier im größerem Umfang erfolgt zu sein – gibt es da eine Aufarbeitung? – Gibt es eine Statistik über Exmatrikulationen? Wie hoch war der Anteil der Exmatrikulationen aus politischen Gründen, aus fachlichen Gründen, aus anderen Gründen? – Gibt es Regeln über die Beschlussfassung zur Exmatrikulation? War die Fortsetzung des Studiums als Fernstudium eine gängige Alternative oder die Ausnahme?
Leidhold, Hans-Peter, Prof. Dr. rer. nat. Jahrgang 1934 Bergakademie Freiberg (BA), Studienjahre 1952–1953, Geophysik Karl-Marx-Universität Leipzig (KMU), Studienjahre 1953–1959, Mathematik, Diplom 1959, Promotion 1983	Betreuungsnotstand durch „Republikflucht" im Lehrkörper. Erlebnis- und Erfahrungsbericht an der BA Freiberg und der Universität Leipzig ▶ **S. 36**	**Studentenalltag/Reisen** Reiseverkehr nach der BRD bis 1955 und ab 1955 (Änderungen), wie und welche Möglichkeiten gab es und wie wurden sie von Studenten „genutzt"?

* Die Herausgeber konnten keine statistischen Daten über das Ausmaß der Exmatrikulationen an Hochschulen und Universitäten aus politischen oder fachlichen Gründen finden. Die „Vertrauliche Verschlusssache – MfS 008-Nr.63/68 (S. 420 ff.)" lässt nur erahnen, dass ein großer Druck an den Bildungseinrichtungen aufgebaut wurde. Bei einigen Autoren wird das Thema der Exmatrikulation angesprochen. Hier ist noch Aufarbeitung notwendig. Die aufgeführten Stichworte nennen Ansatzpunkte dafür. (Anm. d. Hg.)

Autor	Beitragstitel	Stichworte für die zeithistorische Kommentierung
Lienert, Matthias, Dr. Dipl.-Archivar Jahrgang 1955 Humboldt-Universität Berlin, Studienjahrgang 1979, Fachbereich Archivwissenschaft, Sektion Geschichte, Diplom 1984, Promotion	„Ihr habt die Bildung und wir haben das Geld und die Freiheit“. Soziale und politische Impressionen aus der Studienzeit ► **S. 358**	**Rahmenbedingungen/Zugang zum Studium** - Verweigerung des Studiums bei politischer Unangepasstheit - internationale Anerkennung von DDR-Studienabschlüssen **Lehren und Lernen/Dozenten/Vorlesungen** politische Ökonomie – Vorlesungsstoff und tägliche Realität – Widersprüche – Umgang mit Theorie und Praxis – Erklärungsversuche
Lienert, Matthias, Dr. Dipl.-Archivar	Um nicht aufzufallen, drückten die sowjetischen Studenten jedem eine druckfrische Prawda in die Hand. Begebenheiten, Lehrbeispiele und Impressionen in der Studienzeit ► **S. 364**	**Politik und Staat/politische Ereignisse** Veränderungen an den Unis in den 1980er Jahren, Aufbrechen überkommener Denkmuster angesichts … – **Studentenalltag/Reisen** Studentenaustausch in den 1980er Jahren, welchen Einfluss hatte dies auf gesellschaftliche Wahrnehmungen – Diskussionen hierzu in Studentenkreisen
Lunkwitz, Klaus, Prof. Dr. rer. nat. habil. Jahrgang 1937 TH/TU Dresden, Studienjahrgang 1955, Fakultät Mathematik und Naturwissenschaften, Fachrichtung Chemie, Diplom 1961, Promotion 1966	Hervorragende fachliche Leistungen allein genügen nicht ► **S. 65**	**Lehren und Lernen/Dozenten** Einfluss der SED und Veränderungen im Lehrkörper der TU Dresden – gab es Bevorzugung von SED-Mitgliedern bei der akademischen Laufbahn? – Statistik über die Jahre 1948–1989? (s. Anm. auf Seite 494) – politischer Spielraum von Professoren – wie lange waren politisch kritische Professoren in ihren Ämtern? – Einfluss aufgrund fachlicher Brillanz? – fachlicher Austausch mit westdeutschen/ausländischen Universitäten **Rahmenbedingungen/Studienablauf** Welche Auswirkungen hatten die Hochschulreformen (besonders die 3.) auf die politische Ausrichtung der Struktur/Institute? Gesellschaft/Übergang in den Beruf Politische Distanz als Karrierehindernis
Markert, Matthias, Dipl.-Ing. Jahrgang 1943 TU Dresden, Studienjahrgang 1962, Elektrotechnik/Regelungstechnik, Diplom 1968	Bei meiner Geradlinigkeit würde ich wieder anecken ► **S. 220**	**Gesellschaft/Christen/Nischen** Theologiestudium als Alternative **Gesellschaft/Wehrdienst** Wehrdienst / Bausoldaten **Lehren und Lernen/Assistenzzeit** Assistentenstelle/Promotion/Einfluss von SED und MfS

Autor	Beitragstitel	Stichworte für die zeithistorische Kommentierung
Mettcher, Roland, Dipl.-Ing. Jahrgang 1949 TU Dresden, Fernstudienjahrgang 1976–1982, Sektion Fertigungstechnik und Werkzeugmaschinen	Arbeit und Fernstudium waren eine hohe Belastung ► S. 351	**Rahmenbedingungen/Fernstudium** Fernstudium in der DDR – wirtschaftliche Aspekte – Niveau des Fernstudiums – Fernstudium als Alternative für nichtlinientreue Studierwillige? **Gesellschaft/Übergang in den Beruf** Umwege zum Studium – Delegation durch den Betrieb **Lehren und Lernen/Dozenten/Vorlesungen** Bedeutung des Faches ML für den Studienabschluss und die Karriere – Inhalte des Faches – Zielsetzung des Faches
Mettcher, Roland, Dipl.-Ing.	Als Nichtgenosse in Führungspositionen ► S. 355	**Politik und Staat/SED** – Führungspositionen und SED-Mitgliedschaft in der Industrie – Bedeutung der SED-Mitgliedshaft für Karriere und Führungspositionen – Einfluss der SED in Betrieben auf Organisation und Arbeitsabläufe **Gesellschaft/Christen** Christen und Studium/berufliche Karriere
Mey, Roland, Dipl.-Phys. Jahrgang 1942 Friedrich-Schiller-Universität Jena, Studienjahrgang 1960, Mathematisch-naturwissenschaftliche Fakultät, Fachrichtung Physik, Diplom 1965	Für zwei Stunden im Hörsaal eingesperrt „Wie lange noch lehrt ein NATO-Professor an unserer Friedrich-Schiller-Universität?“ ► S. 159	**Lehren und Lernen /Studenten/Vorlesungen** **Politik und Staat/MfS/politische Ereignisse** Umgang mit politisch kritischen Hochschullehrern – wie viele Hochschullehrer verließen die DDR? – wie wurden Studenten auf den Kurs der Partei eingeschworen? – studentische Solidarität mit Hochschullehrern
Mey, Roland, Dipl.-Phys.	„Gebt diesem ‚Ingenieur‘ ein Telefon und kein Papier!“. Als Ingenieurschullehrer die „einzig wissenschaftliche Weltanschauung“ mit Humor erleidbar gestalten ► S. 164	**Studentenalltag/Humor** Umgang mit den Widersprüchen in der DDR – Humor als Ventil – die Funktion der politischen Witze

Autor	Beitragstitel	Stichworte für die zeithistorische Kommentierung
Meyer, Christian, Dr.-Ing. Jahrgang 1936 TU Dresden, Studienjahre 1954–1958, Fakultät Bauwesen, konstruktiver Ingenieurbau TU Hannover, Studienjahre 1958–1961, Fakultät Bauwesen, Bauingenieurexamen 1961, Promotion 1973	„Zweifel an der führenden Rolle der Partei" ▸ **S. 54**	**Lehren und Lernen/Dozenten** politische Rolle der Dozenten – Einflussnahme auf Studenten im Sinne des Staates **Staat und Politik/FDJ/SED** Studentenverbände, Studentenvertretung an den Universitäten, studentische Mitsprache
Mortzeck, Manfred M. A. Jahrgang 1948 Pädagogische Hochschule Theodor Neubauer Erfurt, Studienjahrgang 1975, Pädagogik, Fachrichtung Deutsch und Kunsterziehung, 1978 Exmatrikulation ohne Abschluss Freie Universität Berlin, Studienjahre 1983–1989, Pädagogik, Fachrichtung Germanistik und Kunstgeschichte, Magister 1989	Eigeninitiative als Stolperstein. Du sollst nicht aus der Reihe tanzen! ▸ **S. 333**	**Rahmenbedingungen/Exmatrikulation** **Lehren und Lernen/Praktikum/Seminare** **Studentenalltag/Solidarität** **Gesellschaft/soziale Herkunft**
Müller, Christian, Dipl.-Ing. Jahrgang 1935 ABF der TH Dresden, Studienjahre 1954–1958 TH/TU Dresden, Studienjahre 1958–1962, Fachrichtung Luftfahrtwesen/Fertigungstechnik und Werkzeugmaschinen, Diplom 1962	Es gab einige Leute, die meine Exmatrikulation durchsetzen wollten ▸ **S. 58**	**Rahmenbedingungen/ABF/Exmatrikulation** ABF: Wie „straff" war die Organisation und Kontrolle der Studenten? – Reglementierung des Studiums und Disziplinierung der Studenten durch Rahmenzeitplan – Übergangssituation an der TUD/anderen Universitäten – Auswirkungen auf Studierende und Aspiranten? **Politik und Staat/politische Ereignisse** Politische Lage – EVG-Verträge – KVP (Kasernierte Volkspolizei)
Otto, Ulrich, Dipl.-Ing. Jahrgang 1937 TH/TU Dresden, Studienjahrgang 1956, Fachbereich Bauingenieurwesen, Diplom 1962	Aus dem Alltag eines Bauingenieur-Studenten in Dresden Erlebnisse, Gedanken und Mitteilungen – aufgelesen aus Briefen ▸ **S. 89**	**Lehren und Lernen/Dozenten/Vorlesungen** **Studentenalltag/Wohnen** **Politik und Staat/politische Ereignisse**

Autor	Beitragstitel	Stichworte für die zeithistorische Kommentierung
Petzholtz, Wilhelm, Dr.-Ing. Jahrgang 1942 TH/TU Dresden, Studienjahrgang 1960, Fakultät Maschinenbau (Vordiplom), Fachbereich Technologie/Triebwerkfertigung, Diplom 1966	„Die Kirche hat kein Monopol auf Türme" ▶ **S. 170**	**Rahmenbedingungen/Zugang zum Studium** Soziale Voraussetzungen für Zulassung zum Studium, Arbeiter- und Bauernkinder, Angestelltenkinder wurden zurückgesetzt, Sonderreglungen für Kinder der sogenannten Intelligenz …
Pontius, Martina, Dipl.-Lehrer Jahrgang 1954 Pädagogische Hochschule Erfurt, Studienjahrgang 1973, DK 73 Fakultät Pädagogik, Sektion Philologie/Literatur- und Kunstwissenschaft, Diplom 1977	Es herrschte eine Atmosphäre der Angst und Beklemmung ▶ **S. 296**	**Rahmenbedingungen/Exmatrikulation** **Politik und Staat/FDJ/SED/MfS/politische Ereignisse** **Lehren und Lernen/Dozenten/Vorlesungen**
Proksch, Michael Jahrgang 1958 TH Karl-Marx-Stadt, Studienjahrgang 1979, Fachrichtung Gerätetechnik Hochschule für Musik in Dresden, ab 1982 Klavierstudium	Von der Grundschule zur Hochschule – wie über Jahre hinweg psychische Deformationen entstanden ▶ **S. 369**	**Politik und Staat/FDJ/SED/MfS** – Indoktrination in Schulen, repressive Maßnahmen – Schüler zwischen Abwehr und Anpassung – Kontrolle der politischen Einstellungen von Schülern
Proksch, Michael	Ich erlebte die Militarisierung des öffentlichen Lebens ▶ **S. 374**	**Gesellschaft/Wehrdienst** Anwerbung von Studenten als Reserveoffiziere in den 80er Jahren – Wehrdienst für Frauen – Reaktionen auf die Friedensbewegung in Westdeutschland – Militarisierung des öffentlichen Lebens in der DDR **Politik und Staat/politische Ereignisse** Wettrüsten in den 70er-/80er Jahren – NATO-Doppelbeschluss 1979
Rath, Fritz, Dr.-Ing. Jahrgang 1938 TH/TU Dresden, Studienjahrgang 1956, Bauingenieurwesen, Diplom 1962 HAB (Hochschule für Architektur und Bauwesen Weimar), Promotion 1989	Wir studieren, um zu leben – wir leben nicht, um zu studieren ▶ **S. 97**	**Studentenalltag/Reisen** Reisen zu DDR Zeiten – Fenster Westberlin – Flüge über FU-Berlin – Passausstellung für DDR-Bürger im Westen

Autor	Beitragstitel	Stichworte für die zeithistorische Kommentierung
Rathenow, Lutz, Dipl.-Päd. Jahrgang 1952 Friedrich-Schiller-Universität Jena, Studienjahrgang 1973–1977, Fachbereich Deutsch/Geschichte, 1977 Exmatrikulation ohne Abschluss	Warum wollte ich eigentlich studieren? ► **S. 303**	**Rahmenbedingungen/Exmatrikulation** **Politik und Staat/politische Ereignisse**
Rößler, Matthias, Dr.-Ing. Jahrgang 1955 TU Dresden, Studienjahrgang 1975, Sektion Energieumwandlung, Diplom 1979 Hochschule für Verkehrswesen, 1979–1989, Promotion 1983	Ich sei kein geeigneter Nachwuchskader, erklärte mir der Genosse Kaderentwickler ► **S. 336**	**Politik und Staat/politische Ereignisse** Ziele und Vorgaben der Personalüberprüfungen an ostdeutschen Hochschulen (Dresden/Leipzig) – Ergebnisse dieser Arbeit
Rößler, Matthias, Dr.-Ing.	Das Jahr 1989 – der Aufbruch aus der Sicht des akademischen Mittelbaus ► **S. 339**	**Politik und Staat / Politische Ereignisse /Kommentar** Der akademische Mittelbau sucht eine politische Orientierung – Widerstand der alten politischen Strukturen – Verhalten der TU-Studenten 1989 – Selbstreinigungsprozess und Autonomie an der TUD
Schmiele, Joachim, Dr.-Ing. Jahrgang 1949 Technische Universität Dresden, Studienjahrgang 1967, Fakultät Elektrotechnik; Sektion Regelungstechnik, 1971 Diplom TH Leipzig, Promotion 1986	Studentische Amateurfunker schalteten Radio Prag auf das Heizungssystem Licht und Schatten meines Studiums – eine episodische Rückschau ► **S. 268**	**Rahmenbedingungen/Studienablauf** Die 3. Hochschulreform als Reaktion auf den Prager Frühling – Folgen der 3. Hochschulreform für die Studenten **Politik und Staat/FDJ/SED/politische Ereignisse** Reaktionen der DDR-Studenten auf den Prager Frühling und der Umgang der SED-Führung damit; Niederschlag in Stasiakten
Schober, Helmar, Dipl.-Ing. Jahrgang 1941 TH/TU Dresden, Studienjahrgang 1968, Abendfernstudium Fachrichtung Maschinenwesen/Fertigungstechnik, Diplom 1973	Fernstudium – jeder musste auf viel Persönliches verzichten ► **S. 273**	**Rahmenbedingungen/Fernstudium** Fernstudium in der DDR – Qualität – Abschlussquote – Statistik: Anzahl der Fernstudenten, Erfolgsquote, Anteil an allen Studenten – Motive für ein Fernstudium – Förderung durch den Staat

Autor	Beitragstitel	Stichworte für die zeithistorische Kommentierung
Schwinkowski, Kurt, Dr.-Ing. Jahrgang 1936, TH Dresden, Studienjahrgang 1957, Fakultät Maschinenbau/ Fördertechnik, Diplom 1963 TH Merseburg, Promotion 1983	Sie haben sich mir als Angehörige der Volkspolizei vorgestellt ▸ **S. 103**	**Politik und Staat/MfS** Anwerbung von Studenten durch das MfS – Druckmittel – Verhalten von Studenten – Situation 1989 an der TU – Arbeit der MfS-Außenstelle in der TU – andere Universitäten – Statistik: Wie viele Studenten eines Jahrgangs arbeiteten für das MfS? – Ablehnung der SED-Mitgliedschaft möglich bei Verzicht auf Karriere **Gesellschaft/Christen** Beobachtung von Christen durch das MfS – Versuche der Einschüchterung
Stötzer, Gabriele, Dipl.-Lehrer Jahrgang 1953 Pädagogische Hochschule Erfurt, Studienjahrgang 1973, Fachbereich Deutsch/Kunsterziehung, Exmatrikulation ohne Abschluss 1976 Studienabschluss an der Pädagogischen Hochschule, Diplom 1991	Wir lasen bändeweise Marx, Engels, Lenin und Luxemburg ▸ **S. 307**	**Rahmenbedingungen/ Exmatrikulation** **Lehren und Lernen/ Dozenten/Vorlesungen/studentische Ämter** Bedeutung der Pädagogischen Ausbildung in der DDR **Studentenalltag/Solidarität**
Stötzer, Gabriele, Dipl.-Lehrer	Ein Brief an Margot Honecker löste Alarm aus ▸ **S. 314**	**Rahmenbedingungen/Exmatrikulation** **Studentenalltag/Solidarität**
Straßberger, Ingrid, Dr. med. Jahrgang 1943 Semmelweis-Universität Budapest, Studienjahre 1961–1963, Medizin Medizinische Akademie Dresden, Studienjahre 1963–1966, Medizin, Diplom 1966, Promotion 1970	Ich sollte für sechs Jahre nach Moskau gehen. Dies solle keine Strafe, sondern eine Auszeichnung sein ▸ **S. 191**	**Lehren und Lernen/Auslandsstudium** Auslandsstudium – wie kam man dazu – Auswahl der Studenten – Quoten für die Länder des Ostblocks – Finanzierung und Stipendium **Studentenalltag/Wohnen** Studentisches Wohnen in Ungarn
Tremmel, Beate (geb. Pieczonka), Dipl.-Lehrer Jahrgang 1956 Pädagogische Hochschule Erfurt, Studienjahrgang 1974, Sektion Pädagogik, Fachrichtung Kunst/Deutsch, Diplom 1978	Eine spontane Unterschriftenaktion gegen die Exmatrikulation eines Kommilitonen. Wie mein Sozialismusbild einen Riss bekam ▸ **S. 324**	**Rahmenbedingungen/Kommentierung** **Lehren und Lernen/Dozenten/Vorlesungen** **Studentenalltag/Solidarität**

Autor	Beitragstitel	Stichworte für die zeithistorische Kommentierung
Ventzke, Michael, Dipl.-Ing. Jahrgang 1943 ABF-Berlin, Humboldt-Universität, Studienjahrgang 1960 TU Dresden, Studienjahre 1962–1965, Elektrotechnik/ Regelungstechnik TU Dresden, Studienjahre 1965–1970, Fernstudium Informationstechnik, Diplom 1970	„Sie stehen nicht zu uns" – Werbung für den „freiwilligen" Wehrdienst ▶ **S. 175**	**Rahmenbedingungen/Lehre/ABF** Zugang zur ABF, Auswahlkriterien, soziale Struktur der Studenten an der ABF und Sonderregelungen für bestimmte Personengruppen **Gesellschaft/Wehrdienst** **Staat und Politik/politische Ereignisse** Mauerbau 1961 – Mauerbau und Wehrdienst – Methoden der Anwerbung von „Freiwilligen" vor Einführung der Wehrpflicht – Wehrdienst und Ausbildung/Karriere – Statistik: Anzahl Wehrdienstleistender pro Jahrgang
Wallmann, H. Johannes, Komponist Jahrgang 1952 Hochschule für Musik „Franz Liszt" in Weimar, Studienjahrgang 1970, Fagott und Komposition, Exmatrikulation ohne Abschluss 1973 Hochschule für Musik „Franz Liszt" in Weimar, Fernstudium Komposition, Studienjahre 1973–1974, (Diplom) Staatsexamen 1974	„Spätbürgerlich-dekadent". Der Diplombetrug der Hochschule für Musik „Franz Liszt" in Weimar ▶ **S. 286**	**Politik und Staat/FDJ/SED/MfS** Aufarbeitung der SED-Vergangenheit der HfM – fand diese statt? – wurden Studenten/Dozenten rehabilitiert?
Wedekind, Gerhard, Dipl.-Ing. Jahrgang 1935 Pädagogisches Institut Mühlhausen, Studienjahre 1953–1954, Biologie und Chemie TH/TU Dresden, Studienjahre 1954–1960, Fachrichtung Bauingenieurwesen, Diplom 1960	Ich sei nicht würdig, die DDR im sozialistischen Ausland zu vertreten ▶ **S. 63**	**Lehren/Lernen/Dozenten/Vorlesungen** Pädagogische Hochschulen in der DDR – Kaderschmieden der SED? Studiengangwechsel in der DDR **Politik und Staat/Flucht/Ausreise** Integration von jungen, gut ausgebildeten DDR-Flüchtlingen in der Bundesrepublik
Wiemers, Gerald, Prof. Dr. phil. habil. Jahrgang 1941 Martin-Luther-Universität Halle-Wittenberg, Studienjahrgang 1960, Geschichte und neuere Sprachen, Diplom-Historiker 1965 Humboldt-Universität Berlin, Studienjahre 1965–1967, Archivwissenschaften, Diplom-Archivar 1967, Promotion 1984	Man habe meine Papiere vor der Immatrikulation nicht richtig durchgesehen ▶ **S. 178**	**Rahmenbedingungen/Zugang zum Studium** Kontrolle staatskritischer Äußerungen und Haltung ab der Schulzeit – Auswirkungen des Verhaltens von Schülern auf die spätere Karriere

Autor	Beitragstitel	Stichworte für die zeithistorische Kommentierung
Wonneberger, Ursula, Dipl.-Ing. (FH) Jahrgang 1953 Ingenieurhochschule Dresden, Studienjahrgang 1973, Diplom 1977	Ein ganz gewöhnlicher Anwerbeversuch der Stasi ► **S. 320**	**Politik und Staat/MfS**
Ziesecke, Peter, Dipl.-Ing. Jahrgang 1940 TU Dresden, Studienjahre 1961–1962, Fachrichtung Physik; Studienjahre 1964–1968, Fachrichtung Maschinenbau/ Verarbeitungsmaschinenbau, Exmatrikulation ohne Abschluss 1968 TU Dresden, Studienjahre 1971–1973, Fernstudium (nach politischer Haft), Diplom 1973	Träume von einem menschlichen Sozialismus ► **S. 197**	**Politik und Staat/politische Ereignisse/politische Haft** Stimmung an den Universitäten 1968 – Aktionen der Studenten zur Unterstützung des Prager Frühlings – Reaktionen des DDR-Staates – Einmarsch in die ČSSR – politische Haft in Lager X – Freikauf von Häftlingen – Schicksal derer, die in der DDR blieben
Ziesecke, Peter, Dipl.-Ing.	Das Ende einer Flugblattaktion ► **S. 201**	**Politik und Staat/politische Ereignisse/politische Haft** Stimmung an den Universitäten 1968 – Einmarsch in die ČSSR
Herausgeber	Das politische Studentenlied ► **S. 399**	**Sonderseiten/Studentische Kultur**
Herausgeber	Die politische Grafik in der DDR. Kunst im Bildungssystem? –ROSTA-Fenster ► **S. 400**	**Sonderseiten/Studentische Kultur**
Herausgeber	Die politische Grafik in der DDR Studentenbühne der Pädagogischen Hochschule Erfurt ► **S. 401**	**Sonderseiten/Studentische Kultur**
Herausgeber	Der politische Witz „Wir hatten tagtäglich etwas zu lachen“ ► **S. 403**	**Sonderseiten/Studentische Kultur**

Autor	Beitragstitel	Stichworte für die zeithistorische Kommentierung
Knoblauch, Günter	Die Arbeiter-und-Bauern-Fakultät ► S. 408	**Sonderseiten/Kommentar** **Rahmenbedingungen/ABF** zeithistorischer Kommentar
Knoblauch, Günter	Studium und Wehrdienst ► S. 412	**Sonderseiten/Kommentar** **Gesellschaft/Wehrdienst** zeithistorischer Kommentar
Knoblauch, Günter	Anwerbung von „Informellen Mitarbeitern“ an Schulen und Hochschulen ► S. 415	**Sonderseiten/Kommentar** **Politik und Staat/MfS** zeithistorischer Kommentar
Knoblauch, Günter (Einleitung)	Vertrauliche Verschlusssache – MfS 008-Nr. 63/68. Ein Dokument des Ministeriums für Staatssicherheit ► S. 420	**Sonderseiten/Kommentar** **Politik und Staat/MfS** Dokument
Pontius, Martina/Stötzer, Gabriele	Die Zerschlagung des studentischen Widerstands an der Pädagogischen Hochschule Erfurt ► S. 441	**Sonderseiten/Kommentar** **Politik und Staat/MfS** zeithistorischer Kommentar
Knoblauch, Günter (Einleitung)	Wilfried Linke, „Sieben unverblümte Äußerungen über Bekanntes (Sätze zum Anzweifeln)“ ► S. 452	**Sonderseiten/Kommentar** **Rahmenbedingungen/Exmatrikulation** **Lehren und Lernen/Praktikum/Seminare** **Politik und Staat/MfS** Dokument
Rößler, Matthias	Die Erneuerung der Hochschulen zwischen 1989 und 1993 in Sachsen ► S. 457	**Sonderseiten/Kommentar** **Rahmenbedingungen** zeithistorischer Kommentar

// Abkürzungsverzeichnis

ABF	Arbeiter-und-Bauern-Fakultät
AOS	Abendoberschule (führte zum Abitur)
APO	Außerparlamentarische Opposition (BRD)
ASTA	Allgemeiner Studentenausschuss, Studentenvertretung (heute: „Studierendenvertretung") in der Bundesrepublik
BGL	Betriebsgewerkschaftsleitung (DDR)
BKW	Braunkohlenwerk
BSG	Betriebssportgemeinschaft
BStU	Der Bundesbeauftragte für die Unterlagen des Staatssicherheitsdienstes der ehemaligen Deutschen Demokratischen Republik
ČSSR	Tschechoslowakische Sozialistische Republik
DEKRA	Deutscher Kraftfahrzeug-Überwachungs-Verein e. V.
DFF	Deutscher Fernsehfunk
DKP	Deutsche Kommunistische Partei
DR	Deutsche Reichsbahn
DRK	Deutsches Rotes Kreuz
DS	Deutscher Sportausschuß (Vorläufer des DTSB)
DSB	Deutscher Sportbund (BRD)
DSF	Gesellschaft für Deutsch-Sowjetische Freundschaft
DTSB	Deutscher Turn- und Sportbund
E&A	Erziehung und Ausbildung, Abteilung an den Universitäten, verantwortlich u. a. für die Zulassung zum Studium
EOS	Erweiterte Oberschule, führte zum Abitur (entsprach dem bundesdeutschen Gymnasium)
EVG	Europäische Verteidigungsgemeinschaft
FDGB	Freier Deutscher Gewerkschaftsbund
FDJ	Freie Deutsche Jugend
FSU	Friedrich-Schiller-Universität
ESG	Evangelische Studentengemeinde
Gewi	Gesellschaftswissenschaften
GI	Geheimer Informator (des MfS)
GMS	Gesellschaftlicher Mitarbeiter für Sicherheit (MfS),
GST	Gesellschaft für Sport und Technik, eine vormilitärische Organisation für Jugendliche in der DDR
HAB	Hochschule für Architektur und Bauwesen (Weimar)
HfBK	Hochschule für Bildende Künste
HfV	Hochschule für Verkehrswesen
HGB	Hochschule für Grafik und Buchkunst (Leipzig)
HIM	Hauptamtlicher Informeller Mitarbeiter (des MfS)
HPL	Hochschulparteileitung (der SED)
IHS	Ingenieurhochschule
I.-I.	Industrie-Institut (bot aktiven oder potenziellen Führungskräften der volkseigenen Industrie alternative Qualifizierungsmöglichkeiten zum Studium)
IM	Inoffizieller Mitarbeiter der Staatssicherheit
IMS	Inoffizieller Mitarbeiter (des MfS) zur Sicherung und Durchdringung eines Verantwortungsbereiches
ISB	Ingenieurschule für Bauwesen
ISP	Ingenieurschule für Pharmazie
JP	Junge Pioniere
IUS	International Union of Students
KdT	Kammer der Technik
KGB	Komitet gosudarstvennoj bezopasnosti (dt.: „Komitee für Staatssicherheit", sowjetischer Geheimdienst 1954–1991)
KP	Kontaktperson (Person, die in der Regel vom nachrichtendienstlichen Charakter der Verbindung keine Ahnung hatte; Sprache des MfS)
KPČ	Kommunistische Partei der Tschechoslowakei

KPD	Kommunistische Partei Deutschlands (BRD)
KPdSU	Kommunistische Partei der Sowjetunion
Kripo	Kriminalpolizei (umgangssprachlich)
KSG	Katholischen Studentengemeinde
KVP	Kasernierte Volkspolizei (1952–1956, Vorläufer der Nationalen Volksarmee)
LMT	Landmaschinentechnik
LPG	Landwirtschaftliche Produktionsgenossenschaft
MdI	Ministerium des Inneren
MfS	Ministerium für Staatssicherheit
ML	Marxismus-Leninismus
MLU	Martin-Luther-Universität
NAW	Nationales Aufbauwerk
NAGEMA	Maschinenbau Nahrungs- und Genussmittel in Dresden
NÖS(PL)	Neues ökonomisches System (der Planung und Leitung)
NS	Nationalsozialismus, nationalsozialistisch
NUS	National Union of Students
NVA	Nationale Volksarmee (der DDR)
OD	Objektdienststelle des MfS
OibE	(MfS-)Offizier im besonderen Einsatz
OPK	Operative Personenkontrolle (MfS), konspirativer Vorgang zur Aufklärung und Überwachung von Personen
OPV	Operativer Vorgang (MfS)
POS	Polytechnische Oberschule
RA	Rechtsanwalt
RAF	Rote-Armee-Fraktion (Terrororganisation, BRD)
RGW	Rat für gegenseitige Wirtschaftshilfe (Wirtschaftsbündnis der Ostblockstaaten)
Rias	Rundfunk im amerikanischen Sektor (Berlin)
ROA	Reserve-Offiziers-Anwärter
SDP	Sozialdemokratische Partei (der DDR)
SDR	Süddeutscher Rundfunk (BRD)
SED	Sozialistische Einheitspartei Deutschlands
SFB	Sender Freies Berlin
SG	Seminargruppe
SPD	Sozialdemokratische Partei Deutschlands (BRD)
Stasi	Staatssicherheit, für MfS
Semsek	Seminargruppensekretär
SWR	Südwestrundfunk (BRD)
TH	Technische Hochschule
Trapo	Transportpolizei (umgangssprachlich)
TU	Technische Universität
UTP	Unterrichtstag in der sozialistischen Produktion
VDE	Verband der Elektrotechnik Elektronik Informationstechnik e. V.
VDI	Verein Deutscher Ingenieure (BRD)
VEB	Volkseigener Betrieb
VP	Volkspolizei
VVB	Vereinigung volkseigener Betriebe, Vorläufer der späteren Kombinate, heute etwa vergleichbar mit Konzernen
VVS	Vertrauliche Verschlusssache (MfS)
Zentrag	Zentrale Druckerei-, Einkaufs- und Revisionsgesellschaft mbH, unterstand dem ZK der SED
ZK	Zentralkomitee (SED)

// Glossar

Die Sprache – der Zeit gemäß

Rainer Jork

Dass Gesellschaftsordnungen, besonders Diktaturen mit ihrem ideologischen Hintergrund, die Sprache in ihrer Art prägen, wurde uns im Rückblick auf den Nationalsozialismus in Deutschland bereits von Victor Klemperer[626] deutlich vor Augen geführt. Noch heute werden bestimmte Worte dieser Epoche als systemimmanent, als unerträgliche Unworte empfunden. Begriffe werden in Zusammenhänge gebracht, die so ideologisch festgelegt, verdeckt oder neu verstanden werden.
Wer versteht heute beispielsweise in der Medienwelt unter *Sparen* noch das, was wir in unserer Kindheit damit meinten: etwas an Geld zurückzulegen, um in Notzeiten darauf zugreifen zu können (s.a. Sparhaushalt, Totsparen usw.)? Wird unter *Vergleichen* nicht allzu oft *Gleichsetzen* verstanden und damit ein Vergleich verboten? Warum wohl wird heute beispielsweise oft von *Gender-Mainstreaming* gesprochen,[627] also für nicht klar definierte Hintergründe ein Fremdwort verwendet? Dienen Fremdworte etwa auch als Tarnung, wenn man nicht klar sagen will oder kann, was damit gemeint ist? Manche Talkshow, auch manche Parlamentsdebatte ließe sich verdeutlichen, verkürzen oder gar erübrigen, wenn man anfangs verbindlich die verwendeten Streitbegriffe definierte.
In der „Diktatur des Proletariats" des Kommunismus und im real existierenden Sozialismus hat man auf die verbindliche politische Deutung von Begriffen, Abkürzungen und Bezeichnungen einen besonderen Wert gelegt. Daran wirkten – vor allem auch in der Sowjetunion – ganze Parteiinstitute und andere wissenschaftliche Einrichtungen. Die Untersuchungen der Enquete-Kommissionen des Deutschen Bundestages,[628] Aussagen von Wolfgang Leonhard dort und in seinen Büchern,[629] das „Wörterbuch der Staatssicherheit",[630] mit dem die Arbeitssprache dieses parteieigenen Geheim-

626 Viktor Klemperer: LTI, Notizbuch eines Philologen, 1947, Sprache des Dritten Reiches.

627 Prof. Dr. Dr. Rainer Mayer: Biblische Anthropologie und das Gender-Mainstreaming – Programm, Informationsbrief Bekenntnisbewegung „Kein anderes Evangelium".

628 „Aufarbeitung von Geschichte und Folgen der SED-Diktatur in Deutschland" (12. Wahlperiode der Deutschen Bundestages) sowie „Überwindung und Folgen der SED-Diktatur im Prozess der deutschen Einheit (13. Wahlperiode des Deutschen Bundestages).

629 Wolfgang Leonhard: Dämmerung im Kreml, Frankfurt am Main 1989, S. 98: Die Sprache als Mittel sowjetischer Politik.

630 Das Wörterbuch der Staatssicherheit; Definitionen des MfS zur „politisch-operativen Arbeit"; Reihe A

dienstes verbindlich fixiert wurde, verdeutlichen das für die zurückliegende Epoche anschaulich. In der DDR war bereits an den Schulen mit dem „Kleinen politischen Wörterbuch"[631] der verbindliche Sprachschatz fixiert. Sprache wird also zu Herrschaftszwecken eingesetzt.

Begriffe sind oft zeit- und mitunter auch ortsabhängig zu verstehen. Die vorliegenden Zeitzeugenberichte betreffen – der Grundintension des Projektes entsprechend – zuerst ein Technikstudium in Dresden, also die dort gegebenen Bedingungen an der TH bzw. TU Dresden in den angegebenen Zeiträumen. Das kann auch bedeuten, dass entsprechende Bezeichnungen oder Umstände beispielsweise nicht denen eines Journalistikstudiums in Berlin oder Kunststudiums in Weimar gleichzusetzen sind. Mit dem folgenden Glossar wird in Anlehnung an die den Berichten beigefügten Fußnoten versucht, diesem Umstand Rechnung zu tragen. Es bezieht sich primär auf den Sprachhintergrund zu den Zeitzeugenberichten an der genannten Bildungs- und Forschungseinrichtung.

Hinweise zur Nutzung des Glossars

Das Glossar wurde von Frau Dr. Scholz und Herrn Victor zusammengestellt. Herr Victor traf die Auswahl der weiterführenden Internetseiten. Die über das Internet abrufbare Version des Glossars enthält neben QR-Code auch den Link für einen direkten Seitenzugriff.

Hinweis zur Nutzung des QR-Codes unter den Stichworten: Die Erläuterungen sind sehr knapp ausgeführt. Der QR-Code ist für Leser gedacht, die etwas mehr über das Thema wissen möchten. Der QR-Code führt auf Internetseiten, wo das Thema ausführlicher behandelt als auch weiterführende Links zu finden sind. Bei Stichworten zu politischen Ereignissen findet man je nach Quelle und Verfasser auch abweichende Definitionen und Wertungen.

Nr. 1/93 Dokumente; Der Bundesbeauftragte für die Unterlagen des Staatssicherheitsdienstes der ehemaligen Deutschen Demokratischen Republik.

631 Kleines Politische Wörterbuch, Berlin (Ost) 1986, 1.133 Seiten.

Stichwort	Erläuterung mit Verweis auf Beiträge
17. Juni 1953	Das Datum steht für den Volksaufstand in der DDR, der sich an einer Erhöhung der Arbeitsnormen entzündete und zu einem Generalstreik ausweitete. Zu den wirtschaftlichen Forderungen kamen politische, zum Beispiel nach freien Wahlen. Der Aufstand wurde von sowjetischen Panzern und der Volkspolizei blutig niedergeschlagen. Mindestens 55 Todesopfer sind zu beklagen. Etwa 10.000 Menschen wurden verhaftet und zum Teil zu langjährigen Haftstrafen verurteilt. ▸ H.-L. Dalpke, Höhere Bildung – ein Privileg der Arbeiter – ...
Arbeiter-und-Bauern-Fakultät	Die „Arbeiter-und-Bauern-Fakultäten" (ABF) wurden 1949 gegründet. Sie hatten die Aufgabe, junge und systemtreue Arbeiter und Bauern in zwei- und dreijährigen Studiengängen zum Abitur zu bringen. Systemtreue war eine Wunschvorstellung der SED. In der Praxis durften sie dem System zumindest nicht ablehnend gegenüberstehen. Studienplätze an den Universitäten/Hochschulen waren für die Absolventen der ABF in der Regel gesichert. Systemkritischen Menschen war dieser Bildungsweg sehr oft versperrt. Bekannte Absolventen sind der Schauspieler Peter Sodann und der Schriftsteller Hermann Kant. ▸ H.-L. Dalpke, Höhere Bildung – ein Privileg der Arbeiter – ... ▸ G. Knoblauch, „Der Klassenfeind sitzt auch in Ihren Reihen" ▸ M. Ventzke, „Sie stehen nicht zu uns" ▸ G. Knoblauch, Kommentar: Die Arbeiter-und-Bauern-...
Abwicklung	Abwicklung ist die allgemeine Bezeichnung für den Verkauf, die Um- oder Restrukturierung, die Sanierung oder auch die Schließung ehemaliger ostdeutscher volkseigener Betriebe (VEB) und Institutionen. Der Begriff ist doppeldeutig: Abwicklung steht für die Vorbereitung von ehemals volkseigenen Betrieben und Institutionen auf marktwirtschaftliche und rechtsstaatliche Verhältnisse, damit diese perspektivisch bestehen können. Der Begriff Abwicklung steht aber auch für die ersatzlose Schließung vieler Betriebe und belasteter Institutionen. ▸ M. Rößler, Die Erneuerung der Hochschulen zwischen 1989 ...
Agitprop	Kurzwort aus Agitation und Propaganda, Methode zur Werbung für die Ziele der SED in der DDR. Der Begriff „Agitprop" wurde auch im humorvollen Zusammenhang verwendet. ▸ Der politische Witz
Apparatschik	Apparatschik war eine abwertende Bezeichnung für einen der Partei SED kritiklos ergebenen Bürokraten. ▸ J. Schmiele, Studentische Amateurfunker schalteten ...
Aspirantur	Eine Aspirantur war ein Promotionsstudiengang in der DDR. Für in Betrieben arbeitende Hochschulabsolventen bestand unter Umständen die Möglichkeit, in Zusammenarbeit mit einer Hochschule/Universität einen Promotionsstudiengang namens „Außerplanmäßige Aspirantur" zu belegen. Die Bestätigung durch den Betrieb war Voraussetzung. Dadurch ergab sich eine enge Verbindung zwischen Theorie und Praxis, verbunden mit einer vergleichsweise schnellen Nutzung von Forschungsergebnissen. ▸ H.-J. Brink (Biografische Daten) ▸ R. Jork (Biografische Daten)

Stichwort	Erläuterung mit Verweis auf Beiträge
Aspirantur	▶ G. Knoblauch, „Der Klassenfeind sitzt auch in Ihren Reihen“ ▶ C. Müller, Es gab einige Leute, die meine Exmatrikulation … ▶ C. Müller (Biografische Daten) ▶ J. Schmiele (Biografische Daten)
Bausoldat	In der DDR wurde ab 1964 eine Sonderform der Wehrpflicht geschaffen, die es erlaubte, die Wehrpflicht ohne unmittelbaren Waffendienst als Bausoldat (auch Spatensoldat genannt) abzuleisten. Die Bausoldaten wurden an militärischen Bauvorhaben, später auch in der Wirtschaft, zum Beispiel in der Chemieindustrie oder im Tagebau, eingesetzt. Sie waren Angehörige der NVA (Nationale Volksarmee) und hatten in der Regel mit Benachteiligungen bei der weiteren beruflichen Entwicklung zu rechnen. Viele Bausoldaten waren in der Opposition der DDR engagiert und gehörten aufgrund ihrer Einstellung zur Gewaltlosigkeit zu den Wegbereitern der Friedlichen Revolution. ▶ G. Franke, Ich konnte studieren, … (Kommentar zeithistorisch) ▶ M. Markert, Bei meiner Geradlinigkeit … (Biografische Daten) ▶ M. Böttger, Wir verloren die … (Biografische Daten) ▶ J. Heinrich, Warum viele Katholiken in der DDR Mathematiker … ▶ M. Büdke, Ein Kommilitone hatte auf der Leipziger Messe … ▶ J. Klose, Fachprofessoren wurden verpflichtet, mit mir …
Bautzen, Haftanstalt	In Bautzen gab es zwei Haftanstalten: Bautzen I (bekannt als „Das Gelbe Elend“) und Bautzen II, die Haftanstalt der DDR-Staatssicherheit für besondere politische Häftlinge (bekannt unter der Bezeichnung Stasi-Knast). In beiden Haftanstalten wurden die Häftlinge unter oft unerträglichen Bedingungen gefangen gehalten. Heute befindet sich in Bautzen II eine Gedenkstätte. ▶ G. Knoblauch (Biografische Daten) ▶ G. Franke, Formen psychischen Drucks an der TU Dresden ▶ Der politische Witz
Beleg/Belegarbeit	Unter Beleg oder Belegarbeit verstand man eine ein bestimmtes Fachgebiet erfassende mehr oder weniger komplexe Hausarbeit, mit deren Vorlage eine Benotung verbunden war. Das Grundstudium wurde mit dem Großen Beleg abgeschlossen. ▶ H.-J. Brink, Vom Fabriksaal ins Kellerzimmer – ein Aufstieg ▶ O. Härtig, Was es bedeutete, wenn man eine Prüfung nicht bestand ▶ R. Jork, Maschinenbaustudium an der TH/TU Dresden ▶ R. Mey, „Gebt diesem ‚Ingenieur‘ ein Telefon und kein Papier!“ ▶ U. Otto, Aus dem Alltag eines Bauingenieur-Studenten in Dresden
Berlin-Ultimatum	Die Sowjetunion kündigte 1958 den Vier-Mächte-Status von Berlin mit dem Ziel auf, dass West-Berlin eine „entmilitarisierte freie Stadt“ werden sollte. Die Westmächte lehnten dies ab. ▶ U. Otto, Aus dem Alltag eines Bauingenieur-Studenten in Dresden

Stichwort	Erläuterung mit Verweis auf Beiträge
Bewährung	Dieser Begriff wurde in der DDR im Zusammenhang mit Personen (Schülern, Studenten oder auch ganz normalen Bürgern) verwendet, die durch missliebige oder negative Äußerungen – im Sinne der staatlichen Doktrin – auffällig geworden waren. Bewährung bedeutete, diese Personen durch Ausgrenzung, Versetzung auf andere Stellen, Degradierung und andere Mittel – also sowohl durch psychischen Druck als auch durch ganz reale Bedrohung ihrer wirtschaftlichen Existenz – dazu zu bringen, sich (möglichst öffentlich) wieder dem politischen System zu „unterwerfen". ▶ H.-J. Brink, Schwejk in der NVA – Ungeschick oder … ▶ H.-J. Brink, Vom Fabriksaal ins Kellerzimmer – ein Aufstieg ▶ H.-H. Grimmling, Die Hochschulkommission konnte in meinen … ▶ C. Höfgen, Zwänge und Chancen als Student und … ▶ R. Jork, Über Umwege zum Studium, um der „Sippenhaftung" … ▶ G. Knoblauch, „Der Klassenfeind sitzt auch in Ihren Reihen" ▶ G. Knoblauch, Kommentar: Die Arbeiter-und-Bauern-… ▶ B. Kuhlmann (Biografische Daten) ▶ M. Lienert, „Ihr habt die Bildung und wir haben das Geld und … ▶ R. Mettcher, Arbeit und Fernstudium waren eine hohe Belastung ▶ U. Otto, Aus dem Alltag eines Bauingenieur-Studenten in Dresden ▶ F. Rath, Wir studieren, um zu leben – wir leben nicht, um zu … ▶ L. Rathenow, Warum wollte ich eigentlich studieren? ▶ G. Wiemers, Man habe meine Papiere vor der Immatrikulation … ▶ P. Ziesecke (Biografische Daten)
Blauhemd	Das blaue Hemd bzw. die blaue Bluse gehörten zur Uniform der FDJ-Mitglieder. ▶ C. Beinhoff, Mit Mainelke im Knopfloch in die erste Reihe … ▶ M. Büdke, Ein Kommilitone hatte auf der Leipziger Messe … ▶ H. Deick, 1958 zog das System die Daumenschrauben enger ▶ W. Friese, F. war Mitglied des DS, der FDJ, DSF und GST … ▶ L. Gebauer, Eine Geburtstagskarte als … ▶ H.-J. Hardtke, Neue Studenten empfingen wir im Blauhemd … ▶ U. Knoblauch, Eigentlich lief mein Studium ganz normal ab ▶ R. Mey, Für zwei Stunden im Hörsaal eingesperrt
Blockparteien	Die Blockparteien gehörten neben FDGB (Freier Deutscher Gewerkschaftsbund), FDJ, DFB (Demokratischer Frauenbund Deutschlands) und Kulturbund dem sogenannten „demokratischen Block der Parteien und Massenorganisationen" an. Blockparteien waren politische Alibi-Parteien in der DDR, deren Existenz Meinungspluralität und demokratische Verhältnisse vortäuschen sollten. Die Blockparteien mussten sich grundsätzlich dem Führungsanspruch der SED unterordnen und konnten keine politischen Alternativen zur SED-Herrschaft entwickeln. Mitglieder der Blockparteien wurden vom Volksmund häufig abwertend „Blockflöten" genannt, weil die Alibifunktion dieser Mitgliedschaft landläufig bekannt war. Blockparteien in der DDR waren: CDU, Demokratische Bauernpartei Deutschlands (DBD), Liberal-Demokratische Partei Deutschlands (LDPD) und National-Demokratische Partei Deutschlands (NDPD) ▶ M. Rößler, Das Jahr 1989 – der Aufbruch aus der Sicht des …

Stichwort	Erläuterung mit Verweis auf Beiträge
Bruderstaaten	Unter Bruderstaaten wurden die Mitglieder der sogenannten sozialistischen Staatengemeinschaft verstanden, vor allem die Verbündeten im Warschauer Pakt (militärischer Verbund) und im RGW (Rat für gegenseitige Wirtschaftshilfe), darunter auch Kuba und die Mongolei. ▸ U. Knoblauch, Eigentlich lief mein Studium ganz normal ab
Bund Demokratischer Kommunisten Deutschlands	Am 10. Januar 1978 veröffentlichte das Nachrichtenmagazin „Der Spiegel" den ersten Teil des „Manifestes des Bundes Demokratischer Kommunisten", einer angeblich oppositionellen Gruppe in der SED. ▸ M. Lienert, Um nicht aufzufallen, drückten die sowjetischen …
ČSSR	Abkürzung für die Tschechoslowakische Sozialistische Republik 1918–1992. ▸ G. Franke, Formen psychischen Drucks an der TU Dresden ▸ G. Glöde, „Wissen Sie nicht, dass dies ein … ▸ H. Henke, „Wer noch an Gott glaubt, der stehe bitte auf!" ▸ C. Höfgen, Zwänge und Chancen als Student und … ▸ U. Knoblauch, Eigentlich lief mein Studium ganz normal ab ▸ C. Meyer, „Zweifel an der führenden Rolle der Partei" ▸ J. Schmiele, Studentische Amateurfunker schalteten … ▸ I. Straßberger, Ich sollte für sechs Jahre nach Moskau gehen ▸ P. Ziesecke, Träume von einem menschlichen Sozialismus ▸ P. Ziesecke, Das Ende einer Flugblattaktion
C-Vermerk	siehe Flüchtlingsausweis
„Die Partei hat immer Recht"	Zeile aus dem Refrain des „Liedes der Partei", verfasst von Louis Fürnberg (1909–1957) im Jahr 1949. Das Lied wurde genutzt als Lobeshymne der DDR-Staatspartei SED. ▸ H. Deick, 1958 zog das System die Daumenschrauben enger ▸ B. Fieseler, Vor dem Abitur wurde ich zum Schuldirektor … ▸ G. Knoblauch, Kollektivierung der Landwirtschaft – wir … ▸ R. Mey, „Gebt diesem ‚Ingenieur' ein Telefon, kein Papier!" ▸ L. Rathenow, Warum wollte ich eigentlich studieren?

Stichwort	Erläuterung mit Verweis auf Beiträge
Erweiterte Oberschule	Die Erweiterte Oberschule (EOS) führte nach zwölf Jahren Schulzeit zum Abitur. ▶ R. Anders, Anders als die anderen ▶ H. Henke, „Wer noch an Gott glaubt, der stehe bitte auf!" ▶ G. Knoblauch, Einleitung Dokument: Vertrauliche … ▶ G. Knoblauch, Kommentar: Die Arbeiter-und-Bauern-… ▶ G. Knoblauch, Kommentar: Studium und Wehrdienst ▶ G. Knoblauch, Kommentar: Anwerbung von „Informellen … ▶ M. Proksch, Von der Grundschule zur Hochschule – wie … ▶ M. Rößler, Ich sei kein geeigneter Nachwuchskader … ▶ J. Schmiele, Studentische Amateurfunker schalteten …
Freie Deutsche Jugend	Die Freie Deutsche Jugend (FDJ) war nach DDR-Verständnis eine „einheitliche sozialistische Massenorganisation der Jugend in der DDR; Mitglied des internationalen Studentenbundes seit 1950; sie arbeitet unter Führung der SED und betrachtet sich als deren aktiver Helfer und Kampfreserve." (Zit. n. Kleines politisches Wörterbuch, Dietz Verlag, Berlin [Ost] 1986) Die Mitgliedschaft in der FDJ war praktisch für alle selbstverständlich und eine Voraussetzung für die Immatrikulation. ▶ C. Beinhoff, Mit Mainelke im Knopfloch in die erste Reihe … ▶ M. Böttger, Wir verloren die FDJ-Mitgliedschaft, nicht … ▶ M. Büdke, Ein Kommilitone hatte auf der Leipziger Messe … ▶ H.-L. Dalpke, In Dresden benutzte man die eigenen Füße … ▶ B. Fieseler, Vor dem Abitur wurde ich zum Schuldirektor … ▶ W. Friese, F. war Mitglied des DS, der FDJ, DSF und GST … ▶ L. Gebauer, Eine Geburtstagskarte als … ▶ G. Glöde, „Wissen Sie nicht, dass dies ein … ▶ H.-J. Hardtke, Neue Studenten empfingen wir im Blauhemd … ▶ G. Herrmann, Ich wurde innerhalb der Seminargruppe … ▶ C. Höfgen, Zwänge und Chancen als Student und … ▶ A. Hübner, Teilnahme am Kulturwettstreit der TU Dresden … ▶ R. Jahn, „Mach Dir keine Sorgen, Roland, wir stehen zu Dir …" ▶ K. Jork, „Wir sind der Meinung, dass der Student Jork … ▶ R. Jork, Über Umwege zum Studium, um der „Sippenhaftung" … ▶ Kommentar: Prorektor Werner Turski ▶ J. Klose, Fachprofessoren wurden verpflichtet, mit mir … ▶ G. Knoblauch, „Der Klassenfeind sitzt auch in Ihren Reihen" ▶ G. Knoblauch, Kommentar: Die Arbeiter-und-Bauern- … ▶ U. Knoblauch, Eigentlich lief mein Studium ganz normal ab ▶ B. Kuhlmann, Studienerlaubnis ohne Begründung entzogen ▶ M. Lienert, Um nicht aufzufallen, drückten die sowjetischen … ▶ K. Lunkwitz, Hervorragende fachliche Leistungen allein … ▶ M. Markert, Bei meiner Geradlinigkeit würde ich … ▶ R. Mey, Für zwei Stunden im Hörsaal eingesperrt ▶ C. Meyer, „Zweifel an der führenden Rolle der Partei" ▶ U. Otto, Aus dem Alltag eines Bauingenieur-Studenten in Dresden ▶ M. Pontius, Es herrschte eine Atmosphäre der Angst … ▶ M. Pontius u. G. Stötzer, Die Zerschlagung des studentischen … ▶ M. Proksch, Ich erlebte die Militarisierung des öffentlichen Lebens

Stichwort	Erläuterung mit Verweis auf Beiträge
Freie Deutsche Jugend	▸ F. Rath, Wir studieren, um zu leben – wir leben nicht, um zu … ▸ M. Rößler, Die Erneuerung der Hochschulen zwischen 1989 … ▸ K. Schwinkowski, Sie haben sich mir als Angehörige der … ▸ G. Stötzer, Wir lasen bändeweise Marx, Engels, Lenin … ▸ G. Stötzer, Ein Brief an Margot Honecker löste Alarm … ▸ M. Ventzke, „Sie stehen nicht zu uns" – Werbung für den … ▸ H. J. Wallmann, „Spätbürgerlich-dekadent"
Flüchtlingsausweis	Den „Ausweis für Vertriebene und Flüchtlinge A" bekamen Personen aus den ehemals deutschen Ostgebieten. Der Flüchtlingsausweis „C" bedeutete „Flüchtling aus politischen Gründen". ▸ H. Deick, 1958 zog das System die Daumenschrauben enger ▸ C. Meyer, „Zweifel an der führenden Rolle der Partei"
Forschungsstudium	Das sogenannte Forschungsstudium wurde in den letzten Jahren der DDR eingeführt, um (fachlich und politisch) besonders geeignete Studentinnen und Studenten auf direktem Weg – ohne erst die Diplomarbeit anfertigen zu müssen – zur Berufsfähigkeit mit dem Titel Dr.-Ing. zu führen. ▸ M. Böttger, Wir verloren die FDJ-Mitgliedschaft, nicht … ▸ J. Jacob, Forschungsstudium statt Diplom ▸ M. Rößler, Ich sei kein geeigneter Nachwuchskader …
Friedliche Revolution	Die durch die Bevölkerung der DDR veranlasste umfassende Umwälzung in den Jahren 1989 und 1990, die letztlich zur Wiedervereinigung Deutschlands führte, war eine friedliche Revolution – eine Einmaligkeit in der deutschen Geschichte. Der damalige Generalsekretär der SED, Egon Krenz, versuchte diese noch aufzuhalten und bot eine „Wende" an. ▸ C. Müller, Es gab einige Leute, die meine Exmatrikulation … ▸ M. Rößler, Das Jahr 1989 – der Aufbruch aus der Sicht des …
Gesellschaft für Deutsch-Sowjetische Freundschaft	Die Gesellschaft für Deutsch-Sowjetische Freundschaft (DSF) war in der DDR eine Massenorganisation. Eine entsprechende Mitgliedschaft wurde in allen staatlichen Einrichtungen (VEB, Bildungseinrichtungen, Verwaltung usw.) erwartet und als Bekenntnis vorausgesetzt. Die Verweigerung der Mitgliedschaft konnte zu beruflichen Nachteilen führen. ▸ W. Friese, F. war Mitglied des DS, der FDJ, DSF und GST … ▸ C. Höfgen, Zwänge und Chancen als Student und … ▸ A. Hübner, Teilnahme am Kulturwettstreit der TU Dresden … ▸ J. Klose, Fachprofessoren wurden verpflichtet, mit mir … ▸ B. Kuhlmann, Studienerlaubnis ohne Begründung entzogen ▸ M. Proksch, Von der Grundschule zur Hochschule – wie … ▸ M. Proksch, Ich erlebte die Militarisierung des öffentlichen Lebens

Stichwort	Erläuterung mit Verweis auf Beiträge
Gesellschaft für Sport und Technik (GST)	Die Gesellschaft für Sport und Technik war eine vormilitärische Organisation für Jugendliche in der DDR. ▶ H.-J. Brink, Vom Fabriksaal ins Kellerzimmer – ein Aufstieg ▶ H.-J. Brink, Schwejk in der NVA – Ungeschick oder … ▶ H.-L. Dalpke, In Dresden benutzte man die eigenen Füße … ▶ W. Friese, F. war Mitglied des DS, der FDJ, DSF und GST … ▶ G. Herrmann, Ich wurde innerhalb der Seminargruppe … ▶ R. Keller, „Als Parteiloser werden Sie immer am … ▶ Kommentar: Die Gesellschaft für Sport und Technik (GST) ▶ B. Kuhlmann, Studienerlaubnis ohne Begründung entzogen ▶ U. Otto, Aus dem Alltag eines Bauingenieur-Studenten in Dresden
Gewi	Kurzform für „Gesellschaftswissenschaften". Darunter verstand man das Studium der Grundlagen des Marxismus-Leninismus („Dialektischer und historischer Materialismus", „Politische Ökonomie des Kapitalismus und Sozialismus" und „Wissenschaftlicher Kommunismus"). An allen Ingenieurschulen, Hochschulen und Universitäten war Gewi-Unterricht Pflichtfach neben dem Hauptstudium. ▶ C. Beinhoff, Mit Mainelke im Knopfloch in die erste Reihe … ▶ H.-L. Dalpke, In Dresden benutzte man die eigenen Füße … ▶ G. Glöde, „Wissen Sie nicht, dass dies ein … ▶ J. Jacob, Forschungsstudium statt Diplom ▶ R. Keller, „Als Parteiloser werden Sie immer am … ▶ C. Meyer, „Zweifel an der führenden Rolle der Partei" ▶ G. Knoblauch, „Der Klassenfeind sitzt auch in Ihren Reihen" ▶ G. Krause, Als junge Frau einen technischen Beruf zu erlernen … ▶ U. Otto, Aus dem Alltag eines Bauingenieur-Studenten in Dresden ▶ W. Petzholtz, „Die Kirche hat kein Monopol auf Türme" ▶ G. Wedekind, Ich sei nicht würdig, die DDR im sozialistischen … ▶ Der politische Witz
Gruppe der 20	Als „Gruppe der 20" wurden jene etwa 20 Dresdner Bürger bezeichnet, die während der Demonstration am 8. Oktober 1989 ernannt und beauftragt wurden, mit den örtlichen Behörden über politische Forderungen zu verhandeln. Sie trugen wesentlich mit dazu bei, dass die Friedliche Revolution in Dresden und der DDR ohne blutige Zusammenstöße verlief. ▶ S. Kobe, Das Jahr 1989 – das Ende parteipolitischer …
Hauptamtlicher Inoffizieller Mitarbeiter (HIM)	HIM waren Hauptamtliche Inoffizielle Mitarbeiter des Ministeriums für Staatssicherheit der DDR (MfS, Volksmund: Stasi). HIM gab es neben den „ehrenamtlichen" IM. HIM waren „zuverlässige und überprüfte IM", mit denen eine „Vereinbarung über einen langfristigen Einsatz abgeschlossen wurde" und die dafür „fortlaufend vom MfS finanziell und sozial versorgt" wurden. Dafür mussten HIM „konspirativ" aus ihrem bisherigen Arbeitsverhältnis herausgelöst und in ein neues Scheinarbeitsverhältnis gebracht werden. HIM arbeiteten meist an speziellen Aufträgen, nach deren Erledigung sich für die Spitzel unter Umständen eine „richtige" hauptamtliche Karriere anschließen konnte.

Stichwort	Erläuterung mit Verweis auf Beiträge
Hauptamtlicher Inoffizieller Mitarbeiter (HIM)	Siehe dazu auch: Das Wörterbuch der Staatssicherheit: Definitionen des MfS zur „politisch-operativen Arbeit", Siegfried Suckut (Hg.), Ch. Links Verlag, 2001 ▸ G. Knoblauch, Anwerbung von „Informellen Mitarbeitern" … ▸ G. Knoblauch, Vertrauliche Verschlusssache – MfS 008 – …
Helsinki-Prozess	Mit „Helsinki-Prozess" sind die „Konferenzen über Sicherheit und Zusammenarbeit in Europa" (KSZE) gemeint, die 1975 zur Unterzeichnung der Schlussakte von Helsinki führten. Der erlebte DDR-Alltag stand häufig im drastischen Widerspruch zu den in der Schlussakte zugesicherten Freiheiten. Daher beriefen sich Oppositionsgruppen in der DDR auf die auch von der DDR unterschriebene Schlussakte, in der u.a. die Achtung der Gewissens- und Religionsfreiheit zugesichert wurde. ▸ M. Büdke, Ein Kommilitone hatte auf der Leipziger Messe …
Hochschulreform	In der DDR fanden in den Jahren 1945/46, 1951/52, 1967/68 Hochschulreformen statt. ▸ F. Anders, „Sagt Ihnen der Name Leonhard etwas?" ▸ L. Gebauer, „Man könne mich leider nicht zum Studium … ▸ G. Knoblauch, Anwerbung von „Informellen Mitarbeitern" … ▸ S. Kobe, Das Jahr 1989 – das Ende parteipolitischer … ▸ H.-P. Leidhold, Kommentar: Flucht aus der DDR ▸ M. Lienert, „Ihr habt die Bildung und wir haben das Geld und … ▸ M. Rößler, Das Jahr 1989 – der Aufbruch aus der Sicht des … ▸ M. Rößler, Kommentar: Die Erneuerung der Hochschulen … ▸ J. Schmiele, Studentische Amateurfunker schalteten …
IM	IM waren Inoffizielle Mitarbeiter des Ministeriums für Staatssicherheit der DDR (MfS, Volksmund: Stasi). Die IM arbeiteten konspirativ in allen Bereichen des täglichen Lebens. IM spionierten – je nach Auftrag – Kollegen, Kommilitonen, Kirchengruppen aber zum Teil auch Freundeskreise und Familienangehörige aus. Die IM mussten dem MfS Bericht über die „Zielpersonen" erstatten, sie sollten aber zum Teil auch durch bewusst gestreute Falschinformationen Verunsicherung bei den auszuspionierenden Menschen und Gruppen erzeugen. Viele IM waren freiwillig beim MfS. Es gab aber auch IM die durch Erpressung seitens des MfS gezwungen wurden, die Verpflichtungserklärung als IM zu unterschreiben. Die IM lieferten – in sehr unterschiedlicher Qualität – wesentliche Informationen für die Stasiakten und wurden mit Begünstigungen (Reisekader, Karriere, Geld) belohnt. Siehe dazu auch: Das Wörterbuch der Staatssicherheit: Definitionen des MfS zur „politisch-operativen Arbeit", Siegfried Suckut (Hg.), Ch. Links Verlag, 2001 ▸ G. Knoblauch, Anwerbung von „Informellen Mitarbeitern" … ▸ G. Knoblauch, Vertrauliche Verschlusssache – MfS 008- …
Industrie-Institut	Industrie-Institute (I.-I.) waren in der DDR an verschiedenen Hochschulen, Universitäten und an der Akademie der Wissenschaften der DDR angesiedelt. Mit ihnen wurde eine wirksame Verknüpfung zwischen Theorie und Praxis und die Qualifizierung von in der Industrie tätigen Menschen gefördert. ▸ B. Kuhlmann, Studienerlaubnis ohne Begründung entzogen

Stichwort	Erläuterung mit Verweis auf Beiträge
Internationaler Studentenausweis	Gut informierte Studenten besorgten sich in Prag den internationalen Studentenausweis in der Erwartung, damit gewisse Auslandsreisen zu ermöglichen oder zumindest zu erleichtern. ▸ H.E. Henke, „Wer noch an Gott glaubt, der stehe bitte auf!" ▸ R. Jork, Maschinenbaustudium an der TH/TU Dresden
Intershop	Intershops waren Geschäfte in der DDR, die westliche Waren gegen westliche Währung anboten. Intershops waren auch für DDR-Bürger offen. Allerdings hatten DDR-Bürger ab etwa Anfang der 80er Jahre ihr Westgeld vor der Verwendung im Intershop in sogenannte Forumschecks bei der DDR-Staatsbank umzutauschen. Intershops waren für die meisten Menschen, die keine westliche Währung besaßen, ein ständiges Ärgernis. ▸ M. Büdke, Ein Kommilitone hatte auf der Leipziger Messe …
Jugendweihe	Die Jugendweihe war und ist ein Fest, das den Übergang von der Jugend zum Erwachsensein markiert. Die Jugendweihe war in der DDR die atheistische Alternative zur Erstkommunion der Katholiken und zur Konfirmation der Protestanten. In der DDR legten die Jugendlichen ein feierliches Bekenntnis zur DDR, zum Sozialismus und zur Freundschaft mit der Sowjetunion ab. Ab Mitte der 1950er Jahre wurde die Jugendweihe zunehmend verpflichtend für alle Jugendlichen, wenn sie auf ihrem späteren Berufsweg keine Nachteile in Kauf nehmen wollten. Die Jugendweihe ist auf dem ehemaligen Gebiet der DDR immer noch populär. ▸ L. Gebauer, „Man könne mich leider nicht zum Studium … ▸ J. Heinrich, Warum viele Katholiken in der DDR Mathematiker … ▸ G. Knoblauch, Kollektivierung der Landwirtschaft – wir … ▸ R. Mettcher, Arbeit und Fernstudium waren eine hohe Belastung ▸ R. Mettcher, Als Nichtgenosse in Führungspositionen ▸ F. Rath, Wir studieren, um zu leben – wir leben nicht, um zu …
Junge Welt	Die „Junge Welt" war von 1947 bis 1990 die Zeitung der FDJ in der DDR. ▸ K. Heyde, In Moskau ein Studium beginnen … ▸ M. Proksch, Ich erlebte die Militarisierung des öffentlichen Lebens
Kader	Unter Kader verstand man eine Mitarbeiterin oder einen Mitarbeiter in einem Betrieb, einer gesellschaftlichen Einrichtung oder Organisation (zum Beispiel in Bildungseinrichtungen, volkseigenen Betrieben und Parteien). Entsprechend hießen die Leiter der Personalbüros Kaderleiter, die sich dann auch um die sogenannten Kaderentwicklungspläne kümmerten. Ziel der Kaderentwicklung war auch, politisch besonders vertrauenswürdige Führungskräfte heranzuziehen. ▸ R. Jahn, „Mach Dir keine Sorgen, Roland, wir stehen zu Dir …" ▸ B. Kuhlmann, Studienerlaubnis ohne Begründung entzogen ▸ H.-P. Leidhold, Betreuungsnotstand durch „Republikflucht" … ▸ M. Rößler, Ich sei kein geeigneter Nachwuchskader … ▸ G. Wedekind, Ich sei nicht würdig, die DDR im sozialistischen …

Stichwort	Erläuterung mit Verweis auf Beiträge
Kaderakte	Eine Kaderakte war in der DDR eine Personalakte; eine spezielle Form der begleitenden Personalunterlagen. Begleitend bedeutet: Die Kaderakte wanderte bei jedem Stellenwechsel mit. Neben der fachlichen Leistung wurde in der Kaderakte auch das gesellschaftliche Engagement (zum Beispiel in Partei- und Massenorganisationen) bewertet, das entscheidend für den Fortgang der Karriere war. In der Zeit um die Friedliche Revolution wurden verschiedentlich die Kaderakten an die darin erfassten Personen ausgegeben – allerdings sorgfältig bereinigt. Insofern ist eine in der Kaderakte fehlende Aussage zu einer eventuellen Stasi-Mitarbeit keineswegs zwingend entlastend. ▶ G. und E. Hönisch, Von persönlicher Benachteiligung bis zur … ▶ U. Knoblauch, Eigentlich lief mein Studium ganz normal ab ▶ R. Mey, „Gebt diesem ‚Ingenieur‘ ein Telefon und kein Papier!“ ▶ M. Rößler, Das Jahr 1989 – der Aufbruch aus der Sicht des … ▶ M. Rößler, Ich sei kein geeigneter Nachwuchskader … ▶ G. Wiemers, Man habe meine Papiere vor der Immatrikulation …
Kampfgruppen	Die Mitglieder der sogenannten Kampfgruppen der Arbeiterklasse waren offiziell Freiwillige, die voll berufstätig waren. Die Kampftruppen waren dem Ministerium des Inneren und damit der Volkspolizei zugeordnet und mit leichten Waffen ausgerüstet. In den volkseigenen Betrieben war – wie auch in anderen Einrichtungen – der Parteisekretär der SED der Oberkommandierende der Kampfgruppe. Übungen fanden auch während der Arbeitszeit statt. Eine Verweigerung der Mitgliedschaft hatte oft berufliche Nachteile zur Folge. ▶ L. Gebauer, „Man könne mich leider nicht zum Studium … ▶ G. und E. Hönisch, Von persönlicher Benachteiligung bis zur … ▶ R. Mettcher, Arbeit und Fernstudium waren eine hohe Belastung ▶ M. Rößler, Ich sei kein geeigneter Nachwuchskader …
Kasernierte Volkspolizei	Die Kasernierte Volkspolizei (KVP) bestand 1952–1956 als Vorläuferin der Nationalen Volksarmee der DDR (NVA). Ihre Uniformen waren zuerst dunkelblau, später kakifarben. ▶ B. Fieseler, Vor dem Abitur wurde ich zum Schuldirektor … ▶ W. Friese, F. war Mitglied des DS, der FDJ, DSF und GST … ▶ G. Herrmann, Italienisches Intermezzo ▶ C. Müller, Es gab einige Leute, die meine Exmatrikulation …
Kleine Matrikel	Kleine Matrikel – eine Art Probestudium für maximal ein Jahr. ▶ W. Friese, F. war Mitglied des DS, der FDJ, DSF und GST …
Kombinat	Verbund Volkseigener Betriebe (VEB) mit weitgehend ähnlichem Produktionsprofil. Ein Kombinat der volkseigenen Industrie entsprach etwa einem Konzern in der westlichen Wirtschaft. ▶ K. Lunkwitz, Hervorragende fachliche Leistungen allein … ▶ H. Schober, Fernstudium – jeder musste auf viel Persönliches …

Stichwort	Erläuterung mit Verweis auf Beiträge
Kommunismus, Kommunist	Nach Karl Marx ist der Kommunismus die auf den Sozialismus folgende Entwicklungsstufe, in der die Produktionsmittel und Erzeugnisse in das gemeinsame Eigentum der Staatsbürger übergehen und alle Klassengegensätze überwunden sind. Ein Kommunist ist ein Vertreter des Kommunismus. Versuche den Kommunismus einzuführen, endeten in totalitären Diktaturen. ▸ M. Büdke, Ein Kommilitone hatte auf der Leipziger Messe … ▸ L. Gebauer, Das Ende der ET-Fine an der TU Dresden – 1968 ▸ H.-J. Hardtke, Neue Studenten empfingen wir im Blauhemd … ▸ R. Jahn, „Mach dir keine Sorgen, Roland, wir stehen zu dir …" ▸ G. Knoblauch, Kollektivierung der Landwirtschaft – wir … ▸ M. Lienert, „Ihr habt die Bildung und wir haben das Geld und … ▸ M. Lienert, Um nicht aufzufallen, drückten die sowjetischen … ▸ R. Mey, „Gebt diesem ‚Ingenieur' ein Telefon und kein Papier!" ▸ C. Meyer, „Zweifel an der führenden Rolle der Partei" ▸ M. Proksch, Von der Grundschule zur Hochschule – wie über … ▸ M. Pontius u. G. Stötzer, Die Zerschlagung des studentischen … ▸ L. Rathenow, Warum wollte ich eigentlich studieren? ▸ M. Rößler, Die Erneuerung der Hochschulen zwischen 1989 … ▸ G. Wedekind, Ich sei nicht würdig, die DDR im sozialistischen … ▸ Der politische Witz
Kontaktperson	Kontaktperson (KP) war ein ungenau definierter Begriff für Menschen, mit denen das Ministerium für Staatsicherheit (MfS) Kontakt unterschiedlichster Art hatte. In den frühen Jahren des MfS waren KP auch Informanten, bei denen noch keine formelle Erfassung vorlag. KP wurden seitens des MfS als „vertrauenswürdige Bürger" beschrieben, die „zur Lösung bestimmter Aufgaben angesprochen werden" konnten. In den 70er und 80er Jahren wurden Funktionsträger, mit denen das MfS offizielle Beziehungen pflegte, häufig als KP bezeichnet. KP im Sinne des MfS konnten auch Menschen/Funktionsträger sein, die nichts von dem nachrichtendienstlichen Charakter der Verbindung zum MfS ahnten. Siehe dazu auch: Das Wörterbuch der Staatssicherheit: Definitionen des MfS zur „politisch-operativen Arbeit", Siegfried Suckut (Hg.), Ch. Links Verlag, 2001 ▸ G. Knoblauch, Anwerbung von „Informellen Mitarbeitern" … ▸ G. Knoblauch, Vertrauliche Verschlusssache – MfS 008 – … ▸ U. Knoblauch, Eigentlich lief mein Studium ganz normal ab ▸ K. Schwinkowski, Sie haben sich mir als Angehörige der …
Kubakrise	Als Kubakrise bezeichnet man die Konfrontation zwischen den USA und der Sowjetunion im Oktober 1962, als die Sowjetunion begann, Mittelstreckenraketen auf Kuba zu stationieren. Der damalige Präsident der USA, John F. Kennedy, reagierte darauf mit einer Seeblockade, um eine weitere Stationierung der sowjetischen Raketen zu verhindern und drohte, gegebenenfalls selbst Atomwaffen einzusetzen. In den folgenden Verhandlungen zwischen der Sowjetunion und den USA wurde erreicht, dass die Sowjetunion ihre Atomraketen aus Kuba wieder abzog. Im Gegenzug zog die USA ihre Atomraketen aus der Türkei ab. ▸ O. Härtig, Was es bedeutete, wenn man eine Prüfung nicht bestand ▸ K. Heyde, In Moskau ein Studium beginnen …

Stichwort	Erläuterung mit Verweis auf Beiträge
Kulak	Als Kulaken bezeichnete man schon im 19. Jahrhundert im damaligen Russland die reicheren Bauern. Nach der Oktoberrevolution 1917 und der Ende der 20er Jahre beginnenden Kollektivierung wurde die Bezeichnung „Kulak" und „Kulakentum" negativ besetzt. Kulaken wurden im mildesten Fall enteignet oder deportiert. ▶ H. Henke, „Wer noch an Gott glaubt, der stehe bitte auf!" ▶ G. Knoblauch, Kommentar: Die Arbeiter-und-Bauern-…
Landwirtschaftliche Produktionsgenossenschaft (LPG)	Nach dem Zweiten Weltkrieg wurden in der Sowjetischen Besatzungszone die Grundbesitzer enteignet, deren Landbesitz eine bestimmte Größe überschritt. Das Land wurde kostenlos an Kleinbauern verteilt. Ab 1952 wurden die Bauern gezwungen, ihr Land in landwirtschaftliche Produktionsgenossenschaften (LPG) einzubringen und im Kollektiv zu bewirtschaften. Viele Bauern wehrten sich gegen die Kollektivierung, hatten aber nur selten eine Chance gegen die Staatsdoktrin. ▶ H.-J. Brink, Vom Fabriksaal ins Kellerzimmer – ein Aufstieg ▶ R. Jork, Über Umwege zum Studium, um der „Sippenhaftung" … ▶ G. Knoblauch, Kommentar: Die Arbeiter-und-Bauern-… ▶ G. Knoblauch, Kollektivierung der Landwirtschaft – wir … ▶ P. Ziesecke, Träume von einem menschlichen Sozialismus ▶ Der politische Witz
Leistungslohn	Die Höhe des Leistungslohnes richtete sich nach dem Erfüllungsgrad einer für die jeweilige Tätigkeit vorgegebenen Norm. ▶ K. Lunkwitz, Hervorragende fachliche Leistungen allein …
Leistungsstipendium	In der DDR gab es für Studierende neben dem Grundstipendium unter bestimmten Voraussetzungen ein Leistungsstipendium. Es war an eine überdurchschnittliche fachliche Leistung, aber auch an politisches Wohlverhalten gebunden. Das Leistungsstipendium betrug an der TH Dresden in den 60er Jahren 40, 60 oder 80 Mark pro Monat – zusätzlich zum monatlichen Grundstipendium von 140 Mark. ▶ R. Anders, Anders als die anderen ▶ H.-J. Brink, Vom Fabriksaal ins Kellerzimmer – ein Aufstieg ▶ M. Büdke, Ein Kommilitone hatte auf der Leipziger Messe … ▶ H.-H. Grimmling, Die Hochschulkommission konnte in meinen … ▶ H.-J. Hardtke, Neue Studenten empfingen wir im Blauhemd … ▶ C. Höfgen, Zwänge und Chancen als Student und … ▶ R. Jork, Maschinenbaustudium an der TH/TU Dresden ▶ G. Krause, Als junge Frau einen technischen Beruf zu erlernen … ▶ M. Lienert, „Ihr habt die Bildung und wir haben das Geld und … ▶ C. Müller, Es gab einige Leute, die meine Exmatrikulation … ▶ W. Petzholtz, „Die Kirche hat kein Monopol auf Türme" ▶ F. Rath, Wir studieren, um zu leben – wir leben nicht, um zu … ▶ M. Rößler, Die Erneuerung der Hochschulen zwischen 1989 …
Mangelware, Mangelwirtschaft	Viele Produkte des täglichen Bedarfs waren in der DDR knapp. Das galt nicht für wichtige Lebensmittel wie Brot, Butter, Fleisch und Milch. Bei hochwertigen Produkten wie Autos, Möbeln, technischen Geräten und guter Kleidung herrschte aber Knappheit, die zu Unzufriedenheit in der Bevölkerung führte. Diese begehrten Produkte wurden Mangelware oder auch

Stichwort	Erläuterung mit Verweis auf Beiträge
Mangelware, Mangelwirtschaft	„Bückware“ genannt, weil man sie nur bekam, wenn man gute Beziehungen zu den Verkäufern hatte und/oder sich im übertragenen Sinne unter den Verkaufstresen bückte. Die Wirtschaft der DDR konnte den Bedarf der Bevölkerung an höherwertigen Gütern nur unzureichend decken, daher wurde auch von Mangelwirtschaft gesprochen. Mangelware und Mangelwirtschaft waren Gegenstand zahlreicher Witze, die sich in der Bevölkerung gerne erzählt wurden. ▶ H.-J. Brink, Vom Fabriksaal ins Kellerzimmer – ein Aufstieg ▶ H.-L. Dalpke, In Dresden benutzte man die eigenen Füße … ▶ H. Henke, „Wer noch an Gott glaubt, der stehe bitte auf!“ ▶ R. Mey, „Gebt diesem ‚Ingenieur‘ ein Telefon und kein Papier!“ ▶ U. Otto, Aus dem Alltag eines Bauingenieur-Studenten in Dresden ▶ H. Schober, Fernstudium – jeder musste auf viel Persönliches … ▶ Studentische Kultur ▶ Der politische Witz
Mark der Deutschen Demokratischen Republik	In der DDR gab es die „Deutsche Mark der Deutschen Notenbank“ (DM), umgangssprachlich „Ost-Mark“ im Gegensatz zur „West-Mark“. 1964 ließ die DDR das „Deutsche“ weg und ab 1968 gab es dann die „Mark der DDR“. ▶ U. Otto, Aus dem Alltag eines Bauingenieur-Studenten in Dresden ▶ R. Jork, Als trampender Student unterwegs nach … ▶ H.-P. Leidhold, Betreuungsnotstand durch „Republikflucht“ …
Marxismus-Leninismus	Der Marxismus-Leninismus (ML) ist eine politische Ideologie und war die verbindliche „wissenschaftliche“ Grundlage der Staatsdoktrin im sogenannten sozialistischen Lager. ▶ R. Anders, Anders als die anderen ▶ H.-J. Hardtke, Neue Studenten empfingen wir im Blauhemd … ▶ H. Henke, „Wer noch an Gott glaubt, der stehe bitte auf!“ ▶ C. Höfgen, Zwänge und Chancen als Student und … ▶ R. Jahn, „Mach dir keine Sorgen, Roland, wir stehen zu dir …“ ▶ G. Knoblauch, „Der Klassenfeind sitzt auch in Ihren Reihen“ ▶ U. Otto, Aus dem Alltag eines Bauingenieur-Studenten in Dresden ▶ M. Pontius, Es herrschte eine Atmosphäre der Angst … ▶ Der politische Witz
Militärintervention in Prag s. a. Prager Frühling	Durch die militärische Intervention von fünf Staaten des Warschauer Pakts in der ČSSR am 21. August 1968 wurden die Liberalisierungs- und Demokratisierungsbestrebungen des sogenannten „Prager Frühlings“ gewaltsam unterbunden. Etwa eine halbe Million Soldaten der Sowjetunion, Polens, Ungarns und Bulgariens marschierten in die ČSSR ein und besetzten wichtige strategische Positionen. Truppen der Nationale Volksarmee der DDR (NVA) standen zwar in Bereitschaft, die NVA war aber „nur“ mit etwa 30 Soldaten einer Nachrichteneinheit beteiligt. Die Bevölkerung der DDR war aufgefordert, Solidarität mit der Niederschlagung des Prager Frühlings zu bekunden, was einige nicht taten. Wer sich in der DDR öffentlich zu den Reformern in Prag bekannte, musste zum Teil mit drastischen Strafen und mit beruflichen Nachteilen rechnen. ▶ M. Böttger, Wir verloren die FDJ-Mitgliedschaft, nicht … ▶ G. Franke, Formen psychischen Drucks an der TU Dresden

Stichwort	Erläuterung mit Verweis auf Beiträge
Militärintervention in Prag s. a. Prager Frühling	▶ L. Gebauer, Das Ende der ET-Fine an der TU Dresden – 1968 ▶ G. Glöde, „Wissen Sie nicht, dass dies ein … ▶ H.-J. Hardtke, Neue Studenten empfingen wir im Blauhemd … ▶ H. Henke, „Wer noch an Gott glaubt, der stehe bitte auf!" ▶ C. Höfgen, Zwänge und Chancen als Student und … ▶ R. Keller, „Als Parteiloser werden Sie immer am … ▶ U. Knoblauch, Eigentlich lief mein Studium ganz normal ab ▶ R. Mey, „Gebt diesem ‚Ingenieur' ein Telefon und kein Papier!" ▶ J. Schmiele, Studentische Amateurfunker schalteten … ▶ P. Ziesecke, Träume von einem menschlichen Sozialismus
Ministerium für Staatssicherheit	Das Ministerium für Staatsicherheit (MfS, Volksmund: Stasi) wurde 1950 in der DDR gegründet. Als „Schild und Schwert der Partei" war es das wichtigste innenpolitische Repressionsinstrument der allein herrschenden Partei, der Sozialistischen Einheitspartei Deutschlands (SED). Die Aufgabe des MfS war es, alle oppositionellen Kräfte zu unterdrücken, die die Herrschaft der SED hinterfragen könnten. Das MfS bediente sich dabei zum Teil brutaler Mittel und schreckte nicht vor Verrat, Täuschung, Desinformation und Mord zurück. Siehe dazu auch: Das Wörterbuch der Staatssicherheit: Definitionen des MfS zur „politisch-operativen Arbeit", Siegfried Suckut (Hg.), Ch. Links Verlag, 2001 ▶ G. Knoblauch, Anwerbung von „Informellen Mitarbeitern" … ▶ G. Knoblauch, Vertrauliche Verschlusssache – MfS 008- …
Ministerium für Staatssicherheit, Bezirksverwaltung Dresden	In Dresden, Bautzener Straße, befand sich die Bezirksverwaltung und Untersuchungshaftanstalt des Ministeriums für Staatssicherheit (MfS) mit technischen Einrichtungen und Gefängnistrakt. Heute befindet sich dort eine Gedenkstätte mit weitgehend authentisch erhaltenen Gefängniszellen (http://www.bautzner-strasse-dresden.de/). ▶ F. Anders, „Sagt Ihnen der Name Leonhard etwas?" ▶ H. Henke, „Wer noch an Gott glaubt, der stehe bitte auf!" ▶ K. Schwinkowski, Sie haben sich mir als Angehörige der …
Nationales Aufbauwerk	Das Nationale Aufbauwerk (NAW) war die vom Zentralkomitee (ZK) der SED 1952 beschlossene Initiative zum Wiederaufbau. Ziel war die Beseitigung der Kriegstrümmer, der Bau von Wohnungen und die Errichtung von Gebäuden, die im gemeinschaftlichen Interesse lagen, wie etwa Schwimmbäder. Von DDR-Bürgern wurde bis etwa 1958 in jährlich abzugebenden Selbstverpflichtungen erwartet, sich für eine bestimmte Anzahl von Aufbaustunden zu verpflichten. Diese sogenannten NAW-Stunden mussten neben der normalen Arbeit abgeleistet werden. Die Beteiligung an NAW-Stunden war in der Regel auch eine Voraussetzung dafür, eine in den Nachkriegsjahren sehr begehrte Wohnung zugewiesen zu bekommen. ▶ U. Otto, Aus dem Alltag eines Bauingenieur-Studenten in Dresden ▶ F. Rath, Wir studieren, um zu leben – wir leben nicht, um zu …

Stichwort	Erläuterung mit Verweis auf Beiträge
Neues Forum	Das Neue Forum (NF) war eine der ersten neuen Bürgerbewegungen in der DDR, die die Friedliche Revolution wesentlich prägten. Ein Teil des NF fand sich später im Bündnis 90 bzw. in der Partei Bündnis 90/Die Grünen, ein anderer in der CDU wieder. ▶ M. Böttger, Wir verloren die FDJ-Mitgliedschaft, nicht … ▶ S. Kobe, Das Jahr 1989 – das Ende parteipolitischer … ▶ W. Linke (Biografische Daten) ▶ M. Rößler, Das Jahr 1989 – der Aufbruch aus der Sicht des … ▶ M. Rößler, Ich sei kein geeigneter Nachwuchskader …
Neues Ökonomisches System (der Planung und Leitung)	Das Zentralkomitee der SED (ZK) beschloss 1963, ein sogenanntes Neues Ökonomisches System (der Planung und Leitung) in der Volkswirtschaft in der DDR einzuführen (NÖS oder NÖSPL). Ziel war es, die Motivation der Arbeiterinnen und Arbeiter anzuheben und dadurch eine höhere Produktivität der Betriebe zu erreichen. Das System setzte auf Leistungsanreize und auf eine größere Selbstständigkeit der Betriebe. ▶ H. Henke, „Wer noch an Gott glaubt, der stehe bitte auf!"
Neulehrer	Nach dem Zweiten Weltkrieg sollten Lehrer mit nationalsozialistischer Vergangenheit nicht mehr ohne weiteres an Schulen unterrichten. Deshalb wurden in allen vier Besatzungszonen Programme aufgelegt, innerhalb derer in Schnellkursen (4–12 Monate) neue pädagogische Kräfte ausgebildet wurden (Neulehrer). In der sowjetischen Besatzungszone diente die Neulehrerausbildung auch dazu, das Schulwesen unter die Kontrolle der SED zu stellen. ▶ M. Lienert, „Ihr habt die Bildung und wir haben das Geld und …
Nomenklatura	Mit Nomenklatura wurde der gesamte Personenkreis der politischen und wirtschaftlichen Machthaber in den Staaten des real existierenden Sozialismus bezeichnet. Die Nomenklatura setzte sich aus langfristig aufgebauten Führungskadern zusammen. ▶ J. Heinrich, Warum viele Katholiken in der DDR Mathematiker …
Ökonomisches Jahr	Das Ökonomische Jahr war für viele Studienbewerber Voraussetzung für die Zulassung zum Studium. Ohne das Ableisten des Ökonomischen Jahres waren die Studienbewerber nur „vorimmatrikuliert". Der Einsatz erfolgte meist auf Großbaustellen. ▶ O. Härtig, Was es bedeutete, wenn man eine … (Biografische Daten)
Partei neuen Typs	Partei neuen Typs war die Eigenbezeichnung kommunistischer Kaderparteien im Sinne Lenins mit der Verpflichtung auf die Ideologie des Marxismus. Ziel war die Errichtung einer „Diktatur des Proletariats". Kennzeichnend waren strenge Parteidisziplin und das Verbot jeglicher innerparteilichen Opposition. Eine freie Diskussionskultur und ein innerparteilicher Wettstreit um die besten Ideen und Argumente waren in den kommunistischen Parteien neuen Typs nicht möglich. ▶ R. Mey, „Gebt diesem ‚Ingenieur' ein Telefon und kein Papier!"

Stichwort	Erläuterung mit Verweis auf Beiträge
Polytechnische Oberschule	Die Polytechnische Oberschule (POS) führte Schülerinnen und Schüler bis zur 10. Klasse. Der Abschluss an der POS ist in etwa vergleichbar mit dem heutigen Realschulabschluss. Der Besuch der POS war für alle Kinder in der DDR Pflicht. Wer das Abitur ablegen wollte, musste nach Abschluss der POS eine Erweitere Oberschule (EOS) besuchen. Die Zulassung an eine EOS war an politisches Wohlverhalten im Sinne der SED geknüpft; gute schulische Leistungen genügten nicht. ▸ siehe Biografische Daten der Autorinnen und Autoren
Prager Frühling s.a. Militärintervention in Prag	Der Prager Frühling war der Versuch in der Tschechoslowakei, einen „Sozialismus mit menschlichem Antlitz" aufzubauen. Von der tschechischen kommunistischen Partei unter Alexander Dubček wurde Anfang 1968 eine Politik der Liberalisierung und Demokratisierung eingeleitet. Viele Menschen in der DDR verbanden große Hoffnungen mit dem Prager Frühling. Durch die militärische Intervention von fünf Staaten des Warschauer Pakts im August 1968 wurde diese Politik gewaltsam beendet. ▸ M. Böttger, Wir verloren die FDJ-Mitgliedschaft, nicht … ▸ G. Franke, Formen psychischen Drucks an der TU Dresden ▸ L. Gebauer, Das Ende der ET-Fine an der TU Dresden – 1968 ▸ G. Glöde, „Wissen Sie nicht, dass dies ein … ▸ H.-J. Hardtke, Neue Studenten empfingen wir im Blauhemd … ▸ H. Henke, „Wer noch an Gott glaubt, der stehe bitte auf!" ▸ C. Höfgen, Zwänge und Chancen als Student und … ▸ R. Keller, „Als Parteiloser werden Sie immer am … ▸ U. Knoblauch, Eigentlich lief mein Studium ganz normal ab ▸ R. Mey, „Gebt diesem ‚Ingenieur' ein Telefon und kein Papier!" ▸ J. Schmiele, Studentische Amateurfunker schalteten … ▸ P. Ziesecke, Träume von einem menschlichen Sozialismus
Rat für gegenseitige Wirtschaftshilfe	Der Rat für gegenseitige Wirtschaftshilfe (RGW) war eine internationale Wirtschaftsorganisation sozialistischer Staaten. Mitglieder waren: Bulgarien, die DDR, Kuba, Mongolische Volksrepublik (VR), VR Polen, sozialistische Republik (SR) Rumänien, die CSSR, die UdSSR, die Ungarische VR und die SR Vietnam. Weitere Staaten hatten spezielle Vereinbarungen für eine Zusammenarbeit. ▸ O. Härtig, Was es bedeutete, wenn man eine … (Biografische Daten) ▸ G. Herrmann, Ich wurde innerhalb der … (Biografische Daten) ▸ U. Knoblauch, Eigentlich lief mein Studium ganz normal ab
Reisegenehmigung	Bis 1955 konnte man auch als Bürger der DDR einfach eine Reisegenehmigung nach dem „Westen" (Bundesrepublik) bei der Polizei beantragen. Der Antrag wurde in der Regel genehmigt. Ab 1956 änderte sich diese Politik; Reisegenehmigungen wurden immer weniger erteilt. Bis zum Mauerbau am 13. August 1961 blieb noch die Möglichkeit, mit der S-Bahn nach Westberlin zu fahren und dann von dort nach Westdeutschland (oder andere nichtkommunistische Länder) zu fliegen. Nach dem Mauerbau wurde die Möglichkeit des Reisens in nichtkommunistische Länder immer weiter eingeschränkt. Die Forderung nach Freizügigkeit und Reisemöglichkeiten war eine Kernforderung der Friedlichen Revolution.

Stichwort	Erläuterung mit Verweis auf Beiträge
Reisegenehmigung	▶ H. Deick, 1958 zog das System die Daumenschrauben enger ▶ B. Fieseler, Vor dem Abitur wurde ich zum Schuldirektor … ▶ W. Friese, F. war Mitglied des DS, der FDJ, DSF und GST … ▶ H.-H. Grimmling, Die Hochschulkommission konnte in meinen … ▶ G. Herrmann, Ich wurde innerhalb der Seminargruppe … ▶ G. Herrmann, Italienisches Intermezzo ▶ A. Hübner, „Herr Hübner, wollen Sie mich umbringen?" ▶ R. Jork, Als trampender Student unterwegs nach dem noch nicht … ▶ R. Jork, Maschinenbaustudium an der TH/TU Dresden ▶ U. Knoblauch, Eigentlich lief mein Studium ganz normal ab ▶ H.-P. Leidhold, Betreuungsnotstand durch „Republikflucht" … ▶ M. Lienert, Um nicht aufzufallen, drückten die sowjetischen … ▶ C. Meyer, „Zweifel an der führenden Rolle der Partei" ▶ U. Otto, Aus dem Alltag eines Bauingenieur-Studenten in Dresden ▶ M. Pontius u. G. Stötzer, Die Zerschlagung des studentischen … ▶ F. Rath, Wir studieren, um zu leben – wir leben nicht, um zu … ▶ F. Rath, Reisen (Kommentar zeithistorisch)
Rote Woche	Mit Rote Woche wurde die aktuell-politische Schulung aller Studierenden zu Semesterbeginn bezeichnet. Durch zahlreiche marxistisch-leninistische Pflichtveranstaltungen sollte eine loyale Haltung zur SED und deren Politik erzeugt werden. Unter Studenten hatte sich für diese Veranstaltungen der Begriff Rote Woche eingebürgert. Die Rote Woche fand an allen höheren Bildungseinrichtungen der DDR am Anfang eines jeden Semesters statt. Die Teilnahme der Studierenden war Pflicht. Dozenten waren zuverlässige Kader der SED. ▶ M. Büdke, Ein Kommilitone hatte auf der Leipziger Messe … ▶ G. Franke, Formen psychischen Drucks an der TU Dresden ▶ M. Proksch, Ich erlebte die Militarisierung des öffentlichen Lebens
Samisdat	In der DDR war die Herstellung von Druckerzeugnissen aller Art streng überwacht und genehmigungspflichtig. Die SED-Diktatur sorgte auf diese Weise dafür, dass nur die offizielle und den Machthabern genehme Meinung in gedruckter Form den Weg in die Öffentlichkeit fand. Mit Samisdat (russ., wörtlich: Selbstherausgabe) bezeichnete man illegal gedruckte Zeitungen, Flugblätter, Plakate, Kopien u. Ä. Für die Opposition in der DDR waren heimlich gedruckte Samisdat-Herausgaben von Texten, Bildern, Aufrufen usw. ein wichtiges Mittel, kritische Sichtweisen (zum Beispiel zum vernachlässigten Umweltschutz und zur fehlenden Meinungs- und Pressefreiheit) zu verbreiten. Häufig entstanden Samisdat-Drucke im Schutzraum der Kirche. Die Herstellung und Verteilung von Samisdat-Druckerzeugnissen war mit hohen persönlichen Risiken verbunden; wer ertappt wurde musste zum Teil mit drastischen Gefängnisstrafen rechnen. ▶ M. Böttger, Wir verloren die FDJ-Mitgliedschaft, nicht …
SED-Parteisekretär	Sowohl in Betrieben als auch in Bildungseinrichtungen war die alleinherrschende Partei SED mit einem eigenen Parteisekretär vertreten. Dieser sollte darauf achten, dass in den Betrieben und Bildungseinrichtungen Politik und Sichtweise der SED verbreitet wurde. Im DDR-Alltag wurde die Macht der SED-Parteisekretäre unterschiedlich wahrgenommen: Es gab sowohl glühende Verfechter der Staatsdoktrin, aber es gab auch SED-

Stichwort	Erläuterung mit Verweis auf Beiträge
SED-Parteisekretär	Parteisekretäre, die das Amt pro forma ausübten. Von den Mitarbeitern/Studierenden wurden Letztere als harmlos wahrgenommen, zu Ersteren suchten viele Mitarbeiter/Studierende ein möglichst distanziertes Verhältnis. SED-Parteisekretäre waren auch stets die Kommandeure der Betriebskampfgruppen. ▶ F. Anders, „Sagt Ihnen der Name Leonhard etwas?" ▶ G. Glöde, „Wissen Sie nicht, dass dies ein … ▶ H.-J. Hardtke, Neue Studenten empfingen wir im Blauhemd … ▶ G. und E. Hönisch, Von persönlicher Benachteiligung bis zur … ▶ R. Jahn, „Mach Dir keine Sorgen, Roland, wir stehen zu Dir …" ▶ R. Mettcher, Als Nichtgenosse in Führungspositionen ▶ R. Mey, „Gebt diesem ‚Ingenieur' ein Telefon und kein Papier!" ▶ M. Pontius, Es herrschte eine Atmosphäre der Angst … ▶ M. Pontius u. G. Stötzer, Die Zerschlagung des studentischen … ▶ M. Rößler, Ich sei kein geeigneter Nachwuchskader … ▶ G. Stötzer, Ein Brief an Margot Honecker löste Alarm … ▶ G. Wedekind, Ich sei nicht würdig, die DDR im sozialistischen … ▶ Der politische Witz
Selbstverpflichtungen	Selbstverpflichtungen – so nannte man das Abgeben von schriftlichen Erklärungen darüber, was man sich persönlich für die Stärkung und den Aufbau des Sozialismus freiwillig vorgenommen hat. Selbstverpflichtungen wurden zu den verschiedensten Anlässen, an Jahrestagen der DDR, zum Neuen Jahr oder aus selbst definierten Anlässen gegenüber Vorgesetzten, Dienststellen, Institutionen abgegeben. Das konnte die Verpflichtung zur Ableistung von freiwilligen Aufbaustunden (zum Beispiel Ziegelklopfen beim Beseitigen von Ruinen) im Nationalen Aufbauwerk sein bis hin zur Werbung von Jugendlichen für die Nationale Volksarmee. Wollte man beruflich vorankommen oder eine neue Wohnung bekommen, wurde das Abgeben von Selbstverpflichtungen erwartet. ▶ H.-L. Dalpke, In Dresden benutzte man die eigenen Füße … ▶ J. Klose, Fachprofessoren wurden verpflichtet, mit mir … ▶ G. Knoblauch, „Der Klassenfeind sitzt auch in Ihren Reihen" ▶ G. Knoblauch, Kommentar: Studium und Wehrdienst ▶ U. Otto, Aus dem Alltag eines Bauingenieur-Studenten in Dresden ▶ F. Rath, Wir studieren, um zu leben – wir leben nicht, um zu …
Semsek	Semsek ist ein Kurzwort für Seminargruppensekretär. Seminargruppensekretäre waren Studierende, die die Verbindung zur Fachrichtungsleitung der Hochschule und zur Studienjahresleitung der FDJ bzw. Hochschulgruppenleitung der FDJ halten sollten. ▶ R. Anders, Anders als die anderen ▶ H.-J. Brink, Schwejk in der NVA – Ungeschick oder … ▶ H.-J. Brink, Vom Fabriksaal ins Kellerzimmer – ein Aufstieg ▶ W. Friese, F. war Mitglied des DS, der FDJ, DSF und GST … ▶ G. Glöde, „Wissen Sie nicht, dass dies ein … ▶ H. Henke, „Wer noch an Gott glaubt, der stehe bitte auf!" ▶ C. Höfgen, Zwänge und Chancen als Student und … ▶ U. Knoblauch, Eigentlich lief mein Studium ganz normal ab ▶ B. Kuhlmann, Studienerlaubnis ohne Begründung entzogen

Stichwort	Erläuterung mit Verweis auf Beiträge
Semsek	▸ K. Lunkwitz, Hervorragende fachliche Leistungen allein … ▸ F. Rath, Wir studieren, um zu leben – wir leben nicht, um zu …
Sozialdemokratische Partei (der DDR)	Sozialdemokratische Partei in der DDR (SDP) wurde am 7.10.1989 gegründet. Damit wurde der Alleinvertretungsanspruch der SED und der von ihr vertretenen Blockparteien infrage gestellt. Zwischen Oktober und Dezember 1989 wurden in verschiedenen Städten Regionalgruppen der SDP gegründet. Am 13. Januar 1990 nennt sich die SDP in SPD um und am 26. September 1990 findet der Zusammenschluss mit der westdeutschen SPD statt. ▸ R. Mey, (Biografische Daten) ▸ M. Rößler, Das Jahr 1989 – der Aufbruch aus Sicht des …
Sozialistische Einheitspartei Deutschlands	Die Sozialistische Einheitspartei Deutschlands (SED) ist 1946 aus der Zwangsvereinigung der Kommunistischen Partei Deutschlands (KPD) und der Sozialdemokratischen Partei Deutschlands (SPD) hervorgegangen. Die SED beanspruchte in der DDR die alleinige Führung und beging nachweislich Wahlbetrug um ihre Herrschaft zu festigen. Nach der Friedlichen Revolution 1989 entstand aus ihr schrittweise die SED/PDS, die PDS und die Partei DIE LINKE. ▸ H.-J. Brink, Schwejk in der NVA – Ungeschick oder … ▸ H.-J. Brink, Vom Fabriksaal ins Kellerzimmer – ein Aufstieg ▸ G. und E. Hönisch, Von persönlicher Benachteiligung bis zur …
Sozialismus, entwickelter	Im Sprachgebrauch der DDR-Führung war der „entwickelte Sozialismus" eine Phase, die zwischen Sozialismus und Kommunismus liegt. Die Kritiker, zum Beispiel Rudolf Bahro (1935-1997), sprachen von „realem Sozialismus", weil der Terminus „entwickelter Sozialismus" einen positiv-fortschrittlichen Status suggeriert, von dem zum Beispiel in vielen Betrieben wenig zu sehen war. ▸ R. Mey, „Gebt diesem ‚Ingenieur' ein Telefon und kein Papier!"
Verfassung von 1968	Am 31. Januar 1968 wurde der Volkskammer der Entwurf einer neuen sozialistischen Verfassung vorgelegt. Er war von einer Kommission unter der Leitung Walter Ulbrichts erarbeitet worden. Der Verfassungsentwurf wurde der Bevölkerung zur Diskussion vorgestellt. Die Bürger reichten zahlreiche Änderungsvorschläge ein, die jedoch kaum berücksichtigt wurden. In einem Volksentscheid am 6. April 1968 billigten 94,5 Prozent der Wähler die neue DDR-Verfassung (Wahlbeteiligung: 98 Prozent). (Quelle: Hans Georg Lehmann, Deutschland-Chronik 1945 bis 2000, Bonn: Bundeszentrale für politische Bildung 2000, S. 175 f.) ▸ M. Böttger, Wir verloren die FDJ-Mitgliedschaft, nicht … ▸ G. Glöde, „Wissen Sie nicht, dass dies ein … ▸ J. Heinrich, Warum viele Katholiken in der DDR Mathematiker … ▸ R. Keller, „Als Parteiloser werden Sie immer am … ▸ C. Meyer, „Zweifel an der führenden Rolle der Partei" ▸ P. Ziesecke, Träume von einem menschlichen Sozialismus ▸ G. Wedekind, Ich sei nicht würdig, die DDR im sozialistischen …

Stichwort	Erläuterung mit Verweis auf Beiträge
Volksaufstand in Ungarn	Nachdem Chruschtschow in der Sowjetunion 1956 die Entstalinisierung eingeleitet hatte, kam es im selben Jahr in Ungarn zu einer aufständischen Bewegung, die demokratische Reformen und eine unabhängige ungarische Politik forderte. Als Ungarn seinen Austritt aus dem Warschauer Pakt erklärte, intervenierte die Sowjetunion, schlug den Aufstand blutig nieder und ließ Anführer hinrichten. ▸ H.-L. Dalpke, Höhere Bildung – ein Privileg der Arbeiter – … ▸ K. Lunkwitz, Hervorragende fachliche Leistungen allein … ▸ C. Meyer, „Zweifel an der führenden Rolle der Partei“
Volkseigener Betrieb	Viele private Betriebe wurden von der sowjetischen Besatzungsmacht und später von der DDR-Führung enteignet und zu volkseigenen Betrieben umgewandelt. In der DDR waren – bis auf kleinere Handwerksbetriebe – nach 1972 praktisch alle Produktionsstätten volkseigene Betriebe (VEB) und arbeiteten damit unter der Kontrolle des Staates bzw. der SED. Handwerksbetriebe wurden in der DDR häufig zu Produktionsgenossenschaften des Handwerks (PGH) umgewandelt. Nach der Wiedervereinigung konnten einige Betriebe wieder ihren ursprünglichen Besitzern rückübertragen werden. ▸ G. Knoblauch, Kommentar: Die Arbeiter-und-Bauern-… ▸ H.-P. Leidhold, Betreuungsnotstand durch „Republikflucht“ … ▸ K. Lunkwitz, Hervorragende fachliche Leistungen allein … ▸ R. Mettcher, Als Nichtgenosse in Führungspositionen ▸ G. Wiemers, Man habe meine Papiere vor der Immatrikulation …
Vordiplom	Nach dem dritten Studienjahr war zu einem vorgegebenen Thema eine wissenschaftliche Ausarbeitung vorzulegen – eine durchaus sinnvolle Übung mit Blick auf die spätere Diplomarbeit. ▸ H.-J. Brink, Schwejk in der NVA – Ungeschick oder …
Wachregiment „Feliks E. Dzierzynski“	Das Wachregiment „Feliks E. Dzierzynski“ war offiziell ein Teil der NVA (Nationale Volksarmee der DDR), unterstand jedoch dem MfS (Ministerium für Staatssicherheit). Die Angehörigen hatten sich für mindestens drei Jahre verpflichtet und waren in der Regel Genossen der SED. ▸ H. Henke, „Wer noch an Gott glaubt, der stehe bitte auf!“
Wende	Nach dem Sturz Erich Honeckers am 18. Oktober 1989 wurde Egon Krenz neuer Vorsitzender des ZK der SED in der DDR. Krenz sprach im Herbst 1989 als erster von einer „Wende“, als er wohl noch davon ausging, die Macht für die SED sichern zu können. Es kam jedoch zum Zusammenbruch des SED-Regimes. Daher werden die Ereignisse im Herbst 1989 heute als Friedliche Revolution bezeichnet. Siehe auch Friedliche Revolution. ▸ G. Franke, Formen psychischen Drucks an der TU Dresden ▸ G. Franke, Ich konnte studieren, nachdem ich unterschrieben … ▸ G. Herrmann, Ich wurde innerhalb der Seminargruppe … ▸ C. Höfgen, Zwänge und Chancen als Student und … ▸ J. Jacob, Forschungsstudium statt Diplom ▸ M. Rößler, Ich sei kein geeigneter Nachwuchskader …

Stichwort	Erläuterung mit Verweis auf Beiträge
Zuführung	Zuführung war die Umschreibung für eine Verhaftung. Bei einer Zuführung zwang die Polizei oder das MfS die Betroffenen, mit in die Polizei- oder MfS-Einrichtung zu kommen und dort „zur Klärung eines Sachverhalts“, wie es im DDR-Sprachgebrauch hieß, Aussagen zu machen. ▸ M. Böttger, Wir verloren die FDJ-Mitgliedschaft, nicht … ▸ W. Friese, F. war Mitglied des DS, der FDJ, DSF und GST … ▸ K. Schwinkowski, Sie haben sich mir als Angehörige der …

Literatur (Auswahl)

Bickhardt, Stephan: In der Wahrheit leben. Texte von und über Ludwig Mehlhorn (Schriftenreihe des Sächsischen Landesbeauftragten für die Stasi-Unterlagen, Bd. 13), Leipzig 2012.

Bielka, Heinz: Geschichte der Medizinisch-Biologischen Institute Berlin-Buch, 2. Aufl., Berlin/Heidelberg: S. 90–91.

Blutke, Günter: Obskure Geschäfte mit Kunst und Antiquitäten – ein Kriminalreport", Berlin 1994

Buthmann, Reinhard: Die Objektdienststellen des MfS (MfS-Handbuch). Hg. BStU, Berlin 1999, http://www.nbn-resolving.org/urn:nbn:de:0292-97839421302407 (Zugriff 11.11.2015)

Ebert, Dorothea/Proksch, Michael: Und plötzlich waren wir Verbrecher. Geschichte einer Republikflucht, München 2010.

Ernst, Christian (Hg.): Geschichte im Dialog? ‚DDR-Zeitzeugen' in Geschichtskultur und Bildungspraxis, Schwalbach/Ts. 2014.

Grimmling, Hans-Hendrik/Liebermann, Doris: Die Umerziehung der Vögel – ein Malerleben, Halle 2008.

Hauswald, Harald/Rathenow, Lutz: Ostberlin – Leben vor dem Mauerfall. Mit einem Vorwort von Ilko-Sascha Kowalczuk, 6., erw. Aufl., Berlin 2014 (O: Hauswald, Harald/Rathenow, Lutz: Ostberlin. Die andere Seite einer Stadt in Texten und Bildern, München/Zürich 1987).

Hüttmann, Jens/Mählert, Ulrich/Pasternack, Peer (Hg.): DDR-Geschichte vermitteln. Ansätze und Erfahrungen in Unterricht, Hochschullehre und politischer Bildung, Berlin 2004.

Jahn, Roland: Wir Angepassten – Überleben in der DDR, München 2014.

Jesse, Eckhard (Hg.): Friedliche Revolution und deutsche Einheit – Sächsische Bürgerrechtler ziehen Bilanz, Berlin 2007.

Jesse, Eckhard/Schubert, Thomas (Hg.): Friedliche Revolution und Demokratie. Perspektiven nach 25 Jahren, Berlin 2015.

Kluge, Gerhard (Bearb.): Der „NATO-Professor" Walter Brödel. Dokumentation, herausgegeben vom Landesbeauftragten des Freistaates Thüringen für die Unterlagen des Staatssicherheitsdienstes der ehemaligen DDR, Erfurt, Juni 1999.

Kobe, Sigismund: Rückblick auf TU-Initiativen beim Neubeginn, in: Der Neubeginn 1989 – Würdigung von TU-Initiativen zur Hochschulerneuerung zwischen 1989 und 1993 in Sachsen, Festveranstaltung am 14. Oktober 2003, Sammlung der Reden und Beiträge. Hg. v. A. Post, Dresden 2004, S. 46–71.

Leonhard, Wolfgang: Die Revolution entlässt ihre Kinder, Frankfurt am Main/Berlin 1961.

Lienert, Matthias: Zwischen Widerstand und Repression. Studenten der TU Dresden 1946–1989, Köln u. a. 2011.

Lietzmann, Sabina: Angst vor Infiltration, in: „Die Zeit", Jahrgang 1957, Ausgabe 23; im Internet zu finden unter: http://www.zeit.de/1957/23/angst-vor-infiltration (Zugriff 11.11.2015).

Mit dem Motorrad durch den Zeunerbau – Erinnerungen ehemaliger TU-Studenten. Hg. v. Zentrale Studienberatung, Absolventenreferat [Redaktion], Rektor der Technischen Universität Dresden, Dresden 2005.

Pommerin, Reiner: 175 Jahre TU Dresden. Geschichte der TU Dresden 1828–2003, Köln 2003.

Reichert, Steffen: Unter Kontrolle. Die Martin-Luther-Universität und das Ministerium für Staatssicherheit 1968–1989, 2 Bde., Halle 2007.

Rößler, Matthias: Selbststentstalinisierung – oder: Neue Kaderakten entstehen. In: Dresdener Tageszeitung „Union" vom 28./29.4.1990.

Sporn, Christiane: Musik unter politischen Vorzeichen, Friedberg 2007.

Tellkamp, Uwe: Der Turm, Frankfurt am Main 2008.

Wallmann, H. Johannes: Die Wende ging schief: oder warum Biografie mehr als nur eine rein persönliche Angelegenheit ist, Berlin 2009.

Wörterbücher

Kleines politisches Wörterbuch, Dietz Verlag, Berlin (Os)] 1986.

Wörterbuch der politisch-operativen Arbeit. Hg. v. Ministerium für Staatssicherheit, Hochschule, Potsdam, April 1985, Geheime Verschlusssache GVS-0001, MfS JHS-Nr.: 400/81, Ausf., Bl. 1–282.

Das Wörterbuch der Staatssicherheit: Definitionen des MfS zur „politisch-operativen Arbeit". Hg. vom Bundesbeauftragten für die Unterlagen des Staatssicherheitsdienstes der ehemaligen Deutsche Demokratischen Republik, Abt. Bildung und Forschung, 2. Aufl., Bonn 1993.

Blum, Ralf u. a. (Bearb.): Abkürzungsverzeichnis. Häufig verwendete Abkürzungen und Begriffe des Ministeriums für Staatssicherheit. Hg. v. Bundesbeauftragten für die Unterlagen des Staatssicherheitsdienstes der ehemaligen Deutschen Demokratischen Republik, 10., erg. u. korr. Aufl., Berlin 2012.

Suckut, Siegfried (Hg.): Das Wörterbuch der Staatssicherheit. Definitionen zur politisch-operativen Arbeit, 3., aktualisierte Auflage, Berlin 2001.

// Personenregister

Namensnennungen im Personenregister erfolgen nur für handelnde Personen. Namen von Beiträgern dieses Bandes wurden nur aufgenommen, wenn sie in anderen Beiträgen als den ihren auftauchen.

Nachworte

Erst mit der Projektbearbeitung wurde uns als Herausgebern deutlich, welche Vielfalt an Entscheidungsprozessen ansteht, welche Probleme zu lösen sind. Wir konnten sachbezogen unterschiedliche Lebenserfahrungen und Prägungen aufweisen: hier der amtierende Rektor der Technischen Universität Dresden, von der vor allem berichtet wird, dort ein Absolvent der TUD, der die DDR durch Flucht verlassen musste und in der Bundesrepublik Fuß fasste, und schließlich einer, der seinen Berufsweg in der DDR ging.
Durch den überaus schmerzlichen und unerwarteten Tod unseres „dritten Mannes", des Rektors der TU Dresden, Professor Hermann Kokenge, im Dezember 2014 wurden wir zum Überdenken unseres Arbeitsstils, zu einer neuen Arbeitsteilung gezwungen. Wir hatten teilweise unterschiedliche Sichtweisen und Intentionen, setzten uns entsprechende Schwerpunkte in der Projektarbeit, die zu eigenen Erfahrungen in den folgenden Berichten führten. Unsere Lektorin stand dann auch für die erforderliche Homogenität des Ganzen.

Professor Hermann Kokenge, Dr.-Ing. Rainer Jork und Günter Knoblauch (von links): Die Initiatoren des Projektes auf der Tagung „Was bedeutet Freiheit von Lehre und Studium aus dem Blickwinkel der DDR-Vergangenheit?" am 15. Juni 2011 in der TU Dresden (Foto privat)

// Erfahrungen und Eindrücke bei der Projektbearbeitung

Rainer Jork

Vorbemerkung

Einen Zeitzeugenbericht mit ganz persönlichen Erfahrungen, Erinnerungen an länger zurückliegende Ereignisse, auch anhaltenden Prägungen über eine wesentliche Phase der eigenen Entwicklung zu schreiben und diese Berichte für eine Veröffentlichung zu sammeln, erfordert zuerst Partner, die in der Lage und dazu bereit sind, sich selbst zu offenbaren. Aber es werden auch Unterstützer für die inhaltliche Begleitung, die technische und organisatorische Realisierung benötigt.

TU Dresden als Ausgangspunkt

Tagungserlebnisse und -gespräche an der TU Dresden, vor allem ab 2009, ließen bei den Teilnehmern die Einsicht reifen, dass die dortigen Studienbedingungen in der Nachkriegszeit genauer untersucht und aufgearbeitet, die Studienbedingungen unter der „Diktatur des Proletariats" kritisch beleuchtet werden müssen. Schließlich wurde immer wieder vergessenes, nicht aufgeklärtes oder bearbeitetes Unrecht an Einzelschicksalen sichtbar. Folgerichtig konzentrierte sich die Suche nach Zeitzeugen zuerst auf ehemalige Studierende an der TH bzw. TU Dresden, was sodann auch seinen Niederschlag in der formulierten Zielstellung zu diesem Projekt fand. Damit ergab sich für die Zeitzeugensuche automatisch eine Konzentration auf die Studienbedingungen in naturwissenschaftlichen und technischen Studienrichtungen und in Dresden. Später war festzustellen – vor allem, nachdem das Projekt breiter publik wurde – dass ähnliche Bedürfnisse auch an anderen Hochschulen der ehemaligen DDR zu beobachten sind, wo nicht selten andere Rahmenbedingungen herrschten (beispielsweise im Bereich der Geisteswissenschaften, Künste, des Journalismus). Das bedeutet für die Auswertung der Berichte naturgemäß auch, dass sie für das Studium in der DDR zwar exemplarisch und typisch, jedoch nicht in jedem Detail auf alle Hochschulen der DDR übertragbar sind.

Förderer und Träger

Um dieses Projekt starten zu können, mussten zuverlässige und praktikable Organisationsbedingungen gefunden werden.

Mit der Förderbestätigung der *Bundesstiftung zur Aufarbeitung der SED-Diktatur* erhielt das bereits längst ehrenamtlich durch die Herausgeber betriebene Vorhaben reale Konturen. Nicht ohne Spannung verlief jedoch zuvor die Suche nach einem Träger, der für eine Förderzusage erforderlich ist und schließlich dankenswerterweise mit der *Stiftung Leben und Arbeit* in Wilsdruff gefunden werden konnte. Offensichtlich spielten für andere als Träger angedachte und angefragte potenzielle Partner überwiegend selbstbezogene strategische Fragen eine Rolle, wie

- Was nützt uns selbst eine solche Trägerschaft?
- Welches Risiko gehen wir damit ein?
- Sind Zeitzeugen, ist ein Blick zurück für die Zukunft überhaupt interessant, glaubwürdig, zeitgemäß?
- Könnte dabei etwa unsere eigene Betroffenheit unerwünscht angesprochen oder interpretiert werden?

Die Trägerfindung entwickelte sich auf diese Weise bald zu einem Hauptproblem für die Projektrealisierung, war schließlich die Ursache für ein Jahr Startverzögerung.

Hinsichtlich der Glaubwürdigkeit und des Nutzens von Beiträgen wurden von für eine Trägerschaft angefragten Institutionen auch Anregungen, Bedenken oder Ansprüche formuliert, aber auch Möglichkeiten gesehen, mit den Erlebnisberichten persönliche oder institutionelle Interessen zu befördern.

Inhaltliche Vorbehalte gegen das vorliegende Konzept waren dabei:

- Zeitzeugenberichte seien ausgeprägt *subjektiv* und damit auch nicht ausreichend repräsentativ für eine Zustandsbeschreibung. Die Zeitzeugen berichteten möglicherweise nicht ausreichend nahe an der Wahrheit, sie hätten eben ihre eigene Wahrheit.
- Es würden möglicherweise *persönliche Interna* offenbart und diese noch mit parteilichen Vorurteilen gepflastert. Persönlichkeitsrechte seien betroffen.
- Es könne die *Verantwortung* noch lebender und aktiver Zeitgenossen und Entscheidungsträger tangiert, subjektiv dargestellt und offenbart werden.
- Das persönliche Erleben müsse im zeitlichen Ablauf der Diktaturen, beginnend 1933 oder noch zuvor, gesehen und dargestellt, wissenschaftlich gewertet werden. Eine entsprechende *„wissenschaftliche Kontextualisierung“* sei herzustellen.
- *Gedruckte* Berichte, Bücher würden heute in der Zeit der modernen Informationsverarbeitung kaum jemanden zum Lesen anregen.

- Die Textbearbeitung durch „eine frei schwebende Lektorin“ sei von vornherein fragwürdig.

Mit etwas Schmunzeln wurden die vorgetragenen Bedenken in dem Satz zusammengefasst: „Der Zeitzeuge ist der größte Feind des Historikers.“
Die Vorbehalte beschrieben also einen Spannungsbogen von dem Verdacht, man könne mit den Berichten persönlich Schaden nehmen, bis zu einem unschwer erkennbaren Interesse daran, für eigene bereits bestehende oder neu einzurichtende institutionelle Forschungsthemen mit den Texten zitierfähiges Material und möglichst auch Förder- oder sogenannte Drittmittel in die Hand zu bekommen.

Zeitzeugen und ihre Berichtsbereitschaft

Die Bereitschaft dazu, Erfahrungen, persönliche Eindrücke oder Schlussfolgerungen zum Studium in der DDR aufzuschreiben, war und ist recht unterschiedlich. Sie wird beispielsweise einerseits durch das Gefühl geprägt, sich selbst richtig entschieden, sich klug verhalten oder Glück gehabt zu haben (etwa im Falle der Flucht nach dem Westen), oder von der Sorge geprägt, man könne in den Ruf eines Angepassten, eines Mitläufers im real existierenden Sozialismus der DDR kommen (wenn man ausgehalten hat, geblieben ist).
Während sich also seit Längerem im Westen der Bundesrepublik heimische ehemalige Studenten der TU Dresden meist mit dem gegebenen zeitlichen und persönlichen Abstand relativ locker bereitfanden, einen Bericht aufzuschreiben, war dies mit jenen Zeitzeugen nicht immer ganz so einfach, die bis heute auf dem ehemaligen DDR-Gebiet wohnhaft sind. Nicht selten war dabei eine stille Abneigung oder gar offene Verweigerung festzustellen, sich mit der eigenen Vergangenheit kritisch zu befassen. Schließlich wurde bei solchen Zeitzeugen in einzelnen Fällen mehr oder weniger emotionsgeladen Unaufgearbeitetes spürbar, und es ergab sich auch in einzelnen Fällen noch ein über das Projekt hinausgehender Klärungsbedarf.

Studienbedingungen an der TH/TU Dresden sind nur bedingt repräsentativ für alle Hochschulen und Universitäten

Ausgehend von der Notwendigkeit einer Vergangenheitsaufarbeitung der TH/TU Dresden konzentrieren sich die vorliegenden Berichte also vor allem auf Dresdner Studienerlebnisse. Zeitzeugenberichte beispielsweise zum Studium von Kulturschaffenden oder von Medizinern an anderen Hochschulen und Orten der DDR oder

im Ausland lassen erahnen, dass dort auch andere Erfahrungen gesammelt wurden. All diesen ist jedoch der konsequent und vorbehaltlos durchgesetzte Anspruch der SED- und Staatsführung der DDR gemein, zuverlässige Kader für den Aufbau und die Verteidigung des realen Sozialismus in der DDR zu erziehen.
Während uns die vorliegenden Zeitzeugenberichte in ihrer naturgemäß oft recht unterschiedlichen persönlichen Prägung erreichten, entstand immer wieder der Wunsch, die unterschiedlichen Hintergründe um die Berichte ausreichend zu beleuchten, dadurch tangierte Lebensbereiche und systemimmanente Geschehnisse in der DDR zu (er-)klären. Grenzen der Berichte wurden deutlich, aber auch das Verlangen, zu einer tieferen Klärung der Gesamtumstände beim Studium in der DDR beizutragen, die möglicherweise bereits untersucht sind[632] oder weiteren Untersuchungen vorbehalten bleiben müssen. Das betrifft vor allem folgende Fragen:

- Welche Bedingungen prägten das Studium außerhalb der natur- und technikwissenschaftlichen Richtungen, etwa im Bereich der Kunst und Kultur, der Journalistik[633] und Philosophie an den verschiedenen Standorten in der DDR?
- Welche Rolle spielten die Personalkommissionen nach der friedlichen Revolution, auch für die dabei Mitwirkenden?
- Welche Ursachen und Auswirkungen hatten Flucht und Vertreibung im Bereich der Hochschulen?
- Welche weiteren Informationen und Erkenntnisse könnte eine Einsichtnahme in persönliche Stasiakten von Studenten und Wissenschaftlern an Hochschulen, sofern sie vorhanden und zugängig sind, liefern?
- Welche Gesamtstrategie verfolgte die SED mit der Stasi bei der Disziplinierung und Instrumentalisierung Studierender aus heutiger Sicht?

Antworten darauf können einzelne Zeitzeugenberichte natürlich nicht liefern.
Wir sind allen dankbar, die einen Beitrag für diese Sammlung von Zeitzeugenberichten geschrieben haben!
Die Herausgeber gehen davon aus, dass die Leserinnen und Leser der hier vorgeleg-

---

632 Siehe dazu die im Nomos Verlag und Suhrkamp Verlag erschienenen Bände zu Materialien der Enquete-Kommissionen „Aufarbeitung von Geschichte und Folgen der SED-Diktatur in Deutschland" (12. Wahlperiode) sowie „Überwindung der Folgen der SED-Diktatur im Prozess der deutschen Einheit" (13. Wahlperiode), Herausgegeben vom Deutschen Bundestag.
633 ZdF-info berichtete beispielsweise am 29. November 2015 (Wdh. 10. Januar 2016) in der Sendung „Zwischen Hörsaal und Kartoffelacker. Studenten in der DDR", einer Abendsendung nach 20 Uhr mit Zeitzeugen, von Sonderstudienplänen, einem Grundstipendium von 450 Mark für Psychologen und einem Anteil von etwa 50 Prozent IM-Verpflichtungen bei grundsätzlich delegierten Journalistikstudenten. Die Sendung ist im Internet zu finden unter: http://doku.cc/hoersaal-kartoffelacker-studenten-ddr.html (Zugriff: 10.2.2016).

ten Dokumentation in der Lage und willens sind, sich mit subjektiven und oft sehr persönlichen Lebenserfahrungen kritisch und konstruktiv auseinanderzusetzen. Mit diesem Blick sollen schließlich auch aktuelle Bildungsbedingungen mit all ihrer Dynamik betrachtet, eigene Standpunkte und Aktivitäten befördert werden.
Wir sind optimistisch in der Erwartung, dass dazu mit dieser Sammlung von Zeitzeugenberichten ein Beitrag geleistet werden kann.

Radebeul, 26. Januar 2016

// „Zwischen Humor und Repression" – ein Resümee

Günter Knoblauch

Der Titel der Dokumentation spannt den Bogen von Humor über Anpassung und Illusion, über das ganz normale Studium ohne besondere Ereignisse bis hin zur Repression.[634] Ein Autor schrieb: „*Nein, es wurde nicht illusionistisch studiert, sondern ernsthaft, wohlüberlegt mit festen konkreten Zielen und […] auch mit Lebens- und Schaffensfreude trotz […] Repressionen. Dies war möglich mit verschiedenen Arten der Anpassung, in einer gewissen Tarnhaltung (Brecht: „Ich lerne ihre Regeln, um sie zu brechen!"), ohne überzogene weil selbstmörderische Opposition. Der Begriff Anpassung ist nicht unbedingt negativ besetzt: In der gesamten Evolution erfolgte Anpassung zur Erhöhung der Überlebenschance. Es konnten auch nicht 17 Millionen auswandern.*"[635]
Zwischen Humor und Repression beschreibt die Gratwanderung, auf die man sich als Student damals oft begeben musste. Für die Studenten auf dem Coverfoto – es zeigt eine Fahrt zum Ernteeinsatz in einem Eisenbahnwaggon, den die Studenten mit Sprüchen und Zeichnungen verziert haben – war dies damals sicher ein lustiges Erlebnis. Humor in „angepasster" Form – auch kontrollierte Aufmüpfigkeit – und damit nicht so leicht angreifbar.
Nach der „Dienstanweisung Nr. 1" des MfS aus dem Jahre 1968 – siehe das zweite Bild der Titelseite – würde eine derartige *Provokation* politisch anders eingeordnet und geahndet. Spaß, aber auch psychischer Druck prägten das Studium.

634 Alle Stichworte waren in der Diskussion für den Buchtitel – wir danken den Autoren für ihre Vorschläge und Einwendungen.
635 Dr. Günter Herrmann in einem Brief an Günter Knoblauch vom 28.09.2016.

Ein Rückblick: Ein Treffen im August 2007 mit dem Rektor der TU Dresden, Herrn Professor Hermann Kokenge, führte zu einer Vereinbarung, das Thema der Aufarbeitung entweder im Rahmen einer Ringvorlesung oder einer Tagung anzugehen.[636] Die Entscheidung fiel Monate später für eine Tagung, die 2009 stattfand.
Im Vorfeld führten wir[637] mit Absolventen und Professoren der TU Gespräche. Dabei hörten wir öfter Kritik an bereits erschienenen Publikationen zum Studium an der TH/TU Dresden wie: „*Nostalgie pur*"[638] und: „*So kann man das doch nicht stehen lassen*"[639].
Beispiel: Auf knapp einer Seite in „Geschichte der TU Dresden" wird das Wirken des MfS abgehandelt, zwar mit dem Hinweis: „*In einigen Jahren werden hoffentlich Forschungen sowohl das Ausmaß von Ablehnung als auch von Kooperationsbereitschaft mit der Staatssicherheit an der TU Dresden wissenschaftlich befriedigend belegen.*"[640] Doch der Zeitzeugen werden weniger.
Am 15. Juni 2011 fanden zwei weitere Veranstaltungen[641] statt. Tags darauf trafen wir uns mit Teilnehmern der Veranstaltungen und stellten dabei fest, wenn die Einzelschicksale nicht weiter in Dunkeln bleiben sollten, dann waren Tagungen für einen kleinen elitären Zuhörerkreis nicht die Lösung.[642] Am Abend des 16. Juni 2011 beschlossen wir (Rainer Jork, Günter Knoblauch und Hermann Kokenge), das Projekt „Einzelschicksale" weiter zu verfolgen.

Der Weg zum Konzept

Zuerst galt es, die Frage zu beantworten, wie weit soll der Bogen einer derartigen Dokumentation gespannt werden? Welche Themen sollten im Mittelpunkt stehen? Beschränken wir uns auf die TU Dresden?

---

636 Dr. Lienert, Leiter des Archivs der TU Dresden, wurde vom Rektor mit der Materialsichtung und Zusammenstellung beauftragt. Dr. Lienert stellte dann durch eine Vielzahl von Interviews und Recherchen eine erste Dokumentation zusammen: Matthias Lienert: Zwischen Widerstand und Repression, Köln u. a. 2011.

637 Meine Frau begleitete mich und half mit, die Gespräche vorzubereiten.

638 Bezog sich auf die Publikation der TU Dresden: Mit dem Motorrad durch den Zeunerbau (wie Anm. 9).

639 Bezog sich auf Reiner Pommerin: 175 Jahre TU Dresden (wie Anm. 568).

640 Ebd., S. 316.

641 Tagungen am 15. Juni 2011: „Was bedeutet Freiheit von Lehre und Studium aus dem Blickwinkel der DDR-Vergangenheit" in der TU Dresden und Gedenkveranstaltung „50 Jahre Mauer" am gleichen Tage in der Dreikönigskirche in Dresden.

642 Auf dem Symposium „Zur personellen und strukturellen Erneuerung an der TU Dresden nach 1990" am 1. November 2001 an der TUD und auf der Festveranstaltung „Der Neubeginn 1989" am 14. Oktober 2003 werden Ereignisse der Jahre 1989/1990 beschrieben und kommentiert. Auf noch vorhandene Defizite in der Aufarbeitung wird hingewiesen. Dabei blieb es im Wesentlichen.

Seit den Tagungen 2009 und 2011 gab es bereits Kontakte zu anderen Universitäten. Bei einem Arbeitstreffen im September 2011 in Radebeul bei Dresden waren deshalb u. a. auch Herr Dr. Blecher von der Universität Leipzig[643] und Herr Dr. Meixner[644] von der Hochschule für Musik „Franz Liszt“ Weimar (HfM) dabei. Da unsere Gesprächspartner nur mit genehmigten Budgets arbeiten konnten – wir, jedoch ehrenamtlich – blieb es bei der Vereinbarung, den Kontakt zu halten.
Als Konzept hatte sich Anfang 2012 herauskristallisiert: Beiträge mit drei Seiten Text (keine studentische Biografie, sondern studentische Erlebnisse), einem Foto aus der Studentenzeit und einer sechs Zeilen langen Kurzbiografie, ergänzt um zeithistorische Kommentierung durch einen das Projekt begleitenden Historiker. Später entschlossen wir uns, studentische Schnappschüsse und Dokumente mit aufzunehmen. Die Authentizität der Beiträge würde gewinnen. Im Dezember 2012 stand das Konzept. Wir hatten inzwischen Zusagen für Beiträge von etwa 20 Absolventinnen und Absolventen.
Nun galt es, Fragen zu klären: Wie kann die Finanzierung sichergestellt und das Projekt organisatorisch geführt werden? In unseren ersten Vorstellungen gingen wir von bis zu 50 Beiträgen aus.

Die Suche nach einem „Kümmerer“ für das Projekt

Die Suche nach einem „Kümmerer“, der die Federführung bis hin zur Veröffentlichung übernimmt, war nicht erfolgreich. Aus unserer Sicht infrage kommende Personen – überwiegend aus dem Kreis der TU Dresden – fanden das Vorhaben interessant und wichtig. Doch sie waren alle mit Projekten verschiedenster Art voll ausgelastet und winkten ab.[645]
So verging das Jahr 2012 mit dem weiteren Werben für das Projekt und der Suche nach einer Finanzierung.
Anfang 2013 traf sich das Projektteam[646] erneut und wir zogen Bilanz:

1. Das Projekt ist wichtig – das hatten die Gespräche bisher gezeigt.
2. Den von uns gewünschten „Kümmerer“ würden wir so schnell nicht finden, wenn wir das Projekt nach unserem Konzept realisieren wollten. Interesse am Material gab es. Somit blieb nur, diese Aufgabe selbst zu übernehmen.

643 Dr. Jens Blecher ist Direktor des Archivs der Universität Leipzig.
644 Dr. Christoph Meixner ist Leiter Hochschularchivs der HfM Weimar.
645 Diese Personen sind fast alle mit Beiträgen in der Dokumentation vertreten.
646 Jork, Knoblauch, Kokenge.

3. Eine freie Finanzierung – gleich ob Verlage oder interessierte Verbände – war nicht in Sicht. Deshalb gingen wir dem Hinweis nach, eine Förderung durch die Bundesstiftung zur Aufarbeitung der SED-Diktatur in Berlin zu beantragen.

Die Kontaktaufnahme zur Bundesstiftung Anfang 2013 war vielversprechend. Den in diesem Fall notwendigen Träger[647] zu finden, schien uns Anfang 2013 kein Problem zu sein.

Die Trägersuche für das Projekt

Die Trägersuche war eine frustrierende Erfahrung. Als Beispiel für die negativen Erlebnisse sei nur der Verein „Freunde und Förderer der TU Dresden" (GFF) genannt, der als Träger eigentlich prädestiniert gewesen wäre.
Nach einem ersten positiven Kontakt[648] folgten Warten, Nachfassen, hinhaltende Aussagen der Geschäftsführerin. Am 28. August 2013, dem Abgabetermin für unser Projekt bei der Bundesstiftung in Berlin, wurde uns mitgeteilt: „*[...] im Auftrag von Frau Dr. Krätzig*[649] *möchte ich Ihnen mitteilen, dass der Vorstand des Fördervereins in seiner letzten Beratung im April 2013 auf Bitten von Herrn Prof. Kokenge auf der Basis der zu diesem Zeitpunkt vorliegenden Informationen abgelehnt hat, das von Ihnen vorgestellte Projekt in Trägerschaft zu begleiten. Dies wurde Herrn Prof. Kokenge damals bereits mitgeteilt und ausführlich erläutert.*[650] *[...] Gina Urban i. A. der Gesellschaft von Freunden und Förderern der TU Dresden e. V.*"[651]
Wollte man keine Aufarbeitung? Durch diese Absage wäre das Projekt fast zu Fall gebracht worden. Es bedurfte eines langen Atems der Herausgeber, ein weiteres Jahr in Warteposition durchzuhalten.
Eine andere Ablehnung ist so ungewöhnlich und ehrlich, dass sie hier einfach erwähnt werden muss. Professor Pasternack,[652] Institut für Hochschulforschung Halle-Wittenberg, schrieb: „*[...] vielen dank für ihre anfrage, die ich inhaltlich unmittelbar nachvollziehen kann. es gibt allerdings ein problem: wir haben selbst für die antrags-*

647 Privatpersonen können bei der Bundesstiftung keinen Antrag auf Projektförderung stellen.
648 Wir betonten, dass auf den Verein im Falle einer Übernahme der Trägerschaft weder Kosten noch andere Belastungen zukommen würden.
649 Frau Dr. oec. Krätzig, seit 2005 Geschäftsführerin der GFF, 1987 Promotion an der Fakultät für Gesellschaftswissenschaften der TU Dresden.
650 Die Aussagen von Altrektor Professor Kokenge decken sich nicht mit dem Inhalt der E-Mail.
651 E-Mail vom 28.8.2015 an Herrn Dr. Jork.
652 Professor Peer Pasternack hatte ich am 27. August 2013 angeschrieben und er antwortete mir noch am gleichen Tag.

runde 2014 einen antrag bei der stiftung gestellt und dürfen dessen erfolgsaussichten nicht durch einen zweiten antrag gefährden. es fällt mir aus genau diesem grund auch schwer, ihnen einen anderen potentiellen projektträger zu empfehlen, da für alle einschlägigen vereine oder institutionen das gleiche zutreffen dürfte [...]. mit besten grüßen peer pasternack."
Kein Hinhalten über Wochen und Monate wie im Falle der TU Dresden!
Professor Pasternack spricht ein Problem an: die Konkurrenzsituation zwischen den Institutionen wegen begrenzter Fördermittel.
Wenige Tage nach Ablauf der Abgabefrist erhält Herr Jork bei einem zufälligen Treffen mit dem ihm bekannten Landrat, Herrn Arndt Steinbach, dessen spontane Zusage für eine Übernahme der Trägerschaft durch die Stiftung Leben und Arbeit in Wilsdruff.

Gewinnung von Zeitzeugen

In den vergangenen Jahren haben wir etwa 150 Absolventen von Hochschulen und Universitäten auf Mitarbeit angesprochen. Die Reaktion der Angesprochenen?
Die Einen haben spontan gesagt, ich bin dabei und schreibe, was ich damals erlebte und was mich bewegte. Aus anderen brach es emotional und aufwühlend heraus, wie sie das Studium unter den vom System vorgegebenen Randbedingungen erlebten.
Aber auch enttäuschende Reaktionen gab es: „*[...] ich bin doch nicht blöd und schreibe das auf, dann verklagt mich vielleicht jemand.*"
Oder sie definierten sich eher als damals einfach nur politisch uninteressiert und das Studium sei unspektakulär verlaufen und sie hätten nichts Wesentliches zu berichten. Andere wiederum haben keine Erinnerung an die damalige Zeit oder wollen mit den Vorgängen von damals nichts mehr zu tun haben. Ein ehemaliger Kommilitone formulierte es so: „*Ich war damals davon überzeugt [...] aber ich kann und will heute nicht das verteidigen und rechtfertigen, an das ich damals geglaubt habe.*"
Es gab Ausfälle, als wir Autoren auf ganz bestimmte Themen und Erlebnisse ansprachen. Als Beispiel sei hier nur das Stichwort Stasi genannt. Wo eben noch Kommunikation bestand, trat plötzlich Stille ein.
In Internetforen stießen wir auf interessante und sehr offen geführte Diskussionen. Da stellte sich sogleich die Frage, kann man die Schreiber der Forenbeiträge als Autoren gewinnen? In einem Fall erfolgte die Absage mit der ungewöhnlichen Argumentation, dass das Forum einen Schutz biete, da hier Gleichgesinnte und Betroffene unter sich blieben. Bei einer Buchpublikation ginge diese Anonymität verloren und man würde angreifbar.
Wir wurden auch gefragt, was wird da für Material und von wem eigentlich zusam-

mengetragen? Was geschieht mit dem Material? Hier waren Aufklärung und Überzeugung notwendig.

Dann meldeten sich ehemalige Studenten und sagten, sie hätten viel zu berichten und sie erzählten von der Zeit damals. Auf die Hinweise, dies oder jenes sei dokumentationswürdig und sie sollten es doch einfach einmal aufschreiben, entgegneten sie für uns überraschend, sie hätten gedacht, das würden wir machen.

Von Absolventen, die sich für das Projekt interessierten, bekamen wir umfangreiche Sammlungen von Dokumenten zur Auswertung und Veröffentlichung angeboten. Andere verwiesen auf von ihnen bereits in Archiven hinterlegtes Material, das wir uns doch anschauen und verwenden sollten, da sie selbst aus Altersgründen keinen Beitrag mehr schreiben könnten.[653]

Doch das war nicht unsere Aufgabe in diesem Projekt und konnte von uns auch nicht geleistet werden. Hier mussten wir unsere Gesprächspartner leider enttäuschen.

Es wurde auch die Frage gestellt, ob wir überhaupt genügend Autoren zur Mitarbeit gewinnen könnten, denn: „*Keiner will an die eigene Bevormundung und das eigene knechtige Verhalten erinnert werden.*“[654] Das klingt hart – Verdrängung als eine Art Schutzfunktion.

Die Spontaneität, sich am Projekt zu beteiligen und offen über alles zu schreiben, war ausgeprägter bei Absolventen, die schon vor dem Mauerbau oder später unter hohem Risiko in den Westen geflüchtet waren.

Ein Gesprächspartner deutete es mir gegenüber so: „*Man hat uns verbogen, und das wirkt bis heute nach.*“

In unserer Datenbank von 2011 sind Namen von Absolventen, die sich beteiligen wollten, jedoch 2015 entweder aus Altersgründen oder durch den Tod dazu nicht mehr in der Lage waren.[655]

Wird die Dokumentation repräsentativ sein?

Im September 2015 erhielt ich einen Brief: „*[...] daraus folgt für mich, dass die ‚Stichprobe der Berichtenden‘ nicht als ‚repräsentative zufällige Stichprobe‘ aus der ‚Grundgesamtheit von zigtausend DDR-Studenten‘ angesehen werden kann – leider, [...] – und erst recht nicht aus der ‚Grundgesamtheit‘ aller in der DDR seinerzeit heranwachsenden geistig regen Jungen und Mädchen, denn dazu gehören die Vielen, denen aus politischen*

653 Roland Bude, Dokumente liegen im Archiv der Robert-Havemann-Gesellschaft, Berlin.

654 Prof. Kurt Reinschke, 4.10.2011 in einem Brief an G. Knoblauch.

655 Im Zeitraum 2011 bis 2015 sind etwa 20 Autoren überwiegend aus obigen Gründen ausgefallen.

Gründen eine höhere Schulbildung versagt blieb. Von den in der DDR spürbar repressierten Studenten werden die daraus gestärkt hervorgegangenen Personen wie […] ganz gern Episoden aus ihrer Studienzeit in der DDR erzählen. Die durch die Repressionsmaßnahmen für immer Gebrochenen – von den unnatürlich früh verstorbenen bis zu Tilo W. […] – aber nicht. Sie [die Dokumentation] zeigt einen kleinen Ausschnitt."[656]
Hier wird deutlich ausgesprochen: All diejenigen, die man manipulierte, indoktrinierte, erpresste oder denen gleich von Anfang an aus politischen Gründen eine höhere Schulbildung versagt blieb, die gar keine sozialen Aufstiegschancen hatten, werden in keiner Statistik der Historiker erfasst. „Die im Dunklen sieht man nicht."[657]
Nein, die konnten auch wir nicht erfassen. Sie blieben als sogenannte schon früh gebrochene Biografien, vergeudete menschliche Ressourcen, zerstörte Lebensläufe,[658] … im Dunkeln.
Die in der vorliegenden Dokumentation zu Wort gekommen Autoren sind ein ganz kleiner Ausschnitt – aber mit großem Gewicht. Man lese nicht nur ihre Beiträge, sondern schaue auch auf ihre Biografien. Das Jahr 1989 bringt für einen Teil von ihnen einen Wendepunkt in ihrer Vita.
Die sogenannte schweigende Mehrheit hat das Studium und die damit verbundenen Vorteile, aber auch die Restriktionen in Kauf genommen.

Zum Umgang mit dem Zeitzeugenmaterial

Können die Autoren das Erlebte der damaligen Studienzeit noch einmal – Jahrzehnte später – nachvollziehen und diese Erlebnisse beschreiben?
Ein Autor kann seine persönliche Einstellung nicht zu dem Stand von damals zurückdrehen. Das hat auch keiner getan. Einige haben zwischen ihren damaligen Auffassungen und heutigen ausdrücklich unterschieden, aber nicht alle. Die Berichte sind immer auch von ihren heutigen Auffassungen geprägt – schon allein die Auswahl, was erzählt wird und was für die aktuelle Deutung des eigenen Lebens wichtig ist. Dabei waren noch vorhandene Dokumente aus der Zeit sehr hilfreich.
Wir waren uns bewusst, dass jeder Eingriff von uns in das übergebene Material, kritisch gesehen werden konnte. Deshalb haben wir uns darauf beschränkt, den Autoren beratend zur Seite zu stehen, zu hinterfragen oder sie auch mit Hinweis auf die Vorgaben um Kürzung zu bitten. Hier und da war es dann doch vertretbar, auch einmal ein Auge zuzudrücken, was die Textlänge betraf. In anderen Fällen schlugen

656 Prof. Kurt Reinschke, 13. Juli 2015 an G. Knoblauch.
657 Zitat aus Bertolt Brecht, „Die Moritat von Macki Messer", aus der Dreigroschenoper.
658 Äußerungen von Autoren, in Schriftstücken und Dokumenten aufgefundene Formulierungen.

wir den Autoren vor, aus dem Material zwei thematisch unterschiedliche Beiträge zu erstellen.
Wichtig war, den Duktus der Autoren zu erhalten. Hier und da musste mit Fußnoten ausgeholfen werden. Dabei war Vorsicht geboten. Erklärungen in Fußnoten können zu fehlerhaften historischen Einschätzungen[659] führen, wenn auf diese Art und Weise Inhalte zu stark verkürzt werden.
Im Laufe des Projektes erkannten wir, dass dokumentarisches Material wie Fotos, Studentenausweise oder Schriftstücke den Informationsgehalt der Beiträge erhöhen.
Bei der Planung des Projektes stellten wir uns vor, dass die Beiträge entsprechend dem Thema (wir nannten es das zeithistorische Stichwort) von einem Historiker *begleitet* werden sollten. Von einem Hochschulinstitut für Geschichte, einen Professor mit einer Handvoll Studenten, die diese Aufgabe gleich als Lehrbeispiel übernehmen könnten. Trotz großer Anstrengungen bei der Suche danach: Wir haben diesen Wunsch nicht realisieren können. Vieles haben wir über zusätzliche Fußnoten versucht, verständlicher zu gestalten. Einige größere Themen werden von uns über zusätzlich eingefügte Kommentarseiten in einer dem Projekt angemessenen Ausführlichkeit dargestellt.

Die Projektarbeit

Die Logistik, um all die Kontakte (im Laufe des Projektes etwa 150) und das uns übergebene Material im *Griff zu behalten* und dieses in Zusammenarbeit mit den Autoren in den vorgegebenen Rahmen zu „pressen"[660], die Korrespondenz in Form von E-Mails oder auch Briefen zu führen, all die Telefonate mit ihren Absprachen und Vereinbarungen, bedingten einen sehr hohen Aufwand und organisatorische Disziplin in unserem Dreierteam. Denn die hereinkommenden Beiträge „lebten", das heißt, die Autoren ergänzten, löschten, reichten Bildmaterial nach, sie mussten Zustimmungen für Fotos einholen – und wir durften dabei die Übersicht über die so entstehenden Versionen nicht verlieren.
Mit der Bewilligung der Förderung durch die Bundesstiftung entwickelte das Projekt Anfang 2015 eine Eigendynamik. Neue Fragen stellten sich: Können und wollen wir diese oder jene Hochschule noch mit einbeziehen? Ist das Thema eines neu eingereichten Beitrages für das Projekt überhaupt passend? Ist es ausreichend, mit einer Fußnote zu kommentieren oder besser einen ausführlicheren Kommentar zu schreiben? Passen politischer Witz und studentisches Liedgut zur Dokumentation?

659 Siehe den Kommentar Arbeiter-und-Bauern-Fakultäten in diesem Band.
660 Die Vorgabe lautete: maximale Beitragslänge 170 Zeilen.

Belebt dies die Dokumentation und wo soll man es einordnen? Wird das Projekt nicht „Stasi-lastig“, wenn wir umfangreiche Dokumente aufnehmen? Wie gestalten wir den Aufbau der Dokumentation, damit mit ihr auch im Schulunterricht gearbeitet werden kann? Welche didaktischen Hilfen und Informationen sollen im Anhang zur Verfügung gestellt werden?

Was ist schon beim Aufbau der Dokumentation zu beachten, damit später leicht Auszüge daraus als Serie zum Beispiel in (Uni-)Journalen[661] oder spezifische Themen als Broschüre im Sonderdruck veröffentlicht werden können?

Zum Abschluss mussten Rechte an Fotos, an Dokumenten und auch bei bereits schon einmal veröffentlichten Beiträgen geklärt werden. Bei einigen Verlagen ging das sehr schnell und problemlos, bei anderen waren persönliche Gespräche nötig. Für Ablehnungen sei nur ein Beispiel genannt: Der Beitrag „Politische Grafik“ sollte Plakate von Majakowski[662] zeigen, da hier ein direkter Bezug zu einer Autorin bestand. Der Galerist lehnte ab. Auf Nachfrage teilte er mit, es seien politische Gründe, er wolle nicht, dass die Grafiken in diesem Kontext (also in unserem Projekt) auftauchten.[663] Wir haben dann anderes Material verwendet.

Was trotz Anfragen in der Dokumentation unterrepräsentiert ist, sind Beiträge von Absolventen, die dem System nahestanden.

Von der Idee, Erlebnisse und Einzelschicksale aus der Studienzeit aufzuzeichnen, bis zum Abschluss sind über vier Jahre vergangen. Nimmt man noch die Zeit vom ersten Kontakt zur TU Dresden bis zum Erscheinen des Buches 2017 hinzu, so hat der Reife- und Arbeitsprozess acht Jahre gedauert.

Professor Kokenge – als Mitinitiator – hat diesen Abschluss nicht mehr miterleben können. Nach dem Lesen der ersten Berichte studentischer Werdegänge sprach er von der „Perfidie des Systems“. Wobei er das Wort „Perfidie“ als Synonym für „Gemeinheit“ verwendete.

München, März 2016

661 Die Thüringische Landeszeitung fragte schon an nach Beiträgen von Erfurter Studenten.
662 Siehe im Teil „Studentische Kultur“ den Beitrag, „Die politische Grafik in der DDR. ROSTA-Fenster“.
663 Galerie Thomas Flor, Berlin.

Danksagung

Die vorliegende Sammlung von Zeitzeugenberichten lebt von den Autorinnen und Autoren. Ihnen gilt unser erster Dank für die Abfassung ihrer Berichte, für die Bereitstellung der Fotos und persönlichen Dokumente.

Mit viel Engagement, Sorgfalt und Zuverlässigkeit sorgte unsere Lektorin, Frau Dr. Birgit Scholz, dafür, dass für den Inhalt des Werkes eine gut überschaubare Form gefunden werden konnte. Wir sind ihr sehr verbunden.

Die Förderung des Projektes durch die Bundesstiftung zur Aufarbeitung der SED-Diktatur in Berlin war die wesentliche Voraussetzung für dessen praktische Umsetzung. Hier waren es die Herren Dr. Jens Hüttmann und Rigo Hopfenmüller, die dieses Projekt engagiert betreuten, für Fragen und Probleme zur Verfügung standen.

Ohne einen Träger hätten wir keine Fördermittel beantragen können. Wir danken dem Landrat des Kreises Meißen, Arndt Steinbach, der uns den Weg zur Stiftung Leben und Arbeit in Wilsdruff öffnete sowie dort den Herren Martin W. Reinhuber und Michael Hähnel, die uns spontan zusagten, die rechtlich erforderliche Trägerschaft für das Projekt zu übernehmen, und uns in allen Finanzfragen hilfreich zur Seite standen.

Herrn Professor Hermann Kokenge gehört das Verdienst, sich im Jahre 2007 als Rektor der TUD Problemen geöffnet zu haben, die ihm damals noch fremd waren: die Aufarbeitung des politischen Unrechts, begangen an Studenten, Mitarbeitern und Dozenten der TH bzw. TU Dresden in der DDR. Aus Tagungen 2009 und 2011 heraus entwickelte sich dann der Projektgedanke. Auch noch als Altrektor der TU Dresden war Professor Kokenge bis zu seinem Tode im Dezember 2014 an unserem gemeinsamen Vorhaben beteiligt.

Wir danken Herrn Dr. Matthias Rößler, dem Präsidenten des Sächsischen Landtags, und Herrn Lutz Rathenow, dem Sächsischen Landesbeauftragten zur Aufarbeitung der SED-Diktatur, für ihre jahrelange Unterstützung.

Durch das Engagement vieler Helferinnen und Helfer, die Autoren gewannen, recherchierten und Unterlagen bereitstellten oder als Diskussionspartner zur Verfügung standen, gewann diese Dokumentation an Substanz. Einige von Ihnen seien hier namentlich in alphabetischer Reihenfolge genannt – unabhängig davon, welchen Beitrag wann sie zum Projekt geleistet haben:

Ulrike Beyer, BStU Außenstelle Dresden, Dr.-Ing. Hans-Lutz-Dalpke, Alfeld; Konrad Felber, BStU Außenstelle Dresden; Prof. Eckhard Jesse, TU Chemnitz; Rebecca Hernandez-Garcia, Robert Havemann Gesellschaft e. V. Berlin; Dr. Anke Geier, Wiss. Mitarbeiter ThLA, Erfurt; Dr. Matthias Lienert, Leiter Archiv TU Dresden; Susann Mayer, TU Dresden; Dr. Phil.Wolfgang Mayer, Erfurt; Martina Pontius, Erfurt; Prof. Dr. Kurt

Reinschke, Dresden; Petra Söllner, Robert-Havemann-Gesellschaft e. V.; Dr. Jochen Staadt, Forschungsverbund SED-Staat der Freien Universität Berlin; Gabriele Stötzer, Erfurt; Sebastian Victor, Erfurt.
Wir danken auch unseren Gesprächspartnern, die namentlich nicht erwähnt werden wollten.
Was würde aus einem Buchvorhaben ohne die konstruktive Zusammenarbeit mit einem Verlag? Dem Mitteldeutschen Verlag in Halle sind wir für die Bereitschaft, den Gestaltungswünschen zum Buch verständnisvoll und konstruktiv zu entsprechen, überaus verbunden.

Die Herausgeber, im Frühjahr 2017

Unter dem Link www.knobi-muc.de/mdv/mdv wird Hilfsmaterial für Lehrer etc. zum Download bereitgestellt:

- Autorenverzeichnis mit zeithistorischen Stichworten
- Didaktische Hinweise für die Arbeit mit der Dokumentation
- Glossar mit Internetverweisen (QR-Code)

Umschlagabbildungen: Auf dem Weg zum Ernteeinsatz, Anfang der 50er Jahre (Foto: Heinz Clemens, mit freundlicher Genehmigung von Jutta Clemens); Kopf der Durchführungsanweisung Nr. 1 vom 10. Januar 1968 (BStU, MfS 008-Nr. 63/68), siehe den Beitrag auf Seite 420–440.

Bibliografische Information der Deutschen Nationalbibliothek
Die Deutsche Nationalbibliothek registriert diese Publikation in der Deutschen Nationalbibliografie; detaillierte bibliografische Daten im Internet unter http://d-nb.de.

Gesamtherstellung: Mitteldeutscher Verlag, Halle (Saale)

ISBN 978-3-95462-897-1

Printed in the EU